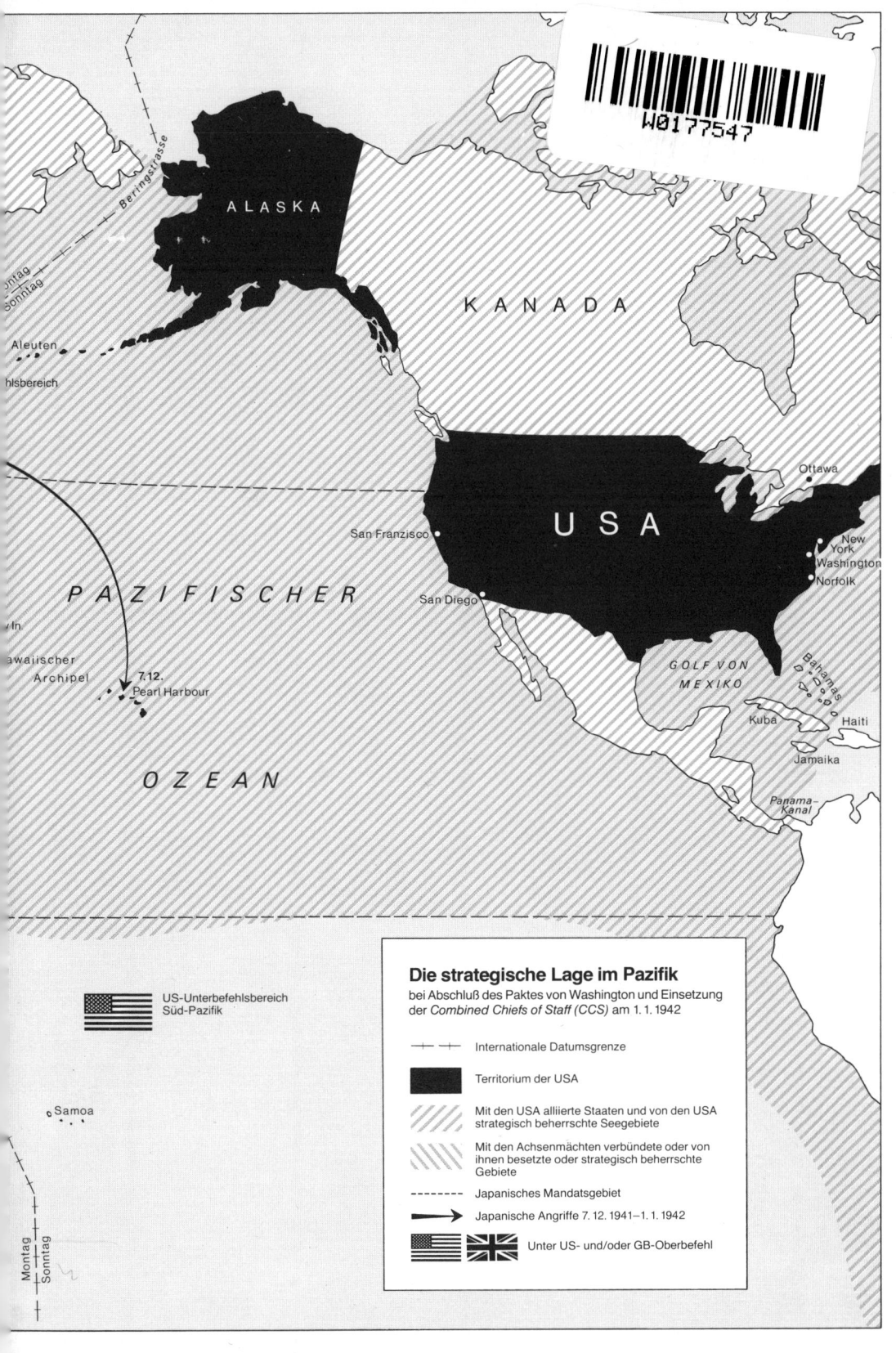

ALASKA

KANADA

USA

Ottawa

San Franzisco

Washington
New York

San Diego

Norfolk

PAZIFISCHER

GOLF VON
MEXIKO

Bahamas

7.12.
Pearl Harbour

awaiischer
Archipel

Kuba

Haiti

Jamaika

OZEAN

Panama-
Kanal

Beringstrasse

Aleuten

hlsbereich

Sonntag

In

Samoa

Montag
Sonntag

Die strategische Lage im Pazifik
bei Abschluß des Paktes von Washington und Einsetzung
der *Combined Chiefs of Staff (CCS)* am 1.1.1942

US-Unterbefehlsbereich
Süd-Pazifik

Internationale Datumsgrenze

Territorium der USA

Mit den USA alliierte Staaten und von den USA
strategisch beherrschte Seegebiete

Mit den Achsenmächten verbündete oder von
ihnen besetzte oder strategisch beherrschte
Gebiete

Japanisches Mandatsgebiet

Japanische Angriffe 7.12.1941–1.1.1942

Unter US- und/oder GB-Oberbefehl

DIRK BAVENDAMM

ROOSEVELTS KRIEG 1937-45

und das Rätsel von Pearl Harbor

DIRK BAVENDAMM

ROOSEVELTS KRIEG 1937-45

und das Rätsel von Pearl Harbor

*Mit über 78 Fotos
und Abbildungen*

HERBIG

Bildnachweis

Alle Abbildungen aus den Archiven der Buchverlage Ullstein/Langen Müller außer:
Bilderdienst Süddeutscher Verlag:
3, 4, 5, 6, 7, 9, 10, 11, 13, 14, 15, 16, 17, 21, 22, 23, 24, 25, 26, 27, 28, 29, 30, 31, 33, 34, 35, 36,
37, 39, 41, 42, 44, 45, 50, 51, 52, 53, 54, 55, 56, 57, 58, 60, 61, 62, 65, 66, 67, 68, 70, 75, 77, 78
Christian Weber:
2, 8, 12, 20, 38, 47, 48, 59, 63

Schutzumschlag-Foto (Bilderdienst Süddeutscher Verlag):
Links von Präsident Roosevelt, der mit lässiger Herrscherpose in seinem Jeep sitzt, geht das
britische Empire in der Gestalt Churchills zu Fuß, während die Rote Armee das Steuer
übernommen hat (auf der Konferenz von Jalta).

FÜR

GUNDULA	BARBARA
NINA	FRANKLIN
MELANIE	ANITA

.

© 1993 by F. A. Herbig Verlagsbuchhandlung GmbH, München · Berlin
Alle Rechte vorbehalten
Umschlaggestaltung: Wolfgang Heinzel
unter Verwendung eines Fotos vom Bilderdienst Süddeutscher Verlag
Vorsatzkarten (vorne und hinten): Christel Aumann, München
Reproduktion des Bildteils: Graph. Atelier Krah, Geisenbrunn
Herstellung: Franz Nellissen
Satz: Filmsatz Schröter GmbH, München
Gesetzt aus 9.5/11 Punkt Times auf Linotronic 300
Druck und Binden: Wiener Verlag, Himberg
Printed in Austria
ISBN 3-7766-1820-5

Inhalt

Teil I
Die Voraussetzungen

Teil II
Die Grundlagen

Teil III
Die Ziele

Teil IV

Die Mittel

Teil V

Die Operationen

Anhang

PROLOG

Wer zu spät kommt, den
bestraft das Leben

Michail Gorbatschow

Der Aufstieg der USA zur Supermacht war nicht die Folge, sondern eine der Ursachen des Zweiten Weltkrieges – so lautete die Aussage meines ersten Roosevelt-Buches, das ich 1983 veröffentlicht habe. [1] Damals wußten wir noch nicht, welche umwälzenden Veränderungen das folgende Jahrzehnt mit sich bringen würde. Anfang der achtziger Jahre hing zwar schon eine Art Endzeitstimmung in der Luft, eine unheimliche Spannung, die viele von uns einen Dritten Weltkrieg befürchten ließ. Aber daß der nukleare Rüstungswettlauf, der damals in eine neue und entscheidende Phase eintrat, mit dem Untergang der Sowjetunion und des Kommunismus enden würde, hat wohl niemand vorausgesehen.

Die Entwicklung der letzten zehn Jahre hat mich mehr als alles andere bestärkt, die Beschäftigung mit der amerikanischen Politik in diesem Jahrhundert fortzusetzen und zu intensivieren. Denn diese Entwicklung bestätigt die Vereinigten Staaten von Amerika als säkulare, das 20. Jahrhundert weithin bestimmende und letzthin für seine Gestaltung ausschlaggebende Macht. Sicher hatte der Zusammenbruch des realkommunistischen Zwangssystems eine Reihe von inneren Gründen insbesondere wirtschaftlicher Art. Aber wie die Wirtschaft nicht von der Politik, so ist auch der Zusammenbruch der sowjetischen Parteidiktatur nicht von den Pressionen und Verlockungen zu trennen, die Amerika als Mythos und Realität bisher auf alle anderen uns bekannten Sozialsysteme ausgeübt hat. Die Metapher vom »Ende der Geschichte«, die Francis Fukuyama prägte, mag in europäischen Ohren vielleicht etwas überpointiert klingen. Aber wenn man die Weltgeschichte als eschatologischen Vorgang betrachtet, wie es viele Amerikaner tun, dann wurde sie mit einem gewissen Recht geprägt.

Tatsächlich entspricht die Welt von heute in mancher Beziehung immer noch bestimmten Maximen und Zielen der amerikanischen Politik, die Präsident Franklin Delano Roosevelt in den dreißiger und vierziger Jahren dieses Jahrhunderts zum ersten Mal formuliert, in konkrete Politik umgesetzt und durch den Zweiten Weltkrieg zumindest ansatzweise verwirklicht hat. Nach seinem frühen und blutigen Sieg über Hitler ist das Ende alles dessen, was einst mit dem Namen Stalins verbunden war, sein später und unblutiger Sieg.

Roosevelt wollte eine Welt der »guten Nachbarn«, in der alle Völker den gleichen Zugang zu den Quellen des Reichtums haben, frei von Bevormundung und Zwang, Hunger und Not. Roosevelt wollte eine liberale, demokratische und offene Welt, in der sich Menschen und Meinungen, Kapital und Kultur, die Güter des täglichen Bedarfs und die hochfliegenden Ideen ungehindert begegnen können. Roosevelt wollte eine internationale Gemeinschaft des Friedens und des Rechts unter der erleuchteten Führung der Vereinten Nationen, die den Friedens- und Rechtsbrecher hart und gegebenenfalls unnachsichtig bestraft. Daß nicht alle diese Träume in den letzten fünfzig Jahren gereift sind und sich heute hier und da sogar in einen Alptraum verwandelt haben, steht auf einem anderen Blatt.

Franklin Delano Roosevelt hat sein Land zwölf Jahre lang, von 1933 bis 1945, und damit länger als jeder seiner Vorgänger und Nachfolger regiert. Er ist auch – von Eisenhower bis Bush – seit einem halben Jahrhundert der außenpolitische Lehrmeister aller amerikanischen Präsidenten gewesen. Bill Clinton, der neue Mann im Weißen Haus, könnte sich nach Kennedy, Johnson und Carter sogar als politischer Nachkomme in direkter genealogischer Linie bezeichnen. Denn er ist ebenso wie Roosevelt nicht Republikaner, sondern Demokrat. Clinton hat die Aufgabe, die amerikanische Supermacht zu stabilisieren, die durch das jahrzehntelange Ringen mit der Sowjetunion selbst angeschlagen ist. Sein Erfolg wird im wesentlichen davon abhängen, ob er das amerikanische Volk ebenso wie seinerzeit Roosevelt davon überzeugen kann, daß es vor innen- und außenpolitischen Herausforderungen von beispiellosen Dimensionen steht.

In Amerika vergeht kein Jahr, ohne daß neue, kritische und zum Teil bedeutende Bücher über Roosevelt erscheinen, der zu den wichtigsten Gestalten unseres Jahrhunderts zählt. So hat der renommierte Historiker Warren F. Kimball im vorigen Jahr eine Reihe von Aufsätzen über den »Staatsmann in Kriegszeiten« veröffentlicht, die Roosevelt nicht nur als skrupellosen, zügellosen und manchmal sogar leichtfertigen »Jongleur« darstellen, sondern in denen sich der Autor auch ziert, den Zweiten Weltkrieg für einen gerechten Krieg zu halten. [2] Da Kimball die bisher vollständigste Sammlung jener Botschaften herausgegeben hat, die Roosevelt während des Zweiten Weltkrieges mit Churchill austauschte, aber auch wegen anderer hervorragender Arbeiten, die er verfaßte, hat sein Wort sicher Gewicht.

Dagegen scheint Roosevelt – von wenigen Arbeiten abgesehen, die in den sechziger und siebziger Jahren erschienen – für deutsche Historiker und Publizisten nach wie vor kein Thema zu sein. Mein Buch wurde von ihnen entweder mit Schweigen übergangen, als unzutreffend abgetan oder als politisch unerwünscht beiseite geschoben. Bis heute gibt es in deutscher Sprache keine wirklich bedeutende Roosevelt-Biographie. Politik und Kriegführung dieses Mega-Präsidenten haben hierzulande bisher keinerlei zusammenhängende Würdigung erfahren. Sein Wesen und Wirken wird von uns Deutschen entweder glorifiziert, verteufelt oder aus einer tiefsitzenden Berührungsangst mit einem hastigen Hinweis auf Hitler übergangen.

So hatte der Gießener Historiker Hans-Jürgen Schröder, dem wir eine Untersuchung der deutsch-amerikanischen Wirtschaftsbeziehungen in den dreißiger Jahren verdanken, aus Anlaß des 50. Jahrestages von Pearl Harbor nichts

Eiligeres zu tun, als zu betonen, »daß die Verantwortung für den Zweiten Weltkrieg eindeutig bei den Achsenmächten liegt.« [3] Der Mitherausgeber der Hamburger Wochenzeitung *Die Zeit*, Theo Sommer, wagte sogar die Behauptung, [3a] die Japaner hätten die amerikanische Pazifikflotte »aus heiterem Himmel« überfallen. Dabei hat sich Sommer in seiner Dissertation vor Jahr und Tag selbst mit der dramatischen Vorgeschichte dieses Ereignisses befaßt.

Zweifellos ist die deutsche Haltung gegenüber Roosevelt verkrampft. Das liegt nicht nur an der Erstarrung, in der wir auch heute noch vor der offenbar ebenso unbezwingbaren wie jammervollen Gestalt Adolf Hitlers stehen. Es liegt auch daran, daß jeder, der sich mit Roosevelt etwas intensiver auseinandersetzt, auf unabweisliche Tatsachen stößt, die geeignet sind, jene Erstarrung auf eine höchst irritierende Art und Weise aufzulösen. Das erzeugt eine Spannung, die manchmal unerträglich ist, und es ist nicht jedermanns Sache, sie auf sich zu nehmen.

In meinem ersten Roosevelt-Buch habe ich an Hand von neu entdeckten oder bisher nicht gebührend gewürdigten Dokumenten nachgewiesen, daß die Vereinigten Staaten von Amerika unter diesem Präsidenten sehr viel stärker und tiefer und letztlich sogar entscheidend in die europäischen Konflikte der zwanziger und dreißiger Jahre verwickelt waren, als es sich unsere Schulweisheit bislang träumen ließ. Das hinderte den Berliner Historiker Ernst Nolte jedoch nicht daran, noch 1991 ungerührt festzustellen, »daß man die politischen und militärischen Ereignisse des Zweiten Weltkrieges nahezu vollständig darstellen kann, wenn man diesen Krieg als eine Wirkung des deutschen Revisionismus ansieht.« [4]

Mit der selbstgewählten Zentrierung ihres Blickfeldes auf den deutschen Aspekt haben die meisten Autoren, die sich im In- und Ausland mit Vorgeschichte und Geschichte des Zweiten Weltkrieges befassen, bisher in der Tat auf die irritierende Spannung reagiert, die von Roosevelt ausgeht. Das hat zu einer hegemonialen Stellung jener Denkschule geführt, die den Zweiten Weltkrieg als »Hitlers Krieg« interpretiert. Sieht man die Literatur jedoch etwas genauer durch, lassen sich insgesamt drei Denkschulen identifizieren. Alle drei Denkschulen sind auf ihre Art und Weise »historisch«, was nichts anderes bedeutet, als daß sie wie die verschiedenen Stadien unseres historisch-politischen Bewußtseins vergänglich sind.

Die Denkschule von »Hitlers Krieg« [5] entstand unmittelbar nach dem Krieg, zum Teil noch unter dem Einfluß alliierter Propaganda und Umerziehung, als die furchtbaren Verbrechen bekannt wurden, die Hitler und sein Regime begangen hatten. Sie stützte ihre Annahme, daß Hitler allein den Krieg gewollt, entfesselt und im wesentlichen auch in seinem Ablauf bestimmt hat, auf eine dokumentarische Evidenz, deren Beweiskraft überwältigend zu sein schien. Diese Beweiskraft resultierte freilich überwiegend aus deutschen Quellen, weil die anderen Hauptmächte ihre Archive der Forschung erst später zugänglich gemacht oder, was vor allem für die sowjetischen bzw. russischen Archive gilt, noch nie wirklich geöffnet haben.

Wie die amerikanische Politik geht die Denkschule von »Hitlers Krieg« von einem säkularen, undifferenzierten und unversöhnlichen Gegensatz zwischen »Freiheit« und »Diktatur« aus. Sie setzte sich weltweit mit der amerikanisch-sowjetischen Bipolarität in den fünfziger und sechziger Jahren durch. Sie ist heute in sich weitgehend abgeschlossen, kaum noch innovativ und zum Teil sogar schon obsolet, weil sie im Laufe der Zeit immer mehr an Wahrscheinlichkeit und damit auch an Orientierungsnutzen verloren hat.

Eine von dieser Denkschule abweichende Minderheitsmeinung erzeugte die antikommunistische Stimmung des Kalten Krieges. Sie betrachtet Hitler zwar ebenfalls als Aggressor, und sie rüttelt auch nicht am verbrecherischen Charakter seines Regimes. Sie entlastet den Diktator aber insofern von seiner Alleinschuld, als sie Stalin eine erhebliche Mitschuld am Ausbruch des Zweiten Weltkrieges zuspricht. Diese Denkschule läuft auf die Annahme hinaus, Stalin habe den Pakt mit Hitler über die Teilung Polens 1939 nur dazu benutzt, um Deutschland von einer sonst möglichen Einigung mit den Westmächten abzubringen, um den Krieg, der Rußland anderenfalls gedroht hätte, abzuwenden und um schließlich eigene Herrschaftsansprüche in Europa als ersten Schritt zur Weltherrschaft durchzusetzen. Der Wiener Historiker Ernst Topitsch hat sie 1985 mit seinem Buch über »Stalins Krieg« begründet. [6]

Auch wenn das stalinistische Zwangssystem inzwischen der Vergangenheit angehört, kann man dieser Denkschule eine gewisse Überzeugungskraft nicht absprechen, obwohl sie nach dem Wegfall ihres erkenntnisleitenden Objekts nur noch wenig zu unserer politischen Orientierung beiträgt. Sie leidet allerdings nach wie vor daran, daß sie den Beweis für ihre Annahmen bisher aus Mangel an sowjetischen Dokumenten nicht vollständig antreten kann. Dies wird sich aber mit der Öffnung Rußlands zum Westen ändern, und wahrscheinlich wird der Denkschule von »Stalins Krieg« in dem Maße eine zusätzliche Evidenz zuwachsen, wie sich die Beweise dafür verdichten, daß der deutsch-russische Krieg von 1941 nicht auf einem unerwarteten »Überfall« Hitlers, sondern auf einem »Krieg zwischen zwei Angreifern« beruht hat. [7] Neuere Veröffentlichungen wie das Buch des früheren sowjetischen Generalstabsoffiziers Viktor Suworow, »Der Eisbrecher. Hitler in Stalins Kalkül«, [8] werden zwar von unserer historischen Schulwissenschaft nur widerwillig rezipiert, lassen aber auf neue und aufschlußreiche Impulse zur Veränderung unseres Geschichtsbildes hoffen.

Eine andere Minderheitsmeinung entstand Anfang der achtziger Jahre am Rande der deutschen Friedensbewegung. Sie versteht den Zweiten Weltkrieg als »Roosevelts Krieg.« [8a] Sie teilt zwar die Überzeugung der beiden anderen Denkschulen, daß Hitler aus Gründen, die zum Teil in der Natur seines Wesens, seiner Ideologie und seines Regimes lagen, mit dem Angriff auf Polen einen neuen europäischen Krieg ausgelöst hat. Im Gegensatz zu ihnen glaubt sie jedoch, daß der Zweite Weltkrieg bereits Jahre vorher mit der Weltwirtschaftskrise, mit dem japanisch-chinesischen Krieg und mit dem Einbruch der Vereinigten Staaten von Amerika in die Sphäre der britischen Gleichgewichtspolitik begonnen hat.

Zwar neige ich nach allem, was uns bisher an Indizien vorliegt, ebenfalls der Auffassung zu, daß Deutschland 1941 mit dem Angriff auf die Sowjetunion lediglich einem Angriff der Sowjetunion auf Deutschland zuvorgekommen ist. Doch verweise ich auch hier wieder auf gewisse Zusammenhänge mit Roosevelt. Alles in allem kommt dem Konzept von Politik und Kriegführung, das dieser amerikanische Präsident vertreten hat, eine so überragende Bedeutung für fast alle Teilkriege in der Zeit von 1937 bis 1945 zu, daß man in bezug auf die fließende, komplexe und übergreifende Charakteristik des Gesamtkrieges meines Erachtens von »Roosevelts Krieg« sprechen muß.

Mit Hilfe dieses Ansatzes hoffe ich, jener »überlegenen, globalen Gesamtschau« des Zweiten Weltkrieges näherzukommen, die 1989, als sich der Ausbruch des europäischen Krieges zum 50. Mal jährte, im deutschen Schrifttum immer noch vermißt worden ist. [8b] Ich glaube sogar, daß meine Position in dem Maße an Evidenz, Überzeugungskraft und Anhängern gewinnen wird, wie die Vereinigten Staaten von Amerika an der Spitze der globalen Machtpyramide vereinsamen, in Konflikte mit anderen Mächten und Mächtegruppierungen geraten und sich schließlich wieder auf ihren Doppelkontinent zurückziehen.

Meine Auffassung verdankt ihre Entstehung keinem Antiamerikanismus, und sie ist auch nur bedingt auf die amerikakritischen Bewegungen im politischen Denken Europas zu Anfang der achtziger Jahre zurückzuführen. Sie verdankt ihre Entstehung vielmehr einem Prozeß, den ich als »Selbst-Objektivierung« unseres Geschichtsbildes bezeichnen möchte. Diesen Begriff ziehe ich dem neuerdings gebräuchlichen, aber umstrittenen Begriff der »Normalisierung« vor. Denn was ist an einem Geschichtsbild, das den weltbewegenden Ideologien dieses Jahrhunderts als Schlachtfeld diente, eigentlich noch normal?

Zweifellos haben wir unser Geschichtsbild in den vergangenen fünfzig Jahren den beiden damals vorherrschenden Ideologien angepaßt – im Westen Deutschlands dem liberal-demokratischen Internationalismus Amerikas und im Osten Deutschlands dem marxistisch-leninistischen Internationalismus der Sowjetunion. Indem wir unsere eigene Nationalgeschichte mit moralischer Unnachsichtigkeit betrachteten, haben wir zum Teil den Sinn für die wahren Relationen und Proportionen verloren. So kommt es, daß wir heute vor einem völlig unbalancierten Geschichtsbild stehen, das alle Verantwortung für die beiden Weltkriege einzig und allein bei uns Deutschen sieht – ein germanozentrisches Kuriosum, das der Rest der Welt nur noch mit einer Mischung aus Mißtrauen und Mitleid betrachtet.

In den letzten zehn Jahren aber hat die Geschichte eine Wendung genommen, die den bipolaren Orientierungen der Vergangenheit weitgehend den Boden entzog. Sie ist gewissermaßen wieder auf ihren »naturwüchsigen«, unberechenbaren, multipolaren Charakter zurückgeschwungen. Sie hat sich dem gebieterischen Versuch, sie im Sinne der beiden großen Weltideologien zu deuten, plötzlich entzogen, und damit ist unser Blick wieder frei geworden für den »Aufstieg und Fall der großen Mächte«, wie ein in diesen Jahren nicht zufällig populärer Buchtitel heißt. [9]

Wir selbst haben in den letzten Jahren erfahren, daß sich die großen Veränderungen im internationalen Machtgefüge nicht plötzlich, innerhalb weniger Jahre, sondern mit der Langsamkeit von Ebbe und Flut vollziehen, daß sie auf gewaltigen, aber zum großen Teil unsichtbaren Kräften beruhen und daß sie geheimnisvollen, weil weitgehend unbekannten Gesetzmäßigkeiten gehorchen. Diese Veränderungen sind weit davon entfernt, dem Wechselspiel von These und Antithese, von Schwarz und Weiß, Gut und Böse zu folgen. Sie entziehen sich der monokausalen Simplizität, weil sie offenbar nur systemisch durch ein zirkuläres Denken jenseits voreiliger Schuldzuweisungen zu erfassen sind. Dieses schwer entwirrbare Chaos aus Ursachen und Wirkungen, die wiederum die Ursachen neuer Wirkungen ergeben, ist der Stoff, aus dem die Geschichte seit jeher wirklich besteht. Er hat sich vor unseren staunenden Augen in den letzten Jahren entgegen allen Prognosen langsam, aber unaufhaltsam und in einer das historisch-politische Bewußtsein unheimlich anregenden Art und Weise entrollt.

Diese Selbst-Objektivierung unseres Geschichtsbildes hat uns den säkularen Aufstieg der Vereinigten Staaten von Amerika zur letzten, zur einzigen, zur ultimativen Supermacht überhaupt erst vollständig zur Anschauung gebracht. Diese Macht brauchte von der Jahrhundertwende bis zur Jahrhundertmitte etwa fünfzig Jahre, um den Gipfel der globalen Machtpyramide zu erklimmen. Sie zog dabei die Sowjetunion als zweite Supermacht wie in einer Seilschaft hinter sich her. Tatsächlich ist die bipolare Welt, zumindest ihrem Ursprung nach, zu einem ganz wesentlichen Teil das Werk Franklin Delano Roosevelts gewesen, und wir haben in einem Gleitflug von noch einmal fünfzig Jahren, der zuletzt einem Absturz glich, auch das Ende dieser bipolaren Welt erlebt.

Aber auch dieses Ende ist, unabhängig von den Defiziten und Schwächen des kommunistischen Systems, im wesentlichen das Werk der amerikanischen Politik gewesen. Amerika hat unter Präsident Reagan zu Anfang der achtziger Jahre noch einmal mit letzter Kraft an der Rüstungsschraube gedreht, die sowjetische Wirtschaftskraft überfordert und das kommunistische System zum Einsturz gebracht. Offenbar war Amerikas Macht damals noch so groß, daß sie selbst Staaten, die in militärischer Hinsicht uneinnehmbar sind, auf nichtmilitärische Art und Weise in die Knie zwingen konnte. Doch hat dieser immense Kraftakt letzten Endes auch Amerika gefährlich geschwächt.

Die Erfahrung dieser äußersten Kraftanstrengung hat sich bewußtseinsmäßig in meinem Buch »Roosevelts Weg zum Krieg. Amerikanische Politik 1914 bis 1939« niedergeschlagen. Hier habe ich die erste Phase des amerikanischen Aufstiegs zur Supermacht beschrieben – vom Ersten bis zum Zweiten Weltkrieg. Zu diesem Zweck habe ich damals ein breites zeitgeschichtliches Panorama entfaltet, das außer Amerika einige für den Ausbruch des Zweiten Weltkrieges wichtige europäische Länder einschloß, vor allen Dingen Großbritannien. Mein Buch beschränkte sich zwar nicht auf die Rolle Roosevelts oder Amerikas in der Zeit zwischen den beiden Weltkriegen. Es folgte aber doch einer Chronologie der Ereignisse, die uns allen geläufig ist.

Mein jetziges Roosevelt-Buch, das die zweite Phase im Aufstieg der Vereinigten Staaten zur Supermacht während der eigentlichen Kriegsjahre beschreibt, verändert diese Konzeption in doppelter Weise. Es folgt weder einer allgemein akzeptierten Chronologie der Ereignisse, noch stellt es mehr, als es für das Verständnis der amerikanischen Politik unbedingt nottut, die Politik der anderen Mächte dar. Es konzentriert sich ganz und gar auf die Vereinigten Staaten unter Präsident Roosevelt, indem es dessen Konzept von Politik und Kriegführung zum ersten Mal systematisch darstellt.

Ausschlaggebend für diese neue Konzeption war folgende Erkenntnis. Die amerikanische Macht hat sich unter Roosevelt in einem dramatischen Ausmaß vergrößert wie eine rasch anschwellende Flut. Sie hat mit ihren unermeßlichen Ressourcen zeitweise alle anderen Mächte überschwemmt, und sie hat – erst in ihrem Kampf gegen Hitler, dann in der Konfrontation mit Stalin – zur historisch-politischen Konfiguration der globalen Bipolarität geführt. Diese epochale Entwicklung in eine Chronologie des Zweiten Weltkrieges zu pressen, wäre mir wie der Versuch vorgekommen, eine Flut auf Flaschen zu ziehen. Dafür ist der Vorgang, der seinem eigenen Zeitmaß folgte, viel zu groß.

Wohin es führt, wenn man diese Erkenntnis ignoriert, kann man zum Beispiel an dem mehrbändigen Großwerk »Deutschland und der Zweite Weltkrieg« ablesen, herausgegeben vom Militärgeschichtlichen Forschungsamt in Freiburg. [9a] Der Aachener Historiker Klaus Schwabe arbeitet die daraus resultierenden Verwerfungen, Inkonsistenzen und Brüche an Hand von Band 6 »Der globale Krieg« schonungslos heraus: [9b]

»Um die Rolle der Vereinigten Staaten . . . verständlich zu machen, müssen die Autoren bis in die Vorkriegsjahre zurückgreifen. Diese sind für Europa an sich schon im Einleitungsband gewürdigt worden. Gleiches gilt für den zweiten Teil . . ., der sich mit dem Krieg im Pazifik und dessen Ursachen befaßt. Die beiden folgenden Teile . . . können den ihnen vorgegebenen zeitlichen Rahmen zwar einhalten . . ., werden aber für den Leser erst wirklich verständlich, wenn dieser die beiden früheren Bände schon kennt. Nur der fünfte und sechste Teil . . . decken Zeitabschnitte ab, die in sich geschlossene Vorgänge umfassen und deshalb auch für sich allein verständlich sind.«

Offenbar hätten die Editoren und Autoren, überwiegend und zum Teil mit dogmatischer Strenge der Denkschule von »Hitlers Krieg« verhaftet, gut daran getan, sich von den beiden anderen Denkschulen anregen zu lassen, als sie ihr Werk konzipierten. Das Ergebnis, das schon allein wegen seiner amtlichen Herausgeberschaft einen für die Bundesrepublik Deutschland repräsentativen Anspruch erhebt, wäre dann sicherlich überzeugender ausgefallen. Tatsächlich aber kranken fast alle mir bekannten Gesamtdarstellungen des Zweiten Weltkrieges zumindest aus deutscher Feder daran, daß sie weder das Konzept des amerikanischen Präsidenten Roosevelt noch das des sowjetischen Diktators Stalin angemessen einbeziehen, so daß die Ergebnisse häufig recht unbefriedigend sind.

Überdies wird Roosevelt meistens so dargestellt, als sei er ein seltsames

Doppelwesen aus verfolgter Unschuld und gerissenem Hasardeur gewesen, das immerfort nur auf irgendwelche Attacken der Achsenmächte reagiert hat. Der einfache Grund für diese Tatsache liegt darin, daß die meisten Gesamtdarstellungen des Zweiten Weltkrieges mit dem 7. Juli 1937, dem 1. September 1939 oder mit dem 7. Dezember 1941 beginnen, also mit dem japanischen Angriff auf China, mit dem deutschen Angriff auf Polen oder mit dem japanischen Angriff auf Pearl Harbor. Diese Darstellungsweise läßt Präsident Roosevelt wie von selbst als willenlose Marionette fremder Mächte erscheinen, die lediglich auf zum Teil weit entfernte Ereignisse reagiert.

Wer diese Darstellungsweise übernimmt, hat sich, auch wenn er es gar nicht will, zugleich für ein bestimmtes Bild von diesem Präsidenten entschieden. Unglücklicherweise ist es das Bild, das der Präsident von sich selbst zur innenpolitischen Durchsetzung und außenpolitischen Absicherung seines Konzepts von Politik und Kriegführung entworfen hat – das Image eines ebenso selbstlosen wie heroischen Verteidigers nicht nur Amerikas, sondern der ganzen Welt. Obwohl ursprünglich zu durchsichtigen Propagandazwecken entworfen, ist dieses Bild inzwischen längst zu einem internationalen Mythos geworden. Wer die Darstellung von Roosevelts Politik und Kriegführung in eine allgemeine Geschichte des Zweiten Weltkrieges integriert, begibt sich also von vornherein in eine selbstgebaute Erkenntnisfalle, die eine kritische Auseinandersetzung mit diesem Präsidenten bis zur Unmöglichkeit erschwert.

Diese Auseinandersetzung wird aber noch durch einen anderen Umstand nicht gerade leichter. Die meisten Historiker und Biographen bestreiten, wie neuerdings wieder der bereits erwähnte Titel von Kimballs letztem Buch andeutet, daß Roosevelt überhaupt irgendein Konzept gehabt hat. Meistens wird er als Jongleur oder Spieler oder Chaot beschrieben, unfähig zu planmäßiger Arbeit, der geordnete Abläufe in seiner Administration ebenso verabscheute wie die erprobten Verfahren der Diplomatie und der darüber hinaus nicht einmal das für einen Staatsmann erforderliche Mindestmaß an geographischen Kenntnissen besaß. Möglicherweise war er sogar ein heimlicher Kommunist, der sich in den Klauen von Freimaurern und Juden befand. Tatsächlich scheint den meisten Historikern, die sich bisher mit Franklin Delano Roosevelt befaßt haben, die Annahme schwer zu fallen, daß es sich hier um einen ganz »normalen« politisch-militärischen Führer gehandelt hat.

Einerseits ist das die Folge des Roosevelt-Mythos, der diese Gestalt bis zur Unkenntlichkeit ins Positive oder Negative verzerrt. Andererseits hat der Präsident selbst fast alles getan, um dieses Zerrbild zu erzeugen. Mit etwas Übertreibung, aber mit sehr viel innerer Wahrheit kann man sagen: Roosevelt war der größte Autokrat, der je die amerikanische Demokratie regiert hat – nicht einmal seine engsten Mitarbeiter ließ er Einblick in seine innerste Gedankenwelt und die sich aus ihr ergebenden Handlungsmotive nehmen. Roosevelt hat keine Tagebücher hinterlassen wie sein Nachfolger Truman und keine Memoiren wie sein Hauptverbündeter Churchill, er hat kein programmatisches Buch geschrieben wie sein Gegner Hitler. Er hat das, was anderswo zu einem Schwall von amtlichen Akten führte, entweder nicht schriftlich vermerkt oder offiziell nicht zur Kenntnis genommen oder, um seine Gegner und die Nachwelt zu täuschen, nicht unterschrieben. Er hat lediglich das, was er dachte und plante, in einer unübersehbaren Fülle von Briefen und Reden andeutungsweise wie in einem gläsernen Sarg begraben: Wenn man hineinguckt, sieht man zunächst nichts. Erst eine ebenso mühsame wie energische Detailarbeit fügt die extrem fragmentierte, immer noch unvollständige und von Roosevelt zum Teil selbst manipulierte Überlieferung wie ein Puzzle zu einem sinnfähigen Ganzen zusammen.

Letzteres ist freilich erst durch die Anwendung eines ebenso einfachen wie wirkungsvollen Rezeptes möglich. Es besteht in der Annahme, daß Präsident Roosevelt mit bestimmten Mitteln bestimmte Ziele erreichen wollte wie jeder andere große Akteur des Zweiten Weltkrieges von Churchill über Stalin bis Hitler, daß Roosevelt dabei von bestimmten Voraussetzungen ausging und daß diese Voraussetzungen wiederum auf bestimmten Grundlagen basierten. Diese Annahme ist – fast möchte ich sagen: wider Erwarten – durch das vorhandene Quellenmaterial auf eine für mich selbst höchst eindrucksvolle Art und Weise bestätigt worden. Erneuter Archivrecherchen bedurfte es dazu nicht.

Freilich habe ich die Tatsache berücksichtigt, daß Roosevelt als Präsident der Jahre 1933 bis 1945 und als Stellvertretender Marineminister der Jahre 1913 bis 1920 eine in der Geschichte des 20. Jahrhunderts seltene Kontinuität verkörpert. So holt mein Versuch, Roosevelts Konzept von Politik und Kriegführung systematisch darzustellen, einerseits eine Ausnahmegestalt von fast mythischer Qualität in die geschichtliche Normalität zurück. Er befreit diesen Präsidenten aber andererseits auch von dem unverdienten Ruf, der Spielball Hitlers oder Hirohitos gewesen zu sein.

Meine neue Konzeption hat mir die willkommene Gelegenheit gegeben, manches von dem nachzuholen und zu vertiefen, was in meinem ersten Roosevelt-Buch fehlt oder zu flach geraten ist. Sie hat es mir aber vor allem ermöglicht, wesentliche, das heißt die Zeiten überdauernde Züge der amerikanischen Politik in diesem Jahrhundert herauszuarbeiten. Die Zuspitzung auf die Person Roosevelts ist dabei ein legitimer Kunstgriff, der diese selbstgestellte Aufgabe zum Teil überhaupt erst lösbar gemacht hat. Sicher sind mir bei dieser ersten Skizze ärgerliche Ungenauigkeiten oder Fehler unterlaufen. Auch läßt sich gewiß trefflich darüber streiten, ob ich die Hauptsache getroffen oder, was bedenklich wäre, Nebensächlichkeiten überzogen habe. Schließlich werden sich diejenigen zu Wort melden oder in vielsagendes Schweigen hüllen, die nach wie vor bezweifeln, daß Roosevelt ein Konzept gehabt hat. Über dies alles wird sich trefflich streiten lassen. Nur wäre ich meinen Kritikern dankbar, wenn sie meine Motive nicht wieder als »neonazistisch«, »rechtskonservativ« oder »nationalistisch« verdächtigen würden. Denn wahrscheinlich wurde in letzter Zeit kein Buch über den Zweiten Weltkrieg geschrieben, das progressiver, innovativer und weltoffener als das meinige ist. Das ist freilich nur zum geringsten Teil mein Verdienst. Es ist die Folge eines weißen Flecks in unserer Historiographie.

In Deutschland hat sich seit dem Krieg die Unsitte eingebürgert, jeden auf fatale Art und Weise politisch zu denunzieren, der sich weigert, sich der hegemonialen Denkschule von »Hitlers Krieg« widerspruchslos unterzuordnen. Dies mochte in einer Zeit folgenlos bleiben, die einem bipolaren Denken verhaftet war, und höchstens dem Verdächtigten selbst zum Nachteil gereichen. In einer Epoche aber, die, wie der Krieg im ehemaligen Jugoslawien auf bestürzende Art und Weise zeigt, auf eine neue, chaotische und unberechenbare Vielfalt zusteuert, ist dieses Verhalten lebensgefährlich, weil es zusammen mit unserem historischen Erkenntnisfortschritt auch unsere politische Handlungsfähigkeit einschränkt.

Jede Zeit ist politisch nur so gut, wie die Geschichtsschreibung, die sie sich leistet – so gesehen ist der desolate Zustand, in dem sich unsere Politik zur Zeit befindet, vielleicht auch ein Hinweis auf den Zustand unserer Historiographie. Diese wird, wie Heinrich Maetzke unlängst in der *Frankfurter Allgemeinen Zeitung* bemerkte, »Staatsmännern vom Formate Churchills und Roosevelts nicht gerecht, am allerwenigsten Stalin, dem (neben Hitler) anderen Großtyrannen und Weltverderber, der gewiß vieles war, nur eines nicht: Objekt und Opfer.« [10] Was aber taugt eine Geschichtsschreibung, die uns nicht darüber belehrt, wer unsere großen Gegner in diesem Jahrhundert gewesen sind? Diese Gegner sind zwar alle tot, aber die Gegnerschaften beweisen eine manchmal doch beängstigende Lebendigkeit, wenn man bedenkt, daß das wiedervereinigte Deutschland gelegentlich mit dem Dritten Reich verglichen wird.

Politische Willfährigkeit, von der auch Wissenschaftler und Publizisten nicht immer ganz frei sind, hat hier in der Vergangenheit manches verhindert, was in Zukunft wieder wichtig werden wird. Schon sind in der zeitgeschichtlichen Forschung Amerikas und Englands neue Tendenzen erkennbar, auf die wir uns zumindest einstellen sollten, wenn wir nicht Gefahr laufen wollen, uns im internationalen Diskurs zu isolieren. So deuten die Amerikaner Harold G. Vatter und George E. Moore den Zweiten Weltkrieg als ökonomischen, rassistischen und totalen Krieg, der von den USA ausging.

Nach Ansicht Vatters führte der Zweite Weltkrieg zur »definitiven Errichtung der amerikanischen gemischten Wirtschaft« in der Welt. [11] Moore meint, daß die weißen Amerikaner von 1941 bis 1945 von rassistischen Vorurteilen gegen die Japaner motiviert waren, und er überliefert in bezug auf uns Deutsche folgendes erschreckende Roosevelt-Zitat: »Wir müssen Deutschland hart anfassen, und ich meine das deutsche Volk, nicht nur die Nazis. Wir müssen das deutsche Volk entweder kastrieren, oder man muß sie so bearbeiten, daß sie einfach nicht mehr die Leute reproduzieren, die den Weg fortsetzen wollen, den sie in der Vergangenheit beschritten haben.« [12] Sollten solche Ansichten heute noch in der amerikanischen Führungsschicht vorhanden sein, dann gehen Japan und Deutschland unter Umständen schweren Zeiten entgegen.

Warren F. Kimball löst die Einheit des Zweiten Weltkrieges, an der sich unsere verschiedenen Denkschulen wie an einen Strohhalm klammern, sogar vollkommen auf, indem er 1987 im »Journal of American History« behauptete, dieser Krieg habe in Wirklichkeit aus drei ganz verschiedenen Kriegen bestanden – erstens aus »dem britischen Krieg gegen Deutschland, 1939 – 1941, in dem das bloße Überleben des Vereinigten Königreichs ein dramatischer britischer Sieg war«, zweitens aus dem pazifischen Krieg, in dem die USA Japan besiegten und drittens aus dem deutsch-russischen Krieg, »und in diesem Fall ... gehörte der Sieg der Sowjetunion.« [13] Wie man sieht, kommt Hitler in dieser Perzeption nur noch als Verlierer vor.

In England hat der Historiker John Charmley kürzlich in seinem Buch »Churchill. The End of Glory« recht kräftig am Mythos dieses Mannes gekratzt, der nach Meinung des Autors den Krieg hätte verkürzen oder gar vermeiden können, wäre er nicht von Hitler besessen und auf seinen Ruhm bedacht gewesen. Und James Rusbridger und Eric Nave versetzten der westlichen Welt mit ihrem Buch »Betrayal at Pearl Harbor« einen gelinden Schock, als sie behaupteten, Churchill habe im voraus von dem japanischen Überfall gewußt, Roosevelt aber deshalb nicht gewarnt, weil er Amerika um jeden Preis in den Krieg hineinziehen wollte.

Man mag von diesen Thesen und Titeln halten, was man will – sie zeigen, mit welchem Temperament die Diskussion um den Zweiten Weltkrieg anderenorts geführt wird. Eine ähnliche Entwicklung dürfte in Rußland bevorstehen, wenn dort erst einmal die letzten Fesseln der Unfreiheit gefallen sind. Dagegen wirkt die zeitgeschichtliche Diskussion in Deutschland so gleichförmig und so betoniert wie eine Autobahn, deren Spuren sämtlich in ein und dieselbe Richtung führen und auf der Wenden bei Strafe verboten ist.

Lebensgefährlich ist diese Erstarrung deshalb, weil sie über das Zeitalter der amerikanisch-sowjetischen Bipolarität hinaus an einem germanozentrischen Geschichtsbild festhält, das uns mit Hitler als scheinbar allmächtiger Zentralfigur weder unsere Vergangenheit, noch unsere Gegenwart und Zukunft hinreichend erklärt. Dieses unzureichende Bild entspricht nicht nur immer weniger unserem historisch-politischen Bewußtsein, je mehr wir uns von der Vergangenheit entfernen – es setzt uns auch, je mehr wir uns der Zukunft nähern, der Gefahr einer weltweiten Isolierung aus. Es ist in doppelter Weise anachronistisch. Überall in der deutschen Tagespolitik ist die Gefahr, die von diesem Tatbestand ausgeht, schon jetzt mit Händen greifbar. Sie wird sich aber noch verstärken, je mehr sich der äußere und innere Druck verstärkt.

Mit dem Ende der Sowjetunion und des Kommunismus wurde nicht nur die Teilung der Welt überwunden. Vielmehr wurde das wiedervereinigte Deutschland wieder eine formidable Macht. Es wird sich deshalb, wie ich fürchte, in Zukunft wieder denselben Problemen wie in der Zeit vor 1945 oder vor 1933 gegenübersehen. Eine solche Macht kann es sich auf die Dauer nicht leisten, ihre Vergangenheit, Gegenwart und Zukunft so zu betrachten, wie sie es gern möchte oder wie es andere von ihr verlangen. Sie muß die Dinge sehen, wie sie wirklich waren und wie sie wirklich sind und wie sie sich aller Voraussicht nach entwickeln werden. Das heißt, sie steht bei allem Patriotismus für ihr freiheitlich-demokratisches Ethos unter dem ehernen Gesetz der Realgeschichte und der Realpolitik. Ja, ich behaupte sogar, sie wird dieses Ethos auf die Dauer nur dann behaupten, wenn sie sich mutig unter jenes Gesetz stellt. Alles andere wird einen unerträglichen Widerspruch zu unseren wahren Lebensinteressen erzeugen, den das unruhig gewordene Volk wieder einmal durch eine neue Revolution von rechts abwerfen wird. Auch dafür sind die Vorboten leider schon heute da.

Das Gesetz der Realgeschichte und Realpolitik gebietet uns die Annahme, daß es in den nächsten Jahren und Jahrzehnten zu zunehmenden Konflikten zwischen dem wiedervereinigten Deutschland und den Vereinigten Staaten von Amerika kommen wird, auch wenn Deutschland ein Teil des vereinten Europa sein wird. Dieses Deutschland ist wieder eine kritische Größe, die allein schon durch ihre Existenz in der Mitte Europas Probleme schafft.

In diesen Konflikten werden auf beiden Seiten des Atlantiks voraussichtlich wieder dieselben Argumente, Scheinargumente und Vorurteile eine Rolle spielen, die wir schon aus der Zeit vor den beiden letzten Weltkriegen kennen. Vielleicht wird daraus – ich wage diesen Gedanken kaum niederzuschreiben – sogar einmal der Dritte Weltkrieg entstehen. Jedenfalls wird in Amerika, wie aktuelle Neuerscheinungen auf dem dortigen Buchmarkt zeigen, schon wieder an »unseren nächsten Krieg gegen Japan« und an »die kommende Wirtschaftsschlacht zwischen Japan, Europa und Amerika« gedacht.

Um diesen Gefahren adäquat zu begegnen, müssen wir die amerikanische Politik besser verstehen als bisher, das heißt wir müssen ihre inneren Gesetzmäßigkeiten, ihre Grundlagen und Voraussetzungen, Mittel und Ziele kennen. Wir müssen mehr von Amerika wissen als bisher, auch von seiner Nachtseite, die uns eine auf falsche Harmonie angelegte *public relations* verschwiegen hat. Diesem doppelten Ziel dienen meine beiden Bücher über Franklin Delano Roosevelt. Sie sind, auch wenn sie sich der Geschichte als Material bedienen, grundsätzlich zukunftsorientiert.

Dabei ist mir bewußt, was schon der frühere deutsche Botschafter in Washington, Johann Graf Bernstorff, im Rückblick auf die Kaiserzeit 1920 geschrieben hat: »In Deutschland gab es kein Verständnis für die seltsame Mischung aus politischer Schlitzohrigkeit, ökonomischem Scharfsinn, Hartnäckigkeit und Sentimentalität, die den Charakter des amerikanischen Volkes ausmachen.« [14] Ich würde es bedauern, wenn wir uns heute in eine selbstverschuldete Unwissenheit einmauern würden, denn diese haben wir schon zweimal in diesem Jahrhundert bitter bezahlt.

Freilich ist der Gang der Gezeiten nicht immer leicht zu verstehen, der von alters her in Amerika herrscht, dieses eigentümliche Auf und Ab von Zuwendung zur und Abwendung von der Außenwelt, diese befremdliche Kombination aus nüchternem Geschäftssinn und missionarischem Kreuzzugsgeist, dieser manchmal nur schwer erträgliche Gegensatz zwischen *know how* und *know why and what* – zwischen dem Wissen, wie man etwas macht, und der Ignoranz in bezug auf die Gründe und Zwecke des eigenen Tuns.

Amerika hat immer in der Versuchung gestanden, seinen *common sense* über den Rest der Welt auszugießen wie einen heiligen Geist. Aber nach den beiden »heißen« Weltkriegen und dem Kalten Krieg dieses Jahrhunderts hat Amerika nicht viel mehr erreicht, als »ganze Staaten zur Zwangsarbeit für Banken herabzudrücken«, wie es bei dem konservativen Kulturkritiker Oswald Spengler schon 1930 heißt [15] – also die Teilung in eine kleine reiche und in eine große arme Welt. Diese Kluft besteht weiter auch nach dem Ende der Bipolarität. Sie vertieft sich, und sie zieht sich heute schon durch die westliche Welt.

Nach einer klugen Beobachtung des Historikers Robert Osgood war Amerika in der Vergangenheit umso leichter versucht, den einfachen Weg zu gehen, je schwieriger die Lage wurde – den Weg in den Krieg. Der Golfkrieg ist dafür das bislang letzte Beispiel gewesen. [16] Dabei hatte Amerika in den ersten neun Jahrzehnten dieses Jahrhunderts in einer gewissen Weise das Glück, äußeren Mächten gegenüberzustehen, die es als Bedrohung seiner Sicherheit empfand, Mächten, gegen die es sich mit militärischen Mitteln rüsten konnte, Mächten, die selbst fähig waren zum Krieg. Wie Amerika mit diesen Mächten unter Roosevelt umging, wird in diesem Buch zu lesen sein.

Im letzten Jahrzehnt dieses Jahrhunderts und darüber hinaus wird Amerika und alles, wofür es steht, jedoch nicht mehr von deutschen oder japanischen oder russischen Panzern, U-Booten oder Raketen bedroht, sondern von der wachsenden Armut in dieser Welt – eine feindliche Macht, die heute bereits mitten unter uns steht. Ich bin gespannt, wie sich Amerika unter diesen völlig veränderten Bedingungen bewähren wird. Bei Osgood las ich Sätze, die mich zugleich nachdenklich und zuversichtlich machen und die ich an den Schluß meiner Betrachtungen stellen möchte:

»Im Grunde sind die meisten Amerikaner dagegen, daß es auswärtige Beziehungen gibt. Sie wären froh, wenn der Rest der Welt seiner Wege ginge, ohne die Vereinigten Staaten zu belästigen. Aber die Amerikaner spüren, daß sie dazu verurteilt sind, um des eigenen Überlebens willen an der schmutzigen Gesellschaft der Nationen teilzuhaben. So bewirkt lediglich die Furcht vor Unsicherheit, daß ihnen die Bürde der Weltpolitik, die materiellen und menschlichen Opfer als tragbar erscheinen, während gerade die Intensität dieser Furcht ihr Verlangen nach dem Rückzug steigert. Es ist ein grausames Dilemma, das von der Nation verlangt, sich in die Angelegenheiten der Welt zu verwickeln, um ihnen zu entkommen.«

Ich wünsche mir, daß unsere amerikanischen Freunde dieses Dilemma in Zukunft mit unserer Hilfe friedlich lösen. Wenn uns das gelingt, dann besteht Hoffnung auf eine neue Neue Welt.

Meine Danksagung am Schluß dieses Prologs gilt an erster Stelle meiner Frau Mechthild, die mich mit nie nachlassendem Humor begleitet, auch wenn sie nicht immer derselben Meinung ist wie ich. Mein Dank gilt aber auch anderen Mitgliedern meiner Familie und meinen Freunden, nicht zuletzt meiner inzwischen recht betagten, aber rüstig gebliebenen Mutter, die mir diesen nicht immer ganz einfachen Weg am Anfang ermöglicht hat.

Alsdann danke ich meinem Verleger, Dr. Herbert Fleissner, und meinem

Lektor Hans R. von Zabuesnig für die Treue, die sie mir in all' diesen Jahren gehalten haben. Obwohl es Außenseiter selten zu Bestseller-Ehren bringen, haben sie die Veröffentlichung meiner beiden Roosevelt-Bücher möglich gemacht.

Schließlich möchte ich meinen Lesern danken, die mir in anrührender Weise gezeigt haben, daß man manchmal auch als nüchterner Historiker den Menschen von heute aus dem Herzen spricht.

Reinbek, im Juli 1993   Dirk Bavendamm

Anmerkungen

1 Dirk Bavendamm, Roosevelts Weg zum Krieg. Amerikanische Politik 1914 bis 1939. München 1983 – als Ullstein-Taschenbuch Nr. 33 115. Berlin 1989

2 Warren F. Kimball, The Juggler. Franklin Delano Roosevelt as wartime statesman. Princeton, N. J. 1992. Dazu die Besprechung von D. Camron Watt in der Times, 3. 7. 92 – Kimballs Werk habe ich nicht mehr verwerten können, weil es für dieses Buch zu spät erschien.

3 *Westdeutscher Rundfunk* (Hg.), *Schuljahr* 1991/92 – I

3a Theo Sommer, Tora! Tora! Tora! In: Die Zeit vom 6. 12. 91, S. 49

4 Ernst Nolte, Der Zweite Weltkrieg und der ambivalente Sieg des ›jüdischen Messianismus‹«. In: Geschichtsdenken im 20. Jahrhundert. Von Max Weber bis Hans Jonas. Berlin/Frankfurt/M. 1991, S. 317

5 Vgl. dazu den Aufsatz von Joachim Fest, Hitlers Krieg. In: VZG, 38. Jgg., Heft 3 (Juli 1990), S. 359–375, der die Argumente noch einmal sehr gut zusammenfaßt.

6 Ernst Topitsch, Stalins Krieg. 2. Auflage. Herford 1990

7 So die Überschrift der *Frankfurter Allgemeinen Zeitung* vom 4. 3. 93 über einem Artikel, in dem Günther Gillessen über neue Dokumente zu diesem Thema berichtet.

8 Viktor Suworow, Der Eisbrecher. Stuttgart 1985

8a Aus dem älteren Schrifttum sind natürlich die amerikanischen »Klassiker« Charles C. Tansill, Charles A. Beard und Harry Elmer Barnes zu nennen. David Hoggan hat sich durch den offenbar unsauberen Umgang mit Dokumenten als »Revisionist« verdächtig gemacht. Liest man die neuere amerikanische Literatur richtig, das heißt mit der gebührenden Aufmerksamkeit für Trends und Zwischentöne, dann wird man in ihr freilich durchweg »revisionistische« Züge in dem Sinne entdecken, daß hier keinerlei Rücksicht auf deutsche Verkrampfungen genommen wird.

8b So Dankwart Kluge, Eine 39er Spätlese. In: *criticon* Nr. 125 (Mai/Juni 1991), S. 149f.

9 Paul Kennedy, Aufstieg und Fall der großen Mächte. Ökonomischer Wandel und militärischer Konflikt von 1500 bis 2000. Aus dem Englischen von Catharina Jurisch. Frankfurt/M. 1989

9a Militärgeschichtliches Forschungsamt (Hg.), Das Deutsche Reich und der Zweite Weltkrieg. Band 1–6. Stuttgart 1979ff.

9b Klaus Schwabe, Die Jahre der großen Wende. Deutschland und der Zweite Weltkrieg 1941–1943. In: *Frankfurter Allgemeine Zeitung* vom 28. 12. 91

10 Heinrich Maetzke, Der deutsch-russische Krieg. Ein Sammelband bietet einen Überblick über die Forschung. In: *Frankfurter Allgemeine Zeitung*, 24. 10. 91, S. 13

11 Harold G. Vatter, The US-Economy in World War II. New York 1988

12 George Moore in einer Besprechung des Buches von John W. Dower, War without Mercy. Race and Power in the Pacific War. New York 1986. In: Journal of American History, Vol. 73, Nr. 4 (März 1987), S. 1074 f.
13 Warren F. Kimball in einer Besprechung des Buches von David Eisenhower, Eisenhower. At War 1943–45. New York 1986. In: Journal of American History, Vol. 74, Nr. 3 (Dezember 1987), S. 1092
14 Johann H. Bernstorff, My Three Years in America. New York 1920, S. 30
15 Oswald Spengler, Jahre der Entscheidung. Berlin 1930, S. 74.
16 Robert Osgood, Ideals and Self-Interest in America's Foreign Relations. Chicago 1953, S. 433 – Dort auch das Zitat weiter unten.

Teil I

Die Voraussetzungen

1.

Franklin Delano Roosevelt

Als im Herbst 1939 der Krieg in Europa ausbrach, war Franklin Delano Roosevelt 57 Jahre alt. Politiker und Militärs, die ihn im Weißen Haus besuchten, schildern ihn als Mann in den besten Jahren, noch immer imponierend groß, wenn auch etwas grauer und fülliger als früher, mit einer gebieterischen Stimme, die gleichzeitig so warm und familiär klingen konnte. Die Lähmung, die seine Beine befallen hatte, zwang den Präsidenten, hinter dem Schreibtisch des *Oval Office* in einem Rollstuhl zu sitzen, oft in Hemdsärmeln ohne Krawatte, mittags vielleicht mit den Resten einer kleinen Mahlzeit vor sich, locker und informell – einer der mächtigsten Männer der Welt.

Roosevelt pflegte seine Gesprächspartner, die sein Arbeitszimmer betraten, mit ausgestreckter Hand breit lächelnd zu begrüßen, das kräftige Kinn herausfordernd hochgereckt, meistens mit einem Scherz auf den Lippen. Der Präsident besaß einen beträchtlichen Charme, der sofort übersprang, und seine phänomenale Fähigkeit, die Psychologie von Menschen und Situationen blitzartig zu erfassen, machte es ihm leicht, fast jede Begegnung erfolgreich zu bestehen. Als Kettenraucher hatte er die Angewohnheit, seine Worte mit einer langen Zigarettenspitze wie mit einem Florett zu unterstreichen, und wenn er sich nach dem kargen Mittagsmahl etwas entspannte, wirkte Roosevelt wie ein in Ehren ergrauter Admiral, der zufrieden auf seiner Brücke ausruhte.

Viereinhalb Jahre später, im Frühjahr 1944, hatte sich dieser positive Gesamteindruck in sein Gegenteil verkehrt. Roosevelt war auffallend stark gealtert und kränkelte. Er klagte über Kopfweh und Müdigkeit, litt an Atemnot, Herz- und Kreislaufbeschwerden. Seine Gesichtszüge wirkten grau und eingefallen, sein Mund schlaff. Der Präsident nickte manchmal mitten im Gespräch ein, und seine kraftlose flache Stimme war bei öffentlichen Reden kaum mehr zu verstehen. Roosevelt sah müde und erschöpft aus, seine Schultern fielen nach vorn, und bisweilen konnte er ein Zittern seiner Hände nicht unterdrücken.

Auf Lord Moran, Churchills Leibarzt, der Roosevelt während der Konferenz von Jalta im Februar 1945 zu Gesicht bekam, wirkte der amerikanische Prädident wie ein Sterbender. Zwar schlug sich Roosevelt nach der Beobachtung von Konferenzteilnehmern auf den Hauptsitzungen, die an den Nachmittagen stattfanden, noch recht wacker, obwohl er häufig auf den gewohnten Mittagsschlaf verzichten mußte. Als er aber wenig später vor dem Kongreß in Washington Rechenschaft über seine Verhandlungen mit Stalin ablegte, mußte er seine Rede im Sitzen halten – so geschwächt war er. Zwei Monate später war Franklin Delano Roosevelt tot. Er starb im Alter von 63 Jahren an einem Gehirnschlag. Zu diesem Zeitpunkt hatte er seine unermeßliche Macht aus Gründen, die bis heute im Dunkeln blieben, bereits mit dem sowjetischen Diktator geteilt.

In diesen sechs Jahren, von 1939 bis 1945, stiegen die Vereinigten Staaten von Amerika endgültig zur Supermacht auf. Es war die letzte Etappe auf einem Weg, der 1898 mit dem Sieg über das Spanische Reich begonnen hatte und der 1945 mit dem Sieg über das Deutsche Reich endete. Dieser Weg war mit richtigen Entscheidungen und Irrtümern, mit Erfolgen und Rückschlägen, mit Triumphen und Tragödien übersät. Aber die Tatsache, daß Amerika seine Macht in der Stunde des größten Triumphes mit der Sowjetunion teilte, war allein die persönliche Tragödie Roosevelts.

Der gesundheitliche Verfall in den letzten Lebensjahren hat zu weitreichenden Spekulationen über Ursachen und Folgen geführt. Litt Roosevelt an Bluthochdruck oder an der Alzheimerschen Krankheit, oder wurde er am Ende nur das Opfer jener gewaltigen Anspannung, die seine mehr als zwölfjährige Amtszeit mit sich eebracht hatte, noch einmal drastisch erhöht durch den Krieg? War Roosevelt dadurch so geschwächt, daß er Stalin in Jalta unnötige Konzessionen machte? War er in den letzten Monaten seines Lebens überhaupt noch Herr seiner selbst?

Diese Fragen haben alle Welt in den letzten fünfzig Jahren beschäftigt. Sie haben zu allerhand Gerüchten geführt: Angeblich hat Roosevelt in Jalta die Glatzer mit der Görlitzer Neiße verwechselt. Angeblich war seine Delegation mit kommunistischen Agenten durchsetzt. Angeblich war er selbst Kommunist, Freimaurer oder Jude, von finsteren Absichten wie von einem bösartigen Krebs durchsetzt. Diese Gerüchte mögen Lügen sein oder einen wahren Kern enthalten – sie alle dienten nur dem einen Zweck: Sie sollten das Unbegreifliche begreifbar machen – die Teilung der Welt in zwei einander feindliche Welten.

Dieses Buch wird erstmals in aller Ausführlichkeit darlegen, daß es zur Erklärung dieses scheinbar unerklärlichen Vorganges keiner Spekulationen und keiner Gerüchte bedarf. Nichts an dem, was Roosevelt von 1939 bis 1945 tat oder unterließ, war unlogisch oder unbedarft – alles folgte einer gewissen Linie und manchmal sogar einem bestimmten Plan. Wenn man genau hinsieht, so erkennt man in dem Wirken dieses amerikanischen Präsidenten, der unsere Wirklichkeit stärker als jeder andere vor und nach ihm geprägt hat, sowohl eine erstaunliche Größe als auch einen überraschenden Mangel an Phantasie und Fleiß, Umsicht und Stehvermögen. Man lernt, die beiden Seiten Roosevelts zu unterscheiden – seine Genialität und seine Unfähigkeit. Und man kommt am Ende zu dem Schluß, daß Roosevelts Sieg über Hitler und Roosevelts Kapitulation vor Stalin in Wirklichkeit zwei Seiten einer Medaille waren – nämlich Ausdruck einer unglaublichen Arroganz der Macht.

Weniger wichtige Aspekte wie etwa die wahre Natur von Roosevelts Krankheit werden dagegen wahrscheinlich für immer ungeklärt bleiben. Obwohl ständig von Leibarzt Ross T. McIntyre betreut, hat man bisher keine Krankenakte des Präsidenten gefunden – sie wurde entweder vernichtet oder niemals angelegt. Selbst die erste große klinische Untersuchung, die der Kardiologe Howard G. Bruenn am 27. März 1944 schließlich auf Drängen von Eleanor Roosevelt an dem Leidenden vornahm, wurde so überstürzt durchgeführt, daß sich aus ihr offenbar keine eindeutige Diagnose ableiten ließ. Wenn es anders war, dann hat es die Ehefrau des Präsidenten in ihren Memoiren verschwiegen. Wie amtsmüde sich Roosevelt am Ende auch immer gefühlt haben mag – die politischen Kräfte, die hinter ihm standen, hatten ein überwältigendes Interesse daran, daß dieser und kein anderer Präsident den Krieg beendete, mochte man ihn danach auch mit den Füßen voran aus dem Weißen Haus tragen, und Roosevelt selbst wurde nicht müde, seine Amtsfähigkeit bis zum letzten Atemzug zu bekräftigen.

Ebensowenig ergeben die Meinungen von Zeitgenossen über Roosevelts Persönlichkeit ein klares Bild, und auch das Porträt, das die Nachwelt von ihm zeichnete, wird wohl auf immer zwiespältig bleiben wie bei jeder großen historischen Persönlichkeit. Für Hitler war dieser Präsident ein amerikanischer Plutokrat, der einer dekadenten, weil demokratischen, internationalistischen und »verjudeten« Umgebung entstammte. Churchill schätzte Roosevelts aufrichtige und warmherzige Art und die Entschlossenheit, mit der dieser amerikanische Präsident Großbritannien beistand, nachdem er dessen Notlage erkannt hatte. Stalin betrachtete Roosevelt wahrscheinlich mit einer Mischung aus Argwohn und Sympathie – mit Argwohn, weil er nie sicher sein konnte, ob ihn die Amerikaner nicht hinter's Licht führten, und mit Sympathie, als er erkannte, daß Roosevelt nichts ferner lag als das, jedenfalls für eine geraume Zeit.

Auch in Amerika selbst war Roosevelt schon zu seinen Lebzeiten umstritten. Während ihn seine engste Umgebung wie das gesalbte Oberhaupt einer heiligen, wenn auch etwas chaotischen Familie verehrte, galt der Präsident bei seinen innenpolitischen Gegnern als Kriegstreiber, Kommunistenfreund und Diktator, ein machtgieriger Macchiavellist, der zu allem fähig war, nur nicht zu einer weit vorausschauenden Politik. An Roosevelt wurden die rasche Auffassungsabe ebenso geschätzt wie seine gründlichen Kenntnisse in Flottenkunde und Geographie. Beobachter hatten den Eindruck, daß dieser Präsident feste Pläne ebenso verabscheute wie voreiliges Handeln und daß er sich noch in äußerster Bedrängnis auf seine guten Nerven und sein hochentwickeltes Gespür für Unwägbarkeiten verlassen konnte. Aber viele bezweifelten, daß dies ausreichte für eine strategisch angelegte Weltpolitik.

Nach einem Wort Charles de Gaulles, den eine gestörte Beziehung mit Roosevelt verband, war der amerikanische Präsident »von höchsten Ambitionen erfüllt. Ihn befähigten hierzu seine Intelligenz, sein Wissen, seine Kühnheit. Der mächtige Staat, dessen Oberhaupt er war, bot ihm die Mittel, der Krieg die Gelegenheit dafür ... In Bewunderung der eigenen Kraft, im Gefühl, daß ihre Dynamik innerhalb der eigenen Grenzen nicht genügend Spielraum hatte, und in dem Willen, in der ganzen Welt den Elenden und Unterdrückten zu helfen, gaben die Vereinigten Staaten ihrerseits der Neigung zur Intervention nach, hinter der sich Herrschsucht verbarg. Diese Neigung hatte sich vornehmlich Präsident Roosevelt zueigen gemacht. So hatte er alles getan, damit sein Land an dem Weltkonflikt teilnahm.«[1]

Vielleicht kommt diese Beurteilung eines Zeitgenossen, in der die gebrochenen Töne vorherrschen, in der aber auch schon das Herrschaftsmotiv anklingt, der Wahrheit tatsächlich am nächsten. Einig sind sich jedoch die Beobachter aller Couleur, daß Roosevelt schon 1941 »der Präsident der Welt« *(New Republican)* war, die »Zentralfigur des Weltkrieges« (so sein Persönlicher Referent William D. Hassett) und »das wirtschaftliche Hauptquartier der Anti-Nazi-Koalition« (so Biograph James McGregor Burns). Kein Wunder, befanden sich die Vereinigten Staaten doch schon zu diesem Zeitpunkt je nachdem, wie man rechnet, seit zwei, drei oder vier Jahren im Krieg.

Der Widersprüche gibt es viele im Erscheinungsbild Roosevelts, doch sie wurden alle durch den größten und erfolgreichsten Krieg in der bisherigen Geschichte Amerikas eskamotiert. Roosevelt ist heute ein amerikanischer Held, wie Churchill ein englischer Held ist – scharf abgesetzt gegen die Schurken der Weltgeschichte, Stalin und Hitler. Doch es kann kein Zweifel daran bestehen, daß dieser Präsident sein Land von 1932 bis 1938 ebenso ehrgeizig und ebenso planmäßig wie die Diktatoren, wenn auch mit grundverschiedenen Mitteln, in eine Form gebracht hat, in der es nach den Sternen greifen konnte – nach der Verwirklichung des amerikanischen Traums im Weltmaßstab.

Es war Roosevelts persönlicher Traum, der erste Mann dieser schönen neuen Welt zu sein. Zwar waren gegen Ende seiner beiden ersten Amtszeiten immer noch 40 Prozent der Amerikaner schlecht ernährt. Fast 40 Prozent der erwachsenen Männer erwiesen sich bei der Musterung 1940/41 als untauglich. Zehn Millionen Amerikaner waren bei Kriegsbeginn arbeitslos, darunter besonders viele Schwarze. Aber das alles änderte sich durch und mit Roosevelts Krieg.

Mit den drei großen »R's« seines *New Deal* – »Relief« (Erleichterung), »Recovery« (Erholung) und »Reform« – hatte der Präsident sein Land nach der Weltwirtschaftskrise in den beiden ersten Amtszeiten innenpolitisch konsolidiert. Zugleich hatte er damit aber auch die Voraussetzungen für jenes kraftvolle Konzept von Politik und Kriegführung geschaffen, das er in seiner dritten und vierten Amtszeit in die Tat umsetzte. Bereits im Frühjahr 1943, nicht einmal ein halbes Jahr nach der erfolgreichen Landung amerikanischer Truppen in Nordafrika, war dieses Konzept soweit realisiert, daß Roosevelt damit begann, sich den Fragen der Zukunft zuzuwenden, den Beschäftigungschancen seiner Soldaten in der Nachkriegswirtschaft und der Teilung Deutschlands. So sicher war er sich seines Sieges.

Da Innen- und Außenpolitik, Frieden und Krieg in Roosevelts Bewußtsein stets eine unauflösliche Einheit bildeten, empfand sich der Präsident seit

Beginn der Kampfhandlungen in Europa nicht nur als politischer Führer, sondern auch als militärischer Oberbefehlshaber, ohne daß dies viel an seinen liebgewordenen Gewohnheiten geändert hätte. Während Hitler in Uniform seinen verschiedenen Hauptquartieren nachreiste, Churchill behelmt durch die Ruinen Londons stapfte und Stalin an die Verlegung seiner Hauptstadt hinter den Ural dachte, lebte Roosevelt sein Leben weiter, als wäre nichts geschehen. Er warf den ersten Baseball der Saison, nahm am Ostereiersuchen auf dem Rasen vor dem Weißen Haus teil und schnitt am *Thanksgiving*-Tag im Kreis seiner Familie den Truthahn an. Erst im Winter 1941/42, nach Pearl Harbor, wurden die Wachen vor seinem Amtssitz verdoppelt, die Fenster verdunkelt und Gasmasken an die Mitarbeiter verteilt.

Aber auch dann änderte sich wenig an seiner Tages- und Wochenroutine: Jeden Morgen nahm der Präsident gegen 8.30 Uhr in seinem Bett das Frühstück ein, während sich die dann schon gelesenen Exemplare der *New York Times*, der *Herald Tribune* und der *Washington Post* zusammen mit eiligen Berichten oder wichtigen Telegrammen auf Boden oder Nachttisch türmten. Gegen zehn Uhr ließ sich Roosevelt in einem kleinen wendigen Rollstuhl ohne Armlehnen von seiner Privatwohnung in seine Amtsräume fahren. Hier wurden den Vormittag über und zum Mittagessen wichtige Besucher empfangen. Die Nachmittage bis zur Cocktailstunde gehörten der Aktenarbeit, dem Diktat von Briefen und Memoranden. Das Abendessen nahm der Präsident häufig im Kreis seiner Mitarbeiter ein, manchmal wieder im Beisein von Gästen. Danach arbeitete er an Reden oder las ein Buch oder beschäftigte sich mit seinen Briefmarken und Marinedrucken bis in die Nacht hinein.

Ebenso geregelt war Roosevelts Wochenablauf: Montags und dienstags traf er mit führenden Vertretern des Kongresses zusammen – mit seinem Vizepräsidenten sowie mit den Sprechern und Mehrheitsführern der beiden Häuser, Senat und Repräsentantenhaus. Mit ihnen besprach der Präsident, der sich als Anreger und Bändiger der Legislative verstand, wichtige Gesetzesvorhaben. Am Dienstagnachmittag und Freitagvormittag fanden die berühmten Pressekonferenzen statt, bei denen sich häufig spritzige Dialoge ergaben.

Roosevelt:»Ich bin nach wie vor etwas links von der Mitte. Ich denke, diese Frage wurde vor elfeinhalb Jahren beantwortet, und das gilt nach wie vor.«

Journalist:»Aber Sie sagten uns vor kurzem, daß Sie nun Dr.-Gewinne-den-Krieg und nicht mehr Dr. *New Deal* seien.«

Roosevelt:»Das ist richtig.«

Journalist: »Die Frage ist, ob Sie nach dem Krieg wieder Dr. *New Deal* sein werden.«

Roosevelt:»Nein, nein, nein. Ich werde mich etwas links von der Mitte halten, was auch bedeutet, den Krieg zu gewinnen. Aber das ist keine befriedigende Antwort, oder?«

Journalist:»Nein.«

Roosevelt:»Aber Sie haben das Eis gebrochen, May!«

Journalist:»Nein.« [2]

Jeden Freitagnachmittag tagte in Washington das Kabinett. Nur Krisen, Vorfälle und Entwicklungen ganz besonderer Art konnten an dieser Terminplanung etwas ändern.

Seiner Funktion als Oberbefehlshaber aller amerikanischen Streitkräfte zu Wasser, zu Lande und in der Luft diente der Kartenraum, den sich Roosevelt – nach dem Vorbild von Churchills Lagezentrum in der Londoner Admiralität – neben dem *Oval Office* einrichten ließ. Er war die einzige bedeutende Neuerung im Weißen Haus, welche die Kriegszeit mit sich brachte. Auf riesigen Karten, die ringsum an den Wänden hingen, alle sieben Weltmeere zeigten und ständig aktualisiert wurden, konnte Roosevelt jederzeit den Standort jeder Truppeneinheit, jeder Flotte und jedes Luftgeschwaders feststellen. Er selbst konnte an Hand dieser Karten auch jederzeit in jede größere oder kleinere militärische Operation eingreifen. Roosevelt machte recht häufig von dieser Möglichkeit Gebrauch, während über Fernschreiber und Telefon die neuesten Meldungen von den verschiedenen Fronten einliefen, so daß er sich mit den wachhabenden Offizieren über den aktuellen Kriegsverlauf austauschen konnte.

Roosevelt verließ sein Land während der Kriegsjahre weniger als ein halbes Dutzend Mal – und zwar nur, um zu den Gipfelkonferenzen mit Churchill und Stalin nach Casablanca, Teheran und Jalta zu reisen und um den britischen Premierminister auf dem Territorium Kanadas zu treffen. Nur zweimal machte er förmliche Truppenbesuche – einmal am Rande der Konferenz von Casablanca im Januar 1943, als er mit 20.000 GI's unter freiem Himmel in der marokkanischen Wüste Schinken und süße Kartoffeln verspeiste, das andere Mal im Juli 1944 im Zusammenhang mit einer Strategie-Konferenz, als er bei San Diego in Kalifornien einer amphibischen Übung von 10.000 Soldaten beiwohnte und die ruhmreiche 7. U.S.-Infanterie-Division besuchte.

Im Grunde bedauerte es Roosevelt sehr, daß er nie in seinem Leben Uniform getragen hatte. Aber bei aller Begeisterung für das Kriegshandwerk, insbesondere für die amerikanische Flotte, bemühte er sich nach außen mit Erfolg, als ein ziviler und auch christlicher Präsident zu erscheinen: Roosevelt plauderte mit Reportern rauchend über die neuesten Kriegsereignisse, als handelte es sich um Nebensächlichkeiten. Er hielt im *Oval Office* oder auf seinem Landsitz *Hyde Park* Andachten ab, bei denen er selbst die Bibel las, und er machte wie im tiefsten Frieden seine Segelturns und Badekuren.

Der Führungsstil des Präsidenten war kommunikativ, geschmeidig, unkonventionell und völlig unberechenbar. Roosevelt konnte seine Mitarbeiter mit unerbittlicher Härte durch die Tagesordnung seiner Haupt- und Staatsaktionen peitschen. Er konnte sich aber auch stundenlang allein in irgendein Detail vertiefen. Der Präsident telefonierte viel, empfing Heerscharen von Besuchern und bedeckte ganze Stöße von Papier mit seiner großen, steilen, leicht nach rechts geneigten Handschrift, das eine Mal in Gestalt kleiner Merkzettel, ein anderes Mal in Form umfangreicherer Briefe oder Ausarbeitungen. Roosevelt redete viel und gern, aber er konnte auch zuhören und anhaltend schweigen.

Er war von entwaffnender Offenheit, ließ sich aber von niemandem in die Karten sehen. Ein und demselben Mitarbeiter oder Kooperationspartner gab er an einem Tag das Gefühl absoluter Nähe und Vertrautheit, um ihn am nächsten wie Luft zu behandeln oder zu verstoßen.

Eine von Roosevelts Standard-Methoden bestand darin, miteinander streitende Minister, führende Militärs, Behördenchefs, Gewerkschafter oder Industrielle solange sich selbst zu überlasen, bis sie sich auf eine Lösung geeinigt hatten. Für jedes neue Problem, das sich im Übergang vom Frieden zum Krieg und auch später während des Krieges etwa bei der Mobilisierung der amerikanischen Wirtschaft, bei der Kontrolle über die Gewerkschaften oder bei der Steuerung von Kongreß und Preisen, Rohstoffen und Streitkräften, Staatshaushalt und Propaganda ergab, pflegte dieser Präsident neue Behörden, Ämter oder Ausschüsse zu schaffen. Mit seinen Stabschefs und Admirälen hielt er engen Kontakt, nur um sich im passenden oder unpassenden Augenblick über ihre Ratschläge und Entscheidungen hinwegzusetzen.

Die Folge von alledem war, daß der Präsident weder für Mißerfolge und Rückschläge verantwortlich zu machen war, noch Erfolge und Fortschritte für sich persönlich in Anspruch nehmen konnte. So wirkte er ebenso selbstlos wie unangreifbar. Anscheinend war er nur ein guter Geist, der über den widerstreitenden Parteien schwebte. Aber in Wirklichkeit behielt er sich überall und gegenüber jedermann das letzte Wort vor, und fast immer war er bis in alle Einzelheiten in die Tagesgeschäfte und langfristigen Planungen eingeweiht.

Es fällt nicht schwer, Roosevelts Arbeitsstil als künstlerisch zu bezeichnen – mit unaufgeräumten Schreibtischen, die von Papieren überquollen, mit Sitzungen, die zu jeder beliebigen Tages- und Nachtzeit anberaumt wurden, mit Mitarbeitern, die sich teils als Insassen eines Tollhauses, teils als Mitglieder einer verschworenen Gemeinschaft, teils als Propheten eines goldenen Zeitalters empfanden. In Wirklichkeit aber war alles, was Roosevelt tat und unterließ, Teil einer ausgeklügelten Image-Strategie, Resultat einer persönlichen Überlegenheit, wie sie nur Stand und Status einer der ältesten und berühmtesten Ostküstenfamilien verleihen konnten, sowie Ausdruck einer fast übermenschlichen Selbstbeherrschung, verbunden mit einem unverbesserlichen Optimismus. Im Ergebnis erlag fast jeder, der mit diesem Präsidenten zu tun hatte, dem Charisma eines Mannes, der Autonomie, Undurchschaubarkeit und absolute Hingabe an sein Amt zu seinen obersten Prinzipien erhoben hatte, der aber gleichzeitig die Fähigkeit hatte, so menschlich, locker und heiter zu sein.

»Das Amüsante am Präsidenten ist, daß er diese Tatsachen kühl und ruhig registrieren kann, ganz gleich ob wir den Krieg gewinnen oder verlieren«, schrieb Finanzminister Morgenthau im September 1942 in seinem Tagebuch, als man sich in Washington während der deutschen Sommeroffensive die größten Sorgen über die Haltbarkeit der russischen Front machte, »und für mich ist es äußerst ermutigend, daß er diesen Dingen ins Auge zu sehen scheint und daß er sich nicht eine Minute lang etwas vormacht in bezug auf den Krieg. Das, so scheint mir, ist die richtige Haltung, die ein Oberbefehlshaber einnehmen muß.« [3] Und Hassett notierte im November 1942 nach der erfolgreichen Landung in Nordafrika, als die Amerikaner zum ersten Mal zu Lande in die Offensive gingen: Roosevelt sei »immer gelassen, schwungvoll und wie stets zu einer Witzelei oder einem Lacher aufgelegt und kann schlafen, wo immer es notwendig wird – unschätzbare Vorzüge für jemand, der seine Bürde trägt, von der er nie spricht. Kein Wunsch, ein Märtyrer zu sein, tot oder lebendig.« [4]

Wahrscheinlich trugen sein unübersichtlicher Arbeits- und Führungsstil, seine chamäleonhafte Wandelbarkeit und die heitere, fast nonchalante Gelassenheit, die der Präsident selbst in äußerster Bedrängnis an den Tag legte, am meisten dazu bei, daß viele ihn für undurchsichtig, sprunghaft oder sogar charakterlos gehalten haben, nicht selten auch für oberflächlich und inkompetent: Kein Prinzip, kein Freund, kein Alliierter schien Roosevelt auf Dauer an irgendetwas zu binden, nicht einmal seine Frau Eleanor oder eines seiner fünf Kinder. Keine Zusage, keine Verpflichtung, keine Vereinbarung war vor kritischer Überprüfung, zeitlicher Verschiebung oder überstürzter Ausführung sicher. Roosevelt beachtete Konventionen und Traditionen peinlich genau, solange sie ihm als nützlich erschienen, und er stieß sie plötzlich und in grober Weise um, sobald er sie als hinderlich empfand. Niemand konnte deshalb jemals den innersten Grund, das wahre Wesen, die Seele diese Mannes erfassen.

Je weiter der Krieg fortschritt, desto einsamer wurde der Präsident. Seine Frau und er hatten sich nicht mehr viel zu sagen – Eleanor Roosevelt, längst zu einer politischen Figur ganz eigenen Zuschnitts geworden, engagierte sich mehr und mehr im Amt für Zivilverteidigung. Die vier Söhne James, Franklin, Elliot und John waren an der Front, wenn sie nicht gerade dem Vater als Hilfs-Assistenten dienten. Die einzige Tochter Anne war in zweiter Ehe mit dem Journalisten John Boettiger verheiratet, den Roosevelt bisweilen für halboffizielle Missionen einsetzte. Die beiden lebten mit dem Präsidenten-Ehepaar im Weißen Haus.

Natürlich wurden bei Familienfesten die obligaten Fotos gemacht mit Frau, Kindern und Enkelkindern, die der amerikanischen Öffentlichkeit ein harmonisches Familienleben vortäuschten. Aber in Wahrheit hatte Roosevelt nach 1941 wieder begonnen, sich mit Lucy Rutherford zu treffen, einer verheirateten Frau, mit der er in den zwanziger Jahren eine Romanze gehabt hatte. Als der Präsident in seinem Badeort Warm Springs starb, waren nur sie, zwei Nichten, die Porträtmalerin Elisabeth Shoumatoff und Referent Hassett zugegen.

Es ist häufig das Schicksal einsamer Menschen. daß sie Zuflucht bei einer Geliebten oder bei einer Ersatzfamilie suchen. Für Roosevelt bildete der engste Kreis seiner Mitarbeiter offenbar jene halb dienstliche, halb private Umgebung, in der er Entspannung, Lebensfreude und eine an Liebe grenzende Loyalität gefunden hat, wie sie jeder Mensch benötigt. Dazu gehörten außer Hasset seine Bürochefs Marvin McIntyre und Edwin »Pa« Watson,

1   *Der amerikanische Seestratege Alfred Thayer Mahan (1840–1914)* (links)

2   *US-Präsident Theodore Roosevelt (1858–1919)* (rechts)

3   *US-Präsident Wilson (1856–1924) und sein Stellvertretender Marineminister Franklin Delano Roosevelt* (links) *im Jahre 1917*

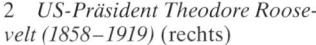
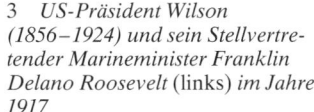

4   *Präsident Roosevelt (2. v. l.), Sohn James, Mutter Sara und Ehefrau Eleanor im* Hyde Park *mit ihrem Gast, dem englischen König Georg VI.*

5   *Präsident Roosevelt bei seiner Quarantäne-Rede am 5. Oktober 1937 in Chicago (rechts)*

6   *Führende Isolationisten wie Hiram Johnson und William E. Borah* (ganz links und ganz rechts sitzend) *beraten über das Neutralitätsgesetz.*

7   *Amerikanische Mütter demonstrieren gegen das Leih- und Pachtgesetz »H. R. 1776.«*

8   *Roosevelt schwört auf einer Wahlversammlung des Jahres 1940, die Amerikaner nicht in fremde Kriege zu schicken.*

9   *Konfettiparade des zum dritten Mal gewählten Präsidenten auf der 7th Avenue in New York, November 1940*

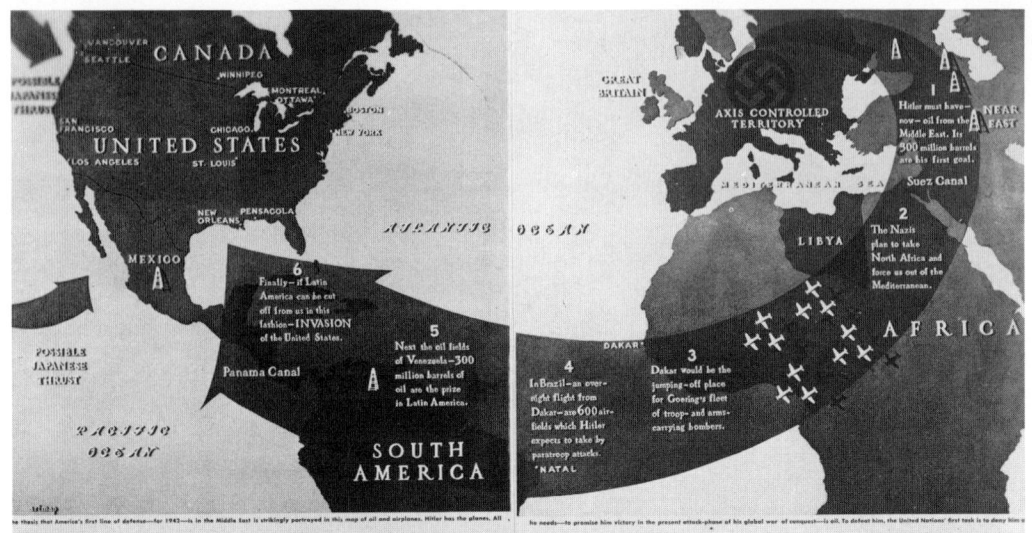

10 *So stellten sich viele Amerikaner Hitlers Plan zur Welteroberung vor (aus der Zeitschrift
Look vom 25. 8. 42).*

11 *Mit Magnesium-Fackeln
stimmt die amerikanische Luftwaffe die New Yorker bereits 1933
auf die drohende Kriegsgefahr ein.*

Pressechef Steve Early, seine Redenschreiber Samuel »Sam« Rosenman und Robert »Bob« Sherwood, seine Sekretärinnen Marguerite »Missy« Le Hand und Grace Tully sowie Leibwächter Michael »Mike« Reilly.

Häufig war der Präsident mit diesem Kreis von Menschen ganz oder teilweise auch in seiner Freizeit zusammen, entweder in »Shangri La«, einem Blockhaus-Komplex 60 Meilen nördlich von Washington, oder in *Hyde Park* am oberen Hudson, wo bis zu ihrem Tode im Sommer 1941 Roosevelts alte Mutter lebte, oder auf einer seiner vielen Segeltouren. Nicht selten zog sich Roosevelt aber auch allein an seinen romantischen Geburtsort zurück, um ein wenig zu gärtnern, Familiengeschichte zu treiben und den Kontakt mit den Nachbarn zu pflegen.

Roosevelt war ein ungemein umtriebiger und kontaktfreudiger Mann, aber sein engster Mitarbeiterstab blieb während des Krieges bis auf wenige Ausnahmen ebenso unverändert wie die politische und militärische Führungsspitze des Präsidenten. Hier, bei diesen Menschen, mit denen er täglich zusammen war und von denen sein eigentlicher Erfolg als sozialer, politischer und militärischer Führer unmittelbar abhing, schien Roosevelts unersättliche Neigung, alles und jeden zu verändern, eine natürliche Grenze zu finden.

Fünf Mitglieder seines innersten Führungskreises zwang Roosevelt während des Krieges selbst zum Rücktritt – Marineminister Charles Edison, Kriegsminister Harry H. Woodring und Handelsminister Jesse Jones, Botschafter William C. Bullitt und Unterstaatssekretär Sumner Welles. Edison und Woodring eigneten sich nicht für ihre Ämter, weil sie sich nicht der dynamischen Führung ihres Präsidenten beim Übergang vom Frieden zum Krieg anzupassen vermochten. Jones wurde gefeuert, weil er sich politisch gegen den Präsidenten gestellt hatte. Welles war nicht mehr zu halten, seit er in der amerikanischen Öffentlichkeit als homosexuell galt. Und Bullitt wurde verstoßen, nachdem er entsprechende Gerüchte in die Welt gesetzt hatte. Ein sechstes Mitglied von Roosevelts innerstem Führungskreis, Admiral Harold R. Stark, legte seinen Posten im März 1942 freiwillig nieder. Nachdem Präsident Roosevelt und dessen Kriegsmarine wegen des japanischen Überraschungsangriffes auf Pearl Harbor unter massiven Druck geraten waren, fühlte der Chef des Admiralstabes, daß die Zeit für seinen Abschied gekommen war. Schließlich mußte ja irgendjemand die Verantwortung für das Desaster übernehmen.

Roosevelt berief nur dann neue Mitglieder in seinen innersten Führungskreis, wenn alte gestorben waren oder aus anderen Gründen selbst das Feld räumten. Hier sind vor allem Marineminister James F. Forrestal zu nennen, der 1944 seinem verstorbenen Vorgänger William F. Knox folgte, und Außenminister Edward R. Stettinius, der 1944 den zurückgetretenen Cordell Hull ersetzte. Forrestal und Stettinius waren dem Präsidenten zum Zeitpunkt ihrer Berufung schon seit Jahren bekannt, weil sie sich in anderen Funktionen glänzend bewährt hatten. Bei allem Wirbel und Wechsel, der rings um Roosevelt herrschte und den er großenteils selbst verursachte, brauchte der Präsident offenbar eine Reihe loyaler Mitstreiter in Permanenz, um sich sicher zu fühlen,

um eine zuverlässige Rückkoppelung für seine oft unkonventionellen Gedanken und Taten zu haben und um seine bei aller Konfusion planvolle Führungskunst voll zu entfalten. Dies ist der tiefere Grund, warum der Eindruck von
einer »Roosevelt-Clique« entstand.

Jedenfalls wies die amerikanische Führungsspitze im Zweiten Weltkrieg eine
auffallende personelle Kontinuität auf: Ganz oben stand Roosevelt in seiner
dreifachen Eigenschaft als Staatsoberhaupt, Oberbefehlshaber und Regierungschef, unterstützt von seinen zivilen und militärischen Stäben. Die militärischen Stäbe wurden ab Mitte 1942 vom »persönlichen Stabschef« des Präsidenten, Admiral William D. Leahy, geleitet. Dagegen könnte man den ab 1942/43
amtierenden »Zaren« der amerikanischen Kriegsverwaltungswirtschaft, James
F. »Jimmy« Byrnes, und Budgetdirektor Harold Smith als Roosevelts »zivile«
Stabschefs bezeichnen, wenn diese beiden Männer nicht so wichtige Klammer-
funktionen zwischen dem zivilen und dem militärischen Teil der Gesamt-
Administration wahrgenommen hätten.

In Wirklichkeit waren Byrnes und Smith ebenso wie »Sicherheitsberater«
Leahy die Vorboten jener modernen Präsidentschaft, die von Roosevelt ab
1939 in die amerikanische Geschichte eingeführt worden ist. In den winzig
kleinen Büros, die diese Troika mit einer sprunghaft anwachsenden Zahl von
Mitarbeitern im Ost- und Westflügel des Weißen Hauses sowie im gegenüber-
liegenden *Executive Building* bevölkerte, entstand während des Krieges jene
ungeheure Machtkonzentration, die das Amt des amerikanischen Präsidenten
bis heute kennzeichnet.

Der eisenharte Byrnes hielt mit Hilfe der beispiellosen Vollmachten, die ihm
Präsident und Kongreß verliehen hatten, das gewaltige Räderwerk jenes
militärisch-industriellen Komplexes in Gang, das Amerika schließlich wie ein
mechanisiertes Naturwunder zum Sieg verhalf. Er wurde unter Roosevelts
Nachfolger Truman amerikanischer Außenminister. Dagegen betätigte sich
Smith als eine Art Super-»Controller«, der mühevoll versuchte, Roosevelts
Konzept von Politik und Kriegführung finanziell einigermaßen in den Griff zu
bekommen. Ganz ist ihm das wohl nie gelungen, denn Smith verzehrte sich an
seiner undankbaren Aufgabe so, daß er 1947 starb.

Leahy, Byrnes und Smith waren die drei Männer, die im Washington der
Kriegszeit wegen ihrer ungewöhnlichen Machtfülle als »assistent presidents«
galten – als inoffizielle Stellvertreter des Präsidenten. Die Tatsache, daß Leahy
und Byrnes ihre Positionen erst ab 1942/43 bekleideten, besagt nicht, daß sie
keine vergleichbaren Vorgänger gehabt hätten. Es bedeutet nur, daß ihre
Ämter von Roosevelt durch denselben inkrementellen Prozeß geschaffen
wurden, der seine Amtsführung insgesamt charakterisierte. Ihre Macht-
bastionen waren also ebensolche Produkte schier endloser administrativer
Versuchsketten, wie der *New Deal*, die Entwicklung der Atombombe oder
die Landung in der Normandie, nur mit dem Unterschied, daß die Ketten in
diesen beiden Fällen schon 1942/43 zu einem gewissen Abschluß gebracht
wurden.

Unterhalb des Machtvierecks, das Roosevelt, Leahy, Byrnes und Smith bilde-ten, erhoben sich einerseits die zivile Verwaltung, andererseits die See-, Land- und Luftstreitkräfte wie zwei mächtige Pyramiden. Die zivile Bürokratie bestand aus zahllosen Ministerien, Behörden und Kriegsverwaltungsämtern mit dem Kabinett an der Spitze. Währenddessen wurden die Flotte, die Luftwaffe und die Armee von den »Chiefs of Staff« (ab Januar 1942: »Joint Chiefs of Staff«) geführt, denen die Stabschefs der drei Teilstreitkräfte ange-hörten. Eine kaum noch überschaubare Fülle von Büros, Ausschüssen, Ver-bindungsstäben, Kommissionen und Beratern stellte in ad-hoc-Sitzungen oder turnusmäßigen Konferenzen, über Telefon, Fernschreiber und persönliche Gespräche die Zusammenarbeit zwischen diesen beiden Säulen der Regierung Roosevelt während des Krieges sicher.

Daß dieses wild wuchernde Konglomerat von zivilen und militärischen Stellen zu einer effektiven Zusammenarbeit fähig war, wurde freilich sogar von vielen, die ihm angehörten, bestritten. Die Opposition im Kongreß, Presse und Verwaltungsexperten bezichtigten den Präsidenten unentwegt und nicht ohne Grund, ein heilloses Chaos zu erzeugen, die Sicherheit des Landes zu gefähr-den und öffentliche Gelder zu verschwenden. Vor allem im Frühjahr und Sommer 1941, als es beim überstürzten Aufbau der Landstreitkräfte zu Wachs-tumskrisen kam, wurde Roosevelt mit Vorwürfen überschüttet, die auch später nicht verstummen wollten.

Aber während seine Kritiker jede Form von Weitsicht, Planmäßigkeit und Führerschaft vermißten, wurde der Präsident von seinem Budgetdirektor Smith geradezu als »Regierungs-Künstler« gefeiert. Tatsächlich gelang es dem Charismatiker Roosevelt – ähnlich wie in der Startphase des *New Deal*, Anfang der dreißiger Jahre –, auch während des Krieges seinen ganz persönlichen Führungsstil auf den gewaltigen administrativen Apparat zu übertragen – nur mit dem Unterschied, daß dieser Apparat ab 1938/39 auch noch eine mit rasanter Geschwindigkeit anwachsende Kriegsmaschine war.

Dieser Image-Transfer gelang dem Präsidenten und Oberbefehlshaber sogar so perfekt, daß man mit einem gewissen Recht von einer »Ein-Mann-Regierung« (so Roosevelts Kriegsminister Henry Stimson) sprechen kann – von einem ganz persönlichen, unverwechselbaren und historisch einmaligen Regiment. Ähn-lich wie Churchill, Hitler oder Stalin war Roosevelt die Sonne, um die sich der ganze Kosmos seines Landes drehte. Im Gegensatz zu Hitler und in einer gewissen Weise auch zu Churchill, aber vergleichbar mit Stalin hat Roosevelts Ein-Mann-Regierung den Test des Zweiten Weltkrieges jedoch in einer Hin-sicht glänzend bestanden, nämlich mit einem militärischen Sieg.

Abgesehen von der wöchentlichen Kabinettssitzung, hielt sich der Präsident im Umgang mit seinen Ministern und Stabschefs an keinerlei feststehende Regeln. Er sprach und telefonierte mit ihnen, berief Sitzungen ein und setzte sie wieder ab, ganz wie es ihm paßte. Während Roosevelt die militärische Hierarchie in den Streitkräften im allgemeinen respektierte, war er gegenüber seinen Stabs-chefs und Ministern keineswegs gewillt, sich an irgendwelche Abstufungen von

Anciennität oder Autorität zu halten. Stets behielt er sich die letzten Entscheidungen vor. Aber der Präsident ließ seinen führenden Militärs wie Admiral Chester W. Nimitz, General Douglas McArthur und General Dwight D. Eisenhower auch in einem erstaunlichen Umfang freie Hand, wenn er nur wollte.

Unter Roosevelts Ministern waren Harry Hopkins, Henry Morgenthau und Harold Ickes zugleich auch Roosevelts persönliche Freunde. Hopkins, der dem Kabinett 1939/40 vorübergehend als Handelsminister angehörte, nahm in jeder Beziehung eine Sonderstellung ein: Er war eine Art »Minister ohne Portefeuille«, persönlicher Botschafter und Intimus des Präsidenten, der nach dem Tode seiner Frau sogar gemeinsam mit der Familie Roosevelt das Weiße Haus bewohnte. Hopkins könnte man als »graue Eminenz« oder »Macht hinter dem Thron« bezeichnen – er hatte, wie Robert Sherwood richtig bemerkt, eine »Stellung von Weltrang« inne, direkt hinter, neben und manchmal sogar vor dem Präsidenten.

Kaum weniger bevorzugt war die Stellung Henry Morgenthaus. Der jüdische Finanzminister und seine Familie gehörten zu den Nachbarn in Hyde Park, mit denen die Roosevelts von jeher freundschaftlich verbunden waren. Sein Vater hatte den Vereinigten Staaten als Botschafter in der Türkei gedient. Aber unabhängig davon scheint sich zwischen Morgenthau und dem Präsidenten im Laufe der fast elf Jahre, die sie gemeinsam in ihren Ämtern verbrachten, eine politische Symbiose entwickelt zu haben, die auf gegenseitiger Zuneigung und gegenseitigem Vertrauen beruhte. Innenminister Ickes und dessen attraktive Frau schließlich gehörten zu den wenigen Menschen in Washington, die Roosevelt hin und wieder privat besuchte, um mit ihnen Karten zu spielen, zu plaudern und zu scherzen, Ausdruck gegenseitiger Sympathie.

Dagegen hatten sowohl Außenminister Cordell Hull, als auch Kriegsminister Henry Stimson zwar den Respekt des Präsidenten. Aber keiner der beiden konnte behaupten, sein Herz gewonnen zu haben, zumal sie elf bzw. 15 Jahre älter waren als Roosevelt. Als Exponenten von politischen Gruppierungen, die im Kongreß eine für den Präsidenten gefährliche Veto-Macht bildeten, brachten Stimson und Hull jedoch schon aus der Zeit vor Beginn der Roosevelt-Präsidentschaft soviel politisches Gewicht mit, daß sie im Gegensatz zu den meisten anderen Ministern in Washington als eigenständige Größen galten.

Als langjähriges Mitglied des Kongresses und des demokratischen Nationalkommittees verfügte der soignierte, aber auch etwas bieder und provinziell wirkende Hull über wertvolle Kontakte zu Senat und Repräsentantenhaus, und dort vor allem zu den rebellischen Südstaaten-Demokraten. Der für sein Alter immer noch kantige und kämpferische Stimson, der unter den Präsidenten Taft und Hoover vor und nach dem Ersten Weltkrieg als Kriegs- bzw. Außenminister gedient hatte, gehörte – wie übrigens auch Marineminister Knox – der Republikanischen Partei an. Stimson und Knox waren damit die beiden Kabinettsmitglieder, mit deren Hilfe der Demokrat Roosevelt den überparteilichen Charakter seines Konzepts von Politik und Kriegführung dokumentieren konnte.

Roosevelt wählte seine Minister und Mitarbeiter stets so aus, daß sie sowohl zu ihrer Aufgabe, als auch in sein politisches Kalkül paßten. Er hatte jedoch keinerlei Schwierigkeiten, mit Stimsons und Hulls relativer Eigenständigkeit fertig zu werden. Den Außenminister schob der Präsident im Laufe seiner dritten Amstzeit langsam aber sicher beiseite – teils, weil Hull mit seinem grenzenlosen Vertrauen in die politischen Heilungskräfte internationaler Handelsverträge, mit seinem Moralismus und seiner Vorliebe für diplomatische Umgangsformen nicht so recht zu Roosevelts Hemdsärmeligkeit passen wollte, teils weil Roosevelt glaubte, selbst der bessere Außenminister zu sein – besser sogar als Winston Churchill. »Ich denke«, schrieb der Präsident im Frühjahr 1942 an den britischen Premierminister in eitler Selbstüberschätzung, »ich persönlich kann Stalin besser handhaben als Ihr *Foreign Office* oder mein *State Department*. Stalin haßt den Schneid aller führenden Persönlichkeiten, wie Sie eine sind. Er denkt, er mag mich mehr, und ich hoffe, daß es dabei bleiben wird.« [5] Zu diesem Zeitpunkt hatte der amerikanische Präsident den sowjetischen Diktator noch nicht einmal persönlich zu Gesicht bekommen.

Roosevelts Überheblichkeit führte dazu, daß sein silberhaariger Außenminister 1944, kurz vor den entscheidenden internationalen Konferenzen, mit denen der Krieg zum Abschluß gebracht werden sollte, zugunsten des blassen Stettinius resignierte. Dagegen erhielt der unruhige und eigenwillige Stimson bis zum Ende des Krieges auf seinem Posten aus, denn er hatte mit dem Kriegsministerium genau das Amt erhalten, das am besten zu ihm paßte. Stimson versah es genauso energisch und loyal, wie es der Präsident von ihm erwartet hatte, wobei er im Gegensatz zu Hull auf eine glänzende Laufbahn internationalen Zuschnitts zurückblicken konnte. Der frühere Anwalt und Generalgouverneur der Phillippinen hatte nicht nur bereits aktiv am amerikanisch-spanischen Krieg und am Ersten Weltkrieg teilgenommen, verfügte also über eigene Fronterfahrung. Er gerierte sich auch »wie der respektierte, jedem Unsinn abholde Lehrmeister der Welt, der ungeratene Nationen solange strafen würde, bis sie dem Gesetz gehorchten.« [6]

Stimson war 1931 als Hoovers Außenminister weltbekannt geworden, als er, ohne vorher in Washington jemanden zu fragen, den Völkerbund drängte, Japan nach dem Einfall in die Mandschurei als Aggressor zu verurteilen. Das war schon allein deshalb ziemlich kühn, weil die USA dem Völkerbund gar nicht angehörten. Zwar hatte die Verurteilung nur ein weiteres Vordringen Japans zur Folge, aber die von dem Minister stammende »Stimson-Doktrin« enthielt Japan wenigstens die völkerrechtliche Anerkennung dieser Gebietserwerbungen vor. Sie hatte also einen politisch-moralischen Wert, den man auch gegen jeden anderen Aggressorstaat einsetzen konnte. In einer gewissen Weise fühlte sich Stimson durch den Ausbruch des Zweiten Weltkrieges 1939 erleichtert, weil nun wenigstens gegenüber Deutschland klare Fronten herrschten.

Wie eine Reihe von anderen Republikanern forderte auch er die Aufhebung des Neutralitätsgesetzes und die bedingungslose Unterstützung Großbritanniens. Stimsons ganzes Sinnen und Trachten galt schon vor 1941 der Frage, wie sich die USA am besten, d.h. am schnellsten und sichersten in den Krieg führen ließen, auf daß sie ihrer göttlichen Bestimmung gerecht werden konnten – dem Aufbau einer neuen Welt, und sei es auf den Ruinen der alten.

Roosevelt hätte ganz gewiß nicht wie einst Stimson mit einer Pistole in der Luft herumgefuchtelt, um seine Kampfentschlossenheit unter Beweis zu stellen. Er war ein absoluter Gegner solcher dekouvrierenden Gesten. Aber er war ebenso wie sein Kriegsminister der Verfechter einer starken, aktivistischen Außenpolitik mit der Waffe in der Hand, und Stimson gehörte nun einmal zu jenen »Helden-Staatsmännern«, die durchaus die Kampfbereitschaft einer ganzen Nation entflammen konnten. Aufrecht und trotz seines Alters gut gebaut, mit blitzenden blauen Augen, einem akkurat gestutzten Schnurrbart, das graue Haupthaar kurz geschnitten, wirkte der Minister einerseits kühn und kämpferisch wie ein in die Jahre gekommener Bergsteiger oder Polospieler. Andererseits unterstrichen die hochgeknöpfte Weste unter dem stets makellosen Anzug und der steife Hemdkragen die Noblesse dieses New Yorker Patriziers, der allem Augenschein zum Trotz im Grunde doch widersprüchlich und unbeständig, d. h. lenkbar war.

Stimson hatte Wilsons Völkerbund abgelehnt, als dieser noch geplant war, aber er begrüßte ihn, als er zustandekam. Er zog gegen den Militarismus anderer Mächte zu Felde, kämpfte aber auf der anderen Seite für die Einführung der Wehrpflicht, lange bevor sich die USA offiziell im Krieg befanden. Stimson verurteilte die Anwendung von Gewalt, benutzte sie aber, um anderen den Frieden aufzuerlegen. Er forderte die Freiheit von Diktatur, hielt aber den Kolonialismus für die Pflicht und Bürde des weißen Mannes. »Am Ende befahl er den Abwurf der Atombombe über Hiroshima mit der Kaltblütigkeit des Soldaten, rechtfertigte ihn mit den Prinzipien eines Anwalts und beklagte ihn mit dem Mitleid eines Pfarrers« [7] – widersprüchliche Empfindungen, die aus Stimsons Familienerbe stammten, die der Minister aber unter dem Einfluß Roosevelts zu dieser größten und schwersten Entscheidung seines Lebens zusammenführte.

Trickreich und geschickt, wie er im Umgang mit anderen Menschen war, wurde Roosevelt auch mit diesem impulsiven Mann fertig. Die Art und Weise, wie der Präsident den Umgang mit der Atombombe gestaltete, macht die Domestizierung vielleicht am besten deutlich: Bis Oktober 1940 hielt Roosevelt das furchtbare Geheimnis vor seinem Kriegsminister geheim. Dann machte er Stimson zum Mitglied jener »Top Policy Group«, die die Entwicklung des neuen und bedenklichen Massenvernichtungsmittels bis zur Einsatzreife zu steuern hatte. Stimson wurde freilich erst am 16. Dezember 1941 ganz in den »teuflischen Charakter« (Stimson) dieser Waffe eingeweiht, ein Ereignis, das bei ihm einen Schock auslöste. Nachdem Roosevelt das Kriegsministerium im September 1942 mit der Verantwortung für den faktischen Bau der Bombe betraut hatte, stieg Stimson jedoch, ohne Widerspruch einzulegen, nominell zum Chefberater des Präsidenten in dieser Angelegenheit auf. Schließlich mußte er sogar, nach Roosevelts Tod, den Abwurf der beiden Atombomben auf Hiroshima und Nagasaki politisch mitverantworten.

Moralische Bedenken gegen dieses revolutionär neue Massenvernichtungsmittel, dessen Einsatz in einem unaufhebbaren Widerspruch zu allen bekannten Kriegsregeln und -gebräuchen stand, waren auch nicht von Roosevelts militärischer Führung zu erwarten. Sie diente ihrem Präsidenten zwar manchmal eigenwillig, aber selbst in dieser extremen Beziehung mit patriotischer Hingabebereitschaft. Sie fühlte sich durch die zweckrationale Überlegung moralisch entlastet, daß der Abwurf der Bombe beide Seiten vermutlich weniger Menschenleben kosten würde, als wenn sich amerikanische Truppen den Landweg nach Tokio gegen japanischen Widerstand freikämpfen müßten. Außer einem abweichenden Votum, das ein nachgeordneter Vertreter der Kriegsmarine gegen den Einsatz abgab und das bald darauf überwunden wurde, sind Beispiele für einen Widerstand gegen die Bombe, wie ihn deutsche Offiziere gegen Hitler übten, aus dem Kreis der führenden amerikanischen Militärs jedenfalls nicht überliefert. Kein amerikanischer Stauffenberg hat sich ihrem Einsatz mit der Waffe in der Hand entgegengestellt.

Die Vereinigten Stabschefs von Kriegsmarine, Luftwaffe und Heer waren auf Seiten der Streitkräfte die wichtigsten Kooperationspartner Roosevelts bei der Führung des Landes. Der Präsident verzichtete bis auf wenige Ausnahmen auch in Kriegszeiten darauf, selbst den Vorsitz über dieses Gremium zu übernehmen – im Gegensatz zu Hitler etwa, der sich an der Spitze des Oberkommandos der Wehrmacht täglich in seinem Hauptquartier »die Lage« vortragen ließ und sie mit seinen Generalen häufig ebenso heftig wie kontrovers diskutierte. Eine solche Führungspraxis hätte im demokratischen, pluralistischen und grundsätzlich offenen Politikbetrieb Washingtons eine viel zu starke Einengung Roosevelts bedeutet. Sie hätte auch dem fließenden Führungsstil des Präsidenten widersprochen, der in einem hohen Maße auf der Delegation von Verantwortung beruhte – gerade auch im militärischen Bereich. Sie hätte ihn außerdem auf bestimmte Entscheidungen festgelegt, die der Präsident – nicht zuletzt aus Angst vor Entdeckung durch seine innenpolitischen Gegner – unbedingt vermeiden wollte.

Anstatt sich mit der Routine der Generalstabsarbeit zu belasten, überließ Roosevelt seinem persönlichen Stabschef Leahy den Vorsitz über die *JSC*. Er selbst beschränkte sich darauf, in besonders wichtigen Fragen oder in kritischen Situationen punktuell, dann aber stets richtungsweisend in die militärischen Entscheidungsprozesse einzugreifen. Leahy war 1942 bereits 72 Jahre alt, ein Veteran des amerikanisch-spanischen Krieges, den Roosevelt 1912 als Kapitän der *Dolphin*, Aviso und Depeschenboot des Stellvertretenden Marineministers, kennengelernt hatte. Die beiden Männer freundeten sich so miteinander an, daß Leahy – ein langer, schlanker und wortkarger Kettenraucher von schonungslosem Freimut gegenüber dem Präsidenten – 1937 vorübergehend Chef der Seekriegsleitung wurde.

Roosevelt hatte soviel Vertrauen zu dem Admiral, daß er ihn 1940, nach der Niederlage Frankreichs, zum US-Botschafter in Vichy ernannte – ein diplomatischer Schleudersitz, bei dem es darauf ankam, moralische Geringschätzung für das pro-deutsche Vichy-Frankreich mit einem Maximum an amerikanischem Einfluß auf eben dieses Vichy-Frankreich zu verbinden. Nach dem Tod seiner Frau kehrte Leahy 1942 jedoch in die USA zurück, um seinen Posten in der unmittelbaren Umgebung des Präsidenten anzutreten.

Leahy legte die Tagesordnungen des *JSC* fest, leitete die Sitzungen, indem er mit ernster Miene, monotoner Stimme und bohrenden Blicken die Gedanken, Wünsche und Pläne des Präsidenten vortrug, sammelte die Berichte und Meinungen der drei Stabschefs ein und zeichnete bedeutendere Entscheidungen des Gremiums ab. Wie Roosevelt machte aber auch Leahy von seinen Befugnissen nur zurückhaltenden Gebrauch, weil der Präsident die Angewohnheit hatte, besonders wichtige Entscheidungen mit einzelnen Stabschefs unter vier Augen auszuhandeln. Dank Leahy blieb die kollektive Führungsfunktion des *JSC* während des ganzen Krieges formal gewahrt, soweit sie nicht durch die interalliierten Stäbe eingeschränkt wurde. Aber es blieb auch der Abstand zwischen dem »zivilen« Präsidenten und seinen führenden Militärs erhalten, die der Friedenspräsident Roosevelt brauchte, um nicht als Militarist zu erscheinen.

Es war kein Zufall, daß Roosevelt einen Admiral als persönlichen Stabschef hatte, also einen Angehörigen seiner Seestreitkräfte. Es ist vielmehr ein erstes Indiz dafür, daß der Präsident in seiner Flotte die Hauptwaffe der Vereinigten Staaten von Amerika erblickte. Roosevelt wußte zwar von Anfang an, daß er für seinen definitiven Sieg über die Achsenmächte letzten Endes auch starker Landstreitkräfte bedurfte. Er hatte zudem – früher als mancher andere – die überragende Bedeutung der Luftwaffe erkannt. Als »big navy man« – als Verfechter einer großen und starken Schlachtflotte, der Roosevelt seit dem Ersten Weltkrieg war – setzte er aber von jeher auf die amerikanischen Seestreitkräfte als Hauptkriegsführungsinstrument.

Dies vorausgeschickt, war die Bedeutung von George C. Marshall, Stabschef der US-Army von 1939 bis 1945, vielleicht doch nicht ganz so groß, wie sie später gemacht wurde. Gewiß, als geduldiger und geschickter Gesprächspartner des Kongresses, als Architekt der amerikanischen Landstreitkräfte und als militärischer Ratgeber des Präsidenten war der kleine zierliche, etwas trocken und spröde wirkende Mann, der 1880 in Uniontown, Pennsylvania, das Licht der Welt erblickt hatte, unersetzlich. Er war auf seine ruhige Art bestimmt, hart und höflich, und er stand nicht wie mancher andere aus der engeren Umgebung des Präsidenten unter dem inneren Zwang, über jeden Witz, der aus höchstem Munde kam, zu lachen. Das heißt: Marshall war gegenüber Roosevelt unbedingt loyal, aber innerlich unabhängig.

Als Mitglied des amerikanischen Generalstabs hatte Marshall seine planerischen Fähigkeiten schon im Ersten Weltkrieg so überzeugend unter Beweis gestellt, daß er mancherorts »für das größte militärische Genie seit Stonewall Jackson« gehalten wurde. Nach dem Urteil Eisenhowers besaß Marshall die »charakteristische Fähigkeit, die einander widersprechenden Faktoren eines Problems in Ruhe abzuwägen und dann zu einer felsenfesten Entscheidung zu kommen.«[8] Ohne Zweifel verband Marshall in einem erheblichen Maße strategische Weitsicht mit soldatischer Willensstärke – sonst hätte er sich nicht fast sechs Jahre lang in unmittelbarer Nähe des Präsidenten gehalten. Vor allem aber gelang ihm das Kunststück, die größte Militärmaschine der Weltgeschichte zu schaffen, ohne den damals unter seinen Landsleuten noch weit verbreiteten Widerwillen gegen zuviel Militär und Militarismus zu wecken. Marshalls Leidenschaft für perfekte Planung lief zwar dem Improvisationstalent des Präsidenten oft zuwider, und die beiden gerieten dadurch manchmal auch aneinander. Aber Roosevelt schätzte seinen Generalstabschef zweifellos, und wenn es zwischen ihm und Marshall einmal zu Konflikten kam, versuchte Hopkins erfolgreich zu vermitteln.

Marshall unterstand zunächst auch die Luftwaffe mit Stabschef Henry M. »Hap« Arnold an der Spitze, bis diese ab 1941 – auch im *JSC* – eine zunehmende Eigenständigkeit erreichte. Aber abgesehen davon, daß die Marine ihre eigene Luftwaffe hatte, mußte der Generalstabschef seine militärische Macht stets mit dem Chef der Seekriegsleitung teilen. Das war bis Pearl Harbor Admiral Stark und nach Pearl Harbor Admiral Ernest J. »Ernie« King.

Roosevelt kannte den zwei Jahre älteren Stark – ein kleiner, zarter Mann mit randloser Brille, der sich das weiße Haar über der Stirn hochzukämmen pflegte – schon aus der Zeit des Ersten Weltkrieges. Als Kommandant eines Zerstörers soll sich Stark damals geweigert haben, dem Stellvertretenden Marineminister und begeisterten Segler das Ruder seines Schiffes zu überlassen, als dieser wieder einmal »seine« Flotte besuchte. Stark meisterte die Passage eines besonders gefährlichen Gewässers vor der Küste von Maine aus eigener Kraft. Er hatte damit jenes Selbstbewußtsein bewiesen, das Roosevelt imponierte und das den Präsidenten dazu brachte, im Laufe der Zeit fast freundschaftliche Gefühle für seinen späteren Flottenchef zu entwickeln. Denn Roosevelt schätzte in seiner Umgebung starke, innerlich unabhängige, ingeniöse Männer, an deren Rivalität sich sein genialer Funke entzünden konnte. »Ein bißchen Rivalität stimuliert, wie Sie wissen«, sagte er einmal zu der einzigen Frau in seinem Kabinett, Arbeitsministerin Frances Perkins. »Sie bringt jeden dazu, sich als der Bessere zu erweisen. Sie erhält auch die Lauterkeit des Einzelnen.« [9]

Stark machte zwischen den beiden Weltkriegen vor allem im Washingtoner Marineministerium Karriere. Er war mehr der Typ des intellektuellen Schreibtisch-Admirals als des charismatischen Flottenführers. Nach dem Urteil Sherwoods hatte Stark jedoch eine strategische Begabung, die ihn befähigte, »die politischen Aspekte der globalen Situation ebensogut wie die militärischen ins Kalkül zu ziehen . . . sein Beitrag zur Formulierung der großen Strategie war unschätzbar.« [10] Tatsächlich stammt nicht aus Marshalls, sondern aus Starks Feder die erste Skizze einer globalen Strategie, der als »Plan Dog« in die Geschichte einging. Sie vollzog die innersten Gedanken, die sich der Präsident über seine Kriegführung gemacht hatte, im November 1940 offenbar so vollkommen nach, daß dieser sie für den Moment stillschweigend akzeptierte. Als eine von vier Alternativen, die Stark unter dem Buchstaben »d« wie »dog« in Erwägung gezogen hatte, ging diese Skizze bereits ein Jahr vor Pearl Harbor von der Notwendigkeit des amerikanischen Kriegseintritts aus, wobei die USA gegenüber Japan in der Defensive verharren sollten, um als erstes Deutschland niederzuringen.

Roosevelt ließ den Admiral denn auch nicht ins Bodenlose fallen, als Stark nach Pearl Harbor seinen Hut nehmen mußte. Er versetzte ihn nach London, wo Admiral Stark Oberbefehlshaber der US-Seestreitkräfte im atlantisch-europäischen Raum wurde. Nachfolger Starks wurde King, ein widerborstiger alter Seebär und, wie der britische Luftmarschall John Slessor einmal bemerkte, »ein harter und unsentimentaler Kämpfer«, der im Ersten Weltkrieg Stabschef der Atlantischen Flotte unter Admiral Henry T. Mayo gewesen war. [11]

King machte es Roosevelt und Marshall zwar später manchmal schwer, die »Germany-first«-Strategie zu vollstrecken, weil er immer wieder versuchte, dem pazifisch-ostasiatischen Kriegsschauplatz, den er als »amerikanisch« im eigentlichen Sinne betrachtete, Vorrang vor dem atlantisch-europäischen zu geben. Aber als Befehlshaber der Atlantischen Flotte, die erfolgreich Hitlers Kriegsmarine bekämpft hatte, verfügte King zum Zeitpunkt von Pearl Harbor als einziger US-Admiral über das, was Roosevelt am dringendsten brauchte – über praktische Erfahrung in der kombinierten Überwasser-, Unterwasser – und Luftkriegführung.

Insofern schlug dem persönlich schwierigen King, der bei der Marineluftwaffe, bei den U-Booten und bei der Trägerflotte eine wechselvolle Karriere hinter sich gebracht hatte, doch noch eine glückliche Stunde, als er 1941/42 – kurz vor seiner Pensionierung – zum Oberbefehlshaber der soeben erst gründlich reorganisierten *U.S. Fleet* ernannt wurde, mit unmittelbarer Berichtspflicht gegenüber dem Präsidenten. King war vier Jahre älter als Roosevelt. Er war im Ersten Weltkrieg Stabschef der Atlantik-Flotte gewesen, dem Präsidenten also kein Unbekannter. Der gut aussehende, gebieterisch auftretende und querköpfige Seeoffizier, Frauenheld und Whisky-Trinker brachte in sein neues Amt die nötige Ausstrahlung, einen ausgeprägten strategischen Sinn und eine immense seemännische Erfahrung mit. Nach Pearl Harbor knurrte King nur: »Es ist an der Zeit, das defensive Reden und Denken über Bord zu werfen. Die Tage unseres Sieges brechen an – wir werden diesen Krieg gewinnen.« [12] Kein Zweifel, daß er Roosevelt damit aus dem Herzen gesprochen hatte.

Die USA verdanken ihren Sieg im Zweiten Weltkrieg sowohl der Fähigkeit ihres Präsidenten, zum richtigen Zeitpunkt die richtigen Männer für die richtigen Positionen zu finden, als auch der Tatsache, daß Roosevelt seine

Generäle und Admiräle gewähren ließ, wo immer er nur konnte. Als der Luftwaffen-General Claire Chennault einmal zu erkennen gab, daß er von seinem Präsidenten und Oberbefehlshaber militärische Befehle erwartete, winkte dieser nur ungnädig ab: »Sie sind der Arzt, und ich stimme Ihren Rezepten zu.« [13] So verfuhr der Präsident auch mit den Managern aus der amerikanischen Industrie vom Schlage William S. Knudsens, Donald M. Nelsons und Edward S. Stettinius', die er in wichtige Kriegsverwaltungsämter berief. Mit ihrer Hilfe entfesselte Roosevelt die immense Fähigkeit der USA zur vorausschauenden Planung, kostengünstigen Produktion und weltweiten Distribution standardisierter Güter und Waffen, ohne die er niemals den Krieg gewonnen hätte.

Die USA verdanken ihren Sieg aber auch Roosevelts Fähigkeit, den Zweiten Weltkrieg zur Sache jedes einzelnen Amerikaners zu machen. »Das ist Euer Krieg«, sagte der Präsident auf einer Pressekonferenz des Jahres 1942. [14] Damit meinte Roosevelt den Krieg, den er seit 1933 von Hitler erwartet hatte, um die Vereinigten Staaten von Amerika zur Weltmacht Nr. 1 zu machen. Roosevelt meinte damit aber auch den Krieg, den abzuwenden er selbst zu wenig unterlassen und den herbeizuführen er selbst zuviel unternommen hatte. Roosevelt meinte damit schließlich den totalen Krieg, den er längst erfunden hatte, bevor Hitlers Propagandaminister Goebbels die fanatischen Massen 1943 im Sportpalast dazu aufrufen konnte – den Krieg zu Wasser, zu Lande und in der Luft, den politischen, wirtschaftlichen und militärischen Krieg, den Krieg, den der amerikanische Präsident auf seine charakteristische Art und Weise solange führte, bis er ihn definitiv gewonnen hatte – mit einem unerschütterlichen Vertrauen auf den Sieg, mit unbarmherziger Härte gegen die Achsenmächte, mit einem ausgeprägten Sinn für das Naheliegende wie für das Fernliegende und mit einer lebensgefährlichen Lücke dazwischen.

Roosevelt führte diesen Krieg, ohne ein förmliches Kriegskabinett zu haben und ohne sich in die tägliche Generalstabsarbeit einzumischen, als sein eigener Außen- und Kriegsminister sowie als sein eigener Propagandachef und Oberbefehlshaber – einfach, indem er sich auf das konzentrierte, was er in der jeweils gegebenen Situation für das Wesentliche hielt. Das konnte einmal eine bestimmte Schlacht, das nächste Mal eine bestimmte Abstimmung im Senat, ein drittes Mal eine öffentliche Rede sein, in der er sich selbst zum Vollstrecker der Geschichte erhöhte. »Er hatte hohe Ideale und Werte«, schreibt Thomas Greer in diesem Zusammenhang [15], »aber er maß menschliche Errungenschaften nicht unmittelbar an ihnen. Seine Prüfungsfrage fiel ebenso praktisch wie relativ aus: Erfüllte ein bestimmtes Vorhaben seinen Zweck und stellte das Ergebnis eine Verbesserung im Vergleich zu dem vorherigen Zustand dar? So sah er sein eigenes Programm in der Perspektive eines evolutionären Entwurfs der Geschichte.«

Auf diese empirische und pragmatische Weise, durch eine endlose Kette von Versuchen und Irrtümern, die er anstellte, korrigierte und wieder aufs neue anstellte, konnte Roosevelt zwar wie in einem globalen Laboratorium seinen

Krieg gewinnen – einen Krieg gewissermaßen aus der Retorte, einen Reiß-
brettkrieg, den er mit Hilfe seiner Manager und Stabsoffiziere im fernen
Washington entworfen hatte, nur um bei der nächsten sich bietenden Gelegenheit alle Pläne, Expertisen und Empfehlungen von berufener Seite wieder
umzuwerfen. Durch diese »Echternach'sche Springprozession« quer durch die
Weltpolitik und Weltkriegsführung scheiterte der Präsident schließlich an
seiner selbstgestellten Aufgabe, überall in der Welt Frieden zu machen. Denn
es gibt in der Weltgeschichte immer wieder Entscheidungen, die dem Staatsmann heute als richtig erscheinen, die sich aber morgen, wenn er erkennt, daß
sie falsch waren, als unverrückbar erweisen. Das ist der Grund für die Tragödie
Roosevelts: Sein Konzept der evolutionären Veränderung stieß 1944 mit der
sich explosionsartig ausdehnenden Macht der Sowjetunion an Grenzen, die
unübersteigbar waren – auch für die von Roosevelt inzwischen geschaffene
Supermacht Amerika.

Anmerkungen

1 de Gaulle, Memoiren, S. 80
2 PPA 1944, S. 436 f.: FDR-PK vom 19. 12. 44
3 Blum, Morgenthau-Diaries, Vol. 3, S. 85
4 Hassett, Record, S. 145
5 Kimball, Churchill & FDR, Vol. 1, S. 421
6 Kurzman, Day, S. 66 f.
7 ebda., S. 67
8 op. cit. Senger, Kontroversen, S. 278
9 Perkins, Roosevelt, S. 380–87
10 Sherwood, Roosevelt & Hopkins, S. 193
11 Senger, Kontroversen, S. 279
12 Hough, Crusade, S. 195
13 Burns, Soldier, S. 445
14 PPA 1942, S. 80 f.: FDR-PK vom 6. 2. 42
15 Greer, Roosevelt, S. 140

2.
Kriegserfahrung, Kriegsbereitschaft, Kriegsbegriff

Für Präsident Roosevelt sind die beiden Weltkriege unseres Jahrhunderts die zentrale Lebenserfahrung gewesen, und zwar nicht nur, weil er bereits im Ersten Weltkrieg an maßgeblicher Stelle politische Verantwortung getragen hatte. Vielmehr war in seinen Augen auch 1939 wieder dasjenige Deutschland der Aggressor, das bereits 1914 den Krieg begonnen hatte. Es war offensichtlich eine Jahrhundertgefahr. Natürlich wußte Roosevelt, daß in Berlin seit 1933 Adolf Hitler und nicht mehr der Kaiser regierte. Aber abgesehen davon, daß er ersteren wahrscheinlich noch mehr als letzteren verabscheute, machten Wilhelminismus und Hitlerismus keinen großen Unterschied für ihn. Denn es war offenbar wieder der preußische Militarismus, der auf dem europäischen Kontinent sein blutbeflecktes Haupt erhob.

Tatsächlich hat sich vieles von dem, was Roosevelt vom Krieg wie übrigens auch vom Frieden verstand, an den Kategorien des Ersten Weltkrieges herausgebildet, und auch da, wo der Präsident es anders und besser machen wollte, hat er vom Ersten Weltkrieg gelernt. Nicht zufällig hing über dem Kaminsims seines *Oval Office* ein Gemälde jenes Zerstörers namens *Dyer*, mit dem er 1918 den atlantisch-europäischen Kriegsschauplatz bereist hatte. Zwar sprach Roosevelt in seiner Kaminplauderei am 9. Dezember 1941, zwei Tage nach Pearl Harbor, von einem »Jahrzehnt der Aggression«, das seiner Ansicht nach 1931 mit dem Einfall Japans in die Mandschurei begonnen hatte. [1] Aber davor war stets klar gewesen, daß der Präsident, wenn er von »Krieg« sprach, vor allem »Deutschland« meinte.

Nach seinem Bild von der Geschichte, das viele Amerikaner teilten, hatte die Aggressivität der Mittelmächte unter Führung Preußen-Deutschlands den Ersten Weltkrieg herbeigeführt, und die Vereinigten Staaten von Amerika griffen erst ein, nachdem die U-Boote der kaiserlichen Kriegsmarine unterschiedslos den Seeverkehr der kriegführenden und der neutralen Mächte angegriffen hatten. Zwar war der Friede von Versailles hart, aber nach Roosevelts Auffassung nicht hart genug, weil er den Deutschen die Besetzung oder gar Teilung ihres Landes ersparte. Für seine Begriffe wäre es besser gewesen, den Frieden »in Berlin«, das heißt also auf den Trümmern des Deutschen Reiches von 1871, zu schließen. [2]

So prägten denn Enttäuschung, Zorn und Argwohn das Deutschland-Bild des Präsidenten – und grenzenlose Verachtung für ein Volk, das in sich den offenbar unausrottbaren Drang verspürte, seine Nachbarn zu überfallen und

sich irgendwelchen Kaisern oder Führern zu unterwerfen. Dieses durch und
durch negative Bild entsprang letztlich jenem Antigermanismus, der sich nach
dem Samoa-Konflikt von 1889, wenn nicht schon nach dem Scheitern der
Revolution von 1848, in Amerika verbreitet hatte. Zwar erreichten die Vereinigten Staaten durch ihre Intervention von 1917 gerade noch, daß die preu-
ßisch-deutsche Militärmaschine für die nächsten 15 Jahre außer Gefecht gesetzt wurde. Dadurch aber, daß sich Amerika in der Nachkriegszeit nicht für
die Organisation des Weltfriedens engagierte, machte es den Aufstieg Hitlers
möglich, das heißt, es gab Sicherheit und Frieden wieder preis, die es zuvor für
sich und den Rest der Welt gewonnen hatte.

Zusätzlich zu diesem frustrierenden Gefühl vergeblicher Opfer quälte Roosevelt das Schreckensbild einer Einkreisung durch die beiden stärksten See- und
Landmächte des Okzidents und des Orients, Deutschland und Japan, obwohl
letzteres im Ersten Weltkrieg an der Seite der Westmächte gekämpft hatte.
Dieses Schreckensbild war wohl letztlich auf rassistische Vorurteile des weißen
angelsächsischen Protestantismus gegen die beiden schärfsten Konkurrenten
im Kampf um die Weltherrschaft zurückzuführen, also ein Produkt des sozialen
Darwinismus. Es schien jedoch durch die »Achse« Berlin, Rom und Tokio in
den dreißiger Jahren tatsächlich Wirklichkeit zu werden.

Roosevelt hat von 1913 bis 1920 das Amt des Stellvertretenden Marineministers bekleidet. Seine Bilder, Mythen und Vorurteile veranlaßten ihn
schon zu Beginn des Ersten Weltkrieges, seinem Präsidenten Wilson den
Kurs unbedingter Kriegsbereitschaft und Parteinahme für die Alliierten zu
empfehlen. Roosevelt war damals »ohne Zweifel der am wenigsten neutrale
Regierungsvertreter« seines offiziell immer noch neutralen Landes. Kein
Wunder, stand doch der junge, aber forsche und begabte Nachwuchsminister
der »Navy League of the United States« nahe, dem amerikanischen Flottenverein, der wie sein deutsches Gegenstück navalistische Weltmachtträume
hegte.

Mit seiner Vorliebe für eine große, vor allem aus großen Schlachtschiffen
bestehenden Flotte galt Roosevelt als Liebling der amerikanischen Admiräle. In seiner amtlichen Funktion machte er nicht nur die Bekanntschaft
jener Rüstungsfabrikanten, Gewerkschaftsführer und Finanzmagnaten, die
sowohl im Ersten als auch im Zweiten Weltkrieg die amerikanischen Streitkräfte aufbauten. Vielmehr trug Roosevelt schon von 1917 bis 1919 maßgeblich dazu bei, daß diese Streitkräfte auch siegten, indem sie England
und Frankreich aus den blutdurchtränkten Schützengräben Flanderns befreiten.

Während Präsident Wilson, dessen Außenminister William C. Bryan und
Roosevelts unmittelbarer Vorgesetzter, Marineminister Josephus Daniels,
noch an einer zu Waffenlosigkeit und Pazifismus neigenden Neutralität festhielten, lag der frühere New Yorker Senator längst stramm auf Interventions-
kurs. Nach außen hin sprach sich Roosevelt eine zeitlang zwar immer noch
gegen den Krieg aus, um nicht in einen allzu großen Gegensatz zu seinem

Präsidenten und seinem Minister zu geraten. Intern aber drängte er Daniels: »Wir müssen in diesen Krieg eintreten.« [3]

Roosevelt ist 1913, zum Zeitpunkt seiner Ernennung, erst 31 Jahre alt gewesen. Seine siebenjährige Amtszeit wurde zweifellos von den spezifischen Denktraditionen und Handlungsmustern des amerikanischen Marineministeriums an der Washingtoner *Constitution Avenue* gleich gegenüber dem Weißen Haus geprägt. Hier, in dieser Schaltzentrale der aufstrebenden Weltmacht USA, waltete der kriegerische Geist des amerikanischen Seestrategen Alfred Thayer Mahan (1840–1914), des früheren Präsidenten Theodore Roosevelt (1858–1919) und säbelrasselnder Admiräle. Theodore oder »Teddy« Roosevelt war ein entfernter Onkel Franklin Delanos. Er hatte seine politische Karriere ebenfalls mit der Ernennung zum Stellvertretenden Marineminister begonnen. Vor allem aber war er von 1901 bis 1909 Präsident der Vereinigten Staaten von Amerika gewesen.

Mahan und Theodore Roosevelt lebten beide noch, als der New Yorker Senator sein erstes Amt auf Bundesebene übernahm. Sie sind für den späteren Präsidenten so etwas wie archetypische Vorbilder gewesen, deren prägende Kraft erst später durch den idealistischen Einfluß Wilsons etwas gemildert wurde. Mahan hat Amerika gelehrt, daß es als Weltmacht einer unschlagbaren Flotte bedarf, und Theodore Roosevelt hat allen seinen Nachfolgern im Marineministerium das Beispiel einer eigenwilligen, interventionistischen und die übrige Administration präjudizierenden Amtsführung gegeben. Die Annektion der Philippinen war im wesentlichen ebenso sein Werk wie die Gründung der Republik Panama rund um die Kanalzone, die in Wirklichkeit nichts anderes als die vertraglich abgesicherte Sezession einer Provinz von Kolumbien war.

Vor allem aber hat die Präsidentschaft Theodore Roosevelts die politische Karriere seines Neffens in ihren Anfängen überstrahlt. Sie hat ihr Richtung, Ambition und Vortrieb gegeben. Unter diesem Präsidenten sind die USA 125 Jahre nach ihrer Staatsgründung zu einer imperialistischen Weltmacht geworden, die ihre zum Teil weitgesteckten Ziele vor allem mit Hilfe ihrer Flotte erreichte. In der Tat lagen von den 3,7 Millionen Quadratmeilen, die 1931 zu ihrem Hoheitsgebiet gehörten, fast 20 Prozent außerhalb des kontinentalen Kernbereichs. Das meiste davon hatten sich die USA bei mehr als hundert verschiedenen Interventionen mehr oder minder gewaltsam angeeignet. Dabei reichte ihr militärisches Engagement vom Handstreich eines Stoßtrupps in einem Kutter bis zu regelrechten Feldzügen mit mehr als 300000 Mann, bei denen die ganze Flotte zum Einsatz kam. [4]

In diesen expansionistischen und navalistischen Traditionen, durch »Onkel Teddy« in die Überlieferung seiner eigenen Familie integriert, wurzelte der Staatsmann und Kriegsherr Franklin Delano Roosevelt. Schon 1914 war er davon überzeugt, daß der Erste Weltkrieg erheblich länger als die sechs Monate dauern würde, die man in Washington allgemein für wahrscheinlich hielt. Spätestens von dem Augenblick an, in dem in Europa die Waffen sprachen, hielt er den amerikanischen Kriegseintritt für unvermeidlich. Seiner Meinung nach rührte der Krieg »zwischen den übrigen Mächten hundert verschiedene Verwicklungen auf, an denen wir ein direktes Interesse nehmen müssen.« [5] Sein Ziel war »die vollständige Zerschlagung« Deutschlands. Schließlich hatten die USA nach dem Krieg »den Schlamassel« wiederaufzuräumen. [6]

Mit diesen Ansichten hat der junge Roosevelt, lange bevor der Konflikt zwischen den europäischen Mächten im Stellungskrieg erstarrte, nicht nur ein auffallendes Maß an Realismus bewiesen. Er hat auch zwei seiner drei politischen Grundüberzeugungen formuliert, die im Zweiten Weltkrieg ebenfalls eine zentrale Rolle spielten. Es war erstens die Grundüberzeugung, daß die Vereinigten Staaten von Amerika in den europäischen Krieg eingreifen mußten, um ihre nationalen Interessen zu behaupten. Es war zweitens die Grundüberzeugung, daß sich dieses Ziel nur dann erreichen ließ, wenn das Deutsche Reich zerschlagen wurde. Roosevelts dritte Grundüberzeugung, daß die Vereinigten Staaten an der Organisation des Weltfriedens mitwirken mußten, kam erst später unter dem Einfluß Wilsons hinzu.

Seinen beiden ersten Grundüberzeugungen folgend, begann der Stellvertretende Marineminister, die amerikanische Flotte in einem bis dahin unvorstellbaren Maße aufzurüsten. Das Flottenbauprogramm, das Roosevelt zwei Monate nach Kriegsausbruch vorlegte, ging weit über das hinaus, was Präsident Wilson und Marineminister Daniels für nötig hielten. Es hatte neben der bereits bestehenden Flotte nicht weniger als 13 Schlachtschiffe der 2. Linie zum Ziel, die 18000 Wehrpflichtige bemannen sollten. Roosevelt hätte – nach »Onkel Teddys« Vorbild – wohl auch nur allzu gerne gleich eigenmächtig in den europäischen Krieg eingegriffen. Aber es war sein Pech, daß die USA kurz vorher bereits in Mexiko militärisch interveniert hatten, wo ein Bürgerkrieg ihre Privilegien bedrohte. So war die amerikanische Flotte im August 1914 noch in südlichen Gewässern versammelt, von wo aus sie nicht ohne weiteres in den Nordatlantik dampfen konnte.

Unterdessen gab es innerhalb der Wilson-Administration ein kräftiges Tauziehen zwischen Pazifisten, Neutralisten, Navalisten und Interventionisten mit dem Ergebnis, daß die Verfechter einer bewaffneten Intervention mit Roosevelt an der Spitze den Sieg davontrugen. Es war der Sieg, der drei Jahre später den Sieg der Alliierten in Europa sicherstellte, der im Grunde alles entscheidende Sieg. Ironischerweise hat dazu weniger die wachsende Schlagkraft de deutschen U-Boote beigetragen, die im Atlantik immer mehr Handelsschiffe mit dem für Großbritannien lebenswichtigen Nachschub versenkten. Vielmehr war es gerade die ängstliche Zurückhaltung, die sich die deutsche Seekriegsleitung im Umgang mit ihrer Schlachtflotte auferlegte. Denn dadurch, daß sie die »Schlacht von Trafalgar des 20. Jahrhunderts« vermied, welche die Seestrategen in Washington und London gern geschlagen hätten, zwang sie Amerika, die militärische Entscheidung »in der Höhle des Löwen«, also auf dem europäischen Kontinent, zu suchen.

Diesem Ziel diente das amerikanische Flottenbauprogramm, das Wilson 1915/ 16 von Roosevelt und seinen Mitstreitern aufgezwungen wurde: Innerhalb von nur drei Jahren wurden 16 Schlachtschiffe und Schlachtkreuzer sowie 67 U-Boote im Gesamtwert von 500 Millionen Dollar fertiggestellt, insgesamt – d. h. zusammen mit dem bereits vorhandenen Schiffsbestand – eine Seestreitmacht, deren Größe und Schlagkraft allmählich an die der *Royal Navy* heranreichte. Diese Armada verschiffte ab 1917 zwei Millionen Soldaten von der amerikanischen Ostküste auf den europäischen Kriegsschauplatz, ohne auch nur einen einzigen Mann durch Feindeinwirkung zu verlieren. Außerdem begann sie, das Vereinigte Königreich von Großbritannien und Irland als führende Seemacht abzulösen.

Sicher hätten die Navalisten und Interventionisten ihren Sieg nicht erzielt, wenn sie nicht zwei mächtige Fürsprecher gehabt hätten: Die militärische Lage, die sich vorübergehend bedenklich zuungunsten der Alliierten verschlechterte, und das zunehmende Bedrohungsgefühl, das immer mehr Amerikaner gegenüber dem damals noch mit der Entente verbündeten Japan empfanden. Mit seiner Doppelstrategie, die amerikanischen Seestreitkräfte aufzubauen und gleichzeitig seinem neutralistisch-pazifistischen Präsidenten die Treue zu halten, bewies der junge Roosevelt erstmals sein bemerkenswertes Geschick, die nach außen wirkende Macht der Vereinigten Staaten kraftvoll zu entfalten, ohne sich innenpolitisch zu isolieren.

In der Tat hat sich der spätere Präsident bereits während des Ersten Weltkrieges bis in taktische Finessen hinein jene Sicht-, Handlungs- und Redeweisen angeeignet, die seiner Sache auch im Zweiten Weltkrieg dienten. Er entwarf Kriegspläne und mobilisierte Flotteneinheiten, er nutzte mit dem *Leasing* neue Finanzierungsmethoden, und er veranlaßte geeignete Maßnahmen zur Sicherung der karibischen Stützpunkte, wozu unter anderem 1915 die Besetzung Haitis durch die Amerikaner gehörte. Vor allem aber hat er schon im Ersten Weltkrieg gelernt, seine eigenen Absichten imagegerecht zu camouflieren.

Im Februar 1917 nahm Deutschland den unbeschränkten U-Bootkrieg wieder auf, den es 1915 aus Angst vor einer amerikanischen Intervention eingestellt hatte. Er wurde ohne Vorwarnung nun auch gegen die zum Teil bewaffneten Handelsschiffe der formal immer noch neutralen USA geführt. Roosevelt war gerade mit einem Kriegsschiff auf dem Weg nach Santo Domingo, als ihn diese alarmierende Nachricht erreichte. Der Minister ließ den Kommandanten beidrehen, eilte unter kriegsmäßigen Bedingungen nach Washington zurück und wollte in echter Teddy-Roosevelt-Manier die amerikanische Flotte in den Nordatlantik entsenden. Da hat ihm Präsident Wilson eine Lehre erteilt, die er nie mehr vergessen sollte: »Ich werde Ihnen etwas sagen, was ich öffentlich nicht sagen kann. Ich möchte nicht nur vor der Geschichte zeigen, daß wir jedes diplomatische Mittel angewandt haben, um uns aus dem Krieg herauszuhalten, und um zu zeigen, daß uns der Krieg von Deutschland bewußt aufgezwungen wurde, sondern ich will auch mit sauberen Händen vor das Gericht der Geschichte treten können.« [7]

Seitdem hat es Roosevelt stets kunstvoll vermieden, das Odium des Aggressors auf sich zu nehmen, mochte er sich gegenüber anderen Mächten auch noch so aggressiv und herausfordernd gebärden. Wie lange die Lektion, die ihm Wilson erteilte, nachgewirkt hat, erhellt ein Vorgang aus dem Jahre 1940: Generalstabschef Marshall legte Präsident Roosevelt ein Memorandum vor, das die Ergebnisse eines Strategiegesprächs zusammenfaßte. Darin hieß es: »Sollten die USA *wünschen*, auf das Mittel des Krieges zurückzugreifen...«Roosevelt machte daraus:»Sollten die USA *gezwungen* sein, auf das Mittel des Krieges zurückzugreifen...« [8] Auf dem Papier, also für die Historiker, hatte er damit eine freie Willensentscheidung in einen von außen auferlegten Zwang verwandelt.

Noch wenige Stunden vor dem Angriff der Japaner auf Pearl Harbor sagte Präsident Roosevelt zu Hopkins, als dieser bedauerte, daß die USA nicht Zeitpunkt und Schauplatz des Krieges durch einen Angriff bestimmen könnten:»Nein, das können wir nicht. Wir sind eine Demokratie und ein friedliches Volk.« [9] Was immer das Staatsoberhaupt der USA dazu beitgetragen hatte, die Situation so zu verschärfen, daß der Ausbruch von bewaffneten Feindseligkeiten unvermeidbar war – das Image einer friedliebenden Macht, die zum Krieg gezwungen wird, mußte um fast jeden Preis aufrechterhalten werden. Das hat Roosevelt bereits im Ersten Weltkrieg gelernt.

Das hinderte den jungen Nachwuchs-Minister freilich nicht, in den knapp 20 Monaten, die vom amerikanischen Kriegseintritt im April 1917 bis zum Waffenstillstand im November 1918 vergingen, die Wende in der ersten Atlantikschlacht dieses Jahrhunderts herbeizuführen – und damit auch die Wende des gesamten Krieges. Schon dabei hat er eine Reihe von Talenten entfaltet, die er später auch im Zweiten Weltkrieg unter Beweis stellen sollte. Roosevelt ließ kleinere Schiffstypen bauen, um die deutschen U-Boote besser bekämpfen zu können. Roosevelt motivierte die amerikanische Rüstungsindustrie, weitgehend standardisierte und daher kostengünstige Kreuzer und Zerstörer so schnell wie möglich in maximalen Stückzahlen herzustellen. Roosevelt bewies durch die Verlegung von 76000 Minen quer durch die Nordsee, daß er auch in operativer Hinsicht zu großangelegten, wenn auch in diesem Fall ziemlich nutzlosen Entscheidungen fähig war.

Im Hinblick auf das Jahr 1917 hat Roosevelt selbst einmal dargelegt, wie umsichtig er sich auf die Führung von Kriegen vorzubereiten pflegte:»Die erste Woche, in der wir uns im Krieg befanden, hatte ich eine Karte der europäischen Gewässer studiert, hatte ich die Entfernung über den englischen Kanal, über die Nordsee von Schottland nach Norwegen abgeschätzt... Ich hatte die Wassertiefe in diesen Gegenden untersucht und war zu dem Ergebnis gekommen, daß eine Art Barriere, sofern sie in technischer Hinsicht machbar war, die angemessene strategische Lösung dafür bot, die deutschen U-Boote aus dem Atlantik und aus dem Mittelmeer herauszuhalten.« [10] Auch das ist also eine Lektion, die er im Ersten Weltkrieg gelernt hat: Wie man sich selbst die Informationen beschaffte, die man benötigte, und daß man gegen Deutschland am besten einen Defensivkrieg führte.

Die Erfahrungen und Kenntnisse, die Roosevelt während des Ersten Weltkrieges sammelte, haben ihn erst zu jenem überlegenen Taktiker und Strategen gemacht, der er im Zweiten Weltkrieg werden sollte. So gesehen ist der eine Krieg fast in jeder Beziehung seine Schule für den anderen gewesen, auch was die Zusammenarbeit mit den Briten anging. Voller Bewunderung verfolgte der junge Minister von Washington aus jene kühnen und einfallsreichen, wenn auch nicht immer erfolgreichen Operationen des britischen Kriegshelden Winston Churchill, 1911 bis 1915 Erster Lord der britischen Admiralität, also Chef der britischen Seekriegsleitung.

In den folgenden drei Jahren bauten die USA eine so substantielle Präsenz ihrer Flotte in den atlantisch-europäischen Gewässern auf, daß fünf amerikanische Schlachtschiffe die »Grand Fleet« der Briten verstärken konnten. Drei weitere operierten in der Irischen See, und große Mengen von amerikanischen Kreuzern und Zerstörern halfen die »Western Approaches« zu verteidigen, jenes Nadelöhr zwischen Irland und England, das die alliierten Geleitzüge vor den Torpedorohren der deutschen U-Boote passieren mußten, um mit ihrer lebensspendenden Fracht die britischen Häfen zu erreichen. Damit nahm der Erste Weltkrieg Formen an, die ein knappes Vierteljahrhundert später auch den Zweiten Weltkrieg kennzeichneten.

Der damalige Oberbefehlshaber der amerikanischen Seestreitkräfte in den atlantisch-europäischen Gewässern, Admiral William S. Sims, äußerte sich in Tönen höchsten Lobes über die amerikanisch-britische Flottenzusammenarbeit. Roosevelt selbst machte sich im Sommer 1918 ein Bild davon, indem er in einer eigenhändig entworfenen Uniform, bestehend aus Khaki-Reithosen, Ledermantel und Golfsocken, den atlantisch-europäischen Kriegsschauplatz bereiste. Auch dabei fiel für ihn wieder massenweise Lehrmaterial an: Der Stellvertretende US-Marineminister studierte die Befehlsstrukturen, lernte die führenden Offiziere der Alliierten kennen und den Grabenkrieg in Frankreich meiden – unvergeßliche Eindrücke für den späteren Oberbefehlshaber. »Die amerikanischen und britischen Streitkräfte werden absolut voneinander getrennt geführt und dennoch in vollendeter Harmonie«, lautete sein Fazit, während der Stellungskrieg nach seiner Beobachtung zur »verhängnisvollen Konsequenz angstvoller Lähmung« führte. [11]

»Kein einziges amerikanisches Marineflugzeug in Frankreich ist brauchbar für offensive Operationen«, war eine andere Erkenntnis. Überall fehlte es an Ersatzteilen und Motoren. Dies deutete auf einen empfindlichen Mangel an Planung und Logistik hin – Fehler, die man das nächste Mal vermeiden mußte. In Großbritannien sah Roosevelt den ersten Flugzeugträger seines Lebens – jene enorme Waffe der nächsten Jahrzehnte, welche die strategische Schlagkraft der Seemächte ins fast Unermeßliche steigern sollte. Zu seinem nicht geringen Erstaunen registrierte er, daß britische Rüstungsfabriken und Werften 550 Flugzeuge wöchentlich und acht Kreuzer monatlich bauen konnten, wo doch die Amerikaner die Fließbandarbeit erfunden hatten. Und einmal kreuzte sich sein Weg sogar mit dem Churchills während eines Essens.

Während des Zweiten Weltkrieges hat Präsident Roosevelt wieder und wieder gegenüber Freunden und Mitarbeitern bekannt, der Erste Weltkrieg sei ihm Vorbild und Beispiel gewesen. In einer gewissen Weise handelte es sich für ihn sogar um einen einzigen Krieg – lediglich unterbrochen von 21 Jahren eines unsicheren Friedens. Das überzeugendste und zugleich merkwürdigste Dokument für die immerwährende Präsenz seiner Erinnerungen und Erfahrungen ist eine Gedankenstütze, die der Präsident am 11. Dezember 1941, vier Tage nach Pearl Harbor, für seinen Pressesprecher Steve Early aufsetzte, damit dieser besser auf Kommentare reagieren konnte, die Roosevelt überraschend gute Nerven bescheinigt hatten. Im allgemeinen vergäßen die Leute, so meinte der Präsident in diesem Papier, daß ihm dies alles schon vom Ersten Weltkrieg her geläufig sei. Er kenne praktisch alle wichtigen Kriegsschauplätze, und er habe insgesamt »wahrscheinlich mehr vom Krieg gesehen als jeder andere Amerikaner.« [12]

Vor allem aber ist dem Präsidenten stets das Schicksal seines Amtsvorgängers Wilson bewußt gewesen, der letzte Demokrat, der vor ihm sein Land regiert hatte. Wilson führte Amerika 1917 in den Krieg. Er machte dabei jedoch eine Reihe von schwerwiegenden Fehlern, die Roosevelt auf keinen Fall wiederholen wollte, und Wilson agierte auch bei Kriegsende so ungeschickt, daß er nicht nur die Zustimmung des Kongresses zum Vertrag von Versailles, einschließlich der Völkerbundsakte, verfehlte, sondern damit zugleich auch noch seine Gesundheit und sein Amt verlor.

Das wechselvolle Schicksal dieses Präsidenten ist für Roosevelt stets Warnung und Ansporn, es besser zu machen, gewesen.

Der Unmut, mit dem die amerikanische Öffentlichkeit damals auf Präsident Wilsons Verhalten reagierte, ist so intensiv mit dessen Politik vor dem Krieg und während des Krieges verquickt, daß wir, um Roosevelts Schlußfolgerungen zu verstehen, etwas weiter ausholen müssen. Bis zum Ersten Weltkrieg sind die Vereinigten Staaten ein Land gewesen, das im Gegensatz zu den meisten Staaten Kontinentaleuropas über kein stehendes Heer verfügte. Das heißt, es war auf einen größeren Landkrieg mit den europäischen Mächten gar nicht vorbereitet. Im Spannungsfall benötigte Amerika also erst einmal Zeit, um die allgemeine Wehrpflicht einzuführen, um Vorräte an Waffen und Munition anzulegen und um aktiv in die Kämpfe einzugreifen.

In seiner bevorzugten geostrategischen Lage war Amerika zwar vor größeren Angriffen feindlicher Mächte sicher, so daß es einen Krieg kaum befürchten mußte. Dennoch grassierte schon 1914 in der amerikanischen Öffentlichkeit die Angst, Japaner und Deutsche könnten irgendwo an den langgestreckten Küsten landen, Unruhe und Unfrieden auf dem Doppelkontinent stiften und Amerika damit aus seinen liebgewordenen Lebensgewohnheiten herausreißen. Dies führte zu einem weit verbreiteten Gefühl der Unsicherheit. Interventionisten vom Schlage der beiden Roosevelts schürten dieses Gefühl, indem sie behaupteten, Amerika könne eine Invasion feindlicher Mächte nur dann zuverlässig vermeiden, wenn es sich beizeiten auf den Krieg vorbereite. Werde es aber trotz alledem in einen Krieg hineingezogen, so würden angemessene Kriegsvorbereitungen wenigstens seine Niederlage verhindern.

Diese Argumentation war an und für sich nicht unlogisch. Das Merkwürdige an ihr ist nur, daß sie ihre Überzeugungskraft einer Gefahr verdankte, die eigentlich gar nicht vorhanden war, sowie der Tatsache, daß sich ein von feindlichen Angriffen nicht bedrohtes Land mitten im Frieden natürlich auf keinen Krieg vorbereitet. Was Anlaß zur Genugtuung und Freude oder wenigstens doch für ein Gefühl der Sicherheit hätte sein können, verwandelte sich unter den Vorhaltungen der Roosevelts und anderer Interventionisten jedoch in einen Nachteil, in eine Gefahr und damit in einen Vorwurf an die Adresse Wilsons, das im Interesse der Bürger Notwendige unterlassen zu haben.

Der Neutralist und Pazifist Wilson wiederum wagte es nicht, sein Land aktiv auf den Krieg vorzubereiten, weil er fürchtete, durch die Beschwörung einer im Frieden nicht vorhandenen Kriegsgefahr und die Einleitung entsprechender Verteidigungsmaßnahmen bei seinen Wählern als »alarmistisch«, »militaristisch« oder gar »interventionistisch« zu erscheinen. So erhielt die sicherheitspolitische Debatte in Amerika vor 1917 durch die Konfrontation zwischen Pazifisten, Neutralisten und Interventionisten einen surrealistischen Zug: Wilson sprach nie offen von der Möglichkeit eines Krieges, von potentiellen Feinden und von bestimmten Notwendigkeiten einer sinnvollen Selbstverteidigung. Dagegen wurde der höchst unwahrscheinliche Fall einer japanischen oder deutschen Invasion von den Interventionisten so dramatisiert, daß jede Forderung nach Aufrechterhaltung von Neutralität und Frieden als unverzeihliche Schwäche erschien.

Unter diesen Umständen hätte der Versuch, die Ziele der amerikanischen Außenpolitik und Strategie irgendwo in der Mitte zwischen »Kriegsbereitschaft« und »Friedensbereitschaft« zu definieren, zu einer endlosen und am Ende wahrscheinlich fruchtlosen Debatte geführt. Wilson hat deshalb diese wichtige Standortbestimmung vermieden. Statt dessen beschwor der Präsident lieber die internationale Rechtsordnung und die allgemeinen Gesetze der Menschlichkeit, während er seinen Stellvertretenden Marineminister Roosevelt unter der Hand die Flotte aufrüsten ließ. Zwar war Amerika trotz dieser Halbheiten am Ende doch noch bereit und fähig in den Krieg zu ziehen. Dies war aber weniger Wilsons Verdienst, als vielmehr die Folge des objektiven Kriegsverlaufs.

In diesem Zusammenhang spielte der *Lusitania-Zwischenfall* im Mai 1915 eine Schlüsselrolle – die Versenkung eines britischen Passagierdampfers durch ein deutsches U-Boot in britischen Gewässern, bei der über hundert Amerikaner ums Leben kamen. Dieser bedauerliche Vorfall leistete genau das, was Wilson bisher versäumt hatte: Er führte zu einer Annäherung zwischen Neutralisten, Pazifisten und Interventionisten in der Frage des Kriegseintritts. Nach Meinung der meisten Amerikaner verletzte der Vorfall nicht nur das internationale Recht und die Gebote der Menschlichkeit, auf die sich Wilson immer berufen hatte. Er stimulierte auch die von den Roosevelts unentwegt geforderte Kriegsbereitschaft. Schließlich förderte der Vorfall sogar die Vision von einer freien, prosperierenden und friedlichen Welt, die eine amerikanisch-britische Flottenkooperation heraufführen konnte:»Würden sie als stolze und unabhängige Nationen zusammenarbeiten«, so faßt der amerikanische Historiker Robert Osgood die damalige Stimmung in Amerika zusammen,»dann könnten die englischsprechenden Völker... eine friedvolle, wohlhabende und demokratische Welt schaffen, während die Niederlage eines der beiden Völker für beide geistig und praktisch eine Katastrophe bedeuten würde.« [13]

Ein Jahr später ging die Welle nationalistischer und internationalistischer Erregung, die Amerika 1915 wie ein Fieber durchströmt hatte, noch einmal zurück. Jetzt führte der blutige Stellungskrieg zwischen den europäischen Mächten zu der weit verbreiteten Annahme, Deutschland werde am Ende allein schon vor der Überlegenheit der alliierten Ressourcen kapitulieren, womit sich eine amerikanische Intervention erübrigt hätte. Ein Teil der veröffentlichten Meinung hielt am Ende sogar einen Triumph der Alliierten für möglich, einschließlich einer Besetzung Deutschlands. Unter diesen Umständen wurde die Verschärfung des deutschen U-Boot-Krieges im Februar 1917 nicht nur als Akt der Barbarei, sondern auch als Akt der Verzweiflung bewertet.

In diesem Augenblick, am 1. März 1917, veröffentlichte die britische Regierung jedoch die sog. »Zimmermann-Depesche.« Sie hatte das Telegramm schon vor geraumer Zeit abgefangen, seine Publizierung aber kunstvoll bis zu diesem kritischen Moment aufgeschoben, als Amerika zwischen Intervention und Nicht-Intervention hin- und herschwankte. Bei der Depesche handelte es sich um ein Telegramm des deutschen Außenministers Zimmermann an den deutschen Gesandten in Mexiko City. Es regte für den Fall eines Krieges mit den USA ein Bündnis mit diesem mittelamerikanischen Staat an, das gerade unter einer amerikanischen Intervention zu leiden hatte. Als Gegenleistung sollte Mexiko die US-Bundestaaten Neu Mexiko und Arizona erhalten. Außerdem sollte es sich, und damit setzte Zimmermann seinen Anregungen die Krone auf, um den Beitritt Japans zu diesem Bündnis bemühen.

Natürlich beschwor die Zimmermann-Depesche für viele Amerikaner die Gefahr einer »Achse Berlin-Mexico City-Tokio« herauf. Das veröffentlichte Telegramm bestätigte die Gefahr, vor der die Interventionisten immer gewarnt hatten. Es schlug in Washington wie eine Bombe ein. Es stimulierte alle Einkreisungsängste. Es überzeugte die amerikanische Öffentlichkeit davon, daß Deutschland in der westlichen Hemisphäre finstere Ziele verfolgte. Vor allem aber: Es brach Wilsons Widerstand gegen den amerikanischen Kriegseintritt.

Zwar hätte auch jetzt noch niemand, der etwas davon verstand, eine deutsche Invasion auf dem Umweg über Mexiko für möglich gehalten. Im Gegenteil, die gefährlichen Gedankenspiele des deutschen Außenministers wurden weithin als Absurditäten eines »internationalen Verrückten« bewertet, »dem gegenüber es zunehmend zur internationalen Pflicht wird, ihn in seine Schranken zu verweisen« (so die *New York Evening Post*). [14] Für viele Amerikaner war eine Nation von Wahnsinnigen im Begriff, Amok zu laufen, das heißt den normalen Prozeß der Zivilisation zu stören. Als nun noch die deutsche Kriegsmarine mit einer Reihe von »offenen (Kriegs-)Handlungen« die Toleranzgrenze Wilsons überschritt, erklärten die Vereinigten Staaten von Amerika am 6. April 1917 Deutschland den Krieg.

Zu diesem Zeitpunkt hatte Wilson schon zwei entscheidende Fehler gemacht, die ihm zum Verhängnis wurden: Erstens hatte er zugelassen, daß in der amerikanischen Öffentlichkeit der Eindruck entstand, Amerika werde von Deutschland wehrlos in den Krieg gestoßen – es greife nicht aus freiem Entschluß und gut gerüstet zu den Waffen. Zweitens aber, und das war vielleicht der noch größere Fehler, verband der Präsident seine Kriegsbotschaft an den Kongreß mit der Proklamation bestimmter Kriegsziele, womit er sein Land in einen lähmenden Streit zwischen nationalem Interesse und universaler Sendung stürzte.

Durch diese beiden Fehlleistungen spaltete Wilson Amerika in zwei Lager: Das eine kämpfte fortan für die nationalen Interessen, das andere für eine bessere Welt. Beide Lager einte nur noch das beklemmende Gefühl, gezwungenermaßen und unvorbereitet in den Krieg eingetreten zu sein. Die Folge: Wilson geriet innenpolitisch in die Defensive. Weder vermochte er die amerikanische Nation hinter sich und seine Kriegsziele zu scharen. Noch verstand er es, jene patriotische Begeisterung zu wecken, die Amerika noch im Krieg gegen Spanien 1898 getragen hatte.

Wilsons politisches Fehlkonzept hat Roosevelt drei wichtige Lehren vermittelt: Erstens kam es vor einer militärischen Intervention darauf an, die Diskussion um die Kriegsbereitschaft so zu führen, daß sie sich auf eine von jedem Amerikaner nachvollziehbare Bedrohung bezog. Zweitens war der Eindruck zu vermeiden, Amerika werde wehrlos und gegen seinen Willen in den Krieg gestoßen, ohne daß um seines Images willen der Eindruck entstehen durfte, es suche den Krieg. Drittens konnte man dem Konflikt zwischen nationalem Interesse und universaler Sendung nur dadurch entgehen, daß man jede Festlegung auf bestimmte politische Ziele vermied.

Das sind die drei Hauptlehren, die Roosevelt aus der Schule des Ersten Weltkrieges für den Zweiten Weltkrieg gezogen hat. Was seine Kriegsziele anging, machte sich Roosevelt darüber hinaus schon während des Ersten Weltkrieges die Argumentation der Interventionisten zu eigen, die, je länger der Krieg dauerte, desto mehr »den vollständigen Sieg« über Deutschland und einen »Frieden auf der Basis der bedingungslosen Kapitulation« verlangten. Schließlich teilte er die Auffassung seines Onkels, daß es zuallererst auf den militärischen Sieg ankomme. Denn davon hing ja die Verwirklichung politischer Ziele ab.

Franklin Delano Roosevelt hat aber nicht nur in bezug auf Kriegseintritt und Kriegsziele, sondern auch in bezug auf Kriegsbeendigung und Friedensorgani-

sation *ex negativo* von seinem glücklosen Amtsvorgänger gelernt. Wie diese
Lehre aussah, wollen wir jetzt analysieren, um abschließend Roosevelts
Kriegsbegriff zu behandeln. In seinen berühmten »Vierzehn Punkten« von
1918 hat Wilson allgemeine Postulate der Menschlichkeit, der Gerechtigkeit
und des internationalen Zusammenlebens mit konkreten politischen Forderungen verbunden. Waren seine ersten fünf Punkte – öffentliche Diplomatie,
Freiheit der Meere, Handelsfreiheit, Rüstungsbegrenzung, Regelung der Ko-
lonialfrage – mehr idealistischer Natur, obwohl sie natürlich auch amerikanischen Interessen nutzten, so regelten die übrigen acht Punkte einzelne territoriale Fragen in Europa und im Vorderen Orient.
Aus dieser Doppelgleisigkeit erwuchsen Wilson 1918 bis 1920 große innen- und
außenpolitische Schwierigkeiten, die schließlich zu seinem Scheitern führten.
Der Präsident konnte sich nämlich mit seinem Misch-Katalog im Ergebnis
weder gegen die europäischen Mächte noch gegen den amerikanischen Kon-
greß durchsetzen – er hat sich mit ihm nur zwischen die beiden sprichwörtlichen
Stühle gesetzt. Er erlitt 1919 einen gesundheitlichen Zusammenbruch, und die
Demokratische Partei wurde bei der Präsidentschaftswahl von 1920 für ein
Dutzend Jahre aus dem Weißen Haus vertrieben. Roosevelt, der dieses
Desaster aus nächster Nähe miterlebte, hat daraus im Zweiten Weltkrieg die
Folgerung gezogen, daß er die Festlegung auf bestimmte, öffentlich prokla-
mierte und in den territorialen Besitzstand anderer Länder eingreifende Ziele
vermeiden mußte.
Denn Roosevelt hatte nicht die Absicht, wie sein Amtsvorgänger zwischen die
Mühlsteine des nationalen Interesses und der universalen Sendung Amerikas
zu geraten – er wollte sowohl den innenpolitischen Erfolg gegenüber den
sogenannten Isolationisten, als auch den außenpolitischen Erfolg gegenüber
seinen Alliierten. Infolgedessen beschränkte er sich 1941 darauf, seine »Vier
Freiheiten« zu verkünden – Meinungsfreiheit, Religionsfreiheit, Freiheit von
Furcht, Freiheit von Not, rein idealistische Postulate in ihrer allgemeinsten
Form. Nicht einmal der Kriegszielkatalog der »Atlantik-Charta«, den Roosevelt gemeinsam mit Churchill ebenfalls 1941 proklamierte, hat irgendwelche
territorialen Forderungen enthalten. Er glich in dieser Hinsicht sogar einem
Negativkatalog. Die Regierungschefs Amerikas und Großbritanniens verpflichteten sich nämlich, »weder die Erweiterung ihrer Gebiete noch ihrer
Einflußsphären« anzustreben, noch »Gebietsveränderungen, die nicht mit den
erklärten Wünschen der beteiligten Völker im Einklang stehen.« [15]
Im Gegensatz zu Wilson wagte es Roosevelt jedoch, gegen Kriegsende eine
öffentliche Debatte über sein Modell des Völkerbundes, die späteren »Vereinten Nationen«, herbeizuführen. Dadurch etablierte er einerseits jene moralische Führerschaft im Weltmaßstab, die schon Wilson errungen hatte. Andererseits vermied er jedoch jene »egoistische Desertion« Amerikas (Robert Osgood), die Wilson zum Verhängnis geworden war, das heißt den Rückfall in
den selbstbezogenen Isolationismus. In der Tat läßt sich auch an der Art und
Weise, in der diese beiden Präsidenten die hochbedeutsamen Debatten um die

künftige Organisation des Weltfriedens führten, eine Lektion ablesen, die Wilson seinem Nachfolger Roosevelt erteilt hat.

Im 14. und letzten Punkt seiner »Vierzehn Punkte« behandelte Wilson sein Lieblingsprojekt, die Gründung einer »general and common family of the League of Nations«, auf deutsch »Völkerbund« genannt. Diese Organisation sollte nach dem Ende der militärischen Feindseligkeiten in Europa den Frieden wiederherstellen und kollektive Sicherheit verbreiten. Dem Präsidenten wurde von seinen Beratern im Sommer 1918, also kurz vor Kriegsende, empfohlen, die öffentliche Debatte über dieses Projekt einzuleiten. Sie hielten dies für die beste Methode, um die bereits laufende Debatte zu kanalisieren, die den Völkerbund zwischen internationalistischen Weltverbesserungsplänen und nationalen Egoismen zu zerreiben drohte. Aber zu seinem eigenen Nachteil folgte der Präsident dem Rat nicht, und er beging damit einen ersten schwerwiegenden Fehler, weil ihm die unwillkommene Debatte dennoch aufgezwungen wurde.

Kurz darauf machte Wilson jedoch noch einen zweiten und wahrscheinlich entscheidenden Fehler: Er verzichtete darauf, im Rahmen der Friedensdebatte an das nationale Interesse Amerikas zu appellieren. Anstatt den Völkerbund seinem Land als ein Instrument schmackhaft zu machen, mit dessen Hilfe Amerika nicht nur den Weltfrieden sichern, sondern zugleich auch seinen eigenen politischen und wirtschaftlichen Vorteil im Weltmaßstab fördern konnte, stellte er ihn nur als eine Art moralisches Weltgewissen dar. Dadurch machte es Wilson seinen Gegnern im Kongreß wie Henry Cabot Lodge leicht, den Völkerbund abzulehnen. Denn die meisten Amerikaner waren damals noch nicht bereit, »traditionelle Züge des nationalen Verhaltens anderer Nationen und Völkern zu opfern«, [16] zumal wenn dieses Opfer praktisch gar nichts nutzte, sondern Amerika nur in eine endlose Kette von europäischen Konflikten hineinzuziehen drohte.

So kam es in der Debatte über den Völkerbund zu einer verhängnisvollen Konfrontation zwischen Nationalisten und Internationalisten, der Wilson mit seinem Vorhaben zum Opfer fiel. Dabei gab sich der Präsident zu allem Überfluß auch noch selbst den Rest, als er die letzte Gruppierung verprellte, die bis zuletzt zu ihm gehalten hatte, die Gruppierung der pazifistischen Idealisten. [17] Die Völkerbundssatzung, integraler Bestandteil des Versailler Vertrages, wurde mit diesem zusammen vom amerikanischen Senat abgelehnt.

Roosevelt, der zu Beginn seiner politischen Karriere eher im Fahrwasser der nationalen Egoisten schwamm, scheint Wilsons Idee eines Völkerbundes anfangs nicht viel abgewonnen zu haben. Wahrscheinlich kam ihm das Vorhaben zu utopisch und daher praktisch nutzlos vor. Seine »Bekehrung« soll ziemlich plötzlich in einem Vier-Augen-Gespräch erfolgt sein, das Wilson und Roosevelt auf jenem Dampfer geführt haben, mit dem die beiden von Versailles nach Washington zurückkehrten. Was Roosevelts Sinneswandel letztlich ausgelöst hat, wird wohl immer im Dunkeln bleiben. War es der Versuch, dem Präsidenten für die bevorstehenden Auseinandersetzungen mit dem Kongreß

den Rücken zu stärken? Erkannte Roosevelt das weltpolitische Gestaltungspo-
tential, das in diesem Vorhaben steckte? Erlag er Wilsons Überredungskunst?
Wir wissen es nicht. Jedenfalls ist die Idee einer Weltfriedensorganisation einer
der wenigen Punkte gewesen, in denen Roosevelt *ex positivo* von Wilson
lernte.

Tatsächlich ist Roosevelt dieser Idee von jenem schicksalhaften Gespräch auf
hoher See an bis zu seinem Lebensende treu geblieben. Dies aber in einer für
ihn charakteristischen Weise: Der Pragmatiker und Macchiavellist zog nämlich
aus Wilsons Scheitern den Schluß, daß es notwendig sei, das Projekt den
Amerikanern nicht nur als moralische Errungenschaft, sondern auch als prakti-
sches und praktikables Instrument zur internationalen Umsetzung nationaler
Interessen nahezubringen – sprich: als amerikanisches Weltführungsinstru-
ment. So hat Roosevelt an Wilsons Modell einige wichtige Veränderungen
vorgenommen. Dazu gehört vor allem die Einführung einer internationalen
Polizeigewalt in Gestalt des späteren Weltsicherheitsrates und die Flankierung
der Vereinten Nationen durch das Handels- und Währungssystem von Bretton
Woods, das den Dollar zur internationalen Leitwährung machte. Dagegen ist
Wilsons Völkerbundsatzung im amerikanischen Senat gerade an den unzureichenden Sanktionsmöglichkeiten gescheitert, die sie enthielt.

Roosevelt schaffte es noch vor seinem Tod, die Charta der Vereinten Nationen
auf den Weg zu bringen. Zwar wurde die Organisation erst nach seinem Tod
1945 in San Francisco gegründet. Aber ihre Satzung enthielt die neuen weltpolitischen Gestaltungsmöglichkeiten, auf die es Roosevelt angekommen war,
und sie wurde vom Kongreß in Washington akzeptiert. Es war der letzte Sieg,
den der Präsident posthum erzielte. Aber es war vielleicht sein bedeutsamster
Sieg. Denn die erfolgreiche Ratifizierung nicht nur durch die übrigen Unterzeichnerstaaten, sondern auch durch den amerikanischen Senat, zeigt deutlicher als manches andere, daß es Präsident Roosevelt gelungen ist, nicht nur
sein eigenes Volk, sondern auch die anderen Völker der Welt dahin zu bringen,
den Weltführungsanspruch der USA zu akzeptieren.

Kommen wir abschließend zum »diskriminierenden Kriegsbegriff.« Dieser
Begriff ist zwar nicht ganz unverdächtig, weil er von Carl Schmitt geprägt
wurde, einem Rechtsgelehrten, der durch sein Freund-Feind-Denken vielfach
als einer von Hitlers geistigen Wegbereitern gilt. Wir beleuchten diesen Begriff
hier aber nicht nur deshalb, weil er inzwischen von deutschen Völkerrechtsleh-
rern wie Wilhelm Grewe aufgegriffen wurde, sondern weil er vor allem von
Roosevelt im Zweiten Weltkrieg als juristisches und moralisches Kampfmittel
gegen die Achsenmächte eingesetzt worden ist.

Das Völkerrecht hatte die Auffassung vom »justus hostis« (gerechten Feind) an
der Wende vom 19. zum 20. Jahrhundert in Den Haag festgeschrieben. Es
kannte weder die Gerichtsbarkeit eines Staates über den anderen, noch den
Politiker oder Feldherren als Rechtssubjekt eines völkerrechtlichen Deliktes.
Da es nicht zwischen gerechten und ungerechten Kriegen unterschied, sprach
es auch nicht von Kriegsverbrechen – außer in den Fällen, in denen gegen die

etablierten Regeln und Gebräuche der Kriegführung verstoßen wurde. Dagegen diskriminierte der neue Kriegsbegriff den Aggressor nicht nur als »ungerechten Feind.« Er stellte darüber hinaus auch die Führer dieses Staates auf eine Ebene mit gewöhnlichen »Verbrechern«, über die andere Staaten zu Gericht sitzen durften.

Erste Ansätze zum diskriminierenden Kriegsbegriff haben schon die Kriegsschuldartikel 227, 228 und 231 des Friedensvertrages von Versailles enthalten. [18] In ihnen wurden der Kaiser sowie seine führenden Politiker und Militärs eines Angriffskrieges für schuldig gesprochen – sie sollten vor ein Gericht der Siegermächte gestellt und als Verbrecher verurteilt werden. Die amerikanische Delegation war sich in dieser Frage damals jedoch noch nicht einig. [19] Einige ihrer Mitglieder bezeichneten den »Eroberungskrieg«, den Deutschland ihrer Meinung nach geführt hatte, zwar schon als »moralisches Verbrechen gegen die Menschheit«. Andere amerikanische Rechtsgelehrte hingen aber noch der herkömmlichen Auffassung an.

Da die USA, wie bereits erwähnt, den Vertrag von Versailles nicht ratifizierten, kam diese Diskriminierung und Kriminalisierung in den amerikanisch-deutschen Beziehungen zunächst nicht zum Tragen. Der Sonderfriedensvertrag, den Washington und Berlin schlossen, sparte die Artikel 227 und 228 des Versailler Vertrages aus. Doch bahnte sich mit dem Entwurf des Genfer Protokolls von 1924, erst recht aber mit dem Briand-Kellogg-Pakt von 1928 ein völkerrechtlicher Wandel an. Er führte nach dem Zweiten Weltkrieg dazu, daß die Führungen der Achsenmächte Deutschland und Japan von alliierten Militärtribunalen wegen verbrecherischer Verschwörung zu einem Angriffskrieg und anderer Delikte wie eine Bande von gemeinen Verbrechern verurteilt wurden. Denn bei den Siegermächten hatte sich der diskrimierende Kriegsbegriff inzwischen durchgesetzt.

Diese Entwicklung hat ihren Grund in der einfachen Tatsache, daß die angelsächsischen Seemächte seit dem Ersten Weltkrieg dieses Jahrhunderts ein überwältigendes Interesse daran haben, den einmal erreichten *status quo* aufrechtzuerhalten. Jede Macht, die diesen *status quo* antastet, ist in ihren Augen ein ungerechter Aggressor, der mit einem gemeinen Verbrecher auf derselben Stufe steht. Darüber hinaus haben die USA auf Grund ihrer wirtschaftlichen Überlegenheit inzwischen die Fähigkeit erworben, den *status quo* jederzeit mit nicht-kriegerischen Mitteln zu verändern. Das heißt, Amerika ist auf Krieg als Mittel der Politik im Grunde nur noch im Notfall angewiesen. Infolgedessen hat schon der Briand-Kellogg-Pakt, den der französische Außenminister Briand und dessen amerikanischer Amtskollege Kellogg kurz vor der Weltwirtschaftskrise zustandebrachten, »den Krieg als Mittel für die Lösung internationaler Streitfälle« und »als Werkzeug nationaler Politik« sowie jeden künftigen Aggressor in Acht und Bann getan. [20]

An diese damals noch junge Tradition knüpfte Präsident Roosevelt nach der Weltwirtschaftskrise an, indem er die Achsenmächte als »Gangster-Nationen« titulierte. Das ließ den Gegensatz zwischen den Siegermächten des Ersten

Weltkrieges einerseits, Deutschland, Italien und Japan andererseits schon vor Beginn des Zweiten Weltkrieges als Gegensatz zwischen Recht und Unrecht, Zivilisation und Barbarei, Gut und Böse erscheinen. Dadurch erhielt die Fähigkeit der USA, gegen die revisionistischen Mächte einen Krieg mit wirtschaftlichen Mitteln zu führen, zusätzlich noch eine moralische Dimension. Nachdem die Feindseligkeiten erst einmal begonnen hatten, schien diese Dimension nicht nur den bedenkenlosen Einsatz aller militärischen Kriegsmittel gegen die diskriminierten Feinde zu rechtfertigen. Vielmehr erregte nicht einmal mehr der Einsatz des neuen und zutiefst unmoralischen Massenvernichtungsmittels der Atombombe, das ja unterschiedslos Kombattanten und Nicht-Kombattanten traf, bei Roosevelt irgendwelche prinzipiellen Bedenken.

Der juristisch vorgebildete Präsident hat den Übergang vom nicht-diskriminierenden zum diskriminierenden Kriegsbegriff nicht widerwillig rezipiert – er hat ihn mit dem und durch den Zweiten Weltkrieg bis zur internationalen Durchsetzung vorangetrieben. Er hat die Achsenmächte und alle potentiellen Feinde seiner neuen Weltordnung, wie Burkhard Schöbner neuerdings nachgewiesen hat [21], zumindest tendenziell aus der bestehenden Völkerrechtsordnung ausgegrenzt. Diese Tendenz kommt in der maßgeblich von Roosevelt selbst entworfenen Charta der Vereinten Nationen auch heute noch zum Ausdruck.

Die UN-Charta enthält in ihren Artikel 53 und 107 sogenannte Feindstaatenklauseln. Mit ihnen zeichneten sich Roosevelt und seine Alliierten nach dem Zweiten Weltkrieg von allen Widersprüchen zu den humanitären, freiheitlichen und friedlichen Zielen der Vereinten Nationen frei, in die sie durch ihr Verhalten gegenüber den Achsenmächten geraten waren. Äußerstenfalls durften sie sogar erneut militärische Gewalt gegen diese Feindstaaten anwenden, ohne die UN-Charta zu verletzen. Deutschland, Italien und Japan, die den Vereinten Nationen lange Zeit nicht angehörten, wurden also durch die Artikel 53 und 107 gegenüber allen anderen Staaten in einem erheblichen Maße diskriminiert, das heißt bis zu einem gewissen Grade für rechtlos erklärt. [22] Diese Ächtung trifft seit 1945 jedoch im Prinzip jede Macht, die von den Organen der Vereinten Nationen zum Aggressor erklärt wird, weil sie den *status quo* gefährdet.

Fassen wir zusammen. Wenn der Zweite Weltkrieg der Vater vieler Dinge ist, die das Zusammenleben der Völker noch heute prägen, so ist der Erste Weltkrieg ihr Großvater gewesen. Franklin Delano Roosevelt stammte aus dieser großväterlichen Zeit. Zugleich aber war er ein Mann des Überganges zu einer moderneren Zeit, und er hat diesen Wandel selbst kräftig vorangetrieben. Dabei hat er nicht nur in seiner Außenpolitik und Kriegführung Altes und Neues miteinander verknüpft. Roosevelt hat es vielmehr auch verstanden, sich trotz allem, was er dem amerikanischen Volk in den zwölf Jahren seiner Präsidentschaft zumutete, eine innenpolitische Machtbasis zu erhalten.

Anmerkungen

1 PPA 1941, S. 522: FDR-Kaminplauderer v. 9. 12. 41
2 Tugwell, Roosevelt, S. 99
3 Burns, Lion, S. 61
4 Die Zahlen siehe Beard, Idea, S. 84 und 485
5 Hough, Crusade, S. 8
6 Zitate bei Burns, Lion, S. 60
7 Hough, Crusade, S. 103
8 Burns, Soldier, S. 86
9 Sherwood, Roosevelt, S. 426–428
10 Hough, Crusade, S. 105
11 Vgl. auch das Folgende ebda., S. 110
12 FDR, Personal Letters, S. 1255f.: GGT (Tully) 11. 12. 41 STE (Early)
13 Osgood, Ideals, S. 236
14 ebda., S. 255
15 op. cit. Jacobsen, Teilung, S. 156
16 Osgood, Ideals, S. 275ff.
17 ebda., S. 286
18 In Artikel 213, dem berühmt-berüchtigten »Kriegsschuldartikel«, nahm Deutschland die Schuld am Ersten Weltkrieg dadurch auf sich, daß es alle Schäden anerkannte, die die gegnerischen Staaten »infolge des ihnen durch den Angriff Deutschlands aufgezwungenen Krieges erlitten haben.« Dadurch erhielten die Siegermächte eine Aktiv-Legitimation für ihre Reparationsansprüche gegen Deutschland. Artikel 227 stellte den deutschen Kaiser Wilhelm II. wegen dieses Kriegsverbrechens, das hier als »schwerste Verletzung der internationalen Moral und der Heiligkeit der Verträge« bezeichnet wurde, unter öffentliche Anklage und verlangte seine Auslieferung. Artikel 228 behandelte Kriegsverbrechen der herkömmlichen Art. Vgl. Vertrag, S. 236 und 238
19 Schmitt, Nomos, S. 239
2o Zitiert nach Schöbner, Besatzungspolitik, S. 25
21 Gemeint ist das in Anmerkung 20 genannte Buch.
22 Die beiden Artikel sind noch heute Bestandteil der UN-Charta. Die Bundesregierung vertritt jedoch die Auffassung, daß sie durch den inzwischen erfolgten Beitritt der früheren Achsenmächte zu den Vereinten Nationen unwirksam geworden sind, weil die Beziehungen zwischen UN-Mitgliedstaaten von den Prinzipien der UN-Charta bestimmt sein müssen, insbesondere von Art. 2, Ziffern 1–4 (souveräne Gleichheit, Gewaltverbot, Verpflichtung zu friedlicher Streiterledigung). Die Bundesregierung hat bisher jedoch nicht auf einer Streichung der Feindstaatenklauseln bestanden.

3.

Verfassung und Innenpolitik

Wenn es Roosevelt als dem bisher einzigen Präsidenten der amerikanischen Geschichte gelungen ist, viermal hintereinander in sein Amt gewählt zu werden, dann deshalb, weil ihm zwei Umstände zu Hilfe kamen – der Krieg und die Unfähigkeit der Republikanischen Partei, ihm einen ebenbürtigen Kandidaten entgegenzustellen.

Bis zum Frühsommer 1940 hatte der Präsident wenig Neigung verspürt, ein drittes Mal zu kandidieren – wenn es damals nicht schon den Krieg in Europa gegeben hätte, der noch ein »Scheinkrieg« war, hätte sich Roosevelt wahrscheinlich als ein nicht sonderlich erfolgreicher Reformpräsident in sein Privatleben zurückgezogen, um seine Memoiren zu schreiben. Dann aber, mit dem von England verlorenen Wettlauf um Norwegen und mit den deutschen Blitzsiegen über die Niederlande, Belgien und Frankreich, begann er anderen Sinnes zu werden: Präsident Roosevelt entschloß sich, dem hart bedrängten England zu helfen und sich, weil dies die Voraussetzung dafür war, ein drittes Mal um die Präsidentschaft zu bewerben. Mit seiner Wiederwahl im November 1940 war dann indirekt auch die Vorentscheidung für seine 1944 beginnende vierte Amtszeit gefallen.

Ausschlaggebend für Roosevelts Entschluß war die in ihrer Vollständigkeit von aller Welt unerwartete Niederlage Frankreichs. Der amerikanische Präsident hatte nicht nur hilflos zusehen müssen, wie Hitlers Armeen die Niederlande und Belgien überrannten. Er mußte im Mai und Juni 1940 auch erleben, wie die bis dahin größte Militärmacht des europäischen Kontinents unter den sichelartigen Schlägen der deutschen Wehrmacht zusammenbrach, ohne daß die Vereinigten Staaten von Amerika rettend eingreifen konnten. Dieses Gefühl der Hilflosigkeit verletzte Roosevelts Stolz – es vermittelte ihm, wie Sherwood meint, »das bitterste Gefühl der Niederlage in seinem Leben.« [1] Um diese Niederlage durch einen Sieg über Deutschland, Italien und Japan zu kompensieren, entschloß sich Roosevelt, ein drittes Mal zu kandidieren.

Vier Jahre später, 1944, kam es Roosevelt nicht mehr darauf an, durch seine Kandidatur die Voraussetzungen für einen erfolgreichen Krieg gegen die Achsenmächte zu schaffen. Jetzt wollte der Präsident den Sieg über die Achsenmächte Deutschland, Japan und Italien so schnell und überwältigend wie möglich vollenden. Denn der Krieg war zu diesem Zeitpunkt nach menschlichem Ermessen bereits so gut wie gewonnen.

War der Krieg somit die Vorbedingung für die längste Amtszeit eines Präsidenten in der ganzen bisherigen Geschichte Amerikas, so wurde Roosevelts Rekord zusätzlich noch durch seine republikanischen Gegenkandidaten erleichtert. Die *Grand Old Party* präsentierte 1940 mit Wendell Willkie einen Mann, der seine eigenen Parteifreunde paradoxerweise schärfer kritisierte als die gegnerischen Demokraten. Der stämmige Gebrauchtwarenhändler forderte gegen Widerstände in der eigenen Partei ein Ende des Isolationismus, das Eintreten für England und die Sicherung des Friedens durch eine internationale Organisation. Doch forderte dies auch schon Roosevelt, nur konnte es der Präsident dank seines Amtsbonus bedeutend überzeugender und effektiver tun.

Eitel und geltungssüchtig, wie er war, beging Willkie überdies 1942 den Fehler, sich als persönlicher Repräsentant des Präsidenten auf eine Auslandsreise schicken zu lassen. Die Einigkeit zwischen Roosevelt und seinem Herausforderer ging schließlich soweit, daß in Washington Gerüchte über eine gemeinsame Parteigründung kursierten. Durch seine Ungeschicklichkeiten war Willkie 1944 innerhalb seiner Partei so isoliert, daß er noch während der Vorwahlen resignierte. Durch diese Entwicklung geschwächt und verwirrt, hatten die Republikaner nur noch die Wahl zwischen zwei gleichermaßen unprofilierten Kandidaten – wenn man General Douglas MacArthur nicht mitzählt, Roosevelts Feldherrn in Südostasien, der von bestimmten Parteikreisen favorisiert wurde, ohne sich je öffentlich dazu zu äußern. Von jenen beiden Kandidaten wurde der Anwalt Thomas E. Dewy nominiert, dann aber von Roosevelt bei der Wahl geschlagen.

Die Entbehrungen des Krieges, die Unsicherheit über die Zukunft und der Ansehensverlust der Demokratischen Partei, die zum Leidwesen ihrer Mitglieder und Wähler immer rechter und republikanischer wurde, führten jedoch dazu, daß Roosevelts Wählerpotential im Laufe des Krieges immer mehr schrumpfte. Der Präsident gewann die Wahl von 1940 mit einem Vorsprung von nur noch fünf Millionen Stimmen vor Willkie – verglichen mit der Wahl von 1936, hatte sich sein Vorsprung bereits halbiert. Bei der Wahl von 1944 schmolz sein Vorsprung sogar auf 3,6 Millionen Stimmen zusammen.

Die relative Leichtigkeit, mit der Roosevelt über seine Gegenkandidaten triumphierte, darf freilich nicht zu dem Schluß verleiten, seine sechs Kriegsjahre im Amt wären ein einziger innenpolitischer Spaziergang gewesen. Selbst wenn der äußere Druck, der vom europäischen Krieg ausging, den nationalen Konsens in Amerika tendenziell verstärkte, so mußte dieser Konsens doch vor allem in den Jahren 1939 bis 1941 von Roosevelt, seiner Administration und seiner Partei erst einmal hart erkämpft werden, und die Bedingungen dafür waren streckenweise schwierig.

Was immer man über die Erfolge und Nicht-Erfolge des *New Deal* sagen mag, Roosevelt startete 1939/40 in seine dritte Amtszeit mit einem innenpolitischen Prestige, das in keinem der zwölf Jahre, die er im Weißen Haus verbrachte, höher war. Er begann seine Image-Hegemonie bereits auszuüben, jedenfalls über Amerika. Hatten bei Umfragen 1938 etwas mehr als die Hälfte der Amerikaner bekundet, sie wollten von diesem Präsidenten regiert werden, waren es 1939 schon über 60 und 1940 sogar über 70 Prozent. Zwar führte Roosevelt die Vereinigten Staaten von 1939 bis 1945 mit streckenweise satten Mehrheiten seiner Demokratischen Partei in beiden Häusern des Kongresses. Doch waren die Mehrheitsverhältnisse dort recht kompliziert, und anstatt von einer konkreten Bedrohung der nationalen Sicherheit zu profitieren, machte dem Präsidenten bis 1941 am meisten deren Abwesenheit zu schaffen.

Dennoch gelang es Roosevelt, seine Nation in drei Phasen politisch so zu erziehen, daß die USA 1941 relativ geschlossen in den Zweiten Weltkrieg eintreten konnten. Die erste Phase hatte 1937 mit seiner Quarantäne-Rede begonnen und dauerte bis zum Münchner Abkommen von 1938. In diesen zwölf Monaten verfestigte Roosevelt die nicht zuletzt von ihm selbst verbreitete Vorstellung von der Unversöhnlichkeit zwischen dem Faschismus und »den stets sich erhebenden, stets wiederkehrenden Kräften der Zivilisation«, wie der Autor Lewis Mumford die Demokratien 1939 bezeichnete [2], zum alles beherrschenden politischen Topos. Dieser Topos lief auf ein »Unentschieden der bewaffneten Feindseligkeit« (Mumford) hinaus, das solange anhalten sollte, bis die schwächere Seite kapitulierte.

In einer zweiten Phase, 1938/39, wandelte sich dieser Topos so, daß eine zunehmende Anzahl von Amerikanern militärische Macht weder als böse noch als gut empfand, sondern einsah, daß es unter Umständen notwendig werden könnte, sie einzusetzen, um sozial vertretbare Ziele zu verwirklichen. Unter dem Eindruck der wachsenden Kriegsgefahr in Europa schälte sich sogar allmählich der Glaube heraus, daß sich der Liberalismus in der Welt nur mit Hilfe organisierter Gewalt verbreiten lasse, und als der Krieg im Herbst 1939 schließlich in Europa ausbrach, dämmerte bereits vielen Amerikanern die Erkenntnis, daß die USA letzten Endes selbt eine kriegführende Macht werden müßten, um »ihr Überleben gegenüber dem Faschismus« (Max Lerner) zu sichern.

Die dritte Phase dauerte von 1939 bis 1941, vom deutschen Angriff auf Polen bis zum japanischen Angriff auf Pearl Harbor. Sie wurde von der immer weiter um sich greifenden Annahme bestimmt, die USA könnten am Ende gezwungen sein, allein gegen die Achsenmächte anzutreten, wenn es ihnen nicht beizeiten gelinge, den westeuropäischen Demokratien beizustehen. Die damit notwendig werdende, aber noch heftig umstrittene Kriegsbereitschaft wurde zunehmend als geringeres Übel angesehen, verglichen mit der aus einer Niederlage Frankreichs, Englands und Rußlands erwachsenden Notwendigkeit, zu einem späteren Zeitpunkt eine eigene Expeditionsstreitmacht auf den europäischen Kontinent zu entsenden. Der japanische Angriff auf Pearl Harbor wirkte zwar zunächst wie ein Schock, führte dann aber zu einem gewissen Gefühl der Erleichterung, weil die Nation jetzt von niemand und nichts mehr daran gehindert war, mit allem, was ihr an Ressourcen zur Verfügung stand, hoch erhobenen Hauptes in den Krieg zu ziehen.

Die amerikanische Publizistin Frieda Kirchwey hatte freilich schon am 23. September 1939, drei Wochen nach dem Kriegsausbruch in Europa, geschrieben: »Sollten sich England und Frankreich einer Niederlage durch Deutschland gegenübersehen, würden sich die Vereinigten Staaten fast sicher entschließen, in den Krieg einzutreten.« Nach der Besetzung des strategisch wichtigen Norwegens durch die deutsche Wehrmacht meinte Kirchwey, im Grunde befänden sich die USA bereits seit Jahren mit Deutschland im Krieg, und die Frage des Kriegseintritts sei nur noch eine Frage der Zweckmäßigkeit. [3] Aber das war nur eine Stimme, die den allgemeinen Stimmungsumschwung antizipierte.

Diesen Stimmungsumschwung brachten im Grunde drei verschiedene Prozesse in einem komplizierten Wechselspiel zustande: Erstens die von der Krise zum Krieg eskalierende Entwicklung in Europa, zweitens die ständigen Warnungen Roosevelts vor einer Durchdringung Lateinamerikas durch die Achsenmächte und drittens der nach der Niederlage Frankreichs drohende Verlust der britischen Flotte. Nur einer dieser beiden Prozesse fand seinen Rückhalt an der realen Wirklichkeit, die beiden anderen beruhten auf mehr oder weniger plausiblen Ängsten. Deshalb achtete der Präsident sorgfältig darauf, daß er mit seinen Äußerungen in der Öffentlichkeit eher ein paar Schritte hinter dem gerade erreichten Stand der öffentlichen Meinung blieb, als ungestüm vorzupreschen. Die Labilität der amerikanischen Stimmungslage und die daraus resultierende Labilität der Mehrheitsverhältnisse im Kongreß waren ihm stets bewußt.

Das Ganze war ein Problem der Zeitwahl, des Einfühlungsvermögens und des Taktes. Diese Kriterien hatte Roosevelt stets vor Augen, als es ihm von 1937 bis 1941 mit wenigen Ausnahmen tatsächlich gelang, die eigenen Äußerungen dem Verlauf der innenpolitischen Diskussion und diese umgekehrt seinen innersten Gedanken und Plänen anzupassen. In den zwölf Jahren seiner Amtszeit war dies wahrscheinlich seine größte kommunikative Leistung, vergleichbar nur mit der Startphase des *New Deal*, als er die Industrie und die Banken von der Notwendigkeit hatte überzeugen müssen, von der liebgewordenen Gewohnheit des *laissez faire* Abschied zu nehmen.

Im Kongreß waren die Mehrheitsverhältnisse jetzt so unübersichtlich wie damals, anfällig für objektiv begründete Hiobsbotschaften aus Europa, für künstlich erzeugte Anfälle von Panik und für innenpolitisch bedingte Attacken. Repräsentantenhaus und Senat waren weit davon entfernt, jenes Zwei-Parteien-System widerzuspiegeln, das man den Vereinigten Staaten von Amerika gemeinhin zuspricht. Die beiden Häuser des Kongresses zerfielen praktisch in vier Lager, denen wiederum verschiedene Untergruppierungen zugehörten.

Lager Nummer eins bestand aus Vertretern der Demokratischen Partei auf Bundesebene, die Roosevelt selbst in den dreißiger Jahren reformiert hatte – es war seine Zitadelle der Macht, obwohl der Präsident häufig Ärger mit dem eigensinnigen Parteichef James A. Farley hatte. Lager Nummer zwei bestand aus den sogenannten »Südstaaten-Demokraten«, also aus Abgeordneten und Senatoren der Demokratischen Partei, die aus den amerikanischen Südstaaten kamen. Dieses Lager neigte dem Präsidenten zwar außenpolitisch zu, es sorgte aber innenpolitisch häufig für Widrigkeiten, so daß hier immer ein komplizierter Ausgleich zwischen Innen- und Außenpolitik stattfinden mußte.

Lager Nummer drei umfaßte jenen Flügel der Republikanischen Partei, der zum Isolationismus neigte – es war Roosevelts eigentliches Widerlager mit so prominenten Senatoren wie Charles McNary, Robert A. Taft und Arthur H. Vandenberg an der Spitze. Schließlich gab es noch Lager Nummer vier mit dem anderen Flügel der Republikanischen Partei. Diesen »präsidialen Republikanern« hatten in den zwanziger Jahren Theodore Roosevelt, Elihu Root und Charles E. Hughes angehört. Sie unterstützten Roosevelts Konzept von Politik und Kriegführung von Fall zu Fall.

Keines dieser parlamentarischen Lager war in sich trennscharf von den anderen drei abzugrenzen – jedenfalls nicht in ein- und derselben Partei – und während die Südstaaten-Demokraten und die präsidialen Republikaner in den dreißiger Jahren gemeinsam Roosevelts *New Deal* bekämpft hatten, neigten sie in den vierziger Jahren zur Unterstützung seiner interventionistischen und pro-britischen Außenpolitik. Der Präsident mußte also ständig zwischen den vier Lagern hin- und herlavieren, um seine innen- und außenpolitischen Gesetzesvorhaben im Kongreß durchzubringen, und manchmal schloß das eine das andere aus. Doch überstand er den Krieg politisch im großen und ganzen mit Hilfe einer »großen Koalition« aus Bundesdemokraten, Südstaaten-Demokraten und präsidialen Republikanern.

Seine parteiübergreifende Kooperation mit dem Kongreß machte es Roosevelt relativ leicht, seinem Konzept von Politik und Kriegführung den Anstrich der Überparteilichkeit zu geben. Ein wichtiger Baustein dafür war die Berufung der beiden Republikaner Knox und Stimson in sein Kabinett. Knox stimmte mit Roosevelt darin überein, daß die moderne Welt interdependent sei und daß jede Nation etwas von ihrer Handlungsfreiheit an die internationale Gemeinschaft abzutreten habe als Preis für Fortschritt und Reichtum. Der Marineminister teilte also die universalistischen Ziele seines Präsidenten. Stimson hatte sich zum Zeitpunkt seiner Ernennung sogar schon wichtige Eckpunkte von Roosevelts Kriegspolitik zu eigen gemacht wie etwa die Aufhebung des Neutralitätsgesetzes, die Einführung der Wehrpflicht in Friedenszeiten und die Aufstockung der Waffenhilfe für Frankreich und England. Wie Roosevelt hielt Stimson den amerikanischen Kriegseintritt auf die Dauer für unvermeidlich.

Die eigentliche innenpolitische Gefahr – und damit auch die Gefahr, daß Hitler siegte – kam für Roosevelt denn auch nicht aus den Reihen der Republikanischen Partei. Sie kam aus den Reihen der eigenen Administration, genauer gesagt von Botschafter Joseph P. Kennedy in London, und zwar während des besonders kritischen Jahres 1939/40. Kennedy war eine schillernde Figur, die mit allerlei Finanz- und Filmgeschäften ein Vermögen gemacht hatte. Er hatte Roosevelts Wahlkämpfe in den dreißiger Jahren finanziell unterstützt, wofür er 1938 mit dem wichtigen Botschafterposten in London belohnt wurde.

In dieser Eigenschaft erhielt Kennedy Kenntnis von jener hochgeheimen

Korrespondenz, die sein Präsident nach Kriegsausbruch im September 1939 mit dem damaligen Ersten Lord der britischen Admiralität, Winston Churchill, aufnahm und die er ab Mai 1940 mit dem Premierminister Churchill bis zum Kriegsende fortsetzte. Dieser Telegrammwechsel war nicht nur deshalb von ungeheurer Brisanz, weil sich hier das Oberhaupt eines anfangs noch offiziell neutralen Staates mit dem Chef der Seekriegsleitung bzw. Regierungschef einer kriegführenden Macht austauschte. Das war nur der formaljuristische Aspekt. Vielmehr schlich sich Roosevelt auf diesem verborgenen Weg auch inhaltlich in ein ungeschriebenes Bündnis mit Churchill ein, das für den amerikanischen Kriegseintritt eine der entscheidenden Voraussetzungen war. Hätte Kennedy diese heimliche Kommunikation 1939 oder 1940 aufgedeckt, wäre Roosevelt von einem aufgebrachten Kongreß mit Sicherheit seines Amtes enthoben worden.

Genau diese Gefahr wurde 1940 akut. Kennedy gehörte nämlich zu jenem Kreis von Persönlichkeiten diesseits und jenseits des Atlantiks, die einen Krieg in Europa für verderblich und deshalb auch für vermeidbar hielten und die ihn so schnell wie möglich wieder zu beenden suchten, nachdem er ausgebrochen war. Der Botschafter war 1939 in Washington in Ungnade gefallen, weil er den Konfrontationskurs des Präsidenten gegenüber Deutschland mißbilligte und weil er die Möglichkeiten der westeuropäischen Demokratien, den Krieg siegreich zu bestehen, überdies gering einschätzte. Er sollte demnächst von seinem Posten abgelöst werden.

Mit seiner oppositionellen Haltung stand Kennedy in der amerikanischen Botschaft am Londoner *Grosvenor Place* jedoch nicht allein. In seine Kanzlei war seit Oktober 1939 ein gewisser Tyler Kent damit beschäftigt, jene Telegramme zu verschlüsseln, die Churchill bei Bedarf an Roosevelt abzusetzen pflegte. Dadurch und nach der Lektüre anderer Papiere, die ihm zu Gesicht kamen, gelangte Kent zu der Überzeugung, der amerikanische Präsident »habe der Tatsache Vorschub geleistet, daß Paris und Warschau (für den Fall eines Krieges gegen Deutschland – D.B.) verfassungswidrige Versicherungen in bezug auf eine amerikanische Unterstützung gegeben wurden.« [4] Der junge Amerikaner, der den Krieg für das Ergebnis einer jüdischen Weltverschwörung hielt, offenbarte sich Londoner Freunden, ohne zu ahnen, daß er vom britischen Geheimdienst beschattet wurde. Scotland Yard nahm Kent im Mai 1940 fest und stellte umfangreiches Material sicher. Kennedys Mitarbeiter wurde fristlos entlassen und im Herbst in einem Londoner Geheimprozeß zu einer mehrjährigen Haftstrafe verurteilt, die er in England verbüßte. Er kehrte erst 1945 in die USA zurück.

Roosevelt war über die Vorgänge in seiner Londoner Botschaft natürlich äußerst bestürzt. Nach Kents Verrätereien war die höchste Geheimhaltungsstufe des diplomatischen Codes nicht mehr sicher. Wie es hieß, waren einige der verfänglichen Geheimdepeschen sogar auf Hitlers Schreibtisch gelandet. Jeden Augenblick mußte der amerikanische Präsident mit unliebsamen Enthüllungen rechnen. Was Roosevelt jedoch noch mehr beunruhigte, war die

Gefahr, daß sich ausgerechnet Kents Vorgesetzter, Botschafter Kennedy, 1940 als Friedensretter um die Präsidentschaft bewerben könnte.

Roosevelt hatte schon im Dezember 1939 versucht, das zu verhindern, indem er Kennedy vorschlug, bei den Vorwahlen in seinem Heimatstaat Massachusetts gegen Farley zu kandidieren, Roosevelts gefährlichstem Rivalen inerhalb der Demokratischen Partei. Es war der Versuch, seine Rivalen gegeneinander auszuspielen, eine von Roosevelts Lieblingsmethoden. Zwar sah sich Kennedy daraufhin gezwungen, alle Absichten auf eine Kandidatur in aller Form zu dementieren. Aber nachdem ihm das Außenministerium im Mai 1940 untersagt hatte, einer Friedensvermittlung zwischen Hitler und den Westmächten näherzutreten, schien Kennedy wieder anderen Sinnes geworden zu sein. [5] Und in Gestalt der Tyler Kent-Affäre hatte der Botschafter jetzt eine Waffe in der Hand, mit der er Roosevelt politisch vernichten konnte. [6]

Der Präsident verbot Kennedy daraufhin, irgendwelche Dokumente aus der Hand zu geben. Die Sache spitzte sich zu, als der Botschafter am 22. Oktober 1940 – einen Tag vor Beginn des Tyler Kent-Prozesses, knapp drei Wochen vor der amerikanischen Präsidentschaftswahl – aus London abreiste, um über Lissabon in die USA zurückzukehren. In der portugiesischen Hauptstadt erreichte Kennedy ein dringender Brief Roosevelts, in dem dieser seinem »lieben Joe« drohte, alles »zu verfälschen und zu verzerren«, sollte dieser öffentlich etwas über die Affäre verlauten lassen. Der Botschafter wurde angewiesen, sich gegenüber der Presse jeder Äußerung zu enthalten, bis man sich miteinander ausgesprochen habe. Roosevelt forderte Kennedy in ultimativer Form auf, sich sofort nach seiner Ankunft in New York nach Washington in das Weiße Haus zu begeben. [7]

Am 28. Oktober 1940 erreichte Kennedy New York. Dort wartete ein Flugzeug, das ihn und seine Frau im Auftrage Roosevelts nach Washington bringen sollte. Vor dem Abflug telefonierte der Botschafter mit dem Präsidenten, und der junge texanische Kongreßmann Lyndon B. Johnson, der gerade im *Oval Office* saß, beobachtete, wie Roosevelt dabei die Gebärde des Halsabschneidens machte. Am Abend kam es dann zu dem angekündigten »Familienessen« im Weißen Haus. An ihm nahmen neben Roosevelt und dem Ehepaar Kennedy auch noch Senator Byrnes, Roosevelts späterer »Wirtschafts-Zar«, und dessen Frau teil. Bis heute ist nicht geklärt, was Kennedy am nächsten Tag veranlaßt hat, sich in einer Radioansprache nicht gegen, sondern für Roosevelts Wiederwahl auszusprechen. Jedoch soll der Präsident damit gedroht haben, die politische Karriere des Botschafters und die seiner Söhne zu vernichten, sollte Kennedy das Lager wechseln. [8]

Die Weltgeschichte wäre sicher anders verlaufen, wäre 1940 nicht Roosevelt, sondern Joseph P. Kennedy zum Präsidenten der Vereinigten Staaten gewählt worden. Kennedy hätte möglicherweise in der Tat zwischen den europäischen Mächten vermittelt, dadurch den deutsch-russischen Krieg vermieden und vielleicht auch den Konflikt zwischen Japan und China beigelegt. Mit einem Wort: Es wäre im Frühjahr oder Sommer 1941 Frieden gewesen – ein halbes Jahr vor dem amerikanischen Kriegseintritt. Natürlich kann niemand sagen, ob dies alles wirklich so gekommen wäre. Es ist deshalb auch müßig, dieser Frage weiter nachzugehen. Immerhin macht unsere Spekulation deutlich, daß es 1939/40 im Konflikt zwischen Roosevelt und Kennedy um nichts anderes als um die Frage nach Krieg und Frieden ging. Sind hier die Hintergründe für den Mord an John F. Kennedy und dessen Bruder Robert zu suchen, den beiden Söhnen von Botschafter Kennedy?

Nachdem er seinen innenpolitischen Rivalen zum Schweigen gebracht hatte, konnte Präsident Roosevelt damit fortfahren, seine Nation hinter sein Konzept von Politik und Kriegführung zu bringen. Schon im September 1939 hatte er versucht, den Kongreß zu einer Revision des Neutralitätsgesetzes zu bewegen. Auf einer von ihm selbst einberufenen Sondersitzung beider Häuser zog der Präsident angebliche Parallelen zum amerikanisch-englischen Krieg von 1812, um die Abgeordneten und Senatoren davon zu überzeugen, daß das geltende Gesetz nicht internationalem Recht entspreche. »Aber Roosevelt mißbrauchte sowohl die Geschichte, als auch das internationale Recht, um einen teilweisen Widerruf (des Neutralitätsgesetzes) zu erreichen, von dem er glaubte, daß er im nationalen Interesse lag, so unneutral seine Empfehlung auch gewesen sein mag«, schreiben dazu die amerikanischen Historiker Thomas A. Bailey und Paul B. Ryan. [9]

Der Präsident befürchtete, das vom Neutralitätsgesetz vorgeschriebene Waffenembargo begünstige indirekt Hitler. Denn dieses Gesetz enthielt Polen, England und Frankreich jene Waffen vor, die diese Länder brauchten, um mit Aussicht auf Erfolg gegen Deutschland zu kämpfen. Er wendete seine Befürchtung aber so geschickt, daß daraus eine Beruhigungspille wurde. Roosevelt erklärte nämlich Waffenlieferungen an Deutschlands Gegner – allen Erfahrungen des Ersten Weltkrieges zum Trotz – zum sichersten Mittel, um die USA aus dem Krieg herauszuhalten. Der Kongreß folgte der Argumentation des Präsidenten. Er änderte das geltende Gesetz nach den Abstimmungen in beiden Häusern am 27. Oktober und 1. November 1939 so, daß kriegführende Mächte dann Waffen aus den USA beziehen durften, wenn sie diese bar bezahlten und auf eigenen Schiffen abtransportierten. Das war die oft apostrophierte »cash and carry«- Klausel. Sie begünstigte praktisch Großbritannien, weil nur dieses Land über den dafür benötigten Schiffsraum verfügte.

Damit verließen die Vereinigten Staaten von Amerika jenen Pfad der Neutralität, der bis dahin als Pfad der Tugend gegolten hatte. Mehr noch, es war der Beginn einer Unterwerfung des Kongresses unter die Politik des Präsidenten. Denn nachdem sich Senat und Repräsentantenhaus unter dem Eindruck der Aufteilung Polens zwischen Deutschland und Rußland zu jenem Schritt verstanden hatten, setzte Roosevelt nach. Ab November 1939 überzeugte sein Generalstabschef Marshall die zuständigen Kongreßausschüsse von der Notwendigkeit, Luft- und Landstreitkräfte aufzubauen. Im Frühsommer 1940 beschloß der Kongreß die Einführung der allgemeinen Wehrpflicht, eine Vergrößerung der amerikanischen Kriegsmarine um 70 Prozent und weitere

Kriegsausgaben – allesamt Entscheidungen, die ihn allmählich zum Erfüllungs-
gehilfen des präsidialen Konzepts von Politik und Kriegführung machten.
Inzwischen hatte die Kette der deutschen Blitzsiege zu einem ersten dramatischen Stimmungsumschwung in der amerikanischen Öffentlichkeit geführt.
Roosevelt heizte die zunehmende Furcht vor einem deutschen Endsieg noch
zusätzlich an, indem er die Gefahren für die Sicherheit Amerikas dramati-
sierte. So rechnete er dem Kongreß in Flugstunden vor, wie schnell feindliche
Flugzeuge von Grönland, den Azoren oder den Kapverdischen Inseln aus die
amerikanische Ostküste erreichen könnten. Der Präsident wollte seinem Land
jetzt »die physische, verfügbare Fähigkeit« verschaffen, »diesen Angriffen zu
begegnen und sie daran zu hindern, ihre Ziele zu erreichen.« [10]
Seine Argumente verdeutlichen, wie Roosevelt es verstand, Amerika aufzurü-
sten und dieser Aufrüstung gleichzeitig – jedenfalls verbal – die aggressive
Spitze zu nehmen, indem er das Paradigma der Verteidigung betonte. Der
Kongreß verlor dadurch die Angst, in einen Krieg hineingezogen zu werden.
Andererseits bereitete der Präsident seine Landsleute schon zu diesem frühen
Zeitpunkt darauf vor, daß eine wirksame Verteidigung auch eine wirksame
Angriffsstrategie erforderte, die sich auf weit entfernte Stützpunkte und Nach-
schublinien stützen konnte.
Nach der Niederlage Frankreichs und dem Kriegseintritt Italiens gab es in der
amerikanischen Öffentlichkeit zunächst ein gewisser Stimmungsabfall. Die
erregten Gemüter begannen sich zu beruhigen. Das Patt zwischen Deutschland
und Großbritannien ergab eine ähnliche Situation wie nach dem *Lusitania*-
Zwischenfall, als der europäische Krieg in den Schützengräben erstarrte.
Roosevelt nutzte den Augenblick, um eine Art »nationale Regierung« zu
bilden, indem er die Republikaner Knox und Stimson in sein Kabinett berief.
Die Verbreiterung seiner innenpolitischen Basis sollte die Lösung rüstungs-
und wehrpolitischer Fragen in dem Ausmaß möglich machen, das der Präsident
langfristig für nötig hielt, um Amerika auf seinen Kriegseintritt vorzubereiten.
Unterstützt von Kolumnisten und Kommentatoren, die in den amerikanischen
Medien die grimmigsten Szenarien für die nächsten Angriffsoperationen Hitlers entwarfen, fing sich die Stimmung wieder, und sie begann sogar einem
vielstimmigen Ruf nach Herstellung der eigenen Kriegsbereitschaft zu weichen. Im Juli 1940 glaubte ein Viertel der Amerikaner an die Möglichkeit eines
deutsch-italienischen Angriffs auf die USA innerhalb der nächsten zehn Jahre.
Die Anzahl derjenigen Amerikaner, die meinten, die USA sollten dem Krieg
nicht länger fernbleiben, selbst wenn sie es könnten, hatte sich gegenüber 1939
verdreifacht.
In dieser Situation wagte sich der Präsident an zwei Entscheidungen heran, die
unter ungünstigen Umständen das Ende seiner politischen Laufbahn bedeutet
hätten: Er leitete in großem Stil die amerikanische Militärhilfe für Großbritannien ein, und er wagte es, den Kongreß um die Einführung der allgemeinen
Wehrpflicht zu Friedenszeiten zu bitten. Für einen Mann, der bei Entscheidun-

gen von solchem Kaliber sonst eher auf »Nummer sicher« ging, grenzte das fast schon an Tollkühnheit. Sein Risiko bestand nicht nur aus den Unwägbarkeiten eines Wahljahres. Roosevelt mußte vielmehr beachten, daß beide Maßnahmen seine Gegner im Kongreß herausforderten, ihm soviele Schwierigkeiten wie möglich zu bereiten.

Da es für die Einführung der Wehrpflicht eines Gesetzes bedurfte, entschloß sich der Präsident, die Militärhilfe für Großbritannien allein auf seine eigene Kappe zu nehmen, den Kongreß also nicht um seine Zustimmung zu bitten. Er konnte dies auch relativ gefahrlos tun. Denn die amerikanischen Militärbehörden sorgten am Rande der Legalität dafür, daß die umfangreichen Lieferungen an Waffen, Kriegsgerät und Munition, die Roosevelt während der deutschen Westoffensive mit Churchill vereinbart hatte, nicht gegen amerikanische Gesetze verstießen.

Schwieriger war das schon bei dem komplizierten Tausch »amerikanische Zerstörer gegen britische Stützpunkte in der Karibik und in Kanada«, den Roosevelt mit Churchill während des Sommers aushandelte. Denn hier war die Zustimmung des Kongresses unumgänglich. Zwar machte Roosevelt die entscheidenden Zusagen auf Regierungsebene schon am 13. August 1940. Aber er informierte am 22. August den Marine-Ausschuß des Senats und am 4. September den Kongreß als Ganzes. Dabei gab der Präsident das Tauschgeschäft so geschickt als Zugewinn für die amerikanische Sicherheit aus, daß sich im Kongreß kein nennenswerter Widerspruch dagegen regte.

Noch waghalsiger als die Anbahnung des Bündnisses mit Großbritannien war aber vielleicht noch die Einführung der allgemeinen Wehrpflicht. Denn hierfür war erstens von Anfang an die volle Mitwirkung des Kongresses erforderlich, und zweitens war es das erste Mal in der amerikanischen Geschichte, daß eine Administration dies von ihm verlangte, ohne daß sich das Land im Kriegszustand befand. Andererseits forderte die amerikanische Öffentlichkeit nach der totalen Niederlage Frankreichs so stürmisch die Erhöhung der eigenen Verteidigungsfähigkeit, daß sich Roosevelt, darin sehr wirksam unterstützt von Generalstabschef Marshall, ohne allzu großes Risiko zu diesem Schritt entschließen konnte.

Wie so oft ließ sich der Präsident auch in diesem kritischen Moment zum Schein von einer Art Bürgerinitiative drängen, der sog. »Military Training Camps Association«. Diese *pressure group*, der so prominente Mitglieder wie der spätere Kriegsminister Stimson angehörten, hatte sich inzwischen landauf und landab gebildet. Sicherheitshalber verzichtete Roosevelt auch darauf, den Gesetzentwurf selbst einzubringen – das erledigten für ihn Senator Edward R. Burke und Kongreßmann James W. Wadsworth am 20. Juni 1940. Es war – keineswegs zufällig – ein Tag, bevor Hitler dem französischen General Huntzinger im Wald von Compiègne die Waffenstillstandsbedingungen überreichte. Der Kongreß beschloß das Wehrpflichtgesetz am 16. September 1940, wenn auch erst einmal befristet auf ein Jahr.

Robert Sherwood, der dies alles aus unmittelbarer Nähe miterlebt hat, ordnet

den Stimmungsumschwung richtig ein, indem er ihn als Roosevelts Führungs-
leistung schildert: »Hatte die öffentliche Meinung (Amerikas) in den Tagen des
Scheinkrieges eine Gleichgültigkeit und Lethargie gezeigt, die während des
Blitzkrieges in Bestürzung und an Hysterie grenzende Angst umschlugen, so
begann sie nun eine anständigere und ruhigere Haltung anzunehmen, sobald
Churchill in England und Roosevelt in den USA die Richtlinien ihrer Politik für
die allernächste Zukunft klargelegt hatten ... Die Situation war jedenfalls
wesentlich eindeutiger, als sie seit München je gewesen. Roosevelt wurde nun
gewahr, daß seine Politik in erfreulichem Maße im Volke an Boden gewann.«
[11]

Der nächste Knotenpunkt in der innenpolitischen Entwicklung, den Roosevelt
während der ersten drei Kriegsjahre zu meistern hatte, nahte ab November
1940, als Großbritannien zahlungsunfähig zu werden drohte. Im Rahmen der
amerikanischen Militärhilfe strebte Churchill mittlerweile die komplette Ausrüstung von zehn Heeresdivisionen und die Lieferung von 26000 Flugzeugen
für das Jahr 1941 an, ohne jedoch die dafür benötigten Devisen und Barmittel
zu haben. Wenn der Präsident die Fähigkeit Englands erhalten wollte, den
Krieg erfolgreich fortzuführen – und das war sein erklärtes Ziel –, mußte er sich
etwas einfallen lassen.

In dieser Situation verfiel Roosevelt während einer Schiffsreise auf einen
Gedanken, der ebenso einfach wie genial war: Wenn England kein Bargeld
hatte, um die amerikanischen Rüstungsgüter zu bezahlen, dann mußte es diese
eben leihen, mieten oder »leasen«, wie das amerikanische Wort dafür hieß.
Jetzt wurde aus dieser Finanzierungsmethode der Grundgedanke für das
Pacht- und Leihgesetz (Lend-Lease-Act), das die beiden Häuser des amerikanischen Kongresses mit jeweils komfortablen Mehrheiten am 8. Februar und
11. März 1941 verabschiedeten.

Die Autoren, die die Geburt dieses Gesetzes später beschrieben, haben
Roosevelts Einfall zu einem Geniestreich hochstilisiert. Aber die Tatsache,
daß man Kriegsgüter leihen statt kaufen kann, war Roosevelt schon seit dem
Ersten Weltkrieg geläufig, und den Entschluß, diese Finanzierungsmethode
jetzt auf die Engländer anzuwenden, hat er schwerlich gefaßt, ohne vorher
seine Experten zu befragen. Dennoch kann man die innenpolitische Bedeutung
seines Entschlusses kaum überschätzen. Denn durch das Leih- und Pachtgesetz
wurde dieser Präsident in der Tat so etwas wie ein »amerikanischer Diktator«,
d.h. er erhielt eine solche außenpolitische Machtfülle, wie sie kein Präsident
vor und nach ihm besessen hat.

Das Leih- und Pachtgesetz ermächtigte Roosevelt nicht nur, Rüstungsgüter jeder erdenklichen Art zu verkaufen oder zu vermieten, also aus der Hand zu geben, auch wenn die Zahlungsfähigkeit seines Partners nicht gegeben war. Das
war, wenn man so will, nur ein Risiko für den amerikanischen Steuerzahler,
zumal Roosevelt das Recht erhielt, die Rückzahlungsbedingungen in jedem
Fall eigenhändig auszuhandeln, ohne vorher den Kongreß zu fragen. Noch be-
deutsamer war vielmehr, daß der Präsident gesetzlich ermächtigt wurde, das

neue Finanzierungsmodell auf jedes Land der Erde anzuwenden, dessen Verteidigung ihm »für die Verteidigung der Vereinigten Staaten lebenswichtig« dünkte. Obwohl das Wort »Verteidigung« die USA vor offenem Mißbrauch schützen sollte – die Finanzierung eines Angriffs- oder Eroberungskrieges war danach ausgeschlossen –, erhielt Roosevelt durch das Leih- und Pachtgesetz praktisch das Recht, ohne Zustimmung und Mitwirkung des Kongresses jede beliebige Allianz einzugehen. Mit anderen Worten: Der amerikanische Präsident bekam im Frühjahr 1941 für die Umsetzung seines Konzepts von Politik und Kriegführung nach außen freie Hand.

In der Tat hat Roosevelt sein Land mit Hilfe des Leih- und Pachtgesetzes endgültig in die Allianz mit Großbritannien und Rußland hineinmanövriert. Umgekehrt kann man sagen: Ohne dieses Gesetz und die schier unermeßlichen Ressourcen, die es ihnen und einer Reihe von anderen Ländern erschloß, wären England und Rußland wahrscheinlich einer Niederlage entgegengegangen. Ohne dieses Gesetz wäre Amerika wahrscheinlich auch nie in den Krieg eingetreten, weil dieser Krieg – zumindest in Europa, wahrscheinlich aber auch in China – vorher zu Ende gegangen wäre. Diese Annahmen unterstreichen die große Bedeutung des Leih- und Pachtgesetzes. Mit seiner Verabschiedung besiegelte der Kongreß im März 1941 seine Unterwerfung unter den Willen des Präsidenten.

Die »unbegrenzte Diktatur« *(Chicago Tribune),* die Roosevelt damals antrat, veränderte seine Stellung innerhalb des amerikanischen Regierungssystems erheblich. Erst jetzt konnte er die Macht voll ausspielen, die ihm der Krieg in Form vieler außerordentlicher Befugnisse zuspielte. Erst jetzt hat er die moderne amerikanische Präsidentschaft mit ihrer außerordentlichen Machtfülle begründet. Das Gleichgewicht, das bisher zwischen Kapitol und Weißem Haus geherrscht hatte, verschob sich zugunsten der Exekutive. Für den amerikanischen Steuerzahler hatte das übrigens zur Folge, daß sich im Etat der Vereinigten Staaten innerhalb weniger Monate eine Deckungslücke von 14 Milliarden Dollar auftat, die sich in den Folgejahren ständig vergrößerte.

Roosevelt hatte diese beispiellose Selbstentmachtung des Kongresses dadurch herausgefordert, daß er in seiner »Kaminplauderei« zum Jahreswechsel 1940/41 wieder einmal eines seiner weltpolitischen Horrorgemälde mit kräftigen Strichen ausmalte: »Niemals seit Jamestown und Plymouth Rock«, so ließ er sich mit seiner aristokratisch-wohltönenden Stimme in Millionen von Rundfunkempfängern zwischen Boston und San Francisco, Tampico und Seattle vernehmen, »war unsere amerikanische Zivilisation in so großer Gefahr wie jetzt.« Sollte Großbritannien besiegt werden, dann würden die Achsenmächte eines Tages nicht nur Europa, Asien und Afrika, sondern auch Asien, Australien und die Weltmeere kontrollieren. »Wir alle auf dem amerikanischen Doppelkontinent würden dann unter Gewehrläufen leben, die auf uns gerichtet sind – Gewehre, ökonomisch und militärisch mit scharfer Munition geladen.« [12] Dann aber, nach Ausbruch des deutsch-russischen Krieges am 22. Juni 1941, den Roosevelts Redenschreiber Sherwood als »einen Glücksfall« bezeichnet, trat das Unerwartete ein: Während sich Japan bereits seit 1937 in einem unabsehbaren Landkrieg gegen China verausgabte, lief sich die deutsche Militärmaschine im Schlamm des russischen Herbstes fest, und Roosevelt geriet in die tiefste Krise seiner innenpolitischen Laufbahn während des ganzen Krieges.

Tatsächlich zeigen die Vorgänge des Jahres 1941, daß Roosevelt die Geister, die er gerufen hatte, jetzt kaum noch beherrschte. Zwar ergaben Umfragen, daß 61 Prozent der Amerikaner für die Unterstützung Großbritanniens selbst auf die Gefahr hin waren, in einen Krieg verwickelt zu werden. Aber was nutzte diese heroische Bereitschaft, wenn die deutschen und die japanischen Gewehrläufe von den Russen und Chinesen festgehalten wurden, anstatt sich erwartungsgemäß auf die Amerikaner zu richten? »Die Luft ist raus«, spottete die isolationistische *Chicago Tribune*, und im Kongreß begann man danach zu fragen, ob es noch Sinn machte, gegen das nationalsozialistische Deutschland zu kämpfen, wenn der Gegner der Zukunft das kommunistische Rußland sei.

Mit Recht spricht Roosevelts Redenschreiber Robert Sherwood von einer innenpolitischen »Entscheidungsschlacht«, die im Herbst 1941 entbrannte. [13] Einerseits stand der Präsident unter dem Druck der »Falken«, die wie Stimson, Morgenthau und auch Churchill ein immer energischeres Auftreten gegenüber den Achsenmächten verlangten. Auf der anderen Seite forderten die »Tauben« vom »America-First«-Kommittee, der Kongreß solle über einen Kriegseintritt der USA abstimmen – in der Erwartung, daß er dagegen stimmen werde. Im Atlantik häuften sich die Flottenzwischenfälle, bei denen jetzt erstmals auch amerikanisches Blut floß. Aber ganz Amerika drohte in einem Meer von Apathie zu versinken. Der Beweis: Das Repräsentantenhaus stimmte der im September fällig werdenden Verlängerung der Wehrpflicht mit der knappesten aller Mehrheiten von nur einer einzigen Stimme zu.

In dieser desparaten Situation, in der Roosevelts langjährige Bemühungen um die mentale Kriegsbereitschaft der Amerikaner wie ein platzender Sack Mehl verpufften, hat der Präsident ernstlich mit dem Gedanken an eine Kriegserklärung an die Adresse Deutschlands gespielt: Hull forderte von Stark ein Memorandum an, das die Vor- und Nachteile eines solchen Verzweiflungsschrittes gegeneinander abwägen sollte. Aber Roosevelt beschränkte sich dann innenpolitisch darauf, vom Kongreß nur eine Revision des Neutralitätsgesetzes zu verlangen. Er wollte seine Nation nicht in eine endlose Debatte über Krieg und Frieden verstricken. Sherwood schildert die Stimmung, die den einsamen Mann im Weißen Haus erfaßte: »Er war am Ende seiner Kunstgriffe. Der Hut, aus dem er schon soviele Kaninchen gezaubert hatte, war nun leer. Der Präsident war nun völlig abhängig von den Umständen, die er aus eigenem Willen und mit eigenem Erfindungsgeist nicht mehr gestalten konnte, die vielmehr das Ergebnis der Entschlüsse seiner Feinde waren.« [14]

Und dann geschah wieder etwas Unerwartetes in diesem an Überraschungen so reichen Jahr 1941: Die Japaner griffen im Dezember die USA an, und darauf folgte sogar noch die Kriegserklärung Hitlers. Zwar erfolgte der japanische Angriff nicht ganz so überraschend, weil sich die Lage im Pazifischen Ozean – nicht zuletzt dank der Politik Roosevelts – seit dem Sommer eindeutig auf einen militärischen Konflikt zubewegt hatte. Aber ein japanischer Angriff allein hätte das Dilemma, in dem sich der amerikanische Präsident seit dem Sommer 1941 befand, nur noch vergrößert. Hatte er nicht immer und immer wieder erklärt, der eigentliche Feind der USA sei Hitler? Und nun kam es trotz der Verhandlungen, die Washington in den letzten Monaten »dem Anschein nach unter Selbstverleugnung« (Sherwood) mit Tokio geführt hatte, zu einem Krieg mit Japan? Was war falsch an dem Konzept Roosevelts?

Diese Fragen hätten sich gewiß viele Amerikaner gestellt, und zwar nicht nur die Isolationisten. Sicher war der japanische Angriff auf Pearl Harbor für die meisten Amerikaner Grund genug, in den Zweiten Weltkrieg einzutreten. Aber seine eigentliche Rechtfertigung im Sinne der Rooseveltschen Politik erhielt dieser Schritt erst durch die Kriegserklärung Hitlers vier Tage später. Denn abgesehen von der Sicherheit und Ehre Amerikas, die von den Japanern heimtückisch verletzt worden war und die nun offenbar mit Waffengewalt wiederhergestellt werden mußten, bestätigte erst diese Kriegserklärung die Richtigkeit jener Konzeption von Politik und Kriegführung, die der amerikanische Präsident seit Jahren verfolgt hatte. Erst sie gab ihm vor der amerikanischen Nation anscheinend Recht.

Nach dem doppelten Glücksfall des Winters 1941 geriet die Legitimationskrise, in die Roosevelt während des Sommers geraten war, sofort in Vergessenheit. Zwar verloren einige Amerikaner den Kopf, indem sie nach der Zerstörung der Pazifik-Flotte eine Maginot-Linie in den Rocky Mountains forderten – die von Roosevelt überdramatisierten Bilder von der deutschen und der japanischen Gefahr wirkten also noch eine Weile fort. Aber je länger der Krieg dauerte, je mehr er sich über die ganze Welt ausdehnte und je mehr sich der amerikanische Leviathan erhob, um dieser Lage Herr zu werden, desto ausgewogener wurde das Verhältnis von Realität und Konzept, und Roosevelt wuchs immer mehr Glaubwürdigkeit zu, bis er 1945 als derjenige da stand, der mit seinen Annahmen immer schon recht gehabt hatte.

So blieb denn Roosevelts Konzept von Politik und Kriegführung in den letzten drei Jahren, die der Präsident noch zu leben hatte, im großen und ganzen unangefochten von der amerikanischen Innenpolitik – bei allem Auf und Ab, das es natürlich im einzelnen gab. So konnte sich Roosevelt wieder in seiner Rolle als Anführer einer sozialen Reformbewegung bewähren, in die er während des *New Deals* hineingewachsen war, indem er die Beziehungen zwischen den Sozialpartnern, das Verhältnis von Preisen und Löhnen und die tausend anderen Einzelheiten des täglichen Lebens zu regeln versuchte, die in einem Krieg nun einmal zu regeln sind.

Unterdessen wandelte sich die amerikanische Gesellschaft in einer Weise, die für die »westliche Gesellschaft« im allgemeinen vorbildlich wurde. Die totale

Mobilisierung der Wirtschaft und der Streitkräfte führte dazu, daß immer mehr Frauen berufstätig wurden, daß die Rassenschranken niedriger wurden, daß die Gewerkschaften flexibler wurden, die Sozialversicherung auf Farmer, Landarbeiter und kleine Geschäftsleute ausgedehnt wurde. Anfang 1943 war der soziale Konsens so stark, daß Roosevelt es wagte, den Amerikanern zu sagen, sie könnten sich nach dem Zweiten Weltkrieg nicht wie nach dem Ersten wieder auf sich selbst zurückziehen – sie müßten dann eine bleibende Verantwortung für die Welt übernehmen.

Was er damit genau meinte, ließ Roosevelt im Unklaren. Er wollte die Nation nicht mit politischen Nachkriegsproblemen beunruhigen, ehe der Krieg militärisch gewonnen war. Aber vielleicht konnte er gerade deshalb nicht verhindern, daß die Stimmung im zweiten und dritten Kriegsjahr nach Pearl Harbor immer schlechter wurde. Das zeitweilige Paktieren des Präsidenten mit dem »französischen Quisling« Darlan und der Waffenstillstand mit dem Italien Badoglios verwirrten die Amerikaner so, daß manche von ihnen der Regierung gar nichts mehr glaubten. »Eine feste und resolute Führerschaft«, so meinte Kriegsminister Stimson, »wird solche Stimmen zum Schweigen bringen.« Er erinnerte an den amerikanischen Bürgerkrieg, als die schwankenden Gemüter durch »die festen und unbeugsamen Taktiken des Feldzuges in Virginia« wieder gefestigt wurden. [15] Aber wo war Roosevelts Führung jetzt?

Im Sommer 1943 hatte der Außenpolitische Ausschuß des Senats eine Resolution verabschiedet. Sie sollte die »Errichtung und Aufrechterhaltung internationaler Autorität einschließlich der Macht, Aggressionen zu verhindern und den Weltfrieden zu sichern«, vom Votum des Kongresses abhängig machen. [16] Dieser Beschluß war dem Präsidenten gar nicht recht, weil er ihm bei der Bildung der Vereinten Nationen die Hände zu binden drohte. Doch wurde diese Gefahr entschärft, als die Republikaner unter Willkies und Vandenbergs Führung ihr volles Vertrauen zu den amerikanischen Institutionen und ihre Loyalität gegenüber jeder Form von internationaler Kooperation erklärten, die dem ewigen Frieden diente.

Doch je näher das Ende des Krieges kam, desto mehr verstärkte sich der innenpolitische Widerstand gegen den Präsidenten. Es kam zu einem regelrechten Aufstand gegen die »Roosevelt-Diktatur«, als viele Amerikaner das drückende Übergewicht der Exekutive empfanden. Jetzt rächte sich auch, daß Roosevelt außer Leahy, Byrnes und Smith keinen Stab im Weißen Haus hatte, der ihm bei der Koordination von Politik und Kriegführung zur Seite gestanden hätte. So mußte der ungeheure Strom komplexer Entscheidungen, den der Krieg unablässig produzierte, das ermüdende Gehirn des einsamen Mannes im Weißen Haus passieren.

Dafür, daß die militärischen Aspekte des Zweiten Weltkrieges in seiner Schlußphase immer mehr die politischen überwogen, gab es aber noch einen anderen Grund: Für die meisten Amerikaner war Krieg an und für sich eine schreckliche Verirrung des Menschen, die es so schnell wie möglich zu überwinden galt. »Schlagt den Tyrannen und bringt die Jungens nach Hause« – das war eine weit verbreitete Meinung. Mit ihr befand sich Roosevelt durchaus im Einklang, als er sich bei Beginn seiner dritten Amtszeit im Winter 1944/45 darauf konzentrierte, den Krieg so schnell und so überwältigend wie möglich militärisch zu beenden. Dennoch entzog ihm sein Sieg langsam aber sicher den Boden.

Die Anzeichen des Verfalls waren am Ende dieser außergewöhnlichen Präsidentschaft in der Tat nicht mehr zu übersehen. Während Roosevelt auf der einen Seite als »Kommunist« beschimpft wurde, weil er Stalin zu sehr nachgab, fürchteten viele Amerikaner auf der anderen Seite, Churchill kämpfe nur noch für die britischen Interessen. Obwohl die große Mehrheit eine starke Weltorganisation zur Sicherung des Friedens befürwortete, vermißte sie bei ihrem Präsidenten ein Konzept für den Frieden. Drohte sich das Schicksal Wilsons doch noch zu wiederholen?

Angesichts des gewaltigen Gebirges an interdependenten Problemen, das die kommende Nachkriegszeit vor sich herschob, fiel Roosevelts Konzept an der Nahtstelle von Kriegführung und Politik auseinander. Es waren Krankheit und Tod, die den Präsidenten vor dieser Erkenntnis bewahrten. Die amerikanische Nation aber, von Roosevelt 12 Jahre lang über den inneren Zusammenhang von Weltkrieg und Weltfrieden belehrt, sprang über ihren Schatten: Am 26. Juni 1945, zehn Wochen nach dem Tod ihres Präsidenten, unterzeichneten die USA mit 49 anderen Staaten die UN-Charta. Wenig später stimmten Senat und Repräsentantenhaus dem Beitritt ihres Landes mit überzeugenden Mehrheiten zu.

Anmerkungen

1 Sherwood, Roosevelt & Hopkins, S. 111
2 op. cit. Osgood, Ideals, S. 390
3 Mumford, Men, S. 74
4 Costello, Days, S. 117 – Costello gelang es, mit Tyler Kent noch kurz vor dessen Tode 1988 zu sprechen.
5 ebda., S. 134
6 ebda., S. 148 – So urteilte Roosevelts Freund Breckinridge Long, nachdem er ein Verzeichnis der Dokumente gesehen hatte.
7 ebda., S. 394
8 ebda.
9 Baily/Ryan, Hitler, S. 35
10 op. cit. Osgood, Ideals, S. 415
11 Sherwood, Roosevelt & Hopkins, S. 122
12 PPA 1940, S. 633 ff.: FDR-Kaminplauderer vom 29. 12. 40
13 Sherwood, Roosevelt & Hopkins, S. 289
14 ebda., S. 301
15 op. cit. Burns, Soldier, S. 392
16 ebda., S. 428

4.
Nationales Interesse und universale Sendung

Nach Meinung seines Freundes Hopkins war Präsident Roosevelt ein »Idealist wie Wilson«, der nur im Unterschied zu Wilson »das Zeug« hatte, »sich gegen jede Opposition durchzusetzen, um diese Ideale zu verwirklichen.« [1] Ein republikanischer Senator hielt den Mann im Weißen Haus dagegen für »das As unter den Machtpolitikern der Welt«, der wenig Sinn für Ideale hatte, dafür aber umsomehr für die amerikanischen Interessen. [2] Roosevelt selbst scheint zwischen universaler Sendung und nationalem Interesse keinen großen Unterschied gesehen zu haben, denn er sagte einmal: Es gebe Leute, die lehnten die Diktatur mit einem Mundwinkel als unmoralisch ab, akzeptierten sie aber mit dem anderen als erfolgreich, was kein »guter Amerikanismus« sei. [3] Tatsächlich hat Roosevelts Amerikanismus die nationalen Interessen und die universale Sendung seines Landes auf einmalige Art und Weise miteinander zur Deckung gebracht.

Die Kombination von nationalem Interesse und universaler Sendung ist in der amerikanischen Geschichte eine verhältnismäßig junge Erscheinung. Bis zur Präsidentschaft William McKinleys (1896–1901) waren die USA einfach deshalb noch keiner universalen Sendung gefolgt, weil sie es vermieden hatten, sich über den nordamerikanischen Kontinent hinaus territorial auszudehnen. Zwar hatten bereits die amerikanischen Gründungsväter gemeint, sie folgten einer göttlichen Bestimmung. Doch wurden die USA erst gegen Ende des 19. Jahrhunderts so expansiv, daß ihre Führung die dafür notwendigen Argumentationsmuster entwickeln mußte.

Der erste Anwendungsfall war der amerikanisch-spanische Krieg von 1898. Abgesehen von den Sympathien, die viele Amerikaner für die um ihre Freiheit ringenden Kubaner empfanden, verfolgten die Vereinigten Staaten in diesem Fall mit Hilfe ihrer Flotte drei konkrete Ziele: (1) Sie wollten Kuba aus seinen kolonialen Fesseln befreien, um mit Guantanamo einen Flottenstützpunkt zur Kontrolle der Windward-Passage zwischen Karibischem Meer und Atlantischem Ozean zu gewinnen. (2) Sie wollten bei dieser Gelegenheit das benachbarte Puerto Rico annektieren, um von dort aus die Mona-Passage zu kontrollieren. (3) Sie wollten schließlich die bis dahin zu Spanien gehörigen Inselgruppen der Philippinen und Hawaiis sowie die spanische Pazifik-Insel Guam an sich bringen, um sie als Stützpunkte für ihren Ostasien-Handel und für ihre maritime Pazifik-Strategie zu nutzen.

Obwohl jedes dieser Ziele ganz eindeutig dem nationalen Interesse diente, wurde der Krieg in der amerikanischen Öffentlichkeit weithin auf dreierlei Weise supranational – erstens mit den allgemeinen Geboten der Menschlichkeit, zweitens mit der Sorge um Leib und Leben amerikanischer Bürger sowie drittens mit verschiedenen Verstößen gegen Handel und Wandel, deren sich Spanien angeblich schuldig gemacht hatte. Es waren Argumente teils moralischer, teils legalistischer Art, die sich bei allen folgenden Kriegen Amerikas wiederholten.

Getreu der von Mahan stammenden Erkenntnis, daß die »Herrschaft über die Meere« zugleich über »Macht und Reichtum der Nationen« entscheidet [4], betrieben die USA um die Jahrhundertwende eine Strategie, in der sich die territoriale und die bloß wirtschaftliche Expansion ständig miteinander mischten. Nachdem sich die Demokraten in der Tradition Jeffersons zunächst auf ein möglichst homogenes, autarkes, unabhängiges, agrarisches, reinrassiges Amerika ohne Herrschaft über fremde Völker außerhalb des kontinentalen Kernbereichs beschränkt hatten, strebten Theodore Roosevelts Republikaner den Erwerb neuer Territorien in Übersee an, wobei sie die dort lebenden Menschen »erziehen«, »christianisieren« und mit den »Wohltaten der amerikanischen Zivilisation« beglücken wollten. Es fällt nicht schwer, hinter diesen Zielen Amerikas universale Sendung zu entdecken.

Theodore Roosevelt war der erste Präsident, der die amerikanische Außenpolitik und Kriegführung im großen Stil moralisch begründete, um sie vor der Weltöffentlichkeit zu legitimieren – ganz gleich ob es sich nun um die Eroberung der Phillippinen oder um die Ausweitung der amerikanischen Wirtschaftsinteressen, um die Errichtung des amerikanischen Protektorats über Kuba oder um die Einnahme der Panama-Kanalzone handelte oder um die finanzielle Unterwerfung Santo Domingos. Was immer es auch war – es war in der universalen Beleuchtung, in der es durch Roosevelts Rhetorik erschien, gut und richtig.

Der amerikanische Historiker Charles Beard faßt den positiven Gesamteindruck, der dadurch von der amerikanischen Politik entstand oder doch zumindest in Amerika selbst entstehen sollte, mit folgenden Worten zusammen: »Friede war ausgedehnt worden auf unruhige Regionen, Gerechtigkeit war gesichert, Freiheit vorangebracht, Erziehung eingeführt oder verbessert, industrielle Verhaltensweisen ermutigt, die Fähigkeit zur Selbstregierung vergrößert, Fakire und religiöse Fanatiker niedergeworfen und der Lebensstandard der betroffenen Völker erhöht, während gleichzeitig Straßen und Kanäle gebaut, Industrien begründet, der Handel vergrößert, die Investitionen erhöht und die materiellen Vorteile der Amerikaner und anderer Völker vermehrt worden waren.« Nach Theodore Roosevelts eigenen Worten gewann »die (amerikanische) Nation« durch alle diese Wohltaten eine »zusätzliche Würde«, denn sie »erwies sich im Sinne von Ehre und Effektivität als fähig, die internationalen Bürden zu tragen, die ein mächtiges Volk tragen sollte.« [5] Statt des negativen Wortes »Bürde« sollte Präsident Franklin Delano Roosevelt später positiv von »weltpolitischer Verantwortung« sprechen.

Parallel dazu entwickelte der amerikanische Seestratege Alfred Thayer Mahan
eine Art Soziologie des Krieges, die in eine moralisch begründete Bekämpfung
»des Bösen« mündete. Für Mahan war der Krieg das große Regulativ der
Geschichte, das zu meßbaren Ergebnissen führte, indem es die Entwicklung
der einzelnen Völker kontrollierte, lenkte, hemmte oder begünstigte. Aber
Krieg war seiner Meinung nach auch ein Mittel, um das Böse zu bekämpfen,
das sowohl jede menschliche Ordnung als auch das Glück des Einzelnen
zerstörte, wenn es ungehindert blieb. Selbstverständlich setzte der Admiral
dabei stillschweigend voraus, daß die Vereinigten Staaten von Amerika als
freies Land das Gute in der Welt repräsentierten.

Von da war es nur noch ein Schritt zur Verherrlichung amerikanischer Kriege
als Gottes eigene Instrumente. Sie verkörperten die christlichen Ideale, weil sie
die Menschen richteten und bekehrten, verbesserten und entwickelten. Mahan
war der Meinung, daß Gott machtlos sei, ohne gleichgerichtete Anstrengungen
der Menschen auf Erden. »Daher die Erkenntnis, daß, wenn Gewalt notwendig ist, Gewalt angewandt werden muß zum Wohle der Gemeinschaft und des
Commonwealth' der Welt.« Mit dieser Vorstellung verband Mahan die Auffassung von der göttlichen Sendung seines Landes. Amerika habe nun einmal –
gemeinsam mit Großbritannien – die göttliche Verantwortung für die Ausbreitung der Zivilisation, um die »Weltsumme an Glück« zu vergrößern.

Mahan verstand es sogar, diese Auffassung gegen den Vorwurf der Scheinhei-
ligkeit in Schutz zu nehmen, indem er die Katze des nationalen Interesses aus
dem universalistischen Sack schlüpfen ließ: »Sollte das Gebot der Wohlfahrt
für die ganze Welt verdächtig nach einer Bemäntelung des nationalen Eigenin-
teresses aussehen, dann laßt uns letzteres freimütig als adäquates Motiv
akzeptieren, was es sicher auch ist. Laßt uns nicht davor zurückschrecken, ein
breites Eigeninteresse dem engen Eigeninteresse entgegenzusetzen, auf das
uns einige Gegner des Imperialismus zu beschränken wünschen.« [6] Damit hat
er Franklin Delano Roosevelt zweifellos aus dem Herzen gesprochen.

Fassen wir Theodore Roosevelts und Alfred Thayer Mahans Ansichten zusammen, so bestand die universale Sendung Amerikas darin, die internationale
Ordnung – wenn möglich, gemeinsam mit Großbritannien – dadurch aufrechtzuerhalten, daß es die rückständigen Völker – notfalls durch göttliche Kriege –
zivilisierte, bis jene in der Lage waren, das Gute zu tun, indem sie sich selbst im
Sinne der amerikanischen Verfassungsideale regierten. Es fällt nicht schwer,
darin einen Kern von Franklin Delano Roosevelts späteren Anschauungen zu
entdecken.

Im Vergleich zu Theodore Roosevelt war dessen Nachfolger William H. Taft
(1909–1913) ehrlicher, indem er offen bekannte, moderne Diplomatie sei
grundsätzlich kommerziell und werde von idealistischen Gefühlen der Huma-
nität und von moralischen Verpflichtungen lediglich bemäntelt. Unter Taft
setzte sich in Amerika die Ansicht durch, die freie, d. h. möglichst ungehinderte Expansion in fremde Märkte sei für das materielle Wohlergehen des
Landes unerläßlich. Es war die Geburtsstunde jenes »Dollar-Imperialismus«,

zu dem Diplomatie und Kommerz ohne moralischen Deckmantel miteinander verschmolzen.

Nach Taft kam es zu einer Spaltung der Republikanischen Partei mit der Folge, daß für die nächsten siebeneinhalb Jahre in Washington die Demokraten unter Präsident Wilson regierten – mit Roosevelt als Stellvertretendem Marineminister. Wilson erteilte zwar dem Dollar-Imperialismus gegenüber Lateinamerika eine Absage. Aber er rüstete, wie wir bereits gesehen haben, die amerikanische Flotte auf, führte Krieg gegen die europäischen Mittelmächte und formulierte in seinen »Vierzehn Punkten« eine seltsame Mischung aus universalen Idealen und nationalen Interessen. Das war die Geburtsstunde des modernen Amerikanismus – einer auf konkrete Vorteile und Fortschritte gerichteten Mission im Interesse Amerikas und der ganzen Menschheit.

Wilson gab dieser Mission auch insofern eine neue Wendung, als er die amerikanische Wirtschaft vom beherrschenden Einfluß der Trusts und Banken zu befreien suchte. Seine Berufung auf »Menschenrechte, nationale Integrität und Freiheit von materiellen Interessen« richtete sich also nicht nur nach außen, sondern auch nach innen. Insofern knüpfte er an den Progressismus Theodore Roosevelts an. Es war der Punkt, in dem Franklin Delano Roosevelt innenpolitisch am meisten von seinem Onkel und von Wilson lernte.

Von Wilson stammt aber auch die widersprüchliche Aussage, die USA würden »nie wieder einen zusätzlichen Fußbreit Boden« beanspruchen, sondern der »menschlichen Freiheit und der nationalen Opportunität« stets den Vorrang geben. Wenn man diesen Satz genau liest, dann begründete Wilson seine Außenpolitik nur insofern moralischer als Theodore Roosevelt, als er im Gegensatz zu diesem auf jede territoriale Expansion verzichtete. Ansonsten bestand Wilson durchaus auf der Vertretung nationaler Opportunitäten und Interessen, [7], und in dieser Doppelgleisigkeit kann man ebenfalls einen anderen Kern von Roosevelts Auffassungen erblicken.

Des weiteren ersetzte Wilson, was seine Außenpolitik und Kriegführung anbetraf, Teddy Roosevelts und Mahans Imperialismus durch den Gedanken der Treuhänderschaft, den Franklin Delano Roosevelt ebenfalls von ihm übernahm. Danach sollten die großen und erleuchteten Nationen, als die selbstredend die angelsächsischen Mächte galten, vorübergehend eine Art Vormundschaft über die weniger entwickelten und noch in vordemokratischem Denken befangenen Völker übernehmen. Andere Elemente von Wilsons politischer Doktrin wie die Freiheit der Meere und der Freihandel sollten Interessengegensätze zwischen den Nationen eliminieren, die zu Krieg und Eroberung führen könnten. Dieser Hoffnung hat Franklin Roosevelt – im Gegensatz zu seinem Außenminister Hull – freilich nur reserviert gegenübergestanden.

Wilson glaubte, die in den USA praktizierte Demokratie sei aus sich heraus gut, so daß sie anderen Nationen helfen könne, besser zu werden. Es war Mahans alter Prädestinationsglaube, der aus dem calvinistischen Erbe Amerikas stammte. »Nur freie Völker«, erklärte der Präsident in seiner Kriegsbotschaft am 2. April 1917, »können ihre Ziele und ihre Ehre immer einem gemeinnützigen Zweck unterordnen und die Interessen der Menschheit dem Eigeninteresse vorziehen.« Deshalb war die angebliche Befreiung anderer Völker das grundlegende Ziel seiner Politik und Kriegführung. Deshalb bestand Wilson auch darauf, daß jedes Volk frei sein sollte – frei vor allem von der Furcht vor Aggression. Auch in dieser Beziehung hat Roosevelt von ihm gelernt, wie man an seinen »Vier Freiheiten« erkennen kann.

Wilson gelang es während des Ersten Weltkrieges, die »Prinzipien von Frieden und Gerechtigkeit«, die sein Land angeblich verkörperte, wirksam von »der selbstsüchtigen und autokratischen Macht« Deutschlands abzusetzen. Er war der erste Präsident in der amerikanischen Geschichte, der für seine Konzeption von Politik und Kriegführung eine weltweite Image-Hegemonie etablierte. Seiner Meinung nach und nach der Meinung einer wachsenden Anzahl von Menschen auch in Deutschland, nicht nur im Westen, führten die USA einen gerechten Krieg, weil sie »keine selbstsüchtigen Zwecke haben, denen wir dienen. Wir streben nicht nach Eroberung, nach Herrschaft. Wir suchen keine Kriegsentschädigung für uns selbst. Wir sind nur einer der Vorkämpfer für die Rechte der Menschheit.« [8]

Ganz ähnlich konnte Roosevelt später in seinen Kriegsreden sprechen. Weil Wilsons Konzept von Politik und Kriegführung jedoch auffallende Widersprüche zwischen nationalem Interesse und universaler Sendung enthielt, kam es zum widersprüchlichen Frieden von Versailles, und dafür erhielt seine Partei 1920/21 eine furchtbare Quittung: Die Demokraten wurden von den Republikanern bei den Präsidentschafts- und Kongreßwahlen vernichtender geschlagen als 1860 zur Zeit Abraham Lincolns.

Unter der Parole »Zurück zur Normalität« folgten auf Wilson in den zwanziger und frühen dreißiger Jahren mit Warren G. Harding, Calvin Coolidge und Herbert Hoover denn auch drei republikanische Präsidenten. Mit ihnen kehrten die USA nach dem Urteil von Charles Beard zu ihrer traditionellen »Machtpolitik« zurück. Harding, Coolidge und Hoover folgten – ähnlich wie Taft – den traditionellen Mustern der amerikanischen Außenpolitik, indem sie keine globale Image-Hegemonie mehr erstrebten [9] Diese drei Präsidenten vertraten die amerikanischen Wirtschafts- und Finanzinteressen auf eine stille, aber beharrliche Art nach außen, ohne um höherer moralischer Werte willen dem Völkerbund beizutreten. Auf diese Weise behielten sie außenpolitisch freie Hand, und sie führten Amerika auf sich selbst zurück, um es nicht in fremde Kriege zu verstricken.

Durch die Weltwirtschaftskrise erlitt Amerikas Ansehen in der Welt jedoch einen sehr ernsten Rückschlag. Sein internationales Prestige sank, weil sich Amerika in der Tradition von Taft über Harding und Coolidge bis zu Hoover nur als weltweit agierende Wirtschafts- und Finanzmacht verstand, ohne moralischen Anspruch. Dann aber erwuchs ihm in der Gestalt Franklin Delano Roosevelts ein charismatischer Führer, der die nationalen Interessen mit der universalen Sendung ähnlich wie sein Onkel »Teddy« Roosevelt wieder zu einem öffentlichkeitswirksamen und damit überaus erfolgreichen Konzept von Politik und Kriegführung verband.

Die internationalistische Definition des nationalen Interesses durch Roosevelt war der ausschlaggebende Grund für diese historische Leistung. Roosevelt galt als Exponent jener »östlichen Demokraten« in der Tradition Hamiltons, die mit der zunehmenden Industrialisierung Amerikas in den ersten drei Jahrzehnten dieses Jahrhunderts dadurch immer stärker geworden waren, daß sie sich mit den expansiven Handels-, Finanz- und Medieninteressen des Landes verbanden. Für diese liberal-demokratischen Internationalisten lag das wahre Geheimnis von Freiheit, Frieden und Prosperität in einer interdependenten Welt, in der alle Mächte zwar wie gute Nachbarn zusammenlebten, in der Amerika aber auch die Chance erhielt, ihnen seine Hegemonie aufzuzwingen.

Bis zum Beginn von Roosevelts zwölfjähriger Amtszeit hatten mit Ausnahme Wilsons alle amerikanischen Präsidenten auf die eine oder andere Art und Weise versucht, einen mehr oder minder klaren Unterschied zwischen Amerikas nationalen Interessen und seiner universalen Sendung zu machen. Die Interessen waren das eine, und die Ideen waren das andere, und die Kluft zwischen dem einen und dem anderen wurde von einer Außenpolitik überbrückt, die zwar immer wieder allgemeine Menschheitsideale beschwor, die sich aber stets innerhalb des nationalstaatlichen Paradigmas bewegte. [10]

Mit dem Amtsantritt Roosevelts bahnte sich in Amerika jedoch ein tiefgreifender Paradigmawechsel an, der für die internationalen Beziehungen ebenso revolutionär war wie die russische Oktoberrevolution von 1917. Denn ebenso wie die marxistisch-leninistischen Internationalisten Rußlands akzeptierten die liberal-demokratischen Internationalisten Amerikas den souveränen Nationalstaat nicht mehr als allgemein verbindliches Regulativ innen- und außenpolitischer Interessen. Sie ersetzten dieses Regulativ vielmehr durch bestimmte gesellschaftliche und wirtschaftliche Aggregatzustände, die den Menschen unabhängig von Nation, Rasse und Konfession staatsübergreifend beherrschen sollten – und zwar, wie sie vorgaben, nicht um selbstsüchtiger Herrschaft, sondern um der Freiheit, des Friedens und des Wohlstandes willen. Da die Internationalisten beider Couleur diese Aggregatzustände nicht nur in Rußland und Amerika selbst, sondern in der ganzen Welt anstrebten, ging von ihnen aber faktisch auch ein machtvoller Herrschaftsanspruch aus, der das ganze Universum umfaßte.

Drei Umstände haben die weltweite Umsetzung dieses Herrschaftsanspruchs durch die sogenannte »Roosevelt-Revolution« begünstigt: Erstens verstand es der amerikanische Präsident im Gegensatz zu den russischen Revolutionären, von seinem Internationalismus stets in sanften und lockenden Wendungen zu sprechen, das heißt nicht in der Sprache der Gewalt. Roosevelt praktizierte außenpolitisch eine »Politik des guten Nachbarn«, während er innenpolitisch durch seinen *New Deal* das Los der Armen, Bedrängten und Zukurzgekommenen zu bessern suchte. Seine sozialen Reformen bedeuteten zwar in mancher Beziehung auch einen Bruch mit bestimmten Traditionen, die bis dahin in Amerika gegolten hatten. Sie waren aber nicht entfernt so gewaltsam und einschneidend wie die Reformen von Landwirtschaft und Industrie, welche die Bolschewisten in den zwanziger und dreißiger Jahren durchführten.

Zweitens verfügte Roosevelt durch das kapitalistische Wirtschaftssystem über unerschöpfliche Ressourcen, das heißt er konnte sein Versprechen einer neuen und besseren Welt nicht nur in Amerika, sondern auch darüber hinaus mit Erfolg in praktische Taten umsetzen. Die Menschen lebten unter dem liberal-demokratischen Internationalismus tatsächlich besser, während sie unter dem marxistisch-leninistischen Internationalismus wirtschaftlich ins Hintertreffen gerieten. Zwar nahm Roosevelt wirtschaftlich und finanziell manche Veränderung vor, die zu teils heftigen Konflikten mit Industrie, Banken und Gewerkschaften führten. Aber er hat nicht wie Lenin und Stalin die kapitalistische Marktwirtschaft abgeschafft, er hat sie im Gegenteil durch soziale Reformen verbessert.

Schließlich aber, und das war der dritte Umstand, der den liberal-demokratischen Internationalismus begünstigte, hat Roosevelt im Gegensatz zu Stalin keine Kompromisse mit den nationalistischen Achsenmächten geschlossen. Er hat zwar hier und da mit ihnen über wirtschaftliche Fragen verhandelt, aber er hat mit ihnen nicht um nationaler Interessen willen paktiert wie Stalin mit Hitler. Dadurch, durch seine größere Sanftheit und die konkreten Verbesserungen, die er für das tägliche Leben der Menschen mit sich brachte, hat der liberal-demokratische Internationalismus bereits vor Kriegsende eine moralische Glaubwürdigkeit erreicht, die der marxistisch-leninistische Internationalismus eigentlich immer entbehrte.

Roosevelt schuf die Voraussetzungen für diesen Triumph, indem er das nationale Interesse seines Landes zu einer universalen Sendung entgrenzte. Die Maximen, Grundsätze und Ziele seiner Innen- und Außenpolitik, die zunächst nur für die USA, dann für Lateinamerika und schließlich für China galten – der freie und ungehinderte Austausch von Gütern, Kapital, Ideen und Menschen – galt schließlich für die ganze Welt, ohne die nationalen Interessen Amerikas zu verletzen. Im Gegenteil, erst wenn die ganze Welt seiner liberal-demokratischen Vision des *einen* Marktes, der *einen* Sicherheit und der *einen* politischen Verfassung entsprach, hatte Amerika als die wirtschaftlich, politisch und militärisch stärkste Macht davon den größten nationalen Nutzen.

Gewiß gab es in Roosevelts internationalistischer Haltung manche Brüche. Wie sein Verhalten auf der Londoner Wirtschafts- und Währungskonferenz gleich zu Beginn seiner Amtszeit und seine Haltung gegenüber Großbritannien am Ende seiner Amtszeit zeigten, hörte der Präsident in der einen Ecke seines Herzens nie auf, ein nationaler Egoist zu sein. Er war halt kein blaustrümpfiger Prinzipienreiter. In der anderen Ecke seines Herzens aber war Roosevelt ein liberal-demokratischer Internationalist, und als solcher befand er sich im

Einklang mit dem zivilisatorischen Wandel seiner Zeit, der nun einmal von den beiden großen Internationalismen geprägt wurde.

In Gestalt der modernen Sozialwissenschaften bediente sich der Präsident überdies der Mittel, die jenen Wandel überhaupt erst begreifbar und damit realisierbar gemacht haben. Der epochale Siegeszug, den die Sozialwissenschaften damals von den efeuumrankten Elfenbeintürmen der amerikanischen Eliteuniversitäten in die Schaltzentralen der amerikanischen Macht antraten, wäre ohne Roosevelt gar nicht möglich gewesen. Immer mehr Menschen rund um den Globus hatten damals das Gefühl, daß sich das Leben durch neue Kommunikationsmittel wie Auto, Flugzeug und Radio verdichtete, daß die Entfernungen zwischen den Kontinenten, Klassen und Kulturen schrumpften und daß sich die verfügbare Zeit durch Mechanisierung, Industrialisierung und Organisation immer mehr zusammendrängte. Diese grundlegenden Veränderungen des Lebensgefühls machte sich Roosevelt ebenso zunutze wie die Tatsache, daß Sport, Unterhaltung und andere Freizeitmöglichkeiten die hedonistischen Wünsche der städtischen Massen nach Freiheit und Selbstentfaltung weckten, während die zunehmende Spezialisierung und Arbeitsteilung im Beruf die selbstbewußte Mitwirkung des Einzelnen immer unumgänglicher machte.

Vor diesem Hintergrund wirkte Roosevelts liberal-demokratischer Internationalismus, der den Menschen unabhängig von ihrer Nationalität, Hautfarbe, Religion und sozialen Herkunft Freiheit, Mitwirkungsrechte und Wohlstand in einer offenen Welt versprach, ausgesprochen attraktiv, weil lebensnah und zeitgerecht. Zudem war Roosevelt der erste Präsident der amerikanischen Geschichte, der in beispielloser Form die modernen Sozialwissenschaften für seine Politik in Anspruch nahm. Das verlieh vielen seiner Aussagen einen Hauch von päpstlicher, weil wissenschaftlicher Unfehlbarkeit.

»Roosevelt entschied, daß die Zeit gekommen sei, seine Politik der [Demokratischen] Partei und der [amerikanischen] Nation in einer spezifischen Form vorzustellen«, beschreibt Basil Rauch diesen historisch bedeutsamen Vorgang, der 1933 mit dem *New Deal* in Amerika einsetzte, um sich in den folgenden Jahren auf den Schultern der amerikanischen Macht über die ganze Welt zu verbreiten. [11]

»Er versammelte eine Mannschaft von Experten um sich, in der Hauptsache Akademiker, die ihn bei der Organisation von Einzelheiten seines Programms unterstützen sollten und die als ›Brains Trust‹ berühmt wurden... Politisch progressive Führer haben vor Roosevelt akademisch gebildete Fachleute für sich in Anspruch genommen,... aber noch nie war ein liberaler Führer so erfolgreich in der Nutzung von Professoren und Politikern, ›Idealisten‹ und ›Realisten‹ gewesen wie Roosevelt.«

Niemand personifizierte die neue Partnerschaft zwischen Sozialwissenschaft und Politik besser als Roosevelts engster Vertrauter, Harry Hopkins, ein akademisch vorgebildeter Sozialarbeiter mit praktischen Erfahrungen in den Elendsvierteln von New York. Hopkins verhalf in den frühen dreißiger Jahren Millionen von Amerikanern ebenso zu neuen Jobs, wie er in den frühen vierziger Jahren Millionen von amerikanischen und alliierten Soldaten in aller Welt mit farbrikneuen Waffen versorgte. Das eine tat Hopkins als Chef der *Public Works Administration* (PWA), einer *New-Deal*-Behörde, das andere als Administrator des *Lend-Lease*-Programms, das den Kriegseinsatz von Roosevelts Alliierten finanzierte, und beides tat er mit der kühlen Lässigkeit des professionellen Sozialingenieurs im Auftrag des amerikanischen Präsidenten. So unterschiedlich seine Funktionen im einzelnen auch waren – in beiden Fällen löste Hopkins die von Roosevelt und dessen wissenschaftlichen Beratern skizzierte Aufgabe: Er befriedigte bestimmte soziale Grundbedürfnisse, als die man den Wunsch des Menschen nach Arbeit ebenso bezeichnen kann wie den Wunsch des Soldaten nach einer Waffe so schnell und effektiv wie möglich.

Die neuartige Kooperation von Sozialwissenschaft und Politik, die Roosevelt mit Hilfe seiner intellektuellen Berater erstmals zu einem universellen Herrschaftsinstrument entwickelte, entsprach der dualen Persönlichkeitsstruktur des Präsidenten. Sie führte auch dazu, daß sich die modernen Sozialwissenschaften mehr und mehr auf die Qualität seiner Führung auswirkten. Sie ließ Roosevelt letzten Endes sogar an die wissenschaftlich-technische Machbarkeit der menschlichen Geschichte glauben und und schien ihm dafür zugleich auch noch die Instrumente in die Hand zu geben.

In Washington herrschte damals »ein intellektuelles Klima, in dem die rationale Diskussion der Annahmen und Implikationen von Politik möglich ist.« [12] Der sozialwissenschaftliche Pragmatismus wurde zur allgemein verbindlichen Orientierungsinstanz in Ministerien und Befehlszentralen. Diese Instanz ließ grundsätzlich alle Handlungsziele zu, sofern diese technisch machbar waren und den Vereinigten Staaten von Amerika ein Höchstmaß an materiellem und immateriellem Nutzen verhießen. Insgesamt, so könnte man sagen, machte sich in der Roosevelt-Administration ein im Grunde unethisches Ethos »reiner«, d. h. nicht mehr an traditionelle Werte gebundener Wissenschaftlichkeit breit. Sie hat in einer fast schrankenlosen Ergebnis-Orientierung ihren manchmal bedrückenden Ausdruck gefunden.

Dahinter stand der alte, jetzt dem neuen wissenschaftlich-technischen Zeitalter anverwandelte Sendungsglaube Amerikas – eine elektizistische Mischung aus puritanischer Prädestination, jüdischem Messianismus und technologischem Machbarkeitswahn. Roosevelt hat diesem Sendungsglauben verschiedentlich selbst beredten Ausdruck verliehen. So sagte er z. B. einmal in einer Rede: »Heute sehen wir uns der hervorstechenden Tatsache gegenüber, daß wir die Wissenschaft der menschlichen Beziehungen kultivieren müssen, wenn die Zivilisation überleben soll – die Fähigkeit aller Menschen, aller Wesen, zusammenzuleben, in derselben Welt, in Frieden.« [13] Es war eine Aussage, die nahtlos zu seinen politischen Intentionen paßte.

Da Roosevelts pathetisches Credo dem Lebensgefühl und den Überzeugungen einer wachsenden Anzahl von Menschen überall in der Welt entsprach, verfehlte es seine universale Wirkung nicht. Tatsächlich sind dem Präsidenten in seinen Reden immer wieder Formulierungen gelungen, die ihn in einer gewissen Weise zum Sprecher nicht nur aller Amerikaner, sondern sogar der ganzen Menschheit machten. So sprach er seine Landsleute einmal in einer Rede als »Arbeitskameraden der Freiheit« an, und in seiner »Botschaft zur Lage der Union«, die er am 6. Januar 1942 vor dem Kongreß abgab, wenige Tage nach dem amerikanischen Kriegseintritt, schleuderte er Hitler und den japanischen Militärs die Worte entgegen: »Die Militaristen in Berlin und Tokio begannen diesen Krieg. Aber die massierten, erzürnten Mächte der allgemeinen Menschlichkeit werden ihn beenden.« [14]

Durch die – fast – nahtlose Integration von universaler Sendung und internationalem Interesse verschaffte Roosevelt seiner Konzeption von Politik und Kriegführung eine weltweite Akzeptanz, die in der ganzen Geschichte der Menschheit ohne jedes Vorbild ist. Roosevelt suchte nicht mehr wie sein Onkel Theodore oder Alfred Thayer Mahan mühsam nach moralischer Rechtfertigung für imperialistische Akte – er hatte sich längst vom Ziel territorialer Expansion verabschiedet. Roosevelt mußte auch nicht mehr wie Woodrow Wilson befürchten, zwischen Frieden und Krieg wie zwischen zwei Stühle zu geraten. Nachdem es ihm gelungen war, die Interessen der USA mit denen der ganzen Menschheit gleichzusetzen, verschafften ihm die modernen Sozialwissenschaften im Bewußtsein der meisten Menschen eine Art Freifahrschein ins Glück, der seine Worte und Taten moralisch nahezu unangreifbar machte.

Sicher gab es in Amerika und anderswo immer wieder Widerstände gegen einzelne politische oder militärische Entscheidungen Roosevelts, und es gab überall in der Welt genug Leute, denen Roosevelts ganze Richtung nicht paßte. Zu ihnen zählten beispielsweise die amerikanischen Isolationisten, die an den traditionellen Werten der Neutralität und der Non-Intervention festhielten. Aber nur wenige konnten sich der schillernden Faszination entziehen, die von Roosevelts Botschaft ausging – der Botschaft von einer freien, friedlichen, interdependenten und prosperierenden Welt mit einem starken, erleuchteten und glücklichen Amerika an der Spitze, das in seinen internationalen Beziehungen scheinbar so vollkommen objektiv, selbstlos und fortschrittlich war.

Indem er diesem verklärten Bild das dramatisch verfinsterte Bild der Diktatoren entgegensetzte, errichtete der Präsidenten für sein Konzept von Politik und Kriegführung eine globale Image-Hegemonie, die das Vorbild, das Wilson gegeben hatte, noch bei weitem übertraf. Für Roosevelt waren »die Diktatoren«, zu denen er zeitweilig auch Stalin zählte, grundsätzlich und unumkehrbar böse, aggressiv und unbelehrbar – unverkennbar ein Reflex auf sein negatives Deutschlandbild und seinen diskriminierenden Kriegsbegriff. Weit davon entfernt, irgendeine klare Vorstellung von den gegnerischen Ideologien zu haben und daran im Grunde auch gar nicht interessiert, bezeichnete der Präsident den Nationalsozialismus meistens als »Hitlerismus«, »Faschismus« oder schlichtweg als »Barbarei«, während ihm für den Marxismus-Leninismus außer dem abgegriffenen Wort »Kommunismus«, schon aus Gründen des Selbstschutzes, aber auch aus Gründen der Strategie, besonders pejorative Begriffe fehlten.

Um sein Konzept von Politik und Kriegführung gegen moralisierende Angriffe abzusichern, berief sich der amerikanische Präsident abwechselnd auf die göttlichen Gebote und auf die Ideale der französischen Revolution. So sagte Roosevelt an einem Weihnachtsabend zu der Menge, die sich vor dem Weißen Haus versammelt hatte: »Unsere stärkste Waffe in diesem Krieg ist jene Überzeugung von der Würde und Brüderlichkeit des Menschen, die der Weihnachtstag symbolisiert.« Und ein anderes Mal rief er aus: »Wir kämpfen, wie unsere Väter gekämpft haben, für die Aufrechterhaltung der Lehre, daß alle Menschen vor Gott gleich sind. Die, die auf der anderen Seite stehen, streben danach, diesen tiefen Glauben zu zerstören und eine Welt nach ihrem Ebenbild zu schaffen – eine Welt der Tyrannei und Grausamkeit und Sklaverei.« [15]

Diese Bilder waren stärker als die Gegenbilder, die andere politische Führer seiner Zeit von ihren Ländern und deren Mission entwarfen. Sie waren z. B. stärker als die nationalsozialistischen Bilder, die Hitler mit Waffengewalt von Deutschland als einer arischen Supermacht verbreitete. Sie waren auch stärker als die marxistisch-leninistischen Bilder, die Stalin von der Sowjetunion als einer klassenlosen Gesellschaft durch Terror und Eroberung kommunizierte. Sie waren stärker als die japanische Vision einer ostasiatischen Wohlstandszone auf der Spitze von Bajonetten.

Auf die Dauer waren die Bilder, die Roosevelt von Amerika und dem Rest der Welt entwarf, sogar stärker als alle Bilder, die man jemals von anderen Staaten und Gesellschaften entworfen hatte, von ihrer Geschichte, Zukunft und Gegenwart. Es waren ubiquitäre, überzeitliche, allmächtige Bilder – Bilder, deren Kraft sich nur wenige entziehen konnten, Bilder, nach denen viele griffen, innerhalb und außerhalb von Amerika: frühere Isolationisten, die in einer sich wandelnden Welt nach neuer Sicherheit strebten, Afrikaner und Asiaten, die gegen die britische und französische Kolonialherrschaft um ihre Freiheit kämpften, der deutsche Widerstand, der sich gegen Hitler auflehnte, sowjetische Dissidenten, die den Kommunismus menschlicher machen wollten – noch viele Jahre nach Roosevelts Tod.

Mochten die Diktatoren, Kolonialherren und Militärs in Europa, Afrika und Asien militärisch auch noch so stark sein, mochten sie versuchen, das Konzept ihrer Politik und Kriegführung den Menschen, die ihnen unterworfen waren, mit Gewalt aufzuzwingen – am Ende mußten sie alle vor Roosevelts Image-Hegemonie die Waffen strecken, nicht nur die Waffen ihrer eigenen Einbildungskraft, sondern zuletzt auch ihre politischen, wirtschaftlichen und militärischen Waffen.

So kam es, daß die amerikanische Nation, die sich dem Krieg 1917 noch ohne eine Integration von nationalem Interesse und universaler Sendung genähert hatte, mit Beginn des Zweiten Weltkrieges allmählich Roosevelts Glauben übernahm, daß Kriege jenseits der Meere ihre vitalen Interessen berührten und daß sie in diese Kriege eingreifen mußte – nicht nur um ihrer selbst, sondern um der ganzen Menschheit willen. Das heißt, Amerika definierte sein nationales

Interesse zunehmend selbst im Horizont universaler Gültigkeit. Es hielt den Krieg 1941, als es schließlich formell in ihn eintrat, mehrheitlich für ein Gebot des eigenen Vorteils *und* der selbstlosen Moral.

Sicher wäre Roosevelt dieser epochale Erfolg nicht gelungen, hätte sich in seinem Land nicht die Überzeugung durchgesetzt, daß es notwendig sei, die eigene Sicherheit jener internationalistischen Definition des nationalen Interesses anzupassen, die Roosevelt vorgegeben hatte. Der Publizist Livingstone Hartley brachte diesen Konsens schon 1939 auf den Punkt, als er in seinem populären Buch »Our Maginot Line« schrieb: Die Probleme der amerikanischen Sicherheit sollten »nicht im Licht von Prinzipien« erörtert werden, »über die Amerikaner geteilter Meinung sein könnten, sondern im Licht nationaler Interessen, über die unter Amerikanern Einigkeit herrschen sollte.« [16]

An dieser Wende in der sicherheitspolitischen Diskussion hatte der Präsident den entscheidenden Anteil. Während er auf der einen Seite die universalistischen Prinzipien seiner Politik und Kriegführung in allgemeinen Wendungen betonte, arbeitete er auf der anderen Seite die weltweiten Eckpunkte der amerikanischen Sicherheit heraus – etwa wenn er davon sprach, die erste Linie der amerikanischen Verteidigung liege am Rhein, oder wenn er die Gefahr eines von den Nazis unterwanderten Lateinamerikas beschwor oder wenn er vor japanischen Angriffen auf die europäischen Besitzungen im Pazifik warnte.

Roosevelt kam es gar nicht darauf an, ob diese Gefahren bereits wirklich real gegeben waren oder nicht – ihm genügte es, daß sie theoretisch unter jetzt noch nicht genau vorhersehbaren Umständen jederzeit eintreten konnten. Vor allem aber war es ihm wichtig, das Bewußtsein der Amerikaner dafür zu schärfen, daß ihre Sicherheit im nationalen Rahmen nicht mehr sicher war, daß ihr Wohl und Wehe vom Verhalten anderer Mächte abhing und daß man die eigene Sicherheit aktiv, offensiv oder sogar aggressiv im Weltmaßstab verteidigen mußte, wenn man nicht in einen unkontrollierbaren Zustand nationaler Unsicherheit geraten wollte.

Im Ergebnis paßte Roosevelt den amerikanischen Sicherheitsbegriff dadurch seiner internationalistischen Definition nationaler Interessen an. Die Argumentationskette, die zu diesem Ergebnis führte, war außerordentlich einfach – jeder Amerikaner konnte sie nachvollziehen: Haben die Nazi-Barbaren erst einmal den Rhein überschritten, dann werden sie morgen in Afrika, übermorgen in Brasilien und überübermorgen im Mittleren Westen der Vereinigten Staaten stehen. Präsident Roosevelt ließ es nicht zu, daß sich die sicherheitspolitische Debatte wie unter Wilson im Nebel menschheitsbeglückender Postulate verlor. Wieder und wieder hämmerte er den Amerikanern ein, daß ihre universalistischen Ideale ohne ein weltweites militärisches Engagement auf die Dauer verloren seien – auch wenn er sie im gleichen Atemzug immer wieder beruhigte, ihm liege nichts ferner, als sie schnurstracks in den nächsten Krieg zu führen.

Zweifellos sagte Roosevelt nicht die Wahrheit, als er die Gefahr einer deutschen Invasion in Brasilien beschwor und als er den amerikanischen Müttern versprach, er werde ihre Söhne nicht in fremde Kriege schicken, und Roosevelt war sich dessen wohl auch bewußt. Aber er war in der Wahl seiner rhetorischen Mittel nie zimperlich, wenn es galt, seine Ziele zu erreichen. Die Entwicklung in Europa schien ihm nach 1939 sogar Recht zu geben. Sie entband ihn von seinem Versprechen. Schließlich sahen die Amerikaner doch selbst, was jenseits der Meere geschah. Roosevelt hatte ihnen dafür anscheinend nur die Augen geöffnet.

So schienen die Ereignisse selbst den Präsidenten zu bestätigen. Aber sie hätten es wahrscheinlich nie getan, wenn Roosevelt nicht im Bewußtsein einer ständig wachsenden Zahl von Amerikanern dafür die bewußtseinsmäßigen und auch die militärischen Vorausetzungen geschaffen hätte. Erst fiel Polen, dann Norwegen, dann fielen die Niederlande, Belgien und Frankreich, schließlich war mit der Sicherheit Großbritanniens auch die Sicherheit Amerikas bedroht. Die Amerikaner sahen, wie das Böse immer näher kam. Aber Roosevelt hatte sich längst zu energischer Gegenwehr entschlossen.

Unter diesen Umständen ließ sich ziemlich mühelos der Bogen schlagen von der Verteidigung Amerikas zur Schaffung einer freien, friedlichen und wohlhabenden Welt. Walter Lippmann erinnerte »die englischsprechenden Völker« schon 1937 in seinen Kolumnen daran, daß sie 1914/17 um der »atlantischen Gemeinschaft« willen in den Krieg gezogen waren. Der Publizist, der 1918 an Wilsons »Vierzehn Punkten« mitgearbeitet hatte, forderte im April 1941, acht Monate vor Pearl Harbor, nicht nur die Einheit mit Großbritannien, sondern auch die Beibehaltung der amerikanisch-englischen Entente über das Kriegsende hinaus. Er deutete damit erstmals jene Vision eines westlichen Sicherheitsbündnisses an, wie es nach 1945 mit der Nordatlantischen Vertragsorganisation (*North Atlantic Treaty Organisation*, NATO) schließlich Gestalt annahm.

Insgesamt kann man sagen, daß Amerika unter Roosevelt in bezug auf seine nationalen Interessen »eine revolutionäre Periode« durchgemacht hat – gipfelnd in einem neuen Begriff von weltweiter Sicherheit. In den sechs Jahren, die vom italienischen Angriff auf Äthiopien (1935) bis zum japanischen Angriff auf Pearl Harbor (1941) vergingen, hat es sich seinem Status als Weltmacht, den es seit 1898 durch die Kriege gegen Spanien und Deutschland errungen hatte, bewußtseinsmäßig angepaßt. [17] Zugleich aber drängte Amerika über diesen Status hinaus. Denn wenn Roosevelts Bild von einer interdependenten Welt stimmte, dann mußten Freiheit, Frieden und Wohlstand überall auf der Welt herrschen. Anderenfalls hätten Unfreiheit, Unfrieden und Armut in höchst unerwünschter Weise auf Amerika zurückgewirkt.

Aus diesem Drängen Amerikas nach einer weltweiten Geltung seiner Werte machte Roosevelt unter dem Imperativ größtmöglicher Sicherheit das Streben nach Supermacht. Wenn es nach ihm ging, dann sollte Amerika nicht mehr eine Weltmacht unter anderen, dann sollte es die allen anderen Mächten überlegene Macht sein. Unter dem Eindruck dieser Botschaft begann die große Mehrheit der Amerikaner zum ersten Mal seit ihrem Bündnis mit Frankreich im Jahre

1812 wirklich zu verstehen, »daß ihr fundamentalstes Interesse, die nationale Selbsterhaltung, vom Verlauf der Weltpolitik abhing.« [18]

Der amerikanische Kriegseintritt war die Folge davon, mochte ihn Roosevelt auch noch so listenreich von langer Hand herbeigeführt haben. Anscheinend reagierte Amerika von 1935 bis 1941 immer nur in herzzerreißender Weise auf die Notlagen und Zwänge, die sich aus der internationalen Entwicklung ergaben. Aber in Wahrheit hatte Roosevelt fast alle diese Zwänge und Notlagen längst antizipiert. Er arbeitete ihnen so gut er konnte zu, und manchmal hat er ihnen sogar so diskret wie möglich vorgegriffen.

Was seine Motive angeht, so sehen einige Beobachter Roosevelt in der Tradition Wilsons stehen. Osgood meint: »Wie Wilson war er zutiefst umgetrieben von humanitären Sympathien.« [19] Und Hopkins sah »den wahren Roosevelt in dessen ›Vier Freiheiten‹ verkörpert«. [20] Im Gegensatz zu Wilson hatte Roosevelt aber auch einen stark entwickelten Sinn für die pure Macht, und er hat seine Macht auch oft genug im nationalen wie im internationalen Maßstab zeit- und situationsgerecht eingesetzt.

Wenn der Präsident von der freien und friedlichen Welt sprach, die es gegen die Mächte der Finsternis und der Aggression zu verteidigen gelte, dann dachte er nicht nur an einen neu zu gründenden Völkerbund, an die späteren »Vereinten Nationen.« Dann dachte er auch an Kriegsschiffe und Flugzeuge, an Seewege und Flottenstützpunkte, an Blockaden und militärische Interventionen, an Handelsvorteile und andere Profite, die sich aus der indirekten Herrschaft Amerikas über fremde Landstriche ergaben. Zwar hat Roosevelt außer einigen Inseln in der Karibik und im Pazifischen Ozean im und durch den Zweiten Weltkrieg keinen einzigen Fußbreit fremden Bodens erworben. Aber er hat die Möglichkeit, daß man Herrschaft über andere Völker auch in anderer Form ausüben kann, stets gesehen. Ja, er hat eben diese internationale Herrschaft sogar herbeigeführt.

So wie er beizeiten die Gefahren erkannte, die sich auf kürzere oder längere Sicht für die Sicherheit Amerikas aus der Beherrschung Europas und Asiens durch andere Mächte als England und Frankreich ergaben, so erkannte Roosevelt auch schon frühzeitig die immensen Möglichkeiten, die aus der internationalen Herrschaft Amerikas resultierten, und er hat diese Möglichkeiten teils allein, teils gemeinsam mit seinen Partnern Stalin und Churchill, in geringerem Maße auch Tschiang Kai-shek, genutzt. Dieser amerikanische Präsident glaubte an die gemeinsame Weltherrschaft der »Großen Vier.« Aber noch mehr glaubte er daran, daß die amerikanische Macht größer sei als die der anderen drei. Er glaubte an die amerikanische Supermacht.

Der erste Präsident dieser Supermacht war Franklin Delano Roosevelt. Obwohl er die letzte Etappe ihres Aufstieges nicht mehr erlebte, hat er in fast jeder Hinsicht den Grund für sie gelegt. Sicher hat sich sein historisch-politisches Bewußtsein an den dramatischen Ereignissen und Entwicklungen der dreißiger und vierziger Jahre geschärft. Aber das Gefühl für die Größe und die Prädestination Amerikas war in diesem Präsidenten, der tief in den viktorianischen

Traditionen seines Landes und seiner Familie wurzelte, schon vorher vorhanden gewesen, und es hat zu den dramatischen Ereignissen und Entwicklungen der dreißiger und vierziger Jahre geführt.

In der Botschaft, mit der er am 27. Mai 1941 den nationalen Notstand verkündete, sagte Roosevelt: »Unser ganzes Programm des Beistandes für die Demokratien beruht auf der ernsten Sorge um unsere eigene Sicherheit und um jene sichere und zivilisierte Welt, in der wir leben wollen.« [21] Eine sichere und zivilisierte Welt, in der wir leben wollen – das war schon damals und ist noch heute eine Welt nach dem Ebenbild Amerikas. Stärker als jeder amerikanische Präsident vor und nach ihm hat Roosevelt diese Welt durch die Wahrnehmung amerikanischer Interessen ebenso wie durch die Formulierung universaler Ideale geformt.

Anmerkungen

1 Sherwood, Roosevelt & Hopkins, S. 203
2 Burns, Soldier, S. 36
3 ebda., S. 66
4 Beard, Idea, S. 76
5 ebda., S. 378
6 ebda., S. 377
7 ebda., S. 379
8 ebda., S. 383
9 Beard verwendet in diesem Zusammenhang das deutsche Wort »Machtpolitik«. Ebda., S. 129
10 Vgl. z. B. Gottfried-Karl Kindermann (Hg.), Grundelemente S. 159
11 Rauch, History, S. 33
12 Merriam, Prologue, S. 98
13 op. cit. Greer, What Roosevelt Thought, S. 171 – So FDR im Entwurf seiner Rede zum Jefferson-Tag am 13. 4. 45, die er nicht mehr halten konnte, weil er am 12. 4. 45 verstarb.
14 PPA 1942, S. 35: FDR-Kongreßbotschaft v. 6. 1. 42
15 op. cit. Burns, Soldier, S. 178 und 192
16 Hartley, Maginot Line, S. 119 ff.
17 Osgood, Ideals, S. 403
18 ebda.
19 ebda., S. 410
20 Sherwood, Roosevelt & Hopkins, S. 203 – Roosevelt erklärte seine »Vier Freiheiten« am 6. 1. 42 in seiner ersten Jahresbotschaft an den Kongreß nach dem offiziellen amerikanischen Kriegseintritt
21 PPA 1941, S. 181 ff.: FDR-Erklärung des nationalen Notstandes.

5.
Geographie und Strategie

Ist Präsident Roosevelt ein Stratege oder nur ein Taktiker gewesen? Den meisten Beobachtern fällt es schwer, in seinen militärischen Entscheidungen zumindest vor dem offiziellen amerikanischen Kriegseintritt, also in den Jahren von 1939 bis 1941, ein durchgängiges Muster von Ideen und Handlungen zu erkennen. Die militärische Führung der Vereinigten Staaten vermißte bei ihrem Oberbefehlshaber immer wieder klare Pläne und Befehle. Generalstabschef Marshall sprach sogar einmal etwas abfällig von Roosevelts Methode, Empfehlungen für militärische Operationen mit einer schnippenden Bewegung seiner Zigarettenspitze »auszuwerfen«, und für Biograph James MacGregor Burns war der Präsident ein einziges »strategisches Rätsel«, das anscheinend einem nicht nachvollziehbaren Zick-Zack-Kurs folgte. [1]

Niemand hat Roosevelts Fähigkeiten als Stratege indessen schärfer und mit mehr Kompetenz in Frage gestellt als jener US-General Albert C. Wedemeyer, der als Major im Generalstab 1941 den Auftrag erhielt, das spätere »Victory«-Programm der Vereinigten Staaten zu entwerfen. In seinem Buch »Wedemeyer Reports«, das 1958 unter dem irreführenden Titel »Der verwaltete Krieg« auf deutsch erschien, hat Wedemeyer seinem früheren Präsidenten und Oberbefehlshaber vorgeworfen, er habe Amerika in Gestalt der Sowjetunion und des kommunistischen Chinas »neue und gefährliche Feinde« geschaffen, weil er außer der totalen militärischen Niederlage Deutschlands angeblich nicht wußte, um was Amerika im Zweiten Weltkrieg eigentlich kämpfte. Mit anderen Worten: Roosevelt habe es an einer sinnvollen Strategie gefehlt. [2]

Auch wenn man in Rechnung stellt, daß Wedemeyers Kritik eine antikommunistische Einstellung zugrunde liegt, die sich am Kalten Krieg der fünfziger und sechziger Jahre schärfte, kann man sie nicht außer Acht lassen. Für diesen amerikanischen Generalstabsoffizier war »große Strategie« eine Mischung aus Kunst und Wissenschaft – Kunst, »weil sie mit vielen Unwägbarkeiten, Ungreifbarkeiten und menschlichen Gefühlen zu tun hat«, und Wissenschaft, »weil viele Faktoren in der Strategie Messungen und Berechnungen erfordern.« Dieser Strategiebegriff ist Roosevelt durchaus geläufig gewesen, weil es der Präsident verstand, seine Führungs-»Kunst« mit moderner Wissenschaftlichkeit zu mischen. Wedemeyers Strategiebegriff trifft auch deshalb zu, weil es nach seiner und Roosevelts übereinstimmender Meinung in einem modernen Krieg politischer, wirtschaftlicher, psychologischer und militärischer Mittel bedarf, um strategische Ziele zu erreichen. [3]

Sicher hat Wedemeyer Recht, wenn er Roosevelt vorwirft, dieser habe das
»Phantom« einer Überwältigung Amerikas durch Hitler beschworen, um sein
Land in den Krieg zu führen – trotz allem, was man dem deutschen Diktator
zutrauen konnte und mußte, wurde die Gefahr einer deutschen Invasion in
Süd- oder Nordamerika absichtsvoll übertrieben. Aber Wedemeyer schießt
weit über das Ziel hinaus, wenn er feststellt: Die USA hätten »einen sinnlosen
Kreis von Tod und Zerstörung« beschrieben, als sie im Zweiten Weltkrieg um
Rußland und China warben, nur um eben dieses Rußland und China nach 1945
gemeinsam mit ihren früheren Feinden Deutschland und Japan »als hassens-
werte Feinde« zu bekämpfen. [4] Denn letzteres ist nie das strategische Ziel des
amerikanischen Präsidenten Roosevelt gewesen.

Wenn es so schwer fällt, Roosevelts Strategie zu greifen, dann liegt es zum
einen daran, daß er sie in der Regel außerordentlich undeutlich formulierte –
manchmal scharf und präzise in den internen Beratungen mit seinen Vertrauten, Militärs und mit anderen alliierten Führern, ein anderes Mal wieder weich
und schwammig für den amerikanischen Hausgebrauch und die Weltöffentlichkeit. Es liegt auch daran, daß Roosevelt seine strategischen Ziele zwar international definierte, sie aber nur in einem überaus verwickelten, von vielerlei Fort-
und Rückschritten begleiteten Prozeß nationaler Politik realisierte.

Hinzu kommen jedoch noch zwei weitere Gründe, und zwar das Problem der
Sukzessivität und das der strategischen Optionen. Wer sich mit Roosevelt
beschäftigt, wird in den staatlichen Dokumenten aus der Zeit vor 1941 kaum
eine von diesem Präsidenten umfassend und verbindlich kodifizierte Strategie
niedergelegt finden. Es gibt nur eine Fülle von fragmentarischen Hinweisen auf
eine Gesamtstrategie in eher privaten Gesprächsaufzeichnungen, Tagebüchern
und Briefen. Das bedeutet nicht, daß Roosevelt vor 1941 gar keine Strategie
hatte. Es bedeutet lediglich, daß er seine Strategie in einem langsamen,
schrittweisen, sich den militärischen und außenpolitischen ebenso wie den
innenpolitischen Gegebenheiten taktisch anpassenden Prozeß formulierte.

Es ist dieses Problem der Sukzessivität, das Roosevelts Zeitgenossen und die
Historiker gleichermaßen ratlos gemacht hat. Es hat zu dem weit verbreiteten
Eindruck geführt, dieser Präsident habe anfangs gar keine Strategie gehabt –
jedenfalls kein System sinnvoll einander zugeordneter Ziele und Mittel. Dieser
Eindruck wurde zusätzlich noch durch die chronologische Darstellungsweise
verstärkt, mit der man sich Roosevelts Politik und Kriegführung bislang ganz
überwiegend genähert hat. Sicher hat Roosevelt stets dazu geneigt, rein situativ
nach dem Prinzip von Versuch und Irrtum zu handeln. Aber das ändert nichts
daran, daß seine Handlungen und Unterlassungen während des Krieges *a priori*
auf bestimmten zeit- und raumübergreifenden Grundsätzen beruhten, aus
denen sich durchaus eine große Strategie rekonstruieren läßt.

Diese Grundsätze aus Roosevelts Handlungen und Unterlassungen herauszu-
destillieren, fällt schließlich aber noch aus einem weiteren Gund schwer.
Dieser Grund besteht aus einer ungewöhnlichen Opulenz an strategischen
Optionen. Tatsächlich hatten die USA Ende der dreißiger, Anfang der vierzi-

ger Jahre mehr strategische Optionen als jede andere der sieben Hauptkriegs-
mächte, und Roosevelt hat sie alle je nach aktueller innen- oder außenpolitischer oder militärischer Lage mit großer Elastizität und einer nie versiegenden
Freude am gedanklichen Experiment ventiliert. Während sich z. B. Hitler
schon ab Anfang 1939 in einer gewissen Zwangslage befand, in der er sich
praktisch zwischen einem Ost- oder Westkrieg entscheiden mußte, hatte
Roosevelt zu jenem Zeitpunkt noch die freie Wahl, sich entweder an einem
europäischen Krieg zu beteiligen oder ihm fernzubleiben oder aber an den
verschiedensten Fronten in einer breiten Grauzone zwischen offenem militärischem Engagement und verdeckter Unterstützung der Alliierten zu operieren.
Nur die innenpolitische Situation setzte seiner Entscheidungsfreiheit hierbei
gewisse Grenzen.

Nachdem die deutsche Wehrmacht Polen erledigt hatte, brach sie im Mai 1940
über die Niederlande, Luxemburg, Belgien und Frankreich herein. Damals
schleuderte Lloyd George dem britischen Premierminister Chamberlain sein
bekanntes »Zu spät und zu wenig« entgegen. Dagegen könnte man die große
Gefahr, vor der Roosevelt bis 1941 stand, mit den Worten »Zu früh und zuviel«
bezeichnen. Natürlich wurde er in den Wochen und Monaten, in denen
Frankreich fiel und England an den Rand seiner Überlebensfähigkeit zu
geraten drohte, von allen Seiten bestürmt, den westeuropäischen Demokratien
mit Waffen auszuhelfen oder am besten gleich selbst in den Krieg einzutreten.
Aber abgesehen davon, daß ihm ein allzu offenes Engagement oder gar der
Versuch, beim Kongreß eine Kriegserklärung gegen Deutschland zu erwirken,
innenpolitisch wahrscheinlich den Kopf gekostet hätte, mußte der amerikanische Präsident auch noch an einen möglichen Krieg gegen Japan denken.

Japan war 1931 in die Mandschurei eingefallen und hatte 1937 einen noch
größer angelegten Landkrieg gegen China entfaltet. Obwohl 1939 hunderttausende von japanischen Soldaten im »Reich der Mitte« standen, brachte Roosevelt das Kunststück fertig, im Hinblick auf diesen riesigen Kriegsschauplatz
noch bis 1941 von einem »Vorfall in China« zu sprechen. Das war die Sprach-
regelung, auf die man sich nach der rätselhaften Explosion auf dem Bahnhof
von Mukden 1931 international geeinigt hatte, weil es dem Völkerbund nicht
gelang, China oder Japan eindeutig die Rolle des Aggressors zuzuweisen. Die
Übernahme jenes Diminutivs durch Roosevelt war jedoch kein sprachlicher
Lapsus. Sie war Strategie. Denn solange der amerikanische Präsident im
Hinblick auf den Vormarsch der Japaner in China von einem »Vorfall«
sprechen konnte, vermied er das alarmierende Wort »Krieg.« Und solange
konnte er gegenüber der Krise in Europa eine freiere Hand behalten.

Wenn man will, kann man in Roosevelts Wortwahl bereits den Beginn seiner
»Germany First«-Strategie erblicken. Seit Beginn der dreißiger Jahre mit zwei
aggressiven und expansiven Mächten sowohl im pazifisch-asiatischen als auch
im atlantisch-europäischen Raum konfrontiert, neigte der amerikanische Präsident stets dazu, einem Krieg gegen Deutschland den Vorrang zu geben. Die
Gefahr eines Zwei-Fronten-Krieges in beiden »Theatern« unablässig vor Au-

gen, vertiefte sich bei Roosevelt von 1939 bis 1941 der Eindruck, »daß Tokio den Nazis folgte und die Sicherheit seiner Nation bedrohte.« [5] Unter dieser Prämisse war es nur logisch, der Niederwerfung Deutschlands strategisch Priorität zu geben.

Die völlig neue und ungewohnte Zwei-Fronten-Lage Amerikas war für Roosevelt eine Quelle ständig neuer Komplikationen. Amerika war es aus der Zeit des Ersten Weltkrieges gewohnt, an einer einzigen Front mit Deutschland und den übrigen Mittelmächten fertig zu werden. Dagegen war Japan damals noch ein Verbündeter der Westmächte gewesen. Als Japan jedoch die ersehnte Ebenbürtigkeit als pazifische Seemacht versagt blieb, wandte es sich vom Westen ab und begann – ähnlich wie Deutschland –, auf eigene Faust expansionistische Ziele zu verfolgen. Was Zeit und Richtung seiner aggressiven Akte angeht, war die Landmacht Deutschland im Herzen Europas immer an gewisse geostrategische Gegebenheiten gebunden. Dagegen konnte die Seemacht Japan theoretisch jederzeit in jede beliebige Himmelsrichtung losschlagen – bis 1941 ein weiterer Grund für Roosevelt, den Deckel über dem asiatisch-pazifischen Kriegsschauplatz soweit es ging zuzuhalten.

Noch wenige Monate vor Pearl Harbor schrieb der Präsident an seinen Innenminister Ickes: »Es ist für die Kontrolle des Atlantiks schrecklich wichtig, den Frieden im Pazifik zu bewahren. Ich habe einfach keine Flotte, die groß genug ist, um (damit im Atlatik und Pazifik zugleich) auszukommen – und jede kleine Episode im Pazifik bedeutet weniger Schiffe im Atlantik.« [5]

Damit soll nicht gesagt werden, daß sich Roosevelt so schnell wie möglich in einen europäischen Krieg stürzen wollte. Obwohl er von Anfang an dachte, daß Hitler Krieg bedeutet, war der Präsident nicht von Anfang an davon überzeugt, daß es Amerikas Aufgabe sei, die militärische Dreckarbeit für Europa zu leisten. Roosevelt hätte es gern gesehen, wenn es England, Rußland und den anderen europäischen Mächten im Laufe der dreißiger Jahre gelungen wäre, mit dem Problem Hitler auf irgendeine Art und Weise fertig zu werden, und er hat diese Mächte auch immer wieder dazu ermutigt oder sogar gedrängt. Da Hitler aber nicht gestürzt wurde, sondern im Gegenteil seine Macht immer mehr entfaltete, bis er 1939 zur offenen Anwendung von militärischer Gewalt überging, mußte sich Roosevelt schließlich doch mit dem Ernstfall einer zweiten amerikanischen Intervention im europäisch-atlantischen Raum befassen.

Aber er befaßte sich damit auf eine für europäische Maßstäbe ganz ungewöhnliche Weise. Während europäische Strategen bei ihren Überlegungen den Hauptakzent auf die militärischen Stärkeverhältnisse zu legen pflegten – in der sicheren Annahme, ein militärischer Konflikt werde letzten Endes auch mit militärischen Mitteln entschieden – dachte Roosevelt vor 1941 eher in wirtschaftlichen und sozialen Kategorien. Für ihn war ausschlaggebend, was die amerikanische Industrie innerhalb welcher Zeit an Flugzeugen, Schiffen und Panzern produzieren konnte. Denn danach bemaßen sich letzten Endes die strategischen Ziele, die sich der amerikanische Präsident in einem militärischen Konflikt setzen konnte.

12 *Harry Hopkins, graue Eminenz und Macht hinter Roosevelts Thron*

14 *Alternder Helden-Staatsmann: Kriegsminister Henry Stimson* (rechts)

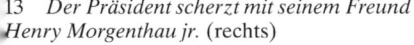

13 *Der Präsident scherzt mit seinem Freund Henry Morgenthau jr.* (rechts)

Bildleiste oben
(v.l.n.r.):

15 Admiral William
D. Leahy
16 Admiral Harold
S. Stark
17 Admiral Ernest
J. King
18 General Henry
M. Arnold

20 General Lesli
R. Groves (links)
und der Atomphysiker
J. Robert Oppenheimer

Bildleiste unten
(v.l.n.r.):

22 General Joseph
W. Stilwell

19 *General George C. Marshall*

21 *Oberbefehlshaber Roosevelt und General Douglas MacArthur* (von rechts)

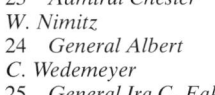

23 *Admiral Chester W. Nimitz*
24 *General Albert C. Wedemeyer*
25 *General Ira C. Eaker*
26 *General Curtis LeMay*

27 *Vom Tode gezeichnet:*
Roosevelt mit seinem Vize-Präsi-
dent und Nachfolger, Harry
S. Truman (links), *in den Tagen*
von Jalta

28 *Starb 18 Tage vor Hitler:*
Trauerkondukt für Präsident
Roosevelt in den Straßen von
Washington

Hier begegnen wir wieder dem Problem der strategischen Optionen. Während Hitler nur wenige Optionen hatte, konnte Roosevelt zwischen einer Fülle von Optionen wählen. Hätte es Hitler z. B. unterlassen, nach Polen auch im Westen anzugreifen, hätte er sich der Gefahr ausgesetzt, eines Tages vom Westen und vielleicht auch von Rußland überwältigt zu werden – und sei es auch nur durch die Anwendung von wirtschaftlichen und politischen Mitteln. Das setzte ihn unter einen gewissen Zwang, auch im Westen anzugreifen. Dagegen konnte sich Roosevelt in mannigfach abgestufter Weise für oder gegen die Unterstützung Polens, Frankreichs, Englands, Rußlands oder Chinas entscheiden, ohne die Existenz der Vereinigten Staaten unmittelbar zu gefährden. Sicher trug jede einzelne seiner Handlungen und Unterlassungen eigene Gefahren in sich. Dennoch bestand in den Jahren 1939 bis 1941 für den amerikanischen Präsidenten kein unmittelbarer Zwang zum Handeln. Er konnte mit dem Einsatz militärischer Mittel abwarten, bis sich die Lage auf den atlantisch-europäischen und pazifisch-asiatischen Kriegsschauplätzen soweit entwickelt hatte, daß zielgenaue Entscheidungen möglich waren – und er mußte es zum Teil auch, weil ihn die innenpolitischen Verhältnisse in seinem eigenen Land dazu zwangen.

So konnte es sich Roosevelt leisten, erst einmal die Streitkräfte aufzubauen, die er für die Erreichung seiner Ziele brauchte, ohne jedes dieser Ziele bis ins einzelne zu definieren. Und da er sich von vornherein nur das *eine* große Ziel der vollständigen, das heißt irreversiblen Niederlage aller drei Achsenmächte setzte, brauchte er auch ungeheuer viele Panzer, Flugzeuge und Schiffe. Im Grunde setzte der totale Krieg, den der amerikanische Präsident ab 1938/39 plante, eine totale Mobilisierung der amerikanischen Ressourcen voraus. Objektiv betrachtet, konnte sich in den dreißiger, vierziger Jahren kein anderer Führer auf der Erde ein so hohes Ziel setzen, weil kein anderer die Zeit und Mittel dafür hatte. Nur Roosevelt konnte es, weil er tatsächlich über die Zeit und die Mittel verfügte.

Natürlich entwickelte sich die militärische Situation in Europa und auch in Ostasien währenddessen immer weiter, und sie entwickelte sich zunächst in dramatischer Weise zugunsten der Achsenmächte. Hitler unterwarf sich Europa von 1939 bis 1941 in einem atemberaubenden Tempo, England war in lebensgefährlicher Weise bedroht und dann auch Rußland. In diesen beiden Jahren hat Roosevelt immer wieder mit dem Gedanken an eine sofortige amerikanische Intervention gespielt. Aber er hat diesen Gedanken auch immer wieder verworfen. Er belieferte England und Rußland zwar so gut er konnte mit Waffen. Aber er wartete mit dem amerikanischen Kriegseintritt solange ab, bis er die für einen totalen Krieg erforderlichen Mittel annähernd angesammelt hatte.

Als die Japaner im Dezember 1941 Pearl Harbor angriffen, war es fast schon soweit: Für Millionen junger Amerikaner war die Wehrpflicht gerade erst verlängert und praktisch auf den ganzen Globus ausgedehnt worden, Wedemeyers »Victory«-Programm hatte den Segen des Präsidenten, und die amerikanische Industrie begann, in einem geradezu phantastischen Ausmaß immer größere Mengen an Waffen, Kriegsgerät und Munition auszustoßen. Unter diesen Umständen kann man fast von einem zeitgerechten Angriff der Japaner sprechen. Amerika war jetzt tatsächlich in der Lage, als letzte Macht in den Krieg einzutreten, wie es Bullitt in den dreißiger Jahren vorausgesagt hatte. Denn alle anderen Hauptmächte befanden sich zu diesem Zeitpunkt bereits im Krieg. Die Fronten hatten sich weitgehend geklärt, das Füllhorn der Optionen war einigermaßen geleert, und ganz Amerika konnte sich jetzt, auch innerlich weitgehend geeint, mit voller Kraft auf Roosevelts Ziel eines totalen Sieges über die Achsenmächte werfen.

So gehört es denn zu den großen strategischen Leistungen des amerikanischen Präsidenten, diesen Zeitpunkt unbeirrbar abzuwarten bzw. höchst listenreich auf ihn zuzuarbeiten. Immer die ungeschriebene Warnung vor dem »Zu früh und zuviel« vor Augen, hat Roosevelt im Großen und Ganzen einen meisterlichen Sinn für das richtige »timing« bewiesen – für den richtigen Zeitpunkt seines Kriegseintritts. Als es dazu kam, hatte er sich nach keiner Seite hin verausgabt. Weder hatte er den Engländern, noch hatte er den Sowjets, noch hatte er den Chinesen, noch hatte er den Amerikanern selbst zuviel Mittel in die Hand gegeben – die manchmal äußerst schwierigen und kritischen Entscheidungen über die Verteilung der amerikanischen Ressourcen, die der Präsident im Vorfeld der amerikanischen Intervention hatte treffen müssen, erwiesen sich im Großen und Ganzen als richtig. Die Relationen stimmten, wenn man als Maßstab die Fähigkeit der begünstigten Mächte nimmt, den Krieg gegen die Achsenmächte erfolgreich fortzusetzen, wenn auch vielleicht noch nicht zu gewinnen.

Hinter dieser Kunst des Abwartens und der Konzentration auf das einzige hochgesteckte Ziel des totalen Sieges stand eine Grundeinsicht Roosevelts, die Stalin einmal so formuliert haben soll: »Die Festlegung der Richtung, in die der grundlegende Schlag erfolgen soll, bedeutet, daß man die Natur der Operationen für die ganze Zeit des Krieges vorherbestimmt, daß man das Schicksal von neun Zehnteln des Krieges determiniert. Das ist die Aufgabe der Strategie.« [6] Die richtige Entscheidung über die Richtung, in die der »grundlegende Schlag« der Amerikaner erfolgen sollte, konnte Roosevelt nur durch Abwarten treffen – zu lange waren zuviele strategische Optionen offen. Aus diesem Grund wies der Präsident am 23. Dezember 1940 auch seinen Marineminister Knox, der zur Unzeit auf Entscheidungen größeren Ausmaßes drängte, mit den Worten zurecht: »Die Periode ist im Fluß. Ich wünsche keine Autorisierung für das, was nach dem 1. Juli 1941 geschieht.« [7]

Legen wir uns zum Beispiel die Frage vor, was geschehen wäre, wenn die Japaner den deutschen Angriff auf Rußland im Sommer 1941 dazu benutzt hätten, ihrerseits Rußland anzugreifen. Hätte Roosevelt dann seine Priorität für den atlantisch-europäischen Kriegsschauplatz noch aufrechterhalten können? Hätte er dann nicht umdisponieren müssen? Was die Japaner im Endeffekt tun würden, konnte der amerikanische Präsident weder 1939 noch 1940 noch 1941 mit hinreichender Eindeutigkeit wissen. Während dieser Zeit des unvermeidlichen Abwartens kam es in der Hauptsache darauf an, die eigenen Mittel nicht zu vergeuden, sondern sie für den grundlegenden Schlag gegen Deutschland anzusammeln und zuzuspitzen.

Aber auch in anderer Hinsicht folgte der amerikanische Präsident bestimmten strategischen Axiomen. So hatte er sich von vornherein entschlossen, den Krieg nach Möglichkeit von den amerikanischen Küsten fernzuhalten, ihn auf die Dauer nicht nur defensiv zu führen und die Entscheidung schließlich durch einen konzentrischen Angriff in Deutschland und Japan selbst zu suchen. Niemand hat Roosevelt dazu gezwungen, diese den Zweiten Weltkrieg prägenden Entscheidungen zu treffen. Es ist durchaus denkbar, daß sich ein anderer Präsident anders entschieden hätte – z. B. dafür, die Entscheidung durch einen langen Abnutzungskrieg der europäischen Mächte zu suchen, mit oder ohne eine Intervention amerikanischer Landstreitkräfte. Keine Frage, daß der Zweite Weltkrieg, aus dem deutschen Blickwinkel betrachtet, den Charakter eines Abnutzungskrieges schon weitgehend trug, nachdem sich Hitler in Rußland festgefahren hatte. Warum hat Roosevelt nicht einfach abgewartet, bis die deutschen Ostarmeen verblutet waren? Warum die Landung in Nordafrika? Warum der abschließende Sturm auf die deutsche Festung?

Für alle diese Entscheidungen gab es gute und schlechte Gründe. Nur hat Roosevelt seine Entscheidungen so und nicht anders getroffen, wie er sie getroffen hat. Jeder dieser Entscheidungen lagen bestimmte strategische Axiome zugrunde. Sie lassen sich durchaus zu einer großen Strategie verdichten, die durchweg von 1937 bis 1945 aus folgenden drei Grundelementen bestanden hat:

(1) Die westliche Hemisphäre ausdehnen, bis sie an die Gegenküsten Europas und Asiens reicht, aber den offenen militärischen Konflikt solange vermeiden, bis die militärischen Mittel für den Sieg bereitstehen, bis die amerikanische Öffentlichkeit den eigenen Kriegseintritt akzeptiert und bis sich die strategischen Optionen auf ein überschaubares Maß reduziert haben.

(2) Die Seeverbindungen zwischen Nordamerika und Großbritannien, aber auch zwischen den einzelnen Teilen des britischen *Empires* kontrollieren, um Großbritannien, die Sowjetunion und China solange im Krieg zu halten bzw. in den Krieg zu ziehen, bis die amerikanische Intervention möglich oder unumgänglich ist.

(3) Deutschland, Italien und anschließend Japan mit Hilfe amerikanischer See-, Luft- und Landstreitkräfte so vernichtend auf ihren eigenen Territorien schlagen, daß sie bedingungslos kapitulieren, als eigenständige Machtfaktoren endgültig aus der Völkergemeinschaft ausscheiden und dem Aufstieg der USA zur Supermacht nicht mehr im Wege stehen.

Das war die große Strategie, die der amerikanische Präsident Roosevelt im Zweiten Weltkrieg mit einer fast schon bewunderungswürdigen Unerschütterlichkeit verfolgt hat.

Es ist eine ganz andere Frage, ob Roosevelt sein Ziel, die Achsenmächte militärisch zu vernichten, mit solcher Ausschließlichkeit verfolgt hat, daß ihm darüber der eigentliche Zweck seines Krieges aus dem Auge geriet – nämlich der ewige Frieden, den er doch eigentlich wollte. In diesem Punkt muß man Wedemeyer Recht geben, wenn er schreibt: »Sie (Roosevelt und Churchill) forderten die bedingungslose Kapitulation unserer Feinde, anstatt zivilisierte Kriegsziele zu bezeichnen und danach zu streben, sie für den geringsten Preis und mit dem notwendigen Bedacht auf unsere zukünftige Sicherheit angesichts unseres unsicheren und widerwilligen Alliierten, der Sowjetunion, zu erreichen.« [8] Aber das ist nicht so sehr eine Frage der Strategie, als vielmehr eine Frage nach dem Verhältnis von Krieg und Frieden, der wir uns noch eingehend widmen werden.

Etwas schwerer ist die von Wedemeyer aufgeworfene Frage zu beantworten, ob es nicht besser gewesen wäre, wenn Roosevelt seine stereotype »Germany First«-Strategie nach Pearl Harbor zugunsten einer »Japan First«-Strategie aufgegeben, d. h. wenn er zuerst die militärische Entscheidung gegen Japan und erst dann gegen Deutschland gesucht hätte. Alle solche »Hätte«-Fragen sind schwer zu beantworten. Aber das von Wedemeyer entworfene Szenario hat auf den ersten Blick viel für sich: Amerika setzt seine frisch eingezogenen Soldaten und seine frisch produzierten Waffen vorrangig und schwerpunktmäßig im Pazifischen Ozean ein. Es schickt nur seine Reserven nach England. Auf diese Weise versammelt sich im Rücken der Wehrmacht, die an der Ostfront gebunden ist, allmählich eine gefährliche Streitmacht. Unterdessen reiben sich Deutschland und Rußland gegenseitig auf, bis sie so geschwächt sind, daß die Amerikaner ziemlich gefahrlos in die deutsche Festung einfallen und die Russen von der Besetzung fremder Territorien abhalten können, falls diese überhaupt noch die Kraft dazu haben.

Aber auch diese Alternativ-Strategie hält näherer Prüfung nicht stand, wenn man sie aus Roosevelts Blickwinkel betrachtet. Zunächst ist fraglich, ob Wedemeyers Prämisse stimmt, die Briten hätten bereits zur Zeit von Pearl Harbor unter Beweis gestellt, daß sie den deutschen Luftangriffen allein – d. h. ohne entlastende Gegenangriffe der amerikanischen Luftflotte – standhalten konnten. Das mag zwar der Fall gewesen sein, und in der Tat war Hitler damals schon in Rußland vollauf beschäftigt, so daß er kaum noch die Kraft hatte, die britischen Inseln einzunehmen. Aber die Schiffsverluste, die Amerika und England auf dem Atlantik durch die deutschen U-Boote erlitten, waren noch immer gefährlich hoch, und das Schicksal Rußlands war immer noch völlig offen. Wäre es Hitler tatsächlich gelungen, die Sowjetunion 1942 niederzuringen, dann hätten sich die Amerikaner unter der Voraussetzung einer *Japanfirst*-Strategie bereits rettungslos in einen pazifischen Krieg verstrickt, während doch ihre geballte Kraft dann gerade im atlantischen Europa benötigt wurde. Und eine schnelle Verlegung amerikanischer Truppen vom Pazifik in den Atlantik wäre am Mangel an Schiffsraum gescheitert, 1942/43 die knappste Ressource der westlichen Alliierten.

Dagegen ließ Roosevelts Entscheidung, am Pazifik als dem nachgeordneten Kriegsschauplatz auch nach Pearl Harbor festzuhalten, den Amerikanern im atlantisch-europäischen Raum weiterhin freie Hand, ihren Schwerpunkt hier oder da zu bilden – ganz abgesehen davon, daß eine übermäßige Schwächung Rußlands gar nicht im Interesse des amerikanischen Präsidenten lag, weil er glaubte, Stalin für den Aufbau seiner Nachkriegsordnung zu brauchen.

Zweifellos spiegelt Wedemeyers Alternativ-Vorschlag ein ausgeprägtes Mißtrauen wider, das im amerikanischen Generalstab gegenüber den Briten herrschte. Marshall und seine Untergebenen im Pentagon glaubten einfach nicht daran, daß Churchill den konzentrischen Angriff auf die Festung Deutschland wirklich wollte – sie fühlten sich von den Briten verschaukelt. Folglich plädierten sie 1942 dafür, England und dem Ostatlantik den Rücken zu kehren, um einen neuen strategischen Schwerpunkt im Pazifik zu bilden – stets auf der Suche nach der großen und schnellen Entscheidungsschlacht. Aber Roosevelt hat sie daran gehindert, diesen Plan in die Tat umzusetzen.

Ebenso wie im Vorfeld seines direkten militärischen Engagements bewies Roosevelt auch auf dem Höhepunkt des Zweiten Weltkrieges, daß er abwarten konnte, daß er im Großen und Ganzen auf Nummer sicher ging, daß er aber auch stets offen für neue Schachzüge war, zumal wenn sie der amerikanisch-englischen Waffenbrüderschaft und auch den Russen nützten. Für ihn war nach und vor Pearl Harbor klar, »daß Japans Niederlage nicht Deutschland niederwirft und daß die amerikanische Konzentration gegen Japan in diesem Jahr (1942) oder 1943 Deutschlands Chancen vergrößert, sich der Herrschaft über Europa und Afrika zu bemächtigen.« [9]

Deshalb hat Roosevelt sich auch nach Pearl Harbor dafür entschieden, an seiner »Germany-First«-Strategie festzuhalten – freilich mit dem gravierenden Unterschied, daß diese Linie jetzt nicht mehr von England aus über den Kanal direkt nach Deutschland führte, sondern auf dem Umweg über Nordafrika und das Mittelmeer.

Nach den Berechnungen Marshalls hatten die Amerikaner erst Mitte 1943 soviele Truppen ausgehoben, daß sie zu großangelegten Operationen auf dem europäischen Festland fähig waren. Eine solche Landungs-Operation sollte in stark verkleinerter Form notfalls schon 1942 stattfinden, falls Rußland nicht anders vor einer Niederlage bewahrt werden konnte. Die geplanten Aktionen waren Teil von Roosevelts Vorhaben, Deutschland durch einen Angriff über den Ärmelkanal in Deutschland selbst zu schlagen.

Diesem Vorhaben setzte Chuchill den Plan einer Landung in Nordafrika entgegen, die 1942 unter dem Decknamen »TORCH« von den Amerikanern und Engländern gemeinsam verwirklicht wurde. Indem er sich diesem Vorhaben anschloß, gab Roosevelt nicht nur einen Teil seiner Strategie auf, die über eine Landung in Nordwest-Europa direkt auf den deutschen Kernraum zielte. Er verlängerte auch den Krieg um mehr als ein ganzes Jahr. Indirekt hat der amerikanische Präsident dadurch sogar der Besetzung halb Europas durch die Sowjets Vorschub geleistet. Das Verhalten Roosevelts ist umso unverständlicher, als er Stalin kurz vorher – über Molotow – eine Landung in Nordwesteuropa ebenfalls für das Jahr 1942 in Aussicht gestellt hatte. Was brachte den amerikanischen Präsidenten dazu, sich in einen Widerspruch zur eigenen

Strategie zu setzen und sich dadurch gegenüber dem sowjetischen Diktator erpreßbar zu machen?

Vier Gründe bieten sich an. Erstens: Churchill überzeugte Roosevelt davon, daß eine Landung in Nordwest-Europa im Jahr 1942 ohne das Risiko eines Scheiterns noch nicht möglich war. Zweitens: Nach militärischen Erfolgen in Südrußland und im Indischen Ozean drohten sich Deutschland und Japan auf den Trümmern der britischen Mittelost-Stellung die Hände zu reichen und vereint den Bestand der Sowjetunion zu gefährden. Drittens: Roosevelt wollte seinen europäischen Alliierten möglichst rasch beweisen, daß die Amerikaner ihr Leben auch auf dem atlantisch-europäischen Kriegsschauplatz einsetzten, nachdem Engländer und Russen dort bislang allein die Hauptlast der Kämpfe getragen hatten. Viertens: Angesichts der hohen Schiffsverluste im Atlantik war dem Präsidenten die Achse Nordwestafrika, Mittelmeer, Persischer Golf für den Nachschub nach Rußland wichtig.

Den Ausschlag hat aber mit großer Wahrscheinlichkeit ein fünfter Grund gegeben, der im Wesen dieses Präsidenten lag: Für Roosevelts Begriffe bot einzig und allein die Landung in dem nur schwach verteidigten Nordafrika eine hinreichende Sicherheit für den ersten erfolgreichen Einsatz seiner im Kampf noch gänzlich unerfahrenen Landstreitkräfte. Deshalb war »TORCH« (auf deutsch: Fackel) schon lange »der geheime Lieblingswunsch des Präsidenten« (Sherwood) gewesen. Die Fackel des Sieges sollten amerikanische Bodentruppen mit ihrer ersten Offensive in diesem Krieg vor aller Welt hell aufleuchten lassen – sie sollte nicht gleich wieder in einem »Strom von Blut« (Churchill) verlöschen, wie dies 1942 bei einem Einsatz gegen Hitlers kampferprobte Armeen in Nordfrankreich leicht hätte geschehen können. Das konnte und wollte sich Roosevelt in einem Wahljahr nicht leisten.

So gesehen, war das Abweichen von seiner Strategie doch wiederum strategisch richtig. Was hätte Rußland eine Niederlage oder ein endloser Stellungskrieg der Westmächte in Nordfrankreich genutzt und was den Alliierten ein Präsident, der die Wahlen, sein Amt und damit auch seine Möglichkeit verlor, den Krieg verdeckt oder offen fortzusetzen? Ein solches Ereignis wäre, da hatte Churchill völlig recht, »der beste Weg (gewesen), diesen Krieg überhaupt zu verlieren« – wenn man Sieg und Niederlage allein an militärischen Erfolgen und Mißerfolgen mißt. [10] Aber war das der alleinige Maßstab? Hat Roosevelt überhaupt gesehen, daß er sich durch die zeitliche Verschiebung des Frontalangriffs gegen Deutschland in eine Situation begab, in der ihn Stalin immer und immer wieder an die gebrochene Zusage erinnern würde und in der er dem sowjetischen Diktator eine Konzession nach der anderen machen mußte, um ihn im Krieg zu halten?

Es gibt keinen erkennbaren Grund, diese Fragen mit »ja« zu beantworten. Denn dies war das große Manko an Roosevelts großer Strategie: Sie war zu sehr »militärisch«, zu wenig »politisch.« Sicher hat Roosevelt immer auch die politischen Implikationen seiner militärischen Entscheidungen gesehen, dafür hatte er ein hochentwickeltes Sensorium. Aber letzten Endes liefen alle diese

Entscheidungen auf das militärische Maximum eines totalen Sieges über Deutschland hinaus, das dann irgendwie, irgendwann und irgendwo auch irgendwelche politischen Wirkungen zeitigen sollte. Das war die innere *ratio*, die hinter Roosevelts Strategie stand. Aber diese *ratio* war, unter politischem Blickwinkel betrachtet, schwach. Sie war zumindest zu einseitig. Letzten Endes kam diese Schwäche sogar in der »Germany-First«-Strategie selbst zum Ausdruck, dem großen Kontinuum in Roosevelts Konzept von Politik und Kriegführung. Denn diese Strategie war nicht das Ergebnis einer globalen Abwägung aller wirtschaftlichen, politischen und militärischen Alternativen. Sie war offenbar eher das Ergebnis von Emotionen als das eines kühlen Kalküls. Denn sie nahm nicht einmal Rücksicht auf die offenkundige Tatsache, daß das in China schon seit 1937 auf Tod und Leben verwickelte Japan schwächer und damit auch leichter als Deutschland zu schlagen war. Sie hatte nur das *eine* Ziel eines militärischen Gesamtsieges über Deutschland, Italien und Japan im Blick, der nach Roosevelts felsenfester Überzeugung nur dann eintrat, wenn Berlin Tokio und Rom in die Niederlage mit hineinriß. Die Definition großer Ziele und das unbeirrte Festhalten an ihnen zeichnet zwar den großen Strategen aus. Aber offenbar war dieses eine und ausschließliche Ziel für einen so großen Krieg doch zu wenig.

Verschiedene Faktoren haben den »Primat des Militärischen« in Roosevelts Strategie begünstigt. Da war zunächst die Überfülle der strategischen Optionen einer raumfremden Macht, die in Europa und Afrika weniger geostrategischen Zwängen unterlag als alle anderen am Krieg beteiligten Hauptmächte – sie machte maximalistische und exklusive Ziele erst möglich. Nicht ohne Grund und nicht ohne Stolz sagte Roosevelt 1943, nach dem Erfolg der ersten alliierten Landungen, zu seinem Generalstabschef Marshall: »Wenn ich die Geographie der europäischen und afrikanischen Aktionsfelder nicht so breit wie möglich in Erwägung gezogen hätte, stünden wir heute nicht in Nordafrika – in der Tat, wir wären weder in Afrika noch in Europa gelandet.« [11]

Die Welt als Tummelplatz maximalistischer und exklusiver militärischer Wunscherfüllung – das war das Bild, das Roosevelt von seinen strategischen Möglichkeiten hatte.

In der Tat ist es frappierend zu sehen, wieviele verschiedene Varianten des Vorgehens der Präsident und seine Militärs z. B. im Umfeld der Entscheidung für die Landung in Nordafrika erwogen haben: Da ging es um die Errichtung eines Brückenkopfes am Roten Meer ebenso wie um einen pazifischen Ersatzfeldzug von Neuguinea bis Hongkong, um die Sperrung des Suezkanals und die Bombardierung der Ölfelder in Rumänien, um Operationen in Afrika und in Kleinasien. Überall dort, wo »amerikanische (und britische) Landtruppen . . . einen Angriff auf deutsche Streitkräfte oder auf von Deutschen besetzte Gebiete so planen und ausführen (können), daß die Deutschen gezwungen werden, Truppen aus der russischen Front herauszuziehen«, so formulierte Roosevelt die grundlegende Aufgabe für seine militärische Führung [12], war der Einsatz dieser Truppen im Prinzip auch möglich.

Da ist zum anderen die Überfülle der Mittel, die Roosevelt zur Verfügung stand, um sein hochgestecktes Ziel zu erreichen. Welcher andere Führer konnte den geschätzten militärischen Aufwand seines Landes innerhalb weniger Monate so sprunghaft von 28600 Kampfflugzeugen (für 1942) auf 100000 Kampfflugzeuge (für 1943), von 20000 Panzern (für 1942) auf 75000 Panzer (für 1943), von sechs Millionen BRT Handelsschiffen (für 1942) auf zehn Millionen BRT (für 1943) erhöhen? Und welcher andere Führer konnte mit Aussicht auf Erfolg hinter die Schätzungen für die benötigten Mengen an Panzerabwehrgeschützen, Maschinengewehren und Fliegerbomben das für europäische Augen phantastisch anmutende Wort »unbeschränkt« schreiben? Das konnte nur der Präsident der Vereinigten Staaten von Amerika. Dagegen mußten die Führer aller anderen am Krieg beteiligten Mächte stets mit der äußersten Knappheit ihrer Mittel rechnen.

Im amerikanischen Kriegsministerium mokierte man sich zwar gelegentlich über Roosevelts »Zahlenfimmel«. Aber Robert Sherwood, der den Präsidenten aus der Nähe beobachtet hat, meint nur kühl: »Große runde Zahlen haben ihm niemals Angst eingeflößt.« [14] Und weiter: »Es lag in Roosevelts Natur zu glauben, daß man die Einbildungskraft des amerikanischen Volkes am sichersten fing, wenn man die größtmögliche Leistung von ihm forderte. Die Gesamtkosten, in Geld ausgedrückt, beschwerten ihn überhaupt nicht.« Vor allem förderten große runde Zahlen offenbar Roosevelts eigene Einbildungskraft: Strategische Ziele, die für jede andere Macht der Erde unerreichbar gewesen wären, rückten dadurch für ihn in erreichbare Nähe.

Durch die Überfülle der Möglichkeiten und Mittel schlich sich ein gigantomaner Zug in Roosevelts Strategie ein, eine Art Größenwahn, der den Präsidenten zum »Primat des Militärischen« verführte. Hinzu kam die vom Kongreß nicht kontrollierte Verfügungsgewalt, die der amerikanische Oberbefehlshaber über die Mittel des Leih- und Pachtgesetzes hatte. Im Grunde durfte der Oberbefehlshaber Roosevelt dem Präsidenten Roosevelt in jeder gegebenen Situation sagen, wo es strategisch entlanggehen sollte, ohne daß ihn jemand daran hindern konnte, und er tat es auch. Es bereitete ihm keinerlei Schwierigkeit, die fällige Tranche der Rußland-Hilfe mit einem einzigen Federstrich von 4,1 auf 2,5 Millionen Tonnen zu kürzen, nur weil der benötigte Schiffsraum im Augenblick nicht zur Verfügung stand: [15]

»Gegenwärtiger Plan

4 100 000 t bestehend aus
1 800 000 t Flugzeuge, Panzer, Geschütze
2 300 000 t sonstiges Material

Neuer Plan

1 800 000 t Flugzeuge, Panzer, Geschütze
700 000 t sonstiges Material
2 500 000 t

4 100 000 t
2 500 000 t
1 600 000 t gespart«

Eine solche Rechnung war recht eindrucksvoll. Aber was kümmerte es den amerikanischen Präsidenten, daß er dem sowjetischen Außenminister tags zuvor noch den vollen Lieferumfang zugesagt hatte?

Strategisch gefährlich waren dieser megalomane Zug und die alleinige Verfügungsgewalt über das Füllhorn der amerikanischen Möglichkeiten deshalb, weil sie Roosevelts Hang zu »Augenblickseinfällen« (Sherwood) verstärkten. Solche Eingebungen waren, aus dem militärischen Blickwinkel gesehen, zwar hin und wieder nötig. Sie bestätigten die ständig präsente Entscheidungsfähigkeit des amerikanischen Oberbefehlshabers und Präsidenten. Aber sie erschwerten sein politisches Geschäft über den Krieg hinaus. Für Roosevelt war es relativ leicht, den Russen die benötigten Lebensmittel, Medikamente und Gummistiefel für die zweite Hälfte des Jahres 1942 zu streichen. Aber in der Zeit danach war es für Roosevelt relativ schwer, das Vertrauen Stalins in die Zuverlässigkeit der amerikanischen Zusagen wiederaufzubauen, das durch solche plötzlichen Sinnesänderungen verletzt wurde. Das eine war für die Russen schmerzlich im Augenblick. Das andere war für die Amerikaner und Europäer auf die Dauer gefährlich.

Überhaupt, und das ist vielleicht der Einwand gegen den Strategen Roosevelt, der am schwersten wiegt, haperte es bei ihm mit der strategischen Koordination von Kriegführung und Politik. Seine Politik eilte seiner Kriegführung manchmal weit voraus, aber es kam auch vor, daß seine Kriegführung seine Politik überholte. Die Krise in Europa hatte Roosevelt vor dem Krieg angeheizt, indem er dem britischen Permierminister Chamberlain den Weg zu einer politischen Einigung mit Hitler und Mussolini verbaute. Aber die amerikanischen Verteidigungsanstrengungen hielten mit dieser Konfrontationspolitik nicht Schritt, so daß, als der Krieg 1939 ausbrach, nicht nur die Vereinigten Staaten, sondern auch ihre potentiellen Verbündeten ohne die militärischen Mittel waren, die sie benötigten, um die deutsche Kriegsmaschine zu stoppen.

Umgekehrt hatte der amerikanische Streitkräfteaufbau 1941 schon ein recht ansehnliches Niveau erreicht, als der Krieg im atlantisch-europäischen und im pazifisch-asiatischen Raum partout nicht ausbrechen wollte. Roosevelt führte zwar in den Gewässern rund um Island den einen oder anderen Flottenzwi-

schenfall herbei und zog gegenüber Japan die wirtschaftlichen Daumenschrau-
ben an, um den ersehnten *casus belli* zu erhalten. Aber Hitler und die
japanische Führung zögerten lange, die werdende Supermacht anzugreifen.
Erst Pearl Harbor brachte Roosevelt dann die Erlösung von dieser Qual.

Die Krise von Roosevelts Strategie im Jahre 1941 führt uns zum Zentrum des
Rätsels Roosevelt: Warum hat er Deutschland oder Japan nicht offen angegriffen? Warum wartete er, bis die Achsenmächte Krieg machten bzw. den Krieg
erklärten? Warum ist er sogar durch die Hintertür von Pearl Harbor in den
Krieg eingetreten? Hunderte von Büchern sind über diese Fragen schon
geschrieben worden. Keines von ihnen hat diese Fragen bisher befriedigend
geklärt. Wie in manch anderer so gibt es auch in dieser Beziehung für
Roosevelts Handlungen und Unterlassungen eine Vielzahl von möglichen
Gründen.

Versuchen auch wir uns an einer Antwort! Robert Sherwood, unser Kron-
zeuge, schreibt über Roosevelts scheinbar ausweisloses Dilemma im Jahre
1941:»Wie groß auch die Gefahr war, das Land in den Krieg führen wollte er
nicht – er wartete darauf, in den Krieg gestoßen zu werden.«[16]

Aber warum wollte Roosevelt denn um Himmels Willen in den Krieg gestoßen
werden, da er doch nicht nur alle strategischen Möglichkeiten und fast alle
militärischen Mittel in der Hand hatte, sondern sich offenbar doch auch
moralisch berechtigt fühlte, Amerika offen in den Krieg zu führen? Die
Antwort ist relativ einfach – wie jede gute Antwort auf eine schwere Frage in
einer gewissen Weise einfach ist: Der amerikanische Präsident, dieser große,
einfallsreiche und siegesgewisse Stratege, ist in bezug auf den Kriegseintritt
seines Landes überraschend kleinmütig gewesen. Hinter all' seinem Optimismus, hinter all' seiner Festigkeit und hinter all' seiner Nonchalance fürchtete er
stets, durch einen nicht provozierten Kriegseintritt sein Amt wie weiland
Wilson zu verlieren.

An einer anderen Stelle seiner Erinnerungen berichtet Sherwood, Roosevelt
habe auf sein Bild in der Geschichte immer großen Bedacht genommen. Das
heißt, er legte Wert darauf, nicht nur von seiner Mitwelt, sondern auch von
seiner Nachwelt verstanden und angenommen zu werden. Franklin Delano
Roosevelt wollte nicht wie Woodrow Wilson als klägliche Figur, er wollte wie
sein Onkel Theodore Roosevelt als positiver Held in die Geschichte eingehen.
Wie aber wäre das noch möglich gewesen, wenn er den Krieg ebenso offen wie
Wilson erklärt hätte? Keine Frage wurde in den Vereinigten Staaten Ende der
dreißiger, Anfang der vierziger Jahre kontroverser diskutiert als die Frage nach
Frieden oder Krieg für Amerika. Roosevelt hat es zwar bis 1941 geschafft, daß
ihm die Nation einigermaßen geschlossen in den Krieg folgte, nachdem die
Japaner Amerika angegriffen hatten. Aber diese Einheit wäre dahin gewesen,
wenn er vorher durch eine Kriegserklärung oder einen offenen Akt der
Aggression vor der Nation und damit auch vor der Geschichte als ein amerikanischer Präsident erschienen wäre, der freiwillig, das heißt ohne von außen
auferlegten Zwang, den Frieden bricht.

Solange er sein Land regierte, schreckte Roosevelt davor zurück, seiner Mit- und Nachwelt dieses Schauspiel zu bieten. Er selbst hat das einmal angedeutet, als er im Spätsommer 1940 zu Churchill sagte: »Ich kann vielleicht niemals Krieg erklären. Aber ich kann vielleicht trotzdem Krieg führen. Wenn ich den Kongreß um Erlaubnis für die Kriegserklärung fragen müßte, dann würde er vielleicht drei Monate lang darüber diskutieren.« [16] In diesen drei Monaten, so fürchtete der Präsident, hätte er möglicherweise nicht nur den günstigsten Augenblick für eine amerikanische Intervention verpaßt – für eine seiner berühmt-berüchtigten Augenblickseingebungen. In diesen drei Monaten wäre auch sein Bild vor der Geschichte zersprungen – das Bild von einem amerikanischen Präsidenten, der den Frieden sucht und den Krieg meidet.

Da er fürchtete, darüber sein Amt zu verlieren, hat es Roosevelt vermieden, den Achsenmächten offen den Krieg zu erklären. Indem er abwartete, bis diese Amerika angriffen bzw. Amerika den Krieg erklärten, hat er nicht nur sein Land länger und erfolgreicher regiert als jeder seiner Amtsvorgänger. Er hat dadurch auch den Grund für seinen späteren Sieg gelegt. Und damit hat sich Franklin Delano Roosevelt am Ende doch als einer der bedeutendsten Strategen dieses Jahrhunderts erwiesen.

Anmerkungen

1 Burns, Soldier, S. 84
2 Wedemeyer, Krieg, S. 96
3 ebda., S. 101
4 ebda., S. 108
5 FDRL: Ickes Folder, FDR 1. 7. 41 Ickes
6 ebda., S. 311
7 FDRL: FDR 2. 12. 40 Knox, PSF, Navy Dept., Box 20
8 Wedemeyer, Krieg, 111
9 FDR-Memorandum, undatiert, In: Wedemeyer, Krieg, S. 187
10 Churchill, Memoiren, Vol. 4, S. 297 ff.
11 Sunderland, Stillwells Mission, S. 279 f.
12 Sherwood, Roosevelt & Hopkins, S. 479
13 ebda., S. 375
14 ebda.
15 ebda., S. 464: FDR-Memorandum von Ende Mai 1942
16 ebda., S. 232

Teil II

Die Grundlagen

1.

Festung Amerika

Im Gegensatz zu Japan und den europäischen Mächten, die überaus verwundbar waren, glich der amerikanische Doppelkontinent bis zur Mitte unseres Jahrhunderts einer überdimensionalen Wasserburg, umgeben von den schützenden Gräben des Atlantischen und Pazifischen Ozeans. Keine Macht der Welt hatte die Mittel und die Fähigkeiten, diese Festung einzunehmen. Nicht einmal Hitlers Versuchsanstalt in Peenemünde, in der Wernher von Braun mit seinen Technikern und Ingenieuren den ersten Raketenmotor der Welt entwickelte, war bis 1945 in der Lage, eine einsatzfähige Interkontinentalrakete zu produzieren. Hätten die Deutschen tatsächlich die Atombombe gebaut, so hätte ihnen doch noch ein geeignetes Trägersytem für den Einsatz gegen Amerika gefehlt.

Natürlich war eine feindliche Landung irgendwo und irgendwann zwischen Alaska und Feuerland ebenso möglich wie ein überraschender Schlag aus der Luft oder über die Meere gegen eine der insularen Außenbastionen. Vielleicht war sogar ein Umsturz in einem der lateinamerikanischen Länder denkbar, über den die Achse ihren Einfluß in Argentinien, Bolivien oder Chile erhöhte. Keine dieser Gefahren war ganz von der Hand zu weisen. Aber jede dieser Gefahren war so peripher, daß sich von einem lokal erfolgreichen Landungsunternehmen über den Sturz der Regierung in Buenos Aires, Santiago oder Lima bis hin zum Einmarsch deutscher oder japanischer Truppen in San Francisco oder Washington ungeheure Entfernungen dehnten. Weder Hitler noch Mussolini noch der japanische Kaiser Hirohito war in der Lage, diese Entfernungen mit seinen relativ schwachen Kräften innerhalb überschaubarer Zeiträume zurückzulegen. Es war für jeden einzelnen von ihnen und für alle zusammen einfach ein zu weiter Weg.

Dennoch wurde Präsident Roosevelt nicht müde, eben gerade diese entfernte Gefahr eines feindlichen Angriffs zu beschwören, indem er sich auf das Jahr 1812 berief. Damals hatte Großbritannien, die größte Seemacht der Erde, die amerikanische Ostküste blockiert, Washington besetzt und das Weiße Haus niedergebrannt. Es ist seit dem Unabhängigkeitskrieg bis heute der einzige Krieg, der je auf dem Boden der Vereinigten Staaten stattgefunden hat. Dafür aber fehlten den Achsenmächten die beiden wichtigsten Voraussetzungen – nämlich hinreichend große Luft- und Überwasserflotten sowie Armeen mit einer Stärke von mehreren Millionen Mann, die in der Lage gewesen wären, aus einer geglückten Landung eine erfolgreiche Besetzung zu machen. Außerdem hat es Hitler, Mussolini und Hirohito immer erkennbar an entsprechenden Absichten gefehlt.

Wenn Roosevelt dennoch unentwegt die Gefahr eines feindlichen Angriffs beschwor, dann tat er das nicht aus einem Mangel an Sicherheit und Selbstvertrauen, sondern um seine Nation kriegsbereit zu machen. Der Präsident war geographisch beschlagen genug, um zu wissen, daß Hitlers Heere, sollte ihnen eines fernen Tages tatsächlich der Sprung über den Atlantik glücken, von Brasilien aus einen weiteren Weg haben würden, als wenn sie Nordamerika direkt attackierten. Um seiner Nation aber trotzdem die Gefahr einer deutschen Invasion glaubhaft zu machen, führte er ihr im Oktober 1941 eine gefälschte Landkarte des britischen Geheimdienstes vor. [1]

Jeder Blick auf eine authentische Landkarte zeigte Roosevelt jedoch, warum Amerika tatsächlich eine uneinnehmbare Festung war. Von nur wenigen Inseln und Randmeeren umgeben, hatte es eine vergleichsweise glatte Außenhaut, an der jeder Angriff mehr oder weniger hilflos abgleiten mußte. Eine Ausnahme bildeten lediglich die Karibik und der Golf von Mexiko mit ihrer reich gegliederten Inselwelt. Diese Region lag jedoch in unmittelbarer Nähe des nordamerikanischen Kernbereichs und des von den USA beherrschten Panama-Kanals. Mit Hilfe dieses Wasserweges konnte die *U. S. Navy* jeden Aggressor in die Flucht schlagen, indem sie an der Ost- oder Westküste einen strategischen Schwerpunkt von überwältigender Kraft bildete.

Überdies betrachtete Roosevelt weder die Ost- noch die Westküste seines Landes als vorderste Verteidigungslinie der USA, sondern eine gedachte Linie, die mehrere tausend Seemeilen weiter westlich bzw. östlich verlief. Im Bereich des Pazifischen Ozeans zog sich diese Linie von den Aleuten im Norden über den Hawaiischen Archipel bis nach Panama im Süden hin, während sie im Bereich des Atlantischen Ozeans mit den Britischen Inseln und dem kontinentalen Vorfeld bis zum Rhein zusammenfiel. Jeder Angreifer, der diese gedachte Linie zur See, in der Luft oder zu Lande überschritt, mußte mit der Gegenwehr Amerikas rechnen. Diese Auffassung akzentuierte der Präsident dadurch, daß er die amerikanische Pazifikflotte bei Ausbruch des europäischen Krieges nach Hawaii vorschob. Schon ein Dreivierteljahr vorher hatte er die Flottenkooperation mit Großbritannien begonnen.

Mit den Aleuten besaßen die USA im Pazifik eine strategisch wichtige Position, von der aus sie jeden Angriff aus Richtung Norden schon im Vorfeld des amerikanischen Kontinents abwehren konnten, falls Rußland von Deutschland oder Japan oder von beiden Mächten gemeinsam zerschlagen wurde. Die an der kalifornischen Küste und später in Pearl Harbor ankernde Flotte beherrschte den mittleren Pazifik. Um einen japanischen Angriff präventiv abzuwehren, konnte sie jederzeit auslaufen, ohne von dritten Mächten daran gehindert zu sein. Schließlich sicherte sich Roosevelt im Sommer 1940 eine Reihe von britischen Stützpunkten an der amerikanischen Ostküste, um die störungsfreie Herrschaft über den westlichen Atlantik, einschließlich der Bermudas, gegenüber Deutschland und Italien auszuüben.

Schwachpunkte der Festung Amerika bildeten nur die Philippinen, Guam und Hawaii, also die insularen Außenbastionen im westlichen, mittleren und östlichen Pazifik. Die auf den Philippinen stationierten See-, Land- und Luftstreitkräfte der Vereinigten Staaten waren zu schwach, um mehr als den Flottenstützpunkt in der Bucht von Manila zu verteidigen. Bei Guam handelte es sich sogar um einen völlig unbefestigten Stützpunkt ohne wesentliche Flotten- oder Truppenpräsenz. An beiden strategisch wichtigen Punkten waren die USA bis 1942 nicht in der Lage, einem massiven Angriff der Japaner längere Zeit standzuhalten. Dagegen war Hawaii durch die größere Nähe zum Festland und die Anwesenheit der amerikanischen Hauptflotte, zumindest in der Theorie, bedeutend besser geschützt.

Aus diesem seestrategischen Befund folgt, daß es für die Sicherheit der Vereinigten Staaten von Amerika in den dreißiger und vierziger Jahren im Grunde nur ein einziges ernstzunehmendes Risiko gab – und das war das Risiko eines japanischen Überraschungsangriffs auf die Philippinen, Guam oder Hawaii.

Was die Philippinen und Guam anging, wurde Präsident Roosevelt von seiner Marine- und Armeeführung im Mai 1939 dahingehend beraten, »daß ein Vordringen (der amerikanischen Flotte von Kalifornien oder Hawaii aus) in den westlichen Pazifik nicht gut in die Hemisphären-Verteidigung hineinpaßt, daß es ein extrem kostspieliges Unterfangen wäre und daß die Vorteile, die daraus resultieren, in keinem klugen Verhältnis zu der Zeit, der Anstrengung und den Kosten stehen, die man dafür aufwenden müßte.« [2] Indem Roosevelt diesem Rat folgte, stellte er sich wenige Monate vor Ausbruch des europäischen Krieges darauf ein, die Philippinen und Guam für den Fall eines japanischen Angriffs erst einmal aufzugeben, und er beließ es bis 1941 bei diesem Entschluß.

So wurde Oahu, die bevölkerungsreichste Insel des Hawaiischen Archipels mit der Marine-, Luftwaffen- und Armeebasis Pearl Harbor 1939/40 zum eigentlichen Juckpunkt der amerikanischen Sicherheit, an dem Japan durch einen überraschenden *raid* seiner See- und Luftstreitkräfte die Vereinigten Staaten zur Aufnahme militärischer Feindseligkeiten aufreizen konnte, ohne die USA in ihrem territorialen Bestand zu gefährden. Tatsächlich wurde ein solcher Überraschungsangriff von Roosevelt und seiner militärischen Führung für denkbar gehalten, seitdem Japan den Krieg gegen Rußland 1905 ebenfalls mit einem plötzlichen Vorstoß gegen Port Arthur eröffnet hatte.

Präsident Roosevelt war sich freilich bewußt, daß die Festung Amerika außer ihren beiden ozeanischen Wassergräben noch ein ganz anderes, unsichtbares und nicht-militärisches System von Sicherheitsringen umgab, das einen Direktangriff Japans und der anderen Achsenmächte relativ unwahrscheinlich machte. Dieses System bestand aus dem Markt, dem Industriepotential und der Neutralität der Vereinigten Staaten. Es perfektionierte die Sicherheit Amerikas.

Die Macht des amerikanischen Marktes war so groß, daß Deutschland, Italien und Japan einen Krieg mit den USA in den dreißiger und vierziger Jahren bis an die Grenze der Selbstverleugnung zu vermeiden suchten. Denn für die Achsenmächte hatten die Außenwirtschaftsbeziehungen zu den Vereinigten Staaten eine ungleich größere Bedeutung als umgekehrt. Zwar strebte Deutschland nach Autarkie, aber in Wahrheit war Amerika nahezu autark. Bis auf gewisse Rohstoffe, die es selbst nicht oder nicht in ausreichendem Ausmaß besaß, konnte es sich in Frieden und Krieg so gut wie selbst versorgen. Während z. B. Japan fast vollständig auf Erdölimporte aus Amerika angewiesen war, hing Amerika generell nur zu etwa 15 Prozent vom Außenhandel ab. Roosevelt konnte deshalb in den dreißiger und vierziger Jahren seinen Wirtschaftskrieg gegen die Achsenmächte eskalieren, ohne seinem Land einen allzu großen Schaden zuzufügen. Dagegen traf Deutschland, Italien und Japan die allmähliche Aussperrung vom amerikanischen Markt zunehmend hart.

Was ihr industrielles Produktionspotential angeht, befanden sich die Vereinigten Staaten sogar schon auf dem Weg zur Supermacht. Die wichtigsten Indikatoren für diese Entwicklung waren schon Ende der dreißiger Jahre vorhanden – der wachsende Anteil der städtischen Bevölkerung an der Gesamtbevölkerung ebenso wie das zunehmende Industrialisierungsniveau pro Kopf, die wachsende Produktion von Stahl und Eisen, der steigende Anteil an der Weltindustrieproduktion und die explosionsartig wachsenden Kapazitäten im Bereich von Forschung und Entwicklung. Überall übertrafen die Vereinigten Staaten nicht nur die Achsenmächte, bevor der europäische Krieg begann. Überall überflügelten sie auch Großbritannien, das bis zum Ersten Weltkrieg als eine Art Supermacht gegolten hatte.

Was den Anteil der städtischen an der Gesamtbevölkerung angeht – wichtiger Gradmesser für das Ausmaß der industriellen und kommerziellen Modernisierung –, hatten die USA den Abstand zu Großbritannien halbiert, und bezogen auf das Industrialisierungsniveau pro Kopf hatten sie Großbritannien bereits überflügelt. Die beiden ausschlaggebenden Machtfaktoren jedoch, die Amerika in geschichtlich einmaliger Weise verkörpert – Bevölkerungsgröße *und* Industrialisierungsgrad – hatten sich schon voll herausgebildet. Dagegen hatte Deutschland in bezug auf seine Bevölkerungsgröße relativ an Bedeutung verloren und seinen Platz in bezug auf das Industrialisierungsniveau nur behauptet.

Was ihre Eisen- und Stahlproduktion anging, wichtiger Gradmesser ihrer industriellen Potenz, waren die USA allen anderen Mächten der Erde bis 1938 mit weitem Abstand davongeeilt. Sie produzierten und verbrauchten gut dreimal soviel wie Großbritannien, während Deutschland in dieser Beziehung einen Platz zwischen den beiden angelsächsischen Mächten einnahm. Das gleiche Bild ergibt sich beim Industriepotential insgesamt und bei seinem relativen Anteil an der Weltindustrieproduktion von 1938. Hier wie dort waren die Vereinigten Staaten unangefochten die Nr. 1, während sie Deutschland und Großbritannien auf die Plätze zwei und drei abgedrängt hatten.

Das Industriepotential und die Kapazitäten im Bereich von Forschung und Entwicklung waren in den dreißiger Jahren ebenso wie später die beiden Schlüssel-Ressourcen. Sie entschieden letztlich über Sieg und Niederlage in einem Krieg. Nur diejenigen Mächte, die über beide Faktoren in ausreichendem Maße verfügten, konnten sich die modernsten Waffensysteme innerhalb der erforderlichen Zeiträume in der gewünschten Qualität und Quantität zulegen. Bei einigen von ihnen – vor allem bei Kriegsschiffen, Flugzeugen und Panzern sowie bei der dazugehörigen Kommunikationstechnik – gab es gerade in den dreißiger, vierziger Jahren zum Teil erstaunliche Fortschritte. Das verteuerte nicht nur die Produktion, sondern erschwerte auch die zeitgerechte Beschaffung. Daher war die Frage, in welchem Verhältnis ihre Rüstungsanstrengungen zu ihren wirtschaftlichen und finanziellen Möglichkeiten standen, für alle Staaten der Erde letztlich der ausschlaggebende Faktor.

Präsident Roosevelt hat nicht nur unentwegt versucht, den Zusammenhang zwischen den Zielen und Mitteln seines Konzepts von Politik und Kriegführung zu berechnen. Er trieb die amerikanische Industrie darüber hinaus auch an, diese Mittel innerhalb der kürzestmöglichen Zeit zu produzieren. Vorübergehend schien er sogar einen unblutigen Sieg über die Achsenmächte nur an der Produktionsfront für möglich zu halten. So sagte Roosevelt einmal,»daß, wenn unser Produktionsausstoß auf vollen Touren läuft, die Demokratien der Welt in der Lage sein werden, den Beweis zu erbringen, daß die Diktaturen nicht gewinnen können.« [3] – wohl in der Hoffnung, die Diktatoren würden es erst gar nicht versuchen.

Auf jeden Fall ging Roosevelt davon aus, daß er die amerikanischen Ressourcen relativ schnell mobilisieren konnte, und er hat damit gleich nach seinem Amtsantritt begonnen. Tatsächlich war sein *New Deal* nicht nur eine soziale Bewegung, er war auch eine Methode, den *laissez-faire*-Kapitalismus Amerikas, der in der Weltwirtschaftskrise gescheitert war, durch staatliche Interventionen wieder so in Form zu bringen, daß er die Systemkonkurrenz mit den Zentralverwaltungswirtschaften der Achsenmächte, aber auch Rußlands erfolgreich bestehen konnte. Roosevelt hat jedenfalls zu keinem Zeitpunkt seiner zwölfjährigen Präsidentschaft um irgendwelcher sozialen Ziele willen auf den Aufbau seiner See-, Luft- und Landstreitkräfte verzichtet. Er hat vielmehr im Vertrauen auf die überwältigende Wirtschaftskraft seines Landes versucht, die noch ungelösten sozialen Probleme wie etwa die relativ hohe Arbeitslosigkeit mit Hilfe eines Streitkräfteaufbaus zu bewältigen, der in der Geschichte ohne Beispiel ist.

Dem Präsidenten war bewußt, daß sein Land weltweit die größte Finanz- und Gläubigernation, der größte Produzent von Industriegütern und Nahrungsmitteln sowie der größte Eigentümer von Goldreserven war. Er selbst hatte im Ersten Weltkrieg erlebt, daß Amerika seine industrielle Leistungskraft im Kriegsfall innerhalb kurzer Zeit um ein Mehrfaches steigern konnte, und er hatte diesen Prozeß zum großen Teil selbst organisiert. Zwei oder drei Jahre reichten dafür nach aller Erfahrung aus. Bei der Wiederholung dieser Erfahrung im Zweiten Weltkrieg griff Roosevelt denn auch auf bewährte Mitstreiter von damals wie Jean Monnet und Bernard Baruch zurück.

Die Fähigkeit zur effektiven Mobilisierung der eigenen Ressourcen vermehrte die Sicherheit der Festung Amerika. Denn jeder potentielle Aggressor mußte sich ja sagen, daß ein Angriff auf die USA diejenigen Kräfte freisetzen würde, die mehr als einmal dazu ausreichten, um ihn zu zermalmen. Roosevelt hatte diese vermeintliche Abschreckungswirkung fest im Blick, als er davon sprach, Amerika sei das »Arsenal der Demokratie« – eine Waffenkammer mit unerschöpflichen Reserven für alle, die sich den Diktatoren politisch oder militärisch widersetzten. [4]

Bis zu einem gewissen Grade war das ungeheure Kriegspotential der wichtigste nicht-militärische Sicherheitsfaktor der Vereinigten Staaten. Das hat der britische Historiker Paul Kennedy, der in den USA lebt, in seinem Buch »Aufstieg und Fall der großen Mächte« an Hand von eindrucksvollen Zahlen dokumentiert. Die USA gaben 1939 nur 1,5 Prozent ihres Volkseinkommens für den Aufbau ihrer Streitkräfte aus. Dieser winzige Prozentsatz hat zu der weit verbreiteten Annahme geführt, Amerika sei damals vollkommen wehrlos gewesen. Diese Annahme trifft freilich nur dann zu, wenn man das ungeheure Kriegspotential vergißt, das dadurch auf amerikanischer Seite 1939 noch unverbraucht zur Verfügung stand und die Achsenmächte bedrohte.

Nach den Berechnungen Kennedys betrug dieses Potential 41,7 Prozent des amerikanischen Volkseinkommens. Dagegen hatten Rußland, Deutschland und das Britische *Empire* 1937 bereits 26,4, 23,5 und 5,7 Prozent ihres Volkseinkommens für Rüstungszwecke ausgeschöpft, so daß sie im Kriegsfall nur noch ein Potential von 14, 14,4 und 10,2 Prozent mobilisieren konnten. Dieses Potential dürfte 1939 sogar noch kleiner gewesen sein. »Stieg der Anteil der amerikanischen Verteidigungsausgaben am Bruttosozialprodukt auf ein ähnliches Niveau wie bei den faschistischen Staaten«, so Kennedy, »würden die USA automatisch der größte Militärstaat der Welt werden.« [5]

Aus diesem Befund leitet dieser Autor eine bedeutsame Schlußfolgerung ab, die wir schon in unserem ersten Roosevelt-Buch vertreten haben: »Es gibt viele Anzeichen dafür, daß sich Berlin und Tokio bewußt waren, wie sehr eine solche Entwicklung ihre zukünftigen Expansionsmöglichkeiten einschränken würde.« Das heißt: Gerade das noch nicht mobilisierte Kriegspotential Amerikas bedrohte die Achsenmächte – es hing wie eine dunkel drohende Gewitterwolke, die sich jederzeit mit urwüchsiger Gewalt entladen konnte, über ihnen und ihrer Politik. Auf der einen Seite erhöhte dieses Potential die Sicherheit der USA, indem es die Achsenmächte von unbedachten Handlungen abschreckte. Andererseits verminderte es aber auch die Sicherheit der USA, weil es sie zwingen konnte, um des eigenen Überlebens willen zu den Waffen zu greifen. Diese ambivalente Wirkung muß man sehen, wenn man die Sicherheit der USA vor 1941 nüchtern analysieren will.

Irgendwo zwischen diesen beiden Extremen gab es einen kritischen Punkt, in dem die Abschreckung der Achsenmächte in deren Aggressivität umschlug.

Diesen Punkt erreichte Roosevelt 1938/39, als er zur kriegsmäßigen Mobilisierung der amerikanischen Wirtschaft überging. Zu diesem Zeitpunkt hatten die USA, wie Kennedys Berechnungen zeigen, latent bereits einen so großen Machtvorsprung erreicht, daß sie jetzt ganz aktuell zu einer überwältigend großen Macht zu werden drohten, die allen anderen Mächten ihren Willen aufzwingen konnte, ohne einen einzigen Schuß abzugeben. Roosevelt hat das zwar niemals zugegeben. Aber für einen Präsidenten, der es nicht wagte, seinen Kongreß um eine förmliche Kriegserklärung zu ersuchen, war dieser Übergang von der Großmacht zur Supermacht – neben der Schaffung provozierender *casus-belli*-Gelegenheiten – der einzige Weg, auf dem er den für unvermeidbar gehaltenen Krieg gegen Hitler aufnehmen konnte. Denn der deutsche Diktator mußte ja irgendwie reagieren, und er tat es auch, indem er sich 1939 entschloß, die von ihm so genannten »Raumprobleme« in Europa gewaltsam und, wie er glaubte, dadurch auch schneller zu lösen.

Wie richtig Roosevelts Kalkül war, zeigt die Kurve der deutschen Rüstungsausgaben. Von allen großen Mächten der Erde hatte Deutschland vor der Machtergreifung Hitlers am wenigsten für seine Rüstung ausgegeben. Zwar kletterte es von 1933 bis 1938 auf Platz 1 der globalen Rangskala. Ein Jahr vor Ausbruch des europäischen Krieges übertrafen die Rüstungsausgaben aller drei Achsenmächte zusammen die ihrer möglichen Gegner jedoch nur noch um 600 Millionen Dollar, das heißt trotz aller Anstrengungen, die in Deutschland zu einer Ruinierung der Wirtschaft führten, war der Rüstungsvorsprung schon zu diesem Zeitpunkt so gering, daß die von Roosevelt damals eingeleitete Mobilisierung des amerikanischen Kriegspotentials den Vorsprung binnen kurzem nivellieren mußte.

Tatsächlich genügten den USA im Ergebnis nur drei Jahre, von 1940 bis 1943, um die entscheidende Schlacht des Zweiten Weltkrieges, nämlich die Produktionsschlacht, für sich und die übrigen Mitglieder der Anti-Hitler-Koalition siegreich zu schlagen. Mit wenigen Zahlen kann man in der Tat illustrieren, wie rasch und erfolgreich Amerika sein noch unverbrauchtes Kriegspotential in diesen drei Jahren unter Roosevelts Führung in tatsächlich einsetzbare Waffen, Munitionsbestände und Kriegsgerät aller Art umgesetzt hat. Im Vergleich zu diesen drei Jahren hat Deutschland von der Machtergreifung Hitlers und der damit beginnenden Wiederaufrüstung bis zum Höchststand seiner Kriegsproduktion 1943/44 ganze elf Jahre gebraucht, ohne quantitativ und zum Teil auch qualitativ jemals den Produktionsausstoß der USA zu erreichen. [6]

Relevant ist hier zunächst der effektive Wert der Rüstungsproduktion in den Jahren 1940 bis 1943. Lagen die USA hier 1940 mit 1,5 Milliarden Dollar noch weit abgeschlagen hinter Deutschland (6,0), der Sowjetunion (5,0) und Großbritannien (3,5) an vierter Stelle, so hatten sie schon 1943 mit 37,5 Milliarden Dollar alle anderen Mächte weit überrundet. Sie gaben fast dreimal soviel aus wie die Sowjetunion (13,9) und Deutschland (13,8), dreieinhalbmal soviel wie Großbritannien (11,1) und fast zehnmal soviel wie Japan.

Nicht anders sieht es aus in bezug auf die Produktion der kriegsentscheidenden

Waffensysteme: Bei Panzern hatten die USA mit 29 500 Kampfwagen Deutschland ebenfalls 1943 bereits übertroffen. Bei Flugzeugen trat dieser Zeitpunkt sogar schon 1940 ein. Und was die Seestreitkräfte angeht, hat es zwischen den USA und Deutschland nie auch nur entfernt eine Parität gegeben. Das heißt, bei dieser für den Gesamtkrieg entscheidenden Waffengattung war Roosevelt Hitler zu jedem beliebigen Zeitpunkt immer haushoch überlegen.

Insgesamt produzierten die USA von 1940 bis 1945 87 620 Kriegsschiffe, 102 351 Panzer und 296 429 Kampfflugzeuge, um nur die Zahlen für diese drei grundlegenden Waffenarten anzugeben. [7] Zudem stellten sie während des gesamten Krieges insgesamt 12,5 Millionen Soldaten in's Feld, davon allein 7,5 Millionen in Übersee, [8] und schon in den beiden Jahren vor ihrem offiziellen Kriegseintritt hatten sie 76 Milliarden Dollar für ihren Krieg ausgegeben. [9] In keiner Beziehung konnten sich die Achsenmächte mit diesem Aufwand messen.

Zuletzt besaßen die Amerikaner die Fähigkeit, jeden Tag ein Schiff und sogar alle fünf Minuten ein Flugzeug fertigzustellen. Keine andere Macht oder Mächtekombination der Erde konnte da mithalten. Selbst die »Schlacht im Atlantik« - von vielen Historikern als *die* Entscheidungsschlacht des Zweiten Weltkrieges überhaupt betrachtet, weil hier die deutschen U-Boote 1942/43 die staunenswerte Menge von 12,3 Millionen BRT Schiffsraum versenkten – war nur halb so dramatisch, wenn man sich nüchtern an die Zahlen hält: Die alliierten Schiffsverluste wurden nämlich 1942/43 durch 16 Millionen Tonnen Neubauten mehr als ausgeglichen. Dazu Kennedy: »Dies war hauptsächlich auf die phantastische Ausweitung des amerikanischen Schiffsbaus zurückzuführen, der bereits Mitte 1942 die Schiffe schneller produzierte, als sie die U-Boote versenken konnten.« [10]

Das Fazit, das Sean Dennis Cashman für Roosevelt und Amerika aus dieser historisch einmaligen Explosion außergewöhnlicher Leistungen zieht, ist ebenso knapp wie eindrucksvoll: »Schon Mitte 1943 war der Sieg in der Tat sichergestellt.« [11] »Der Rest war lediglich die richtige Anwendung überwältigender Stärke«, wie Churchill nach dem Krieg zutreffend schrieb. [12]

Wenden wir uns nun noch dem dritten Sicherheitsring zu, der Neutralität. Nach Beendigung des Kriegszustandes mit Deutschland und den anderen Mittelmächten waren die Vereinigten Staaten 1921 wieder zu diesem völkerrechtlichen Status zurückgekehrt. Dieser Umstand gab ihrem Präsidenten nicht nur weitgehend freie Hand in der Weltpolitik, ein Vorteil, von dem Roosevelt schon in den dreißiger Jahren reichlich Gebrauch machte, indem er am System der kollektiven Sicherheit teilnahm, ohne daß Amerika dem Völkerbund angehörte. Vielmehr verlieh die Neutralität den USA auch eine gewisse Dignität, die sich positiv auf ihre Sicherheit auswirkte.

Im Ersten Weltkrieg hatte Präsident Wilson versucht, zwischen den europäischen Mächten einen Frieden ohne Sieger und Besiegte zu vermitteln. Freilich vertiefte sich der Widerspruch zwischen formaler Neutralität und faktischer

Begünstigung der *Entente* bereits im Verlauf jenes Krieges. Im Gegensatz zu Frankreich und Großbritannien stimmte Deutschland jedoch einer amerikanischen Friedensvermittlung grundsätzlich zu. Das Kaiserreich hat die Verhandlungen über den von ihm gewünschten Waffenstillstand sogar 1918 mit Hilfe des Präsidenten eingeleitet.

Zwar war die Betroffenheit groß, als sich Wilsons Angebot eines fairen Friedens schließlich in ein Diktat der Siegermächte verwandelte, das fast alle Deutschen als schmachvoll empfanden. Hitler hat in den zwanziger Jahren nie versäumt, auf diesen »Verrat Wilsons« hinzuweisen. Dennoch konnte sich die Vermittlung durch eine neutrale Macht auch in einem zweiten Weltkrieg unter Umständen als nützlich erweisen. Denn eine solche Eventualität legte nicht nur den revisionistischen Mächten eine gewisse Zurückhaltung auf. Sie konnte auch ihre Gegner vor einer Niederlage bewahren.

In den dreißiger Jahren hat der Kongreß ein letztes Mal versucht, die Neutralität des eigenen Landes zu verstärken, nachdem öffentliche Untersuchungen ergeben hatten, daß die USA vor allem deshalb in den Ersten Weltkrieg eingetreten waren, um ihre industriellen und Kapitalinvestitionen in den Kriegseinsatz der Alliierten zu retten. Der Kongreß verabschiedete damals eine Reihe von sogenannten Neutralitätsgesetzen. Sie verboten nicht nur Kapitalanleihen, sondern auch die Lieferung von Waffen, Munition und Kriegsgerät an kriegführende Mächte.

Diese Gesetze waren sicher gut gemeint, entsprachen aber schon damals nicht mehr den politischen Realitäten. Tatsächlich zeigt sich der Zerfallsprozeß, dem die Neutralität der USA zwischen den beiden Weltkriegen unterlag, an der sogenannten »cash and carry«-Klausel am besten: Der Handel mit kriegführenden Mächten war laut Neutralitätsgesetz an und für sich verboten. Er war aber dann erlaubt, wenn diese Mächte in der Lage waren, ihre Importe aus den USA bar zu bezahlen *(cash)* und auf eigenen Schiffen abzutransportieren *(carry)*. Formal galt diese Klausel gegenüber allen kriegführenden Mächten. Da aber allein Großbritannien die von ihr geforderten Mittel und die Schiffe besaß, begünstigte sie faktisch die Gegner der Achsenmächte.

Vor allem aber kam es dem Kongreß darauf an, wie es Senator Hiram Johnson einmal formulierte, »den finsteren Griff des Präsidenten nach dem Recht, Krieg zu machen«, zu verhindern. [13] Dieses Recht wollte sich der Kongreß mit Hilfe der Neutralitätsgesetze vorbehalten. Die Gesetze galten also, streng genommen, nicht nur im Außenverhältnis zu anderen Mächten, sondern auch im Innenverhältnis zum Präsidenten. Roosevelt hat jedoch alles getan, um sich nicht an diese Gesetze zu halten. Seine Neutralität ist im Gegensatz zu der Wilsons immer herzlich unneutral gewesen.

Tatsächlich machte Roosevelt vor und nach 1939 nie ein Hehl daraus, daß er auf Seiten der früheren *Entente* stand. Dadurch aber, daß er sich formal und rein äußerlich an die Rechte der Neutralen band, schuf er sich einen Handlungsspielraum, in dem seine eigentümliche Doppelpolitik vorzüglich gedeihen konnte: Er war immer unneutral genug, um die Achsenmächte von einer

Aggression in die andere zu treiben, aber er war nie so unneutral, daß er Hitler oder Hirohito zu einem Direktangriff gegen die Vereinigten Staaten von Amerika zwang. Bekanntlich hat Roosevelt den amerikanischen Kriegseintritt denn auch nicht dadurch herbeigeführt, daß er die amerikanische Neutralität förmlich aufgab oder brach, obwohl diese 1941 faktisch nur noch eine Schimäre war, sondern über die schon erwähnten *casus-belli*-Gelegenheiten, die wir zu einem späteren Zeitpunkt betrachten werden.

Fassen wir zusammen: Ihre Marktmacht, ihr relativ rasch mobilisierbares Kriegspotential von überragender Quantität und Qualität sowie ihre Neutralität perfektionierten die Sicherheit der Festung Amerika in den dreißiger und vierziger Jahren. Kein anderes Land der Erde verfügte über diesen Machtkomfort in einer auch nur entfernt vergleichbaren Weise. Dieser Tatbestand läßt die von Roosevelt so oft beschworenen Ängste als simple Panikmache erscheinen. In Wahrheit aber waren sie nichts anderes als die Projektion eigener Supermachtambitionen auf Länder wie Deutschland, Italien und Japan, die für den Kampf um die Weltherrschaft vielleicht den Willen, aber auf Jahre hinaus nicht vergleichbare Möglichkeiten hatten.

Von diesen Ambitionen, die in Roosevelts Traum von einer »Welt-Führerschaft« [14] kulminierten, fühlten sich die sogenannten »Isolationisten« zu Recht in dem Mißtrauen bestätigt, das sie gegenüber ihrem Präsidenten empfanden. In Wahrheit hatte der blockadesichere, verteidigungsfeste und nahezu autarke Großraum Amerika von der Landmacht Deutschland ebensowenig wie von der Seemacht Japan zu befürchten. Diese leistete sich von 1937 bis 1945 sogar den Luxus, gleichzeitig auch noch eine Landmacht zu sein – mit 13 Divisionen, die in der Mandschurei, und weiteren 22 Divisionen, die in China standen. Selbst wenn 1940/41 der schlimmste aller denkbaren Fälle eingetreten wäre – der Sieg Deutschlands über Frankreich, England und Rußland sowie der Sieg Japans über China – hätte es noch Jahre gedauert, bis Deutschland oder Japan oder Deutschland und Japan gemeinsam in der Lage gewesen wären, den amerikanischen Doppelkontinent selbst anzugreifen und sich von Hawaii oder Brasilien aus bis nach Kalifornien, Idaho oder New York vorzukämpfen – wenn sie es denn überhaupt je gewagt hätten. Und diese Zeit hätte für Amerika mehr als einmal ausgereicht, sich erfolgreich für den Endkampf um die Weltherrschaft zu rüsten, diesen Kampf aufzunehmen und die Achsenmächte zu vernichten.

Natürlich wäre diese Operation dann ungleich viel »teurer« geworden als Roosevelts Krieg von 1937 bis 1945 – sie hätte bedeutend mehr an Schiffen, Flugzeugen, Panzern und an Menschenleben gekostet. Die Achse hätte ja inzwischen nicht nur ihre Eroberungen weiter vorangetrieben, sondern auch die Zeit gefunden, sich ihrerseits mit einer ungeheuren Fülle an Ressourcen vollzupumpen. Unter diesen Umständen wäre es zu einem Kampf auf Leben oder Tod gekommen. Insofern drängte Roosevelt mit einem gewissen Recht auf eine möglichst frühe militärische Intervention. Dadurch aber, daß er die Veränderung des globalen Machtgleichgewichts zugunsten Amerikas so entschlossen betrieb, zwang der Präsident gerade das herbei, was die Isolationisten immer am meisten befürchtet hatten – die Verwicklung Amerikas in einen militärischen Konflikt, der das nationale Sicherheitsinteresse 1939 noch gar nicht direkt berührte.

Sicher konnte es Roosevelt schon zu diesem Zeitpunkt nicht gleichgültig sein, was in Europa, Afrika und Asien passierte. Überall gab es strategische Punkte, Rohstoffquellen und politische Bindungen, die für Amerika von Bedeutung waren. Aber zwischen einer verstehenden Teilnahme an den Ereignissen, die den Dienst als Friedensstifter eventuell mit einschloß, und der bloß auf Konfrontation, Konflikt und Kapitulation angelegten Strategie, die der Präsident gegenüber den Achsenmächten verfolgte, bestand doch ein himmelweiter Unterschied. Mehr von dem einen und weniger von dem anderen hätte jedenfalls eine Menge Unheil verhindert.

Beim Leser von heute eine Spur von Verständnis für die amerikanischen Isolationisten zu finden, ist freilich ebenso schwer wie eine Rechtfertigung der britischen *Appeaser* – aus der Rückschau auf ennen Krieg, der zu den schlimmsten Menschheitsverbrechen der Geschichte führte, wirkt das eine so unangemessen oder sogar unmoralisch wie das andere. Dennoch müssen wir Roosevelts Konzept von Politik und Kriegführung, wenn wir es kritisch analysieren wollen, auch einmal kühl und nüchtern an der Position seiner innenpolitischen Gegner messen. Denn wenn wir die Jahre vor dem amerikanischen Kriegseintritt ausnahmsweise einmal nicht von der Warte des Jahres 1945 oder späterer Jahre aus betrachten, sondern uns in die Lage Amerikas von 1938 oder 1939 versetzen, dann waren die Isolationisten keineswegs Illusionisten. Dann war umgekehrt Roosevelt derjenige, der in ihren Augen eine halsbrecherische, argwohnerregende und möglicherweise verhängnisvolle Politik verfolgte.

Allerdings ist es unzulässig, von den innenpolitischen Gegnern des Präsidenten pauschal als von »den« Isolationisten zu sprechen. Denn weder waren alle innenpolitischen Gegner Roosevelts Isolationisten, noch waren alle Isolationisten innenpolitische Gegner Roosevelts. In Wirklichkeit kann man innerhalb dieses Lagers mindestens fünf verschiedene Strömungen oder Richtungen unterscheiden:

1. die ethnischen Isolationisten wie die deutsch- oder irischstämmigen Amerikaner, die entweder einen tödlichen Zusammenprall zwischen ihrer alten und neuen Heimat verhindern wollten oder die den Untergang Großbritanniens wünschten.

2. die ideologischen Internationalisten wie Joseph E. McWilliams, Elizabeth Dilling, James True und Lawrence Dennis, die in Roosevelts liberal-demokratischem Internationalismus eine Verschwörung von Juden, Freimaurern und Kommunisten erblickten.

3. die linken Isolationisten, die bei aller Einsicht in die moralische Notwendigkeit, unmenschliche Verhältnisse zu bekämpfen, gesellschaftspolitische Reformen in den USA für wichtiger hielten als den Kampf zwischen imperialistischen Mächten.

4. die rechten Isolationisten, die eine Verwicklung Amerikas in fremde Kriege ablehnten, weil dies ihrer Meinung nach zu höheren Steuern, höheren Staatsausgaben, damit zu mehr Staat und zu einer allgemeinen Störung ihrer privaten Geschäftstätigkeit führen mußte.

5. die intellektuellen und pazifistischen Isolationisten, die vom Krieg prinzipiell eine Zunahme von Bürokratie und Militarismus bei gleichzeitiger Abnahme von Freiheit und Frieden befürchteten.

6. die kleinstädtischen, kleinbürgerlichen und sozial schwachen Isolationisten, deren politischer Horizont nur bis zum Ende der Hauptstraße, bis zur nächst höheren oder niedrigeren Schicht oder Einkommensklasse reichte.

Bis auf die letztgenannte war keine dieser Gruppen oder Strömungen blind gegenüber Amerikas Stellung in der Welt oder wollte vom Rest der Welt einfach nichts wissen. Jede dieser Gruppen hatte in einer gewissen Weise recht oder glaubte zmindest, recht zu haben. Aber allen gemeinsam war eigentlich nur, daß sie der Politik ihres Präsidenten Roosevelt angesichts der nachprüfbaren Fakten mißtrauten.

Heute ist es leicht, sich über die angebliche Weltfremdheit der Isolationisten zu belustigen, die noch Ende Juli 1939 einen europäischen Krieg nicht für möglich hielten. Hätten Senator William E. Borah und seine Mitstreiter aber schon damals gewußt, daß der Präsident wenige Wochen später aus einer deutschen Quelle von der bevorstehenden Teilung Polens erfuhr, ohne in der ganzen Welt Alarm zu schlagen und gleichzeitig seine Friedensvermittlung anzubieten, hätten sie die Lage nicht nur ganz anders eingeschätzt. [15] Dann hätten sie Roosevelt in den nächsten Jahren vielleicht sogar wegen seiner Verstöße gegen Geist und Buchstaben der amerikanischen Neutralität öffentlich angeklagt und seines Amtes enthoben.

Der Erste Weltkrieg hatte Amerika zur Genüge gezeigt, daß den Waffenlieferungen an die europäischen Alliierten Kredite und daß den Krediten schließlich der amerikanische Kriegseintritt folgen würde. Zwar waren die Neutralitätsgesetze dagegen vielleicht kein ganz ausreichendes Mittel. Aber sie hätten das Schlimmste verhindert – vorausgesetzt, Präsident Roosevelt wäre fest entschlossen gewesen, sie nach Buchstaben und Geist einzuhalten.

In Wirklichkeit aber zielte sein ganzes Sinnen und Trachten danach, wie er die Neutralitätsgesetze am geschicktesten und mit einem Maximum von Effekt für die Alliierten unterlaufen konnte. Kein Wunder, daß der Mann im Weißen Haus dadurch den Argwohn des Kongresses erregte. Ein Präsident, der Zweifel an seiner Treue zum Gesetz säte, war für eine Präsidialdemokratie wie die USA an sich schon schwer erträglich. Da dies aber parallel zu einem Krieg geschah, in den die Mehrheit der Amerikaner 1939 noch nicht verwickelt werden wollte, wog Roosevelts Verhalten doppelt schwer. Es lief in den Augen seiner Kritiker auf eine Wiederholung von Wilsons »Fehlern« hinaus.

Außer im Kongreß geriet Roosevelt dadurch bei einer ganzen Reihe von Gruppen und Einzelaktivisten unter Beschuß, die zusammengenommen das isolationistische Lager bildeten. Der Historiker Charles Beard hatte den

Präsidenten bereits 1938 beschuldigt, das einzige, was er mit der Umgehung der Neutralitätgesetze anstrebe, sei die Freiheit, unneutrale Akte zu begehen. Friedensinitiativen wie das *National Council for the Prevention of War* und die *Women's International League for Peace and Freedom* rührten die Trommel gegen ihn. Im September 1940 bildete sich schließlich das *American First Committee*, das seine Opposition gegen Roosevelts Konzept schon durch seinen Namen verriet. Was die schiere Masse seiner rund 800000 Mitglieder und die Prominenz seines Spitzenredners Charles A. Lindbergh jr. angeht, war das *America First Committee* die imposanteste Phalanx des ganzen isolationistischen Lagers. Lindbergh war Flieger, den die erste Atlantiküberquerung von West nach Ost und die Entführung seines Sohnes auf doppelte Art und Weise weltberühmt gemacht hatten. Er widersetzte sich dem in der öffentlichen Meinung Amerikas zu beobachtenden Trend, die europäische Entwicklung der dreißiger Jahre in einem antideutschen Sinne zu interpretieren.

Ursprünglich eher pro-britisch oder pro-französisch, schwenkte Lindbergh zu einer pro-deutschen und, wie manche Beobachter fanden, sogar pro-nazistischen und antisemitischen Haltung um, als er in den dreißiger Jahren die Stärke der deutschen Luftwaffe kennenlernte und die Unfähigkeit der westeuropäischen Demokratien, sich adäquat darauf einzustellen. Lindbergh befürchtete, daß ein Eingreifen Amerikas in den Krieg für die amerikanische Wirtschaft und für die amerikanische Demokratie eine Katastrophe bedeuten würde. Deshalb reihte er sich in das isolationistische Lager ein.

Während Lindbergh durch seine Popularität glänzte, die allerdings rasch verblaßte, nachdem er in einer Rede im September 1941 erklärt hatte, die Briten, die Juden und die Roosevelt-Administration würden Amerika durch »eine Reihe von Zwischenfällen« in den Krieg hineinzwingen, kann man den Historiker Charles Beard vielleicht als eine Art geistigen Führer der Isolationisten bezeichnen. Mit seinem »Kontinentalismus« formulierte der Gelehrte jedenfalls in seinen Büchern *America in Midpassage* und *Giddy Minds and Foreign Quarrels*, die 1939 in hohen Auflagen erschienen, die intellektuell anspruchsvollste Gegenposition zu Roosevelts liberal-demokratischem Internationalismus.

Für Beard stand fest, daß sich Amerika solange nicht durch die europäischen Konflikte beunruhigt zu fühlen brauchte, wie »keine formidable europäische Macht im westlichen Atlantik erscheint, die das Feuer der Aggression und der Eroberung speit.« [16] Beard hatte 1917 noch zu den enthusiastischen Interventionisten gezählt. Von der Praxis des Völkerbundes ernüchtert, bezeichnete der Gelehrte die kollektive Sicherheit später jedoch als Rationalisierung eines viktorianischen Weltbildes. Mit dessen Hilfe sollten die Nationen geeint werden, um in der ganzen Welt gute Taten zu vollbringen und im übrigen der amerikanischen Wirtschaft bei der Behebung ihrer Schwierigkeiten durch den Freihandel zu helfen. Der Historiker mißtraute diesem Bild als einer gefährlichen Täuschung.

Beard war nicht der einzige, der einer Selbstbeschränkung Amerikas auf den eigenen Kontinent das Wort redete, solange keine akute Gefahr drohte. So schrieb der Publizist und Herausgeber der *New York Evening Post* und später der *Nation*, Oswald Garrison Villard, im September 1939, unmittelbar nach dem europäischen Kriegsausbruch: »Tatsächlich hat sich die Sicherheit der Vereinigten Staaten, wenn man sie unter rein militärischem Blickwinkel betrachtet, durch den Kriegsausbruch vergrößert. Und je länger der Krieg dauert, desto sicherer werden die Vereinigten Staaten sein, wenn sie überhaupt jemals in Gefahr waren. Denn an jedem Tag wird die Erschöpfung der Kombattanten größer werden.«

Aber es gab noch andere Stimmen, die allesamt nicht in dem Verdacht standen, weltfremd zu sein. Roosevelts Amtsvorgänger Herbert Hoover meinte z. B.: »Die potentielle Macht dieser Nation ist die stärkste Sache der ganzen Welt... Diese Stärke liegt immer hier in Amerika. Die Verteidigung Amerikas hängt nicht ab von irgendeiner anderen Nation. Amerika kann nicht besiegt werden.« Senator Robert A. Taft sah sogar hellsichtig voraus, daß die Vereinigten Staaten, sollten sie Hitler zerschmettern, auf Jahre hinaus mit der Aufgabe konfrontiert sein würden, in Europa den Ordnungshüter zu spielen und dort das Machtgleichgewicht aufrechtzuerhalten.

Taft beantwortete die Frage mit einem klaren »Nein«, ob es nicht besser sei, Großbritannien jetzt zu verteidigen, da es Hitler noch widerstand, anstatt später das Machtgleichgewicht wiederherzustellen, nachdem sich Hitler die gesamte atlantische Gemeinschaft unterworfen hatte. Seine Begründung klang ebenso einfach wie überzeugend: »Ich glaube, daß Frieden und Glück der Leute in diesem Lande am besten dadurch gesichert werden, daß wir uns weigern, in einen Krieg außerhalb der beiden Amerikas einzutreten, sowie dadurch, daß wir unsere Verteidigungslinie errichten, die sich auf die Atlantischen und Pazifischen Ozeane stützt. Ich glaube, daß die Schwierigkeit, Amerika über die Ozeane hinweg anzugreifen, einen solchen Angriff auf immer davon abhalten wird, auch nur in Erwägung gezogen zu werden, wenn wir eine angemessene Verteidigung zu Wasser und in der Luft aufrechterhalten.«

Zusammenfassend kann man sagen, daß für die intellektuell anspruchsvolleren Köpfe des isolationistischen Lagers die Lösung des amerikanischen Sicherheitsproblems in der Selbstbeschränkung Amerikas auf den amerikanischen Kontinent lag – nicht in seiner achselzuckenden Abwendung von Europa, Asien und dem Rest der Welt, wie später oft behauptet wurde. Innerhalb seiner Festung war Amerika nach dieser Überzeugung unangreifbar, und es konnte auf dieser strategischen Defensivposition solange beruhigt verharren, bis sich die Dinge auf dem europäischen Kriegsschauplatz ganz von selbst geklärt hatten. Verlor Hitler den Krieg in Europa, würde sich Amerika eine Menge Probleme ersparen. Gewann Hitler aber den Krieg, würde er von einer Welt von Feinden umgeben sein, die nur darauf warteten, daß er sich in einem Krieg gegen die Vereinigten Staaten verzehrte. Auch dies würde also dann sein sicheres Ende bedeuten.

Eine innere Logik und eine gewisse Überzeugungskraft kann man diesen Argumenten nicht absprechen, auch wenn es heute schwer fällt, sie zu akzeptieren, nachdem die Geschichte der letzten fünfzig Jahre so ganz anders verlaufen ist. Diese Argumente wurden von Roosevelt und dessen politischen Freunden aber nicht ernstgenommen, sondern als weltfremd, knieweich und letztlich unmoralisch diffamiert – ähnlich wie die Verständigungspolitik der britischen *Appeaser*, die Roosevelt mit Schimpf und Schande überzog, nachdem sich Chamberlain im Januar 1938 geweigert hatte, sich dem Führungsanspruch des amerikanischen Präsidenten zu unterwerfen. [17]

Ähnlich wie beim Streit mit Chamberlain über den Umgang mit den Diktatoren verbarg sich auch hinter Roosevelts Streit mit den Isolationisten letztlich ein Konflikt zwischen verschiedenen weltpolitischen Konzeptionen, hinter denen sich ganz konträre Selbstbilder Amerikas verbargen: hier das Bild eines in sich ruhenden, selbstgenügsamen, neutralen Amerikas, das der Welt den Frieden geben konnte, solange es nicht Partei ergriff – dort das Bild eines expansiven, streitbaren, entschlossen gegen die »Feinde der Zivilisation« Front machenden Amerika, das den Weltfrieden verfehlte, sobald es für eine Seite Partei ergriff. Die Gründe, die Roosevelt persönlich hatte, sich diesem Bild gegenüber aufzuschließen, haben wir im ersten Teil dieses Buches bereits aufgeführt. Der zweite Teil wird sich mit den grundlegenden Folgerungen befassen, die der Präsident daraus gezogen hat.

Der Ausfall aus der »Festung Amerika«, den Roosevelt in den Jahren vor dem offiziellen Kriegseintritt seines Landes von langer Hand plante, innenpolitisch durchsetzte und dann mit überwältigender Macht vollzog, veränderte die strategische Landschaft der Welt. Das sahen der Präsident und seine Kriegsplaner mit klarem Blick voraus: »Die siegreiche Beendigung des Krieges gegen unseren derzeitigen Feind,« so hieß es in einem Strategiepapier, das Roosevelts Zustimmung fand, »wird zu einer Welt führen, in der sich die relative Militär-Macht der einzelnen Nationen grundlegend gewandelt hat – ein Wandel, der sich in der Tat eher mit der durch den Sturz Roms ausgelösten Veränderung vergleichen läßt als mit irgendeiner anderen der nachfolgenden 1500 Jahre ... Nach der Niederlage Japans und Deutschlands werden die Vereinigten Staaten und die Sowjetunion die einzigen Militärmächte erster Ordnung sein.« [18]

Anmerkungen

1 Roosevelt präsentierte die Fälschung der internationalen Öffentlichkeit erstmals am 27. 10. 41 in einer Rede. Die Fälschung wurde aber erst 1985 durch eine amerikanische Zeitschrift aufgedeckt – 44 Jahre später. Ihre Urheberin war eine professionelle Fälscherwerkstatt in Toronto, die dem Koordinator der britischen Geheimdienste in den USA, Sir William Stephenson (Deckname: »INTREPID«), unterstand. Die Fälschung wurde zunächst Roosevelts Geheimdienst-Chef William J. Donovan zugespielt, der sie dem Präsidenten vorlegte. Vgl. *The Times* vom 2. 4. 1985

2 Watson, Plans, S. 99
3 PPA 1941, S. 48 ff.: FDR-PK vom 11. 3. 41
4 PPA 1940, S. 633 ff.: FDR-Kaminplauderei vom 29. 12. 40
5 Kennedy, Aufstieg., S. 499
6 Vgl. das Vor- und Nachstehende ebda., S. 493 ff.
7 Cashman, America, S. 208
8 Kennedy, Aufstieg, S. 534
9 Cashman, America, S. 199
10 Kennedy, Aufstieg, S. 527
11 Cashman, America, S. 216
12 R. H. Spector, Eagle, S. 123
13 University of California, Berkeley, Hiram Johnson Manuscripts: Hiram Johnson 6. 2. 37 Hiram Johnson jr.
14 Arthur Krock in der *New York Times* vom 26. 8. 36, nachdem er einen Abend im Gespräch mit Roosevelt unter vier Augen verbracht hatte, über das »Konzept, das ihn fasziniert hat.«
15 Bavendamm, Roosevelts Weg, S. 594 f.
16 Osgood, Ideals, S. 376 f. – Vgl. dort auch die folgenden Zitate
17 Bavendamm, Roosevelts Weg, S. 285 – Die Drohung des amerikanischen Präsidenten, die Regierung Chamberlain vor aller Welt »in den Anklagestand zu versetzen«, falls sie sich dem amerikanischen Führungsanspruch nicht beuge, wurde wahrgemacht. »Appeasement« ist seither gleichbedeutend mit feiger und daher unmoralischer Nachgiebigkeit gegenüber Gewaltregimen.
18 Matloff, Planning 1943–44, S. 523 f.

2.

Quarantäne-Politik

In einer seiner bekanntesten Reden, die er je gehalten hat, sagte Roosevelt am 5. Oktober 1937 in Chicago, die »Herrschaft des Terrors und der internationalen Gesetzlosigkeit« habe zur Zeit ein Stadium erreicht, das »die Grundlagen der Zivilisation« bedrohe. Der Präsident bezog sich damit auf den japanisch-chinesischen Krieg, auf die Okkupation Äthiopiens durch das faschistische Italien sowie auf Hitlers unilaterale Revisionspolitik in Europa, und er fügte hinzu, auch Amerika könne eines Tages das Ziel eines solchen Angriffes werden. Um dies zu verhindern, müßten alle »friedliebenden Nationen eine konzertierte Anstrengung denjenigen Nationen gegenüber machen, die einen Zustand der internationalen Anarchie und Instabilität schaffen, aus dem es keinen Ausweg gibt durch bloße Isolation und Neutralität.«

Diese Gegenwehr, so erklärte der Präsident weiter, müsse die Form einer »Quarantäne« annehmen, und er benutzte zur Erklärung dieses ungewohnten Begriffes einen Vergleich, den er dem Gesundheitswesen entlehnt hatte: »Wenn sich eine körperliche Krankheit epidemisch ausbreitet, verhängt die Gemeinschaft eine Quarantäne der Patienten, um ihre Gesundheit gegen die Verbreitung der Krankheit zu schützen.« Es bedürfe »positiver Bemühungen zur Erhaltung des Friedens«, erklärte Roosevelt. Und er schloß mit dem emphatischen, wenn auch etwas zusammenhanglos wirkenden Ausruf: »Amerika haßt den Krieg. Amerika hofft auf den Frieden. Deshalb engagiert sich Amerika aktiv auf der Suche nach Frieden« [1] – so als hätte er unterbewußt doch an Krieg gedacht.

Mit diesen Worten, die bei den Isolationisten zu Recht die schlimmsten Befürchtungen weckten, hat Präsident Roosevelt zum ersten und einzigen Mal in öffentlicher Rede eine der wichtigsten Grundlagen umrissen, von denen aus er in den dreißiger und vierziger Jahren die Auseinandersetzung mit den »Gangster-Nationen« betrieb: ihre dauerhafte und wasserdichte Isolierung mit Hilfe propagandistischer, wirtschaftlicher, politischer und notfalls auch militärischer Mittel. Dabei zeichnete er das Bild von der Quarantäne so wohltätig und so weich, daß ihm niemand, der die Rede arglos hörte, nachsagen konnte, er hätte in aggressiver Weise die Gewaltbereitschaft der Achsenmächte geschürt.

In den internen Gesprächen, die Roosevelt mit Vertrauten über sein Vorhaben führte, kamen seine eigentlichen Intentionen jedoch ebenso klar zum Vorschein wie in dem erfolgreichen Versuch, Deutschland, Japan und Italien einer internationalen Quarantäne zu unterwerfen, den der Präsident von 1937 bis 1941 faktisch unternahm. Tatsächlich hatte Roosevelt kurz vor seiner Chicagoer Rede zu seinem Innenminister Ickes gesagt, »die friedliebenden Nationen« der Welt sollten »jede Nation isolieren, welche die Rechte oder die Freiheiten irgendeiner anderen Nation beeinträchtigt oder bedroht.« [2] Diese Isolierung könne vom Abbruch der Handelsbeziehungen bis zur Verweigerung von Rohstoffen reichen. Doch zeigen andere Äußerungen des Präsidenten aus den Jahren danach, daß er durchaus auch an die Anwendung kriegerischer Mittel dachte, vor allem an die weiträumige Blockade der deutschen, japanischen und italienischen Küsten.

In Wahrheit handelte es sich bei Roosevelts sogenannter »Quarantäne« denn auch nicht nur um eine wohlmeinende Maßnahme zur Sicherung der internationalen Hygiene, sondern auch um eine scharf geschliffene Waffe, die direkt auf den Lebensnerv der Achsenmächte zielte. Der Einsatz dieser Waffe, an dieser Einsicht führt keine Wortspielerei vorbei, implizierte den Krieg. Roosevelt hatte rastlos nach dieser Waffe gesucht, seitdem ihm die einseitige, aggressive, den Grundsätzen des liberal-demokratischen Internationalismus diametral entgegengesetzte Politik und Kriegführung der Achsenmächte zu schaffen machte – im Grunde genommen seit Beginn seiner ersten Amtszeit im Januar 1933, kurz bevor Hitler in Berlin die Macht übernahm. Immer und immer wieder mußte der Präsident seitdem erleben, wie sich Deutschland, Japan und Italien mit Gewalt oder unter Androhung von Gewalt nahmen, was ihnen angeblich zustand oder was sie aus irgendwelchen Gründen für sich beanspruchten, ohne daß es das mächtige Amerika verhindern konnte. Das zerstörte nicht nur die internationale Ordnung, wie sie die Siegermächte des Ersten Weltkrieges in Versailles und Washington ihrer Meinung nach ein für allemal festgestellt hatten. Das unterminierte auch den Weltführungsanspruch, den Roosevelt für Amerika und sich selbst erhob.

Der Präsident forschte daher händeringend nach einer Technik oder Methode, die es ihm erlaubte, die Weltsituation erfolgreicher zu seinen Gunsten zu verändern, als es Hitler, Hirohito oder Mussolini vermochten. Zu diesem Zweck spielte er erst einmal Amerikas überwältigende Wirtschaftskraft gegen die Achsenmächte aus, um nicht wie diese von vornherein in den Verdacht nackter, d. h. militärischer Aggressivität und selbstsüchtiger Herrschsucht zu geraten. Besondere Sorgfalt verwandte Roosevelt dabei auf die Wahl des Begriffes, der seine krumme Methode am besten umschrieb – das heißt nämlich so, daß der schmale Grat zwischen Friedenssicherung und Kriegsverursachung, auf dem der Präsident wandelte, eben nicht zum Vorschein kam.

Der im Grunde positiv besetzte Begriff der »Quarantäne« erfüllte diese verschleiernde Funktion. »Wenn Italien und Japan eine Kampftechnik erfunden haben, ohne den Krieg zu erklären, warum können wir dann nicht etwas Ähnliches entwickeln?«, fragte Roosevelt seine Minister zwei Monate nach seiner Quarantäne-Rede rein rhetorisch, und er gab sich selbst die Antwort: »Es gibt so etwas wie ökonomische Sanktionen ohne Kriegserklärung, und . . .

ich möchte diese Technik haben ... Wir nennen sie nicht ökonomische Sanktionen, sondern Quarantänen. Wir wollen eine Technik entwickeln, die nicht zum Kriege führt. Wir wollen ebenso smart sein wie Japan und Italien. Wir wollen es auf moderne Art und Weise tun.« [3]

Im gleichen Atemzug sprach Roosevelt freilich im kleinen Kreis vollkommen unverblümt von einer amerikanisch-britischen Seeblockade gegenüber Japan, also von einem eindeutig kriegerischen Akt. Er sollte die ökonomischen Sanktionen ergänzen, falls diese wider Erwarten versagten. Nach den Vorstellungen des Präsidenten sollte die Blockadelinie von den Aleuten im nordwestlichen bis nach Singapur im südwestlichen Pazifik verlaufen. Eine ebenso weiträumige Blockade schlug Roosevelt dem britischen Botschafter Sir Ronald Lindsay elf Monate später auf dem Höhepunkt der sog. »Sudetenkrise« gegenüber Deutschland vor. Diesmal verband er seine kriegerischen Überlegungen jedoch wie schon im Januar 1938 mit dem Plan einer Weltfriedenskonferenz, an der möglicherweise sogar Hitler teilnehmen sollte. Doch sollte diese Konferenz paradoxerweise weniger zum Frieden als vielmehr zum Kriege führen – sie hatte eine rein salvatorische Funktion. Für den Fall nämlich, daß sich der deutsche Diktator den Beschlüssen dieser Konferenz nicht beugte, sollte er mit Krieg überzogen werden, indem die amerikanischen und britischen Seestreitkräfte das gesamte europäische Festland von Dover im Nordwesten bis Suez im Südosten vom wirtschaftlichen, finanziellen und diplomatischen Verkehr mit dem Rest der Welt abschnitten. [4] Wenn sich Hitler, wie zu erwarten, diesem Versuch, ihn zu erdrosseln, mit Waffengewalt widersetzte, hätte Roosevelt durch die vorhergegangene Konferenz wenigstens vor seinem eigenen Volk den Ruf des tragisch scheiternden Friedensstifters gewahrt.

Aus allen seinen Überlegungen und Initiativen können wir nur schließen: Roosevelts Auffassung von der Art und Weise, wie die Quarantäne am besten zu bewerkstelligen sei, hat zwar von Zeit zu Zeit gewechselt. Ihr harter Kern war aber stets nicht nur militärischer, sondern sogar aggressiver Natur, weil das Völkerrecht Seeblockaden eindeutig zu den Angriffshandlungen zählt, mag es sich auch um eine Maßnahme der strategischen Defensive handeln. Roosevelt selbst war sich darüber durchaus im klaren, denn nicht von ungefähr bezeichnete er die Quarantäne-Waffe seinem Freund Morgenthau gegenüber einmal kurz und bündig als Methode, »Krieg (zu) haben, ohne ihn zu machen«, [5] womit er sie selbst am besten umschrieb. Es war außer wirtschaftlichen Sanktionen die einzige Waffe, die der amerikanische Präsident, wenn er es geschickt genug anfing, vor dem offiziellen Kriegseintritt seines Landes ohne Zustimmung des Kongresses einsetzen konnte. [6]

Unter diesen Umständen dürfen wir uns nicht damit begnügen, diese Methode »eine neue Anti-Kriegs-Technik« (Robert Dallek) zu nennen. Diese eindimensionale Umschreibung wird ihrer Ambivalenz nicht gerecht. Denn obwohl sie letztlich dem Zweck dienen sollte, den Weltfrieden zu erhalten bzw. wiederherzustellen – den Weltfrieden so, wie Roosevelt ihn sich dachte –, lief die Quarantäne, falls sie nicht unblutig wirkte, erst einmal auf einen Krieg als *ultima ratio* hinaus, wenn auch auf einen wahrscheinlich nur kurzen, weil wirksamen und aus Roosevelts Sicht gerechten Krieg. Dieser Quarantäne-Krieg sollte nach der optimistischen Vorstellung des Präsidenten alle ungerechten Kriege ein für allemal beenden bzw. für die Zukunft unmöglich machen. Es handelte sich also um ein äußerst zweischneidiges Instrument, und was immer man über die Quarantäne unter einem moralischen Blickwinkel sagen mag, man muß die historische Tatsache festhalten, daß sie den Krieg, den sie eigentlich verhindern sollte, mit verursacht hat. Denn die ihnen auferlegte Quarantäne hat die drei Achsenmächte eher in den Krieg getrieben, als sie von diesem Schritt abzuhalten. Sie hat Amerikas Weg in den Krieg eher beschleunigt als verlangsamt, und nach dem Willen Roosevelts sollte sie es schließlich wohl auch. [7]

In der Tat hat sich die nach außen hin oft geäußerte Hoffnung des Präsidenten, die Achsenmächte durch die Anwendung einer Reihe von ökonomischen Zwangsmitteln wie die Verhängung von Strafzöllen, das Einfrieren von Auslandsguthaben, die Nichtverlängerung von Handelsverträgen und die Einführung eines Embargos auf lebenswichtige Rohstoffe vom Krieg abzuhalten, weder im Falle Deutschlands, noch im Falle Italiens, noch im Falle Japans erfüllt. Selbst der Abbruch der diplomatischen Beziehungen, wie er Deutschland im Mai 1939 ereilte, erfüllte nicht diesen Zweck.

Sollte Roosevelt je solche Hoffnungen gehegt haben, dann waren sie in einem hohem Maße leichtfertig, ja unbegründet. Denn ein Spitzenpolitiker von seiner langjährigen internationalen Erfahrung konnte im Ernst nicht annehmen, daß sich die Achsenmächte einer allmählichen Strangulierung durch die Quarantäne widerstandslos beugen würden, und Roosevelt erwartete es auch nicht. Durch die sich steigernde Anwendung dieses Mittels immer mehr in die Enge getrieben, sprangen Deutschland, Italien und Japan denn auch nacheinander in das Dunkel des Krieges ab, weil ihnen dies im Vergleich zu der anderenfalls drohenden Fesselung ihrer Willensfreiheit immer noch als das kleinere Übel erschienen ist.

Der Einsatz der Quarantäne-Waffe endete freilich weder mit dem deutschen Angriff auf Polen im September 1939, noch mit dem Kriegseintritt Italiens im Juni 1940, noch mit dem japanischen Angriff auf Pearl Harbor im Dezember 1941. Vielmehr setzte Roosevelt seine Quarantäne-Politik auch während des Krieges fort, indem er Amerika und den Rest der Welt davon abhielt, Frieden mit den Aggressorstaaten zu schließen. Allein schon die Aufnahme formeller Verhandlungen über einen Waffenstillstand oder Präliminarfrieden hätte in seinen Augen bedeutet, daß die Achsenmächte jene Isolierung durchbrachen, in die er sie vor Ausbruch der Kampfhandlungen so überaus kunstreich getrieben hatte, indem er sich unter Zuhilfenahme von Druck und Drohung vor allem gegenüber der britischen Regierung ein »zweites München« verbat. Warum sollten die friedliebenden Staaten diesen Vorteil wieder aufgeben, nachdem die Isolierung der Achsenmächte durch das von ihnen angezettelte Blutvergießen noch tiefer geworden war? Ein solches Verhalten hätte für

Roosevelts Begriffe jeglicher Logik entbehrt. Eher wurde umgekehrt ein Schuh daraus.

So setzte der Präsident seine Quarantäne-Politik nach Ausbruch des europäischen Krieges mit anderen Mitteln, wenn auch mit demselben Ziel fort, indem er alle Friedensfühler, die andere Staaten oder einzelne Persönlichkeiten nach ihm ausstreckten, und alle Vermittlungsgesuche, die direkt oder indirekt an ihn herangetragen wurden, übersehen, nicht aufgegriffen oder sogar vereitelt hat. Mit Churchill vereinbarte Roosevelt im August 1941 die Atlantik-Charta – sie schloß jeden Separatfrieden mit den Achsenmächten aus. Mit seiner Forderung nach bedingungsloser Kapitulation setzte der Präsident zwei Jahre später auf der Konferenz von Casablanca seiner Quarantäne-Politik schließlich die Krone auf, denn jetzt durften die Achsenmächte nicht einmal mehr für den Fall ihrer militärischen Niederlage auf Verhandlungen über einen ehrenvollen Frieden hoffen.

Roosevelt verbrämte die Fortsetzung seiner Quarantäne-Politik freilich auch nach 1939 so geschickt, daß ihm niemand einen Mangel an Friedensbereitschaft nachweisen konnte. Das ist der zeitgeschichtlichen Forschung erst im Abstand von vielen Jahren und Jahrzehnten gelungen. Als einen ihrer Exponenten zitieren wir hier den Freiburger Historiker Bernd Martin, der 1974 in seinem grundlegenden Werk »Friedensinitiativen und Machtpolitik im Zweiten Weltkrieg« feststellte: Roosevelt »scheint von Anfang an prinzipiell entschlossen gewesen zu sein, jegliche offizielle Mittlerrolle sowie überhaupt diplomatische Friedenssondierungen zu vermeiden. Der Präsident setzte vorbehaltlos auf den ›Endsieg‹ der Westmächte über Hitler-Deutschland – notfalls mit amerikanischer Unterstützung.« [8]

Das Wörtchen »scheint« zu Beginn von Martins Aussage spiegelt die Schwierigkeiten von Zeitgenossen und Nachwelt wider, den prinzipiellen Widerstand Roosevelts gegen einen Verhandlungsfrieden an Äußerungen oder Handlungen des Präsidenten festzumachen, deren Eindeutigkeit über jeden Zweifel erhaben ist. Dies betrifft vor allem den Zeitraum bis zur Verabschiedung der Atlantik-Charta, also die beiden ersten Kriegsjahre von September 1939 bis August 1941. Aber auch was die drei letzten Monate vor dem japanischen Überfall auf Pearl Harbor angeht, wabern noch heute die Nebel der Ungewißheit über die Frage, ob Präsident Roosevelt in jenem Moment den Frieden mit oder den Krieg gegen Japan gewollt hat.

Derjenige, der diesen Nebelschleier in erster Linie über die Ereignisse warf, ist niemand anderer als Präsident Roosevelt selbst gewesen. Den absolut negativen Äußerungen über die Möglichkeit eines Friedens, der etwas anderes bedeutete als die offene oder heimliche Unterwerfung unter die »Barbarei der Achsenmächte«, stand bei ihm die unablässige, teils durch Taten belegte, teils durch Taten widerlegte Beteuerung des eigenen Friedenswillens gegenüber. Niemand fand sich in diesem raffiniert inszenierten Verwirrspiel bisher mühelos zurecht.

Einerseits hatte der Präsident schon während seiner ersten Amtszeit in den dreißiger Jahren gesagt, er könne sich keinen anderen Frieden als denjenigen denken, »der mehr als eine oder zwei Wochen dauert, ohne stets aufs Neue bedroht zu sein« – ein Ziel, das mit Staaten, die er des »bewaffneten Banditentums« bezichtigte, naturgemäß nie zu erreichen war. [9] Andererseits scheint Roosevelt noch am 17. November 1941, drei Wochen vor Pearl Harbor, über ein Angebot an Japan nachgedacht zu haben, in dem einer handschriftlichen Notiz zufolge nicht nur von einer Aufhebung der wirtschaftlichen Quarantäne die Rede war, sondern sogar von einer amerikanischen Vermittlung im japanisch-chinesischen Krieg, also von »Vereinbarungen über den Pazifik« (Roosevelt), die einer zumindest befristeten Verhandlungslösung doch sehr nahegekommen wären – es sei denn, jene Notiz wurde lediglich als salvatorische Geste für die Akten niedergelegt. [10]

Da es angesichts der Ausweitung des europäischen zum Weltkrieg keinen Sinn macht, die vier Jahre, die zwischen diesen beiden Äußerungen liegen, als Phase wachsender Friedenshoffnungen zu deuten, bleibt nichts anderes übrig, als in Übereinstimmung mit Bernd Martin anzunehmen, daß Roosevelts Haltung zur Friedensfrage in jener Zeit rein verbaler Natur gewesen ist. Sie war einzig und allein dazu bestimmt, Öffentlichkeit und Nachwelt von seinem eigentlichen Ziel des militärischen Endsieges abzulenken. Denn in Wahrheit hat der Präsident aus prinzipiellen Gründen zu keinem Zeitpunkt einen wirklichen Frieden von gleich zu gleich mit den Achsenmächte gewollt. Offenbar war er lediglich von Zeit zu Zeit versucht, mit Italien oder Japan wegen temporärer Ziele, die er gegenüber der jeweils anderen oder gegenüber der dritten Achsenmacht Deutschland verfolgte, zu irgendeinem vorläufigen Arrangement zu gelangen, das er wieder umstoßen konnte, sobald es ihm im Wege war, und Hitler akzeptierte er als Verhandlungspartner nur, um ihn zu düpieren.

Zum ersten Mal kam diese opportunistische Haltung am 29. Juli 1937, kurz nach Ausbruch des japanisch-chinesischen Krieges, in einem Brief zum Ausdruck, mit dem Roosevelt den italienischen Diktator Mussolini der Achse abspenstig zu machen versuchte, indem er ihm ein Gipfeltreffen in Aussicht stellte. [11] Obwohl der Präsident Hitler und Hirohito manche persönliche Botschaft sandte und im September 1938 sogar eine Gipfelkonferenz mit dem deutschen Diktator erwog, war er ganz offensichtlich weder vor, geschweige denn nach 1941 jemals ernsthaft bereit, ausgerechnet mit den Nationen, die unter seinen diskriminierenden Kriegsbegriff fielen, einen Frieden zu schließen, der diesen Namen verdient hätte. Vor allem nicht mit Deutschland, von dem er am 29. Dezember 1941, nach der Kriegserklärung Hitlers an die USA, in einer seiner Kaminplaudereien sagte: Ein Frieden mit den Nazis sei »nur um den Preis totaler Kapitulation möglich«. [12]

Die Unversöhnlichkeit, mit der sich sein Kriegs- und sein Friedensbegriff gegenüberstanden, macht es im Grunde überflüssig, all' die vielen Friedensinitiativen zu schildern, die an den amerikanischen Präsidenten von 1939 bis 1941 herangetragen wurden, nur um von diesem mit Nichtbeachtung gestraft, zum Schein weiterverfolgt und unter propagandistischem Getöse oder klammheimlich beiseitegeschoben zu werden. Dennoch ist es sinnvoll, wenigstens auf die drei wichtigsten Vorgänge dieser Art einzugehen, um die innere Struktur von Roosevelts Quarantäne-Politik unter den Bedingungen des Krieges etwas näher in Augenschein zu nehmen.Grob gesprochen, kann man zwei verschiedene Kategorien von Friedensinitiativen unterscheiden – nämlich solche, die von außen an Roosevelt herangetragen wurden, und solche, die er selbst ergriff. Zur ersten Kategorie zählen vor allem Hitlers Friedensappelle vom 6. Oktober 1939 und 19. Juli 1940. Zur zweiten zählt vor allem die Welles-Mission im Frühjahr 1940.

Das Friedensangebot, das Hitler nach seinem siegreichen Polenfeldzug England und Frankreich im Herbst 1939 machte, war für Roosevelt nicht nur deshalb problematisch, weil der deutsche Führer nach übereinstimmender Meinung aller Beobachter auf die Vermittlung des amerikanischen Präsidenten baute. Roosevelt geriet vielmehr auch dadurch unter Druck, daß sein Wunschpartner Stalin das deutsche Angebot zur Beendigung des Krieges unterstützte. Der sowjetische Diktator hoffte, auf diese Weise endgültig in den Besitz jenes östlichen Teils von Polen zu gelangen, den seine Truppen kurz vorher auf Grund des Hitler-Stalin-Paktes besetzt hatten. Was dem Präsidenten jedoch am meisten Verlegenheit bereitete, war die Tatsache, daß die deutschen Vorschläge außerordentlich maßvoll waren.

Kurz vorher hatte sich der texanische Ölmilliardär William R. Davis dem Präsidenten unaufgefordert als inoffizieller Mittelsmann angedient. Davis, einflußreiches Mitglied der Demokratischen Partei, hatte Roosevelts Wahlkämpfe in der Vergangenheit mitfinanziert, konnte vom Weißen Haus also nicht ohne weiteres zurückgewiesen werden und verfolgte im Rahmen des mexikanischen Ölexports nach Deutschland eigene geschäftliche Interessen. Roosevelt empfing den Unternehmer am 15. September 1939 auf Empfehlung des US-Gewerkschaftsführers John Lewis und hat »ihn sogar dazu ermuntert, nach Rom und Berlin zu reisen. Es scheint jedoch, daß der Präsident seine eigene Haltung (zur Frage einer Friedensvermittlung) im Laufe dieser Unterredung nicht genau festgelegt hatte.« [13] So reiste Davis denn nur mit der Maßgabe, Informationen zu sammeln, als Privatmann nach Europa. In den ersten drei Tagen des Monats Oktober traf er in Berlin mit dem Stellvertreter des Führers, Hermann Göring, zusammen, der im Ausland als gemäßigt galt.

Was Göring dem Amerikaner wenige Tage vor der mit Spannung erwarteten Hitler-Rede vorschlug, war in der Tat erstaunlich: Wenn Roosevelt die Rolle des Vermittlers zwischen Deutschland einerseits, England und Frankreich andererseits übernähme, wäre der Führer nicht nur zur Errichtung eines neuen polnischen Rumpfstaates, sondern auch zur Errichtung eines unabhängigen tschechischen Staates bereit, also zur Wiederauflösung jenes Reichsprotektorates Böhmen und Mähren, dessen Bildung durch den deutschen Einmarsch nach Prag im Frühjahr 1939 die internationale Krise ausgelöst hatte, die zur britisch-französischen Polen-Garantie, zum deutschen Angriff auf Polen und damit auch indirekt zum Ausbruch des europäischen Krieges führte.

Aber nicht genug damit – im Einklang mit früheren Plänen Roosevelts schlug

Göring eine internationale Friedenskonferenz in Washington vor. Um die Gefühle des westlichen Auslandes zu schonen, das den Aggressor Hitler zum Teil nicht mehr als Verhandlungspartner akzeptierte, erklärte sich Göring schließlich sogar dazu bereit, Deutschland auf dieser Konferenz an Stelle des Führers zu vertreten. Angeblich hatte Hitler diese Vorschläge in einem Gespräch mit Göring abgesegnet.

In seiner Reichstagsrede vom 6. Oktober bewegte sich Hitler ungefähr im Rahmen jener Vorschläge, die Göring gegenüber Davis drei Tage vorher skizziert hatte. Natürlich war das Echo der Weltöffentlichkeit gespalten: Während den Westmächten auf der einen Seite zum Frieden geraten wurde, um den Krieg nicht unnötig auszuweiten und Hitler am Ende noch fester an Stalin zu ketten, gab es auf der anderen Seite Stimmen, die London, Paris und Washington von jedem Kompromiß mit dem wortbrüchigen und aggressiven Diktator abrieten. Immerhin wurden Hitlers Vorschläge auch von einigen amerikanischen Medien als ausgeprochen attraktiv bezeichnet. Die Regierungen Rumäniens und Finnlands sowie der König von Belgien drängten Roosevelt, die Rolle des Friedensvermittlers zu übernehmen. Es waren die Repräsentanten jener Länder, die von einer Ausweitung des europäischen Krieges unmittelbar am meisten zu befürchten hatten.

In der Tat konnte sich jeder einigermaßen informierte Beobachter mit mathematischer Sicherheit ausrechnen, daß Hitler, falls ihm die Feindmächte einen Kompromißfrieden verweigerten, auf seiner kriegerischen Bahn weiter voranschreiten würde, um den Krieg, wenn er ihn denn nicht durch Verhandlungen beenden konnte, mit Waffengewalt zu entscheiden. Eine andere Wahl hatte er nicht – es sei denn, er wäre freiwillig zurückgetreten und hätte den Bankrott seines politischen und militärischen Konzepts erklärt. Aber nichts lag dieser Persönlichkeit ferner als das, und Hitler zögerte auch nicht, die Stärke der Wehrmacht zu betonen und dem Westen für den Fall einer Ablehnung seiner Vorschläge den Krieg bis zum bitteren Ende zu erklären. Durch Weisung an seine militärische Führung vom 9. Oktober ließ er für diesen Fall bereits insgeheim den Frankreichfeldzug vorbereiten.

Eine Ausweitung des Krieges mit unmittelbarer Eingriffsmöglichkeit des Westens war aber im Grunde genau das, worauf bestimmte Regierungskreise in Paris und London spekulierten, und sie setzten Chamberlain und Daladier so unter Druck, daß diese Hitlers Vorschläge am 10. und 11. Oktober offiziell zurückwiesen. Die beiden Regierungschefs taten dies freilich in so zurückhaltender Form, daß ihnen später niemand nachsagen konnte, sie wären direkt für eine Fortsetzung oder gar Ausweitung des Krieges eingetreten. Zwar setzten sich England und Frankreich dadurch nicht unerheblichen Risiken aus, denn Deutschland war damals für kurze Zeit in verschiedener Hinsicht noch besser gerüstet als sie. Aber erstens erwarteten sie, daß sich das mit amerikanischer Hilfe bald ändern würde, und zweitens arbeiteten die Führungen in London und Paris ihrerseits an Plänen, wie sie den Krieg auf ganz Europa ausdehnen konnten.

Geplant war eine riesige Zangenbewegung, die im Norden gegen den russischen Warmwasserhafen Murmansk und im Süden gegen die ukrainischen Erdölfelder von Baku zielte. Diese Operation sollte Deutschland nicht nur um die lebenswichtigen Eisenerzvorräte in Schweden und Erdöllager in der Ukraine bringen, sondern zugleich auch Rußland verkrüppeln und dadurch die deutsch-russische Allianz sprengen. Ein solches Desaster wäre darüber hinaus das sicherste Mittel für Hitlers Sturz gewesen, den Außenminister Halifax in der Sitzung des britischen Kriegskabinetts vom 7. Oktober 1939 als das eigentliche »Kriegsziel« des Westens definierte. [14]

Roosevelt wußte von diesen Plänen und billigte sie. Auch ihm kamen die deutschen Friedensfühler deshalb äußerst ungelegen. Sofort nach Hitlers Angriff auf Polen hatte der Präsident damit begonnen, die Gräben rund um die Festung Amerika zuzuschütten, indem er die Revision der Neutralitätsgesetze einleitete, die polnische Exilregierung in London diplomatisch anerkannte, die Verteidigung der westlichen Hemisphäre organisierte und Kriegsmaterial aller Art in wachsenden Mengen nach Frankreich und England lieferte. Auf sein Geheiß beschäftigten sich die militärischen Stäbe in Washington schon mit Plänen für einen eventuellen Krieg gegen die Achsenmächte. Mit anderen Worten: Die Davis-Mission, Görings Avancen und Hitlers Friedensrede liefen Roosevelts Konzept von Politik und Kriegführung diametral zuwider.

Dennoch hielt sich der Präsident mit jeder öffentlichen Äußerung zurück. Er ließ sich lediglich intern beraten. Außenminister Hull kam zu dem zwingenden Schluß, Amerika dürfe die westeuropäischen Demokratien nicht öffentlich in eine peinliche Lage hineinmanövrieren, in der sie keine andere Wahl mehr hätten, als sich entweder mit dem Aggressor zu einigen oder die Verantwortung für die Fortführung des Krieges auf sich zu nehmen. Daraus sowie aus der Tatsache, daß sich Roosevelt diesen Rat zu eigen machte, geht eindeutig hervor, daß weder der Präsident noch dessen engerer Führungszirkel im Herbst 1939 einen Verhandlungsfrieden mit Deutschland wollte. Denn sonst hätten sie sich für die erste der beiden von Hull aufgezeigten Alternativen entscheiden müssen.

Roosevelt fand trotz alledem einen Weg, um jedem Vorwurf, er habe den Frieden nicht gewollt oder entsprechende Bestrebungen nicht ausreichend unterstützt, teils durch geschicktes Reden, teils durch noch geschickteres Schweigen den Boden zu entziehen: Auf seiner Pressekonferenz vom 10. Oktober 1939, auf der er zum ersten und einzigen Mal dazu Stellung nahm, spielte er Görings Friedensfühler bis zur Lächerlichkeit herunter, indem er sie als Äußerungen von anonymen und subalternen Beamten charakterisierte. Was die Rede des Führers anging, vermied der Präsident sogar jede Stellungnahme, obwohl sein Geschäftsführer in Berlin noch am Vortag unter Berufung auf hochrangige und authorisierte Quellen aus Hitlers engster Umgebung versichert hatte, das nationalsozialistische Deutschland würde eine Friedensvermittlung des amerikanischen Präsidenten akzeptieren.

Roosevelt weigerte sich auch, den inzwischen nach Washington zurückgekehrten Davis noch einmal zu empfangen, so daß dieser seine Memoranden – mit dem Angebot Görings – *nolens volens* beim Außenministerium abliefern mußte. Unmittelbar darauf wurde dem unwillkommenen Friedensboten auf einen Wink von oben der Paß entzogen, so daß er nicht mehr ins Ausland reisen konnte. Deutlicher als durch diese Schikane konnte die Roosevelt-Administration nicht zum Ausdruck bringen, daß ihr die ganze Richtung, die diese Mission verkörpert hatte, nicht paßte. Die Ermunterung, die Davis noch drei Wochen vorher durch den Präsidenten verbal erfahren hatte, erwies sich rückblickend als plumpe Täuschung, die lediglich einen als lästig empfundenen Bittsteller, dem der Präsident finanziell verpflichtet war, vorübergehend beschwichtigen sollte.

Kommen wir nun zu unserem nächsten Beispiel, der Welles-Mission im Frühjahr 1940, eine der seltsamsten Episoden der jüngeren Diplomatiegeschichte, seit Wilson 1914 seinen Oberst House nach Europa schickte, um die Haltung der europäischen Mächte zu Krieg und Frieden zu erkunden. Die Reise des amerikanischen Unterstaatssekretärs stand freilich in einem engen Zusammenhang mit der Reise James D. Mooneys, Boss des amerikanischen Automobilkonzerns *General Motors*, den Roosevelt im Januar 1939 nach Europa entsandt hatte, sowie mit dem Friedensappell des amerikanischen Präsidenten an Papst Pius XII., Weihnachten 1939.

Durch dieses Feuerwerk von Aktionen versuchte Roosevelt nicht nur, sich zu Beginn des Wahljahres 1940 nach außen hin das Image eines Friedenspräsidenten zu geben. Vielmehr wollte er Großbritannien und Frankreich gleichzeitig zu einer energischeren Kriegführung antreiben und sich, falls dies mißlang, mit der deutsch-russischen Allianz über die Errichtung einer neuen Weltordnung einigen. Hintergrund war die Zwangslage, in die sich die Westmächte durch die Ablehnung von Hitlers Friedensappell im Herbst 1939 gebracht hatten: Da sie ein »zweites München« trotz der Niederlage Polens nicht wollten, mußten sie den Krieg, der im Westen bis zum Frühjahr 1940 nur ein Scheinkrieg gewesen war, auf militärische Art und Weise entscheiden.

Obwohl Roosevelt mit dieser Konsequenz übereinstimmte, stellte er sich die bange Frage, welche der beiden Mächtekombinationen aus einem »echten« Krieg als Sieger hervorgehen würde – die *Entente* der beiden westeuropäischen Demokratien oder die Allianz der Diktatoren Hitler und Stalin. Auf beiden Seiten wurde im Winter 1939/40 fieberhaft an einer Ausweitung des Krieges gearbeitet, und die Sowjetunion hatte, durch das Bündnis mit Deutschland nach Westen gedeckt, Ende November 1939 bereits mit dem sogenannten »Winterkrieg« gegen Finnland begonnen. Wenn es London und Paris nicht beizeiten gelang, die Initiative erfolgreich an sich zu reißen, drohte ein Europa der Diktatoren vom Atlantik bis zum Ural Wirklichkeit zu werden.

Deshalb hatte der Präsident bereits im Dezember 1939 allen Ernstes begonnen, über eine Nachkriegsordnung nachzudenken. Zu diesem Zweck wurde im amerikanischen Außenministerium ein »Ausschuß für Probleme auswärtiger Beziehungen« unter Welles' Vorsitz gebildet. Das Ergebnis war der Entwurf für eine »stabile Weltordnung..., die auf internationalem Recht und auf einem gesunden internationalen Wirtschaftssystem« basieren sollte. Der Stellvertretende Außenminister legte dem Präsidenten das Papier im Januar 1940 vor, kurz bevor Mooney nach Europa reiste.

Roosevelt modifizierte diese Vorschläge. Im Endeffekt unterschieden sie nicht mehr zwischen neutralen und kriegführenden Mächten. Sie akzentuierten statt dessen die weltpolitische Führungsrolle Amerikas nach dem Kriege und strukturierten den Welthandel nach Art eines globalen Kartellverbandes. Diese Vorschläge sollten gegebenenfalls im Frühjahr 1940 auf einer internationalen Friedenskonferenz verhandelt werden. Roosevelts Ziel war eine neue Weltordnung, in der keiner der vorhandenen Machtblöcke die Oberhand bekommen sollte, in der sich aber alle Mächte übereinstimmend zum Freihandel bekannten – Kernpunkt jener *open door*-Politik, die der Präsident seit 1933 eisern verfolgte. Mit dieser Marschrichtung schickte er Mooney im Januar 1939 nach Europa.

Um seine neue Weltordnung vor der Weltöffentlichkeit zu legitimieren, hatte Roosevelt kurz vorher an den Papst appelliert, »eine engere Verbindung zwischen denen herzustellen, die – ob in der Religion, ob in der Regierung – in jedem Winkel der Welt gemeinsame Zwecke verfolgen.« Indirekt und doch ziemlich unverfroren stellte sich der amerikanische Präsident damit auf eine Stufe mit dem Oberhaupt der katholischen Kirche, um es für seine Pläne einzuspannen. Offensichtlich hoffte Roosevelt, die Menschheit werde das Weiße Haus dadurch ebenso als Autorität in weltlichen Dingen anerkennen wie sie den Heiligen Stuhl bereits als Autorität in geistlichen Dingen akzeptierte.

Um Papst Pius XII. nicht allzu große Verlegenheiten zu bereiten, schloß der Präsident seine Botschaft freilich mit der verschwommenen Formulierung, die Übereinstimmung zwischen Vatikan und Weißem Haus sei »von äußerster Wichtigkeit für die Menschlichkeit und die Religion« bei der »Wiederherstellung des Weltfriedens auf einer sichereren Basis.« [15] Anschließend entsandte er Myron C. Taylor, einen früheren Top-Manager der amerikanischen Stahlindustrie und Beauftragter des Präsidenten für das Flüchtlingswesen, als Sonderbotschafter nach Rom, um den Papst diskret weiter zu bearbeiten.

Die außenpolitischen Aktivitäten Roosevelts hatten inzwischen im amerikanischen Außenministerium die Befürchtung geweckt, vom Präsidenten bei der Gestaltung der Zukunft übergangen zu werden. Das *State Department* versuchte deshalb, den Amateurdiplomaten Mooney von seiner Reise abzuhalten. Als das nicht gelang, verdichtete sich hier der Plan, zusätzlich Welles nach Europa zu entsenden. Der agile Unterstaatssekretär genoß den seltenen Vorzug, sowohl die Funktion des Stellvertretenden Außenministers zu bekleiden, als auch zum engsten Beraterkreis des Präsidenten zu gehören. Als Roosevelt von diesem Plan hörte, war er an Wendigkeit und Geschmeidigkeit wieder einmal nicht zu überbieten: Er selbst gab die bevorstehende Welles-Mission am 9. Februar 1940 bekannt, als wäre sie von vornherein seine eigene

Erfindung gewesen. Gleichzeitig sorgte der Präsident dafür, daß der Plan für seine neue Weltordnung veröffentlicht wurde.

Ursprünglich ist die seltsame Reise, die Sumner Welles im Februar und März 1940 unternahm, also kein integraler Bestandteil von Roosevelts außenpolitischen Aktivitäten gewesen. Sie entsprang eher einer Kabale innerhalb seiner Administration, mit der sich das Außenministerium gegen die »persönliche Diplomatie« des Präsidenten wehrte. Roosevelt baute die Mission aber so geschickt in seine Aktivitäten ein, daß diese einen ausgesprochen zwiespältigen Charakter erhielten. Wie Bernd Martin schreibt, plante »der amerikanische Präsident ... (nämlich) keineswegs, als ›ehrlicher Makler‹ den europäischen Konflikt zu schlichten.« [16] Welles erhielt vielmehr die delikate Doppelaufgabe, einerseits die beiden westeuropäischen Demokratien zu einer energischeren Kriegführung anzuhalten, andererseits aber für den Fall, daß dies nicht beizeiten gelang, die geplante Friedenskonferenz auf diplomatischem Wege voranzutreiben.

Inzwischen hatte der Westen aus verschiedenen Quellen von Hitlers bevorstehender Westoffensive erfahren. Dieser Angriff wurde zwar bis zum Mai 1940 mehr als zwei Dutzend Mal verschoben. In Anbetracht seiner eigenen Unwilligkeit, ein »zweites München« zu akzeptieren, ging Roosevelt jedoch seit Januar 1940 von einem deutschen Angriff im Westen als einer feststehenden Tatsache aus, die sich mit Eintritt besserer Witterungsbedingungen wie von selbst einstellen würde – es sei denn, Großbritannien und Frankreich würden vorher entweder ein grandioses Ablenkungsmanöver in Skandinavien oder in der Ukraine oder eine eigene Friedensinitiative einleiten, um den Diktatoren auf's Dach zu steigen.

Auf alle drei Eventualitäten stellte sich Roosevelt in den ersten Wochen und Monaten des Jahres 1940 ein. Tatsächlich hatte ihm Botschafter Kennedy im Dezember 1939 von dem Wunsch Chamberlains berichtet, der amerikanische Präsident möge als Friedensvermittler auftreten, und während Hitler die Planungen für den »Fall Gelb« vollendete, wurde in London und Paris an der bereits erwähnten Zangenbewegung gearbeitet. Ziel dieser Operation war es, die Unterwerfung ganz Ostmittel- und Westeuropas unter den deutsch-sowjetischen Block zu verhindern.

Alles kam jetzt darauf an, wie schnell sich die Ausweitung des Krieges oder die ersatzweise geplante Landung in Norwegen von der *Entente* realisieren ließen. Die Gefahr, daß Hitler diesen Aktionen durch einen Blitzkrieg gegen Frankreich *à la* Polen zuvorkommen würde, war keineswegs von der Hand zu weisen. Jeden Tag konnte die Wehrmacht zum Angriff antreten. Nach dem Sieg würde Deutschland am Atlantik stehen, was der Westen mit Hilfe Amerikas im und durch den Ersten Weltkrieg verhindert hatte.

In dieser explosiven Situation glaubte Roosevelt, keine andere Wahl zu haben, als die britische und französische Regierung durch Welles zu entschlossener Aktion zu drängen und zugleich auf die Einberufung einer Weltfriedenskonferenz aller am europäischen Konflikt beteiligten Mächte, einschließlich Deutschlands, Rußlands und der USA, vorzubereiten. Angesichts der unversöhnlichen Haltung, die Roosevelt gegenüber den Achsenmächten einnahm, unterliegt es keinem Zweifel, welche der beiden Alternativen der Präsident bevorzugte. In einem seltenen Anfall von Offenheit bekannte Roosevelt denn auch gegenüber Kennedy, die inzwischen von den Medien zur »Friedensmission« hochstilisierte »fact finding mission« seines Unterstaatssekretärs sei nichts weiter als »Augenwischerei.« [17]

Roosevelt war in jenem schicksalhaften Frühjahr des Jahres 1940 auf eine fast erniedrigende Art und Weise von den Entscheidungen der europäischen Mächte abhängig. Dennoch oder gerade deshalb dachte und handelte er in ausgesprochen langfristigen Zusammenhängen. Je nachdem wie diese Entscheidungen ausfielen und vor allem, in welcher Reihenfolge sie fielen, würde der Krieg in Europa entweder mit einem Sieg des Westens oder mit einem Sieg der deutsch-russischen Allianz enden, bevor Amerika die Chance erhalten hatte, den Konflikt militärisch zu seinen Gunsten zu entscheiden. Roosevelts Generalstabschef Marshall schätzte Ende Februar 1940, daß »Europa im Spätfrühjahr oder im Sommer in Brand gerät«, [18] und der Präsident, der die Chancen für einen militärischen Sieg der beiden westeuropäischen Demokratien ohne amerikanische Schützenhilfe ausgesprochen skeptisch beurteilte, stellte sich auf einen Sieg der Diktatoren ein. Vorsorglich ließ er sich von seinem Generalstab in einem Memorandum die Frage beantworten, welche Gefahren künftig von dem deutsch-russischen Kontinentalblock auf das strategische Dreieck Alaska – Hawaii – Panama ausgehen würden. [19]

Das fast schon perverse Doppelziel der Welles-Mission, mit der Drohung des Friedens den Krieg zu intensivieren, erklärt den seltsamen Zickzackkurs, den die Reise des Roosevelt-Beraters im Februar und März 1940 durch die europäischen Hauptstädte nahm. Der Unterstaatssekretär besuchte nicht nur London und Paris, sondern auch Berlin und Rom, letzteres sogar zweimal. Bei der prinzipiellen Abneigung, die der Präsident bisher gegen Friedensverhandlungen mit Hitler bewiesen hatte, ist Welles' Besuch in Berlin der Beweis dafür, daß der Präsident nur an die Fortsetzung des Krieges dachte. Denn der amerikanische Unterstaatssekretär hat dem deutschen Diktator kein Friedensangebot unterbreitet. Dagegen sind die beiden Rom-Visiten von Welles der Beweis dafür, daß Roosevelt wenigstens den drohenden Kriegseintritt Italiens als Nebenziel zu verhindern suchte. Denn der amerikanische Unterstaatssekretär hat den italienischen Diktator heftig umworben.

Es war kein Zufall, daß Roosevelts Emissär Moskau auf seiner mehrwöchigen Reise ausgespart hat. Der Völkerbund hatte die Sowjetunion nach deren Angriff auf Finnland im Dezember 1939 offizell als Aggressor gebrandmarkt und aus dem System der kollektiven Sicherheit verstoßen. Roosevelt bedauerte das zwar, weil er Stalin langfristig als seinen Wunschpartner betrachtete. In der gegebenen Situation des Frühjahrs 1940 jedoch, in der es darauf ankam, sein Image als »Friedenspräsident« für die Wahl im November 1940 zu wahren, hielt es der Präsident für inopportun, daß sich sein Staatssekretär mit dem sowjetischen Diktator vor der Weltöffentlichkeit zeigte. Außerdem wollte er jede unnötige Meinungsverschiedenheit mit Stalin zugunsten späterer Annäherungsmöglichkeiten vermeiden.

Sehen wir nun noch, wie die beiden Missionen von Mooney und Welles faktisch verliefen. Nach der Zurückweisung von Hitlers Friedensangebot im Herbst 1939 war in Berlin für jedes ernsthafte Gespräch bereits Hopfen und Malz verloren – Hitler, inzwischen über die deutschlandfeindlichen Umtriebe amerikanischer Diplomaten durch polnische Beute-Dokumente informiert, hatte kein Interesse mehr an Friedensgesprächen mit dem Gast aus Amerika, die ihm seiner Meinung nach nur noch als Zeichen der Schwäche ausgelegt werden konnten. Der Führer unterzeichnete just an dem Tag, an dem der Unterstaatssekretär in der deutschen Hauptstadt eintraf, die Weisungen zur Besetzung Dänemarks und Norwegens, um dem befürchteten Vorstoß der Westalliierten nach Skandinavien zuvorzukommen.

Mooney wurde zwar von Außenminister Ribbentrop empfangen. Da sich der Deutsche jedoch verständlicherweise vor allem für den bevorstehenden Besuch des Stellvertretenden Außenministers interessierte, kam der amerikanische Unternehmer mit seinen wirtschaftlichen Sondierungen nicht weiter. Obwohl er ein Empfehlungsschreiben Roosevelts vorwies, wurde Mooney nicht zu Hitler vorgelassen.

Wie schon bei seinem Weltfriedensplan im Januar 1938 hatte der amerikanische Präsident den britischen Premierminister Chamberlain auch diesmal schockartig, wenn auch einen Monat vor der Abreise von Welles am 1. Februar 1940, von der geplanten Europa-Mission seines außenpolitischen Chef-Beraters unterrichtet. [20] Aus Gesprächen, die Beamte des britischen Außenministeriums kurz darauf mit der amerikanischen Botschaft in London über diese diplomatische Blitz-Initiative führten, wird jenseits jeden Zweifels deutlich, welche Ziele der Präsident in der gegebenen Situation des Februar/März 1940 in Europa verfolgte. Entsetzt notierten sich nämlich die Briten, unter den gegenwärtigen Umständen glaube Roosevelt nicht an einen westlichen Sieg, und er werde mit Hitler seinen Frieden machen, falls Chamberlain nicht bald mit militärischen Siegen aufwarte. Dies konnte man nur als massive Drohung interpretieren.

Mit der Drohung, anderenfalls Frieden mit Hitler zu schließen, versuchte Roosevelt in der Tat, die westeuropäischen Demokratien zur Intensivierung und Ausweitung des »Scheinkrieges« zu pressen. Mindestens sollte die Europa-Reise seines Unterstaatssekretärs die befürchtete Westoffensive Hitlers verzögern, bis der Westen dafür gerüstet war. Das war der eigentliche, letztlich rein militärstrategisch motivierte Sinn und Zweck der Welles-Mission. Durch diesen tollkühnen Schachzug drohten jedoch die Bemühungen des britischen Premierministers, den Krieg zumindest an der Rhein-Front soweit und solange wie möglich auf gelegentliche Scharmützel mit der Wehrmacht zu begrenzen, endgültig zu scheitern. Zwar verteidigte Chamberlain mannhaft sein bisheriges Konzept von Politik und Kriegführung, indem er in seinen Depeschen an

Roosevelt auf den strategischen Vorstoß der britischen Streitkräfte gegen Norwegen und Schweden verwies, der jetzt unter Churchills Führung unmittelbar bevorstand. Aber der Premier wollte auch seine abermalige tiefe Enttäuschung über die eigenmächtige, unvorbereitete und in ihren Folgen völlig unberechenbare Politik des Präsidenten nicht unterdrücken.

Nach Chamberlains Meinung konnten die westeuropäischen Demokratien durch die Welles-Mission nur in eine schwierige Lage geraten, weil Hitler die amerikanische Initiative als Zeichen westlicher Schwäche auslegen und weil die neutralen Länder Skandinaviens den britischen Truppen in Erwartung einer amerikanischen Friedensvermittlung den Durchmarsch nach Finnland verweigern würden, wo sie Rußland entgegentreten sollten. [21] Chamberlain wies warnend darauf hin, Hitler werde auf die Forcierung der westlichen Kriegführung mit einer Intensivierung seiner eigenen Kriegführung auch an der empfindlichen, weil noch nicht ausreichend gedeckten Rhein-Front reagieren, daß heißt er wies die Weltfriedenspläne des Präsidenden 1940 ebenso wie 1938 zurück.

Die Ereignisse, die kurz danach eintraten, bestätigten Chamberlains Befürchtungen und Warnungen nur allzusehr. Tatsächlich aber begann die Mission des amerikanischen Unterstaatssekretärs, kaum berührte sie die beiden westeuropäischen Hauptstädte, wie ein Potenzmittel auf die zur Ausweitung des Krieges bereiten Kreise zu wirken. In Paris, das Welles am 4. März 1940 noch vor London besuchte, setzten sich die »hardliner« um Paul Reynaud durch, der am 19. März anstelle von Daladier zum neuen französischen Ministerpräsidenten gewählt wurde. In London mußte Chamberlain unter dem Druck der Amerikaner und konservativer Hinterbänkler am 3. April sein Kabinett umbilden mit der Folge, daß der Chef der britischen Seekriegsleitung, Winston Churchill, als Vorsitzender des Kabinettsausschusses für Verteidigung noch weiter in den Vordergrund und ein »zweites München« in den Hintergrund rückten.

Unter Reynauds und Churchills Regie beschloß das *Supreme War Council* der *Entente* am 28. März 1940 in Paris sowohl die Verminung der norwegischen Küste als auch die des Rheins von Straßburg flußabwärts. Beide Operationen begannen am 5. April – zwei Tage, nachdem die deutsche Kriegsmarine den Wettlauf mit der britischen Flotte um Skandinavien eröffnet hatte. Am gleichen Tag, an dem das *Supreme War Council* seine schicksalhaften Entscheidungen traf, verpflichteten sich Großbritannien und Frankreich außerdem durch ein Regierungsabkommen, mit Deutschland bis zur siegreichen Beendigung des Krieges nicht mehr über einen Waffenstillstand oder Separatfrieden zu verhandeln. Roosevelt hatte damit das von ihm favorisierte Ziel erreicht: Der Krieg weitete sich aus – der Frieden mit Deutschland wurde unmöglich.

Danach begann der europäische Konflikt auf westlicher Seite in der Tat jene grauenvolle Eindimensionalität anzunehmen, die über die Konferenz von Casablanca schließlich zur bedingungslosen Kapitulation Deutschlands führte. Wie eng und gewollt der Zusammenhang tatsächlich war, ergibt sich schon allein aus der Tatsache, daß Welles und Reynaud in ihrem Gespräch vom 19. März 1940 befanden, sie könnten sich »keine andere Möglichkeit als einen Krieg bis zum Ende denken – egal ob daraus Chaos und Zerstörung der schlimmsten Art resultieren würden oder nicht.« [22] Der Amerikaner sprach mit seinen Partnern sogar schon über eine Aufteilung Deutschlands.

Der frühere Hochkommissar des Völkerbundes in Danzig, Carl Jacob Burckhardt, hat viele Jahre nach dem Krieg geurteilt: »Ein Friedensgespräch wäre am Ende des sogenannten ›drole de guerre‹ vor Hitlers Angriff auf Holland, Belgien und Frankreich möglich gewesen.« [23] Präsident Roosevelt erreichte jedoch im Frühjahr 1940 das Gegenteil, indem sich die Regierungen in London und Paris unter seinem Druck jetzt endgültig, nachdrücklich und auf breiter Front für den Krieg gegen Deutschland entschieden – für den Krieg bis zum Sieg, bis zum bitteren Ende, für den totalen Krieg. Nicht von ungefähr hat Welles dem Buch, in dem er 1944 über seine Europa-Reise berichtete, den Titel »Zeit der Entscheidung« gegeben.

Dagegen ist Roosevelts Versuch, Italien in dem heraufziehenden Weltkonflikt zu neutralisieren, an der raschen und erfolgreichen Gegenwehr des deutschen Diktators gescheitert. Mussolini war 1939 nicht an der Seite seines Achsenpartners in den Krieg eingetreten. Aber es war abzusehen, daß er dies bei einem erfolgreichen Angriff Deutschlands im Westen nachholen würde, um sich in Frankreich einen Teil der Beute zu sichern. Das drohte die strategische Position insbesondere Englands im Mittelmeerraum zu verschlechtern. Welles versuchte daher auftragsgemäß bei seinen beiden Besuchen in Rom, den italienischen Diktator mit allgemeinen wirtschaftlichen Versprechungen von Hitler wegzulocken. An der Tatsache, daß diese Versprechungen jedes konkreten Inhalts entbehrten, kann man freilich ablesen, daß sie ohne innere Überzeugung abgegeben wurden.

Hitler konterte damit, daß er Mussolini an seine Vertragsverpflichtungen erinnerte und ihn zu einer Begegnung auf dem Brenner einlud. Das Treffen, das am 18. März stattfand, führte zu einer Verfestigung der Achse. Prompt urteilte das Marineministerium in Washington, »daß mit der Möglichkeit einer Niederlage der französisch-britischen Allianz direkt gerechnet werden muß.« [24] Aber selbst dann konnte sich Präsident Roosevelt nicht zu einer Friedensvermittlung zwischen den europäischen Mächten entschließen. Er wollte nun einmal, wie er in einer Radioansprache jener Tage sagte, keinen »Appeasementfrieden«, sondern nur einen »Frieden«, der die totale Niederlage der Achsenmächte voraussetzte.

Roosevelts treuer Schildknappe Welles mußte noch vor seiner Rückkehr nach Washington selbst Gerüchte öffentlich dementieren, ihm sei es um eine Friedensvermittlung gegangen. Seinen persönlichen Abgesandten, den Autoindustriellen Mooney, wies der Präsident eigenhändig an, seine Bemühungen einzustellen. Seine Begründung, die Öffentlichkeit fordere einen *dauerhaften* Frieden, beweist im Kontext von Welles' Dementi ein letztes Mal, daß Roosevelt einen solchen Frieden mit den Achsenmächten nicht für möglich hielt.

So blieb denn Hitler auch im Frühjahr 1940 im Käfig der Quarantäne gefangen, die der amerikanische Präsident über ihn verhängt hatte. Durch seine West-offensive versuchte der deutsche Diktator zwar im Sommer, sich aus ihr zu be-freien. Als er Frankreich schlug und England – jetzt endlich unter der Führung Churchills und bis zu einem gewissen Grade auch Roosevelts – trotzdem nicht nachgab, hatte sich für ihn die Situation jedoch prinzipiell nicht verändert. Am 19. Juli 1940 machte Hitler deshalb noch einmal ein offizielles Friedensange-bot. Es war sein unwiderruflich letztes.

Es war nicht zufällig der Tag nach der Nominierung Roosevelts zum Kandida-ten der Demokratischen Partei für die im November 1940 bevorstehende Wahl des Präsidenten. Obwohl die Wahlplattform die Teilnahme Amerikas an einem fremden Krieg audrücklich untersagte, hatte der Präsident sich darüber verbal bereits hinweggesetzt. Nur 19 Stunden, bevor Hitler seine bereits angekündigte Rede im Berliner Reichstag mit dem von Washington befürchteten Friedensan-gebot hielt, griff Roosevelt den deutschen Diktator in einer Rundfunkrede direkt an, indem er ihn vor aller Welt als »Antichristen« ächtete. [25] Am nächsten Tag, etwa zeitgleich mit der Hitler-Rede, unterzeichnete der Präsi-dent demonstrativ den »Two Ocean Navy Expansion Act«, ein Gesetz, das die amerikanische Kriegsmarine zur gleichzeitigen Kriegführung auf beiden Ozea-nen befähigen sollte.

Die Zeitwahl dieser beiden Schritte war so berechnet, daß sie jede positive Wirkung von Hitlers Friedensrede auf das nach der französischen Niederlage in scheinbar aussichtsloser Isolierung ausharrende England vernichteten. Nie-mand sollte in London oder anderswo noch einmal auf den Gedanken kom-men, man könne oder müsse sogar mit diesem unchristlichen Monster in Berlin einen wie auch immer gearteten Frieden schließen. Der von Churchill wenige Tage vor Hitlers Rede verhängte Belagerungszustand schuf in Großbritannien eine Atmosphäre der Angst und Verdächtigung, die in die gleiche Richtung wirkte.

Unter diesen Umständen verzichtete Hitler in seiner Rede darauf, die USA oder deren Präsidenten überhaupt noch einmal zu erwähnen. [26] Seine Rede enthielt auch kein eigentliches Friedensangebot mehr, sondern nur noch einen »Appell an die Vernunft« Englands, dessen frischgebackenen Kriegspremier Churchill der Führer verächtlich zum »gewissenlosen parlamentarischen Volks- und Staatsvernichter« im Dienste der jüdisch-internationalistischen Weltverschwörung abstempelte. Offenbar hatte der Führer, der mit seiner Polemik auch die Gegnerschaft derjenigen Briten erregte, die ihrem Regie-rungschef durchaus kritisch gegenüberstanden, jede Hoffnung, mit den West-mächten jemals zu einem Frieden zu kommen, aufgegeben.

In einer minutiös abgestimmten Arbeitsteilung mit Roosevelt ließ Churchill jenen »Appell an die Vernunft« schon eine Stunde nach Ende der Reichs-tagsrede durch den Journalisten Sefton Delmer, einen Meister der psycho-logischen Kriegführung, kurz, kalt und verletzend zurückweisen. [27] Nach Delmers Ansicht, die auf die Empfänglichkeit der amerikanischen Öffent-lichkeit für einprägsame Formeln zielte, hatte der Führer nichts anderes als »tausend Jahre Gestapo« zu bieten, während England »für die Freiheit« kämpfte.

Nach diesem verbalen Schlagabtausch war das Thema Frieden im Sinne einer Verhandlungslösung mit den Achsenmächten für den Rest des Krieges erledigt, so daß Roosevelt die Führerrede gar nicht mehr öffentlich zu kommentieren brauchte. Mit der jetzt einsetzenden Vorbereitung seines Rußlandfeldzuges schritt Hitler auf seiner kriegerischen Bahn erwartungsgemäß weiter voran, um sich aus der Quarantäne zu befreien. Zwei Jahre später hatten sich seine Fronten 1941/42 jedoch so hoffnungslos überdehnt, daß er noch reifer für die ihm von Roosevelt zugedachte totale Niederlage wurde.

Anmerkungen

1 PPA 1937, S.406–11: FDR-Rede vom 5.10.37
2 Ickes Tagebuch, Vol. 2, S. 213
3 Ebda., Vol. 2, S. 737 ff.
4 Bavendamm, Roosevelts Weg, S. 156
5 Ickes Tagebuch, Vol. 2, S. 272: Wörtlich sagte der Präsident: »Er wünsche nicht, daß wir Krieg machen müssen, um ihn zu haben« – ein Schlüsselwort seiner ganzen politischen und militärischen Konzeption. Vgl. den Zusammenhang: Bavendamm, Roosevelts Weg, S. 122 ff.
6 Der Präsident war berechtigt, einer bereits bestehenden, also von England und Frankreich begonnenen Seeblockade mit der amerikanischen Kriegsmarine beizutreten, ohne vorher die Zustimmung des Kongresses zu beantragen. Dieses Recht gehörte traditionellerweise zu seinen Prärogativen, zu seiner von den Isolationisten so gefürchteten »discretionary power«.
7 Bavendamm, Roosevelts Weg, S. 399 ff.
8 Martin, Friedensinitiativen, S. 134 – Martin benutzte für seine bis heute als grundlegendes Standardwerk geltende Untersuchung so gut wie kein selbst recherchiertes Material aus amerikanischen Archiven.
9 Roosevelt, Personal Letters, Vol. 1, S. 571: FDR 16.3.36 Dodd
10 Burns, Soldier, S. 151
11 FDR, Personal Letters, 1928–45, I, S. 699–701: FDR 29.7.37 Mussolini
12 PPA 1941, S. 633 ff.: FDR-Kaminplauderei vom 29.12.40
13 Friedländer, Auftakt, S. 31 – Davis' Berichte wurden – außer angeblich von Tansill, Backdoor, S. 588 – von der zeitgeschichtlichen Forschung bis heute weder aufgefunden, geschweige denn eingesehen. Vgl. Friedländer, S. 32, Anm. 9 – Selbst Martin hat die Akten des amerikanischen Außenministeriums, soweit sie diese Mission betreffen, nicht ausgewertet. Vgl. Martin, Friedensinitiativen, S. 137, Anm. 17 – Wie es bei ihm heißt, liegen dort über Davis' Unterredungen mit Göring überhaupt nur drei unbefriedigende Dokumente vor, so daß offenbar auch die abschließenden Memoranden des amerikanischen Geschäftsmannes verlorengingen oder noch irgendwo unausgewertet verborgen liegen. Der Rest scheint vernichtet oder niemals in das Archiv aufgenommen worden zu sein. So ist nicht einmal genau bekannt, ob Davis nach seiner Rückkehr dem Präsidenten persönlich berichtet hat oder nicht, letzteres ist aber anzunehmen. Die wenigen ungesicherten Äußerungen, die es von Davis über Roosevelts Meinung zur Friedensfrage im Herbst 1939 gibt, können nicht erhärtet und daher auch nicht ernstgenommen werden. »Einigermaßen gesichert ist«, so schreibt Martin, Friedensinitiativen, S. 140, »daß Göring nach Konsultation Hitlers einen von ihm (von Hitler? D.B.) abgezeichneten

Friedensvorschlag, dessen einzelne Punkte unbekannt sind, zur Weitergabe an den Präsidenten überreichte.« – Da die britischen Akten über diese vielleicht erfolgversprechendste Friedensinitiative bis zum Jahr 2015 gesperrt sind, erschließt sich der Inhalt von Hitlers Angebot auch nicht aus den zugänglichen britischen Quellen. Dies nur als kleines, aber bezeichnendes Schlaglicht auf die unbefriedigende Forschungslage und die skandalösen Behinderungen, denen die Forschung in den alliierten Archiven noch heute ausgesetzt ist.

14 PRO: War Cabinet, Minutes 40 (39) 7, Sitzung vom 7. 10. 39
15 op. cit. Martin, Friedensinitiativen, S. 151
16 ebda.
17 Costello, Days, S. 67
18 Watson, Plans, S. 104: So Marshall am 23. 2. 40
19 Watson, Plans, S. 455: CofS-Memo vom 2. 4. 40
20 Vgl. Bavendamm, Roosevelts Weg, S. 283 ff. und die damals bei der Präsentation seines Weltfriedensplanes von Roosevelt gewählte Prozedur. Diesmal wandte sich der Präsident nicht mehr an Chamberlain persönlich, sondern unterrichte die britische Regierung nur noch durch ein Gespräch mit dem Botschafter Lothian von seinem Vorhaben.
21 Woodward, Vol. 1, S. 165 u. 167: Chamberlain 7. 2. 40 FDR und Chamberlain undat. Lothian – FRUS 1940, I, S. 1: Chamberlain undat. Lothian. Hier verteidigte Chamberlain seine Politik sogar unter Hinweis auf gemäßigte Kreise in Berlin, mit denen er in Kontakt stehe – ein Argument, das auf Roosevelt keinerlei positiven Eindruck machte, eher im Gegenteil. – Welles kontaktierte den deutschen Widerstand am 29. 12. 40 in Zürich auf Grund von Informationen, die ihn unterwegs erreichten, d. h. nicht auf Weisung des Präsidenten. Er wird aber ebensowenig wie Roosevelt davon entzückt gewesen sein, daß seine Gesprächspartner um Carl Goerdeler einen *generösen Frieden* als Preis für den Putsch verlangten, den sie noch vor Ostern 1940 gegen Hitler durchführen wollten. Costello, Days, S. 68
22 Costello, Days, S. 73
23 Martin, Friedensinitiativen, S. 220, der sich hier auf eine Unterredung mit dem Schweizer Diplomaten am 20. 4. 1970 bezieht.
24 PPA, FDR-Rede vom 18. 7. 40 – Die Transzendierung des Konfliktes zwischen den USA und Deutschland bzw. Roosevelt und Hitler zu einem Konflikt zwischen »Christ« und »Anti-Christ« hatte der Präsident schon am 12. Oktober 1937, eine Woche nach seiner Quarantäne-Rede, mit dem »Anti-Nazi-Rat« oder »FOCUS« als ultimative Propagandawaffe verabredet, zwei weltweit operierende Propagandaorganisationen, die weitgehend aus jüdischen Quellen finanziert wurden. Vgl. dazu Bavendamm, Roosevelts Weg, S. 281 f.
25 Costello, Days, S. 74
26 Domarus, I, S. 1540 ff.: Hitler-Rede vom 19. 7. 40
27 op. cit. Martin, Friedensinitiativen, S. 310

3.

Die Koalition mit Churchill

In seinem Kampf gegen die Achsenmächte bedurfte Präsident Roosevelt der westeuropäischen Demokratien und der Sowjetunion als Bündnispartner, um den Sieg und damit auch den Aufschwung der Vereinigten Staaten zur Supermacht sicherzustellen. Die Drei-Mächte-Kombination England, Frankreich und Rußland, verstärkt um Amerika als vierte, teils zurückhängende, teils vorwärtsdrängende und letzthin ausschlaggebende Macht, hatte schon den Ersten Weltkrieg entschieden. Damals hatte aber noch Japan auf Seiten der Alliierten gestanden. Nun, da es in das feindliche Lager übergewechselt war, versuchte Roosevelt, seine Große Allianz um China zu ergänzen.

Von seinen vier möglichen Allianzpartnern genoß England bei ihm die höchste Priorität, da es mit seiner mächtigen Flotte im Atlantischen Ozean die erste Verteidigungslinie Amerikas am Rhein deckte, auf dem kontinentalen Vorfeld der Britischen Inseln. England hatte als europäische Kolonialmacht mit Besitzungen von Gibraltar über Ägypten und Indien bis nach Südafrika, Australien und Neuseeland jedoch ein gewichtiges Wort auch auf den übrigen Weltmeeren mitzureden. Das war für eine erfolgreiche Weltkriegsführung, wie Roosevelt sie anpeilte, von großer Bedeutung. Im übrigen hing von der Haltung, die England gegenüber den Achsenmächten einnahm, bis zu einem gewissen Grade auch die Haltung anderer Mächte wie Frankreich und Rußland ab, die Wert auf gute Beziehungen zu England legten.

Mit seinem ebenso rauhbeinigen wie unverbindlichen Werben um England hatte Roosevelt in den Jahren von 1937 bis 1939 jedoch noch keinen großen Erfolg gehabt. Seit in London die sogenannten »Tory-Extremisten« unter Premierminister Chamberlain regierten – selbstbewußte, unzugängliche und imperial gesinnte Konservative, die gar nicht daran dachten, sich dem amerikanischen Weltführungsanspruch zu unterwerfen –, dümpelten die Beziehungen zu England vor sich hin, ohne in den Augen des Präsidenten die erforderliche Dynamik und Aggressivität zu entfalten.

Der eigensinnige Chamberlain hatte es im Januar 1938 sogar gewagt, Roosevelts großangelegten Weltfriedensplan zu Fall zu bringen, weil er gegenüber den beiden europäischen Achsenmächten Deutschland und Italien, die den Britischen Inseln am nächsten lagen, ein ganz anderes Konzept der bewaffneten Verständigungspolitik verfolgte. Es war das »Appeasement« in sukzessiven bilateralen und regionalen Einzelschritten. Der Präsident verabscheute dieses Konzept, weil es dem pauschalen multilateralen und globalen »World Appeasement« widersprach, das der liberal-demokratische Internationalismus auf seine Fahnen geschrieben hatte.

England und Frankreich erklärten Deutschland im September 1939 gemeinsam den Krieg aus Angst, sonst Roosevelts Sympathien zu verlieren, auf die sie gerade im Kriegsfall angewiesen waren. Dennoch hielten Chamberlain und dessen französischer Amtskollege Daladier an ihrer Vorstellung fest, daß ein Verständigungsfrieden mit den beiden Diktatoren in Rom und Berlin im Grunde möglich und wünschenswert sei. Da sie den ganz großen Krieg, den Weltkrieg, nach Möglichkeit vermeiden wollten, waren sie anfällig gegenüber Hitlers Friedensofferten. Jedenfalls stürmten die französischen Armeen nicht über den Rhein vor, als Hitler und Stalin Polen unter sich aufteilten. Das britische Expeditionskorps in Nordfrankreich umfaßte an der Jahreswende 1939/40 erst knapp 200 000 Mann, und obwohl die Pläne zur Eroberung von Narvik und Murmansk und zur Zerstörung der Erdölfelder von Baku überaus ehrgeizig waren, kam ihre Umsetzung nicht recht vom Fleck, bis der Erste Lord der Admiralität, Winston Churchill, in London und Paris das Heft in die Hand nahm.

Eine Woche nach der britisch-französischen Kriegserklärung hatte Roosevelt seine geheime Korrespondenz mit dem britischen Flottenchef aufgenommen. Dieser Schritt war für das Oberhaupt eines neutralen Staates überaus ungewöhnlich, weil er mit seiner Verpflichtung, unparteiisch zu sein, nicht zu vereinbaren war. Umsichtig, geschickt und der Mißdeutungen eingedenk, die sein Verhalten bei Bekanntwerden ausgesetzt sein würde, tauschte sich der Präsident seitdem in ähnlicher Weise zwar auch mit dem britischen Premierminister aus. Aber abgesehen davon, daß dies den Bruch der amerikanischen Neutralität eher vertiefte, hatte Roosevelt jedem, der es hören wollte, schon vorher zu verstehen gegeben, daß ihm Chamberlain persönlich nicht lag, was übrigens auf Gegenseitigkeit beruhte.

Dagegen war ihm der Halbamerikaner Churchill von Freunden, auf die er sich verließ, als der einzige britische Politiker beschrieben worden, der England – und damit indirekt auch die USA – vor der totalitären Gefahr retten konnte. Denn Churchill beantwortete die Frage von Krieg und Frieden mit ähnlicher Unbedenklichkeit wie Roosevelt: Beide waren von vornherein ohne »wenn« und »aber« zum totalen Krieg bis zur totalen Niederlage der Achsenmächte entschlossen.

Die Anbahnung der amerikanisch-britischen Koalition erfolgte auf Grund der politischen und wirtschaftlichen Spannungen, die es zwischen Washington und London gab, zunächst nur im militärstrategischen Bereich. Hier hatten die beiden größten Seemächte der damaligen Zeit ihre größten gemeinsamen Interessen. Nach Ausbruch des europäischen Krieges im September 1939 begann jedoch eine bündnispolitische Übergangsphase, in der sich militärische, politische und wirtschaftliche Themen miteinander vermischten, weil letztlich auch der Zweite Weltkrieg die Fortsetzung der Politik mit anderen Mitteln war. Diese Phase reichte bis zur Wahl Churchills zum Nachfolger Chamberlains am 10. Mai 1940, unmittelbar nach Beginn des deutschen Westfeldzuges. Erst dann nahm die amerikanisch-britische Koalition unter Mühen allmählich festere Formen an, um schließlich am 1. Januar 1942 mit dem Pakt von Washington in eine Koalition mit 24 weiteren Mächten auszumünden.

Bündnisse beruhen nach europäischer Tradition in der Regel auf völkerrechtlichen Verträgen – sie sind Zusammenschlüsse von zwei oder mehr Staaten zur Verfolgung gemeinsamer Ziele. Die Schwierigkeit, die das amerikanisch-britische Bündnis dem Nachbetrachter bietet, besteht freilich darin, daß es sich in einem wahren Dschungel von Telefonaten, Briefen, Aktennotizen, Protokollen, Vereinbarungen, Verträgen, Proklamationen mündlicher und schriftlicher, geheimer und nicht geheimer, unilateraler, bilateraler und multilateraler Art verliert, auch in bestimmten konkludenten Handlungen, denen ein mehr oder weniger stillschweigender Konsens zugrunde lag.

Mit einem Wort: Wenn man einmal von dem seltsamen Gebilde des Washington-Paktes absieht, fehlt ein eindeutig als solcher erkennbarer Bündnisvertrag, den wir als Grundlage für die amerikanisch-britische Waffenbrüderschaft während des Zweiten Weltkrieges betrachten könnten. Deshalb haben wir für das Verhältnis zwischen den beiden Partnern in diesem Buch auch nicht das Wort »Bündnis«, sondern den etwas weiter gefaßten Begriff der »Koalition« gewählt. Wie wir sehen werden, paßt dieser Begriff auch am besten auf die anderen Allianzen Roosevelts. Um ganz genau zu sein, müßten wir in allen diesen Fällen sogar von »ungeschriebenen Koalitionen« sprechen. Denn sie entbehrten alle eines formellen Bündnisvertrages.

Der Grund für diesen seltsamen Umstand ist charakteristisch für Roosevelts Methode, sein Land in den Krieg zu führen. Ohne Zustimmung des Kongresses durfte der Präsident keinen Bündnisvertrag mit anderen Mächten schließen. Diese Zustimmung war bis zum formellen Kriegseintritt der USA im Dezember 1941 ungewiß. Eingedenk der Tatsache, daß beizeiten geschlossene Bündnisse weitgehend über Sieg oder Niederlage entscheiden, hat Roosevelt jedoch schon in den drei Jahren davor faktisch mit Tschiang Kai-shek, Churchill und Stalin koaliert. Die Formlosigkeit dieser Koalitionen reflektiert also seinen Versuch, sich über die fehlende Zustimmung des Kongresses hinwegzusetzen. So fanden sich die USA nach dem japanischen Angriff ohne formellen Bruch der Verfassung durch ihren Präsidenten, aber auch ohne formelle Zustimmung des Kongresses in einem Geflecht von bündnisartigen Verpflichtungen wieder, die im Zweiten ebenso wie im Ersten Weltkrieg über Sieg oder Niederlage entschieden.

Roosevelts bündnispolitische Schwierigkeiten potenzierten sich in den Jahren 1937 bis 1941 noch dadurch, daß er einem Kongreß gegenüberstand, der die amerikanische Neutralität hinhaltend verteidigte, der dem in seinem Kopf und Herzen unneutralen Präsidenten zu Recht mißtraute und der ihm deshalb nach Möglichkeit jeden außenpolitischen Ermessensspielraum vorenthielt. Neutralität und Bündnis mit einer kriegführenden Macht schlossen einander nun einmal kategorisch aus. Roosevelt und seine Koalitionspartner mußten daher vor Pearl Harbor höchst geheime und daher auch verschlungene Pfade gehen,

um ihrem gemeinsamen Ziel der Niederlage der Achsenmächte trotzdem
näherzukommen. So ist die unkonventionelle Form, die diese Kriegskoalitio-
nen annahmen, auch als Reflex auf den Versuch des Präsidenten zu verstehen,
ohne formellen Bruch der amerikanischen Neutralität davonzukommen.

Die amerikanisch-britische Koalition legte Roosevelt von vornherein auf eine
strategische Kriegführung in allen sieben Weltmeeren an. Diese Kriegführung
sollte bis auf weiteres von den vereinigten Flotten Amerikas und Großbritanniens geleistet werden, verstärkt von deren Luftwaffen, vornehmlich Bomber-
verbänden. Das Koalitions-Konzept des amerikanischen Präsidenten war also
seiner ganzen Natur nach strategisch, global und maritim. Auch dies trug zum
verschwommenen Charakter der anglo-amerikanischen Kriegskoalition bei.

Den ersten Nagel schlug der Präsident im Dezember 1937 ein, als er – kurz nach
dem *Panay*-Zwischenfall und der Zuspitzung des Fernost-Konflikts mit Japan –
Kapitän Royal Ingersoll nach London entsandte, Leiter der Kriegsplanungsabteilung der amerikanischen Marine. Damit begann zwanzig Monate vor Ausbruch des europäischen Krieges jene alliierte Flottenkooperation Gestalt
anzunehmen, die den Zweiten Weltkrieg letztlich entschieden hat – eine gegen
die Achsenmächte gerichtete Arbeitsteilung zwischen den beiden größten
Seemächten der Erde im Weltmaßstab.

Die von Roosevelt angestrebte mittelbare Wirkung dieser maritimen Absprachen bestand darin, Großbritannien von jenem Drei-Fronten-Druck zu entlasten, unter den es in den dreißiger und vierziger Jahren gegenüber Deutschland
im Nordatlantik, Italien im Mittelmeerraum und Japan im Pazifischen Ozean
geraten war. Denn dieser Drei-Fronten-Druck drohte Großbritannien zu
überfordern. Gleichzeitig schränkten die amerikanisch-britischen Absprachen
aber auch den militärischen Bewegungsspielraum der Achsenmächte strategisch ein, ohne daß sich die Vereinigten Staaten dadurch zu ihnen in eine
unmittelbare Frontstellung begaben. Unmittelbar aber bahnte der Navalist
Roosevelt über diese von ihm initiierte Flottenzusammenarbeit die Landung
amerikanischer Bodentruppen in Europa an.

Tatsächlich wurde die Zusammenarbeit zwischen den beiden angelsächsischen
Mächten in den beiden Jahren, die vom Ausbruch des europäischen Krieges bis
zur Bildung des gemeinsamen Oberkommandos, der »Combined Chiefs of
Staff« (CCS) an der Jahreswende 1941/42 vergingen, nicht nur im Bereich der
Flotten, sondern auch im Bereich der Luft- und Landstreitkräfte planmäßig
ausgebaut, begleitet von einer Fülle strategischer und taktischer Einzelplanun-
gen, die praktisch den ganzen Globus wie mit einem Spinnennetz umgaben.
Keine wichtige Küste, keine bedeutsame Insel blieb von der Durchleuchtung
der Erde, der Meere und der Himmel im Dienste der alliierten Kriegsplanung
ausgenommen. Dabei ging die Initiative wechselweise einmal von der amerikanischen, ein anderes Mal von der britischen Seite aus, je nachdem wie es die
Führungen in London und Washington im Sinne ihrer taktischen Ziele für
erforderlich hielten.

Zweifellos wurde die Intensivierung der amerikanisch-britischen Zusammen-

arbeit auch von der Entwicklung der militärstrategischen Lage im atlantisch-
europäischen und im pazifisch-asiatischen Raum beeinflußt. So führte die in ihrer
Vollständigkeit weithin unerwartete Niederlage Frankreichs im Sommer 1940
zur Entsendung von US-Admiral Robert L. Ghormley sowie der US-Generale
Delos C. Emmons (Luftwaffe) und George V. Strong (Heer) nach London, die
im Admiral- bzw. Generalstab der USA wichtige Funktionen bekleideten. Als
Vertreter der amerikanischen See-, Luft- und Landstreitkräfte berieten sie in der
britischen Hauptstadt mit ihren Kollegen aus den britischen Stäben, wie sich der
Verlust der östlichen Atlantikküste und die damit drohende Verstärkung der
deutschen Seekriegsführung im Atlantik operativ am besten kompensieren ließe.
Beide Offiziere wurden von Präsident Roosevelt vor Antritt ihrer Geheimmis-
sion persönlich, wenn auch nur mündlich instruiert.
Aus diesen Beratungen, die man anfangs als Gespräche über die Standardisie-
rung von Waffen getarnt hatte, leitete der Chef der amerikanischen Seekriegsleitung, Admiral Stark, Anfang November 1940 jedoch die Empfehlung regu-
lärer Stabsgespräche ab – also die vorausschauende, ständige Planung und
Zusammenarbeit der militärischen Führungen in Washington und London
über die bereits vorhandenen Kriegsschauplätze und aktuellen Lagen hinaus.
Diese Stabsgespräche wurden, wie wir erst seit Öffnung der britischen Archive
im Jahr 1972 wissen, am 29. November 1940 von Präsident Roosevelt persönlich angeordnet. Mit ihnen erreichte die militärische Zusammenarbeit der
beiden angelsächsischen Seemächte eine neue und größere Dimension und
Qualität, in die der Rest des britischen Commonwealth aus praktischen Gründen gleich mit einbezogen wurde. [1]
Inzwischen hatten nämlich beide Seiten erkannt, was der Chef der britischen
Luftkriegsführung, Sir Cyril Newall, in folgende Worte kleidete: »Was unsere
Zukunftspläne anlangt, waren wir sicherlich abhängig von der kontinuierlichen
wirtschaftlichen und industriellen Zusammenarbeit mit den Vereinigten Staaten in einem ständig zunehmenden Maße ... Sie (die USA) waren für unsere
ganze Strategie fundamental.« [2] Diese Zusammenarbeit konnte nicht mehr –
wie im Ersten Weltkrieg durch den als »Marinebeobachter« nach London
entsandten US-Admiral William S. Sims – von einigen mehr oder weniger
zufällig ausgewählten Stabsoffizieren informell geleistet werden. Sie bedurfte
der Anleitung durch die oberste militärische Führung, hinter der die Regierungschefs und Oberbefehlshaber der Vereinigten Staaten und Großbritanniens mit ihrer Verantwortung für das alliierte Gesamtkonzept von Politik und
Kriegführung standen.
Da Roosevelt seinen künftigen Wählern gerade versprochen hatte, er werde
keinen Amerikaner in einen fremden Krieg schicken, wollte er freilich über
Starks Empfehlung keine Entscheidung vor der Präsidentschaftswahl im November 1940 treffen. Das Risiko, eines Widerspruchs überführt zu werden, der
seine Glaubwürdigkeit vernichtet hätte, war ihm offenbar noch zu hoch.
Außerdem gab es im amerikanischen Generalstab Widerstände, weil einige
führende Offiziere wie der Chef der Kriegsplanungsabteilung der Armee

befürchteten, die USA würden sich übernehmen, wenn sie sich an die britische Kriegführung bänden – der Aufbau der amerikanischen Streitkräfte schien ihnen noch nicht weit genug fortgeschritten. Es gab aber auch Meinungsverschiedenheiten zwischen der amerikanischen Armee- und Marineführung, die einer raschen Entscheidung im Wege standen. So wollte Stark anfangs einer strategischen Schwerpunktbildung im Atlantik nicht die Hand reichen, weil er »sehr besorgt über die Möglichkeit (war), einen Krieg zur Abhaltung einer japanischen Aktion (im Pazifik) auf dem Hals zu haben.« [3] Erst dann rang er sich in einer Denkschrift zur Unterstützung von Roosevelts *Germany-first*-Strategie durch.

Unmittelbar vor Eintreffen der britischen Stabsoffiziere in Washington entschied Roosevelt gegenüber seinen Ministern Hull, Knox und Stimson sowie gegenüber seiner durch Stark und Marshall vertretenen militärischen Führung am 16. Januar 1941, »daß unsere Linie sehr konservativ sein muß (in bezug auf die mögliche Verwicklung in einen Krieg – D. B.), bis sich unsere Stärke entwickelt hat« [4]. Das war nichts grundsätzlich Neues, sondern entsprach der vorsichtigen Linie, die der Präsident auch bisher schon beobachtet hatte. Neu war, daß Roosevelt jetzt mit großer Festigkeit die strategische Schwerpunktbildung im Atlantik zugunsten Großbritanniens im Rahmen der amerikanischen Möglichkeiten bekräftigte, anstatt sich weiterhin in vielsagendes Schweigen über seine Strategie zu hüllen. Danach war der Weg frei für die letzte und entscheidende Runde amerikanisch-britischer Stabsgespräche, die am 29. Januar 1941 in der amerikanischen Hauptstadt unter dem Kürzel »ABC« begannen. Mit ihnen wurde die Gesamtkriegsplanung, einschließlich des Einsatzes amerikanischer Kampfeinheiten, ein knappes Jahr vor dem offiziellen Kriegseintritt der USA auf westlicher Seite konkret eingeleitet.

Wie die schriftlich fixierte Ausgangsposition der amerikanischen Stabsoffiziere verrät, die diese mehrwöchigen Gespräche führten, sollte die Leitung der Gesamtkriegsführung auf die USA übergehen. »Die Führerschaft Großbritanniens in politischer und militärischer Hinsicht«, so hieß es zur Begründung in diesem Papier, »ist in letzter Zeit nicht hervorragend gewesen . . . Wir glauben, daß wir es uns nicht leisten können, unsere nationale Zukunft der britischen Führung anzuvertrauen, und daß wir das auch nicht müssen, weil die Vereinigten Staaten den amerikanischen Kontinent und wahrscheinlich auch die westliche Hemisphäre sichern können, ganz gleich ob sie mit Großbritannien verbündet sind oder nicht.« [5] Dieser ebenso nüchterne wie richtige Befund ließ nur eine Schlußfolgerung zu: Die Vereinigten Staaten mußten die Führung übernehmen.

Der Präsident teilte diese Ansicht, obwohl in Washington kunstvolle Arrangements getroffen wurden, um ihn und die ganze Administration zum Schein aus der politischen Verantwortung für die Stabsgespräche herauszuhalten. So wurden die britischen Offiziere weder im Weißen Haus, noch von einem Minister der Regierung Roosevelt empfangen, und Unterstaatssekretär Welles, der sich für eine Begrüßung bereithalten sollte, war dann, als es soweit war, wie durch einen Zufall verhindert. Dennoch hatte es sich der Präsident nicht nehmen lassen, die schriftlich fixierte und von seinen Ministern Stimson und Knox bereits abgesegnete Instruktion für seine Stabsoffiziere noch einmal höchstpersönlich umzuschreiben.

Dabei nahm er in zwei bedeutsamen Punkten redaktionelle Veränderungen vor, die wieder auf den Kontext seiner innenpolitischen Schwierigkeiten verweisen: Hatten Armeegeneralstab und Seekriegsleitung noch den Satz formuliert: »Der Zweck dieser Stabsgespräche ist es, die besten Methoden herauszufinden, mit denen die Streitkräfte der Vereinigten Staaten und des britischen Commonwealth' Deutschland und die mit ihm verbündeten Mächte besiegen können, falls die Vereinigten Staaten *wünschen*, auf Krieg zurückzugreifen«, machte Roosevelt daraus die Formulierung »falls die Vereinigten Staaten *gezwungen* sind, auf Krieg zurückzugreifen.« Aus einer Wahlmöglichkeit wurde so ein möglicher Zwang, ganz wie es zum »Paradigma der Verteidigung« (Michael S. Sherry) paßte, das Roosevelt gegenüber den Isolationisten und der Weltöffentlichkeit aufgebaut hatte. Außerdem tauschte der Präsident das Wort »verbündet« gegen das Wort« assoziiert« aus, um jede Spur, die zu seinem Bündnis mit Churchill führte, zu verwischen. [6]

Die amerikanisch-britischen Stabsgespräche wurden am 27. März 1941 mit einem allgemeinen Bericht (»ABC-1«) und einem speziellen Papier über die künftige Zusammenarbeit der beiden Luftwaffen (»ABC-2«) vorläufig abgeschlossen. Beide Berichte bestätigten Roosevelts Konzept von Politik und Kriegführung bis in operative und logistische Einzelheiten hinein. Praktisch vereinigten sie die Streitkräfte beider Seiten unter einem gemeinsamen Oberbefehl, auch wenn die dafür nötigen Kommando- und Kommunikationsstrukturen einstweilen noch fehlten. Sie verpflichteten die USA für den Fall, daß diese zuerst in einen Krieg gegen Japan eintraten, auch den Krieg gegen Deutschland und Italien aufzunehmen, und umgekehrt, sofern sich Japan dann bereits in einem Krieg mit Großbritannien befand.

Nichts macht die informelle Eigentümlichkeit der amerikanisch-britischen Kriegskoalition deutlicher als die Tatsache, daß weder Roosevelt noch Churchill noch irgendeine andere politische Autorität der beiden Länder diese beiden Papiere jemals unterzeichnet haben, obwohl die spätere Kriegführung der beiden Mächte großenteils auf ihnen fußte. Die »ABC-1«- und »ABC-2«-Papiere tragen weder die Unterschrift des Präsidenten noch die des Premierministers. Es ergibt sich nur aus einem ganz anderen Aktenvermerk, daß Knox und Stimson am 28. Mai bzw. 3. Juni 1941 die politische Verantwortung auf amerikanischer Seite übernahmen. Bei oberflächlicher Betrachtungsweise mußte jeder unkritische Nachbetrachter bei der Lektüre von »ABC-1« und »ABC-2« den Eindruck gewinnen, daß es sich hier um rein militärische Absprachen auf untergeordneter Ebene ohne politische Verbindlichkeit für die USA handelte. Wahrscheinlich war dieser Eindruck sogar beabsichtigt, um Roosevelt vor etwaigen Angriffen der Isolationisten zu schützen.

Jedoch reichte die Wirkung der amerikanisch-britischen Stabsgespräche außerordentlich weit. Sie führte nicht nur zum Austausch von Militärmissionen – wobei die USA die Verpflichtung übernahmen, solche Missionen auch nach Kanada, Australien und Neuseeland zu entsenden, also in andere Teile des britischen Empires. Sie führten am 24. April 1941 zur geheimen Installation eines »kommandierenden (US)-Generals« auf den Britischen Inseln, der die Aufgabe hatte, die amerikanisch-britische Zusammenarbeit auch in den Zonen auszuhandeln, die allein britischem Befehl unterstanden. Vor allem aber, und das war die wichtigste praktische Folge, begannen die amerikanischen Seestreitkräfte im Atlantik ab April 1941 zu kriegerischen Handlungen gegen die deutsche Kriegsmarine überzugehen, wie der »Niblack«-Zwischenfall am 11. April 1941 zeigte, und zwar manchmal sogar auf direkten Befehl des Präsidenten. [7]

Nicht zuletzt sahen sich die Vereinigten Stabschefs der USA endlich in der Lage, ihre eigene Strategie im Rahmen der sog. »RAINBOW«-Planung (i. e. Mehrfrontenkrieg gegen Deutschland, Italien und Japan) mit konkreten Inhalten zu füllen, weil sie jetzt eine verbindlichere Vorstellung von der künftigen Zusammenarbeit mit Großbritannien und dem Commonwealth hatten. Bei allem begann sich der tatsächliche Kriegseintritt der USA als gemeinsamer Fluchtpunkt der unilateralen und bilateralen Strategieplanung immer stärker herauszukristallisieren.

Neben diesem militärstrategischen Aspekt hatte die amerikanisch-britische Koalition jedoch auch einen wirtschaftlichen Aspekt, der für ihr Zustandekommen in den Jahren nach 1938 mindestens ebenso wichtig war. Je rascher und schneller die Spannungen in der Welt nicht zuletzt dank Roosevelts unerbittlicher und zum Teil herausfordernder Haltung gegenüber den Achsenmächten wuchsen, desto deutlicher wurde den Führungen in Washington und London, daß Großbritannien im Falle eines frühen Kriegsausbruchs, aber auch bei einer längeren Dauer des Krieges amerikanischer Hilfe bedurfte. Hilfe bedeutete in erster Linie Rüstungshilfe, und so waren seit 1937/38 britische Einkäufer in den amerikanischen Rüstungsfabriken unterwegs, um dort Munition, Waffen und Kriegsmaterial aller Art zu ordern.

Diese Aufträge und Käufe waren zunächst nichts anderes als »eine Serie normaler geschäftlicher Transaktionen auf dem offenen amerikanischen Markt«, wie Watson zutreffend schreibt. [8] Sie führten aber schnell zu einer Überhitzung der Nachfrage, weil neben den Briten bis zu ihrer Niederlage im Sommer 1940 auch die Franzosen in den USA als Käufer bzw. Auftraggeber auftraten und weil sich die amerikanische Industrie noch nicht auf die Produktion von Rüstungsgütern umgestellt hatte. Schließlich konkurrierten die beiden westeuropäischen Demokratien mit den amerikanischen Streitkräften, die Roosevelt seit 1938 in großem Stil aufbaute, um die mit der Ausweitung des europäischen Krieges immer knapper werdenden Ressourcen.

In dieser Situation, die immer wieder zu dramatischen Engpässen führte, entschloß sich Roosevelt schon am 6. Juli 1939, in das Marktgeschehen einzugreifen. Er wies das »Army and Navy Munitions Board« – eine Art oberstes

Rüstungsbeschaffungsamt – an, die britischen Einkäufe mit dem Bedarf der amerikanischen Streitkräfte zu koordinieren. Diese Aufgabe war für die Kriegsbereitschaft des Westens jedoch von so zentraler Bedeutung, daß sie im Dezember 1939 einem interministeriellen Ausschuß übertragen wurde, dem u. a. Finanzminister Morgenthau angehörte.

Nach der französischen Niederlage, der Fortführung des Krieges durch Großbritannien an immer mehr Fronten und mit dem näherrückenden Kriegseintritt der Vereinigten Staaten genügten Improvisationen nicht mehr, um den Widerspruch von zu hoher Nachfrage und zu geringem Angebot in halbwegs ausgeglichene Bahnen zu lenken. Jetzt mußte Roosevelt klare Prioritäten zugunsten Großbritanniens setzen, wenn er den in greifbare Nähe gerückten Untergang seines wichtigsten Verbündeten verhindern wollte. Obwohl gesetzlich dazu verpflichtet, nichts an Waffen, Munition und Kriegsmaterial aus der Hand zu geben, was die amerikanischen Streitkräfte zur Deckung ihres eigenen Bedarfs benötigten, räumte der Präsident den Briten einen festen Anteil an der amerikanischen Flugzeugproduktion ein, weil Großbritannien zum Schutz der atlantischen Seewege und zur Abwehr der befürchteten Invasion diese Waffe am dringendsten brauchte.

Zur Beschleunigung der Lieferungen begannen die amerikanischen Militärbehörden im Juni 1940, Waffen und Munition direkt aus den amerikanischen Arsenalen nach Großbritannien zu verschiffen. Am 8. November 1940, drei Tage nach seiner Wiederwahl, verfügte der Präsident sogar, daß 50 Prozent der in den USA produzierten Flugzeuge und sonstigen Rüstungsgüter an Großbritannien gingen – ein in seiner Radikalität noch nie dagewesener Schritt. Er wurde fünf Monate später durch das »ABC-2«- Papier für die Zukunft festgeschrieben.

Die ungeheure Nachfrage nach amerikanischen Rüstungsgütern, Waffen und Munition hatte die britischen Devisenreserven schon im Sommer 1940 erschöpft. Das gigantische Rüstungsgeschäft mit Amerika brachte die Regierung Churchill in zunehmende Zahlungsschwierigkeiten. Aber es gab für Roosevelt zwei Argumente von überwältigender Überzeugungskraft, die ihn bewogen, Großbritannien dauerhaft in den Stand zu versetzen, seinen Bedarf an Waffen, Munition und Kriegsgerät weiterhin in den USA zu decken: Das eine Argument war die Sicherheit Amerikas, die seiner Meinung nach, solange der Krieg andauerte, vom Bestand des Britischen Empires abhing. Das zweite Argument war die Tatsache, daß Großbritannien durch seine Rüstungsaufträge praktisch Milliarden in die Modernisierung, Vergrößerung und Mobilisierung des amerikanischen Produktionspotentials investierte, was mittelbar auch dem raschen Aufbau der amerikanischen Streitkräfte zugute kam.

Bis Ende 1940 plazierte Großbritannien Aufträge im Wert von 2,7 Milliarden Dollar in den USA, wovon es bereits 1,3 Milliarden bezahlt hatte. Jeder Monat Krieg kostete die Regierung in London 1,5 Milliarden Dollar. Aber unnachgiebig bestand der amerikanische Finanzminister bei jedem britischen Auftrag auf Bezahlung von 25 Prozent in bar, wozu dann noch die britischen Kapitalinvestitionen in die amerikanische Rüstungsindustrie kamen. Lange konnte das Churchill nicht mehr durchhalten, das wurde dem Präsidenten Ende 1940 klar – nach seiner Schätzung verfügte das Vereinigte Königreich zu diesem Zeitpunkt nur noch über verkäufliche Vermögenswerte von 2,5 Milliarden Dollar in den USA. »Wir haben die britische Geldkuh gemolken«, verkündete Roosevelt stolz vor seiner Ministerrunde, aber bedauernd fügte er hinzu, daß sie jetzt »fast trocken« geworden sei. [9]

Es mußte etwas Durchgreifendes geschehen – schließlich hatten die Briten bis August 1941 fällige Lieferungen im Wert von weiteren 9,5 Milliarden Dollar bestellt, eine schwindelerregende Summe, der nur noch 574 Millionen Dollar an Gold- und Devisenvorräten gegenüberstanden. Zunächst dachte der Präsident trotz alledem an Barzahlung: Ein amerikanisches Schlachtschiff sollte in Südafrika den britischen Goldschatz an Bord nehmen und in die USA bringen. »Dies sind die letzten Reserven des britischen Volkes und sollten bewahrt werden«, mahnte der Minister für Flugzeugproduktion, Lord Beaverbrook, seinen Premierminister, »um uns mit den Mitteln im Falle einer zwingenden Notwendigkeit ... auszustatten.« [10] Doch Churchill war anscheinend bereit, nachzugeben. Nachdem er sich zunächst gegen diese Demütigung aufgelehnt hatte, sagte er Roosevelt in einem transatlantischen Telefongespräch am 31. Dezember 1941: Die Entblößung Großbritanniens bis auf den letzten *Penny* werde zwar das *Empire* empören und den Feind ermutigen. Aber wenn der Präsident der Vereinigten Staaten meine, daß dies der einzige Ausweg sei, werde er Befehl geben, das Gold in Kapstadt zu verladen. [11]

Die unwillige Unterwerfung des britischen Premierministers unter den Willen des amerikanischen Präsidenten scheint den Ausschlag dafür gegeben zu haben, daß sich Roosevelt endgültig eines anderen besann. In seiner Kongreß-botschaft vom 6. Januar 1941 regte er das Leih- und Pachtgesetz an, das Großbritannien ab März 1941 von seinen Zahlungsschwierigkeiten erlöste – wenn auch um den Preis der völligen finanziellen Abhängigkeit von den USA und handelspolitischer Nachteile. Vorher hatte Roosevelt die Möglichkeit verworfen, von den Briten als Preis für sein Entgegenkommen – neben allem anderen, wovon weiter unten noch die Rede sein wird – auch die Abtretung von Britisch-Honduras und Britisch-Guayana zu verlangen.

Aber obwohl der Präsident somit zweimal hintereinander erstaunlichen Groß-mut bewiesen hatte, konnte er es sich nicht verkneifen, Großbritannien einen kleinen Denkzettel mit auf den Weg zu geben: Er sorgte dafür, daß der Antrag, mit dem er das Leih- und Pachtgesetz wenige Wochen später in den Kongreß einbrachte, die laufende Nummer »H. R. 1776« erhielt. Es war eine kleine, aber boshafte Erinnerung an jenes Jahr, in dem die nordamerikanischen Kolonien ihre Unabhängigkeit von Großbritannien erklärt hatten. Wenn England schon vor den USA »Männchen machte und bettelte«, wie man damals in Washington mit einer gewissen Schadenfreude vermerkte, dann sollte es nach Roosevelts Geschmack auch für seine Kolonialgeschichte büßen.

Der dritte und wichtigste Aspekt des amerikanisch-britischen Kriegsbündnisses war die persönliche Beziehung zwischen Roosevelt und Churchill und alles, was davon für das militärische und politische Gesamtkonzept abhing, das die beiden führenden Politiker des Westens während des Zweiten Weltkrieges verfolgt haben. Wie gesagt, die beiden waren sich bereits während des Ersten Weltkrieges einmal flüchtig begegnet, als sich Roosevelt in Europa aufhielt, und Churchill verband mit dem Namen des Stellvertretenden Marineministers von ehedem natürlich ebenso eine gewisse Vorstellung wie der Präsident mit dem Namen des früheren Ersten Lords der Admiralität. Aber Churchills Desaster von Gallipoli und andere Scharten in seiner unruhigen Biographie hatten das Bild, das man in Washington von ihm hatte, zweifellos ziemlich stark verdunkelt.

Die Tatsache, daß der bullige Brite in den dreißiger Jahren als einsamer Rufer in der Wüste des britischen *Appeasements* auftrat und nach einer rascheren Aufrüstung Englands und einer härteren Gangart gegenüber den Diktatoren verlangte, hellte sein Bild jedoch auf der anderen Seite wieder auf. Seit 1938 begannen sich jüdische Berater und Freunde des Präsidenten wie Bernard Baruch und Felix Frankfurter für diesen Konfrontationspolitiker und nichtjüdischen Freund der Zionisten zu verwenden. Schließlich stand Roosevelt ja selbst in Verbindung mit der antinationalsozialistischen FOCUS-Organisation, die im Hintergrund für den Aufstieg Churchills an die Spitze der britischen Macht und für den Untergang Hitlers kämpfte.

Kaum hatte Chamberlain seinen scheinbar unaufhaltsam aufsteigenden Konkurrenten am 3. September 1939 mit dem altehrwürdigen Amt des Ersten Lords der Admiralität betraut, mit der Führung der *Royal Navy*, ließ der Präsident es sich angeraten sein, persönlich mit dem neuen Amtsinhaber in Verbindung zu treten. In der ersten von Hunderten von Geheimbotschaften, die die beiden bis 1945 miteinander austauschten, beglückwünschte Roosevelt Churchill am 11. September 1939 zu dessen Ernennung, indem er ausdrücklich bezug nahm auf ihre gemeinsame maritime Vergangenheit im Ersten Weltkrieg. Roosevelt forderte den Briten auf, mit ihm regelmäßig auf außerdienstlichem Wege Mitteilungen zu wechseln, weil er es »jederzeit begrüßen« würde, »wenn Sie mich über alles, was ich erfahren soll, persönlich informieren.« [12]

Natürlich waren seine Worte »über alles, was ich erfahren soll« nur eine höfliche Untertreibung – in Wirklichkeit brannte Roosevelt darauf, in die Geheimnisse der britischen Politik einzudringen, der er zutiefst mißtraute. Unglücklicherweise trug Churchill wenig dazu bei, dieses Mißtrauen zu lindern, denn nicht alles, was er in der Zeit vom Ausbruch des europäischen Krieges bis zu seiner Ernennung zum Premierminister mit dem groben Instrument der Flotte anfaßte, war ihm auch gelungen. Bei Lichte besehen, war sein Norwegen-Abenteuer, bei dem sich die britische Seemacht der deutschen Landmacht geschlagen geben mußte, ein einziges Desaster – Churchills zweites Gallipoli: Die britischen Truppen landeten zu spät, die beabsichtigte Sperrung der schwedischen Erzlieferungen an Deutschland mißlang, und schließlich mußten sich die tapferen Kämpfer von Narvik wieder zurückziehen. Das

Ergebnis bestand lediglich aus der Beherrschung der norwegischen Atlantikküste durch die Deutschen, deren U-Boote und Großkampfschiffe damit dem Zugang zum offenen Meer um einige hundert Seemeilen nähergerückt waren. Auf Unterstaatssekretär Welles, der auf seiner sog. »Friedensmission« im Frühjahr 1940 die britische Führungselite studierte, machte Churchill einen verheerenden Eindruck: Der Erste Lord war leider wieder einmal betrunken, als ihn der amerikanische Diplomat im Gebäude der Admiralität aufsuchte. Offensichtlich hatte Churchill ein massives Alkohol-Problem, und das machte gerade die Leute in Washington nervös, die auf ihn setzten. Auch Roosevelt hörte davon, und der kanadische Premierminister Mackenzie King, dem er davon erzählte, deutete Churchills Ungezogenheit gegenüber Welles als »jene Arroganz und angemaßte Überlegenheit mancher Engländer, die heute so viele Nationen zu ihren Feinden gemacht haben.« [13]

Roosevelt persönlich war, wie es scheint, anfangs auch nicht gerade gut auf den selbstherrlichen und unberechenbaren Briten zu sprechen. Offenbar hatte die erste Begegnung, 1918 in England, bei ihm keinen günstigen Eindruck hinterlassen. »Bei einem Dinner, an dem ich teilnahm«, hat er Botschafter Kennedy im Dezember 1939 berichtet, »verhielt er sich wie ein Ekel, und er spielte sich groß auf. Heute zolle ich ihm meine Beachtung, weil es sehr wahrscheinlich ist, daß er Premierminister werden wird, und ich möchte schon jetzt meinen Einfluß sicherstellen.« [14] Dennoch stimmte Roosevelt nur zögernd und in verschwommener Form Churchills Norwegen-Abenteuer zu – woraus dieser in der für ihn typischen übertriebenen Form vor seinem Kabinett freilich gleich wieder eine unbedingte amerikanische Rückendeckung machte.

Churchill wollte den Kriegseintritt Amerikas um fast jeden Preis, und er glaubte von Anfang an felsenfest daran, daß er ihn mit Hilfe Roosevelts auch bekommen würde. Aber bevor der britische Premierminister wirklich der Partner und Alliierte des amerikanischen Präsidenten wurde, hatte er die härteste Probe seines Lebens zu bestehen: Das war die amerikanische Selbstverweigerung während der Niederlage Frankreichs – verbunden mit Roosevelts erfolgreichem Versuch, den amerikanischen Beistand für Großbritannien zu einem Preis zu verkaufen, der aus einem Teil des britischen Empires und äußerstenfalls der ganzen britischen Flotte bestand.

Es war im Grunde glatte Erpressung, aber in den zehn kurzen Tagen, die Hitlers Panzerarmeen brauchten, um bis zur Kanalküste durchzubrechen und dort das britische Expeditionskorps bei Dünkirchen festzunageln, schien sich der Zweite Weltkrieg schon zu entscheiden, bevor er richtig begonnen hatte. Roosevelt hatte Frankreich und Großbritannien im Geiste bereits abgeschrieben. Er versuchte, sich ihrer Besitzungen in der Karibik zu bemächtigen. Schließlich mußte er Amerika vor der strategischen Gefahr schützen, die von der siegreichen deutsch-russischen Kombination ausging.

Vordringlich ging es Roosevelt um den Besitz der französischen und britischen Flotte. Aus seiner Sicht mußte unbedingt verhindert werden, daß sie in die Hände Hitlers und Stalins fiel. Denn mit den Flotten der beiden westeuropäischen Demokratien würden die Diktatoren den Grundstein für jene gewaltige Armada legen, mit deren Hilfe sie das strategische Übergewicht der Vereinigten Staaten aus den Angeln heben konnten. Tatsächlich hätte eine deutsch-russische Herrschaft über die Meere für die amerikanische Seemacht eine radikale Veränderung der weltstrategischen Lage bedeutet, mit unabsehbaren Folgen für ihre Beziehungen zu Japan.

Der Präsident setzte deshalb alles daran, sich für den Fall, daß England und Frankreich kapitulierten, deren Flotten und karibische Territorien zu sichern, während ihn der frischgebackene Premierminister Churchill mit seinem ungestümen Flehen um den Eintritt Amerikas in den Krieg bestürmte. Aber Roosevelt ließ sich davon nicht ins Boxhorn jagen. Denn erstens war ein amerikanischer Kriegseintritt bis zur Präsidentschaftswahl im November 1940 ohne zwingenden Anlaß vollkommen ausgeschlossen – Roosevelt konnte ja sein eben erst abgegebenes Wahlversprechen, er werde keinen Amerikaner in einen fremden Krieg schicken, schlechterdings nicht sofort wieder brechen. Das hätte ihn mit seiner Glaubwürdigkeit auch sein Amt gekostet. Zweitens hätte Roosevelt damit alles zerstört, was er bis dahin im Stillen und von langer Hand planend für den Aufbau der amerikanischen Supermacht geleistet hatte. Und drittens mußten seiner Meinung nach England und Frankreich erst einmal selbst in gehöriger Form um ihr Leben kämpfen, bevor ihnen Amerika unter die Arme griff. Er hatte nichts zu verschenken.

So beschränkte sich Roosevelt zunächst darauf, das Nötige in Form von Waffenlieferungen an die Alliierten zu tun, ohne etwas zu überstürzen. Doch er tat auch das Wenige nicht, ohne Großbritannien weiter zu schröpfen. Am 15. Mai – der deutsche Panzergeneral Guderian hatte gerade bei Sedan und Dinant die französische Hauptkampflinie durchstoßen – bat Churchill den amerikanischen Präsidenten erstmals darum, ihm 40 bis 50 alte Zerstörer, dazu Flugzeuge, Flakgeschütze, Munition und Stahl zu *leihen*. Großbritannien hatte bei der verlorenen Schlacht um Norwegen eine Reihe dieser wichtigen Kriegsschiffe verloren, die es jetzt dringend zur Sicherung des Ärmelkanals brauchte. Es war die erste Botschaft, die der britische Premier nach seiner Wahl an Roosevelt sandte, nicht ohne den »Ernst der Lage« in seiner unnachahmlichen Art und Weise zu beschwören. [15]

Inzwischen hatte auch Italien angekündigt, es werde demnächst an der Seite Deutschlands in den Krieg eintreten. Damit waren Frankreich und England nach Meinung des amerikanischen Außenministeriums verloren. [16] Aber obwohl ihm Botschafter Bullitt mit hysterischen Anrufen aus Paris in den Ohren lag, in denen der Untergang Frankreichs für die nächste Zukunft vorausgesagt wurde, ließ sich Präsident Roosevelt zwei Tage lang Zeit, bis er Churchills Hilferuf beantwortete. Dann schrieb er dem verzweifelten Premierminister ungerührt: Eine Lieferung von Zerstörern sei ohne die Zustimmung des Kongresses leider nicht möglich, und außerdem frage er sich, ob es klug wäre, so etwas im gegebenen Augenblick überhaupt auf dem Kapitol zu beantragen. Bis zur Eiseskälte unnahbar lehnte Roosevelt es in seiner Geheimdepesche auch ab, die amerikanische Pazifik-Flotte nach Singapur zu entsenden, um Japan in Schach zu halten. Auch darum hatte ihn Churchill gebeten. [17]

Roosevelt pokerte in jenen dramatischen Maitagen unbeirrbar hoch, während der britische Regierungschef mit z.T. kleinkarierten Mitteln versuchte, Amerika in den Krieg hineinzuziehen. Der britische Regierungschef beschwor die ungeheure maritime Bedrohung, der sich die Vereinigten Staaten gegenübersehen würden, wenn Deutschland ganz Europa beherrschte. Er warnte, dann würden in London andere Leute an die Macht kommen, und die würden einen erniedrigenden Frieden mit Hitler schließen. Churchill ließ durch seinen Geheimdienst den verräterischen Tyler Kent in der amerikanischen Botschaft verhaften, um wenigstens die Glaubwürdigkeit von Botschafter Kennedy zu vernichten und Roosevelt dadurch unter Zugzwang zu setzen. [18] Aber Kennedy hatte seinen Präsidenten schon früher gewarnt: Seiner Meinung nach würde Churchill nicht davor zurückschrecken, die amerikanische Botschaft am *Grosvenor Place* in die Luft zu sprengen, und dann behaupten, es seien die Deutschen gewesen, um Amerika in den Krieg zu zerren. [19]

Roosevelt blieb unerschütterlich bei seinem Kurs: Er forderte den Kongreß lediglich auf, die Mittel für den Aufbau der amerikanischen Streitkräfte schneller und in reichlicherem Maße als bisher freizugeben. Außerdem schob er die amerikanische Pazifikflotte von Kalifornien nach Hawaii vor, um die Japaner von unbedachten Handlungen abzuschrecken. Kennedy warnte Churchill, der Präsident würde sich nicht für einen europäischen Krieg engagieren, den die Alliierten verlieren. [20] Unterdessen überschritt die deutsche Wehrmacht die Somme. Hier hatten die Alliierten im Ersten Weltkrieg vier Jahre lang den Deutschen getrotzt, während sich die französische Armee jetzt quasi über Nacht in Nichts auflöste. Das britische Expeditionskorps begann sich auf den Ärmelkanal zurückzuziehen, und ganz Frankreich hatte blanke Panik ergriffen.

Aus der Sicht Washingtons war es ein einziges Trauerspiel, was die beiden größten Militärmächte Westeuropas da boten. Am 20. Mai erreichte die Panzerarmee von Kleist bei Noyelles den Ärmelkanal, um nach Norden Richtung Boulogne und Calais einzudrehen. Damit gerieten die Kanalhäfen in Gefahr – höchste Zeit für die Briten, sich bei Dünkirchen für den Rückzug auf die heimischen Inseln einzuschiffen. Am nächsten Tag schlug Generalstabschef Marshall seinem Präsidenten vor, britische und französische Stützpunkte in der Karibik sicherheitshalber »in Schutz zu nehmen«. [20] Es war nur ein anderer Ausdruck für »besetzen.«

Am 24. Mai hielt Hitler seine Panzerspitzen kurz vor Dünkirchen überraschend für zwei Tage an. Ganz Europa schwirrte wieder von Friedensgerüchten. Durch seinen Appell an Mussolini versuchte Roosevelt jetzt noch einmal auf dringenden Wunsch aus London und Paris, Italien aus dem Krieg herauszuhalten – mit dem kläglichen Ergebnis, daß sich der italienische Diktator weigerte, den amerikanischen Botschafter mit dem Friedensappell des Präsidenten zu empfangen. Am meisten befürchtete Roosevelt, Hitler könnte nicht nur Frankreich, sondern – nach einer verheerenden Luftoffensive – auch England einen überzeugenden Frieden anbieten. [21]

In diesem historisch bedeutsamen Moment begannen der Präsident und der Premier die amerikanisch-britische Allianz zu schmieden – Roosevelt, indem er die britische Flotte und eine Reihe von britischen Besitzungen in der westlichen Hemisphäre als Preis für die erbetenen Zerstörer und Rüstungsgüter verlangte, [22] und Churchill, indem er dem Präsidenten versicherte, England werde auch nach dem Ausscheiden Frankreichs aus dem Krieg im Vertrauen auf die Hilfe der Vereinigten Staaten bis zum Umfallen weiterkämpfen, ohne seine kostbare Flotte preiszugeben. [23]

Gleichzeitig versuchte er Roosevelt zu drängen, sein Hilfsangebot als erster abzugeben: Eine definitive Beistandszusage Amerikas sei die Voraussetzung für irgendwelche britischen Konzessionen. Daraufhin nutzte Roosevelt seine nachbarschaftlichen Kontakte zum kanadischen Ministerpräsidenten, um das Unmögliche wenigstens andeutungsweise möglich zu machen: Obwohl zur Neutralität verpflichtet, ließ er Mackenzie King durch einen diplomatischen Mittelsmann bitten, Churchill die Kooperation Amerikas unter der Hand zuzusagen, falls dieser für den Fall eines Friedens die britische Flotte vor dem Zugriff Hitlers rette. [24] Um den bedrängten Briten zudem ein konkretes Zeichen des guten Willens zu geben, deklarierte US-Generalstabschef Marshall amerikanische Waffen- und Munitionsbestände als »Überschüsse«, um sie – an den Gesetzen seines Landes vorbei – den amerikanischen Streitkräften zu entziehen und den britischen zuzuführen. [25] Aber Morgenthau warnte Churchill gleichzeitig, seine Forderungen nicht zu überziehen.

Belgien kapitulierte. Das britische Expeditionskorps, das Hitler geschont hatte, um zu einem Frieden zu kommen, floh in Barkassen und Kriegsschiffen über den Kanal. Aber während Roosevelt und Churchill dem Rand ihrer Niederlage immer näher rückten, begannen sie sich aufeinander zu zu bewegen. Am 30. Mai nahm das britische Kriegskabinett Roosevelts informelle und indirekte Beistandszusage befriedigt zur Kenntnis – England mußte ja eine ganze Armee, die ihre Waffen auf dem Kontinent großenteils zurückgelassen hatte, komplett neu ausrüsten, um weiterkämpfen zu können. Gestützt auf den unerwarteten Erfolg von Dünkirchen, der auf die amerikanische Öffentlichkeit wie ein Aufputschmittel wirkte, hielt Churchill am 4. Juni vor dem britischen Unterhaus eine seiner stärksten Reden. Sein Tenor: »Wir werden niemals aufgeben!« Es war die Zusicherung unbeugsamer Gegenwehr, die Roosevelt als Vorbedingung für seine Hilfe verlangt hatte.

Fünf Tage später verließ die französische Regierung fluchtartig Paris. Die deutschen Truppen standen nur noch 40 Kilometer vor der französischen Hauptstadt, und Großbritannien ließ den Krieg auf dem Kontinent absterben – es schickte keine Flugzeuge mehr, die in die Kämpfe hätten eingreifen können. Am 9. Juni kapitulierten die Niederlande. Am 10. Juni trat Italien in den Krieg ein. Der Sieg der Achsenmächte in Westeuropa war nicht mehr abzuwenden.

29 *Roosevelt zieht Amerika in den Krieg und wird wiederum von Churchill gezogen (aus der* Chicago Times, *Dezember 1939)*

30 *Eisverkrustete Bautrupps – hier bei der Errichtung eines Stützpunktes auf Neufundland – bereiten den Ausfall aus der Festung Amerika vor.*

31 *Die »Fliegende Festung« vom Typ B-17*

33 *Die B-29 mit ihrer tödlichen Bombenlast*
(oben rechts)

34 *In vorzeitiger Erfüllung des* Victory-
Programms: *Einheiten der* U.S. Army *verab-
schieden sich 1942 mit einer Parade an die
nordafrikanische Front.*

32 *Wunder der amerikanischen Werftindustrie: Aus
genormten Bauteilen entsteht alle drei bis vier Tage
ein neuer »Liberty«-Frachter* (hier vom Schiffbau-
Zaren Henry J. Kaiser an einem Modell demon-
striert).

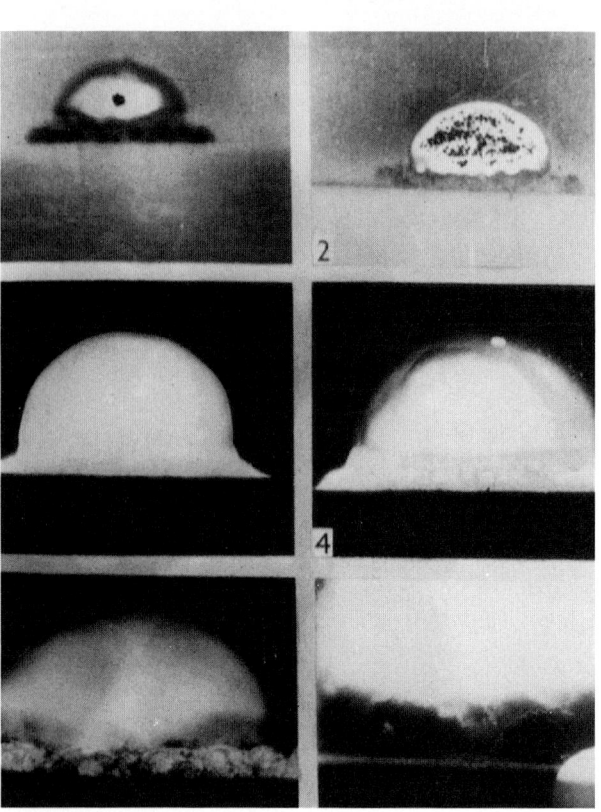

35 TRINITY: Erster Atombomben-Test in der Wüste von New Mexico am 16. Juli 1945

36 Oberst Paul W. Tibetts jr. an Bord der »Enola Gay«

37 Drei Meter lang, vier Tonnen schwer, 70 Zentimeter Durchmesser: Die erste Atombombe »Little Boy«, ohne Vorwarnung abgeworfen am 6. August 1945 über Hiroshima

Aber Roosevelt blies gerade jetzt seine mächtige Posaune, um den europäischen Krieg zum Weltkrieg zu wenden: In einer dramatischen Rede beschuldigte er Mussolini am 10. Juni vor der Universität von Virginia, den Dolch in den Rücken seiner Nachbarn zu stoßen. Gleichzeitig antwortete der Präsident damit auf die Rede Churchills vor dem Unterhaus, indem er der ganzen Welt – also auch England – die amerikanische Hilfe zusicherte, sofern sie nur mannhaft gegen die Achsenmächte kämpften.

Damit hatten Roosevelt und Churchill jenes rhetorische Wechselspiel aufgenommen, das sie bis zum Kriegsende in meisterhafter Form zu einem massenwirksamen Mittel der Weltbeeinflussung ausbauten. Einfacher ausgedrückt: Sie warfen sich von nun an – öffentlich und insgeheim – gegenseitig die Bälle zu. Denn Churchill ließ Roosevelt postwendend wissen: Er fühle sich durch die Rede des Präsidenten gestärkt, aber noch nötiger als gute Worte brauche er die amerikanischen Zerstörer, um 1941 den Krieg fortzusetzen. Schon einen Tag vorher hatte er Roosevelt wissen lassen: Er werde Hitler die britische Flotte nicht aushändigen, »solange er lebe.« [26]

Nachdem sich der amerikanische Präsident standhaft geweigert hatte, das sterbende Frankreich durch die Ankündigung des amerikanischen Kriegseintritts oder wenigstens durch Verlegung amerikanischer Flotteneinheiten in den Ost-Atlantik am Lebenzu er halten – und das hieß: im Krieg zu halten – , nahm General Huntzinger am 21. Juni im Wald von Compiègne aus Hitlers Hand, wie von Roosevelt und Churchill befürchtet, verhältnismäßig milde Waffenstillstandsbedingungen entgegen. Weltweit schwoll der Strom von Gerüchten an, die besagten, demnächst werde auch England – nach dem Sturz Churchills – mit Hitler verhandeln. Zur Sicherheit vergatterte der Premier sein Kabinett: »Die Regierung Ihrer Majestät hat vollständig klargestellt, daß sie nicht die Absicht hat, mit Hitler wegen der Bestätigung möglicher Friedensbedingungen Fühlung aufzunehmen« – zur Sicherheit vor der Gefahr, in Washington das Opfer von Mißdeutungen oder falschen Spekulationen zu werden. [27] Nachdem er vierzehn Tage lang vergeblich auf Frieden mit England gewartet hatte, gab Hitler am 2. Juli 1940 den Befehl, die Invasion der Britischen Inseln vorzubereiten.

Trotz aller wohlklingenden Worte – bis zum 3. Juli hatten die Amerikaner noch nichts Nennenswertes an Waffen und Munition an Großbritannien ausgeliefert. An diesem Tag vernichtete die britische Flotte – im Einverständnis mit Roosevelt – bei Mers-el-Kébir die französische Flotte, um sie vor Hitlers Zugriff zu bewahren. Es war kein Zufall, daß an diesem Tag die »Britannia« den Hafen von New York verließ – an Bord die in London so dringend ersehnten Munitionsvorräte und Waffen.

Churchill nutzte den günstigen Augenblick, um Roosevelt abermals um die Zerstörer zu bitten, von denen Großbritannien vor Dünkirchen weitere verloren hatte. Von dem britischen Piratenakt mehr denn je überzeugt, daß das England Churchills entschlossen sei, »im Kampf zu bleiben, allein und wenn nötig auf Jahre hinaus«, [28] entsandte der Präsident am 14. Juli seinen

Geheimdienstchef William J. Donovan nach London. Der Oberst sollte die Kriegsfähigkeit und -willigkeit der Engländer ein letztes Mal vor dem totalen Engagement der Amerikaner prüfen.

Drei Tage vorher hatte Hitler mit heftigen Luftangriffen die Schlacht um England eröffnet. Nachdem ihm die britische Frucht nicht von selbst in den Schoß gerollt war, wollte er ihren Fall erwartungsgemäß durch die Anwendung von Peitsche und Zuckerbrot erzwingen. Am 19. Juli hielt er seine letzte Friedensrede, die Churchill im Handumdrehen zurückweisen ließ. Donovan, der als »inoffizieller Vertreter« Roosevelts bis Anfang August in der britischen Hauptstadt blieb, zog ein ermutigendes Fazit: Obwohl die Lage militärisch alles andere als stabil sei, habe der Premierminister sein Land mit dem nötigen Widerstandswillen erfüllt. Der Amerikaner wettete sogar 2:1, daß England eine deutsche Invasion abwehren könne. [29]

Eineinhalb Monate nach seiner letzten Geheimbotschaft meldete sich Churchill Ende Juli 1940 wieder mit seinem *cetero censeo* beim Präsidenten: Was den Krieg angehe, beginne er sich zwar sehr hoffnungsvoll zu fühlen, »wenn wir heil über die nächsten sechs Monate kommen.« Aber er benötige dringend die fünfzig oder sechzig älteren amerikanischen Zerstörer, um modernere britische Schiffe für die Abwehr der deutschen Invasion freizusetzen. [30] Roosevelt begriff, daß er jetzt endlich ein konkretes Angebot machen und einen ebenso konkreten Preis für das amerikanische Engagement nennen mußte. In der Ministerrunde, die am 2. August in Washington tagte, hatte Marineminister Knox den richtigen Einfall: Um dem Kongreß das Gefühl zu geben, Amerika schneide bei dem Handel besser ab als das bei vielen Amerikanern noch immer verhaßte England, müsse Churchill für die Zerstörer einen Teil des britischen *Empires* in Gestalt von Stützpunkten in der westlichen Hemisphäre hergeben. Roosevelt stimmte sofort zu – freilich nicht ohne den Preis zu erhöhen: Großbritannien müsse sich außerdem öffentlich verpflichten, seine Flotte im Falle einer Kapitulation in irgendeinen anderen Teil des *Empires* zu entsenden und sie nicht zu versenken. Ein halbes Dutzend Anwälte wurde gebeten, herauszufinden, wie der Präsident die alten Schiffe ohne Zustimmung des Kongresses, einfach durch Anordnung kraft Amtes, an die Engländer ausliefern könnte. [31]

Am 13. August, auf dem Höhepunkt der Luftschlacht um England, präsentierte Präsident Roosevelt sein Angebot, und er nannte den Preis, den England dafür zahlen mußte. Der Preis war unverschämt hoch: Churchill erhalte mindestens 50 Zerstörer einschließlich der dazugehörigen Begleitschiffe, sowie fünf verschiedene Typen von amerikanischen Flugzeugen, die die *Royal Air Force* für künftige Kriegsverwendungszwecke einfliegen solle, wenn er zwei Bedingungen erfülle. Erstens müsse der Premierminister dem Präsidenten die private Zusicherung geben, daß weder die britische Flotte als Ganzes noch einzelne britische Kriegsschiffe im Falle einer Kapitulation an Deutschland ausgeliefert würden. Zweitens habe Großbritannien Stützpunkte auf Neufundland, den Bermudas, den Bahamas, auf Jamaika, St. Lucia, Trinidad und in

Britisch Guayana für die Dauer von 99 Jahren an die USA zu verpachten. Angesichts der über England tobenden Luftschlacht war es vielleicht nicht gerade der glücklichste Zeitpunkt, von Churchill den Verzicht auf seine Flotte und auf einen Teil seines *Empires* zu verlangen – das britische Kriegskabinett schäumte denn auch. Aber Churchill gelang es, seine Minister zu beschwichtigen: Der Präsident meine es doch nur gut mit England. Der Handel Zerstörer gegen Stützpunkte sei ein ausgesprochen unneutraler Akt, so daß die USA damit »einen großen Schritt in Richtung auf den Kriegseintritt an unserer Seite tun« würden. [32]

Es dauerte jedoch noch eine ganze Weile, bis der Handel perfekt war – unterdessen reisten Roosevelt und Kriegsminister Stimson heimlich nach Ogdensburg am St.-Lorenz-Strom, um sich durch einen Verteidigungsvertrag mit Mackenzie King Kanadas als Auffangbasis für die britische Flotte und als Absprungbasis für Operationen der amerikanischen Flotte im Ost-Atlantik zu versichern. Admiral Stark verlangte, England solle seine Stützpunkte nicht an die USA *verpachten*, sondern *verkaufen,* und der Präsident suchte nach Mitteln und Wegen, um endlose Beratungen im Kongreß zu umgehen. Endlich schien es am 22. August 1940 soweit zu sein: Obwohl Churchill mit einer Erklärung vor dem Unterhaus über die eventuelle Nicht-Herausgabe der britischen Flotte vorgeprellt war, die Roosevelt nicht voll befriedigte, gab der Präsident dem Marine-Ausschuß des Senats rein informatorisch den Erwerb der britischen Stützpunkte bekannt. Begründung: Sie seien viel mehr wert als der »250-Millionen-Schrott« der fünfzig alten Zerstörer.

Doch gab es neue Verwicklungen. Churchill verwahrte sich gegen das Ansinnen des Präsidenten: Er habe im Gegensatz zu Roosevelt nie von einem »Verkauf« oder »Handel« gesprochen – die Gefahr, daß Großbritannien die Rüstungslieferungen aus Amerika mit seinem *Empire* würde bezahlen müssen, war ihm plötzlich bewußt geworden. Finanzminister Morgenthau bestand jedoch darauf, daß die Engländer ihre Orders bis zum letzten Nagel bezahlten. Aber wie? Ihre Gold- und Devisenvorräte gingen unaufhaltsam zur Neige, so daß sie nicht mehr in der Lage waren, den Krieg länger als 12 Monate fortzusetzen. Die Fortführung des Krieges durch England, die Roosevelt mit Hilfe der Zerstörer erreichen wollte, drohte also an der Habgier der Amerikaner zu scheitern, die für die alten verrosteten Schiffe offenbar den schrittweisen Ausverkauf des *Empires* verlangten. Wenn Großbritannien aber sein Reich an die Achsenmächte zu verlieren drohte – worin lag dann der Sinn, diesen Krieg um denselben Preis unter Roosevelts Führung fortzusetzen? Krieg oder Teilbesitz des britischen *Empires*, lautete somit die aus seiner Sicht treffliche Alternative, in die sich der Präsident manövriert hatte.

Am Ende sicherte er sich beides. Roosevelt gelang es gegen den hinhaltenden Widerstand seines Finanzministers, »den Dollar herauszunehmen«, d. h. die Regelung der britischen Zahlungsverpflichtungen bis zur Verabschiedung des Leih- und Pachtgesetzes im März 1941 offen zu lassen. Und Churchill kam ihm entgegen, indem er am 23. August schriftlich versicherte, er habe mit seiner

Erklärung vom 4. Juni, die britische Flotte niemals den Deutschen auszuliefern, »die etablierte Politik der britischen Regierung« wiedergegeben, nicht nur seine persönliche Meinung.

Schließlich fand das amerikanische Außenministerium nach dramatischen Verhandlungen für beide Seiten die rettende Formel: Churchill durfte die ganze Transaktion ebenso als Geschenk bezeichnen, wie Roosevelt berechtigt war, sie als vorteilhaftes Handelsgeschäft zu deklarieren. Großbritannien überließ den USA Neufundland und die Bermudas als »Geschenk«. Die USA verkauften ihre Zerstörer gegen eine 99-Jahre-Pacht von sechs weiteren Stützpunkten auf den westindischen Inseln. Die Verpflichtung Großbritanniens, seine Flotte weder Hitler auszuliefern noch zu versenken, wurde in einem gesonderten Notenwechsel geregelt. Die Kuh war damit zwar vom Eis, aber der Kuhhandel war ein glattes Verlustgeschäft für die Briten. Churchill stimmte dem niederschmetternden Ergebnis noch am 27. August 1940 zu. Die Noten wurden am 2. September unterzeichnet. [33]

Damit hatten der amerikanische Präsident und der britische Premierminister auf dem Höhepunkt der Luftschlacht um England mit viel Hartnäckigkeit, Chuzpe und Brutalität zueinander gefunden, und nichts und niemand sollte sie bis 1945 wieder voneinander trennen. Das amerikanisch-britische Kriegsbündnis war seit 1940 begründet, obwohl sich die beiden Männer erst im August 1941 persönlich wiedersahen. Roosevelt hatte sein Ziel erreicht: England befand sich in seiner Hand, und der Krieg ging weiter bis zum bitteren Ende. Aber in einer gewissen Weise befand sich auch Roosevelt in der Hand Churchills. Denn dieser war außer dem Verräter Kent und einigen Vertrauten der einzige Mensch, der von der unneutralen Geheimkorrespondenz des amerikanischen Präsidenten mit dem britischen Premierminister wußte.

Wie gingen die beiden Männer mit dieser gegenseitigen Abhängigkeit um? Soviel bekannt ist, hat Churchill von seinem gefährlichen Wissen nie Gebrauch gemacht – er hat sich gegenüber Roosevelt im eigenen Interesse stets fair verhalten. Umgekehrt kann man jedoch nicht das Gleiche sagen. Es stimmt zwar: Es gab viele reizende Augenblicke im Verkehr zwischen den beiden Männern, in die manchmal auch ihre Frauen Eleanor und Clementine einbezogen wurden – Augenblicke der Poesie, der Zuneigung und der Herzerwärmung. Mit diesen Gefühlswerten wurde das Kriegsbündnis der beiden angelsächsischen Mächte publikumswirksam als harmlose Busenfreundschaft zwischen zwei alten weisen Männern inszeniert.

Einmal durfte der britische Premierminister sogar, in Roosevelts Abwesenheit, die Vereinigten Staaten vom Weißen Haus aus regieren – ein höchst ungewöhnlicher Vorzug für einen Erz-Imperialisten, als der Churchill weithin in Washington galt. Er wohnte dort manchmal wie ein Onkel auf Familienbesuch, schräg gegenüber von Hopkins' Zimmer, und der Präsident ließ sich einmal in einem Brief an den »lieben Winston« sogar mit den emphatischen Worten vernehmen: »Es ist ein Vergnügen, dieses Jahrzehnt mit Ihnen zu erleben.« [34]

In Wirklichkeit aber plünderten die USA Großbritannien während des Krieges rücksichtslos aus, und Roosevelt hat Churchill mindestens einmal – nämlich in Teheran, als es um die Zukunft Europas ging – schmählich verraten. Tatsächlich war die Beziehung zwischen dem Präsidenten und dem acht Jahre älteren Premierminister Churchill weit davon entfernt, eine Idylle zu sein. Es war die stählerne Achse, um die sich ächzend und knarrend und manchmal bis zum Bersten gespannt der ganze Weltkrieg drehte. Zwischen Roosevelt und Churchill herrschte nicht jene problemlose Castor-und Pollux-Beziehung, zu der sie die angelsächsische Geschichtsschreibung verklärt hat, allen voran Churchill selbst mit seinen shakespearehaften Memoiren. Eher könnte man von einer gegenseitigen Haß-Liebe sprechen. In Wirklichkeit handelte es sich um eine knallharte Geschäftsbeziehung zwischen zwei Männern, die zwar eine situationsbedingte Sympathie miteinander verband, die aber außer der Niederlage Deutschlands höchst unterschiedliche Dinge wollten – Churchill die Sicherung des Britischen *Empires* auf amerikanische Kosten und Roosevelt den Aufstieg der USA zur Supermacht auf Kosten des *Empires*. Der Rest ist eine größtenteils selbstfabrizierte Legende.

Der amerikanische Präsident und der britische Premierminister bildeten ein Dioskurenpaar, wie es die Weltgeschichte selten gesehen hat – zwei höchst ungleiche Partner, nur durch den Willen zum Krieg und den Willen zum Sieg auf Gedeih und Verderb aneinander geschmiedet. Roosevelt und Churchill verstanden ihre Partnerschaft eigentlich als exklusiv. Aber um des gemeinsamen Krieges und Sieges willen mußten sie zwei weitere Partner teils widerwillig, teils freudig akzeptieren: Stalin und Tschiang Kai-shek.

Anmerkungen

1 Obwohl die Bezeichnung »ABC-Stabsgespräche« die Mitwirkung der Amerikaner, Briten, Australier und Kanadier suggeriert, nahmen weder die Kanadier noch die Australier unmittelbar an den Sitzungen teil. Diese beiden Dominions wurden lediglich indirekt über Experten, die sich zum Zweck der Konsultation in der britischen Botschaft in Washington aufhielten, in die Beratungen einbezogen.
2 NA: WPD 4402–20 mit Anlagen: Minutes of Anglo-American-Standardization of Arms Comittee Meetings
3 Watson, Plans, S. 121
4 ebda., S. 124
5 ebda., S. 371
6 ebda., S. 372: Hervorhebung nicht im Original. Entsprechend heißt es in Punkt 3 des Papiers: »Das amerikanische Volk als Ganzes wünscht gegenwärtig, außerhalb des Krieges zu bleiben.«
7 Am 11. April 1941 feuerte der US-Zerstörer »Niblack«, der das Seegebiet südwestlich von Island erkundete, drei Wasserbomben auf ein deutsches U-Boot ab, das Kommandant Dennis L. Ryan in seiner unmittelbaren Umgebung vermutete. Offenbar handelte es sich jedoch um blinden Alarm auf Grund fehlgedeuteter Unterwassergeräusche, so daß dieser Zwischenfall häufig nicht erwähnt wird im Zusammenhang mit den amerikanischen *casus-belli*-Zwischenfällen.

8 Watson, Plans, S. 367
9 Vgl. die Zahlen bei Irving, Churchill, S. 416 – FDR-Zitat: Ickes-Tagebuch, 19. 1. 41
10 Irving, Churchill, S. 419
11 PRO: PREM 4/17/1, fol. S. 77 f.: Churchill telefonisch 31.12.41, 3.45 h FDR
12 FDRL: ADM 199/1928: FDR 11. 9. 39 Church – Die zur Veröffentlichung freigegebene Geheimkorrespondenz scheint nach wie vor nicht alle Botschaften zu umfassen, die Roosevelt und Churchill miteinander wechselten. Vor allem die Anfänge der Beziehungen zwischen den beiden Männern in den dreißiger Jahren liegen im Dunkeln. Churchill hatte Roosevelt den 1. Band seiner Marlborough-Biographie am 8. Oktober 1933 mit den Worten gewidmet und zugesandt: »Mit den aufrichtigsten Wünschen für den Erfolg des größten Kreuzzuges der Moderne« – eine Anspielung entweder auf den *New Deal* oder auf die Außenpolitik Roosevelts oder auf beides. Der Präsident nahm in seinem ersten bekanntgewordenen Schreiben vom 11. 9. 39 ausdrücklich bezug auf die Marlborough-Biographie und die Churchill-Widmung, indem er seiner Befriedigung darüber Ausdruck verlieh, daß der Autor sein Werk habe »vor dieser Sache beenden« können. Das ist eventuell ein verdeckter Hinweis darauf, daß beide den Krieg schon 1933 erwartet haben, denn »diese Sache« – der Krieg in Europa – hatte ja soeben am 1. September 1939 begonnen. Doch führen alle diese Spekulationen über die Anfänge der Roosevelt-Churchill-Korrespondenz solange nicht weiter, wie das Material nicht lückenlos offenliegt. Bis zum Erscheinungstermin seines Buches im Jahre 1991 waren die meisten transatlantischen Telefongespräche zwischen Roosevelt und Churchill noch nicht veröffentlicht, wie Costello, Days, S. 431 berichtet. Ob das Material jemals lückenlos auf den Tisch kommen wird, kann man angesichts dieser jahrzehntelangen Verzögerungstaktik bezweifeln.
13 Irving, Churchill, S. 192
14 ebda., S. 178
15 Kimball, Church & FDR, Vol. 1, S. 37 ff.: Churchill 15. 5. 40 FDR
16 Costello, Days, S. 84: Einschätzung der USA
17 Kimball, Church & FDR, Vol. 1: FDR 17. 1. 40 Churchill
18 So Costello, Days, S. 100: In diesem Sinne hatte sich Churchill am 18. 5. 40 seinem Sohn Randolph gegenüber ausgesprochen.
19 Irving, Churchill, S. 166
20 Costello, Days, S. 99
21 Watson, Plans, S. 105 und 477
22 Costello, Days, S. 203: FDR 25. 5. 40 Keenleyside
23 Costello, Days, S. 223: FDR 26. 5. 40 im Gespräch mit Lothian – Als Eselsbrücke schlug der Präsident vor, England solle kurz vor einem Frieden mit Deutschland alle dann noch verfügbaren Flugzeuge, Handels- und Kriegsschiffe nach Kanada oder Australien schicken, wo sie dann – in Reichweite der USA – als »Empire-Besitz« betrachtet werden könnten. Dabei setzte er stillschweigend voraus, der König würde sich bei einer Kapitulation der britischen Regierung nach Kanada begeben und das *Empire* von dort aus weiterregieren. – Den Vorschlag, die britischen und französischen Besitzungen als Ausgleich für die »Aufgabe ihrer Verpflichtungen uns gegenüber« zu kassieren, hatte der frühere US-Botschafter in Moskau, Davies, schon am 23. 5. 40 in einem Brief an den Präsidenten herangetragen. Vgl. dazu Conn/Fairchield, Framework, S. 47 – Seine Bereitschaft, bis zum Ende weiterzukämpfen, d. h. nicht zu kapitulieren, bekundete Churchill am 28. Mai 1940 öffentlich vor dem *House of Commons.*
24 ebda., S. 257: Am 29. 5. 40 durch den kanadischen Diplomaten Keenleyside, der sich unter strengster Geheimhaltung zu diesem Zweck nach Washington begeben hatte.
25 ebda., S. 258: Am 30. 5. 40 – Morgenthau hatte seine Warnung schon am Vortag ausgeprochen.
26 ebda., S. 276
27 ebda., S. 329

28 Tute, Stroke, Vorwort: FDR zu Hopkins nach einer Bemerkung von Churchills Privat-
  sekretär Colville
29 Leutze, Journal: Eintragung vom 2. 8. 40
30 PRO: PREM 3/426/2/3: Churchill 31. 7. 40 FDR
31 Costello, Days, S. 380
32 PRO: CAB 65/8: Sitzung Kriegskabinett 14. 8. 40
33 Costello, Days, S. 388 – Als offizieller Stichtag für den Tauschvertrag gilt der 2. 9. 40
34 Sherwood, FDR & Hopkins, S. 287

4.

Die Koalition mit Stalin

Verglichen mit den Mühen, die er Churchill auferlegte, näherte sich Präsident Roosevelt dem sowjetischen Diktator Stalin mit spielerisch anmutender Leichtigkeit. Einen Tag, bevor die deutsche Wehrmacht auf fast 3000 Kilometern Breite nach Rußland einfiel, hatte Hopkins, der sich zu Gesprächen mit der britischen Führung in London aufhielt, über einen Kurzwellensender unbekannter Herkunft von dem bevorstehenden Ereignis erfahren. Es war Samstag, der 21. Juni 1941.

Unverzüglich eilte der engste Vertraute Roosevelts zurück nach Washington, um in fieberhafte Beratungen mit den militärischen und zivilen Spitzen der Administration, einschließlich des Präsidenten, einzutreten. Dann flog Hopkins am 13. Juli mit einem amerikanischen Bomber von Neufundland aus wieder nach London. Dort konferierte er erneut mit Churchill, Außenminister Eden und führenden Militärs. Weitere zwölf Tage später, am 25. Juli, kabelte Hopkins an Roosevelt: »Ich möchte wissen, ob Sie es für nötig und nützlich halten, wenn ich nach Moskau ginge. Die Luftverbindung ist gut, und ich kann in 24 Stunden dort sein . . .« [1] Zwei Tage später hatte Hopkins das Einverständnis seines Präsidenten. Wenige Stunden später war er mit einem Flugboot vom Typ »PBY Catalina« auf dem Wege nach Archangelsk. Am 29. Juli 1941 – fünf Wochen nach Beginn des deutsch-russischen Krieges – saß der »persönliche Vertreter« des amerikanischen Präsidenten dem sowjetischen Diktator um 18.30 Uhr erstmals im Kreml gegenüber.

Die Botschaft, die Hopkins Stalin überbrachte, war von überwältigender Schlichtheit: »Der Präsident betrachtet Hitler als den Feind der Menschheit und wünscht daher, der Sowjetunion in ihrem Kampf gegen Deutschland zu helfen.« [2] Keine Rede von der vorherigen Herausgabe irgendwelcher Eroberungen im Baltikum oder in Finnland, von Geld, von einem Abkommen! Wenige Minuten später, nach einem kurzen Austausch ihrer Meinungen über Deutschland und Hitler, notierte sich Hopkins, was Stalin sofort und was er für einen längeren Krieg am dringendsten brauchte: 20000 Flakgeschütze, 2000 Jagdflugzeuge, Maschinengewehre, Munition, Treibstoff, Stahl, Techniker. Wenige Wochen später waren die ersten Lieferungen auf der Nordmeerroute nach Murmansk unterwegs.

Es gab Gründe für Roosevelts Eile. Zunächst, nach Eintritt jenes Ereignisses an der deutschen Ostfront, das die gesamtstrategische Lage aller Mächte wie mit einem gewaltigen Paukenschlag veränderte, hatte er sich bedeckt gehalten.

Das amerikanische Außenministerium gab lediglich eine mit dem Präsidenten abgestimmte Erklärung heraus, in der es sinngemäß etwas kleinlaut hieß: Die kommunistischen Feinde unserer faschistischen Feinde sind zwar nicht unbedingt unsere Freunde – aber die Faschisten sind um so vieles bösartiger, daß jede Hilfe für die Kommunisten, gleich von welcher Seite sie kommt, der amerikanischen Sicherheit dient. [3]

Hintergrund dieser Zurückhaltung: Amerikanische Militärexperten, einschließlich Kriegsminister Stimson, tippten darauf, daß Hitler nur eine bis drei Wochen brauchen würde, um die Sowjetunion zu schlagen. Die deutschen Blitzkriege gegen Polen, Belgien, die Niederlande und Frankreich, auch gegen Dänemark und Norwegen, saßen ihnen noch in den Knochen. Die britischen Fachleute waren da schon vorsichtiger: Sie glaubten, die deutsche Wehrmacht würde drei bis acht Wochen benötigen. Aber auch sie zweifelten nicht an Hitlers Sieg.

Überhaupt die Briten – die neuen alten Verbündeten Amerikas! Churchill hatte sofort reagiert, kaum hatte er die Nachricht vom Beginn der deutschen Ostoffensive am 22. Juni erhalten. In einer Rede, die er am Abend dieses denkwürdigen Tages hielt, erklärte er: Obwohl »niemand in den letzten 25 Jahren ein unbedingterer Gegner des Kommunismus gewesen ist als ich«, müsse man den Russen helfen, unbedingt. [4] Am 12. Juli 1941 – vierzehn Tage vor der Hopkins-Mission – flog der britische Außenminister Eden bereits nach Moskau.

Roosevelt dagegen, so scheint es, konnte sein Glück zunächst kaum fassen. [5] Seit Beginn seiner Amtszeit hatte er von einer Zwei-Fronten-Lage für Hitler geträumt – nun hatte der deutsche Diktator sie durch seine Entscheidung, den Krieg mit Rußland aufzunehmen, erhalten. Die Parallele zu Napoleon drängte sich auf – schließlich war auch der Korse in den Weiten Rußlands gescheitert. Erinnerungen an den Ersten Weltkrieg wurden wach – damals hatte Deutschland Rußland dank der bolschewistischen Oktoberrevolution besiegt. Was, wenn unter der Last des Krieges diesmal Stalin stürzte?

Außerdem war Roosevelt gerade damit beschäftigt, Island zu besetzen, den Seekrieg im Atlantik zu eskalieren und Japan zu provozieren. Sein »Victory«-Programm, das den Sieg über Deutschland auf der Basis eines Zwei-Ozean-Krieges endgültig sicherstellte, stand kurz vor der Vollendung. Und im August wollte sich der Präsident zum erstenmal seit 1918 wieder mit Churchill treffen, dem britischen Regierungschef und Kriegsalliierten. Unter diesen Umständen schuf der deutsch-russische Krieg ein neues, unbequemes und schwer berechenbares Faktum.

Die Empfehlung, die Roosevelt zunächst von seinem Kriegsminister erhielt, war dementsprechend vorsichtig und tastend. Solange Deutschland in Rußland beschäftigt sei, könne es weder die Britischen Inseln besetzen, noch Island, noch Westafrika, noch den Nahen Osten, schrieb Stimson seinem Präsidenten am 23. Juni spürbar erleichtert, nachdem er sich mit seinem Generalstab abgestimmt hatte. Auch der deutsche Druck auf Nordafrika werde nachlassen.

Stimsons Empfehlung: Die USA sollten die Atempause nutzen und ihre Operationen im Atlantik verstärken, weiter nichts. [6]

Das war zweifellos sehr wenig – zu wenig für den Präsidenten. Aber die passive Haltung, die Stimson einnahm, entsprach dem Rat, den auch das Außenministerium Roosevelt gegeben hatte. Dann jedoch, am 8. Juli – nach vierzehn Tagen pausenloser Beratungen, die sich im Kreise gedreht hatten – erhielt Roosevelt ein ganz anderes Memorandum. Es stammte von seinem Freund Joseph E. Davies, dem früheren amerikanischen Botschafter in Moskau. Was Davies in wenigen Sätzen formulierte, war so klar und so überzeugend, daß Roosevelt förmlich darauf sprang: Hier, auf diesem Papier, stand seine künftige Politik gegenüber Rußland! Der Diplomat, der in bestimmten Kreisen Washingtons als bester Kenner Stalins galt, hatte sie mit kühnem Schwung für den Rest des Krieges entworfen. [7]

»Der Widerstand der russischen Armee (gegen die deutsche Wehrmacht) ist wirksamer gewesen, als man allgemein erwartet hatte«, begann Davies seine Überlegungen. Er hielt damit zunächst die unumstößliche Tatsache fest, daß die Rote Armee in den ersten Wochen nicht zusammengebrochen war, wie alle Experten übereinstimmend vorhergesagt hatten. Davies weiter: »Aller Wahrscheinlichkeit nach wird das Ergebnis von der Luftüberlegenheit abhängen . . . Wenn Hitler Weißrußland und die Ukraine besetzt, was möglich ist, und Stalin sich in das Innere zurückzieht, wird Hitler es mit drei größeren Problemen zu tun haben: 1. Partisanenkrieg. 2. Sabotage . . . 3. Die Notwendigkeit, das eroberte Territorium mit Polizeigewalt zur Produktion zu zwingen. Offensichtlich wird unter solchen Umständen Hitler ein Interesse daran haben, Friedensfühler auszustrecken, um Stalin auf der Basis des *status quo* zu einem Abkommen zu bewegen . . .«

Soweit Davies' Einschätzung der deutschen Politik und Kriegführung. Kein Wort von Hitlers angeblicher Welteroberungsmanie! Über deutsche Ziele jenseits Weißrußlands und der Ukraine! Dafür eine Menge Worte über die vielen Schwierigkeiten, die Hitler im Inneren Rußlands erwarteten – und über sein Interesse an einem Frieden mit Stalin! Danach kam Davies auf die mutmaßliche Haltung des sowjetischen Diktators zu sprechen: »Selbst wenn Hitler die Ukraine und Weißrußland besetzt, wird Stalin sich hinter dem Ural wahrscheinlich ziemlich lange halten können. Es gibt zwei nicht vorauszusehende Möglichkeiten, die einen solchen Widerstand verhindern könnten, und zwar folgende: 1. Eine innere Revolution könnte Stalin stürzen . . . und einen deutsch-freundlichen Trotzkisten an die Macht bringen . . . 2. Die Möglichkeit, daß Stalin selber mit Hitler Frieden schließt. Stalin ist ein Orientale, ein kalter Realist und schon ziemlich bei Jahren. Es ist nicht auszuschließen, daß er noch einmal den Frieden mit Hitler als das kleinere Übel wählt.«

Nach dem Urteil des erfahrenen Stalin-Kenners und Roosevelt-Freundes hatte Rußland also – ebenso wie Frankreich und England im Sommer 1940 – jederzeit die Möglichkeit, aus dem Krieg auszuscheiden, und zwar entweder zwangsweise durch einen Sturz der Regierung oder freiwillig durch ihren

Entschluß, Frieden mit Hitler zu schließen. Daraus ergab sich die Gefahr, daß sich die tödliche Zwei-Fronten-Lage, in die Deutschland eben erst geraten war, wieder verflüchtigte, ehe Amerika die Chance erhielt, den Krieg zu seinen Gunsten zu entscheiden. Auf verblüffende Art und Weise ähnelte die Situation also der Lage vor einem Jahr in Frankreich.

Bei einem Frieden auf der Basis seiner Eroberungen in der Ukraine und Weißrußland, so rechnete Davies Roosevelt vor, würde Hitler mit 60 Prozent der landwirtschaftlichen und 60 Prozent der industriellen Produktion der Sowjetunion davonkommen. Die Schlußfolgerung lag auf der Hand: Mit den russischen Ressourcen bis zur Halskrause vollgesogen, würde Hitler auf Zeit und Ewigkeit jener Seeblockade trotzen, welche die angelsächsischen Mächte inzwischen über Deutsch-Europa verhängt hatten. Er besäße jene lang ersehnte Rohstoffbasis, von der aus er den Krieg noch lange würde fortführen können – länger vielleicht als England.

All' dies konnte sich Präsident Roosevelt im Grunde an den eigenen zehn Fingern abzählen – schließlich wußte er selbst ziemlich genau, wie sich die Kräfte in der Welt verteilten, vor allem die ökonomischen Kräfte. Aus seinen deprimierenden Erfahrungen mit den *Appeasern* in England und Frankreich konnte er aber auch Davies' politische Lageeinschätzung bestätigen: »Er (Stalin) glaubt, daß Rußland von kapitalistischen Feinden umgeben ist. In den Jahren 1938 und 1939 setzte er keinerlei Vertrauen auf den guten Willen weder Englands noch Frankreichs noch auf die Fähigkeit der Demokratien, sich gegen Hitler zu behaupten. Er haßte und fürchtete Hitler damals genauso wie jetzt. Er ließ sich herbei, einen Nichtangriffspakt mit Hitler abzuschließen, weil er so hoffte, den Frieden für Rußland am besten bewahren zu können, nicht so sehr aus ideologischen Gründen ...«

Neu und anregend war indessen, was Davies aus seinen Analysen für die praktische Politik des Präsidenten gegenüber Stalin ableitete. Es war mehr als das defensive Konzept Stimsons. Es war der Ausweg aus der Gefahr, daß sich Hitler und Stalin erneut miteinander versöhnten. Es war der Weg, auf dem Roosevelt glaubte, sein Konzept von Politik und Kriegführung behaupten zu können: »Es ist daher außerordentlich wichtig«, schrieb Davies, »in Stalin den Eindruck zu erwecken, daß er nicht etwa die ›Kastanien aus dem Feuer holt‹ für Verbündete, die ihn sonst nicht brauchen oder die nach dem Kriege ihm feindlich gesinnt sein werden und im Falle eines alliierten Friedens ebenso seine Gegner sind wie die Deutschen, wenn diese siegen. Churchill und Eden haben, aus den früheren Fehlern lernend, dies offenbar erkannt und haben Rußland ›vorbehaltlos‹ ihre Unterstützung zugesagt. Ich übersehe nicht die Tatsache, daß in diesem Lande [in den USA] breite Schichten der Bevölkerung die Sowjets bis zu einem Grade verabscheuen, daß sie auf einen Sieg Hitlers in Rußland ihre Hoffnung setzen ... Man könnte dem beträchtlich entgegenwirken, wenn Stalin einiges Vertrauen gewinnen könnte, daß die Regierung [Roosevelt] ungeachtet der ideologischen Differenzen in selbstloser Weise und ohne jedes Vorurteil gesonnen ist, den Russen gegen Hitler zu helfen ...«

Damit hatte Davies bis ins semantische Detail hinein jene Worte vorformuliert, die Hopkins vierzehn Tage später Stalin gegenüber gebrauchen sollte. Roosevelts Entschluß stand nach diesem Memorandum fest: Amerika mußte Rußland helfen, und er, der Präsident, mußte Stalins Vertrauen gewinnen. Er mußte dem sowjetischen Diktator das Gefühl geben: Wir betrügen Sie nicht! Wir kämpfen genauso hart gegen Hitler wie Sie! Und wir werden Sie auch nach dem Krieg, wenn es um den Frieden geht, nicht versetzen. Das waren die drei Grundsätze von Roosevelts Rußland-Politik, die der Präsident vom Juli 1941 drei Jahre lang mit eiserner Konsequenz verfolgte. Als er dann anderen Sinnes wurde, bildeten sie leider auch die Grundlage für die verhängnisvollen Beschlüsse von Teheran und Jalta.

Kaum hatte Roosevelt das Davies-Memorandum zur Kenntnis genommen, fiel alle Zögerlichkeit von ihm ab. Am 11. Juli rief er Hopkins zu sich in sein Studio im Weißen Haus: Der Präsident hatte eine Karte vor sich, die er aus der Zeitschrift *National Geographic* herausgerissen hatte. Sie zeigte den Atlantischen Ozean. Roosevelt zog eine Linie durch das Meer – bis hierhin würden die amerikanischen Seestreitkräfte den Schutz der Hilfslieferungen nach Murmansk übernehmen. Es war eine Linie, die sich östlich von Island, das die USA vier Tage vorher besetzt hatten, bis hinunter nach Schottland erstreckte. Alles Weitere östlich davon war Sache der Briten. Dann kritzelte Roosevelt ein paar Zeilen an den amerikanischen Botschafter in London auf's Papier. Sie kündigten die bevorstehende Rückkehr seines Vertrauten in die britische Hauptstadt an. Es war eine der berühmt-berüchtigten, aber dennoch wohlüberlegten Augenblicksentscheidungen des Präsidenten. Zwei Tage später flog Hopkins nach London. Achtzehn Tage später begab er sich auf den Weg nach Moskau mit Roosevelts überwältigend schlichter Instruktion in der Tasche.

Eile war wirklich geboten. Schließlich war Eden inzwischen schon in Moskau gewesen – schneller als Hopkins. Roosevelt drohte den Anschluß zu verpassen in einer Situation, die über das Schicksal der Welt in den nächsten Generationen entscheiden würde – und dies drei Wochen vor Roosevelts erstem Treffen mit Churchill. Bis dahin mußte er eigene Informationen über Stalin haben, Informationen aus erster Hand, die ihn befähigten, sinnvolle Verhandlungen mit Churchill zu führen – Verhandlungen, die Stalin vielleicht schon mit einschlossen, auch wenn der sowjetische Diktator nicht mit am Tisch sitzen würde. Alles, wirklich alles würde anders werden, wenn es seinem Vertrauten jetzt gelang, das Vertrauen Stalins zu gewinnen.

Auch diese Überlegungen haben bei Roosevelts Entschluß mitgespielt, Hopkins so schnell nach Moskau zu entsenden, fast überhastet. Tatsächlich machte der Präsident im Juli 1941 einen entscheidenden Fehler, als er sich nicht die Zeit nahm, in Ruhe die Informationen auszuwerten, die Eden aus Moskau mitgebracht hatte: Stalin hatte auf einem förmlichen Vertrag mit England bestanden! Und nicht nur das: Stalin hatte gefordert, dieser Vertrag müsse, was Rußland angehe, auf der Basis des territorialen *status quo* geschlossen werden – also einschließlich der gewaltsamen Eroberungen, die Rußland in den beiden ersten Kriegsjahren an der Seite Hitlers in Polen, in Finnland, im Baltikum und in Bessarabien gemacht hatte.

Das war ein deutliches Warnsignal – ein unübersehbarer Hinweis auf das, was Stalin in Europa vorhatte. Zwar gelang es Eden, dieses Ansinnen von sich zu weisen – der britisch-russische Vertrag sprach lediglich davon, »daß dieses Abkommen später durch detaillierte politische und militärische Vereinbarungen ergänzt werden könnte.« [8]

Mit Vorbedacht hieß es »könnte« – nicht »sollte«. Die britische Diplomatie hatte jede Festlegung in bezug auf die künftigen Grenzen in Europa vermieden. Trotzdem wußte nun jedermann in Washington und London seit Mitte Juli 1941: Stalin ging es gar nicht so sehr um westliche Hilfe – er hatte sich, wie Hopkins von Eden erfuhr, »von dem englischen Hilfsangebot nicht übermäßig imponieren lassen.« [9] Das heißt: Stalin ging es in erster Linie um die Bestätigung seiner Machtposition, die er in Ostmitteleuropa bereits ansatzweise gewonnen hatte. Die wollte er mit Hilfe des Westens festigen oder sogar ausbauen.

Jedermann wußte es – auch Roosevelt. Mit Vorbedacht begab er sich also im Juli 1941 auf die schiefe Bahn, die nach Teheran und Jalta führte. Bewußt wies er Hopkins nicht an, gegen die sowjetischen Expansionsabsichten in Europa den energischen Widerstand Amerikas anzumelden. Mit voller Überlegung verzichtete er auf einen förmlichen Bündnisvertrag. Gehörte Rußland nicht schon die Hälfte Polens, um dessenwillen die Westmächte in den Krieg gegen die Nazi-Barbarei gezogen waren? Hopkins sagte zu Stalin davon kein einziges Wort – nichts davon stand in seinen Weisungen, die der Präsident ihm mit auf den Weg gegeben hatte. Roosevelt opferte die osteuropäischen Staaten also nicht erst in Teheran oder Jalta – er baute dieses Opfer vielmehr von vornherein in das Fundament seiner Koalition mit Stalin, ein Opfer zu Lasten Dritter. Es beruhte nicht auf Vergeßlichkeit oder Unkenntnis, auf übergroßer Hast oder auf irgendeiner rätselhaften Krankheit. Das Opfer beruhte auf Roosevelts voller Absicht. Es war vorprogrammiert. Es war ein integraler Bestandteil jenes militärischen und politischen Konzepts, das Roosevelt in und mit dem Zweiten Weltkrieg bis zur Wetterscheide des Jahres 1944 verfolgte.

Streng genommen, hatte Roosevelt die schiefe Bahn einer stillschweigenden Akzeptanz jener einseitigen und aggressiven Eingriffe in den territorialen Besitzstand Osteuropas, welche die Sowjetunion bis 1945 vornahm, sogar schon 1939 betreten. Damals hatte er beizeiten Kenntnis vom Hitler-Stalin-Pakt und der in einem geheimen Zusatzprotokoll vereinbarten vierten Teilung Polens erhalten – rechtzeitig genug, um durch einen Aufschrei der Empörung den ganzen Krieg aufzuhalten. Aber schon damals unternahm der Präsident nichts, um das todgeweihte Polen zu retten. [10]

Ebenso wort- und grußlos ließ Roosevelt 1939/40 die baltischen Staaten fallen. Nur im Falle Finnlands, das wegen der pünktlichen Tilgung seiner Schulden aus dem Ersten Weltkrieg in den Vereinigten Staaten recht viel Sympathie genoß, verhängte er ein »moralisches Embargo« und einige Handelsrestriktionen

gegen die Sowjetunion. Der Grund: Der Völkerbund hatte Rußland im
Dezember 1939 als »Aggressor« gebrandmarkt und aus seinen Reihen ausgeschlossen. Schon ein Jahr später, als niemand mehr daran dachte, hob Roosevelt seine Sanktionen jedoch wieder auf.

In allen diesen Fällen von sowjetischer Aggression, Okkupation und Annektion reagierte Präsident Roosevelt jeweils gerade nur so stark oder so schwach,
wie es sein Image als freiheits- und friedliebender Weltpräsident gegenüber den
Raubzügen Stalins und der Kritik seiner innenpolitischen Gegner gerade noch
erlaubte. Eisern hielt er trotz Widerlegung durch die praktische Politik Stalins
daran fest, die Sowjetunion sei eine »friedliebende« und keine »imperialistische« Macht, weil er wußte, daß er die beabsichtigte Koalition mit dem
sowjetischen Diktator nur so eines Tages innen- und außenpolitisch würde
rechtfertigen können, ohne sein Image zu verletzen. [11] Um fast jeden Preis
verhinderte Roosevelt vor und nach 1941, daß die Weltöffentlichkeit Stalin mit
Hitler und den anderen faschistischen Aggressoren in eine Reihe stellte –
Aggressoren, die der Präsident längst als Weltfeind Nr. 1 gebrandmarkt hatte.
Dies war der eigentliche Grund dafür, daß Welles auf seiner sogenannten
»Friedensmission« im Frühjahr 1940 – nach Berlin und Rom – nicht ebenfalls
Moskau berührte.

Wie der amerikanische Präsident 1943 erstmals verschiedenen Adressaten
gegenüber im Vertrauen und im Zusammenhang dargelegt hat, lief seine
Rußlandpolitik nämlich nicht nur auf die Zerschlagung des Deutschen Reiches
hinaus. Ihr eigentliches und letztes Ziel war das Kondominium der beiden
außereuropäischen Flügelmächte Amerika und Rußland über die ganze Welt.
Die amerikanisch-russische Zweierherrschaft sollte zwar auf den Trümmern
des deutschen und des japanischen Reiches errichtet werden – unter Assistenz
Englands und Chinas. Aber nach Roosevelts Vorstellungen basierte es letzten
Endes auf der Teilung Europas. [12]

Der Präsident hatte vor, das Deutsche Reich in verschiedene Zonen aufzuteilen und den angrenzenden Staaten zuzuschlagen. Westeuropa mit Frankreich,
der iberischen Halbinsel, Italien und Griechenland sollte ein »britisches Protektorat« werden. Dagegen sollten Finnland, die baltischen Staaten, Ostpolen
und Bessarabien der russischen Interessensphäre angehören. Österreich, Ungarn und Kroatien gedachte der Präsident den Status von »russischen Protekto-
raten« zu, ohne zu sagen, was er mit dem reichlich viktorianisch anmutenden
Begriff des »Protektorates« eigentlich meinte. Und schließlich sollte Rußland
noch in den Krieg gegen Japan eintreten, um Amerika den beim Sturm auf die
Hauptinseln zu erwartenden Verlust an Gut und Blut zu ersparen.

Das war die Blaupause der neuen Weltordnung, die Roosevelt sicher schon
1941 im Kopf gehabt hatte, als er seine Koalition mit Stalin im Geschwind-
schritt anbahnte. Dabei entsprach die mehr oder weniger stillschweigende
Akzeptanz der russischen Eroberungen und der Aufteilung Europas seinen
machtpolitischen und, wenn man so will, ideologischen Überzeugungen.
Freilich ist die Vorstellung, Roosevelt sei ein verkappter Kommunist gewesen,

so abwegig und absurd, daß wir kaum wagen, sie hier niederzuschreiben. Der ergraute Sproß einer der vornehmsten Ostküstenfamilien – ein Kommunist! Dieser Flottenfetischist! Dieser Viktorianer! Dieser Amerikanist! In der Tat ist die Vorstellung von Roosevelt als einem heimlichen Kommunisten so abwegig wie die Vorstellung von Churchill als einem heimlichen Anti-Alkoholiker. Eine solche Vorstellung hätte die beträchtlichen schauspielerischen Fähigkeiten dieser beiden professionellen Selbstdarsteller, die mit den Größen der Wirtschaft ebenso auf Du und Du standen wie mit einem guten Tropfen, dann wohl doch bei weitem überfordert, und man kann Roosevelts Rußlandpolitik überzeugender mit anderen Motiven erklären als mit den angestaubten Hysterien der McCarthy-Ära.

Roosevelt hatte eine romantische Beziehung zum Kommunismus – der aristokratische Schöpfer des *New Deal* hielt sich ja selbst für einen großen Sozialreformer, für basisnah, liberal, demokratisch und weltoffen. Und in der Tat, Roosevelt war bis zu einem gewissen Grade ebenso progressiv wie viele Intellektuelle seiner Umgebung, von denen einige wirklich Kommunisten waren. Aber Robert Nisbett hat recht, wenn er Roosevelts Beziehung zum Kommunismus als »Flirt« bezeichnet [13]: Sie war schick, oberflächlich und etwas erotisch, weil sie dem sonst sehr handfest, real und etabliert wirkenden Präsidenten im intellektuellen Klima Washingtons etwas Anziehendes gab. Für einen in der Wolle gefärbten Kommunisten, der sich auf die ehernen Lehren von Marx und Lenin berief, war Roosevelt viel zu spontan, flexibel und unphilosophisch. Ihn langweilten die bierernsten Sozialisten und doktrinären Weltverbesserer des *New Deal*, und sein Verständnis des Kommunismus war im Grunde ebenso flüchtig wie sein Verständnis des Nationalsozialismus. Beide Weltanschauungen repräsentierten irgendeine unerklärliche Abirrung von Amerikas göttlicher Schicksalsbestimmung. Sie waren für den Präsidenten ebenso weit entfernt von jeder wissenschaftlichen Theorie über den sogenannten »Totalitarismus«.

Tatsächlich hat sich Roosevelt Stalin gegenüber selbst einmal als »Realisten« bezeichnet, und einen solchen Realisten hat er auch in dem sowjetischen Diktator gesehen. Dieses Bild kann man aus jenem blumigen Bericht herauslesen, den Hopkins nach seinem ersten Besuch im Kreml für den Präsidenten verfaßte: »Nicht *einmal* wiederholte er sich. Er sprach, wie er wußte, daß seine Truppen schossen – scharf und fest. Er begrüßte mich mit ein paar schnellen russischen Worten und schüttelte mir kurz und höflich mit festem Druck und warmem Lächeln die Hand ... Bei unserer zweiten Begegnung sprachen wir fast vier Stunden lang miteinander ... Und als wir uns verabschiedeten, geschah es mit der gleichen Bestimmtheit. Er sagte nur *einmal* ›Good bye‹, so wie er nur *einmal* ›Hello‹ gesagt hatte ... Niemand könnte das Bild des Diktators von Rußland vergessen, wie er da stand, um mich abreisen zu sehen – eine strenge, markante, entschlossene Gestalt in Stiefeln, die wie Spiegel glänzten, in kräftigen, ausgebeulten Hosen und gutsitzendem Hemd ...«
[14]

Wenn man sich die Worte anschaut, die diesem aufschlußreichen Text seine eigentümliche Färbung geben – scharf, fest, bestimmt, streng, markant, entschlossen, warm, bestimmt – dann ergeben sie das Bild eines Realisten. Mehr noch: Sie ergeben das Bild, das seine Umwelt von Roosevelt und das der Präsident wahrscheinlich sogar von sich selber hatte, sein Selbstbild. Tatsächlich beruhten Roosevelts Beziehungen zu Stalin und der grundlegende Fehler, den er bei deren Gestaltung machte, weder auf seiner angeblichen kommunistischen Gesinnung, noch auf einer Unterschätzung der kommunistischen Ideologie, noch auf Blindheit gegenüber Stalins Herrschaftswillen. Sie beruhten schlicht und ergreifend darauf, daß Roosevelt von sich selbst auf Stalin schloß, daß er ihn für einen Mann seinesgleichen hielt, gewissermaßen für einen russischen Amerikaner oder amerikanischen Russen, mit dem er auf irgendeine, wenn auch noch nicht näher durchdachte Art und Weise schon irgendwie klarkommen würde – realistisch, pragmatisch, kompromißbereit, wie beide nun einmal veranlagt waren.

Nur so ist die sonst unfaßliche Tatsache zu erklären, daß der amerikanische Präsident in einer seiner ersten Briefe an den sowjetischen Diktator, in dem er von seinem Wunsch nach einer persönlichen Begegnung sprach, die ungewöhnliche Wendung von den »zwei Seelen« wählte, die »im persönlichen Gespräch« zueinander finden sollten. [15] Denn Roosevelt meinte damit niemand anderen als Stalin und sich selbst. Nur so ist auch Roosevelts Vorstellung zu verstehen, er könne »allein mit Stalin besser fertig werden« als Churchill. [16] Zur Begründung schrieb der Präsident an den perplexen Premierminister: »Stalin kann Ihre Spitzenleute auf den Tod nicht ausstehen« – eine Feststellung, die auf ihn selbst übrigens ebenso zutraf wie auf viele Mitarbeiter der Roosevelt-Administration.

Tatsächlich fühlte sich Roosevelt in politischer Hinsicht dem Georgier näher als dem Briten. Churchill war für ihn nützlich, amüsant und in seiner unverwechselbaren Art und Weise auch bis zu einem gewissen Grade sympathisch – ein freundlicher, quirliger, etwas bizarrer Alter mit einer Vorliebe für dicke Zigarren, der gern einen über den Durst trank und der die Gipfelkonferenzen mit seinen schwärmerischen Gesängen, Rezitationen und Geschichtserzählungen bereicherte. Einmal, in Casablanca, ist Churchill sogar in seinem grellroten Kimono und in Pantoffeln dem scheidenden Präsidenten hinterhergeeilt, weil er nach einer feuchtfröhlichen Nacht verschlafen hatte.

Der amerikanische Präsident war mit seiner globalen Seekriegführung auf den britischen Premierminister angewiesen wie dieser auf ihn, ob die beiden nun wollten oder nicht. Sie waren Zwangs-, nicht Wunschpartner. Aber im Grunde repräsentierte der frühere Held des Burenkrieges, Kolonialstaatssekretär und Erste Lord der Admiralität in Roosevelts Augen das »goldene Zeitalter« des britischen Dampfschiff-Imperialismus. Dieses Zeitalter war aus der Sicht der liberal-demokratischen Internationalisten endgültig vorbei – und sofern es noch nicht vorbei war, hatte der Präsident beschlossen, es bei Gelegenheit des Zweiten Weltkrieges zu beenden, und zwar mit Stalins Hilfe.

Dem sowjetischen Experiment, eine uralte europäische Monarchie und Despotie von Grund auf umzukrempeln in eine moderne soziale Demokratie, zollte Roosevelt dagegen großen Respekt, und was daran gewalttätig, sozialistisch oder kommunistisch in einem doktrinären Sinne war, das nahm er nur widerwillig zur Kenntnis. Wenn er die Kette blutiger Verfolgungen und Säuberungen betrachtete, die den Weg Rußlands seit der Oktoberrevolution auf seinem Weg in eine bessere Zukunft säumten, dann dachte der Präsident wahrscheinlich an den Unabhängigkeitskrieg, an den Sezessionskrieg und an die anderen Kriege, die sein eigenes Land zu dem gemacht hatten, was es heute seiner Meinung nach war – eines der mächtigsten, fortschrittlichsten und glücklichsten Länder der Erde. In diesem Sinne hielt er eine Reform des kommunistischen Systems von innen heraus und eine allmähliche Konvergenz mit dem amerikanischen System für möglich. [17]

Natürlich war eine Menge Wunschdenken dabei. Aber auf der Hoffnung, daß die Sowjetunion eines Tages ein ebenbürtiger und auch moralisch gleichwertiger Partner der Vereinigten Staaten von Amerika sein würde, gründete sich Roosevelts ganzes außenpolitisches Denken. Es war, wie wir gesehen haben, das realpolitische, macchiavellistische, an den Kategorien Wilsons und Teddy Roosevelts geschulte Denken eines »kalten Realisten«, das, wie der Präsident ungeprüft voraussetzte, am besten zu dem ebenfalls realistischen Denken Stalins paßte.

Deshalb hielt Roosevelt auch ein amerikanisch-russisches Kondominium im Weltmaßstab für möglich mit England und China als Juniorpartnern. Es war die logische, wenn auch etwas kurzschlüssige Folgerung, die er aus der vermuteten Seelenverwandtschaft mit Stalin zog. Die von ihm geplante Auslieferung Europas östlich der Elbe an die Sowjetunion sowie die Abtretung bestimmter fernöstlicher Gebiete betrachtete der Präsident denn auch gar nicht als unfreiwillige Aufopferung von Völkern oder Menschen, die lieber unter westlich-kapitalistischen Vorzeichen gelebt hätten, sondern im Gegenteil als große historische Chance für ihre soziale und politische Weiterentwicklung.

Natürlich sah der Seestratege Roosevelt sehr nüchtern, daß er in einem siegreichen Krieg, in dem Rußland auf der Seite Amerikas kämpfte, keinerlei Handhabe gegen einen Vormarsch der Roten Armee bis nach Mitteleuropa haben würde, wenn er nicht in einen offenen Konflikt mit Stalin geraten wollte. Aber gerade das wollte er ja nicht um seiner neuen Weltordnung willen. Abgesehen davon, daß der Präsident hoffte, die Russen würden von selbst an irgeneiner Linie freiwillig Halt machen, um den guten Willen der Westmächte nicht zu überfordern, glaubte er geradezu inbrünstig daran, Osteuropa werde als »russisches Protektorat« den Anschluß an die moderne zivilisatorische Entwicklung finden. Es war also keine Plage, sondern eine Wohltat, die Roosevelt den Völkern Osteuropas ursprünglich zugedacht hatte – keine Hölle, sondern ein Elysium.

Aus diesem Grund hatte Roosevelt von Anbeginn seiner Präsidentschaft an um die Partnerschaft Stalins geworben, ohne sie vor 1941 je ganz zu bekommen. Er setzte 1933 die diplomatische Anerkennung der Sowjetunion innenpolitisch durch. Er ebnete Stalin dadurch 1934 den Weg in den Völkerbund. Er entsandte seinen engsten außenpolitischen Berater und Freund William C. Bullitt als Botschafter nach Moskau. Als dieser 1936 total ernüchtert nach Paris überwechselte, folgte ihm Roosevelts Freund Joseph E. Davies. Er hatte die Aufgabe, Rußland aktiv in das große außenpolitische *design* des Präsidenten einzubeziehen – in die geplante Verhängung der Quarantäne über die Achsenmächte, insbesondere über Hitler, und in das daraus folgende amerikanisch-sowjetische Kondominium. [18] Aber dieses Vorhaben scheiterte 1938 vorläufig an der *Appeasement*-Politik Deutschlands, Englands, Frankreichs und Italiens.

Der Hitler-Stalin Pakt von 1939 war für Roosevelt eine herbe Enttäuschung, und die anschließenden Interventionen der Sowjetunion in Polen, Finnland, dem Baltikum und Bessarabien bereiteten ihm eine nicht geringe Verlegenheit. Was nur, so mochte sich der Präsident fragen, war mit all' diesen Teufelspakten, Raubzügen und Kriegen plötzlich in seinen Wunsch-Partner gefahren? Aber sie überraschten ihn nicht. Sie brachten ihn auch nicht dazu, moralisch den Stab über Stalin zu brechen. Sie lösten bei ihm nicht einmal eine Veränderung seines politischen und militärischen Konzeptes aus. Geduldig, zäh und selbstüberzeugt wartete Roosevelt seine weltgeschichtliche Chance ab, indem er verhinderte, was er zu verhindern vermochte – den Abbruch der diplomatischen Beziehungen zwischen Washington und Moskau und die Anrufung des amerikanischen Neutralitätsgesetzes angesichts des russischen Krieges gegen Polen, das Baltikum und Finnland. Stalin handelte, indem er in Europa erste Voraussetzungen für die Expansion Rußlands bis an die Elbe schuf, und Roosevelt, vorübergehend zur Untätigkeit verurteilt, wartete in der Festung Amerika auf die historische Chance für seine Koalition mit der Sowjetununion.

Der Präsident ahnte, daß diese Chance irgendwann einmal kommen würde – er hoffte es zumindest. Vielleicht hat er sogar mehr für ihr Zustandekommen getan, als wir bis heute wissen. Irgendwann, so hoffte Roosevelt, nachdem es ihm gelungen war, Churchill auf profitable Weise an sich zu binden, würde auch Stalin kommen. Stalin würde dann kommen, wenn Hitler, der die westliche Quarantäne weder 1939 noch 1940 noch 1941 durchbrechen konnte, zum letzten Mittel greifen würde, das ihm in seiner hinter allen Blitzsiegen nur schlecht verhüllten Ohnmacht zur Verfügung stand – zum Krieg gegen Rußland. Oder wenn Stalin Hitlers Ohmacht durchschauen und von sich aus die Koalition wechseln würde, um Deutschland anzugreifen.

Diese Hoffnung vor Augen, begann Roosevelt ab Sommer 1940, nach dem Abklingen des finnischen Schocks, wieder Brücken nach Moskau zu bauen: Rund zwei Dutzend Mal trafen er und Welles bis Frühjahr 1941 in der amerikanischen Hauptstadt mit dem sowjetischen Botschafter Umanski zu Gesprächen zusammen, die nicht selten in freundschaftlichem Ton verliefen. Im Ergebnis wurden amerikanische Handelsbarrieren abgebaut und russische

Techniker wieder zu amerikanischen Rüstungsfabriken zugelassen. Aber das war gar nicht so wichtig – Hauptsache, die Richtung dieses weltgeschichtlichen *rapprochements* stimmte. Der deutsche Historiker Franz Knipping bringt diese Richtung auf den Punkt: »Die amerikanische Seite war daran interessiert, den Sowjets entgegenzukommen.« [19]

Damit wollte Roosevelt zunächst eine Annäherung Rußlands an Japan verhindern bzw. Japan von aggressiven Handlungen gegen westliche Positionen im pazifisch-asiatischen Raum abschrecken. Dahinter stand jedoch stets die unausgesprochene Absicht des Präsidenten, Stalin aufzufangen, sobald es zwischen diesem und Hitler zum Bruch kommen würde. Erste Anzeichen dafür, daß sich Konfliktstoff im deutsch-russischen Verhältnis ansammelte, registrierte Washington im Sommer 1940: Aus Ost-Polen wurde gemeldet, Stalin ziehe starke Truppenverbände zusammen. Zwischen Moskau und Berlin häuften sich diplomatische Mißhelligkeiten. Ab Oktober 1940 schloß man in der amerikanischen Hauptstadt eine Zuspitzung der Entwicklung bis zum Äußersten nicht mehr aus – bis zum deutsch-russischen Krieg.

Nach Abschluß des Drei-Mächte-Pakts zwischen Deutschland, Japan und Italien am 27. September 1940, der eine antisowjetische Spitze hatte, zeigte auch der Kreml erstmals Entgegenkommen, und Roosevelt begann jetzt, Stalin aktiv aus dem Bündnis mit Hitler herauszulösen: Am 26. Oktober – einen Monat vor Molotows Besuch in Berlin, der beinahe schon zum Bruch führte – ließ der Präsident der sowjetischen Regierung seinen Wunsch nach einer »engeren und freundschaftlicheren Verbindung« übermitteln, »die einen wertvollen Faktor bei der Verhinderung einer weiteren Ausdehnung des Krieges darstellen wird.« Wie immer vorsichtig verklausuliert und zunächst vielleicht wirklich nur auf Japan bezogen, wurde damit von Roosevelt bereits das Ziel einer amerikanisch-sowjetischen Koalition angesprochen, natürlich nicht um eine »weitere Ausdehnung des Krieges« zu verhindern, sondern um die deutschen Fronten zu überdehnen. In seiner Antwort ließ Außenminister Molotow folgerichtig »einen gewissen Grad an Enthusiasmus« erkennen. [20]

Seit dem 18. Dezember 1940 wartete Roosevelt gespannt auf den Ausbruch des deutsch-russischen Krieges – an diesem Tag kam der Handelsattaché an der amerikanischen Botschaft zu Berlin, Sam E. Woods, auf abenteuerliche Weise in den Besitz der noch druckfrischen Führerweisung Nr. 18 »Unternehmen Barbarossa.« [21] Möglicherweise schon im Januar, ganz gewiß aber im März 1941 ließ Roosevelt Stalin offiziell von Hitlers Angriffsabsichten in Kenntnis setzen. Dieser Umstand führt den neuerdings von der Forschung herausgearbeiteten Defensiv-Aufmarsch der Roten Armee, der sich zeitgleich mit dem deutschen Offensiv-Aufmarsch vollzog, auf eine amerikanische und nicht, wie allgemein angenommen, britische Quelle von höchster Autorität zurück, nämlich auf den amerikanischen Präsidenten.

Roosevelts Information an die Adresse Stalins setzt den amerikanischen Präsidenten in eine ebenso enge Beziehung zum deutsch-russischen Krieg, wie seine Nicht-Information der Polen über den Teilungspakt zwischen Stalin und

Hitler zum deutschen Angriff auf Polen – also zum Beginn des Zweiten Weltkrieges. Kein Zweifel, in beiden Fällen hat Roosevelt mit bestimmten Informationen bzw. mit der Vorenthaltung bestimmter Informationen große Politik gemacht – nicht um einen Krieg zu verhindern, sondern um »Krieg (zu) haben, ohne ihn zu machen.« Dadurch und durch die gleichzeitige Vermeidung einer konstruktiven Vermittlung hat er vor der Geschichte eine erhebliche Mitverantwortung an den jeweils folgenden Ereignissen auf sich geladen – am Ausbruch des europäischen Krieges 1939 ebenso wie an dessen Ausweitung zum Weltkrieg 1941. [22]

Nachdem der deutsch-russische Krieg am 22. Juni 1941 endlich ausgebrochen war, setzte Roosevelt nach kurzem Zögern alles daran, Stalin davon abzuhalten, den raschen, wenn auch noch nicht entscheidenden Vormarsch der deutschen Wehrmacht durch ein »Super-München« zu stoppen. Die Verhinderung einer Verhandlungslösung durch die vorbehaltlose Zusage amerikanischer Hilfe – das war der eigentliche Sinn und Zweck von Hopkins' Reise nach Moskau. Schließlich hatte Stalin in den letzten Monaten versucht, Hitler durch scheinbares Entgegenkommen noch einmal zu beschwichtigen.

Außerdem hatte der russisch-japanische Neutralitätsvertrag quasi in vorletzter Minute, nämlich am 13. April 1941, ein neues und in seinen Auswirkungen schwer berechenbares Faktum geschaffen: Einerseits erhielt Japan dadurch Rückenfreiheit für einen Vorstoß Richtung Südostasien, was Roosevelt nicht recht war, weil es Amerika als erstes in einen pazifisch-asiatischen Krieg verwickeln konnte. Andererseits erhielt Stalin dadurch Rückenfreiheit für seinen Krieg mit Hitler, was durchaus in Roosevelts Konzept paßte, das bekanntlich vor allem gegen Deutschland gerichtet war.

Mit Vorbedacht hatte der Präsident freilich schon Anfang des Jahres 1941 die notwendigen Voraussetzungen für das *renversement des coalitions* geschaffen: Die ursprüngliche Liste der Empfängerstaaten, die in den Genuß des neuen Leih- und Pachtgesetzes kommen sollten, wurde zwei Tage, bevor der Präsident den Gesetzentwurf in den Kongreß einbrachte, von Außenminister Hull zurückgezogen – sie hatte die Sowjetunion noch nicht enthalten. Dann aber ließ Roosevelt den Gesetzestext so modifizieren, daß der Präsident ganz allgemein ermächtigt wurde, »jeden Staat«, dessen Verteidigung ihm »lebenswichtig für die Verteidigung der Vereinigten Staaten« schien, nach Belieben aus dem unerschöpflichen Füllhorn der amerikanischen Rüstungsindustrie bedienen konnte – auch Rußland. Nach der Verabschiedung des Pacht- und Leihgesetzes am 11. März 1941 lag Roosevelts dicker Köder aus – Stalin brauchte nur noch zuzugreifen.

Viele Senatoren und Kongreßleute durchschauten Roosevelts Manöver, aber der Kongreß insgesamt war nicht mehr in der Lage, sich angesichts der zunehmend kriegerischen Stimmung, welche die amerikanische Öffentlichkeit inzwischen erfaßt hatte, der dreisten Zumutungen des erst kürzlich wiedergewählten Präsidenten zu erwehren. Franz Knipping faßt die Beratungen zusammen: »Stimson mußte sich während eines Hearings... die Frage gefallen lassen, wie die amerikanische Regierung sich anmaßen könne, Aggressoren in verschiedene Kategorien einzuteilen und den Opfern der einen helfen zu wollen, nicht aber den Opfern der anderen. Der Minderheitenbericht des außenpolitischen Senatsausschusses nahm das Hearing Hulls zum Anlaß einer Vertiefung dieser Frage. Der Außenminister, so hieß es dort, habe... ein furchterregendes Bild der Aggressorstaaten gezeichnet. Aber er vermeidet es sorgfältig, Rußland zu erwähnen, und die Tinte auf dem Papier, das dem Ausschuß unterbreitet wurde, war kaum trocken, da hob er das ›moralische Embargo‹ gegen Rußland auf, und Rußland erschien weiß wie Schnee, und alle seine Sünden waren vergessen und vergeben.«

Aber, und auch das vergißt Knipping nicht zu erwähnen, »Hull bezeichnete die Möglichkeit einer Ausweitung des Leih- und Pachtgesetzes auf die Sowjetunion [in den Hearings] als hypothetisch und folglich nicht diskutabel.« [23] Das heißt: Das Gesetz beruhte im Endeffekt auf nichts anderem als auf Lüge und Täuschung. In Wirklichkeit erhielten die Sowjets auf der Basis des Leih- und Pachtgesetzes von 1941 bis 1943 mehr als 4,5 Millionen Tonnen an Kriegsmaterial aller Art und in den folgenden zwölf Monaten noch einmal 5,5 Millionen Tonnen – mehr als jeder andere Verbündete der USA. [22a]

Vergleicht man Roosevelts Koalition mit Stalin mit jener Koalition, die Roosevelt ein Jahr zuvor mit Churchill unter ähnlich dramatischen Umständen gebildet hatte, kann man bestimmte Ähnlichkeiten und Unterschiede feststellen. Ähnlich war zunächst einmal die informelle Form der Anbahnung. In beiden Fällen bediente sich der Präsident persönlicher Abgesandter, deren Urteil er voll vertraute – Donovans im Falle Großbritanniens und Hopkins' im Falle Rußlands. Das heißt, er schloß die diplomatischen Experten seines Außenministeriums im entscheidenden Augenblick aus, um sein Ziel schnell und ungehindert zu erreichen.

In beiden Fällen kam es auch zunächst nicht zu einem förmlichen Bündnisvertrag auf Gegenseitigkeit, sondern nur zu unilateralen Hilfszusagen Roosevelts, für die sich Rußland allerdings, im Gegensatz zu England, zu keinerlei schriftlich fixierter Gegenleistung verpflichten mußte – eine völlig unorthodoxe, unabgesicherte und auch unzweckmäßige Methode der Bündnisanbahnung, wie sie in der europäischen Geschichte ohne Beispiel ist. Der amerikanische Präsident setzte im Falle Rußlands alles auf eine einzige Karte – nämlich darauf, daß es Hopkins tatsächlich gelingen würde, als sein *alter ego* das Vertrauen Stalins zu gewinnen, und daß sich Stalin dieses Vertrauens als würdig erweisen werde. Was aber, wenn es Hopkins nicht gelang? Wenn Stalin Bedingungen stellte oder seinerseits einen Vertrag verlangte? Wenn er sich des in ihn gesetzten Vertrauens nicht als würdig erwies? Unter dem Blickwinkel seines eigenen Konzepts von Politik und Kriegführung ging der Präsident ein unvertretbar hohes Risiko ein, als er diese amateurhafte Methode wählte. Wie im Fall Großbritannien kam ein förmlicher Vertragszustand auch im Falle Rußlands erst durch den multilateralen Pakt von Washington zustande.

Für Roosevelt hatten beide Koalitionen eine globale strategische Dimension –

sie sollten sich über die ganze Welt erstrecken. Das heißt: Sie sollten die politisch-militärische Entwicklung vor und nach dem amerikanischen Kriegs-eintritt auch in den Gebieten beeinflussen, die außerhalb der Reichweite amerikanischer Streitkräfte lagen. Im Fall der britischen Koalition ist diese strategische Dimension etwas schwerer zu fassen, weil sie sich praktisch über alle sieben Weltmeere erstreckte. Dagegen hatte das russische Bündnis eindeu-tig die strategische Funktion, Deutschland zusätzlich zu seiner West- noch eine Ostfront aufzuzwingen, dadurch den größten Teil der Wehrmacht zu binden und Hitler durch die Überforderung seiner Kräfte schließlich in das Chaos der totalen Niederlage zu stürzen.

Der wichtigste Unterschied bestand jedoch darin, daß es sich bei der amerika-nisch-britischen Koalition um ein maritimes Bündnis handelte – also um die Allianz von zwei Mächten, die vor allem ihre Seestreitkräfte zu gemeinsamen Operationen zusammenführten. Davon kann man im Zusammenhang mit der amerikanisch-russischen Koalition nicht sprechen. Abgesehen davon, daß Stalin damals noch keine vergleichbare Flotte hatte – seine Armeen waren ab 1941 in einem klassischen Landkrieg beschäftigt, zu dem amerikanische und britische Truppen praktisch keinen Zugang hatten. Die russischen Armeen wurden zwar von Amerika und England überreichlich mit Nachschub versorgt, aber amerikanische und britische Verbände haben zu keinem Zeitpunkt aktiv in den russisch-deutschen Krieg eingegriffen.

Umgekehrt hat kein einziger russicher Grenadier jemals an irgendeiner westli-chen Front gekämpft, und die Sowjetunion hat erst ganz zum Schluß und mehr symbolisch in den amerikanischen Krieg gegen Japan eingegriffen. So fiel Roosevelts Krieg ab 1941 in einen See- und in einen Landkrieg auseinander, die auf zwei kategorial voneinander getrennten Kriegsschauplätzen stattfanden – zu Wasser und zu Lande. Zwar versuchte der amerikanische Präsident und Oberbefehlshaber bei jeder größeren Entscheidung, die er im atlantisch-europäischen oder pazifisch-asiatischen Raum traf, die Auswirkungen auf die russische Front zu bedenken, und diese Rücksichtnahme hat nachweislich manche seiner Entscheidungen beeinflußt – vor allem die, mit amerikanischen Bodentruppen bereits Ende 1942 in die nordafrikanischen Kämpfe einzugrei-fen.

Aber auf der operativen Ebene und in den Kommandostrukturen hat es zwischen dem russischen Landkriegsschauplatz und den westlichen Seekriegs-schauplätzen von 1941 bis 1945 keine wirkliche Koordination gegeben. Die russischen Armeen kämpften hier und die westlichen Flotten und Armeen kämpften dort, aber der russische Generalstab war nicht in den *Combined Chiefs of Staff* vertreten. Stalin hat weder im August 1941 an der Atlantik-Konferenz teilgenommen, noch an einer der zahlreichen Strategiekonferenzen in Quebec oder Washington, die Roosevelt und Churchill in den Jahren 1941 bis 1943 *à deux* abhielten.

So kam es, daß die Sowjetunion ab 1941 eine Art von abgeschiedenem Nebenkrieg führte, der seinen Zweck voll erfüllte: Rund 75 Prozent der

Wehrmacht und zwei Drittel der Luftwaffe waren auf Gedeih und Verderb an der Ostfront gebunden, so daß Roosevelt und Churchill ihren Angriff an der Süd- und Westfront mit einer bedeutend größeren Siegesgewißheit angehen konnten. Im Gegensatz zu dem Nachdruck, mit dem der britische Premierminister stets nach intimen Konferenzen mit Roosevelt verlangte, schien es Stalin freilich gar nicht so eilig zu haben, mit seinen beiden neuen Partnern zusammenzutreffen. Auch Roosevelt ließ die persönlichen Beziehungen fast ein Jahr lang in der Schwebe, nachdem Hopkins erstmals in Moskau gewesen war.

Erst dann, im Frühjahr 1942, nachdem wichtige strategische Entscheidungen auf westlicher Seite bereits gefallen waren, nahm der amerikanische Präsident seine Bemühungen um eine Begegnung mit dem sowjetischen Diktator auf, freilich nicht ohne sich ein Jahr lang eine Abfuhr nach der anderen zu holen. Stalin stimmte erst 1943 dem Treffen in Teheran zu. Es war die erste der beiden Gipfelkonferenzen, welche die drei Hauptalliierten Roosevelt, Churchill und Stalin während des Zweiten Weltkrieges überhaupt abhielten. Die zweite und letzte folgte wenige Monate später in Jalta.

Aber obwohl Stalin lange Zeit gar nicht richtig dazugehörte, saß er ab 1941 ständig als unsichtbarer »dritter Mann« mit am Tisch des Westens – für Roosevelt und Churchill stets gegenwärtig. Dadurch begann sich die Koalition mit England allmählich zu verändern. Sie verlor an Exklusivität. Sie verlor an Bedeutung. Churchill hatte es seit dem Winter 1940/41 zu spüren bekommen – seit der Zeit, als Roosevelt damit begann, aktiv die Verbindung zu Stalin zu suchen.

Damals hatte es die ersten Benachteiligungen Großbritanniens bei der Verteilung der amerikanischen Rüstungslieferungen gegeben. Vieles davon ging seitdem vorrangig nach Murmansk. Für England blieb weniger übrig, und es begann ein vierjähriger bitterer Kampf mit der Roosevelt-Administration um die Prioritäten – mit dem Ergebnis, daß England oft genug hinter Rußland zurücktreten mußte. Aufstieg und Fall der Mächte wurde damals durch den Transfer amerikanischer Güter und amerikanischen Wissens bestimmt, und England sank immer tiefer. Einmal hat Roosevelt die frühere Supermacht sogar damit gedemütigt, daß er ihren Regierungschef nach Moskau schickte, um dort für den Ausfall von Lieferungen und die Verschiebung der westalliierten Landung in Nordeuropa um das nötige Verständnis zu bitten.

Durch Pünktlichkeit, Regelmäßigkeit und Nachhaltigkeit der amerikanischen Lieferungen wollte sich der Präsident die Gunst Stalins erkaufen – dessen Bereitschaft, im Krieg zu bleiben, sich nicht mit Hitler zu versöhnen und sich schließlich auch noch im Fernen Osten militärisch zu engagieren. »To keep Russia happy« – Rußland bei Laune halten: Dieses erstmals im Winter 1940/41 von Roosevelt geprägte Wort war das Schlüsselwort seiner Rußlandpolitik, die simple Linie, der er gegenüber Stalin folgte. Dieser Linie wurde alles geopfert: die wirtschaftlichen Ressourcen Amerikas, die Länder Osteuropas, die italienische Flotte – in der vagen Hoffnung, Stalin werde es bei der

Gestaltung der Nachkriegsordnung mit Kompromißbereitschaft, mit Pragmatismus, mit Realismus vergelten.

Diese Linie war zu simpel, um erfolgreich zu sein. Der Frieden ging daran zuschanden. Aber sie reichte aus, um Roosevelts Hauptkriegsziel zu erreichen – die Zerschlagung Deutschlands und Japans. Churchill hat daran zwar mit zunehmenden Bedenken aktiv mitgewirkt, aber er hat das Jahr 1945 politisch nicht überstanden. Er verlor seine Macht in London ebenso wie Roosevelts dritter Hauptalliierter, General Tschiang Kai-shek, wenig später in Peking.

Anmerkungen

1 Sherwood, Roosevelt & Hopkins, S. 247
2 ebda., S. 255
3 op. cit. Burns, Soldier, S. 637 (Anmerkung)
4 Sherwood, Roosevelt & Hopkins, S. 237
5 ebda., S. 276
6 ebda., S. 235
7 ebda., S. 238 ff.
8 ebda., S. 242
9 ebda., S. 242
10 Bavendamm, Roosevelts Weg, S. 594 ff.
11 Ausdrücklich wurde die Sowjetunion in jener Note als »friedliebende Macht« bezeichnet, mit der Roosevelt im Herbst 1940 begann, Stalin aus seinem Bündnis mit Hitler herauszulösen.
12 Vgl. *Le Figaro*, 7. 2. 51: Roosevelt 20. 2. 43 Zabrousky/Weiss; Gannon, Spellman-Story; Mastny, Russias Road, S. 108
13 Nisbett, Roosevelt und Stalin, S. 9
14 ebda., S. 47 – Hervorhebungen nicht im Original
15 Correspondence, S. 21 f.: FDR 11. 4. 42 Stalin
16 Kimball, Churchill & Roosevelt, Vol. 1: FDR 18. 4. 42 Church
17 PPA 1940, S. 92 f.: FDR glaubte, wie er im Winter 1939/40 vor dem »American Youth Congress« bekannte, also nachdem sich die Sowjetunion bereits Ostpolen einverleibt und den »Winterkrieg« gegen Finnland eröffnet hatte, an die Reformierbarkeit des kommunistischen Systems auch im Sinne einer größeren Friedfertigkeit. Er sagte u. a., daß aus der »grausamen und menschenverachtenden Diktatur« (Stalins) eines Tages »eine friedliebende, volkstümliche Regierung mit freien Wahlen« werden würde, »welche die Integrität ihrer Nachbarn nicht antastet.« In derselben Rede sagte FDR auch, er glaube, daß sich Rußland »eines Tages wieder der Religion zuwenden« werde.
18 Bavendamm, Roosevelts Weg, S. 220 ff.
19 Knipping, Rußlandpolitik, S. 120
20 Hull 26. 10. 40 Steinhardt: FRUS 1940 III S. 399–400 – Ausdrücklich war von einer »association« die Rede. Vgl. Molotows Antwort: Steinhardt 26. 12. 40 Hull, FRUS 1940 III, S. 438–440 – Molotow war zu diesem Zeitpunkt bereits von seinem Besuch bei Hitler in Berlin zurückgekehrt.
21 Knipping, Rußlandpolitik, S. 178
22 Welles, Times, S. 171 und Knipping, Rußlandpolitik, S. 193 – Weit verbreitet, aber irrig ist die Annahme, Churchill habe Stalin als erster westlicher Politiker im April 1941 über den deutschen Aufmarsch informiert.
22a Zahlen bei Herring, Lend-Lease, S. 95
23 ebda., S. 190 f. – Übersetzung D. B.

5.

Die Koalition mit Tschiang Kai-shek

In der »Gemeinsamen Erklärung der Vereinten Nationen«, die am 1. Januar 1942 Roosevelts große Koalition besiegelte, taucht China in der Reihenfolge der wichtigsten Signatarstaaten erst an vierter Stelle auf – hinter den USA, Großbritannien und der Sowjetunion. Das ist kein Zufall. Zwar hatte der Präsident das Reich der Mitte in seinem handschriftlichen Entwurf, den er unter dem frischen Eindruck von Pearl Harbor niederlegte, noch an zweiter Stelle aufgeführt. Dann aber griffen andere Überlegungen Platz, und China rutschte ganz nach hinten, obwohl es im faktischen Sinne Roosevelts erster Hauptverbündeter gewesen ist. [1]

Persönlich hegte der Präsident freundliche Gefühle gegenüber China. Sein Schwiegervater Warren Delano hatte im Chinahandel ein Vermögen gemacht, und seine Mutter Sara Delano war in Hongkong geboren. Der Stammsitz der Familie in *Hyde Park* war mit Chinoiserien vollgestellt, und Roosevelt hatte seine Briefmarkensammlung als zehnjähriger mit seltenen chinesischen Druk- ken begründet. Andererseits machte ihm China zu dem Zeitpunkt, zu dem die Japaner die amerikanische Pazifikflotte angriffen, seit ziemlich genau zehn Jahren, große Sorgen.

Anfang der dreißiger Jahre, mit der Besetzung der Mandschurei, hatten die Japaner begonnen, die Tür nach China zu schließen, auf deren Öffnung die Amerikaner seit Beginn des Jahrhunderts soviel Wert gelegt hatten. Sie verstießen damit auch gegen das Ostasienabkommen, das sie nach dem Ersten Weltkrieg in Washington mit den Westmächten geschlossen hatten. Dann warf Japan, ebenso wie Deutschland, mit dem Austritt aus dem Völkerbund die Fesseln der kollektiven Sicherheit ab. Schließlich gingen die Japaner am 7. Juli 1937 zum offenen Angriff auf Nordchina über, nachdem ihnen die angelsächsi- schen Seemächte auf der Londoner Flottenkonferenz von 1935 die maritime Gleichberechtigung endgültig versagt hatten. Bis 1941 rollten sie den gesamten Küstenstreifen bis hinunter nach Kanton auf. Sie kontrollierten den Handel im Gelben, im Ost- und im Südchinesischen Meer, und sie bedrohten von dort aus sowohl die europäischen Besitzungen im Südwestpazifik, als auch die amerika- nischen Phillippinen.

Niemand hatte sich der japanischen Expansion entgegengestellt – außer den Amerikanern und den Chinesen. Die Vereinigten Staaten weigerten sich unter den Präsidenten Hoover und Roosevelt beharrlich, die japanischen Eroberun- gen völkerrechtlich anzuerkennen, und die chinesische Armee – 1941 drei

Millionen Mann in 300 Divisionen – hatte unter der Führung von Generalissimus Tschiang Kai-shek den Kampf gegen die eine Million japanischer Ein-
dringlinge wacker, wenn auch ziemlich ineffektiv aufgenommen.

Tschiang Kai-shek war, wenn man ihn mit Churchill und Stalin vergleicht,
unter Roosevelts Hauptverbündeten die weitaus am meisten exotische Erscheinung. Von kleinbürgerlicher Herkunft gehörte der zierliche, ruhig und entschlossen wirkende Mann mit dem klaren, faltenlosen Gesicht, den lebhaften
dunklen Knopfaugen und der unvermeidlichen Khaki-Uniform weder zur
schmalen Oberschicht der chinesischen Christen, die westlich erzogen war,
noch war er in den zwanziger Jahren Kommunist geworden. Der Berufssoldat
und Parteigänger Sun Yat-sens hatte seine Ausbildung in Pao-ting, Tokio und
Moskau erhalten, nahm an der Revolution von 1911 teil und setzte sich 1924 an
die Spitze der republikanischen Revolutionsarmee.

Nach Suns Tod spaltete sich die chinesische Staatspartei Kuomintang. Während die Kommunisten unter der Führung Tschou En-lais und Mao Tse-tungs
die soziale Revolution auf ihre Fahnen schrieben, strebte der rechte nationali-
stische Flügel unter Tschiang Kai-shek die Unabhängigkeit seines Landes von
fremden Mächten an. Tatsächlich war China nach dem Ende der Kaiserzeit in
den ersten Jahrzehnten des 20. Jahrhunderts zum Tummelplatz des Kapitalismus und Kolonialismus geworden. Die europäischen Mächte und die Vereinigten Staaten von Amerika hatten das riesige Land durch ungleiche Verträge
rigoroser Ausbeutung unterworfen. Die Herrschaft über die vielen Provinzen
teilten sich miteinander rivialisierende, korrupte, eigensüchtige Satrapen mit
ihren Privatarmeen, und in den Klubs der ausländischen Konzessionen in Tientsin, Schanghai oder Peking ging eine von ihren Geschäften reich und satt
gewordene weiße Clique den üblichen Vergnügungen wie Polo, Bridge oder
Kricket nach, während Kanonenboote unter fremder Flagge auf schlammigen
Flüssen gegen Raub und Plünderung Wache schoben.

In den zwanziger Jahren mehrten sich die Streiks, Demonstrationen und
Boykottbewegungen gegen die fremde Herrschaft. 1926 trat die Revolutionsarmee ihren Marsch nach Norden an, um Hankow, Nanking und Shanghai zu
erobern – nicht einmal 100000 Mann unter dem Oberkommandierenden
Tschiang Kai-shek. Ihre Gegner waren regionale und lokale »war lords«, das
heißt Kriegsherren, die sich aus eigener Kraft, aber auch nur allzuoft mit
fremder Hilfe zu Gebietsfürsten aufgeschwungen hatten. Ganz China befand
sich im Zustand der Anarchie, aber Tschiang hatte nicht weniger vor, als die
alte Kaiserstadt Peking zu erobern, neben der militärischen die politische
Macht an sich zu reißen und eine nationale Regierung zu etablieren. Denn
China, immerhin schon damals ein Land mit einer halben Milliarde Einwoh-
nern, hatte keine.

In den Jahren 1925 bis 1928, als die Nationalisten Nanking und Shanghai
besetzt hielten, erwarb sich Tschiang einen Ruf als »Führer« und als Verfechter
einer mehr oder weniger nebulösen »Ordnung«, die Barbara Tuchmann und
Whitney Griswold später als »eine, allerdings verschlampte und ineffektive

>faschistische Diktatur<« bezeichnet haben. [2] Zugleich streifte er den Verdacht ab, ein heimlicher Kommunist zu sein. Tschiang Kai-shek verbündete sich mit dem Kapital und dem Großgrundbesitz, um im nationalen Maßstab an die Macht zu kommen. Wegen des Vorwurfs der Korruption ging er 1927 nach Japan auf Tauchstation. Doch wurde er als der einzige, der die nationale Einigung gegen die zentrifugalen Kräfte Chinas erzwingen konnte, schon kurz darauf wieder zurückgerufen. 1927 heiratete Tschiang Kai-shek die attraktive Schwester der Witwe Sun Yat-sens, Mai-ling Soong, Tochter einer reichen, westlich orientierten chistlichen Familie aus Shanghai, womit er vollends gesellschaftsfähig wurde. Danach trat er selbst zum Christentum über.

Am 3. Juli 1928 nahmen Tschiangs Nationalisten Peking ein. Seine Nationalregierung ließ sich jedoch in Nanking nieder, um gegenüber dem »Gesandtschaftsviertel« ausländischer Mächte, das China nach wie vor dominierte, das Gesicht zu wahren. Tschiangs Versuch, die vielen Privatarmeen aufzulösen, die *war lords* zu entmachten und sein Land in einer für den Mann auf der Straße fühlbaren Art und Weise zu einigen, scheiterte jedoch in den nächsten Jahren. Etwa 100000 Kommunisten gelang es, auf einem legendären »langen Marsch« in das Innere des unüberschaubaren Landes nach Yennan zu entkommen. Das einst so stolze »Reich der Mitte«, eine Wiege der Menschheit und der menschlichen Kultur, blieb in einem geradezu beschämenden Ausmaß von Bündnissen, Rebellionen und Spaltungen zerklüftet.

Nach Beginn des japanischen Angriffs auf Nordchina im Sommer 1937 zog sich Tschiang mit seiner Regierung nach Hankow zurück, 400 Kilometer den Yangtse hinauf, ebenfalls ins Landesinnere. Dort tauchte in der ersten Dezemberwoche desselben Jahres ein Oberst des amerikanischen Heeres namens Joseph W. Stilwell auf. Stilwell, der bereits von 1926 bis 1929 beim 15. US-Infanterie-Regiment in Tientsin gedient hatte, war 1935 Militärattaché an der amerikanischen Botschaft in Peking geworden. Doch zog er es aus verständlichen Gründen vor, in der Nähe Tschiang Kai-sheks zu bleiben. Denn er hatte von Präsident Roosevelt den Auftrag, den Willen und die Fähigkeit Chinas zum Widerstand gegen Japan zu prüfen.

Im Grunde war es dieselbe Aufgabe, die der Präsident drei Jahre später – im Falle Englands – William J. Donovan und vier Jahre später – im Falle Rußlands – Harry Hopkins übertrug – nur mit dem Unterschied, daß der forsche Stilwell für diese Art von Missionen das Erstgeburtsrecht in Anspruch nehmen konnte. Ansonsten überwogen die Ähnlichkeiten. Auch China befand sich – wie drei Jahre später England und vier Jahre später Rußland – in höchster Bedrängnis. Denn die Japaner hatten soeben unter unvorstellbar grausamen Umständen Nanking erobert, wobei an die 40000 Zivilisten ums Leben kamen. Und Tschiang war ebenso, wie Roosevelt es später im Falle Londons und Moskaus befürchtete, unter diesen Umständen geneigt, Frieden mit seinen Feinden zu machen. Kaum traf der amerikanische Oberst jedoch in Hankow ein, erklärte der Generalissimus am 17. Dezember 1937, sein Land werde den Widerstand gegen die Japaner bis zum letzten fortsetzen.

Roosevelt war 1937 Japan gegenüber von derselben Weltuntergangsstimmung beseelt wie gegenüber Hitler-Deutschland. Seit seiner Studentenzeit glaubte er an einen imaginären 100-Jahre-Plan der japanischen Welteroberung, von dem er irgendwann einmal auf der Universität von Harvard gehört hatte. [3] Danach wollte Japan erst Krieg gegen China führen und sich Korea aneignen, dann Rußland angreifen und die Mandschurei annektieren und schließlich die Herrschaft über Australien, Neuseeland und die Pazifik-Inseln bis nach Hawaii an sich reißen. Wenn der Präsident in der Eroberung der Mandschurei wirklich ein Anzeichen dafür sah, daß die Japaner mit der Realisierung ihrer Weltherrschaft begonnen hatten, wie er Stimson 1931 anvertraute [4], dann folgte er – wie später im Falle Hitlers – einer Obsession, indem er die eigenen Supermachtambitionen auf andere projizierte.

Das änderte freilich nichts daran, daß die Japaner, die 1937 bereits die Mandschurei, Korea und große Teile Chinas besaßen, die »offene Tür« zu diesem riesigen Absatzmarkt mit lautem Knall zugeschlagen hatten, einem Kurs einseitiger, aggressiver, auf die Revision der Washingtoner Verträge von 1921/22 gerichteter Akte folgten und von ihren bereits gewonnenen Positionen aus Ostsibirien, Formosa, die Philippinen und Niederländisch-Ostindien bedrohten. Und dadurch drohten die Westmächte im ganzen pazifisch-asiatischen Raum strategisch wichtige Positionen zu verlieren.

Niemand wußte wirklich, wie es weitergehen würde. Aber es genügte, daß Roosevelt das Schlimmste befürchtete, denn er allein hatte die Macht und die Möglichkeiten, mit aller Gewalt dagegenzuhalten. Kein Gedanke an Verhandlungen oder Kompromisse! Im Gegenteil, Oberst Stilwell, der chinesisch sprach und gemeinsam mit Kriegsminister Stimson, Generalstabschef Marshall und General MacArthur im Ersten Weltkrieg auf europäischem Boden die Feuertaufe erhalten hatte, war der einsame militärisch-politische Vorposten, den der amerikanische Präsident in China aufstellte, um jede Verhandlungslösung unmöglich zu machen. Denn Stilwell hatte nicht nur die Aufgabe, den Willen und die Fähigkeit Chinas zum Widerstand gegen Japan zu prüfen. Er sollte auch den japanischen Vormarsch beobachten und die militärischen Konsequenzen, die sich daraus für die USA ergaben, nach Washington melden. Stilwell war eine bizarre Mischung aus Spion, Nachrichtenoffizier und Diplomat. Dazu begann er ab 1937 allmählich die Funktion eines militärischen Beraters von Tschiang Kai-shek anzunehmen.

Stilwell verdrängte damit den deutschen General Alexander von Falkenhausen, und Deutschland begann sich unter Hitler der Achse mit Japan und Italien zuzuwenden. Doch vermied Roosevelt vorerst jede offene Konfrontation mit Japan, weil er für den Fall, daß es in Europa zum Äußersten kam, sein »Germany first«-Konzept verwirklichen wollte. Unterdessen schwankte Tschiang zur Verzweiflung Stilwells zwischen Widerstand gegen und Anpassung an die japanische Expansion, indem er versuchte, sich möglichst still zu verhalten.

Die Chinesen enttäuschten die Amerikaner, denen es zu keinem Zeitpunkt gelang, das chaotische Riesenland richtig in den Griff zu bekommen. Aus Tschiangs republikanischer Revolutionsarmee wurde mehr und mehr ein autoritäres und korruptes Militärregime, das man im Kampf der Demokratien gegen die Mächte der Finsternis kaum vorzeigen konnte. Die USA hatten zwar viel zu dem Chaos beigetragen, indem sie die chinesische Silberwährung sprengten. Von den amerikanischen Auslandsinvestitionen entfielen auf China nur ein Prozent, und China war am amerikanischen Export nur zu vier Prozent beteiligt. Aber trotzdem wollte Roosevelt dieses von einem jahrzehntelangen Bürgerkrieg und Krieg erschöpfte Land nicht einfach sich selbst und schon gar nicht den Japanern überlassen.

Stilwells Diagnose lautete:»Kein Anzeichen für geplante Abwehrmaßnahmen gegen ein japanisches Vordringen. Keine Truppenerweiterung oder auch nur der Gedanke daran. Kein Drill und keine Manöver.« [5] Tschiang verfügte Mitte der dreißiger Jahre zwar bereits über 1,3 Millionen Mann, aber diese waren schlecht ernährt, schlecht gekleidet, schlecht ausgerüstet und schlecht ausgebildet. Dazu kamen noch 360000 unsichere Verbündete in den Provinzen mit ihren Hilfstruppen – insgesamt keine Armee, die jenen Kampf gegen Japan führen konnte, den Roosevelt und Stilwell ihr zugedacht hatten. Andererseits verhallten chinesische Appelle, einen gemischten Generalstab zu bilden und gemeinsam die Japaner zu stoppen, in Washington ungehört, weil sie nicht in das auf die angelsächsische Suprematie ausgerichtete Konzept des Präsidenten paßten. Die kommunistischen Verbände, die Stilwell im Frühjahr 1936 vorsorglich inspizierte, machten auch keinen besseren Eindruck, obwohl sie sich energischer gegen die Japaner wehrten.

Damals, Mitte der dreißiger Jahre, durchlebte Roosevelt seine erste Versuchung, von den chinesischen Nationalisten zu den chinesischen Kommunisten überzuschwenken. Der amerikanische Journalist Edgar Snow hatte Mao Tsetung in den Höhlen von Yennan als erster besucht und darüber unter dem Titel »Red Star over China« ein weltbekanntes Buch geschrieben. Nach Snows Darstellung handelte es sich bei den chinesischen Kommunisten um aufrechte Patrioten, die sich durch ihren heroischen Marsch als disziplinierte, asketische und gut organisierte Truppe erwiesen hatten. Ihr Anführer, Mao Tse-tung, hatte dem Autor erklärt, Priorität habe für ihn der Kampf gegen den japanischen Imperialismus.

Dagegen begann sich der national-chinesische Widerstand erst vier Wochen nach Beginn des japanisch-chinesischen Krieges im August 1937 zu formieren. Tschiang Kai-shek versuchte die Japaner immer weiter nach Süden zu ziehen, um sie immer weiter von ihren Nachschubbasen in der Mandschurei zu entfernen. Bei Chapei kam es schließlich zu einer großen Schlacht – »die bedeutendste und meistbeschriebene seit dem Kampf um die Hindenburglinie im Jahre 1918« (Barbara Tuchmann). Sie lenkte die Blicke der Weltöffentlichkeit, und das heißt vor allem die der amerikanischen Medien, zum ersten Mal auf diesen abgelegenen Kriegsschauplatz. Von den Berichten über die sich tapfer und unter enormen Verlusten wehrenden Chinesen beflügelt, hielt

Roosevelt seine Quarantäne-Rede. Gleichzeitig wurde dem 15. Infanterie-Regiment, das seit dem Boxer-Aufstand der Jahrhundertwende die ausländischen Konzessionen in Peking beschützte, jedoch vom amerikanischen Kriegsministerium befohlen:»Es hat alles zu unterbleiben, wodurch wir in Auseinandersetzungen hineingezogen werden könnten.« [6]

Es war ein grausames Spiel, das die Amerikaner mit ihren Verbündeten *in spe* trieben: Starke Worte heizten die internationale Krise an, ohne daß ihnen ebenso beherzte Taten folgten. Immerhin begannen auf Roosevelts Betreiben ab 1938 im Kongreß die Mittel für den Aufbau einer Zwei-Ozean-Flotte zu fließen – für eine Flotte, die auf allen Weltmeeren gleichzeitig mit Aussicht auf den Sieg kämpfen konnte. Der Präsident pflasterte die Wände seines Arbeitszimmers im Weißen Haus mit großformatigen Karten des Pazifischen Ozeans, spielte mit dem Gedanken an eine Seeblockade Japans von den Aleuten bis nach Singapur und formulierte in seiner bekannten Rede das universale Konzept der Quarantäne. Der Präsident war von dem glühenden Willen durchdrungen, die japanische Expansion irgendwann und irgendwie aufzuhalten. Aber er zügelte seine Aggressivität immer wieder, weil er es für zweckmäßig hielt, gegebenenfalls erst Krieg gegen Deutschland zu führen,

Erste, wenn auch indirekte Kontakte zu Tschiang hatte Roosevelt übrigens nicht durch Stilwell sondern durch den obskuren Amerikaner Evans F. Carlson erworben, den er 1935 in seinem Badeort *Warm Springs* kennenlernte. Der Sohn eines kongretionalistischen Pfarrers träumte von einer chinesischen Volksfront, die er zwischen Tschiang und Mao herstellen wollte. Im Grunde verwechselte Carlson ebenso wie Roosevelt den amerikanischen Liberalismus und Progressismus mit dem russischen und chinesischen Kommunismus, von dem beide gleich wenig verstanden. Da es sich aber so traf, daß Carlson gerade wieder einmal nach China ging, als Roosevelt zum ersten Mal daran dachte, militärische Zwangsmittel gegen Japan anzuwenden, bat er den seltsamen Heiligen, ihm regelmäßig aus dem Fernen Osten zu schreiben. Carlson, der später in China eine Freiwilligentruppe namens »Carlson's Raiders« befehligte, tat dies denn auch treu und brav.

Man könnte meinen, Roosevelt schöpfte aus dubiosen Quellen, weil er über keine besseren verfügte. Aber bei Tschiang Kai-shek ging außer Stilwell nicht nur Admiral Harry Yarnell ein und aus, Befehlshaber der amerikanischen Asien-Flotte, sondern auch der amerikanische Botschafter und ein Oberst der Marinesoldaten. Es gab Hunderte, wenn nicht Tausende von amerikanischen Währungsberatern, Geschäftsleuten, Kulturvermittlern, Journalisten und Missionaren im ganzen Land, die Roosevelt sicher liebend gern mit ihren vielfältigen Erfahrungen und Erkenntnissen versorgt hätten. Der Grund für das seltsame Informationsverhalten des Präsidenten lag also nicht in einem Mangel an seriösen Kontakten, sondern in dem Umstand, daß Roosevelt von der Zukunft Chinas ebenso verschwommen und weltfremd träumte wie von der Zukunft der Sowjetunion: In den beiden eurasischen Ländern sah er so etwas wie gesellschaftspolitische Laboratorien, die sich mit ihren Idealen von Freiheit, Gleichheit und Brüderlichkeit auf dem Weg zur Demokratie westlichen Typs befanden. »Dieses China«, so schreibt Barbara Tuchmann denn auch zu Recht über Roosevelts Phantasmagorien, »war ein Destillat, das aus dem amerikanischen Traum gewonnen war, und mithin nicht gerade das geeignetste Leitbild für die Politik in Asien.« [7]

Wie später nach Ausbruch des europäischen Krieges vermied es der Präsident nach Ausbruch des japanisch-chinesischen Krieges, das amerikanische Neutralitätsgesetz auf die Angegriffenen anzuwenden. Amerikanische Schiffe durften zwar ab Juli 1937 keine Waffen mehr nach China *transportieren*. Die amerikanischen Rüstungsfirmen konnten aber nach wie vor einseitig Waffen, Munition und Kriegsgerät an China *verkaufen*. Nachdem sich Tschiang unter Stilwells Einfluß zum Widerstand gegen die Japaner »bis zum letzten« entschlossen hatte, gelang es dem Präsidenten auf diese Weise indirekt – wie später auch im Falle Englands und Rußlands – gewaltige Truppenmassen des Gegners in einem Krieg ohne Ende zu binden. Und kein einziger *GI* mußte dafür seinen Kopf hinhalten.

In der Tat hat Roosevelt seine Methode, andere Mächte solange wie möglich für die aufstrebende Supermacht Amerika kämpfen zu lassen, bis sich deren potentielle Feinde erschöpften, erstmals nicht in Europa, sondern in Asien entwickelt. Von den fünf Millionen Mann, die Japan im Zweiten Weltkrieg mobilisierte, waren am Ende drei Millionen in China gebunden. Somit erweist sich der japanisch-chinesische Krieg als gewaltiges Experimentierfeld für Roosevelts politisch-militärische Gesamtkonzeption. Der Präsident erreichte hier auch zum ersten Mal das wichtigste Ziel seiner globalen Bündnispolitik, das darin bestand, eine fremde Macht im Krieg zu halten, ohne daß diese in der Lage war, »Frieden zu schließen oder einen entschiedenen Krieg zu führen.« [7] Es war seine Methode, sich verbündete Mächte für die Zeit nach dem Krieg gefügig zu machen.

Am 12. Dezember 1937 trat dann endlich das Ereignis ein, auf das die Heißsporne in Washington im Stillen schon lange gewartet hatten: Die Japaner versenkten das amerikanische Kanonenboot *Panay* samt einiger Begleitschiffe, die auf dem Yangtse vor Anker lagen. Es handelte sich um einen x-beliebigen Zwischenfall, bei dem es freilich zwei Tote und 48 Verletzte gab. Damit war zum ersten Mal seit dem Ersten Weltkrieg wieder auf fremdem Boden amerikanisches Blut geflossen, und Roosevelts Kurs, die Verwicklung der USA in einen asiatisch-pazifischen Krieg solange zu vermeiden, bis in Europa die Entscheidung gegen Hitler gefallen war, begann ernsthaft in Gefahr zu geraten.

Glücklicherweise entschuldigten sich die Japaner, sie hätten die *Stars and Stripes* übersehen, die die Amerikaner deutlich auf die Decksplanken ihrer Schiffe gepinselt hatten. So entspannte sich die Lage wieder. Zu diesem Zeitpunkt war der Präsident freilich innerhalb seiner eigenen Administration schon mächtig unter Druck der *hardliner* geraten. [9] Nach dem japanischen Kotau blies er jedoch die ökonomischen Sanktionen, die Morgenthau gefordert hatte, wieder ab. Roosevelt ließ sogar die 15. Infanterie-Division aus China zurückholen. Niemand sollte seiner Strategie, die in Ostasien auf Zeitgewinn spielte, durch Unbedachtheiten in die Quere kommen.

Der *Panay*-Zwischenfall hatte Amerika zum ersten Mal seit 1917 wieder an den Rand eines Krieges gebracht. Deshalb stimmte das Repräsentantenhaus zum Leidwesen des Präsidenten dem Entschließungsantrag des Kongreßmannes Ludlow zu, der eine Volksabstimmung *vor* einer Kriegserklärung seines Landes gefordert hatte. Roosevelt gelang es jedoch in der Folgezeit, den Kongreß so zu beeinflussen, daß das *Ludlow-Amendment*, das den Handlungsspielraum des Präsidenten in der Frage von Frieden oder Krieg empfindlich beschränkte, keine Rolle mehr spielte.

Stilwell wurde von den offiziellen Vertretern Amerikas in Hankow wegen seiner Sonderverbindungen zum Weißen Haus mit scheelen Augen betrachtet. Er unternahm auf eigene Faust weite Reisen durch das Land, um Chinas Wehrhaftigkeit zu erkunden. Aus den Provinzen, die er berührte, konnte der energische Oberst melden, daß sich die Gouverneure auf einen antijapanischen Guerilla-Krieg von zunächst drei Jahren Dauer eingestellt hatten, immerhin. Aber sein geübtes Auge erkannte zugleich, daß Ausbildung und Ausrüstung der nationalchinesischen Truppen bei einem längeren Krieg das größte Problem sein würden.

Wenn Tschiang erst einmal seine Nachschubprobleme gelöst haben würde, so glaubte der amerikanische Offizier, würden seine Truppen binnen Jahresfrist in der Lage sein, die Japaner anzugreifen, anstatt ständig in der Defensive zu verharren. Roosevelt forderte Stilwell in diesem Zusammenhang auf, Näheres über Stalins Nachschublieferungen an Mao Tse-tung in Erfahrung zu bringen, die über Zentralasien nach Lanchow am Gelben Fluß liefen. Postwendend begab sich Stilwell an diesen entlegenen Ort, womit er der erste Ausländer war, der den sowjetischen Luftstützpunkt betreten durfte.

Stilwells Berichte waren so überzeugend, daß die Roosevelt-Administration im Dezember 1938 beschloß, China erstmals eine Anleihe von 25 Millionen Dollar zu geben. Die amerikanischen Medien hatten sich zwar inzwischen des exotischen Ehepaares Tschiang Kai-shek bemächtigt – der Generalismus war im *Time-Magazin* 1937 sogar der »Mann des Jahres« geworden, und Madame Tschiang Kai-shek, energisch, intelligent und attraktiv, wie sie war, erfreute sich beim breiten Publikum großer Beliebtheit. Aber Präsident Roosevelt zögerte immer noch, sich offiziell hinter die beiden zu stellen. So blieb dem chinesischen Regierungschef trotz der Anleihe nichts anderes übrig, als für den Aufbau einer eigenen Luftwaffe Kapitän Oberst Claire Chennault zu engagieren.

Neben dem bärbeißigen und sauertöpfischen Stilwell, den seine Freunde bezeichnenderweise »Essig-Joe« nannten, war der drahtige, wettergegerbte Chennault *die* romantische Figur der amerikanischen China-Politik der dreißiger und beginnenden vierziger Jahre. Das *Air Corps*, das damals noch zum Heer gehörte, hatte dem schwerhörigen und querköpfigen Flieger vorzeitig den Abschied gegeben. Chennault begann im Januar 1938, in China planmäßig Flugplätze anzulegen, ein Luftwarnsystem zu installieren und eine Truppe aus amerikanischen Söldnern zusammenzustellen. Aber er erwies sich aus Gründen, die nicht alle bei ihm lagen, als unfähig, ein chinesisches Fliegerkorps aufzubauen.

Im Herbst 1938 – die japanischen Invasionstruppen hatten den Yangtse überschritten, sie waren auf dem Vormarsch Richtung Kanton, China wurde vom Meer und damit von der Außenwelt abgeschnitten – gelang es Stilwell endlich, einen festeren Draht zu den Tschiang Kai-sheks zu knüpfen. Er fand Madame »sehr charmant, hoch intelligent und ernsthaft« und schickte ihr Blumen. Es war wieder einmal ein Augenblick, in dem sich England weigerte, in die Kämpfe einzugreifen, weil sich Amerika vorher geweigert hatte, ihm in diesem Fall zu Hilfe zu eilen. Kein Wunder, daß sich die Chinesen vom Westen »völlig im Stich gelassen« fühlten. [10] Tschiang drängte Roosevelt, gemeinsam mit Chamberlain in China zu intervenieren, aber der Präsident weigerte sich aus den bekannten Gründen.

Damit wurde Roosevelts erstes Dilemma deutlich: Ohne eine Intervention der angelsächsischen Mächte mußten die schwachen Chinesen weiterkämpfen, obwohl sie kaum noch weiterkämpfen konnten. Selbst die starken Japaner hatten ein Interesse daran, den kostspieligen Krieg so schnell wie möglich zu beenden. Sie kündigten die Neuordnung Ostasiens an und forderten Tschiang Kai-shek auf, einem antikommunistischen Block beizutreten. Japan kontrollierte die chinesischen Seehäfen, Eisenbahnlinien, Flüsse und Städte. Was konnte es noch durch die Fortsetzung des Krieges gewinnen? Japan fühlte sich – ähnlich wie Hitler 1940 – bereits als Sieger. Es hoffte, daß jetzt endlich auch in Chungking, wohin die Nationalregierung inzwischen ausgewichen war, die Vernunft einkehren würde.

Doch begann der Generalissimus wie drei Jahre später Churchill, trotz aller Enttäuschungen immer fester auf Roosevelts Unterstützung und damit auf die Fortsetzung des Krieges zu bauen. Vorläufig befand sich seine Regierung in Chungking außerhalb der Reichweite japanischer Bomber. Bevölkerungsreich und leidgeprüft, wie es nun einmal war, konnte China im Grunde solange ausharren, bis Japan in einen Krieg mit Rußland oder mit dem Westen oder mit beiden geriet – wenn China nicht vorher unter der doppelten Last von Krieg und Bürgerkrieg zusammenbrach. Aber anders als später bei Churchill und Stalin, denen er sein Vertrauen nach verhältnismäßig kurzer Zeit schenkte, war Roosevelt auch jetzt noch nicht davon überzeugt, daß er in dem undurchsichtigen Tschiang Kai-shek tatsächlich den richtigen Koalitionspartner hatte. Dessen Prüfung dauerte entschieden länger.

Stilwell drahtete dem Präsidenten am 28. Dezember 1939, nachdem ihn der Generalissimus erstmals in Chungking empfangen hatte: »Tschiang Kai-shek ist für einen großen Teil der Verwirrung, die gewöhnlich unter seinem Kommando herrscht, unmittelbar selbst verantwortlich.« [11] Der Führer der Nationalchinesen schien am eigenen Machterhalt in seinem anarchischen Land stärker interessiert zu sein als an einem energischen, durchdachten und planmäßig ausgeführten Offensivkrieg gegen Japan. Stilwell glaubte nicht nur wie Roosevelt, daß die USA und Japan unausweichlich auf einen Krieg zusteuerten. Er versuchte den Präsidenten auch davon zu überzeugen, daß China den im eigenen Land tobenden Krieg gewinnen würde, wenn ihm die USA in den Bereichen Organisation, Ausbildung, Ausrüstung, Nachschub, Planung, Führung und Kommando nur wirkungsvoll genug zur Seite standen.

War es reines Wunschdenken oder kalte Berechnung – Stilwell zeichnete damit die Linie vor, die Roosevelt in seiner Chinapolitik nach Pearl Harbor verfolgte. Zunächst aber, im Juli 1939, begann der Präsident in seinem eigenen Land, die Voraussetzungen für eine offensive Auseinandersetzung mit Japan zu schaffen: Er kündigte an, Amerika werde den Handelsvertrag, den es seit 1911 mit dem Inselreich unterhielt, demnächst nicht mehr verlängern. Damit wurde der Weg zu ökonomischen Sanktionen frei – der Weg, der schließlich nach Pearl Harbor führte. Getragen von einer antijapanischen Stimmung, bereitete der Kongreß Pläne für ein Embargo vor. Roosevelt ließ die in San Diego/Kalifornien liegende Pazifikflotte nach Hawaii auslaufen.

»Jeder Schritt, der Japan wirkungsvoll von einer weiteren Expansion würde abhalten können, würde es zwangsläufig zu vorbeugenden Maßnahmen stimulieren – er würde, kurz gesagt, die Japaner zu der Aggression verleiten, die er doch gerade verhindern sollte.« Mit diesen Worten charakterisiert Barbara Tuchmann Roosevelts zweites Dilemma. [12] Es war dasselbe Dilemma, in dem der amerikanische Präsident auch gegenüber Hitler steckte. Aus diesem Dilemma gab es nur einen Ausweg, der zugleich auch Roosevelts erstes Dilemma gelöst hätte: Verhandlungen unter amerikanischer Vermittlung, solange der Preis für die Opfer der Aggression noch nicht zu hoch war und solange sich die Aggressoren auf ihrem finsteren Weg noch nicht gänzlich verirrt hatten. Aber diesen Ausweg hatte sich Roosevelt ein für allemal verboten. Er kam für ihn einfach nicht in Frage. Oder soll man besser sagen: Er hat ihn sich nie erlaubt?

Schlimmer noch: Roosevelt leistete Tschiang Kai-shek weder die Hilfe, die erforderlich gewesen wäre, damit China im Krieg gegen Japan aus eigener Kraft eine Wende zu seinen Gunsten herbeiführen konnte, noch ergriff er bis zum Sommer 1941 selbst definitive Maßnahmen gegen Japan. Von Beginn des japanisch-chinesischen Krieges 1937 bis Pearl Harbor 1941 ließ der Präsident, etwas salopp gesagt, China mehr oder weniger zappeln, und Tschiang Kai-shek, der Washington vier Jahre lang vergeblich mit einem wahren Hagel von Forderungen nach Darlehen, Waffen und Sanktionen bombadiert hatte, war darüber begreiflicherweis verbittert.

Der Drei-Mächte-Pakt zwischen Deutschland, Italien und Japan verstärkte im Herbst 1940 Roosevelts Furcht, zur Unzeit »in den Krieg hineingezogen« zu werden. [13] Immerhin veranlaßte er jetzt, daß Tschiang wenigstens ein Kredit, diesmal über 50 Millionen Dollar, gewährt wurde. Davon ungerührt, verlangte der Generalissimus jedoch eine eigene Luftwaffe, bestehend aus 500 amerikanischen Kampfflugzeugen und Bombern und bemannt mit amerikanischen Piloten, weil China noch keine eigenen Flieger hatte. Diese Luftwaffe sollte nicht nur die japanischen Seestreitkräfte vom chinesischen Festland aus in ihren Heimathäfen zerstören. Sie sollte auch den Bombenkrieg darüber hinaus direkt in die japanischen Städte tragen.

Chennault und Tschiangs Außenminister T. V. Soong reisten persönlich nach Washington, um diesen Forderungen Nachdruck zu verleihen. Aber abgesehen davon, daß amerikanische Flugzeuge während der Luftschlacht über England knapp waren, schien Roosevelt die Entschlossenheit des Generalissimus, ebenso wie Churchill bis zum bitteren Ende weiterzukämpfen, noch immer nicht über jeden Zweifel erhaben zu sein, und so wurden die beiden Bittsteller aus dem Fernen Osten mit 100 P-40-Kampfflugzeugen abgespeist. Hundert amerikanische Piloten wurden mit Hilfe von Traumgehältern und -prämien auf der Basis der Freiwilligkeit für diese bescheidene Luftstreitmacht angeworben. Sie gingen auf der Basis eines Erlasses, den der Präsident extra zu diesem Zweck entworfen hatte, als *American Volonteer Air Group* nach Burma, wo sie von Chennault auf ihren Einsatz im Seegebiet vor der chinesischen Küste vorbereitet wurden.

Auf eine festere Basis wurde die amerikanische Hilfe für China – ebenso wie die für England und Rußland – durch das Leih- und Pachtgesetz im März 1941 gestellt. Aber ihre eigentliche Richtung und Dynamik erhielt sie erst ein weiteres Jahr später, nach Pearl Harbor. Jetzt brauchte Roosevelt China – als Ausgangsbasis für die amerikanischen Luft- und Seestreitkräfte und eines Tages vielleicht auch als Aufmarschraum für die amerikanischen Bodentruppen auf deren Sprung nach Japan. Jetzt akzeptierte der Präsident Monsieur und Madame Tschiang Kai-shek auch *nolens volens* als halbwegs annehmbare Partner. Aber er bat Stilwell noch im Februar 1942, dafür zu sorgen, daß Madame nicht so schnell zu Gesprächen nach Washington kam. Die streitbare Dame lag ihm nicht.

Stilwell hatte sich die letzte Zeit des chinesischen *phony wars* in Amerika mit einer Ausbildung zum Truppenführer vertrieben. Er rechnete mit seinem Einsatz in Europa, nicht mehr in Ostasien. Im Februar 1942 wurde er jedoch, nun im Range eines Generals, von Roosevelt erneut nach Chungking entsandt. Schließlich war Stilwell der einzige hohe amerikanische Offizier, der von den Verhältnissen dort etwas verstand, obwohl er zur chinesischen Mentalität niemals Zugang gefunden hatte.

Bei der Verabschiedung des Generals kam es im Weißen Haus zu einer Szene, die ein grelles Schlaglicht auf Roosevelts China-Politik und überhaupt auf seine nonchalante Art des Regierens warf. Der Präsident verwickelte seinen Besucher zunächst in einen weitschweifigen Monolog. »Als ich genug davon hatte«, so berichtete Stilwell später, »fuhr ich dazwischen und fragte ihn, ob er eine Botschaft für Tschiang Kai-shek habe. Er (Roosevelt) hatte offenbar keine und redete fünf Minuten lang, während er angestrengt irgendetwas Weltbewegendes zu finden versuchte, was er ihm sagen konnte. Endlich hatte er es: ›Sagen

Sie ihm, wir stünden voll und ganz hinter der Sache und würden nicht lockerlassen, bis China sein Territorium *vollständig* wieder zurückbekommen habe.‹« [14]

War es Ausdruck eigener Ratlosigkeit oder ein mit Vorbedacht abgegebenes Versprechen? Stillwell begab sich jedenfalls mit einer Zusage nach Chungking, die der amerikanische Präsident während des Zweiten Weltkrieges keinem anderen Land gemacht hat. Kein Wunder, denn Roosevelts Ziel war nach Pearl Harbor und dem amerikanischen Kriegseintritt nichts Geringeres als die möglichst rasche und effektive Aufwertung Chinas zu einer Macht, die nach dem Krieg im Fernen Osten ihren Part als Mitglied der »Großen Vier« übernehmen konnte – als Amerikas fernöstlicher Juniorpartner.

Stilwell ging 1942 als künftiger Oberbefehlshaber des amerikanischen Heeres auf den chinesisch-burmesisch-indischen Kriegsschauplatz. Kurz darauf wurde er Tschiang Kai-sheks Generalstabschef. In beiden Funktionen hat er sich nach Kräften, aber vergeblich bemüht, aus den Chinesen offensiv, ordentlich und effektiv kämpfende Verbündete zu machen. Stilwell gab 1944 auf. Resigniert und im Streit mit dem ewig zögernden Generalissimus kehrte er nach Washington zurück.

Die chinesischen Armeen gingen nämlich auch dann nicht zur Offensive über, als sie von den USA Waffen, Ausrüstung und Ausbildung in immer größerem Ausmaß erhielten. Die Offensive war ihnen einfach wesensfremd. Sie bevorzugten eine Kampfweise, die nur amerikanischer Hochmut als Feigheit bezeichnen konnte. In Wirklichkeit handelte es sich um ein elastisch hin- und herwogendes Spiel mit der Weite des Landes, eine Art strategischer Defensive. Freilich benutzte Tschiang Kai-shek die amerikanischen Ressourcen nach wie vor nicht nur dazu, um die Japaner zu binden. Er sicherte sich mit ihrer Hilfe auch gegen seine innenpolitischen Rivalen ab, vor allem gegen die Kommunisten, und so ist China – im Gegensatz zu den beiden anderen Hauptverbündeten Roosevelts – wegen seiner inneren Uneinigkeit auch von 1942 bis 1945 kaum mit militärischen Glanzleistungen hervorgetreten.

Das Motiv für Roosevelts Konzept, die Seemacht Japan durch einen ebenso teuren wie fruchtlosen Landkrieg zu einer Überdehnung ihrer Fronten zu zwingen, war nicht nur blanker Egoismus. Zwar war das Blut, das Japaner und Chinesen in den staubigen Weiten Hunans und Shantungs vergossen, gleichzeitig das Blut, das Amerikas Söhne sparten. Darüber hinaus aber sicherte sich Roosevelt durch diesen Stellvertreterkrieg jene Menschenreserve, die er für den Sturm auf die Festung Europa benötigte. Es genügte, daß sich die Seemacht Amerika hier auf *einen* Landkrieg einließ. Zwei Landkriege hätten sie am Ende vielleicht überfordert.

Roosevelts Konzept verurteilte China – ähnlich wie Rußland – zu einem Opfergang ohne großen Sinn, aber von langer Dauer und bis zum bitteren Ende. Im Grunde hatte Tschiang Kai-shek kein Interesse daran, sein Land für die Amerikaner zu ruinieren. Aber er schätzte seine Verbindung zu dem mächtigsten Mann der Welt. Er forderte stets die meisten und modernsten

Waffen. Er hatte sich durch goldene Fesseln an Amerika gebunden, um den Bürgerkrieg, der seinem Land nach Ende des japanisch-chinesischen Krieges drohte, mit amerikanischer Hilfe zu gewinnen. Vielleicht hat er ihn aber gerade deshalb verloren.

Roosevelt hat China auf diesem langen, blutigen und bitteren Weg noch weniger in Entscheidungen über seine Große Strategie einbezogen als Rußland. Er setzte zwar gegen Churchills Willen durch, daß Tschiang Kai-shek 1942 zum Oberbefehlshaber der Vereinten Nationen in China, Thailand und Indochina ernannt wurde – ein wahrhaft ehrfurchtgebietender Titel. Aber er tat es in weiser Voraussicht, daß auf diesem Kriegsschauplatz vorerst ohnehin nicht viel geschehen würde. Außer bei einem kurzen Treffen 1943 in Kairo, auf dem Weg nach Teheran, ist Roosevelt dem Generalissimus auch nie persönlich begegnet.

So kann man zusammenfassend sagen, daß Tschiang Kai-shek, von Washington aus gesehen, im Grunde denselben abgeschiedenen Nebenkrieg wie Stalin führte. Die Parallele ging so weit, daß amerikanische Luftstreitkräfte von China und Rußland aus gegen die Achsenmächte operierten. Insofern haben die beiden Verbündeten für die amerikanische Kriegführung einen unmittelbaren, wenn auch nicht sehr bedeutenden Nutzen erbracht. Der große Unterschied bestand jedoch darin, daß der Zweite Weltkrieg für China nicht vier, sondern acht Jahre gedauert hat – doppelt solange wie für Rußland. Außerdem war Stalin bis zu einem gewissen Grade ein Kriegsherr aus eigenem Recht, der mit seinem »Großen Vaterländischen Krieg« eigenständige, über die von Roosevelt und Churchill vorgegebenen Ziele hinausgehende Zwecke verfolgte. Dagegen hat Tschiang Kai-shek dem Westen lediglich als bezahlter Kriegsknecht gedient.

Entsprechend herablassend haben Roosevelt und Churchill den Generalissimus behandelt. Tschiang Kai-shek wurde ebensowenig wie Stalin zur Atlantik-Konferenz im August 1941 eingeladen, auf der die grundlegenden Kriegsziele formuliert wurden. Er wurde nach Pearl Harbor nicht einmal in die Stabsgespräche zwischen Amerika, Großbritannien, Niederländisch-Ostindien und Australien einbezogen, die den pazifisch-asiatischen Kriegsschauplatz unmittelbar betrafen. Tschiang Kai-Shek erhielt im alliierten Oberkommando der *Combined Chiefs of Staff* ebensowenig Sitz und Stimme wie Stalin. Aber im Gegensatz zu diesem wurde der Generalissimus bei den Konferenzen von Teheran und Jalta ausgesperrt, die den Zweiten Weltkrieg beendet haben.

Wie im Falle Rußlands hatte Roosevelt ein überwältigendes Interesse daran, China im Krieg zu halten. Ein Abfall Tschiang Kai-sheks hätte – ebenso wie ein Abfall Stalins – die in China bzw. Rußland stehenden Armeen der Achsenmächte für den Einsatz auf anderen Kriegsschauplätzen freigemacht. Für diesen Fall sah Roosevelt nicht nur im Fernen Osten, sondern in der ganzen Welt Schreckliches voraus: »Sie (die Japaner) nehmen Australien, sie nehmen Indien – alles fällt ihnen wie eine reife Pflaume zu. Sie stoßen geradewegs in den Mittleren Osten vor . . . Eine gigantische Zange aus Japanern und Nazis, die irgendwo im Nahen Osten zusammentrifft, die Russen völlig abdrängt, Ägypten abschneidet, sämtliche Verbindungslinien durch das Mittelmeer kappt.« [15]

Wie immer, so dachte Roosevelt auch in bezug auf Japan und China in Extremen – totaler Sieg oder totale Niederlage, dazwischen gab es für ihn nichts. Um Tschiang Kai-shek über die undankbare Rolle hinwegzutrösten, die China im Rahmen seiner Konzeption von Politik und Kriegführung spielte, mußte der Präsident dem Generalissimus wenigstens ein Gefühl der persönlichen Wichtigkeit geben. Roosevelt schmeichelte dem Emporkömmling in Chungking bei jeder Gelegenheit. Roosevelt gab Tschiang Kai-shek nach, wo er nur konnte. Roosevelt hat sich die Treue Tschiang Kai-sheks mit Millionen von Dollars erkauft, aber, wie sein Flirt mit den chinesischen Kommunisten 1944 beweist, nicht immer mit Treue vergolten.

Immerhin hat der amerikanische Päsident China 1943 in Kairo erneut die Wiederherstellung jenes Gebietsstandes versprochen, den es vor Beginn der japanischen Aggression besessen hatte, und er hat dieses Versprechen auch im großen und ganzen gehalten. Die Frage, ob dieses China dann von Tschiang Kai-shek oder Mao tse-tung regiert sein würde, ließ er freilich offen. Insofern war er an der Machtübernahme der chinesischen Kommunisten 1949 nicht ganz unbeteiligt.

Unabhängig von der politischen und sozialen Verfassung, die China irgendwann einmal annehmen würde, war Roosevelt von dem Willen durchdrungen, das Reich der Mitte neben Amerika, England und Rußland nach Ende des Krieges zu einem Mitglied der »Großen Vier« zu machen – zu einer weltpolitischen Führungsmacht mit regionaler Verantwortung im Fernen Osten. Ob hinter dieser subjektiv sicher ehrlich gemeinten Absicht, die Churchill angesichts der tatsächlichen Verhältnisse in diesem zerborstenen Land einfach lächerlich fand, ein tieferes Verständnis Chinas stand, muß freilich bezweifelt werden.

Zwar wurde der Präsident nicht müde, ein China zu preisen, das sich nach seiner jahrtausendelangen Kaiserzeit zu moderneren Regierungsformen durchgerungen hatte, das der Imperialismus nicht befleckte wie etwa Großbritannien und das das Opfer feindlicher Aggressoren war. Aber wie im Falle Rußlands war das Urteil des amerikanischen Präsidenten auch im Falle Chinas nicht auf tiefere Einsichten gebaut. Freilich, dies war ihm im Falle Chinas wenigstens bewußt. Denn, so hatte er schon 1935 einem Freund anvertraut, es gebe in China Kräfte, »die weder Du noch ich verstehen, aber wenigsten weiß ich, daß sie uns westlichen Menschen so gut wie unverständlich bleiben müssen.« [16]

Kehren wir abschließend zum Pakt von Washington zurück. Mit seiner Unterzeichnung am 1. Januar 1942 im Weißen Haus durch die Staatsoberhäupter, Regierungschefs und Bevollmächtigten der USA, Großbritanniens, Rußlands und Chinas sowie weiterer 22 Staaten [17] vollendete Roosevelt seine globale Bündnispolitik: Seine Große Koalition gegen die Achsenmächte stand, und die

Vereinigten Staaten, verstärkt von der halben Welt, konnten jetzt mit voller Wucht aus ihrer Festung hervorbrechen, um Deutschland, Italien und Japan zu zerschmettern.

Das Vertragsdokument – die »Gemeinsame Erklärung der Vereinten Nationen«, die Roosevelt am Heiligabend 1941 eigenhändig konzipiert hatte – bekräftigte die Atlantik-Charta. Das heißt, der Pakt von Washington erteilte allen Gebietserweiterungen und Einflußzonen eine Absage, obwohl Stalin nach wie vor auf der Anerkennung der Eroberungen bestand, die er von 1939 bis 1941 in Osteuropa gemacht hatte. Der Pakt sicherte auch allen Völkern der Welt das Recht auf Selbstbestimmung zu, obwohl dieses Recht zumindest in den von den Sowjets besetzten Gebieten in den Sternen stand. Der Vertrag versprach allen Nationen ein gleiches Recht auf wirtschaftliches Wohlergehen, obwohl die westlichen Unterzeichnerstaaten in den vergangenen Jahren und Jahrzehnten keinerlei Anstalten gemacht hatten, etwas von ihrem Reichtum abzugeben.

Indem er sich auf die Atlantik-Charta berief, versprach der Pakt von Washington Frieden, Freiheit und Abrüstung im Weltmaßstab. Aber außer der Entmilitarisierung der »angriffslustigen Nationen« nannte er die Mittel nicht, die für diese hehren Ziel benötigt wurden. Es war ein großes Versprechen auf die Zukunft, dem schon zu dem Zeitpunkt, in dem es der Menschheit gegeben wurde, viele kleine, aber harte Lebenstatsachen entgegenstanden. Insofern war der Pakt eine große Selbsttäuschung, immer vorausgesetzt, daß sein großes Versprechen zumindest von Roosevelt *bona fide* gegeben wurde.

Der Pakt von Washington verpflichtete die Vertragsparteien, »alle ihre Hilfsmittel, und zwar militärische oder wirtschaftliche, gegen jene Mitglieder des Dreimächtepaktes und dessen Anhänger einzusetzen, mit denen sie sich im Kampf befinden«, Hilfsmittel, die zum »vollständigen Sieg« führen sollten. Er verpflichtete alle Unterzeichnerstaaten »keinen gesonderten Waffenstillstand und keinen Separatfrieden« mit den Feinden zu schließen. In einer gewissen Weise nahm der Pakt von Washington damit die Forderung nach »bedingungsloser Kapitulation« vorweg, die Roosevelt ein Jahr später auf der Konferenz von Casablanca verkündet hat.

Ganz allgemein galt der Pakt »dem gemeinsamen Kampf gegen wilde und brutale Kräfte . . ., die die Welt zu unterwerfen suchen«, ohne daß die Unterzeichnerstaaten ihrerseits auf die Zügelung ihrer Gewalt und auf die Anwendung allgemein gültiger Regeln der Kriegführung und der Menschlichkeit verpflichtet wurden. Insofern lieferte der Pakt von Washington die Verlierer des Krieges der Willkür der Sieger aus. Eingeschränkt wurde diese Willkür nur durch allgemeine Wendungen wie »Leben, Freiheit, Unabhängigkeit und religiöse Freiheit« sowie »Menschenrechte und Gerechtigkeit«, die den Unterzeichnerstaaten als zu verwirklichende Vertragsziele »in ihren eigenen Ländern wie auch in anderen Ländern« aufgegeben wurden. [18]

Parallel zur Großen Allianz schufen Roosevelt und Churchill die *Combined Chiefs of Staff* als gemeinsames Oberkommando aller alliierten Streitkräfte zu

Wasser, zu Lande und in der Luft mit Sitz in der amerikanischen Hauptstadt. Der Pakt von Washington hing also mit seinen politischen Deklarationen nicht in der Luft, sondern gründete sich auf die globale Einheit des Kommandos. Er schuf einen Zustand der militärischen Integration, den die alliierte Kriegführung während des Ersten Weltkrieges erst in der Schlußphase erreicht hatte. Jetzt wurde diese Integration schon zu einem Zeitpunkt verwirklicht, zu dem sich der europäische Krieg durch den deutsch-russischen und durch den amerikanisch-japanischen Krieg eben erst vollends zum Weltkrieg ausgeweitet hatte.

Es war Roosevelts Generalstabschef Marshall, der diesen Vorschlag – sicher nicht ohne vorheriges Einverständnis mit dem Präsidenten – gemacht hatte, und Roosevelt unterstützte ihn, wohl wissend, daß der Oberkommandierende aller alliierten Streitkräfte nur ein Amerikaner sein konnte. Um Churchill, der zunächst wütend protestiert hatte, zu versöhnen, schlug der Präsident den britischen General Sir Archibald Wavell als Oberkommandierenden für den pazifisch-asiatischen Raum, also für einen der beiden Hauptkriegsschauplätze, vor, was die Zustimmung des Premierministers fand. Aber wie das Leben im Krieg so spielt – Wavell bekam gar keine Gelegenheit mehr, seine Funktion auszuüben, weil sich die Lage im Pazifik schneller veränderte, als er seine Streitkräfte zusammenführen konnte.

In Wirklichkeit führte Roosevelt seit Pearl Harbor seinen eigenen Krieg im pazifisch-asiatischen Raum, und auch auf dem atlantisch-europäischen Kriegsschauplatz nahm das Übergewicht der Amerikaner laufend zu, nachdem sich der Präsident und Churchill erst einmal auf eine gemeinsame strategische Linie verständigt hatten. Schließlich übernahm US-General Dwight D. Eisenhower 1943 über alle alliierten Streitkräfte in Afrika und Europa das Oberkommando, und damit wurde Roosevelts Krieg, der die anderen Teilkriege lange Zeit nur konzeptionell überwölbt hatte, auf den Schlachtfeldern zwischen Mittelmeer, Ärmelkanal und Elbe auch faktisch vollendet.

Anmerkungen

1 Sherwood, FDR & Hopkins, S. 357 – Großbritannien und die Sowjetunion wechselten miteinander die Plätze, weil sich die Sowjetunion zur Zeit der Vertragunterzeichnung noch nicht im Kriegszustand mit Japan befand.
2 Tuchmann, Sand, S. 258 unter Berufung auf den späteren Präsidenten der *Yale University*
3 ebda., S. 176
4 Stimson/Bundy, Service, S. 102
5 FRUS, 1936, S. 236
6 Tuchmann, Sand, S. 173
7 ebda., S. 178
8 LC: Akte Johnson 1938 : US-Botschafter Johnson/Hankow 2.3.38 Hornbeck/State Department in bezug auf das China Tschiang Kai-sheks
9 Bavendamm, Roosevelts Weg, S. 151 ff.

10 LC: Akte Johnson 1939: US-Botschafter Johnson/Chung-king 9. 1. 39 Hornbeck/State Department
11 CARMEL Stilwell-Papers A-17, No. 9716: Stilwell 24. 1. 39 FDR
12 Tuchmann, Sand, S. 214
13 Stimson/Bundy, Service, S. 36
14 Tuchmann, Sand, S. 256
15 Elliott Roosevelt, As I saw it, S. 53
16 Tuchmann, Sand, 256
17 Den Pakt von Washington unterzeichneten am 1. Januar 1942 außer Präsident Roosevelt (USA), Premierminister Churchill (Großbritannien), Maxim Litwinow (Ex-Außenminister der Sowjetunion und Sonderbevollmächtigter Stalins) und Außenminister T. V. Soong (China) die Bevollmächtigten folgender Staaten bzw. Exilregierungen: Australien, Belgien, Kanada, Costarica, Kuba, Tschechoslowakei, Dominikanische Republik, El Salvador, Griechenland, Guatemala, Haiti, Honduras, Indien, Luxemburg, Niederlande, Neuseeland, Nicaragua, Norwegen, Panama, Polen, Südafrikanische ›Union und Jugoslawien (in der Reihenfolge des englischen Alphabets). – Bis 1945 kamen als Unterzeichnerstaaten hinzu: Mexiko (1942), Philippinen (1942), Äthiopien (1942), Irak (1943), Brasilien (1943), Bolivien (1943), Iran (1943), Kolumbien (1943), Liberia (1944), Frankreich (1944), Ekuador (1945), Peru (1945), Chile (1945), Paraguyay (1945), Venezuela (1945), Uruguay (1945), Türkei (1945), Ägypten (1945) und Saudi-Arabien (1945), also noch einmal 19 Staaten (in der chronologischn Reihenfolge ihrer Unterzeichnung).
18 op. cit. nach Jacobsen, Weg, S. 157 (Atlantik-Charta) und 163f. (Pakt von Washington)

Teil III

Die Ziele

1.

Sicherung der westlichen Hemisphäre

Präsident Roosevelt hat mit seinem politischen und militärischen Konzept mehrere Hauptziele zugleich verfolgt, die mehr oder weniger gleichrangig nebeneinander standen. Am vordringlichsten schien ihm die Sicherheit der westlichen Hemisphäre, am wichtigsten die Zerschlagung der Achsenmächte. Die Entthronung Großbritanniens als kolonialer Supermacht des 19. Jahrhunderts hielt Roosevelt für längst überfällig, während ihm die Schaffung einer in Frieden, Freiheit und Wohlstand geeinten Welt am meisten am Herzen lag.

Jedes dieser Ziele hat der amerikanische Präsident mit jener schwer durchschaubaren Mischung aus politischen und militärischen, wirtschaftlichen und propagandistischen Mitteln angestrebt, die für seinen Führungsstil so typisch war. Dabei läßt sich in der Nachbetrachtung keines der hier genannten Ziele vom anderen trennen – jedes stand mit allen anderen in einem inneren Zusammenhang: Ohne die Sicherheit der westlichen Hemisphäre war die Zerschlagung der Achsenmächte ebensowenig möglich wie umgekehrt. Auch ließ sich die *eine* Welt gleicher wirtschaftlicher, sozialer und politischer Bedingungen nicht ohne die Auflösung der europäischen Kolonialreiche schaffen. Schließlich lag die größte Wahrscheinlichkeit für die Realisierung dieser Utopie nach Roosevelts Überzeugung in einer ins Universale und Ubiquitäre vergrößerten westlichen Hemisphäre.

In einer Welt der Kriege und der Krisen strebte der amerikanische Präsident für sein Land nach weltweiter Sicherheit – ein Ziel, das für eine Weltmacht vielleicht nie ganz erreichbar war, das er aber auf einer ersten Stufe durch die Ausdehnung der westlichen Hemisphäre zu erreichen suchte. Dabei war »die Verteidigung der westlichen Hemisphäre« schon aus rein geographischen Gründen ein höchst dehnbarer Begriff. Überdies ersetzten Roosevelt und seine militärische Führung diesen Begriff im Laufe der ersten beiden Kriegsjahre zunehmend durch Formulierungen wie »kontinentale Verteidigung« und »Sicherheit der westlichen Hemisphäre«, hinter denen sich mehr als eine bloß defensive Anpassung ihres Konzepts an sich verändernde Lagen und den schrittweisen Aufbau der amerikanischen Streitkräfte verbarg.

Nachdem Hitler durch das Münchner Abkommen im Herbst 1938 der Hegemonie über Kontinentaleuropa einen Schritt nähergekommen war, verkündete der Präsident die »neue nationale Politik der Hemisphären-Verteidigung.« [1] Unmißverständlich hatte Roosevelt schon bei früherer Gelegenheit zum Ausdruck gebracht, was er in militärstrategischer Hinsicht darunter verstand: »Wir

müssen jeden potentiellen Feind mehrere hundert Meilen von unseren kontinentalen Begrenzungen entfernt halten.« [2]

Die Wendungen »jeder potentielle Feind« und »kontinentale Begrenzungen«
waren ebenso umfassend wie unbestimmt. »Jeder potentielle Feind« – das
konnten aus der Sicht des Winters 1937/38 sowohl Deutschland, als auch Japan,
als auch das noch nicht in die amerikanische Quarantäne-Politik eingebundene
Rußland sein. Letzten Endes waren damit sogar England und Frankreich
gemeint, wenn sie es vorzogen, sich weiter mit Hitler zu verständigen, anstatt
ihm an der Seite Amerikas entschlossen Paroli zu bieten. Sicher kommt man
dem Verständnis Roosevelts nur dann näher, wenn man seinen umfassenden
Feindbegriff zumindest bis zum russischen Kriegseintritt im Sommer 1941 zum
vollen Nennwert nimmt, obwohl sich die Positionen Englands und Frankreichs
bis dahin sowohl zur positiven, als auch zur negativen Seite hin mehr oder
weniger defintiv geklärt hatten.

Was aber verstand Roosevelt unter den Begrenzungen des amerikanischen
Kontinents? Zunächst einmal den *Doppelkontinent* von Alaska und Kanada im
Norden bis nach Feuerland im Süden, also Nord-, Süd- und Mittelamerika – das
hat er in vielen verschiedenen Äußerungen eindeutig bezeugt. Was dagegen die
Ost-West-Ausdehnung angeht, war der Präsident stets sehr ungenau, ohne daß
man mit letzter Bestimmtheit sagen kann, warum er es war. Änderten sich
seine Auffassungen mit dem Krisen- und Kriegsverlauf? Oder hatte er von
Anfang an eine bestimmte Maximalvorstellung im Blick, die er nur schrittweise
preisgab, um in der Öffentlichkeit den Eindruck zu erwecken, er werde von den
Ereignissen getrieben, anstatt sie selbst voranzutreiben?

Bezeichnend dafür war ein Zwischenfall, der sich Anfang 1939 ereignete:
Reporter hatten Äußerungen des Präsidenten vor dem Verteidigungsausschuß
des Senats mit der verkürzten Formulierung »Die erste Verteidigungslinie der
USA liege am Rhein« wiedergegeben. [3] Wütend dementierte Roosevelt – er
wollte zu diesem frühen Zeitpunkt vor seiner eigenen Nation auf keinen Fall
den Eindruck erwecken, er denke auch nur entfernt daran, durch eine Überdehnung der Hemisphären-Verteidigung in die europäischen Konflikte einzugreifen. Dabei steckte der Präsident, wie wir in unserem Buch »Roosevelts
Weg zum Krieg« eingehend dargelegt haben, schon mitten drin, und der Rhein
als östliche Grenze der westlichen Hemisphäre war, wie die späteren Ereignisse
zeigen, keineswegs aus der Luft gegriffen.

Demselben Zweck der Verschleierung diente das im Zusammenhang mit der
»westlichen Hemisphäre« immer wieder gebrauchte Wort »Verteidigung.« Es
beruhigte ein noch nicht zum Krieg bereites Volk, indem es ihm vorspiegelte,
alles, was auf dem militärischen Sektor geschehe, diene lediglich defensiven
Zwecken. Zugleich legitimierte es Roosevelts Kriegsplanungen, den in Friedenszeiten erfolgenden Aufbau der amerikanischen Streitkräfte und deren
Operationen vor und nach dem Kriegseintritt der USA als »gerechten«, d. h.
moralisch zulässigen Ausdruck nationaler Selbstverteidigung, während das
Wort gleichzeitig implizierte, daß die Achsenmächte generell Angreifer waren,

die andere Nationen auf »ungerechte« Art und Weise überfielen, nämlich nur zum Zweck machtpolitischer Eroberung. Letzten Endes hat der von Roosevelt mit Vorbedacht, Konsequenz und beträchtlichem rhetorischem Geschick ge- übte Sprachgebrauch zu jenem Paradigma der Verteidigung geführt, unter das Roosevelt die Kriegsanstrengungen der USA bis 1945 ganz generell im Be- wußtsein der amerikanischen und der Welt subsumierte, mochten sie auch noch so aggressiv, offensiv und ungerecht sein.

Betrachtet man Roosevelts Hemisphären-Begriff etwas näher, dann stellt man in der Tat zweierlei fest: Erstens umfaßte dieser Begriff von 1938 bis 1941 eine immer größere Ost-West-Dimension, und zweitens haben die während dieses Zeitraums von Roosevelt im militärischen Bereich befohlenen oder geduldeten Handlungen immer weniger einer »Verteidigung« im Sinne defensiver, nur auf die Abwehr eines äußeren Angriffs gerichteter Mittel entsprochen. Mit ande- ren Worten: Für den amerikanischen Präsidenten fielen die »Begrenzungen des Kontinents« nur solange etwa mit den geographischen Grenzen zusammen, wie Frankreich und England der deutschen Expansion standhielten und die westliche Hemisphäre militärisch ungefährdet war. Sobald sich Hitler aber den europäischen Kontinent von der Weichsel bis zum Atlantik unterworfen hatte, die deutsche U-Boot-Waffe die Versorgung Großbritanniens bedrohte und Japan, übrigens nicht zuletzt durch Roosevelts eigene Politik, zunehmend vor der Alternative »Kapitulation vor oder Krieg gegen Amerika« stand, dehnte der Präsident die »westliche« Hemisphäre immer weiter in die östliche aus, und dies dank des Einsatzes von immer offensiveren, um nicht zu sagen aggressive- ren Mitteln.

Bei der »westlichen Hemisphäre« handelte es sich also um einen ausgesprochen dynamischen Begriff, und so war er von seinem Schöpfer, dem amerikanischen Präsidenten Monroe, auch von vornherein gemeint gewesen. Dieser Präsident hatte hundert Jahre vorher den Ausdruck »Hemisphäre« erstmals in jener bekannten Doktrin verwendet, die den europäischen Mächten jeden Eingriff in die amerikanischen Angelegenheiten verbot, und er setzte ihn nicht nur in geographischer Hinsicht mit dem amerikanischen Doppelkontinent gleich, sondern auch in politischer und wirtschaftlicher Hinsicht mit der spezifischen Kultur Nordamerikas. Jede raum- und folglich auch kulturfremde Macht wurde von Monroe aus der westlichen Hemisphäre ausgegrenzt. Aber, und das charakterisiert ihre Dynamik mehr als alles andere, kein anderer Raum und keine andere Kultur sind seither von der westlichen Hemisphäre verschont geblieben – mit dem Ergebnis, daß wir heute alle, wo immer wir auch auf dem Erdball leben, mehr oder weniger »amerikanisch« geworden sind.

Roosevelt kam es infolgedessen auch darauf an, dieses dynamische Potential situationsgerecht zu nutzen – daher sein unscharfer Sprachgebrauch. Roosevelt hat daher dieses Potential in den drei Jahren, die von der Proklamation seiner neuen Hemisphären-Verteidigung bis zum offiziellen Kriegseintritt der USA vergingen, auch zielstrebig mit militärischer Realität gefüllt. Vielleicht sprach der Präsident aus innerer Überzeugung, als er seiner Nation aus Anlaß des

Kriegsausbruchs in Europa versicherte, es sei das bisherige Ziel seiner Politik gewesen, »die Vereinigten Staaten aus dem Krieg herauszuhalten. Um dieses Ziel zu erreichen, haben die USA den Krieg aus der westlichen Hemisphäre herauszuhalten.« [4] Vielleicht war es aber auch nur eine grandiose Verstellung. Auf jeden Fall war es kein Zufall, daß sich Roosevelts Kriegsplaner im Sommer 1939 bereits mit der ganzen Welt beschäftigten und daß sie in der Krise des Jahres 1940 von »offensiv-defensiven Operationen« sprachen. Denn für seine politische und militärische Führung waren die Grenzen der Hemisphäre zwischen Ost und West, zwischen Defensive und Offensive, zwischen Verteidigung und Angriff ebenso fließend wie für den Präsidenten selbst. [5]

Vielleicht muß man den Zeitraum von drei Jahren, der von der Proklamation der Hemisphären-Verteidigung bis zum Kriegseintritt verging, sogar noch um fünf weitere Jahre verlängern. Wir kämen dann auch in zeitlicher Hinsicht zu einem dehnbaren Hemisphären-Begriff und würden ihn aus jenem Kausalzusammenhang lösen, in dem er bisher zum Zweiten Weltkrieg steht. Tatsächlich hat Präsident Roosevelt die Beziehungen der USA zu den lateinamerikanischen Staaten schon bei Beginn seiner ersten Amtszeit in das gefällige Gewand des »guten Nachbarn« gekleidet. Er hat den Begriff, den er von seinem Amerika hatte, auf diese Weise auch auf Mittel- und Südamerika ausgedehnt, und er hat so bereits 1933 mit der politischen Vorbereitung der militärischen Hemisphären-Verteidigung begonnen. Ob Roosevelt dies alles schon im Hinblick auf die sich abzeichnende Krise des internationalen Systems getan hat, muß hier zwar spekulativ bleiben. Auf jeden Fall aber hat er seinen erweiterten Hemisphären-Begriff dadurch, daß er ihn der Panamerikanischen Union aufzwang, im Laufe der dreißiger Jahre schrittweise zu einem Instrument der politisch-militärischen Kriegführung gemacht.

Tatsächlich zahlte es sich schon bei Ausbruch des europäischen Krieges aus, daß die USA im Verhältnis zu ihren unmittelbaren Nachbarn bereits von der gewalttätigen *big stick-policy* und dem platten Dollarimperialismus früherer Zeiten zu zivilisierteren Formen des Umgangs übergegangen waren. Denn kaum hatte der Präsident seine »neue nationale Politik der Hemisphären-Verteidigung« verkündet, begann er mit Erfolg, die übrigen Staaten Nord-, Süd- und Mittelamerikas für sie einzuspannen. Schon am Weihnachtstag 1938 sagten sich auf sein Betreiben die 22 Miglieder der Panamerikanischen Union in der peruanischen Hauptstadt Lima für den Fall eines Angriffs von außen den gegenseitigen Beistand zu.

Diesen Konferenzerfolg erzielte der amerikanische Präsident nicht so sehr, weil er tatsächlich Anlaß zu der Befürchtung gehabt hätte, ein Angriff der Deutschen oder Japaner stehe unmittelbar bevor – ein *militärischer* Angriff. Statt dessen hatten schon Gerüchte über das finstere Treiben deutscher und japanischer Agenten in Argentinien, Brasilien oder Uruguay, amerikanischer Unwille über angeblich diskriminierende Handelspraktiken Hitlers und das Stirnrunzeln Washingtons über die nationalsozialistische Auslandspropaganda genügt, um die »Deklaration von Lima« hervorzubringen. Diese Umstände heben den Allzweck-Charakter von Roosevelts Hemisphären-Verteidigung deutlich hervor: Sie war nicht nur zur Abwehr einer militärischen, sondern auch einer politischen, wirtschaftlichen und ideologischen Bedrohung amerikanischer Herrschaftspositionen bestimmt.

Wie groß aber mußte die westliche Hemisphäre sein, wenn sie alle Bedrohungen ausschließen sollte, die das Zusammenleben der Völker auf diesem Planeten nun einmal mit sich bringt? Sie mußte buchstäblich die ganze Erde und sämtliche Lebensbereiche umfassen! Tatsächlich fällt von hier aus noch einmal ein scharfes Licht auf den potentiell universalen und ubiquitären, fast möchte man sagen: totalen Charakter von Roosevelts Hemisphären-Begriff. Er hat sich im Laufe der Zeit in einem hypertrophen Sicherheitsbegriff manifestiert.

Von Lima spannt sich der Bogen weiter nach Panama und von dort nach Havanna. In der Tat markieren die Namen dieser drei Städte den internationalen Erfolg von Roosevelts Hemsiphären-Politik *vor* dem Pakt von Washington. Denn es war kein Zufall, daß der Anti-Hitler-Koalition schon zum Zeitpunkt ihres Entstehens elf amerikanische Republiken beitraten (Costa Rica, Kanada, Kuba, Dominikanische Republik, El Salvador, Guatemala, Haiti, Honduras, Nicaragua, Panama und die USA). 1942/43 folgten vier weitere Staaten Lateinamerikas (Mexiko, Brasilien, Bolivien und Kolumbien). Schließlich waren bei Kriegsende 1945 mit Ekuador, Peru, Chile, Paraguay, Venezuela und Urugay ausnahmslos alle 22 Mitglieder der Panamerikanischen Union unter den Unterzeichnerstaaten vertreten. In der Tat, das war kein Zufall, sondern das Ergebnis von wirtschaftlicher Abhängigkeit, politischem Druck und jener Art von ideologischer Überzeugungstreue, die eine hegemoniale Macht wie die Vereinigten Staaten von Amerika innerhalb ihrer eigenen Hemisphäre erzeugen kann.

Mit der »Deklaration von Panama«, die wenige Wochen nach Ausbruch des europäischen Krieges am 2. Oktober 1939 verabschiedet wurde, konnte Roosevelt seinen Erfolg von Lima weiter ausbauen und noch stärker ins Militärische wenden. Jetzt verpflichteten sich die Mitgliedstaaten der Panamerikanischen Union, auf den Meeren östlich und westlich des Doppelkontinents eine Neutralitätszone von 300 Seemeilen Tiefe einzurichten. Diese Zone durfte kein Schiff einer kriegführenden Macht befahren. Aber obwohl sich in den beiden folgenden Jahren herausstellte, daß im Grunde nur die amerikanische Marine den dafür notwendigen Patrouillendienst aufrechterhielt und die Zone deshalb im Pazifik 1940 als ineffektiv aufgegeben wurde, war die »Deklaration von Panama« doch ein großer Erfolg für den Präsidenten in Washington. Denn durch diese Deklaration wurden die von Roosevelt im Frühjahr 1939 einseitig eingerichteten Patrouillen der *U. S.-Navy* in den Stand einer gesamtamerikanischen Institution erhoben. Außerdem verpflichteten sich die amerikanischen Republiken bei dieser Gelegenheit, sich gegenseitig sofort zu konsultieren, sollte eine von ihnen durch eine Achsenmacht vereinnahmt werden.

Genau genommen, beinhalteten die Beschlüsse von Panama bereits die Ansätze jener Roosevelt-Doktrin beschränkter Souveränität, die am 21. Juni 1940 in Havanna vollendet wurde. Vier Tage vorher hatte die Administration in Washington die Regierungen in Berlin und Rom davon unterrichtet, daß sie einen Herrschaftswechsel »von einer nicht-amerikanischen Macht zu einer anderen nicht-amerikanischen Macht« in der westlichen Hemisphäre nicht widerstandslos dulden werde. [6] Das war ein Reflex auf die Gefahr, Deutschland und Italien könnten den Sieg über Frankreich zum Anlaß nehmen, den französischen und englischen Streubesitz in der Karibik und anderswo unter sich aufzuteilen.

Noch an demselben Tag, an dem diese Warnung erging, lud Außenminister Hull die amerikanischen Republiken zur Absegnung dieses einseitigen Schrittes in die kubanische Hauptstadt ein. Zwar gab es dann auf der dortigen Konferenz noch Widerstände verschiedener Art, weil viele der Unionsmitglieder in dem amerikanischen Ansinnen eine Gefahr für die eigene Souveränität erblickten – eine Gefahr, die ihrer Meinung nach, wohlgemerkt, nicht von den faschistischen Staaten, sondern von den Vereinigten Staaten ausging. In den Hauptstädten Lateinamerikas wurde vielfach befürchtet, Washington könne, wie in der Vergangenheit so oft, eine angebliche Bedrohung der westlichen Hemisphäre fortan zum Anlaß nehmen, um in einem mißliebigen Nachbarland militärisch zu intervenieren.

Deshalb aber hatte Präsident Roosevelt seine Zumutung auch schon vorsorglich mit der Morgengabe einen halben Milliarde Dollar an Wirtschaftshilfe versüßt, und so fügte sich schließlich die Panamerikanische Union. Die »Akte von Havanna« legte eine Maschinerie für die Übertragung nationaler Souveränitätsrechte auf panamerikanische Gremien fest, die den USA sogar eine Hintertür für einseitige militärische Aktionen offenließ. So hat Präsident Roosevelt in nicht einmal zwei Jahren dafür gesorgt, daß sein Hemisphären-Begriff auf dem amerikanischen Doppelkontinent soviel internationale Akzeptanz erhielt, daß er nach außen als militärischer Faktor in Erscheinung trat.

Tatsächlich schufen die Konferenzen von Lima, Panama und Havanna nur die politischen Rahmenbedingungen, gipfelnd im Pakt von Washington. Parallel dazu hat Roosevelt diesen Rahmen in zwei großen Schritten auch mit militärischer Realität gefüllt. Diese beiden Schritte unternahm der Präsident natürlich nicht einfach ins Blaue hinein. Mit ihnen zog er auch nicht nur die zwangsläufige Folgerung aus der militärischen Entwicklung in Europa und anderswo. Vielmehr ließ sich der Präsident bei diesen beiden Schritten im wesentlichen von der Dynamik tragen, die seinem Hemisphären-Begriff innegewohnt hat.

Am Anfang, 1939, war dieser Begriff noch ziemlich eng gewesen – die westliche Hemisphäre umfaßte im Westen des amerikanischen Doppelkontinents den pazifischen Raum bis zum Hawaiianischen Archipel und darüber hinaus bis zu den Wake-Inseln, die noch einmal 800 Seemeilen weiter westlich lagen. Schon das war ein kolossaler Raum. Er reichte weit über den 180. Längengrad hinaus – die international akzeptierte Westgrenze der westlichen Hemisphäre in *geographischer* Hinsicht. [7] Auf der Westseite ihres Kontinents hatten sich die

USA also schon bei Ausbruch des europäischen Krieges stillschweigend und einseitig, d. h. ohne Abstimmung mit anderen Mächten, eine Art 2800-Meilen-Zone zugelegt – wohlgemerkt: 2800 statt der sonst üblichen drei Seemeilen, die Anrainerstaaten in völkerrechtlich zulässiger Weise als »Hoheitsgewässer«, d. h. als nicht mehr zum freien Meer gehörig, für sich in Anspruch nehmen dürfen. Dagegen wirkte die 1939 in Panama vereinbarte Zone von 300 bis 1000 Seemeilen Breite auf der Ostseite, also im Atlantik, noch relativ bescheiden. Sie fiel etwa mit dem 60. Längengrad zusammen. Allerdings überschritt auch sie schon die sonst allgemein zulässige Drei-Meilen-Zone um ein Vielfaches.

Ein reichliches Jahr später, im November 1940, hatte sich die westliche Hemisphäre jedoch wie durch ein Wunder ins schier Unermeßliche erweitert. [8] Von jetzt an zählte im Westen des amerikanischen Doppelkontinents ein großer Teil des britischen *Empires* mit Australien und Neuseeland sowie Niederländisch-Ostindien und Französisch-Indochina dazu, die in Wahrheit bekanntlich im Fernen Osten lagen. Diese Dimension war in Seemeilen oder Kilometern, d. h. rein quantitativ, gar nicht mehr zu fassen – sie war ihrer ganzen Qualität und Intention nach global. Schwache Gegenreaktionen Hitlers, der die deutsche Kriegszone im Frühjahr 1941 bis nach Grönland und den 38. Längengrad ausgedehnt hatte, beantwortete Roosevelt damit, daß er auch die Ostgrenze der Westlichen Hemisphäre noch weiter nach Osten vorschob, indem er Grönland unter den Schutz der Vereinigten Staaten stellte und dort Wetterstationen für die Kriegführung im Nordatlantik errichten ließ.

Fragt man nach der Ursache dieses »Wunders«, dann stößt man zunächst auf vier militärische Ereignisse, die den Kriegsverlauf 1940 in einem erheblichen Maße geprägt haben – auf die definitive Niederlage Frankreichs, die Luftschlacht über England, die Atlantik-Schlacht und den Beginn des italienischen Parallelkrieges in Nordafrika und auf dem Balkan. Natürlich könnte man sich mit dieser Erklärung begnügen – Roosevelt hätte dann mit der Ausdehnung der westlichen Hemisphäre lediglich auf die Kriegsereignisse reagiert. Dann aber würde man auch die Tatsache außer Acht lassen, daß es Hitler nach seinem Sieg über Frankreich im Laufe des Jahres 1940 nicht gelang, England in die Knie zu zwingen, und daß ja auch Mussolinis Parallelkriege höchst unglücklich verliefen, und man würde übersehen, daß sich die Überlebenschancen Großbritanniens selbst nach Einschätzung Roosevelts dadurch nicht verringerten, sondern erhöhten. Man würde also die Tatsache ignorieren, daß die Bedrohung Amerikas 1940 nicht zu-, sondern abgenommen hat.

In dem Standardwerk »The Framework of the Hemisphere Defense« von Stetson Conn und Byron Fairchild heißt es denn auch unmißverständlich: »Bis zum Zerstörer-Stützpunkte-Abkommen scheint Hitler überzeugt gewesen zu sein, daß die Vereinigten Staaten solange neutral bleiben würden, wie er nicht die westliche Hemisphäre berührte. Nun (im Hochsommer 1940) erkannten er und Benito Mussolini, daß sie sich letzten Endes einem amerikanischen Eingriff in den Krieg gegenübersehen würden.« [9] Damit treffen die beiden Historiker der *U. S. Army* den Nagel auf den Kopf: Mochten sich die beiden Diktatoren auch jeden Angriffs auf die westliche Hemisphäre enthalten, so konnten sie doch nicht verhindern, daß ihnen die westliche Hemsiphäre immer näherkam.

In Wirklichkeit war es also genau umgekehrt: Nicht die Kriegsereignisse erzwangen eine Ausdehnung der westlichen Hemisphäre auf den gesamten Erdball, sondern die Ausdehnung der westlichen Hemisphäre auf den gesamten Erdball erzwang die Kriegsereignisse. Dennoch brachte es Roosevelt noch im Frühsommer 1941, bei der Erklärung des nationalen Notstandes, fertig, den Spieß umzudrehen, indem er behauptete: »Der Krieg nähert sich dem Rand der westlichen Hemisphäre selbst. Er kommt uns hier daheim sehr nahe...«[9a] Diese Verdrehung der Tatsachen war das eigentliche »Wunder.« Denn kurz vorher hatte Roosevelt die westliche Hemisphäre bis unter die Küsten Afrikas und Europas ausgedehnt.

Ausschlaggebend für diesen säkularen Prozeß war die Dynamik, die dem Hemisphären-Begriff innewohnte, und tatsächlich bildete das Tauschgeschäft »Zerstörer gegen Stützpunkte und die Nicht-Auslieferung der britischen Flotte an Hitler« dafür den entscheidenden Dreh- und Angelpunkt. Denn durch die Koalition, die Roosevelt mit Churchill schloß, wurde die globale Expansion der westlichen Hemisphäre erst praktisch möglich. Dadurch erhielt diese Expansion ihre reale politische, wirtschaftliche und militärische Basis, und es würde uns sehr wundern, wenn der amerikanische Präsident dieses Potential nicht von vornherein erkannt hätte, als er sich mit Churchill im Sommer 1940 verband.

Noch im Frühjahr 1940 hatte Roosevelts Kriegsplanung auf ausgesprochen pessimistischen Annahmen beruht: Sie ging von der Niederlage der westeuropäischen Demokratien aus, d. h. nicht nur von einer Niederlage der französischen Armee, sondern auch vom Verlust der britischen und französischen Flotte. Nach dem Zerstörer-Stützpunkte-Flottenabkommen hellte sich Roosevelts Lageeinschätzung jedoch deutlich auf, bis sie im Herbst 1940 einen unüberhörbar optimistischen Unterton bekam: Sein Generalstab und seine Seekriegsleitung bestätigten ihm nämlich am 25. September 1940 übereinstimmend, »daß Deutschland und Italien keinen größeren Angriff gegen die westliche Hemisphäre mehr vortragen könnten, es sei denn, sie würden Großbritannien besiegen und die Kontrolle über den östlichen Atlantik erlangen.« [10] Selbst für diesen unwahrscheinlichen Fall aber wurde ein Spielraum von einem Jahr angenommen, den Deutschland und Italien benötigen würden, um tatsächlich einen Angriff auf die westliche Hemisphäre zu starten. Im Frühjahr 1940 hatte diese Zeiteinschätzung noch bei nur sechs Monaten gelegen.

Dies alles bedeutet nichts anderes, als daß Roosevelt seinen Hemisphären-Begriff just in dem Augenblick auf die ganze Welt ausdehnte, in dem mit der Fähigkeit Deutschlands und Italiens, im strategischen Sinne erfolgreich die westliche Hemisphäre anzugreifen, der eigentliche Grund für ihre Verteidigung entfallen war. Diese Gefahr hatte der Präsident durch seine Koalition mit Churchill gebannt.

Churchill hatte Roosevelt versprochen, die *Royal Navy* Hitler niemals auszuliefern. Diese Nebenabsprache zum Zerstörer-Stützpunkte-Abkommen wird
häufig übersehen. Sie war aber für den Seestrategen Roosevelt der springende
Punkt. Auf seinen ausdrücklichen Wunsch band Churchill mit seinem Versprechen nicht nur sich selbst, sondern sein ganzes Land, also auch jede denkbare
Nachfolgeregierung. Dadurch verlor Hitler nicht nur jede Aussicht darauf, sich
der britischen Flotte durch einen Frieden mit England zu bemächtigen. Vielmehr gewann Roosevelt dadurch auch die globale Seeherrschaft selbst für den
unwahrscheinlichen Fall, daß England doch noch unterging. Denn die britische
Flotte sollte dann, mit dem britischen Königspaar an Bord, nach Kanada oder
in einen anderen Teil des *Empires* dampfen, und Roosevelt hätte sicher Mittel
und Wege gefunden, sie der amerikanischen Seemacht dienstbar zu machen.
Dieses königliche Bild vor Augen sprach Außenminister Hull in einem *Hearing*
des Repräsentantenhauses denn auch zu Recht davon, daß »der Schlüssel für
die *Sicherheit* der Westlichen Hemisphäre« in der amerikanischen Herrschaft
über die Weltmeere liege. Diese globale Seeherrschaft trat Roosevelt mit dem
Zerstörer-Stützpunkte-Flottenabkommen im Hochsommer 1940 zumindest
tendenziell an, und damit zugleich etablierte er auch seinen hypertrophen
Sicherheitsbegriff. [11]
Den Plan oder sagen wir vorsichtiger: die Idee, koloniale Besitzungen der
europäischen Mächte als Stützpunkte für die eigenen See-, Land- und Luftstreitkräfte an sich zu bringen, hatte Roosevelt schon vor Ausbruch des
europäischen Krieges ventiliert. Sicher nicht ohne seine Zustimmung bat
Admiral Stark Unterstaatssekretär Welles am 14. August 1939, vierzehn Tage
vor Kriegsausbruch, dafür zu sorgen, daß Großbritannien und einige karibische Republiken der *U. S.-Navy* gewisse Einrichtungen zur Verfügung stellten.
[12] Auch wenn also der Besitz zusätzlicher Stützpunkte auf fremden Territorien für Roosevelt erst unter dem Eindruck der Niederlage Frankreichs und der
Bedrohung Großbritanniens zu einer zwingenden Notwendigkeit wurde, so hat
dieses Element doch von Anfang an zu seinem Konzept der Hemisphären-
Verteidigung gehört, und tatsächlich ist hier der eigentliche Ursprung für
Roosevelts Koalition mit Churchill und die Ausdehnung der amerikanischen
See- und Luftherrschaft zu suchen.
Das Interesse des Präsidenten hatte sich anfangs vor allem auf die südlichen
Zonen der westlichen Hemisphäre gerichtet – auf die westindischen Inseln und
auf Brasilien. Ein Jahr später konzentrierte es sich darüber hinaus auf Neu-
fundland und Grönland im Norden. Man könnte meinen, der Grund für sein
wechselndes Interesse lag im wechselnden Kriegsverlauf. In Wirklichkeit folgte
Roosevelt jedoch auch in dieser Beziehung der immanenten Dynamik seines
Hemisphären-Begriffs. Sie verhieß ihm nach der Defensive, die er sich 1939/40
verordnet hatte, für das Jahr 1941 die Möglichkeit, sowohl im Süden als auch im
Norden in die Offensive zu gehen.
Nach Ausbruch des europäischen Krieges hatte der Präsident befürchtet,
Hitler werde Frankreich und England besiegen, das französische Dakar beset-

zen und von dort aus Brasilien angreifen, zu dessen Führung der Präsident kein Vertrauen besaß. Ob diese Befürchtung wirklich vorhanden war oder ob Roosevelt sie nur wiederholt äußerte, um sein Land kriegsbereit zu machen, lassen wir hier einmal dahingestellt. Immerhin ist der Süd-Atlantik an keiner anderen Stelle so schmal wie zwischen Westafrika und Lateinamerika, was Roosevelts Argumentation eine gewisse Überzeugungskraft verlieh. Unter dem Decknamen »Pot of Gold« arbeitete sein Generalstab folglich einen Alarmplan aus, der die Besetzung Nordostbrasiliens durch eine amerikanische Eingreiftruppe von 100 000 Mann vorsah.

Ein reichliches Jahr später, im Winter 1940/41, hatte sich diese tatsächliche oder eingebildete oder nur vorgeschützte Gefahr verflüchtigt: Die Briten hatten nicht nur den größten Teil der französischen Flotte bei Mers-el-Kébir vernichtet. Sie hatten nicht nur Roosevelt für den Notfall ihre eigene Flotte versprochen. Vielmehr erfuhr der Präsident jetzt, der spanische Diktator Franco habe sich erfolgreich dem Wunsch Hitlers nach einer gemeinsamen Aktion gegen das britische Gibraltar widersetzt. Damit wurde eine Invasion Brasiliens vollends unmöglich. Denn ohne den Besitz Gibraltars und die damit verbundene Einschließung der britischen Mittelmeerflotte, das leuchtete auch jedem seestrategischen Laien ein, war eine Besetzung Dakars und damit auch ein Vorstoß gegen Brasilien von vornherein zum Scheitern verurteilt.

Damit war es nicht mehr in erster Linie nötig, sich vor Hitler im Südatlantik zu schützen, sondern damit deutete sich für Roosevelt zum ersten Mal die Möglichkeit an, den atlantisch-afrikanischen Raum sowohl im Süden, als auch im Norden anzugreifen. Deshalb hatten sich seine begehrlichen Blicke schon bei seinen Verhandlungen mit Churchill im Hochsommer 1940 sowohl auf die Westindischen Inseln, als auch auf Kanada gerichtet.

Am 17. August 1940, wenige Tage vor der Einigung über das amerikanisch-britische Zerstörer-Stützpunkte-Flottenabkommen, traf sich der Präsident mit dem kanadischen Premierminister Mackenzie King in Ogdensburg am St. Lorenzstrom. Die beiden Regierungschefs vereinbarten die gemeinsame Verteidigung ihrer Länder gegen Angriffe aus Richtung Nordosten – also aus Richtung Grönland, Island und Norwegen, obwohl Deutschland, das Norwegen besetzt hatte, gerade im Begriff war, seine Fähigkeit zu effektiven Angriffen gegen die westliche Hemisphäre zu verlieren. Tatsächlich diente die Vereinbarung zwischen Roosevelt und King denn auch weniger defensiven als offensiven Zwecken. Sie bereitete die amerikanische Seekriegführung im Nordatlantik vor, die im Frühjahr 1941 zur Garantie Grönlands und im Sommer darauf zur Besetzung Islands führte.

Für Roosevelt war der Umgang mit Kanada seit Ausbruch des europäischen Krieges schwierig gewesen. Denn das Dominium hatte Deutschland am 10. September 1939 wie sein britisches Mutterland den Krieg erklärt. Es handelte sich also bei Kanada um eine kriegführende Macht, mit der Roosevelt als Staatsoberhaupt eines neutralen Landes eigentlich gar keine Absprachen über eine gemeinsame Kriegsplanung treffen durfte. Deshalb fand das Treffen mit

King unter strengster Geheimhaltung statt. Deshalb wurde nach außen hin auch der Verteidigungscharakter der Absprachen betont. Der im weiteren Verlauf des Jahres 1940 gemeinsam mit dem kanadischen Generalstab entwikkelte »Verteidigungsplan ABC-22« wurde aber nicht nur in den amerikanischen Kriegsplan »RAINBOW IV« eingebaut, sondern Anfang 1941 auch in die amerikanisch-britischen Kriegspläne »ABC-1« und »ABC-2« einbezogen, die schon deutliche Merkmale einer offensiven Kriegführung trugen.

Kern der Vereinbarung zwischen Roosevelt und King war die Einrichtung eines gemeinsamen Oberkommandos und die Anlage eines amerikanischen Luft- und Marinestützpunktes in Nova Scotia, an der Mündung des strategisch wichtigen St. Lorenz-Stromes. Außerdem holte der Präsident bei dieser Gelegenheit die Zustimmung des kanadischen Regierungschefs zur Überlassung einer entsprechenden Basis in Neufundland als »Geschenk« Großbritanniens an die Vereinigten Staaten ein, über die er gerade mit Churchill verhandelte. *Last but not least* diente Kanada auch weiterhin als Ausgangsbasis für den Transport von Flugzeugen und Flugzeugteilen nach Europa, welche die britische Einkaufskommission in den USA erwarb, um mit ihnen weltweit die britischen Kriegsanstrengungen zu verstärken.

Die offensive, um nicht zu sagen: aggressive Komponente, welche die westliche Hemisphären-Verteidigung im Hochsommer 1940 durch das amerikanisch-britische Zerstörer-Stützpunkte-Flottenabkommen erhielt, wird freilich erst dann vollends deutlich, wenn man nicht nur auf Kanada im Norden und von dort weiter nach Nordosten, sondern wenn man gleichzeitig auch auf die westindischen Inseln im Süden und von dort weiter nach Südosten blickt. Dann erst erschließen sich die Straßen, auf denen Amerika 1941 unter Roosevelts Führung aus der eigenen Festung ausbrach und auf denen es in den Jahren nach dem offiziellen Kriegseintritt unter Roosevelts Führung zum Siege schritt.

Auch im Süden hatte der amerikanische Präsident längst das dynamische Potential erspäht, das dort im Besitz eigener Stützpunkte lag, und er setzte es schon vor Abschluß des Zerstörer-Stützpunkte-Flottenabkommens entschlossen in Aktionen um. Im Juli 1940 wies er den Präsidenten der amerikanischen Luftfahrtgesellschaft *Panamerican Airways* (PAA), Juan Trippe, mündlich an, in der Karibik und Südamerika ein Netz von Flugplätzen aufzubauen. Trippes Linie war zu diesem Zeitpunkt die einzige Luftfahrtgesellschaft der USA, die im internationalen Luftverkehr tätig war, und sie hatte in der südamerikanischen Luftfahrt bereits eine führende Stellung errungen.

Basis für Trippes Bauvorhaben wurde ein Geheimvertrag zwischen der *PAA* und dem US-Kriegsministerium. Die erforderlichen Gelder kamen – unter Umgehung des Kongresses – direkt aus Roosevelts Notstands-Fonds. Ziel war ein weltweites luftgestütztes Kommunikations- und Logistiksystem, das den alliierten Streitkräften für strategisch wichtige Operationen auf anderen Kontinenten zur Verfügung stehen sollte, vor allem im atlantisch-europäisch-afrikanischen Raum. So führt denn in den acht Monaten, die von Roosevelts konspirativer Weisung an den Chef einer privaten Luftfahrtgesellschaft bis zum massiven Einsatz dieses Systems zur Verstärkung der britischen Ägypten-Front im darauffolgenden Jahr vergingen, ein zwar geheimer, aber ziemlich direkter Weg auf den südöstlichen Teil des atlantisch-europäischen Kriegsschauplatzes zwischen Nordafrika und Rußland.

Zunächst einmal wurden Trippes Aktivitäten gegenüber der Öffentlichkeit als Folge einer rein technischen Neuerung getarnt: *Panamerican Airways* stellten ihren Maschinenpark gerade von Flugbooten auf sogenannte »Stratokreuzer« um, also auf Flugzeuge, so hieß es, die für Start und Landung statt Wasser feste Flugplätze brauchten. Das neue Luftverkehrsnetz, das dadurch entstand, vergrößerte nicht nur den Komfort der wenigen Fluggäste, die es damals schon auf internationalen Strecken gab, indem es die interkontinentalen Flugzeiten verkürzte – ein Vorzug, von dem sich Roosevelts Intimus Hopkins persönlich überzeugen konnte, als er im Januar 1941 zum ersten Mal Churchill in London besuchte. Das Netz zog auch zum ersten Mal in der Menschheitsgeschichte vier Kontinente zu einem einzigen, auch militärisch nutzbaren Aktionsfeld relativ kurzer und unverwundbarer Verbindungen von erstaunlicher Leistungsfähigkeit zusammen. Parallel zur globalen Seeherrschaft der USA, die Roosevelt ab 1940 etablierte, stellt es einen wichtigen Zwischenschritt zur globalen Luftherrschaft dar, die Amerika unter diesem Präsidenten ab 1941 errang.

Die Anfänge waren bescheiden und wie so oft, wenn Präsident Roosevelt etwas unternahm, um sein Konzept von Politik und Kriegführung umzusetzen, von den amerikanischen Neutralitätsgesetzen behindert. Im Verlauf des Jahres 1940 bürgerte es sich ein, daß amerikanische Flugzeuge, die für die britische Front gegenüber Italien in Libyen und Somalia bestimmt waren, ihren langen Weg nach Khartum (Ägyptisch-Sudan) zunächst in Teilen zerlegt antraten. Von den Häfen an der Ostküste der USA führte dieser lange und gefahrvolle Weg zunächst per Schiff bis nach Takoradi an der westafrikanischen Goldküste, wo die angelieferten Komponenten zu fertigen Flugzeugen zusammengebaut wurden. Von dort wurden die Maschinen über Nigeria und den Tschad nach Kairo überführt.

Unglücklicherweise aber gehörte Westafrika zu den Gebieten, die das amerikanische Außenministerium im November 1939 zum Kriegsgebiet erklärt hatte. Ein solches Gebiet durfte von amerikanischen Handelsschiffen laut Neutralitätsgesetz nicht befahren werden. Außerdem konnte der Transport amerikanischer Kampfflugzeuge mit Ziel Nordafrika auch bei großzügiger Auslegung des Hemisphären-Begriffs nicht als Beitrag zur Hemisphären-Verteidigung ausgelegt werden. Schließlich erreichten viele Maschinen ihren Bestimmungsort Takoradi beschädigt, so daß sie erst gründlich überholt werden mußten, bevor sie zum Einsatz kamen, ganz abgesehen davon, daß die britische Hochseeflotte durch den Pendelverkehr zwischen Nordamerika und Goldküste, den die deutschen U-Boote bedrohten, zu einem Teil gebunden war.

In dieser Gemengelage von Problemen, die einem effektiven Flugzeug-Nachschub im Wege standen, hatte der Gedanke des amerikanischen Präsidenten seinen Ursprung, das Ganze in die Luft zu verlegen. Dieser Gedanke erhielt eine gewisse Dringlichkeit, als im Februar 1941 das deutsche Afrikakorps unter General Rommel in die Kämpfe eingriff, die Briten zurückwarf und im Frühjahr mit Kairo die britische Nahoststellung bedrohte. Doch griff Roosevelts Vorhaben weit über die ohnehin schon um Tausende von Meilen in den Atlantik vorgeschobenen Ostgrenze der westlichen Hemisphäre hinaus, die eigentlich auch private Luftfahrtgesellschaften der USA nicht überfliegen durften. Der Präsident setzte deshalb eine Reihe von Juristen an die Lösung des Problems. Die Lösung bestand schließlich darin, daß das amerikanische Außenministerium seine ungeschickte Definition des Kriegsgebietes auf die britischen Inseln beschränkte und, weil das allein nicht half, die *PAA*-Transportmaschinen, die jetzt die Flugzeug-Teile über die verbotene Hemisphären-Grenze hinweghoben, kurzerhand zu regierungseigenen Maschinen erklärt wurden.

Diese Maschinen starteten an der Ostküste der USA, um auf den Stützpunkten in der Karibik von den Bahamas bis nach Trinidad zwischenzulanden, die Roosevelt gegen seine schrottreifen Zerstörer im August 1940 von Churchill eingehandelt hatte. So arbeiteten sich die Piloten schrittweise bis nach Natal an der Nordostküste Brasiliens vor, von wo aus sie dann im Non-stop-Flug den Südatlantik nach Takoradi überqueren konnten. Hier wurden die Flugzeugteile zusammengebaut und die fertigen Maschinen, wie bisher auch, zu ihren Einsatzorten nach Nordafrika weitergeflogen.

Ähnlich wie der Erwerb von Stützpunkten im Norden führte auch der Erwerb von Stützpunkten im Süden der USA zu Wirkungen auf Kriegsschauplätzen, die weit jenseits der westlichen Hemisphäre lagen. Doch wurde dieser Begriff den Realitäten ebenso dynamisch angepaßt, wie Roosevelt umgekehrt den dynamischen Begriff mit Realität auffüllte. In jedem einzelnen Fall erwuchsen aus relativ kleinen Ursachen große Wirkungen, die unter Umständen erst nach Jahren zum Tragen kamen. So waren es 1940/41 im hohen Norden einsame Wetterpiloten, auf sich selbst gestellte Kapitäne und eisverkrustete Bautrupps, die Labrador, Grönland, Island und die umliegenden Seegebiete erkundeten, zu Absprungbasen ausbauten und der amerikanischen Kriegführung dienstbar machten – jene Bastionen also, von denen aus Roosevelt ab 1941 seinen Seekrieg gegen die deutsche Nordfront führen konnte. Und so waren es im Süden die sonnengebräunten Flieger der *PAA* oder der *Atlantic Airways*, wie man die Gesellschaft aus rechtlichen Gründen inzwischen getauft hatte, die den langen und gefahrvollen Weg von Takoradi oder Accra über Dschungel und Wüsten hinweg nach Nordafrika fanden – zu jenen Bastionen also, von denen aus Roosevelt 1942/43 zum Landkrieg gegen das von Hitler beherrschte Europa ausholte.

Offiziell dienten alle diese Aktionen immer noch der Verteidigung der »westlichen Hemisphäre«, wie es in dem Vertrag mit der *PAA* vom 12. August 1941 hieß. [13] Präsident Roosevelt gestaltete die Zeitplanung für die Bekanntgabe dieses wunderlichen Faktums so geschickt, daß diese mit der Aufregung der amerikanischen Öffentlichkeit über die Atlantik-Charta zusammenfiel. Nach Pearl Harbor war die Takoradi-Route »der verläßlichste und fast der einzige Weg, auf dem man Flugzeuge und Nachschub sowohl nach China als auch in den Pazifik schaffen konnte«, wie Deborah W. Ray zutreffend schreibt. Die Route war 1942 die am meisten beflogene Luftlinie der Welt: Auf ihr gingen Jagd- und Bombenflugzeuge, Truppen, Waffen, Munition und Versorgungsgüter von Amerika nach Nordafrika, Rußland und Indien ebenso wie umgekehrt Mangan, Kupfer, Diamanten und andere Rohstoffe aus dem Fernen Osten in die USA gingen, die daran einen Mangel hatten.

Ohne Übertreibung kann man sagen, daß Montgomerys Sieg über Rommel 1942 ein Sieg der Luftbrücke von Takoradi war – also letzten Endes auch ein Sieg von Roosevelts Hemisphären-Verteidigung [14]: Die dritte und letzte Schlacht von Alamein wurde nämlich mit Hilfe jener 1200 Maschinen entschieden, die der britische General auf diesem geheimnisvollen Wege aus Amerika erhalten hatte. Darüber hinaus öffnete sich Roosevelt mit seiner strategischen Luftverbindung den »persischen Korridor«, über den ab 1941/42 zu einem Gutteil der amerikanische Nachschub für Stalin lief, nachdem der Präsident das Rote Meer schon im Frühjahr 1941 durch eine einseitige und von den Realitäten kaum gedeckte Erklärung von der Last befreit hatte, noch länger ein Kriegsgebiet zu sein. Letzten Endes bereitete Roosevelt auf dem Umweg über Takoradi sogar die Landung seiner Truppen Ende 1942 in Marokko vor, kamen doch in den ersten sieben Monaten jenes Jahres nicht weniger als 1.455 frabrikneue Flugzeuge über die Goldküste nach Nordafrika.

Ob der Präsident dies alles von vornherein so weit vorausgesehen und von so langer Hand geplant hat, wird man vermutlich niemals mit letzter Sicherheit wissen. Wie so vieles an seiner eigentümlichen Hemisphären-Verteidigung gehörten letztlich auch seine Initiativen in der Karibik und in der Arktis, auf der Takoradi-Route und in den Weiten des Eismeeres zu den Sachen, die er sich selbst vorbehielt. Denn nur von wenigen Vertrauten ließ er sich im *Oval Office* beim Studium seiner Karten und Pläne über die Schultern schauen. Aber daß er jeden einzelnen Schritt, den Amerika in die östliche Hemisphäre setzte, in einer längerfristigen Perspektive sah, ist bei diesem einsamen Tüftler der internationalen Machtpolitik und Kriegführung doch stark anzunehmen.

Es steht indessen fest, daß Roosevelts Verteidigung der westlichen Hemisphäre nicht selten gegen Buchstaben und Geist der Gesetze verstieß, auf die er als Präsident der Vereinigten Staaten seinen Amtseid abgelegt hatte. Ebenso verstieß sie auch gegen dasselbe internationale Recht, zu dessen Schutz vor den Aggressorstaaten sich der Präsident selbst verpflichtet hatte. Aber wie so oft bei der Verwirklichung seines Konzepts von Politik und Kriegführung folgte für Roosevelt auch hier das Recht der Opportunität, und die Macht folgte dem Recht – diesem kasuistischen amerikanischen Einzelfallrecht, das so außerordentlich biegsam war –, bis die Vereinigten Staaten von Amerika und die von ihnen beherrschte Hemisphäre unter Roosevelts Führung auch in moralischer Hinsicht die Spitze der globalen Machtpyramide erklommen hatten.

Es ist niemand anderes als Carl Schmitt, der schon 1950 in seinem Buch »Der Nomos der Erde« über die westliche Hemisphäre geschrieben hat: »Die globale Linie, die hier gezogen wird, ist demnach eine Art Quarantänelinie, eine Art Pestkordon, der eine verseuchte Gegend von einem gesunden Lande absperrt. Die Botschaft des Präsidenten Monroe spricht das nicht so offen aus... Wer aber zu lesen versteht und Ohren hat, zu hören, kann auch aus dem Text und Wortlaut der Monroe-Botschaft das fundamentale moralische Verwerfungsurteil heraushören, das über das ganze politische *System* der europäischen Monarchien ergeht und der amerikanischen Trennungs- und Isolierungslinie ihren moralischen und politischen Sinn und ihre mythische Kraft verleiht.« [15] An diese Tradition knüpfte Präsident Roosevelt bei der Zerschlagung der Achsenmächte an, indem er Deutschland und Japan und bis zu einem gewissen Grade auch Italien aus dem Kreis der zivilisierten Völker verbannte.

Anmerkungen

1 NA: OCS Conf. Binder 1, Emergency Measures, 1939–1940: Report Generalmajor Arnold über eine Konferenz im Weißen Haus am 14. 11. 38

2 US-Dpt. of State, Peace, S. 405: FDR-Kongreßbotschaft vom 28. 1. 38

3 Bavendamm, Roosevelts Weg, S. 367

4 PPA 1939, S. 460ff.: FDR-Kaminplauderer vom 3. 9. 39

5 Conn/Fairchild, Framework, S. 32

6 ebda., S. 47

7 ebda., S. 9

8 Vgl. diese Definition im Kontext des strategischen »Plan Dog« ebda., S. 97

9 ebda. S. 62

9a PPA 1941, S. 181ff.: FDR-Erklärung des nationalen Notstandes, 27. 5. 41.

10 ebda., S. 65

11 US-Dpt. of State, Peace, S. 6112–118: Zeugnis Hull vor dem Außenpolitischen Ausschuß des Repräsentantenhauses am 15. 1. 41

12 Conn/Fairchild, Framework, S. 11

13 Ray, Takoradi, S. 354

14 Guedella, Middle-East, 1940–42, S. 192

15 Schmitt, Nomos, S. 265 – Hervorhebung im Original

2.

Zerschlagung der Achsenmächte

In immer neuen und zum Teil drastischen Wendungen hat Präsident Roosevelt den »absoluten«, den »endgültigen« und »vollständigen« Sieg als Ziel seines Konzepts von Politik und Kriegführung beschrieben, wohinter sich nichts anderes als die Zerschlagung der Achsenmächte, insbesondere Deutschlands, verbarg. In seiner Kongreßbotschaft vom 6. Januar 1942, unmittelbar nach dem amerikanischen Kriegseintritt, sagte er mit unmißverständlicher Deutlichkeit: »Kein Kompromiß kann diesen Krieg beenden. Einen erfolgreichen Kompromiß zwischen Gut und Böse hat es noch nie gegeben und wird es niemals geben. Nur der totale Sieg kann die Meister der Toleranz, der Sittsamkeit, der Freiheit und des Glaubens belohnen.« [1]

Ein Jahr später, auf der Konferenz von Casablanca, fügte Roosevelt hinzu, »daß Friede über die Welt nur durch die totale Eleminierung der deutschen und japanischen Kriegsmacht kommen kann«, und indem er auf den amerikanischen General Ulysses S. Grant und den unvorstellbar grausamen Bürgerkrieg in seinem eigenen Land vor knapp hundert Jahren verwies, erklärte er: »Diese Eleminierung der deutschen, japanischen und italienischen Kriegsmacht bedeutet die bedingungslose Kapitulation Deutschlands, Japans und Italiens. Es bedeutet nicht die Zerstörung der Bevölkerung Deutschlands, Japans und Italiens, aber es bedeutet die Zerstörung der Philosophien in diesen Ländern, die auf Eroberung und Unterwerfung anderer Völker beruhen.« [2]

Anfang 1944, während des Italien-Feldzuges der Alliierten, als selbst den amerikanischen Militärs klar wurde, daß das Ziel der bedingungslosen Kapitulation den verzweiflungsvollen Widerstand der davon betroffenen Völker hervorrief, spitzte Präsident Roosevelt seine Äußerungen noch weiter zu: Er machte dem Alliierten Oberkommando klar, daß es ihm bei der bedingungslosen Kapitulation nicht nur um einen kurzfristigen militärischen Sieg, sondern darüber hinaus um eine langfristig angelegte und unumkehrbare Umwandlung Deutschlands auf allen Gebieten ging – also um eine Zerschlagung der preußisch-deutschen Kultur: »Meine Beschäftigung und meine persönliche Erfahrung mit Deutschland«, so führte der Präsident aus, »bringen mich zu der Überzeugung, daß die deutsche Philosophie nicht durch Dekret, Gesetz oder militärische Ordnung geändert werden kann. Eine Veränderung der deutschen Philosophie hat evolutionär zu sein und mag zwei Generationen in Anspruch nehmen.« [3]

Das bedeutet freilich nicht, daß Roosevelt zugunsten einer »weichen« philosophischen Lösung auf die Anwendung härtester militärischer, politischer und wirtschaftlicher Strafmaßnahmen verzichten wollte. Im Gegenteil – nach seiner Vorstellung hatte das deutsche und japanische Volk, ein wenig auch das italienische Volk, das er aber eher für »eine Menge Opernsänger« und daher für weniger gefährlich hielt, zunächst durch den Feuerofen schlimmster Prüfungen zu gehen, bevor die Welt auf Läuterung hoffen konnte. »Nehmen Sie bitte zur Kenntnis«, sagte Roosevelt ein Jahr vor Ende des Krieges zu seinen Stabschefs mit ungewohnt schneidendem Unterton, »daß ich nicht gewillt bin, zu diesem Zeitpunkt zu sagen, wir beabsichtigten nicht, die deutsche Nation zu zerstören. Solange es in Deutschland das Wort ›Reich‹ gibt als Inbegriff der Nationalität, wird es immer mit dem gegenwärtigen Begriff des Nationalgefühls in Verbindung gebracht werden. Wenn wir das einsehen, müssen wir danach streben, eben dieses Wort ›Reich‹ und alles, wofür es steht, auszumerzen.« [4]

Davon überzeugt, daß Deutschland »nur eine ganz bestimmte Sprache« verstehe, nämlich die Sprache brutaler Gewalt, verfolgte Roosevelt sein Ziel mit unnachsichtiger Härte: Nachdem die alliierten Streitkräfte dieses Land mehr oder weniger sturmreif gebombt hatten, wurde es erobert, besetzt und zerstückelt, seiner gesellschaftlichen Eliten beraubt sowie zu einem Besetzungsgebiet denaturiert, nachdem es seinem ihm vorübergehend zugedachten Schicksal, auf das Subsistenzniveau einer agrarischen Urgesellschaft herabgedrückt zu werden, nur mit knapper Not entgangen war. Japan mußte Ähnliches über sich ergehen lassen – nur mit dem Unterschied, daß das Inselreich aus Mangel an geographisch verfügbaren Teilungsmächten nicht geteilt werden konnte und sein Gottkaiser, der Tenno, wenigstens nominelles Staatsoberhaupt blieb.

Der Abwurf der beiden Atombomben auf Hiroshima und Nagasaki – ein Verbrechen gegen die Menschlichkeit, das Roosevelt seinem Vize-Präsidenten und späteren Nachfolger Truman als weitgehend vorgeplanten, aber noch nicht endgültig beschlossenen Schlußakt des Krieges hinterließ – war eher akzidentieller Natur. Denn der amerikanische Präsident betrachtete dieses in seiner Art völlig neue und furchtbare Massenvernichtungsmittel offenbar nur als eine – wenn auch »exponentielle« – »Waffe« (Alexander Sachs). Das heißt, Roosevelt sah in der Atombombe eben nicht ein Tötungsinstrument grundsätzlich neuer Art, dessen Einsatz aus moralischen oder sogar völkerrechtlichen Gründen verboten war, weil es unterschiedslos Kombattanten und Nicht-Kombattanten traf. Kriegsminister Stimson, im Herbst 1941 erstmals direkt und umfassend in das furchtbare Geheimnis eingeweiht, das Roosevelt nur mit einem ganz kleinen Kreis Vertrauter teilte, hat denn auch »zu keinem Zeitpunkt, von 1941 bis 1945, jemals vom Präsidenten oder irgendeinem anderen verantwortlichen Mitglied der Regierung etwas von dem Nicht-Einsatz der Atomenergie während des Krieges gehört.« [5]

Natürlich liegt es nahe, dieses historisch einmalige Armageddon-Programm auf die Verbrechen Hitlers zurückzuführen, und wahrscheinlich hat die Erfahrung der nationalsozialistischen Gewaltpolitik und Kriegführung bis hin zum

Genozid die persönliche Haltung Roosevelts gegenüber Deutschland tatsächlich verschärft. Zwar erfaßte der Präsident schon im Spätsommer 1941 die Gefahr, »daß sich der barbarische und rücksichtslose Charakter des [deutschen] Besatzungsregimes [in Rußland und Polen] immer stärker ausprägen und schließlich zur Vernichtung gewisser Populationen führen wird, je näher die Niederlage der Feindmächte rückt« [6] – eine geradezu prophetische Feststellung, wenn man an die Wannsee-Konferenz vom Januar 1942 denkt, auf der die systematische »Endlösung der Judenfrage« beschlossen wurde. Auch hat sich der Präsident verschiedentlich öffentlich voller Abscheu über die Konzentrationslager und andere Verfolgungs- bzw. Vernichtungsmaßnahmen geäußert, über die er aus den verschiedensten Quellen ziemlich gut informiert war. Aber Roosevelt hat dagegen keine praktisch wirksamen Schritte unternommen – wie etwa die technisch mögliche Zerstörung der nach Auschwitz und Birkenau führenden Eisenbahnlinie von Luftbasen im Mittleren Osten aus. So setzte sich unter Juden der Eindruck fest, auch für bestimmte Kreise der Roosevelt-Administration und vielleicht sogar für den Präsidenten selbst ein im Grunde »unerwünschtes Volk« zu sein. [7]

Dafür aber, daß Roosevelts Armageddon-Programm nicht durch die deutsche Judenvernichtung allein verursacht worden ist, sprechen vor allem zwei Argumente: Erstens die Duplizität des Schicksals, das der Präsident Deutschland und Japan zudachte, und zweitens die Tatsache, daß sich tragende Elemente seines Konzepts von Politik und Kriegführung, soweit es die Zerschlagung der Achsenmächte betraf, zum Teil schon 1938 deutlich herausgebildet hatten, das heißt bevor die latente Pogromstimmung der Deutschen in der Reichskristallnacht erstmals konkrete Gestalt annahm.

Die tragenden Elemente waren (1) Vollendung der Quarantäne durch Blockade, (2) Zerstörung aus der Luft, (3) Eroberung und Besetzung durch Bodentruppen, (4) Entmilitarisierung, wirtschaftliche Demontage und territoriale Zerstückelung, soweit möglich, (5) politische und militärische Enthauptung sowie Bestrafung der Führungseliten, soweit nötig, und (6) die dauerhafte Einbeziehung dessen, was nach dieser Radikalkur von den Achsenmächten übrig blieb, in die westliche Hemisphäre zwecks Sicherung eines dauerhaften Weltfriedens.

Zur Entwicklung des siebenten und ultimativen Elements, der Zerschlagung Deutschlands durch die Atombombe, entschloß sich Roosevelt im Prinzip ebenfalls schon 1939, weil es aus seiner Sicht keinen vernünftigen Grund zu der Annahme gab, daß die Achsenmächte ihrerseits nicht nach dieser »Waffe« strebten, was sie ja, mit Ausnahme Italiens, zunächst auch taten. »Etwas anderes anzunehmen«, so schrieb der für das Atomprojekt auf militärischer Seite zuständige US-General Leslie R. Groves kurz und bündig nach dem Krieg, »wäre tollkühn gewesen.« [8]

Tollkühn oder nicht – die Datierung der einzelnen Elemente, die zu Roosevelts Konzept für die Zerschlagung Deutschlands zählten, ist zum Teil schon zu einem außerordentlich frühen Zeitpunkt möglich. Diese Tatsache zeigt deutlicher als manches andere, daß auch dieses Ziel bei diesem Präsidenten zumindest teilweise auf anderen Motiven als auf dem der Vergeltung beruhte: Zum einen handelte es sich um die Projektion eigener destruktiver Pläne auf Hitler und die Japaner, ohne daß diese immer und in jedem Fall die finsteren Absichten hegten, die ihnen Roosevelt und andere führende Amerikaner unterstellten. So dachte Hitler 1938/39, wenn überhaupt, nicht im Ernst daran, London oder Paris aus der Luft zu zerstören – aber dieser im Westen tatsächlich oder nur scheinbar befürchtete »knockout-blow« war der Ausgangspunkt für die strategische Luftrüstung, die Roosevelt seinem Land zu diesem Zeitpunkt verordnet hat. Und ironischerweise hat Hitler die Arbeiten an der deutschen Atombombe just in dem Augenblick eingestellt, in dem der Präsident den Bau der amerikanischen Atombombe erst richtig aktivierte.

Zum anderen entsprang das Armageddon-Programm Roosevelts Streben nach Prädominanz und dem Vollgefühl der Kraft, das die werdende Supermacht Amerika dem Präsidenten eingegeben hat. Roosevelt wollte auf allen Gebieten der erste sein, und zwar nicht so sehr im zeitlichen wie im sachlichen, also im militärischen, politischen und wirtschaftlichen Sinne – beim Aufbau einer Überseeflotte ebenso wie beim Aufbau einer Luftflotte oder wie beim Bau der Atombombe, und er vertraute darauf, daß er diese hochgesteckten Ziele dank der unerschöpflichen Ressourcen seines Landes auch innerhalb vertretbarer Zeiträume erreichen konnte. Vielleicht war dieses Streben nach Prädominanz anfangs tatsächlich noch auf die Verhinderung eines Kriegse durch Abschrekkung gerichtet. Vielleicht wollte Roosevelt wirklich den Einsatz amerikanischer Bodentruppen auf fremden Territorien so lange wie möglich, wenn nicht am liebsten sogar überhaupt vermeiden. Aber in erster Linie strebte Roosevelt seit 1938/39 nach militärischer Macht, um erst Deutschland, dann Japan in den Abgrund einer fast totalen Vernichtung zu stürzen.

So träumte der amerikanische Präsident schon am 18. September 1938 davon, Hitler durch einen strategischen Luftkrieg – verbunden mit einer Seeblockade der angelsächsischen Mächte – in die Knie zu zwingen. England, Frankreich und Rußland, so der Plan, den er auf dem Höhepunkt der Tschechoslowakei-Krise entwickelte, sollten den Willen der deutschen Führung brechen, indem sie »aus der Luft auf Deutschland einhämmern.« Denn der Präsident hielt sich seit gelegentlichen Aufenthalten, die er an der Seite seiner in Bad Nauheim kurenden Mutter in den neunziger Jahren des 19. Jahrhunderts absolviert hatte, für einen Kenner der deutschen Seele. [8a] Er war fest davon überzeugt, »daß die Moral der Deutschen unter Flächenbombardements sehr viel schneller zusammenbrechen würde als die der Franzosen oder Engländer«. »Diese Art von Krieg«, so Roosevelt weiter, »würde weniger kosten, würde vergleichsweise wenige Opfer fordern und würde mit einem höheren Grad an Wahrscheinlichkeit zu einem Erfolg führen als ein traditioneller Krieg zu Lande oder zur See.« [9]

Damit hatte der Präsident sein Konzept zur physischen Zerschlagung Deutschlands bereits umrissen, und so sehr er in den nächsten beiden Jahren auch zögerte, es mit Hilfe der eigenen Streitkräfte in die Tat umzusetzen, so sehr schuf er ab 1938/39 erst auf dem Papier und ab 1940/41 dann auch verstärkt in der Wirklichkeit die physischen Voraussetzungen dafür in Gestalt von Luftwaffenverbänden und Bodentruppen, nachdem er bereits 1933 mit dem faktischen Aufbau seiner Seestreitkräfte begonnen hatte. Roosevelt stützte sich dabei im wesentlichen auf die in den angelsächsischen Ländern gültige Doktrin, wonach starke Bomberverbände sowohl feindliche Angriffe auf das eigene Territorium abfangen, als auch eigene Angriffe auf feindliches Territorium vortragen konnten, ohne jemals auf eine unüberwindliche Abwehr zu stoßen.

Aber der Präsident sah die amerikanische Luftwaffe, die er ab Mai 1941 entschlossen zu einer strategischen Waffe von interkontinentaler Reichweite und ungeheurer Zerstörungskraft ausbaute, immer nur als ein militärisches Ziel, hinter dem sich politische Zwecke verbargen. Hopkins charakterisierte Roosevelt zwar einmal schlicht und ergreifend als jemanden, »der an den Bombenkrieg als das einzige Mittel zur Erringung eines Sieges glaubt«, eines militärischen Sieges selbstverständlich. Aber wenn der Präsident und dessen Luftwaffen-Chef Arnold von einer »Luftherrschaft der Demokratien«, von einer »Erschütterung« Deutschlands durch die Bomben »von innen heraus« sowie davon sprachen, daß man Japan mit Hilfe von zerstörerischen Luftangriffen »von offenem und aktivem Widerstand gegen unsere nationale Politik abhalten« müsse, dann bedeutete dies, daß sie mit Hilfe der amerikanischen Luftwaffe eine neue politische Weltordnung schaffen wollten. [10]

Andererseits richtete Roosevelt seine Energien »nicht auf die moralischen, politischen und strategischen Fragen«, die mit dem Einsatz seiner Luftwaffe verbunden waren, sondern fast ausschließlich »auf die technischen und wirtschaftlichen Probleme« ihrer Mobilisierung. [11] Es war ein reines Ziel-Mittel-Denken mit einem äußerst dürftigen Überbau an humanitären Grundsätzen und menschlichen Erwägungen, das der Präsident im Grunde auch auf den geplanten Einsatz der Atombombe anwandte: Da ein See- und Landkrieg bis zum Sieg erfahrungsgemäß lange dauerte, würde ein kürzerer, aber umso heftigerer Luftkrieg bedeutend weniger Opfer kosten – auf amerikanischer ebenso wie auf feindlicher Seite. Sah man die Dinge so, dann war der kürzest mögliche und daher auch menschlichste Krieg der Abwurf jener Bombe, die eine ganze Stadt mit Hunderttausenden von unschuldigen Frauen, Kindern und Greisen auf einen Schlag vernichten konnte. Danach würde Frieden sein, auch wenn man diesen dann aus Mangel an Überlebenden kaum noch von der Friedhofsruhe würde unterscheiden können.

Diese Überlegung kam in einer Äußerung von Kriegsminister Stimson zum Ausdruck, dem Roosevelt die politische Verantwortung für den Einsatz der amerikanischen Atombombe anvertraut hatte bis hin zu jenem letzten und entscheidenden Wort, das nur der Präsident selbst sprechen konnte: »Die Bomben auf Hiroshima und Nagasaki«, so schrieb Stimson 1947 in *Harper's Magazine*, »beendeten einen Krieg. Sie machten es außerdem völlig klar, daß wir nie wieder einen Krieg haben dürfen. Diese Lektion müssen die Leute und

38 *Vertrauen durch das* alter ego: *Winston S. Churchill* (links) *und Harry Hopkins 1941 in Scapa Flow*

39 *Die Hauptverbündeten: Roosevelt und Churchill auf der Atlantik-Konferenz an Bord der Augusta im August 1941* (dahinter die Admiräle King, links, und Stark)

40 *Ungeschriebene Allianz: Stalins Wunschliste für Rüstungslieferungen aus den USA, von Hopkins im Kreml notiert, Juli 1941*

42 *Läßt China zappeln: Roosevelt und Madame Tschiang Kai-shek*

43 *Konferenz in Kairo, November 1943: Tschiang Kai-shek, Roosevelt, Churchill und Madame Tschiang Kai-shek (v.l.n.r.)*

41 *Enttäuschtes Werben um die zweite Front: Roosevelt und der sowjetische Außenminister Wjatscheslaw Molotow im Mai 1942 in Washington*

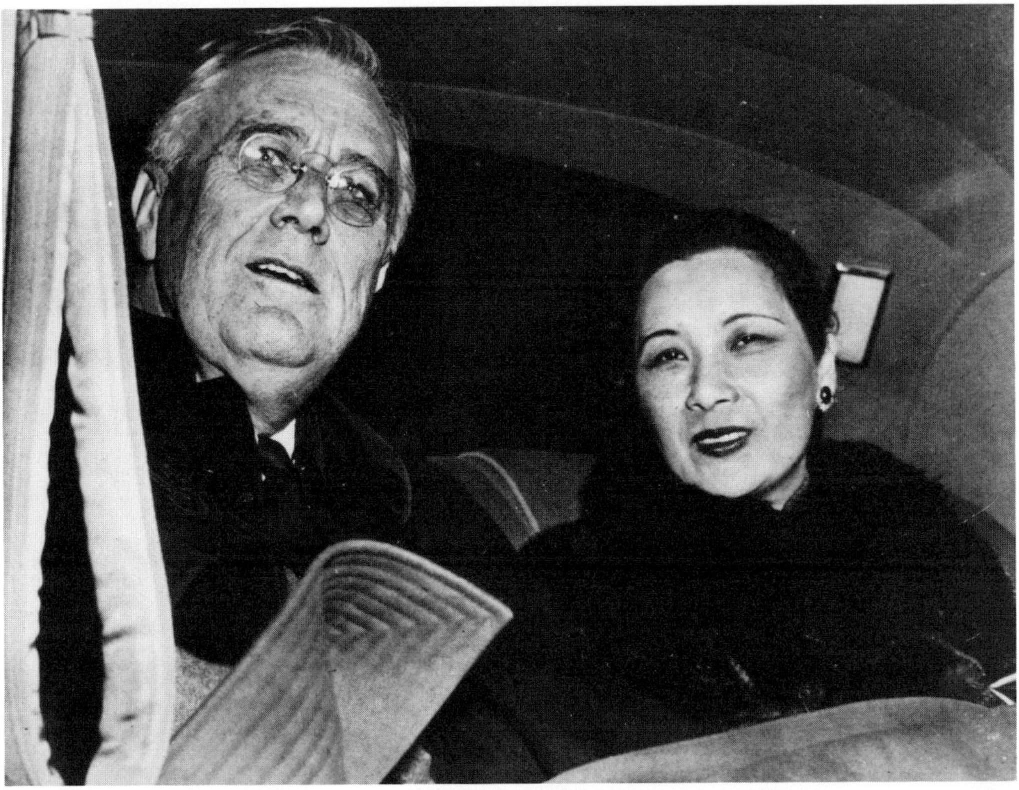

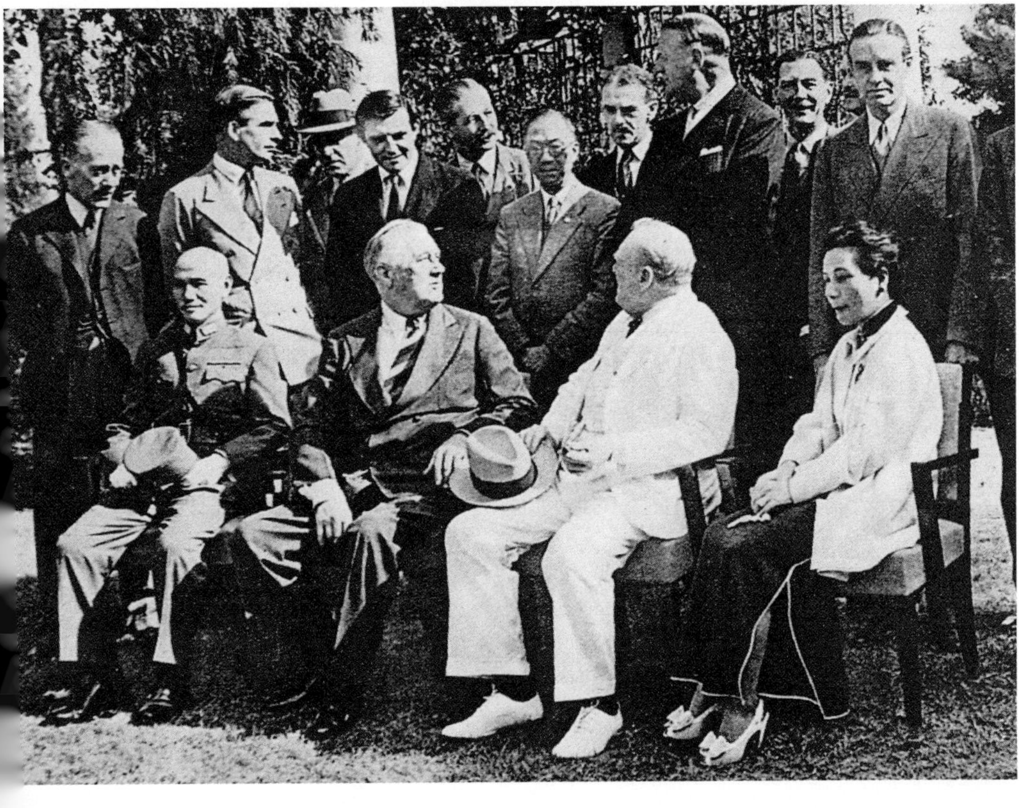

44 *Konferenz in Casablanca, Januar 1943: Roosevelt, General Charles de Gaulle* (Mitte) *und Churchill*

45 *Botschafter Averell Harriman – hier zwischen Churchill und Stalin – öffnet Roosevelt die Augen für den neuen »Weltfeind«.*

ihre Führer überall lernen, und ich glaube, wenn sie die lernen, werden sie einen Weg zu einem dauerhaften Frieden finden. Es gibt keine andere Wahl.« [12]

Weil Roosevelt diesen Friedhofs-Frieden um jeden Preis erreichen wollte, drohte Deutschland im Winter 1944/45 zum ersten Opfer eines atomaren Holocausts zu werden: Wie General Groves 1965 in einem Interview mit der amerikanischen Nachrichtenagentur *Associated Press* enthüllt hat, erwog der Präsident während der Ardennen-Offensive, mit der Hitler den Vormarsch der Alliierten in sein Reich ein letztes Mal aufhielt, die erste Atombombe gegebenenfalls über Deutschland abwerfen zu lassen, um den Krieg in Europa so schnell wie möglich zu beenden. [13]

Der Erst-Einsatz dieses entsetzlichen Massenvernichtungsmittels gegen Deutschland und eventuell auch Japan sollte nach einem Szenario ablaufen, das ein Freund und Berater des Präsidenten namens Alexander Sachs entwickelt hatte und das jetzt offenbar Roosevelts ausdrückliche Zustimmung fand: Nach einem ersten erfolgreichen Atombombentest, der damals noch ausstand, sollte zwar erst ein Probe-Einsatz vor einem internationalen Gremium irgendwo anders stattfinden, gefolgt von einem zu veröffentlichenden Bericht über die verheerenden Wirkungen der Bombe, über die im Winter 1944/45 keinerlei Zweifel mehr bestanden. Dann aber, nach einer Warnung der Vereinigten Staaten und ihrer Alliierten an die Adresse Deutschlands, sollte die Atombombe, wie es in Sachs' Aufzeichnungen heißt, »innerhalb eines vorherbestimmten Zeitraums in einer dafür ausgewählten Gegend eingesetzt« werden.

Auf diese Weise, so hoffte Roosevelt zwar, würden sich viele Menschen noch rechtzeitig in Sicherheit bringen können – im Gegensatz zu dem, was später in Hiroshima und Nagasaki geschah, plante dieser Prsäident also nicht die Massentötung von Hunderttausenden ohne jede Vorwarnung. Aber dem deutschen Nachbetrachter gerinnt doch das Blut in den Adern, wenn er das Sachs-Roosevelt-Szenario zu Ende liest: »Sobald die Wirksamkeit des Atombombeneinsatzes feststeht, fordert ein Ultimatum [der Vereinigten Staaten und ihrer Alliierten] die sofortige Kapitulation der Feinde, wobei Sicherheit darüber besteht, daß die Weigerung, ihm Folge zu leisten, die betreffenden Länder und Völker der atomaren Vernichtung aussetzt.« [14]

So zeigt sich die von Präsident Roosevelt angestrebte Zerschlagung der Achsenmächte in ihrer ganzen Ambivalenz zwischen dem legitimen Einsatz von Kriegsmitteln und dem illegitimen Völkermord. Alles, was sich zwischen diesen beiden Extremen befand, unterlag einem schrankenlosen Mittel-Zweck-Denken, ohne von moralischen oder völkerrechtlichen Kategorien wirksam kontrolliert zu sein. Im Gegenteil, der Zweck heiligte die Mittel. Es stimmt zwar, daß die amerikanischen Bomber und deren Piloten, die gegen Deutschland und Japan zum Einsatz kamen, hauptsächlich für Präzisionsangriffe ausgerüstet und ausgebildet waren. Sie sollten bei Tage in einer klinisch sauberen Manier militärische und industrielle Ziele treffen – ein Umstand, in

dem man zunächst eine moralische oder humanitäre Tötungshemmung erblik-
ken kann, die vor allem die deutsche und japanische Zvilbevölkerung schonen
sollte.

Sieht man aber genauer hin, dann entdeckt man die schiefe Ebene, auf der sich
der Einsatz der amerikanischen Luftstreitkräfte von Anfang an befunden hat –
von den Präzisionsangriffen der ersten Zeit über die schmutzige Arbeitsteilung
»rund um die Uhr« mit den Flächenbombardements der Briten bei Nacht, wie
sie Roosevelt und Churchill in Casablanca beschlossen hatten, bis hin zu jenen
flächendeckenden Brandanschlägen namens »CLARION« und »THUNDER-
CLAP«, bei denen in den letzten Kriegsjahren ganze Großstädte wie Berlin,
Dresden oder Tokio planmäßig in Schutt und Asche sanken.

Auch letzteres hatte Roosevelt schon lange vorher rein zweckrational ange-
dacht, indem er am 4. August 1941 zu seinem Finanzminister Morgenthau
sagte: Es müßte doch möglich sein, von 100 Maschinen, die in Deutschland
kriegswirtschaftlich wichtige Ziele angreifen, jeweils zehn gegen kleinere
Städte einzusetzen, denn schließlich gebe es in jeder Stadt irgendeine Fabrik,
die man attackieren könne, ohne den Grundsatz, es würden nur militärische
und kriegswirtschaftlich wichtige Ziele angegriffen, aufzugeben. So würden die
Bombenangriffe am Ende auch diejenigen Städte in Mitleidenschaft ziehen,
die bisher davon verschont geblieben waren, »und dies ist der einzige Weg, um
die deutsche Moral zu brechen.« [15]

Blickt man hinter diesen schrankenlosen Pragmatismus, der keinen prinzipiellen Unterschied zwischen militärischen Zielen und Zivilisten machte, stößt
man auf Roosevelts diskriminierenden Kriegsbegriff. Denn erst die Ausgren-
zung des *hostis injustus*, des ungerechten Feindes, hat diese unmenschlichen
Entgleisungen des amerikanischen Präsidenten möglich gemacht. Ein solcher
Feind war vogelfrei. Ein solcher Feind stand außerhalb der Völkerrechtsge-
meinschaft. Ein solcher Feind konnte von Glück sagen, wenn der amerikanische Präsident so gnädig war, ihn mit den schlimmsten Verletzungen herkömm-
licher Kriegsregeln und -gebräuche, wie sie etwa die Haager Landkriegsord-
nung vorschrieb, zu verschonen – mit der unterschiedslosen (amerikanisch:
»indiscriminate«) Vernichtung.

In diesem diskriminierenden Kriegsbegriff haben letztlich auch alle übrigen
Elemente ihre Wurzel, die aus Deutschland und Japan nach Roosevelts
Wunsch und Willen ebenso friedfertige wie machtlose Mitglieder der westlichen Wertegemeinschaft machen sollten. Ihren dichtesten Ausdruck fanden
alle diese Elemente in der »unconditional surrender«-Formel, jener Forderung
nach bedingungsloser Kapitulation, die Roosevelt und Churchill den Achsenmächten im Januar 1943 als unerläßliche Vorbedingung für einen Frieden
präsentierten. [16]

Zwar hatte Roosevelt vorher erklärt, die Atlantik-Charta gelte »für die ganze
Welt«. [17] Er bezog sich damit auf jene Kriegszielerklärung, die er und der
britische Premierminister Churchill im August 1941 verabschiedet, wenn auch
nie förmlich unterschrieben haben, um dem amerikanischen Präsidenten das

völkerrechtliche Kunststück zu ermöglichen, gleichzeitig neutral und Kriegspartei zu sein. In diesem Dokument, das durch den Pakt von Washington am 1. Januar 1942 zur rechtlich bindenden Geschäftsgrundlage der Weltkoalition gegen die Achsenmächte wurde, verzichteten die Vereinigten Staaten und Großbritannien auf Gebietserwerbungen und Gebietsveränderungen. Sie garantierten das Selbstbestimmungsrecht der Völker, und sie versprachen diesen nicht nur den gleichen Zugang zu den Rohstoffen und Märkten der Welt, sondern auch ein Leben »frei von Furcht und Not.« [18]

Aber obwohl die Atlantik-Charta nur in einer Beziehung für die »angriffslustigen Nationen« eine Sonderstellung vorsah – diese Nationen sollten »bis zur Schaffung eines umfassenderen und festen Systems, das den Frieden der Völker sichert«, entwaffnet werden –, widersprach Präsident Roosevelt nicht, als Churchill am 22. Februar 1944 vor dem Unterhaus in London feststellte: »›Bedingungslose Kapitulation‹ bedeutet, daß die Sieger freie Hand haben.« [19] Und Außenminister Hull dürfte mit voller Autorisierung durch seinen Präsidenten gesprochen haben, als er am 9. April 1944 in einer Rundfunkansprache ausführte, die Atlantik-Charta gebe lediglich den Kurs an, den die Alliierten in Richtung auf »die Verhinderung von Aggression und die Errichtung der Sicherheit der Welt« eingeschlagen hätten. Sie enthalte jedoch keine fertigen politischen Lösungen. Ausdrücklich stellte der amerikanische Außenminister fest: »Zweifellos verhindert die Charta keinerlei Schritte, einschließlich solcher, die gegenüber den Feindstaaten unternommen werden, die notwendig sind, um diese Ziele zu erreichen. Grundlegend sind die Ziele der Charta und die Entschlossenheit, sie zu erreichen« [20] – wann immer das auch sein mochte.

Parallel und komplementär zu den immer unmenschlicheren Methoden, die Roosevelt anordnete, zuließ oder duldete, um die Zerschlagung Deutschlands und der übrigen Achsenmächte zu erreichen, wurden die politischen und humanitären Verheißungen der Atlantik-Charta einer immer restriktiveren Interpretation unterworfen – bis der amerikanische Präsident in der letzten Jahresbotschaft, die er in seinem Leben an den Kongreß in Washington richtete, im Januar 1945 ziemlich kleinlaut erklären mußte: Die Atlantik-Charta sei eine bloße »Prinzipien-Erklärung.« Sie enthalte »keine bestimmten Regeln, die auf jede einzelne der verwickelten Situationen in dieser vom Krieg zerrissenen Welt anzuwenden wären.« [21]

Eine bedingungslose Kapitulation Deutschlands und Japans, das war Roosevelt natürlich von vornherein klar, konnte es nur geben, wenn diese beiden Länder nach ihrer Zerstörung aus der Luft und dem damit einhergehenden Zusammenbruch ihrer Moral von alliierten Truppen erobert, besetzt und entwaffnet wurden. Denn wer hätte die fanatischen Führungen in Berlin und Tokio sonst zwingen können, ihren politischen Willen aufzugeben, die Waffen zu strecken und sich auf Gedeih und Verderb den Siegern auszuliefern? Aus diesem Grunde sahen Roosevelts Pläne für den Streitkräfteaufbau seines Landes von allem Anfang an ungeheure Mengen an Bodentruppen vor, die

schon aus quantitativen Gründen in der Lage waren, gegebenenfalls jede x-
beliebige Okkupation durchzuführen. Gewiß, dieses Massenheer war 1939
noch nicht vorhanden. Aber es wuchs von da an planmäßig Jahr für Jahr nur zu
dem einzigen Zweck, um Deutschland und Japan eines Tages erfolgreich zu
besetzen. [22]

Parallel dazu begannen seit Dezember 1939 die Pläne des amerikanischen
Außenministeriums für die territoriale Zerstückelung Deutschlands zu reifen –
Pläne, die sich lange Zeit im Kreise drehten, weil es einfach kein zwingendes
Muster dafür gab, wie man eine europäische Zentralmacht von dieser Bedeutung sinnvoll aufteilen konnte, ohne daß der Schaden für Amerika größer als
der Nutzen war. Nicht zuletzt hing das ja auch davon ab, wie bei Kriegsende die
verschiedenen Fronten verlaufen würden. Roosevelt hat sein Dilemma deutlich gespürt, denn er sagte am 1. Dezember 1943 in Teheran bei seinem ersten
Gipfeltreffen mit Stalin und Churchill: Deutschland könne »auf drei oder 15
verschiedene Arten und Weisen« aufgeteilt werden – Hauptsache, es wurde
irgendwie auseinandergerissen und wenigstens zum Teil internationaler Kontrolle unterstellt. Denn, diese profunde Erkenntnis leitete der amerikanische
Präsident aus der Geschichte ab, »Deutschland sei sicherer gewesen, als es in
107 kleine Fürstentümer zerfiel.« [23]

Roosevelt legte sich in Teheran vorübergehend auf fünf »autonome« und zwei
internationalisierte Gebiete fest, also auf eine Siebenteilung Deutschlands. Er
hielt auch länger und energischer als seine beiden Hauptverbündeten an der
Aufteilungsidee fest, um den Machtfaktor Deutschland ein für allemal zu
beseitigen. Dagegen schienen Churchill und Stalin aus entgegengesetzten
Motiven 1944 von einer Teilung Deutchlands eher abzurücken – Churchill, weil
er die Macht in Europa nicht mit Stalin teilen wollte, und Stalin, weil er die
Macht möglichst über ganz Europa haben wollte. Roosevelt war an diesen
Machtspielen nicht interessiert. Er fürchtete sie sogar, weil sie seine Vorstellungen von einem Frieden für die ganze Welt gefährdeten. Deshalb hat er es zu
seinen Lebzeiten vermieden, sich endgültig auf ein bestimmtes Teilungsmodell
festzulegen. Aber er war aus naheliegenden praktischen Gründen natürlich
dafür, daß jede Macht, deren Truppen die Reichsgrenzen überschritten, erst
einmal einen ihr geographisch zuzuordnenden Teil Deutschlands militärisch
besetzte und die ihnen gegenüberstehenden deutschen Truppen nach der
bedingungslosen Kapitulation entwaffnete, wie bei jeder anderen Kapitulation
– nur mit dem Unterschied gegenüber 1918, daß die deutsche Führung diesmal
keine Bedingungen mehr stellen durfte.

Infolge der geplanten Zerstückelung Deutschlands und des Kriegsverlaufs, der
schon im Winter 1941/42 eine erste für Hitler ungünstige Wendung nahm,
wurde ab 1942 in Washington auch die Abtretung deutscher Gebiete an
Nachbarstaaten erwogen und damit zugleich die Aus- oder Umsiedlung ganzer
Bevölkerungsteile aus diesen Gebieten in die deutschen Kernräume. Auch hier
ist wie bei der Luftkriegführung eine zunehmende Radikalisierung und Brutali-
sierung der Planungen und Aktionen zu registrieren – von der international

kontrollierten Aussiedlung »illoyaler« Volksdeutscher aus der Tschechoslowakei und Polen über die »Umsiedlung der Minderheitenbevölkerung aus Ostpreußen, Siebenbürgen und der Tschechoslowakei«, für die der frühere Staatspräsident Benesch im Juli 1943 die Zusage Roosevelts erwirkte, [24] bis hin zur »wilden«, d. h. gewalttätigen und völkerrechtswidrigen Vertreibung der einheimischen Bevölkerung aus rein deutschen Gebieten wie Ostpreußen, Pommern und Schlesien, die 1945 mit Zustimmung oder Duldung der »Großen Drei« faktisch stattgefunden hat.

Für die Vertreibung der Deutschen aus ihren angestammten Gebieten galt ein Grundsatz, den Präsident Roosevelt in seinen Gesprächen mit dem britischen Außenminister Eden schon im März 1943 aufgestellt hatte: »Wir sollten Anordnungen treffen, die Preußen aus Ostpreußen auf die gleiche Weise zu entfernen, wie die Griechen nach dem letzten Krieg aus der Türkei entfernt wurden; wenn es sich auch um eine harte Maßnahme handelt, ist es doch der einzige Weg, den Frieden [nach Beendigung des Krieges] zu bewahren, und den Preußen kann man auf keinen Fall trauen.« [25]

Natürlich sind nicht alle Festlegungen, Pläne und Aktionen zur Zerschlagung der Achsenmächte auf originäre Eingebungen oder Initiativen Roosevelts zurückzuführen. Die amerikanische Nachkriegsplanung war ein ungeheuer langwieriger, komplexer und wenig effektiver Prozeß, an dem unendlich viele Einzelpersonen, Gruppen und Gremien beteiligt waren, und seine Ergebnisse wurden größtenteils erst nach dem Tod Franklin Delano Roosevelts verwirklicht. Der Präsident war also für viele Ungerechtigkeiten, Verstöße gegen von ihm selbst aufgestellte Prinzipien und Exzesse, die bei Ausführung dieser Ergebnisse eintraten, nicht mehr verantwortlich, und während des sechsjährigen Planungsprozesses ist er sicher ebenso oft der nehmende wie der gebende Teil gewesen. Dazu kamen noch gewisse Zwangsläufigkeiten der Diplomatie, denen sich hin und wieder selbst der amerikanische Präsident beugen mußte, sofern er sie nicht selbst verschuldet hatte.

Dennoch sind die bestimmenden Impulse, die von Roosevelt ausgingen und die in vielen Fällen über seinen Tod hinaus auf die praktische Politik der Vereinigten Staaten von Amerika und deren Alliierte einwirkten, nicht zu übersehen. Das betraf auch die restlichen Elemente seines Armageddon-Programms – die politische und militärische Enthauptung der Achsenmächte, die Bestrafung ihrer Führer und die wirtschaftliche und kulturelle Einbeziehung der Aggressorstaaten in die westliche Hemisphäre durch einen langfristig angelegten und unumkehrbaren Prozeß der wirtschaftlichen, sozialen und kulturellen Transformation.

An der Notwendigkeit, die führenden Repräsentanten Preußen-Deutschlands persönlich für den Krieg zu bestrafen, den sie nach Roosevelts Überzeugung einseitig, vorsätzlich und gewissermaßen aus niedrigen Beweggründen vom Zaun gebrochen hatten, hat der amerikanische Präsident niemals einen Zweifel gelassen – diese Linie einer Individualisierung politisch-militärischer Aktionen im Sinne einer persönlich zurechenbaren Straftat hatte ihm schon der Erste

Weltkrieg vorgezeichnet, als die Alliierten den Kaiser und eine große Anzahl deutscher Politiker und Militärs zur Rechenschaft ziehen wollten. Nach Roosevelts Meinung hatte Hitler die »Absicht . . ., die Welt mit Gewalt zu erobern«, d. h. einen globalen »Vernichtungskrieg« zu führen – »die Masse des deutschen Volkes« war nach der Überzeugung seines Unterstaatssekretärs Welles, der dem Präsidenten politisch besonders nah stand, ein »zerstörender Faktor der modernen Zivilisation« [26]

Tatsächlich haben sich Roosevelts Vorstellungen von einem Strafgericht nicht nur auf Hitler und die Exponenten des nationalsozialistischen Regimes bezogen, sondern immer wieder auch auf »Preußen« als dem Inbegriff Deutschlands, der deutschen Kultur und der deutschen Aggressivität. Tatsächlich scheint der amerikanische Präsident in kaum einem anderen Punkt einiger mit seinen Alliierten gewesen zu sein als in der pseudosoziologischen Analyse, »die Klasse der preußischen Junker mit ihren starken Wurzeln im öffentlichen Dienst und in der Reichswehr . . ., die im letzten Jahrhundert dahin gelangte, Deutschland zu beherrschen«, sei im Bündnis »mit den Herren der Schwerindustrie in Westfalen und anderswo« sowie mit »süddeutschen Elementen« der Kern des deutschen Problems. [26a] Diese Übereinstimmung, die letzten Endes auf der ideologischen Verwandtschaft zwischen dem liberal-demokratischen und marxistisch-leninistischen Internationalismus beruhte, führte auf der Gipfelkonferenz von Teheran dazu, daß Roosevelt dem Vorschlag Stalins zustimmte, 50 000 deutsche Offiziere nach dem Krieg pauschal zu liquidieren – eine unter Alkoholeinfluß begangene Geschmacklosigkeit, die der Präsident erst auf Vorhaltungen von Churchill etwas relativierte.

Auf der Basis dieser Vorurteile, die aus der Zeit des Ersten Weltkrieges stammten, nahmen Roosevelts Vorstellungen von der Bestrafung der preußisch-deutschen Führungselite jene Form an, die sie hatten, als der Präsident 1944 damit begann, sich offen über sie auszusprechen. Zu diesem Zeitpunkt waren dem Westen nicht nur bereits die Massentötungen in den deutschen Vernichtungslagern bekannt. Zu diesem Zeitpunkt arbeiteten interalliierte Gremien längst schon daran, diese Elite vom Rest des deutschen Volkes abzugrenzen und sich über die Art und Weise zu verständigen, wie jene bei Kriegsende festgesetzt, abgeurteilt und bestraft werden könnte.

Der Präsident hielt indessen nicht viel von diesen Abgrenzungsversuchen. In einem Brief, den er am 26. August 1944 an Stimson schrieb, hieß es denn auch unmißverständlich: Die Deutschen hätten »in individueller wie in kollektiver Hinsicht« den Krieg verloren. [27] Am 9. September des gleichen Jahres sprach sich Roosevelt dafür aus, die deutschen Kriegsverbrecher »summarisch« zur Rechenschaft zu ziehen, also nicht in rechtsförmigen Verfahren einzeln abzuteilen. [28]

So schockierend diese mit rassistischen Untertönen durchsetzten Äußerungen auch anmuten – man muß sie im Zusammenhang mit jener dramatischen Debatte sehen, die im Herbst 1944 innerhalb der Roosevelt-Administration über die Zukunft Deutschlands geführt wurde. Die Hauptteilnehmer dieser

Debatte waren der Präsident selbst sowie seine beiden Minister Morgenthau und Stimson. In ihrem Disput ging es um zwei Extreme – um die Zurückstoßung Deutschlands auf ein Steinzeit-Niveau oder um die Resozialisierung Deutschlands im Sinne der westlichen Werte. Finanzminister Morgenthau vertrat die eine, Kriegsminister Stimson die andere Position, während Roosevelt zwischen beiden Extremen lavierte – mit einer deutlichen Präferenz für Morgenthau. Erst Churchills Einspruch und der Tod des Präsidenten haben Deutschland vor dem schlimmsten bewahrt.

Der amerikanische Finanzminister hatte im August 1944 mehr durch Zufall ein Handbuch über das Verhalten der *U. S.-Army* bei der Besetzung Deutschlands in die Hand bekommen, das aus dem Pentagon stammte. Nach Morgenthaus Ansicht bedeutete es nicht weniger und nicht mehr, als daß Stimson die Deutschen mit Samthandschuhen anfassen, d. h. ebenso behandeln wollte wie andere befreite Völker. Der Präsident war darüber allem Anschein nach noch nicht informiert. Roosevelt ergriff aber sofort für den protestierenden Morgenthau Partei, indem er seinen Kriegsminister am 26. August mit den Worten rügte: Das Handbuch erwecke bei ihm den »Eindruck, daß Deutschland in demselben Maße wiederhergestellt werden soll wie die Niederlande oder Belgien und daß die Deutschen so schnell wie möglich wieder auf Vorkriegsniveau gebracht werden sollen.«

Es sei »von allergrößter Wichtigkeit«, so fuhr Roosevelt mit Nachdruck fort, »daß jeder Einzelne in Deutschland begreift, daß Deutschland diesmal ein besiegtes Land ist. Ich möchte nicht, daß sie Hungers sterben. Sollten sie aber beispielsweise Nahrung benötigen, um Leib und Seele zusammenzuhalten, dann sollten sie dreimal täglich mit Suppe aus den Küchen der [amerikanischen] Armee versorgt werden. Das wird sie vollständig bei Gesundheit halten, und sie werden sich ihr Leben lang dieser Erfahrung erinnern. Die Tatsache, daß sie in kollektiver wie in individueller Hinsicht eine besiegte Nation sind, muß ihnen so eingebleut werden, daß sie zögern, einen neuen Krieg zu beginnen.« [29]

An dieser mit der Strenge eines viktorianischen Zuchtmeisters vorgebrachten Äußerung Roosevelts wird zweierlei deutlich: Der Präsident wollte die Deutschen nicht nach dem Maß der Schuld, das der Einzelne auf sich geladen hatte, sondern kollektiv zur Rechenschaft ziehen – ein Umstand, der den Eindruck nahelegt, daß Roosevelt an eine Kollektivschuld der Deutschen glaubte. Dieser Eindruck verstärkt sich, wenn man am Ende seines Schreibens liest: »Dem deutschen Volk als Ganzem muß eingeschärft werden, daß die ganze Nation in eine widerrechtliche Verschwörung gegen die guten Sitten der modernen Zivilisation verstrickt war.«

Zweitens wird deutlich, daß der amerikanische Präsident die Besetzung Deutschlands nicht als Befreiung, sondern als Bestrafung wollte, und zwar als Bestrafung des ganzen deutschen Volkes. Das relativiert die Aussage, die Roosevelt zu Beginn des Krieges gemacht hatte, dieser werde nicht gegen das deutsche Volk, sondern nur gegen dessen Regierung geführt, ganz erheblich.

Denn dadurch wurde Deutschland soweit aus dem Bereich dessen ausgegrenzt, was bisher nach Kriegen im Umgang der Völker miteinander üblich gewesen war, daß Morgenthau seine ganze Phantasie zur Zerschlagung Deutschlands entfalten konnte.

In seinem Memorandum vom 2. September 1944, das als »Morgenthau-Plan« in die Geschichte eingegangen ist, entwickelte der amerikanische Finanzminister Vorschläge für die Zerschlagung Deutschlands, die qualitativ über alles hinausgingen, was bisher zu diesem Thema innerhalb der Roosevelt-Administration, aber auch außerhalb Amerikas bei den Alliierten geplant worden war. [30] Das Morgenthau-Papier forderte nämlich nicht nur die Entwaffnung, Demontage und territoriale Zerstückelung Deutschlands, die Bestrafung seiner politischen und militärischen Führungselite sowie bestimmte wirtschaftliche und kulturelle Auflagen, die es dem besiegten Land für immer unmöglich machen sollten, ein Kriegspotential zu entwickeln. Es tat dies vielmehr in einer radikalen, feindlichen und allen herkömmlichen Begriffen von Recht, Sitte und Anstand spottenden Art, die mit den offiziellen Kriegszielen Amerikas, wie sie Roosevelts »Vier Freiheiten« oder die Atlantik-Charta umrissen hatten, unvereinbar war.

Wäre Morgenthaus Armageddon-Programm verwirklicht worden, dann wäre mitten in Europa anstelle eines hochindustrialisierten, wenn auch vom Krieg schwer getroffenen Landes nicht nur ein weißer Fleck auf der Landkarte entstanden. Dann hätte Roosevelts Utopie der *einen* freien, prosperierenden und friedlichen Welt gerade hier, an dieser für die globale Entwicklung nach wie vor besonders wichtigen Schnittstelle, ihren entscheidenden Bruch erhalten, und das zerstückelte, seiner jahrhundertealten Entwicklung entkleidete und entseelte Deutschland wäre ins Bodenlose gefallen, für alle erdenkliche Zukunft ein widerwärtiger Widerspruch zu den hehren Prinzipien der amerikanischen Politik.

Dies war das Bild, das Kriegsminister Stimson vor Augen hatte, als er Kenntnis von Morgenthaus Plan erhielt. Dieses Bild weckte nicht nur den Widerspruch des patriotisch gesinnten Amerikaners, der an die Glaubwürdigkeit seiner eigenen Ideale dachte. Dieses Bild rief auch den Widerspruch des erfahrenen Weltmannes und Weltpolitikers hervor, der sofort erfaßte, daß aus der Re-Agrarisierung Deutschlands und aus der pauschalen Exekution von »Erz-Kriminellen« ohne vorheriges Verfahren, das gegen die Grundrechte der »Bill of Rights« verstieß, nichts Gutes werden konnte. Stimson, der sich nicht einmal in wirtschaftlicher Hinsicht etwas von einem »Geister-Land« versprach, warnte daher den Präsidenten: Solche Methoden würden »Krieg nicht verhindern; sie neigen dazu, einen neuen Krieg heranzuzüchten.« [31]

Aber Roosevelt, sonst gerade in ökonomischer Hinsicht ein kühler Rechner, reagierte auf Stimsons letzten Einwand überraschend. Als es am 6. September 1944 im Weißen Haus zu einer Sitzung jenes Kabinettsausschusses kam, der sich mit der Kontroverse zwischen Morgenthau und Stimson befaßte, kommentierte der Präsident den von seinem Finanzminister vorgeschlagenen wirtschaftlichen Kahlschlag in Deutschland mit den Worten: »Es ist das erste Mal, daß mir das jemand sagt . . . Sämtliche Ökonomen stimmen nicht damit überein, aber ich stimme damit überein.« Auch was die Behandlung der sogenannten »Kriegsverbrecher« angeht – ein Begriff, der sich bei den Alliierten inzwischen ohne genaue, d. h. untereinander abgestimmte Abgrenzung des Personenkreises eingebürgert hatte –, war Roosevelt Morgenthaus Meinung, indem er bemerkte, mit ihnen solle »summarisch« verfahren werden, d. h. ohne rechtsförmiges Verfahren, das sich an gewissen Mindeststandards der westlichen Welt orientierte [32]

Dann aber geschah etwas, was deutlicher als alles andere zeigt, daß der Präsident vollinhaltlich auf der Linie lag, die sein Finanzminister gegenüber Deutschland eingeschlagen hatte: Als einziges Kabinettsmitglied lud Roosevelt Morgenthau zum Gipfeltreffen mit Churchill ein, das sich Mitte September 1944 in Quebec mit der Nachkriegsordnung befaßte. Hier ging es vor allem um die wirtschaftliche Thematik, weil sich Roosevelt und Churchill, was die summarische Behandlung der deutschen Kriegsverbrecher anging, im Prinzip einig waren.

Am Abend des 13. September hatte der amerikanische Finanzminister in Gegenwart seines Präsidenten Gelegenheit, seinen Deutschland-Plan dem britischen Premierminister und dessen Außenminister Eden vorzustellen. Und da ereignete sich die nächste Überraschung: Churchill, im Umgang mit den Deutschen sonst nicht zimperlich, explodierte. Er schimpfte so gewaltig darauf los, daß sich Morgenthau auch später nicht an ein ähnliches Gewitter erinnern konnte. Er lasse sich nicht an die »Leiche Deutschlands« ketten – das war der harte Kern der Schimpfkanonade, der die wirtschaftlichen und politischen Bedenken des britischen Premierministers zusammenfaßte. Zwar gelang es in den amerikanisch-britischen Beratungen der nächsten Tage, den Morgenthau-Plan etwas abzumildern. Aber schließlich mußte der wortgewandte Churchill selbst zur Feder greifen, um einen Kompromiß zustandezubringen, der auch Roosevelts Zustimmung fand:

»Auf einer Konferenz zwischen dem Präsidenten und dem Premierminister über den besten Weg, eine Wiederaufrüstung Deutschlands zu verhindern«, so hieß es in diesem denkwürdigen Papier, »war man sich einig, daß ein wesentlicher Aspekt der künftige Status des Ruhr- und Saargebietes sei. . .

Es ist nur gerecht, daß diese Länder [der Alliierten], die Schaden erlitten haben, berechtigt sein sollen, die Maschinerie [aus Deutschland] zu entfernen, die sie brauchen, um ihre Verluste wiedergutzumachen. Die schon erwähnten Industrien des Ruhr- und Saargebiets würden also notwendigerweis außer Dienst gestellt und geschlossen werden müssen . . .

Dieses Programm der Beseitigung der Kriegsindustrien im Ruhr- und Saargebiet faßt die Verwandlung Deutschlands ins Auge, das in erster Linie einen landwirtschaftlichen und ländlichen Charakter hat.«

Diese Fassung fand die Zustimmung Roosevelts, der sie am 15. September 1944 gemeinsam mit Churchill an Ort und Stelle unterzeichnete. [33] In meisterlicher Manier hatte der britische Premierminister das Schlimmste für Deutschland – und notabene auch für England, für ganz Europa – abgewendet: Die Zurückstoßung des deutschen Volkes auf das Niveau steinzeitlicher Jäger und Sammler. Denn die wirtschaftliche Demontage blieb nun auf die Rüstungsindustrie an Rhein und Ruhr beschränkt. Dadurch, daß Churchill im Schlußsatz das Grundmotiv des Morgenthau-Planes verbal wiederaufnahm, sicherte er sich zwar die Zustimmung des amerikanischen Präsidenten zur Fortführung der amerikanischen Leih- und Pachtlieferungen über die Kapitulation Deutschlands hinaus, auf die Großbritannien um des eigenen Überlebens willen angewiesen war. Churchill wußte also durchaus seinen Vorteil zu wahren. In Wirklichkeit aber fand die definitive und totale Auslöschung Deutschlands, wie sie Morgenthau verlangt hatte, dank Churchills geschmeidiger Gegenwehr in Quebec ein Begräbnis erster Klasse, und Roosevelt selbst rückte wenig später von diesen Plänen ab, nachdem sich gegen sie in der amerikanischen Öffentlichkeit ein Sturm der Entrüstung erhoben hatte.

Dennoch hat Morgenthau in dem Prozeß der Resozialisierung, der Deutschland von den Siegermächten des Zweiten Weltkrieges auferlegt wurde, durchaus seine Spuren hinterlassen. Denn sein Konzept sah für Deutschland nach der bedingungslosen Kapitulation in kultureller Hinsicht eine *tabula rasa* vor, die unter dem Stichwort der *re-education* (Umerziehung) in den ersten Nachkriegsjahren verwirklicht wurde: »Alle Schulen und Universitäten schließen, bis eine Alliierte Erziehungskommission ein Programm für eine effektive Reorganisation formuliert hat . . . Alle deutschen Rundfunksender und Zeitungen, Zeitschriften, Wochenblätter etc. stellen ihr Erscheinen ein, bis angemessene Kontrollen eingeführt sind und ein geeignetes Programm verabschiedet ist.« [34]

Damit nähern wir uns der Einsicht Edward N. Patersons, Roosevelts Konzept der Zerschlagung sei über alle Ungereimtheiten und Widersprüche hinweg in einem Punkt völlig klar und kontinuierlich gewesen: Deutschland sollte bestraft und geschwächt werden. Dies waren freilich zwei gleichermaßen destruktive Ziele, die der Präsident außer durch sein noch aus der Zeit des Ersten Weltkrieges stammendes Postulat, von deutschem Boden dürfe nie wieder ein Krieg ausgehen, durch keine einzige aufbauende Idee ausbalanciert hat. Innerlich hatte er Deutschland offenbar längst als hoffnungslosen Fall abgeschrieben.

Jedenfalls hatten die amerikanischen Truppen und Pro-Konsuln vom Schlage eines General Lucius D. Clay und des späteren Hochkommissars John McCloy, die Deutschland noch zu Lebzeiten Roosevelts in Besitz nahmen, nichts weiter in der Hand als die Militär-Direktive JCS 1067, die einen überaus schwachen Kompromiß zwischen den Positionen Morgenthaus und Stimsons darstellte. Mit ihrer Hilfe konnten sie das Deutsche Reich zwar zu einem »besiegten Feindstaat« reduzieren, der außer seiner Geschichte auch seinem Selbst-Bewußtsein als Staat abzuschwören hatte. Aber eine in die Zukunft weisende politische Idee entwickelten sie für Deutschland erst, nachdem sich die innen-

und außenpolitischen Bedingungen, unter denen sie handelten, durch Roosevelts Tod und die zunehmende Konfrontation mit der Sowjetunion grundlegend gewandelt hatten.

Anmerkungen

1 PPA 1942, S. 32–42: FDR-Kongreßbotschaft vom 6. 1. 42
2 PPA 1943, S. 39: FDR-PK 24. 1. 43
3 Matloff/Snell, Planning 43/44, S. 432: FDR 1. 4. 44 JCS
4 ebda.
5 Henry L. Stimson, Decision, Harper's, S. 98
6 Lacquer, Secret, S. 95: FDR PK 22. 8. 41 WH
7 So der Titel des Buches von Wyman, 1984, der die Haltung der Regierung Roosevelt zur Judenfrage näher untersucht.
8 Groves, Jetzt kann ich sprechen, S. 49
8a Besonders eingeprägt hat sich Roosevelt offenbar ein zweijähriger Aufenthalt 1893 in Hessen-Darmstadt, ein Bundesstaat des Bismarck-Reiches, der vor 1871 eine Schaukelpolitik zwischen Österreich und Preußen betrieben hatte. Der 11- bzw. 12jährige Franklin Delano nahm während dieser Zeit am deutschen Schulunterricht teil. Schon damals will der spätere Präsident, möglicherweise unter dem Einfluß seiner Mutter Sarah Delano, einen kriegerischen Geist der Deutschen wahrgenommen haben. Vgl. dazu Reynolds, Origins, S. 501
9 Ickes, Diaries, Vol. 2, S. 469
10 Zitate nach Sherry, Rise, S. 90ff.
11 ebda., S. 97
12 Stimson, Decision, Harper's, S. 107
13 Groves AP-Interview in: Salzburger Nahrichten vom 8. 10. 65 – Laut Schreiben der *Associated Press,* Frankfurt vom 4. 11. 91, die ich um die Beschaffung des Originalwortlauts bei der Zentrale in New York gebeten hatte, war das Interview in den Archiven der Agentur nicht mehr aufzufinden. Aus dem *Washington Star* vom 7. 10. 65, der einen ausführlicheren Bericht über das Groves-Interview brachte als die Salzburger Nachrichten, geht hervor, daß Roosevelt gegen Bedenken seines Atombomben-Generals auf einem erstmaligen Einsatz der Bombe gegen Deutschland bestand, falls Hitler »den Terminplan für die Beendigung des Krieges in Europa umstößt.«
14 Finney, A-Bomb, *Look,* 24: Gespräch FDR-Sachs Ende Dezember 1944 – Das letzte Gespräch über den Erst-Einsatz der amerikanischen Atombombe, das überliefert ist, führte Roosevelt mit Stimson am 15. 3. 45, drei Wochen vor seinem Tod. Zu diesem Zeitpunkt hatten die amerikanischen Bodentruppen den Rückschlag der Ardennen-Offensive überwunden und die Westgrenze des Reiches bereits überschritten, so daß der Sieg über Deutschland absehbar war. Infolgedessen ging es in diesem Gespräch nur noch um den möglichen Einsatz der Atombombe gegen Japan.
15 FDRL: Morgenthau Papers: Presidential Diaries, Vol 4.
16 Vgl. Einzelheiten dazu unten Teil VI., Kapitel 2
17 op. cit. Schöbener, Besatzungspolitik, 46
18 op. cit. Jacobsen, Teilung, S. 157
19 op. cit. Schöbener, Besatzungspolitik S. 47
20 ebda., S. 47f.
21 ebda., S. 48
22 Vgl. Einzelheiten unten Teil IV, Kapitel 4
23 PRO: CAB 66/45, WP (44) 8: Record of a Plenary Tripartite Meeting, 1. 12. 43 – Einzelheiten siehe unten Teil VI, Kapitel 1. ff.

24 Zayas, Anglo-Amerikaner, S. 31
25 FRUS 1943, III, S. 15, Memo Hopkins
26 Welles, Jetzt oder nie, S. 98 und 134 – Mit diesen Überzeugungen kam Welles schon im
    Frühjahr 1940 nach Europa, um Roosevelts »Friedensmission« auszuführen. Das zeigt,
    daß es sich um vorgefaßte Urteile handelte, weil niemand zu diesem Zeitpunkt Umfang
    und Art von Hitlers Kriegführung voraussehen konnte. Daß die deutsche Kriegführung
    insbesondere im Osten später über weite Strecken tatsächlich die Züge eines Vernich-
    tungskrieges trug, steht auf einem anderen Blatt.
26a Jacobsen, Teilung, S. 316: Memorandum des Stellvertretenden Premierministers Cle-
    ment Attlee vom 19. 7. 43
27 Morgenthau Diary (Germany) S. 443: Roosevelt 26. 8. 44 Stimson (zitiert nach Schöbe-
    ner)
28 FRUS Quebec 1944 S. 145
29 Morgenthau Diary (Germany). S. 443. Roosevelt 26. 8. 44 Stimson
30 FRUS Quebec 1944, S. 86 f: »Suggested Post-Surrender Program of Germany« vom
    2. 9. 44
31 FRUS Quebec 1944, S. 100: Stimson . . . FDR
32 Morgenthau Diary (Germany), S. 609 (zitiert nach Schöbener)
33 FRUS Quebec 1944, S. 466f.
34 FRUS Quebec 1944 S. 86, Anm. 1

3.

Entthronung Großbritanniens

Trotz des kategorischen Unterschiedes zwischen Feind und Freund gab es für den liberal-demokratischen Internationalisten Roosevelt zwischen der Entmachtung Deutschlands und der Entthronung Großbritanniens gewisse Analogien, die in dieselbe Richtung wiesen: In beiden Fällen ging es darum, akute bzw. potentielle Gefahren für den Weltfrieden zu beseitigen, bestimmte Strukturen und Mentalitäten dauerhaft zu verändern und »Reiche« aufzulösen, die sich allein schon deshalb überlebt hatten, weil sie der aufstrebenden Supermacht Amerika im Wege standen.

Roosevelt, der bekanntlich von niederländischen Vorfahren abstammte, litt an einer »mehr sentimentalen und genealogisch beeinflußten Anglophobie.« [1] Zwar galt ihm das britische Volk im allgemeinen als gutmütig, tapfer und gesetzestreu. Doch standen die britischen Regierungen nicht nur bei ihm selbst, sondern mehr oder weniger bei seiner ganzen Führungsmannschaft in dem bedauerlichen Ruf, unmoralisch, unzuverlässig und unheilbar egoistisch zu sein. Premierminister Chamberlain, der Großbritannien nur widerstrebend in den Krieg führte, weil er den Preis für eine *Pax Americana* nicht zahlen wollte, [2] war für den Präsidenten nichts weiter als eine Kreatur der Londoner City, also jener reaktionären Kreise, gegen deren Komplizen in der New Yorker *Wall Street* Roosevelt seit 1932 seine Wahlkämpfe führte. Und obwohl Chamberlains Nachfolger Churchill wirklich alles tat, um nicht nur die Unterstützung, sondern auch die Zuneigung des Präsidenten zu gewinnen, waren dessen Gefühle alles andere als herzlich. Denn Churchill versuchte, wenn auch am Ende vergeblich, an seinem Traum von der imperialen Weltstellung Großbritanniens um fast jeden Preis festzuhalten.

Präsident Wilson, Roosevelts liberal-demokratischer Amtsvorgänger, hatte diesem Traum bereits einen mächtigen Stoß versetzt, als er mit der amerikanischen Intervention in den Ersten Weltkrieg vor aller Welt deutlich machte, daß Großbritannien ohne maßgebliche Mitwirkung Amerikas keinen globalen Krieg mehr gewinnen und keinen Weltfrieden mehr bestimmen konnte. Seitdem war die britische Weltstellung durch das machtpolitische Überholmanöver der USA irreparabel erschüttert, und tatsächlich vertieften sich die amerikanisch-britischen Spannungen bis Ende der zwanziger Jahre so, daß von der Gefahr eines Krieges zwischen den beiden angelsächsischen Mächten gesprochen wurde.

Roosevelt führte diesen Krieg in den dreißiger Jahren mit nicht-militärischen

Mitteln, indem er die Weltwirtschaftskonferenz in London platzen ließ, uner-
bittlich auf der Tilgung der britischen Schulden aus dem Ersten Weltkrieg
bestand, den amerikanischen Kapitalmarkt für britische Anleihen sperrte und
mit dem amerikanisch-britischen Handelsvertrag eine tiefe Bresche in das
Ottawa-Präferenz-System schlug – also in jene Zollmauer, die das *Empire*
gerade vor den aggressiven Handels- und Finanzierungspraktiken der Amerikaner schützen sollte. Aber in Wirklichkeit hatte es der Präsident schon zu
diesem Zeitpunkt auf die Abschaffung dieses ganzen Reiches abgesehen.

Auch wenn die Annahme vielleicht übertrieben ist, Roosevelt habe Großbritannien um dieses Zieles willen in den Krieg getrieben, so war dem Präsidenten
doch zumindest soviel klar, daß er seinem Ziel durch den Krieg sehr viel
schneller und wirksamer näherkam. Seit Mitte der dreißiger Jahre beschäftigte
er sich mit dem Konzept einer internationalen Treuhänderschaft: Eine noch zu
schaffende Weltorganisation sollte die Verwaltung von Gebieten übernehmen,
die den Weltfrieden gefährden konnten. Es ist bezeichnend für Roosevelts
strategisches Denken, daß der Ausgangspunkt für seine Überlegungen die
Verteidigung der westlichen Hemisphäre war – also jene dynamischen Größe,
die unter dem Vorwand der Verteidigung wie durch ein Wunder immer größer
wurde. Angeblich sollten zunächst irgendwelche Pazifik-Inseln davor bewahrt
werden, in japanische Hände zu fallen. Dachte der Präsident dabei auch nur an
die Galapagos- und Oster-Inseln, so schweifte sein Blick jedoch schon bald
ohne erkennbare Veranlassung nach Grönland und in die Antarktis ab, Gebiete, die außerhalb der Reichweite der japanischen Streitkräfte lagen.

Die Tatsache, daß Roosevelt Mitte der dreißiger Jahre Veranlassung hatte,
über den Frieden im asiatisch-pazifischen Raum nachzudenken, soll hier gar
nicht bestritten werden – schließlich trat 1937, mit dem Einfall der Kwantung-
Armee nach China, die japanische Expansion in ihre entscheidende Phase ein.
Wichtig ist nur die Erkenntnis, daß militärstrategische Erwägungen mit den
angeblich friedlichen Zielen seines Treuhand-Gedankens von Anfang an ur-
sächlich verbunden waren. Mit anderen Worten: Roosevelt beabsichtigte, den
Japanern strategisch wichtige Pazifik-Inseln mit nicht-militärischen Mitteln
wegzunehmen, noch bevor die Japaner nach diesen Eilanden gegriffen hatten.

Wichtig ist weiterhin die Erkenntnis, daß die internationale Ausgestaltung des
Treuhand-Gedankens offenbar der Bemäntelung eigener imperialer Aspiratio-
nen diente. Denn anders als ein erster Schritt zu einem informellen *Empire* der
USA im Pazifik ist die Tatsache, daß die Panamerikanische Union den Treu-
hand-Gedanken 1940 in Havanna auf Antrag der US-Delegation akzeptierte,
nicht zu interpretieren. Wichtig ist drittens die Erkenntnis, daß Roosevelts
Treuhand-Idee nicht nur Japan, sondern überhaupt jede fremde Macht für
immer daran hindern sollte, eine strategisch wichtige Pazifik-Insel in Besitz zu
nehmen, auch und gerade Großbritannien.

Wie eng Roosevelts Treuhand-Konzept mit seinem Gesamtkonzept von Politik
und Kriegführung verschmolzen war, zeigte sich 1940 nach der Niederlage

Frankreichs, die den Untergang Großbritanniens heraufbeschwor: Der Präsident dachte allen Ernstes daran, diejenigen Besitzungen der westeuropäischen Demokratien in der westlichen Hemisphäre, deren Hoheitsrechte jetzt in deutsche Hände zu fallen drohten, für die Vereinigten Staaten von Amerika in Besitz zu nehmen. Eine Folge davon war der Zerstörer-Stützpunkte-Flotten-*Deal*.

Je länger der Krieg dauerte und je näher die Niederlage der Achsenmächte rückte, desto universaler gestaltete sich jedoch Roosevelts Treuhand-Konzept – bis es schließlich den Bestand nicht nur des britischen Empires bedrohte, sondern den der französischen, niederländischen und portugiesischen Kolonialreiche noch dazu. Einer Treuhänderschaft durch die »Vereinten Nationen«, wie Roosevelt die allmählich entstehende Weltorganisation inzwischen benannt hatte, sollten folgende Gebiete unterstellt werden: (1) die Mandatsgebiete, die Japan und Italien nach dem Ersten Weltkrieg aus der Hand des Völkerbundes als »heiligen Unterpfand der Zivilisation« (Wilson) entgegengenommen hatten; (2) die Gebiete, die Japan und Italien inzwischen in weiten Teilen Afrikas und Asiens militärisch erobert hatten; (3) Gebiete wie Malaysia oder Niederländisch-Ostindien, welche die durch den Krieg geschwächten Mutterländer voraussichtlich nicht mehr lange halten konnten und (4) *last but not least* alle diejenigen Kolonialgebiete wie etwa Französisch-Indochina, Französisch-Marokko oder das unter britischer Herrschaft stehende Gambia, in denen nach Einschätzung des amerikanischen Präsidenten besonders menschenunwürdige Verhältnisse herrschten.

Im Grunde kann man Spuren von Roosevelts Treuhand-Konzept sogar in seinen Deutschland-Plänen erkennen. Denn die Treuhänder sollten die betreffenden Gebiete nicht nur zum Wohle anderer übernehmen, also ohne selbst einen materiellen Gewinn oder Nutzen aus ihnen zu ziehen. Sie sollten darüber hinaus auch für die politische Umerziehung und physische Gesundheit, für die wirtschaftliche Entwicklung wie für die militärische Verteidigung der betreffenden Bevölkerungen sorgen. Ein bißchen erinnert dies alles an Roosevelts Vorstellung, man könne ein auf den Stand eines Kolonialvolkes zurückgedrücktes Deutschland aus den Suppenküchen der amerikanischen Armee ernähren. Diese Analogie drängt sich dann ganz besonders auf, wenn man bedenkt, daß Roosevelt vorhatte, nicht nur bestimmte Teile Deutschlands wie den Nord-Ostsee-Kanal, Hamburg, das Ruhr- und das Saargebiet, sondern auch alle Treuhandgebiete der »Großen Vier« von den Vereinten Nationen verwalten zu lassen.

So wuchs sich Roosevelts Treuhand-Idee innerhalb eines knappen Jahrzehnts zu einem Konzept aus, das geeignet war, die politische Landkarte der ganzen Welt auf einen Schlag fundamental umzugestalten. Dahinter stand ein ebenso simples wie parternalistisches Bild, das der viktorianisch gestimmte Präsident 1941 einmal in folgende Worte gefaßt hat: »Zumindest wird es noch für einige Zeit viele kleinere Kinder unter den Völkern der Welt geben, die in ihren Beziehungen zu anderen Nationen und Völkern der Vormünder bedürfen, wie es auch erwachsene Nationen oder Völker gibt, die zu einem guten Betragen zurückgeführt werden müssen.« [3] Im übrigen, so meinte Roosevelt, könnten diese unterentwickelten Gebiete in einem jahrzehnte- oder notfalls auch jahrhundertelangen »Training der Unabhängigkeit« aus der Geschichte der Vereinigten Staaten lernen, bis sie selbst reif für die Unabhängigkeit geworden waren. [4]

Vor allem aber begann Roosevelts Treuhand-Konzept, je weiter es sich über die Welt ausdehnte und je näher das Kriegsende rückte, immer stärker die Gestalt eines neuen amerikanischen Imperialismus anzunehmen. Dieser Imperialismus der offenen Grenzen und geschwächten Souveränitäten war einerseits moral- und andererseits machtgestützt – moralgestützt deshalb, weil Roosevelts auf den ersten Blick völlig selbstlos wirkendes Treuhand-Konzept dem alten Imperialismus moralisch überlegen schien, und machtgestützt deshalb, weil es seinen faktischen Rückhalt im Siegeszug der amerikanischen Streitkräfte quer durch den Pazifik fand.

Zufall oder nicht – für die weltweite Durchsetzung dieses Konzepts wirkte es sich überaus förderlich aus, daß die Vereinigten Staaten von Amerika 1942 – bis auf das relativ unwichtige Südost-Asien-Kommando – den gesamten pazifisch-asiatischen Kriegsschauplatz in ihre Obhut nahmen. Denn hier lagen die meisten Gebiete, die vordringlich für eine Treuhandverwaltung in Frage kamen. Auch in dieser Beziehung fing alles zunächst ganz klein und gewissermaßen harmlos an, indem Roosevelt am 23. Dezember 1942 seine Stabschefs anwies, eine Studie über die Einrichtung einer internationalen Polizei-Streitmacht zu erarbeiten. Doch nahm dieser Auftrag schon bald megalomane Züge an, indem sich diese Truppe nach dem Willen des Präsidenten im Rahmen des Treuhandsystems auf Flotten- und Luftbasen in der ganzen Welt stützen sollte – und zwar »ohne Rücksicht auf die gegenwärtige Souveränität« der betreffenden Gebiete, wie es ausdrücklich in seiner Weisung hieß. Zu diesem Zeitpunkt war nach den amerikanischen Seesiegen bei Guadalcanal und den Midway-Inseln die Wende im pazifisch-asiatischen Krieg bereits eingetreten.

Mitte 1943 – die USA gingen endgültig zur Offensive gegen Japan über – legte Roosevelt in Beratungen mit seiner Marineführung persönlich fest, welche Pazifik-Inseln von Großbritannien bzw. von Japan oder anderen Mächten auf eine Treuhandverwaltung durch die USA übergehen sollten – eine Planung, die wegen ihres hochfliegenden Ehrgeizes den Atem des Nachbetrachters stocken läßt: Es handelte sich um nicht weniger als um sämtliche Inseln nördlich des Äquators, um die Galapagos- und Marquesas-Inseln als Brücke von der Panama-Kanalzone bis nach Australien sowie schließlich um die Salomonen, Bora-Bora und einige andere Archipele im Südost-Pazifik. [5] Wer ein wenig die Geschichte der Seemächte kennt, der weiß, daß sie auf diese Weise ihre Weltreiche zu errichten pflegen.

Einige Zeit später wurde die amerikanische Planung von geographischen auf funktionale Kriterien umgestellt, die ihren neo-imperialen Charakter immer deutlicher akzentuierten. Roosevelt und seine Militärs unterschieden jetzt nach Gebieten, die (1) wesentlich für die Verteidigung der USA und (2) erforderlich für die internationale Polizeistreitmacht waren. Man beachte die Reihenfolge, wobei sich die beiden Kriterien natürlich nicht sauber auseinanderhalten ließen. Denn schließlich war abzusehen, daß die USA als künftiger Super-Sieger der »Großen Vier« einen ganz wesentlichen Anteil an der geplanten Polizeigewalt haben würden.

So entstanden allmählich die Umrisse eines weltweiten Verteidigungssystems, bei dem nicht mehr klar zu erkennen war, ob es in erster Linie dem selbstlosen Ideal einer friedlichen Welt oder den nationalen Interessen der Vereinigten Staaten von Amerika diente. Dieses System sollte nach Beendigung des Krieges, vom amerikanischen Doppelkontinent aus gesehen, in der östlichen Hemisphäre bis nach Island, zu den Azoren und Kapverdischen Inseln sowie bis an die Westküste Afrikas reichen und auch noch die kleine Insel Asunçion im Südatlantik umfassen. In der westlichen Hemisphäre verlief die äußerste Grenze von Paramusir (Kurilen), über die Bonin-Inseln, die Philippinen und *New Britain* bis zu den Salomonen, Suva, Samoa und Tahiti, ohne die Marquesas sowie die Galapagos und Clipperton-Inseln auszulassen. Dem aufmerksamen Beobachter entgeht nicht, daß diese Außengrenzen etwa mit den Grenzen der »westlichen Hemisphäre« zum Zeitpunkt ihrer größten Ausdehnung zusammenfielen. Hinzu kam noch eine Reihe strategisch wichtiger Punkte zweiter Priorität.

Dieses weltweite Verteidigungssystem sollte unter dem Dach der Vereinten Nationen die Vereinigten Staaten verwalten. Es hatte nach Auffassung der amerikanischen Stabschefs das Kriegsende solange zu überdauern, bis nach einer »ersten Phase – erzwungener Friede in Europa und Krieg im Pazifik« – sowie nach einer »zweiten Phase – erzwungener weltweiter Friede . . .« – eine »dritte Phase« eintrat: »Friede, aufrechterhalten durch eine förmlich errichtete Friedens-Maschinerie weltweit.« Der Präsident beurteilte diese offenbar bis in alle Ewigkeit gültige Perspektive als »sehr klar und ausgezeichnet«, was zeigt, daß er dieses Bild eines monströsen Sicherheitskäfigs für die USA zumindest tendenziell akzeptierte. [6] Dieser Käfig sollte den amerikanischen Doppelkontinent bis zum Eintritt des ewigen Friedens unangreifbar machen – aus welcher Richtung und mit welchen Mitteln ein künftiger Angriff auch immer kommen würde.

Wenn man sich daran erinnert, daß Roosevelt die Achsenmächte zu diesem Zeitpunkt bereits weitgehend vernichtet hatte, wirkt dieses Sicherheits-Szenario reichlich paranoisch. Denn wer sollte die USA denn eigentlich noch angreifen nach dem Untergang Deutschlands, Japans und Italiens? Eigentlich blieb nur die Sowjetunion übrig, so daß man in der Tat annehmen muß, daß Präsident Roosevelt mit dieser Macht ganz neue und möglicherweise kriegerische Konflikte antizipierte. Da dies seiner friedenspolitischen Rhetorik widersprach, liegt der Schluß nahe, daß er entweder selbst nicht ganz an das glaubte, was er sagte, oder daß er eigene Aggressionen auf andere projizierte. Allerdings haben neuere Untersuchungen die merkwürdige Tatsache zutagegefördert, daß die USA, noch während der Zweite Weltkrieg lief, bereits den nächsten Weltkrieg planten. [7]

Im Grunde, so könnte man meinen, handelte es sich bei Roosevelts Treuhand-Konzept um eine gegen sich selbst gekehrte Quarantäne, die nicht die Aggressorstaaten von der übrigen Welt, sondern die übrige Welt von den Vereinigten Staaten abteilte. Aber dieser Eindruck bestätigt sich bei näherem Hinsehen nicht. Denn dieser hypertrophe Sicherheitskäfig hatte zwischen seinen Stäben so breite Zwischenräume, daß die amerikanischen Industrie-, Handels-, Finanz- und Rohstoffinteressen durch sie hindurch bequem nach der ökonomischen Weltherrschaft greifen konnten. Denn der Präsident hatte sein Treuhand-Konzept von vornherein nicht nur in militär-, sondern auch in kommerz-strategischer Hinsicht offensiv angelegt.

So sollten amerikanische Luftfahrtgesellschaften und Schiffahrtslinien auf den unter Treuhandverwaltung stehenden Stützpunkten das Recht zur Zwischenlandung bzw. zum Bunkern von Treibstoffen und anderen Bedarfsgütern erhalten. Roosevelt plante im Rahmen seines Treuhandsystems die Einrichtung von Freihäfen sowie die Internationalisierung von Wasserstraßen und Eisenbahnlinien. So sollte am Nordzipfel des Persischen Golfs ein Freihafen entstehen, von dem ein internationalisierter Schienenstrang durch Persien hindurch nach Rußland führte – ideales Einfallstor für die amerikanische Ölindustrie, die seit den dreißiger Jahren im Mittleren Osten zunehmend Fuß faßte, und für die amerikanische Exportwirtschaft überhaupt, die auf die Erschließung neuer Märkte drängte. Umgekehrt hätte Rußland über den Persischen Golf einen Zugang zum Indischen Ozean erhalten, den Großbritannien ihm bisher stets verweigert hatte.

Churchill merkte natürlich, was Roosevelt gegen das *Empire* im Schilde führte. Er sah auch die Komplikationen mit Rußland voraus, die durch die Unterordnung historisch gewachsener Strukturen unter den abstrakten Schematismus des Treuhand-Konzepts drohten. Aber über die Mischung aus Arroganz, Leichtfertigkeit und Rücksichtslosigkeit, mit der sich der amerikanische Präsident 1942 des Themas Indien annahm, war er besonders erbost. Der Anlaß war auch hier wieder teils innenpolitischer, teils militärstrategischer Art: Roosevelts Gegner bei der letzten Präsidentschaftswahl, Wendell Willkie, hatte soeben nicht nur die ganze Welt bereist, sondern darüber auch ein rasch populär werdendes Buch mit dem Titel »One World« geschrieben. Außerdem war die japanische Militärmacht nach Pearl Harbor so explodiert, daß man bei pessimistischer Betrachtung theoretisch mit dem Verlust des indischen Subkontinents rechnen konnte.

In dieser Situation entschloß sich der Präsident, aus Indien den Testfall dafür zu machen, wie er der ganzen Menschheit Freiheit und Frieden bringen könne. Zwischen Himalaya und Ceylon, Bombay und Kalkutta rangen westliche Nationalisten unter Jawaharlal Nehru, Moslems unter Mohammed Ali Jinssah und der indische Nationalist Subhas Chandra Bose miteinander um die Führung innerhalb der indischen Unabhängigkeitsbewegung. Angeblich griff

Roosevelt in diese Konflikte nur aus militärstrategischen Gründen ein, nämlich um zu verhindern, daß die Inder von Großbritannien schon während des gemeinsamen Krieges gegen Japan abfielen. Aber in Wirklichkeit wollte er an Indien, dem schimmernden Juwel des britischen *Empires*, ein weltpolitisches Exempel statuieren.

Die Art und Weise, wie er es tat, läßt darauf schließen, daß der Präsident antikolonialistische Ziele verfolgte. Denn am 14. Juli 1942, nicht zufällig der amerikanische Unabhängigkeitstag, ließ er seinen Unterstaatssekretär Welles ohne vorherige Abstimmung mit dem britischen Premierminister erklären: »Wenn dieser Krieg tatsächlich ein Krieg zur Befreiung der Völker ist, dann muß er die souveräne Gleichheit der Völker in der ganzen Welt sicherstellen... Diskriminierung von Völkern wegen ihrer Rasse, ihres Glaubens oder ihrer Hautfarbe muß beseitigt werden. Das Zeitalter des Imperialismus ist beendet... Die Prinzipien der Atlantik-Charta müssen in der ganzen Welt gewährleistet sein – auf den Ozeanen und Kontinenten.« [8]

Den Völkern der Dritten Welt mochte dieser mächtige Freiheitsruf verlockend in den Ohren klingen – auf das britische *Empire* und die übrigen Kolonialreiche wirkte er wie eine Kriegserklärung. Jedenfalls stellte die unilaterale Erklärung eine ebenso massive Einmischung in fremde Konflikte dar wie Roosevelts Versuch, den Abfall Indiens vom britischen *Empire* durch eine Verfassungsreform einzuleiten. Überdies ließ der amerikanische Präsident bei diesem Versuch wieder einmal seinen schrankenlosen Pragmatismus walten: Die verschiedenen Kasten, Religionen und Regionen Indiens, so proponierte er munter darauf los, sollten eine zeitlich befristete Übergangsregierung bilden, die während des Krieges die indischen Streitkräfte führt und die zugleich die indische Unabhängigkeit für die Zeit nach dem Krieg vorbereitet – als handele es sich bei dem britischen Vizekönigreich um die Amerikanische Konföderation von 1781 bis 1789, die sich bei ihrem Abfall vom britischen Mutterland ähnlich verhalten hatte.

Zu allem Überfluß schickte Roosevelt seinen früheren Stellvertretenden Verteidigungsminister Louis Johnson nach Neu Dehli, einen Berufspolitiker aus Virginia, der von den komplizierten Verhältnissen Indiens keinen blassen Schimmer hatte. »Der Zaubername hier drüben heißt Roosevelt«, kabelte Johnson begeistert nach Washington. [9] Churchill war dagegen entschieden weniger begeistert: Amerikaner und Briten verhandelten jetzt parallel, aber unkoordiniert mit den Indern. Der langwierige Prozeß der Entkolonisierung drohte ihm aus der Hand zu gleiten.

Daraufhin drängte Hopkins den Präsidenten, Johnson zurückzupfeifen. Aber Roosevelt dachte nicht daran. Statt dessen schickte er eine seiner gröbsten Botschaften nach London: Die Briten sollten mit den Indern gefälligst ernsthaft verhandeln, weil das amerikanische Volk der Meinung sei, der militärische Stillstand gegenüber den Japanern werde »durch den nicht vorhandenen Willen der britischen Regierung« hervorgerufen, »den Indern das Recht der Selbstregierung zu gewähren.« [10] Churchill war so erbittert über die dreiste

Einmischung des Präsidenten, daß er an Rücktritt dachte. Aber er besann sich anders, weil er gemeinsam mit Roosevelt weiter gegen Hitler und die Japaner kämpfen wollte.

Es war schließlich Nehru, der Öl auf die Wogen goß, indem er versicherte, Indien werde sein Äußerstes für die gemeinsame Verteidigung tun und sich »hinter die größere Sache der Freiheit stellen.« »Wir, die wir solange für die Freiheit und gegen eine alte Aggression angekämpft haben, würden lieber zu Grunde gehen, als uns einem neuen Angreifer zu unterwerfen«, hieß es in dem klug formulierten Telegramm, das der spätere Regierungschef Indiens an Roosevelt richtete und das die Freundschaft zwischen den beiden Männern besiegelt hat. Nehru schloß mit einer Hommage an den amerikanischen Präsidenten, »auf den soviele in der Welt als Anführer in der Sache der Freiheit blicken.« [11]

Einmal in der indischen Angelegenheit aktiv geworden, entging Roosevelt jedoch nicht der Gefahr, von den Indern immer heftiger in Anspruch genommen zu werden. Ende Februar hatte Gandhi die Briten öffentlich aufgefordert, sich aus Indien zurückzuziehen. Im Frühjahr appellierte der Apostel der Gewaltlosigkeit an den Präsidenten persönlich, Truppen auf den Subkontinent zu entsenden, um eine japanische Aggression zu verhindern und um China wirksamer als bisher beizustehen. Auf den ersten Blick war gegen diesen Vorschlag nichts einzuwenden, weil er auch Churchill erlaubt hätte, Truppen nach Indien zu entsenden. Bedenken erregte nur der Preis, den Ghandi für die indische Gastfreundschaft verlangte: Nach dem Krieg, so hieß es in seinem Appell, müsse Indien so frei werden wie einst Amerika – nur diese Zusage könne die Sache der Alliierten auf eine unanfechtbare Basis stellen. Ghandi berief sich auf den amerikanischen Präsidenten Wilson, um die Freiheit Indiens und ganz Afrikas von britischer Ausbeutung einzufordern.

So wurde Roosevelt die Geister, die er gerufen hatte, nicht wieder los. Im Sommer 1942 spitzte sich die innenpolitische Lage in Indien so zu, daß die militärstrategischen Interessen der USA auf dem Subkontinent ernstlich in Gefahr gerieten. Auch Tschiang Kai-shek setzte sich für eine Vermittlung Roosevelts ein. US-Botschafter Currie warnte aus Neu Dehli, Ghandi werfe Roosevelt vor, mit Großbritannien gemeinsame Sache zu machen. Der Diplomat meinte zu Recht, die »moralische Führerschaft« des amerikanischen Präsidenten stehe auf dem Spiel, was die Möglichkeiten der USA in Frage stelle, auf die Nachkriegsordnung in Asien Einfluß zu nehmen.

Anfang August 1942 wurden Ghandi, Nehru und andere Anführer der indischen Befreiungsbewegung von den britischen Behörden festgenommen – damit drohte das Faß endgütig überzulaufen. Tschiang Kai-shek appellierte nochmals an Roosevelt, die Rolle des Schlichters zu übernehmen. Aber der Präsident war der indischen Querelen überdrüssig geworden. Sie waren dazu angetan, sein Verhältnis zu Churchill zu ruinieren, die Kriegsanstrengungen des britischen *Empires* zu schwächen und dadurch indirekt den Japanern in die Hände zu spielen.

Im Januar 1943 entschloß sich Roosevelt deshalb, den früheren US-Botschafter in Rom, seinen alten Freund William Phillips, nach Neu Dehli zu entsenden. Ghandi, Nehru und Tausende von anderen Freiheitskämpfern saßen nach wie vor in den Gefängnissen, und die rigide Herrschaft des britischen Vize-Königs, des Marquess von Linlithgow, machte dem Präsidenten Sorgen. Nicht nur, daß die Inder ihr Vertrauen in die Versprechungen der britischen Kolonialherren verloren hatten, dem Land nach dem Krieg die Freiheit zu schenken. Sie drohten es nun auch zu Roosevelt, zur Atlantik-Charta und zu den westlichen Werten schlechthin zu verlieren.

Phillips erkannte, daß dieser Vertrauensschwund über die alliierte Kriegführung hinaus auch »unsere Beziehungen zu den farbigen Völkern« im allgemeinen bedrohte. Seiner Meinung nach neigten die Völker Asiens mehr und mehr dazu, den Krieg für eine Auseinandersetzung zwischen Faschismus und Imperialismus zu halten, was er nach Roosevelts tiefster Überzeugung nicht war, d. h. der Präsident drohte nun doch gegenüber der Dritten Welt seine Image-Hegemonie zu verlieren. Aber mit Rücksicht auf Großbritannien sah er sich auch jetzt außerstande, etwas Wirksames zu unternehmen. Eingeklemmt zwischen seinem universalen Sendungsbewußtsein und realpolitischen Bündnisinteressen und vor allem darauf erpicht, die Japaner zu schlagen, mußte Roosevelt die Lösung der indischen Frage auf die Zeit nach dem Kriege verschieben.

Spätestens seit diesem Indien-Abenteuer wußte Churchill, was die Stunde für das britische *Empire* geschlagen hatte. Aber er war zum Widerstand entschlossen. Deutlich ließ sich der Premier im November 1942 mit den Worten vernehmen, er sei nicht der Erste Minister Seiner Majestät geworden, um der Liquidation des britischen Weltreiches vorzusitzen. Seine Empörung über das illoyale Verhalten des amerikanischen Präsidenten war so groß, daß Roosevelt Stalin in Teheran riet, das Thema Indien lieber gar nicht erst anzuschneiden. Bis dahin hatten die beiden Hauptverbündeten auf westlicher Seite noch manchen Strauß auszufechten, so daß die Historiker zur Charakterisierung ihrer Beziehungen immer neue Gegensatzpaare wie »Kooperation und Konkurrenz« (David Reynolds) oder »Antagonismus und Kooperation« (William Louis) erfunden haben.

Kein Zweifel, daß die antagonistischen Anteile an den amerikanisch-britischen Beziehungen zunahmen, je mehr sich der Krieg seinem Ende näherte und je deutlicher die Entthronung Großbritanniens als eines von Roosevelts Hauptzielen zutagetrat. Mit Bedacht haben wir den umfassenderen Begriff der »Entthronung« mit seiner herrschaftlichen Konnotation gewählt, denn das Wort »Entkolonisierung« allein würde den epochalen Vorgang nicht treffen, wie man sich nach unseren Ausführungen über das Treuhand-Konzept des Präsidenten schon denken kann. Tatsächlich ging es Roosevelt, wie Norman Angell unter Berufung auf Roosevelts zweitältesten Sohn Elliott schreibt, bei seinen Auseinandersetzungen mit Churchill um die Beseitigung einer »Klassen- oder Kastenherrschaft, die, oft gegen den Willen des (britischen) Volkes, eine Welttyrannei aufrechterhält, die aus Imperialismus, Kolonialismus und Machtpolitik besteht, die jede politische Moral verletzt und die insbesondere das elementare Menschenrecht aller Völker verneint, so unabhängig zu sein wie die Vereinigten Staaten.« [12]

Folgt man Elliott Roosevelts Darstellung, so sah sein Vater zwischen Großbritannien und der Sowjetunion einen Kampf auf Leben und Tod für die Zeit nach dem Kriege voraus, wobei Präsident Roosevelt die Briten für eine viel größere Bedrohung des Weltfriedens als die Sowjets hielt. Auf immer neue Eskapaden des perfiden Albions gefaßt, erschien ihm der britische Premierminister als eine »Kombination aus Hanswurst und Schuft«, der endlose Ränke schmiedete, um die USA letzten Endes von ihrem Krieg gegen Deutschland auf einen Krieg gegen Rußland umzulenken. Elliott Roosevelt selbst fragte sich im August 1941, als er am Rande der ersten persönlichen Begegnung seines Vaters mit Churchill seit 1918 hörte, wie die britischen Militärs miteinander parlierten, »ob es das Ziel des britischen *Empires* sei, daß sich Nazis und Russen gegenseitig auslöschen, während Großbritannien an Stärke gewinnt.« [13] Sollte dies tatsächlich Churchills Ziel gewesen sein, dann war es ganz gewiß das allerletzte, was Präsident Roosevelt gewollt hat.

Betrachtet man die amerikanisch-britischen Beziehungen unter diesem Blickwinkel, dann werden die Analogien zwischen der Vernichtung Deutschlands und der Entthronung Großbritanniens vollends sichtbar: Roosevelt ging es darum, gegen den Widerstand der beiden west- bzw. mitteleuropäischen Hauptmächte eine neue weltpolitische Struktur durchzusetzen. Diese Weltstruktur sollte nicht mehr aus traditionellen Besitzständen, abgezirkelten Hoheitsgebieten und nationalen Souveränitäten bestehen. Getragen von den USA, der Sowjetunion und China sollte sie vielmehr fließend, transnational und überstaatlich sein, wobei Roosevelt freilich den reziproken Vorschlag Churchills, das Treuhand-Konzept auch auf die rückständigen Gebiete der westlichen Hemisphäre anzuwenden, stets energisch von sich gewiesen hat.

Die westliche Hemisphäre war das Kern- und Haupstück von Roosevelts neuer Weltstruktur. Sie reichte in den Phantasmagorien des Präsidenten von den Küsten Chinas und Australiens bis an die Elbe. Sie schloß die beiden Weltmeere mit ein, in deren Mitte die Vereinigten Staaten von Amerika wie in einem Sanktuarium lagen – strahlend, beispielhaft und unwandelbar, ein Mythos, ein Märchen, eine Illusion vollkommener Freiheit, Prosperität und Sicherheit. China würde in Ostasien ebenso »der Polizist« sein wie Rußland in Westasien und Europa, so daß für Großbritannien nur noch die Rolle des Juniorpartners übrigblieb. Aber über allen drei regionalen Vormächten thronten im pazifisch-atlantischen Zentrum die Vereinigten Staaten von Amerika als neue Supermacht.

Im Kampf um diese weltpolitische Perspektive erlebte Winston Churchill in den Jahren 1943 bis 1945 sein Waterloo, und zwar auf den Feldern der Strategie, der Ökonomie, der Atomenergie und der Entkolonisierung, um nur die wichtigsten zu nennen. Es war eine Niederlage auf ganzer Linie, wie sie in der Geschichte nur selten vorgekommen ist, schon gar nicht in einem ansonsten gewonnenen Krieg. Mit ihr sank Großbritannien von einer Weltmacht zu einer Mittelmacht herab, auch wenn es sein *Empire* »östlich von Suez« noch großenteils bis in die fünfziger und sechziger Jahre dieses Jahrhunderts verteidigen konnte, allerdings mit der großen Ausnahme Indiens, das bereits 1947 unter Roosevelts Freund Nehru unabhängig geworden ist.

Die Serie dieser schweren und bitteren Niederlagen hatte im Dezember 1941 damit begonnen, daß Roosevelt die Führung des Krieges an sich zog. Auf der ARCADIA-Konferenz, die zur Bildung der Vereinten Nationen durch den Pakt von Washington führte, mußte Churchill ein gemeinsames Oberkommando für alle alliierten Streitkräfte hinnehmen, in dem den Vereinigten Staaten von Amerika schon auf Grund ihres natürlichen Übergewichts die Führungsrolle zufiel. Erschwerend kam hinzu, daß Großbritannien seinen Krieg auf Grund der wachsenden Verschuldung schon zu diesem Zeitpunkt nur noch als Kostgänger der USA führen konnte. Das heißt: Es gab keinen zweigeteilten Ausschuß der amerikanischen und britischen Stabschefs, der abwechselnd in beiden Hauptsädten tagte, wie Churchill es verlangt hatte. Hellsichtig erkannte dessen Leibarzt, Lord Moran, der Krieg werde künftig »von Washington aus geführt.« [14]

In den nächsten beiden Jahren folgte Roosevelt dann zwar der peripheren Strategie der Briten, indem die Alliierten zunächst in Nordafrika landeten und sich dann den italienischen Stiefel hinaufkämpften, anstatt schon 1942 oder 1943 im Nordwesten Europas eine zweite Front zu eröffnen, wie Stalin es verlangte. Aber einem weiteren Vorstoß über die Adria und den Balkan nach Ostmitteleuropa, den Churchill 1943/44 forderte, stimmte der Präsident nicht zu. Sicher gab es dafür eine Reihe wichtiger Gründe. Aber im Ergebnis gab es nach Roosevelts Weigerung nichts mehr, was den Vormarsch der Roten Armee in das Herz Europas aufhielt, und andere Positionen der britischen Strategie wie die Erhaltung eines zumindest teilweisen Einflusses auf die Geschicke des Balkans, die Sicherung Griechenlands vor kommunistischem Umsturz und die Fernhaltung Rußlands vom östlichen Mittelmeer gerieten dadurch in Gefahr. Auf diese Weise verfehlte Churchill sein Ziel, die militärstrategische Situation in Europa bei Kriegsende so zu gestalten, daß Großbritannien – wenn es sein mußte, mit deutscher Hilfe – die russische Expansion abblocken konnte. Im Gegenteil, Rußland erhielt militärstrategisch den Raum für jene kontinental-europäische Einflußzone, mit der es Großbritannien fortan in Schach halten konnte.

Die wirtschafts- und finanzpolitischen Verhandlungen zwischen den Vereinigten Staaten und Großbritannien während des Krieges waren, wie Wilfried Loth zu Recht schreibt, [15] »eine unaufhörliche Sequenz amerikanischer Liberalisierungsforderungen, britischer Weigerungen, amerikanischer Drohungen brutalster Art und britischer Kapitulationen aus Sorge um die unerläßliche amerikanische Unterstützung im Kriege und beim Wiederaufbau.« Keine Frage, wer dabei der große Gewinner war.

Schon im August 1941 mußte Churchill bei seiner ersten Begegnung mit Roosevelt zugestehen, was Wilson Lloyd George erst 1919 abgerungen hatte: Gleicher Zugang zu den Märkten und Rohstoffen der Welt, »weitestgehende Zusammenarbeit aller Nationen auf wirtschaftlichem Gebiet«, Freiheit der Meere. [16] Die eine Konzession erfolgte vier Monate *vor* dem amerikanischen Kriegseintritt, die andere war zwei Jahre *danach* erfolgt – ein unübersehbarer Hinweis darauf, daß die britische Position vom Ersten bis zum Zweiten Weltkrieg wesentlich schwächer geworden war.

Um den für die britische Nachkriegsstellung entscheidenden Artikel VII des Abkommens über wechselseitigen Beistand, das die beiden angelsächsischen Mächte nach Verabschiedung des amerikanischen Pacht- und Leihgesetzes zur Regelung ihrer wirtschafts- und finanzpolitischen Beziehungen schlossen, wurde 1941/42 so lange und so hart gerungen, bis sich die Briten verpflichteten, als Gegenleistung für die finanzielle Rettungsleine, die ihnen Roosevelt zugeworfen hatte, nach dem Krieg diskriminierende Handelspraktiken aufzugeben und eine allseitige Liberalisierung der Weltmärkte und Weltfinanzen hinzunehmen. Großbritannien verkaufte dadurch sein Erstgeburtsrecht am Ottawa-Präferenzzoll-System gegen das Linsengericht einer amerikanischen Zusicherung, bei der Ausgestaltung der neuen Weltwirtschafts- und Währungsordnung großzügig behandelt zu werden. Im Ergebnis lief das ungleiche *quid pro quo* jedoch lediglich darauf hinaus, daß Großbritannien die dominierende Stellung des Pfundes innerhalb des sogenannten Sterling-Blocks zugunsten der neuen globalen Leitwährung des amerikanischen Dollars aufgeben mußte, und dies war wiederum der Preis für die Aufhebung jener Kontrollen, die die Vereinigten Staaten über den britischen Außenhandel verhängt hatten, um zu verhindern, daß Lieferungen nach dem Leih- und Pachtgesetz zum Schaden Amerikas an Drittländer weiterveräußert wurden. [17]

Artikel VII und die Atlantik-Charta waren Blankoschecks für eine von den Amerikanern dominierte Weltwirtschaft, die den Briten nach Kriegsende in Bretton Woods präsentiert wurde. Auf dieser Konferenz in New Hampshire/USA entstand mit der Weltbank und dem Internationalen Währungsfonds (IWF) jene multilaterale Maschinerie, die Roosevelt vorgeschwebt hatte, um das finanzielle und wirtschaftliche Geschehen auf dieser Erde bis in alle Ewigkeit neu zu regeln. Bekanntlich sind alle diese Institutionen und Mechanismen noch heute in Kraft. Großbritannien gab in Bretton Woods seine Bedenken gegen dieses System nur in der Hoffnung auf, durch dessen handelspolitische Vorteile für dessen finanzpolitische Nachteile entschädigt zu werden. Aber diese Hoffnung erfüllte sich erst, als Roosevelts Nachfolger Truman 1947 dazu überging, der wirtschaftlichen Erholung und Integration Großbritanniens den Vorrang vor dessen Entthronung zu geben.

Spätestens im Herbst 1941, noch vor dem amerikanischen Kriegseintritt, hatten Atomwissenschaftler beider Seiten Roosevelt und Churchill davon überzeugt, daß sie mit Hilfe der Atombombe den Krieg am schnellsten gewinnen konnten. In der zweiten Hälfte des Jahres 1942 gingen die Westalliierten von der Grundlagenforschung zum faktischen Bau dieses Massenvernichtungsmittels über. Anfangs hatten die Amerikaner von dem Informationsaustausch profitiert, den Roosevelt und Churchill in bezug auf ihr wichtigstes Kriegsgeheimnis vereinbart hatten. Je näher sie dem Bombenbau kamen, desto mehr neigte der amerikanische Präsident jedoch dank der industriellen Überlegenheit seines Landes dazu, die Briten vom Informationsfluß abzuschneiden.

Es ist ein Beispiel dafür, wie materielle Überlegenheit, gepaart mit nationalem Egoismus, Weltgeschichte macht. Inzwischen hatte nämlich schon ein Strom britischer Atomwissenschaftler nach Los Alamos eingesetzt, dem Zentrum des amerikanischen Atombombenbaus. Selbst der dänische Atomforscher und spätere Nobelpreisträger Niels Bohr wurde von Schweden über Großbritannien in die Wüste von New Mexico geschleust. Dort, in diesem amerikanischen Mekka einer neuen Technik und Wissenschaft, begann sich 1942/43 tatsächlich alles zu versammeln, was auf diesem Gebiet Rang und Namen hatte.

Zu diesem Zeitpunkt hatte Roosevelt den allgemeinen wirtschaftlichen Wert der Atomenergie längst erkannt. Er wußte, daß deren praktische Nutzung dank der industriellen und finanziellen Überlegenheit seines Landes zu einer rein amerikanischen Angelegenheit geworden war. Infolgedessen entschloß er sich, die Briten nur noch soweit über das Bombenprojekt zu informieren, wie dies für die britischen Kriegsanstrengungen erforderlich war. Viel konnte dabei nicht herauskommen, denn die Bombe wurde ja von den Amerikanern gebaut. So errichtete der Präsident das amerikanische Atommonopol.

Auch in diesem Fall versuchte Churchill zu retten, was noch zu retten war. Aber er war im Fall der Atomenergie ebenso unfähig, eine unerwünschte Entwicklung zu verhindern wie im Falle des britischen *Empires* oder der wirtschaftlichen Abhängigkeit Großbritanniens von Amerika. Denn alle diese Unfähigkeiten resultierten aus dem sinkenden Gewicht Großbritanniens innerhalb von Roosevelts Weltkoalition. Der Premier protestierte zwar gegen den Wortbruch in Sachen Atomenergie, indem er sich auf persönliche Absprachen mit dem Präsidenten berief. Aber ungerührt warf sich Roosevelt auch hier zum Richter über das britische Schicksal auf: Durch eine Vereinbarung, die er am 19. August 1943 mit Churchill in Quebec traf, schloß er Großbritannien zwar wieder an den atomwissenschaftlichen Informationsfluß an. Dafür aber mußte Churchill nicht nur hinnehmen, daß er Informationen an dritte Mächte nur noch mit amerikanischer Zustimmung weitergeben durfte. Er mußte darüber hinaus auch zugestehen, daß sich der amerikanische Präsident die Entscheidung darüber vorbehielt, welche wirtschaftlichen Vorteile Großbritannien nach dem Krieg aus der Atomenergie ziehen durfte. [18]

So wurden Rang und Stellung Großbritanniens während des Zweiten Weltkrieges von den USA nicht nur im gemeinsamen Interesse gegen die Achsenmächte verteidigt, sondern zugleich auch im eigenen Interesse demontiert – ein schwer entwirrbares Doppelspiel, wie man es sicher nur selten in der Geschichte findet. Mit der zweiten Hälfte dieses Spiels wollte Roosevelt jenen britischrussischen Gegensatz entschärfen, den er, je näher das Kriegsende rückte, für immer wahrscheinlicher hielt.

Ihren Höhepunkt erreichte diese Entwicklung in den beiden letzten Kriegsjahren. Roosevelt ließ eine geordnete, das heißt mit dem britischen Hauptverbündeten in militärischer und politischer Hinsicht abgestimmte Prozedur zur Anbahnung und Abwicklung der beiden einzigen Gipfeltreffen mit Stalin nicht zu. Beide Konferenzen fanden Ende 1943 in Teheran und Anfang 1945 in Jalta ohne ein gemeinsames Konzept der beiden Westmächte für den Frieden statt. Sie waren für Churchill streckenweise desaströs. Darüber hinaus demütigte der amerikanische Präsident den britischen Premierminister auf jenen Konferenzen, die im November und Dezember 1943 – also vor und nach Teheran – in Kairo stattfanden. An ihnen nahm streckenweise der chinesische Generalissimus Tschiang Kai-shek teil. Tatsächlich spiegelt nichts den Abstieg Großbritanniens von einer Supermacht zu einer Mittelmacht überzeugender wider als die erniedrigende Art und Weise, in welcher Churchill bei der Gestaltung dieser trilateralen Begegnungen zur Beendigung des Zweiten Weltkrieges von Roosevelt behandelt wurde.

Wenige Wochen vor Kairo, im Oktober 1943, hatte der Präsident damit begonnen, die Sicherheit und Freiheit Osteuropas den pazifischen Interessen der USA aufzuopfern: Um die Gleichberechtigung Chinas und den Eintritt Rußlands in den Krieg gegen Japan sicherzustellen, verzichtete Hull auf der Moskauer Außenministerkonferenz [18a] darauf, die europäischen Nachkriegsgrenzen auch nur ansatzweise mit seinem sowjetischen Kollegen Molotow zu diskutieren. [19]

Offener Streit in dieser kontroversen Angelegenheit sollte um fast jeden Preis vermieden werden. Roosevelt schritt damit weiter auf jener schiefen Bahn voran, die schließlich über Teheran, Jalta und Potsdam zur Teilung Europas führte. Denn Hull ließ in Moskau auch die amerikanische Forderung fallen, Rußland dürfe territoriale Veränderungen unter Einsatz von militärischer Gewalt nicht ohne vorherige Konsultation seiner beiden westlichen Verbündeten herbeiführen. Stalin erhielt damit Roosevelts Freibrief für eine osteuropäische Einflußzone, obwohl der Präsident dieses unmoralische Relikt der europäischen Machtpolitik im Interesse der *einen* Welt eigentlich hatte beseitigen wollen.

Als wollte er diesen auffallenden Widerspruch auf die Spitze treiben, verschaffte Roosevelt den Vereinigten Staaten im Pazifik ebenfalls eine Einflußzone, indem er in Kairo mit Tschiang Kai-shek gegen Churchill paktierte. Das Ergebnis war der von Hopkins formulierte Entwurf für eine gemeinsame Deklaration, den der Premier mit knapper Not so umredigierte, daß aus ihm nicht geradenwegs die Sterbeurkunde für das Britische *Empire* wurde, nämlich eine pauschale Unabhängigkeits-Erklärung für alle Kolonialgebiete der Erde. So entkleidete die schließlich verabschiedete »Erklärung von Kairo« nur noch Japan aller Besitzungen, die es seit 1914 auf die eine oder andere Art und Weise erworben hatte, und sie versprach Korea Unabhängigkeit und Freiheit. Dennoch schuf die Konferenz soviel *tabula rasa* im pazifisch-asiatischen Raum, daß sich die Vereinigten Staaten von Amerika dort ziemlich mühelos zur Hegemonialmacht aufschwingen konnten. Sie erreichten damit endlich das Ziel, das sie seit der Jahrhundertwende angestrebt hatten. [20]

Mit Recht sah Churchill deshalb in Roosevelts Treuhand-Rhetorik nur noch einen dürftigen Deckmantel für imperiale Bestrebungen der USA. In der Tat war der Präsident mit Plänen nach Kairo gereist, die aus dem Pazifischen Ozean einen amerikanischen Binnensee machen sollten. Unter den Vorhaltungen des Premierministers ließ der Präsident während der Konferenz jedoch einen Plan ausarbeiten, der gleichzeitig den Imperialismus-Vorwurf abwehren und seine imperialen Ambitionen zufriedenzustellen sollte. Dieser Kompromiß, der schließlich von allen Beteiligten gebilligt wurde, unterstellte die begehrten Pazifik-Inseln zwar den Vereinten Nationen. Er tat dies aber so geschickt, daß die Vereinigten Staaten faktisch die Hoheitsrechte über sie ausüben konnten.

Aus dem Sommer 1944 hat der Präsidenten-Berater Charles Taussig ein Gespräch zwischen dem amerikanischen Präsidenten und dem britischen Premierminister überliefert, das vielleicht am besten zeigt, wie die beiden über Fragen, die das Antlitz der Erde veränderten, wirklich miteinander gesprochen haben – nämlich offen kontrovers. Roosevelt: »Winston, Sie können Ihren alten Lappen [gemeint war der *Union Jack*, die britische Nationalfahne – D. B.] über jedem Platz flattern lassen, den Sie wollen« – er, Roosevelt, würde sich solange nicht darum scheren, wie die Vereinten Nationen – sprich: die USA – diese Gebiete inspizieren könnten. Darauf Churchill, mit deutlichen Anzeichen der Indignation: »Was meinen Sie, Franklin, wenn Sie den *Union Jack* ›einen alten Lappen‹ nennen?« Darauf lenkte Roosevelt ein, indem er zugab, schließlich seien alle Fahnen aus Lappen gemacht – auch die *Stars and Stripes* der Vereinigten Staaten. [21]

Tatsächlich hat Präsident Roosevelt im und durch den Zweiten Weltkrieg dafür gesorgt, daß die amerikanischen Farben statt der britischen über einem Imperium wehten, wie es die Geschichte noch nicht gesehen hatte: Dieses *informal empire* unterschied sich vom britischen Weltreich nicht nur durch seine eigentümliche Mischung aus internationaler Kontrolle und nationaler Verwaltung, sondern vor allem dadurch, daß seine Grenzen prinzipiell offen waren – so offen, daß sich die wirtschaftliche, politische, kulturelle und militärische Dynamik der neuen Supermacht global voll entfalten konnte. Dagegen hatte das britische *Empire* dazu geneigt, sich gegenüber der Außenwelt abzuschließen. Freilich verdrängte das informelle *imperium americanum* mit dem *imperium britannicum* auf längere Sicht auch alle anderen europäischen Kolonialreiche, und es führte dadurch die Entthronung nicht nur Englands, sondern – gemeinsam mit dem *imperium sowjeticum* – ganz Europas herbei.

Dabei war sich Roosevelt offenbar gar nicht bewußt, wie sehr er sich inzwischen selbst einem Neo-Imperialismus genähert hatte, oder er wollte dies vor seiner Mit- und Nachwelt verborgen halten. Jedenfalls sprach er sich kurz vor der

Konferenz von Jalta, die das sowjetische Imperium im November 1944 besiegelt hat, ausdrücklich gegen amerikanische Annektionen aus. Der Präsident wollte sich nicht in einen offenen Widerspruch zur Atlantik-Charta setzen, der offiziellen Kriegsziel-Erklärung der Alliierten. Überdies bestand Roosevelt darauf, »daß das Prinzip der internationalen Treuhänderschaft mit Festigkeit eingeführt und daß die internationale Organisation [gemeint sind die wenig später gegründeten Vereinten Nationen – D.B.] dafür eine angemessene Maschinerie bereitstellt.« [22]

Präsident Roosevelt hat damit kurz vor seinem Tod noch einmal das internationalistische Image seines Konzepts von Politik und Kriegführung aufpoliert. Denn er ging von der sicheren Erwartung aus, daß es den Vereinigten Staaten von Amerika gerade unter der Bedingung der *einen* Welt gelingen würde, einen bestimmenden Einfluß auf die Geschicke der ganzen Menschheit auszuüben.

Anmerkungen

1 Watt, Bull, 80 – Die Roosevelts waren Nachfahren jener holländischen Siedler, die Anfang des 17. Jahrhunderts am unteren Hudson River New Amsterdam, das spätere New York, gründeten und sich der britischen Übermacht beugen mußten.

2 »Weiß der Himmel, aber ich will die Amerikaner nicht für uns kämpfen lassen«, schrieb Chamberlain noch im Januar 1940 in weiser Voraussicht an seine Schwester. »Es würde uns zu teuer zu stehen kommen, wenn sie das Recht hätten, die Friedensbedingungen mitzubestimmen.« Ebda., S. 87, Anm. 68

3 op. cit. Russell, History, S. 43

4 PPA: FDR-PK 1942, S. 475

5 op. cit. Louis, Imperialism, S. 259

6 ebda., S. 272

7 Sherry, Preparing for the Next War

8 Holborn, War and Peace, S. 90

9 FRUS 1942, I, S. 597: Johnson . . . . FDR

10 FRUS 1942, I, S. 633f: FDR 11. 4. 42 Church

11 Dies und das folgende Venkataramani, USA, S. 101–139

12 Angell, Re-Interpretation, S. 533, der dabei auf eine Rezension zurückgriff, die Arthur M. Schlesinger 1946 über die Memoiren »As He Saw It« von Elliot Roosevelt geschrieben hatte.

13 ebda.

14 Moran, Churchill, S. 26

15 Loth, Teilung, S. 34

16 Atantik-Charta zitiert nach Jacobsen, Teilung, S. 157

17 Zahl bei Louis, Imperialism, S. 23

18 Sherwin, World, Kap. 3

18a An der Moskauer Außenminister-Konferenz nahmen Hull (USA), Molotow (UdSSR) und Eden (GB) teil. Es war die erste und einzige Konferenz, auf der die Außenminister der Großen Drei während des Krieges zusammentrafen, was ihre Bedeutung hervorhebt. Den Ergebnissen, insbesondere der Abschlußerklärung, trat China, das auf der Konferenz selbst nicht vertreten war, nachträglich bei.

19 Dallek, Foreign Policy, S. 423
20 Louis, Imperialism, S. 281
21 ebda., S. 357
22 FRUS Malta/Jalta 1945, S. 57: FDR 15. 11. 44

4.

Errichtung der »einen Welt«

Mochte Winston Churchill auch Roosevelts Idee, das historisch gewachsene Vizekönigtum Indien nach dem Schnittmusterbogen der amerikanischen Revolution neu zuzuschneiden, für sentimental, um nicht zu sagen für albern oder sogar töricht halten – es änderte nichts daran, daß der amerikanische Präsident in bezug auf die Organisation der neuen Welt, die er mit, durch und nach dem Zweiten Weltkrieg schaffen wollte, prinzipielle, langfristige und festgefügte Vorstellungen verfolgte.

Roosevelt paßte diese Vorstellungen zwar von Zeit zu Zeit elastisch an die Lagen an, die ihm die amerikanische Innenpolitik, die Wechselfälle des Krieges und die Konstellationen der Großen Diplomatie vorgaben, und manches hat er einfach offen gelassen oder vor seinem Tod nicht mehr vollendet. Anderes aber und Wichtiges, was unser politisches Leben noch heute prägt, hat dieser 32. Präsident der Vereinigten Staaten erst auf den Weg gebracht. Im Großen und Ganzen hielt Roosevelt mit erstaunlicher Konstanz an seiner Grundidee fest, die von den europäischen Mächten geschaffene Vielfalt der Reiche, Ränke und Regierungsformen durch eine einzige Welt abzulösen – durch die *eine* liberale, demokratische und international eng verflochtene Welt wachsenden Wohlstandes und Wohlergehens, für die die Vereinigten Staaten von Amerika mit ihrem *way of life* Modell stehen konnten.

Diese Idee war durch historische Vorbilder legitimiert, denn schließlich hatten die europäischen Mächte in den zurückliegenden Jahrhunderten nichts anderes versucht als sich eine Welt nach ihrem Ebenbild zu schaffen. Solange dahinter die nötige Macht gestanden hatte, waren diese Modellierungsversuche auch mehr oder weniger gelungen – man denke nur an die französische Welt des 18. und an die britische des 19. Jahrhunderts. Was die früheren Epochen europäischer Weltgeltung jedoch von jener Epoche unterscheidet, die Franklin Delano Roosevelt heraufführte, ist nicht nur die größere Vielfalt einander ablösender Weltentwürfe. Es ist auch die eher schrittweise, unplanmäßige und eher tastende Art und Weise, in der die europäischen Mächte einfach, weil die Geschichte ihnen die Gelegenheit dazu gab, ihre Versuche gestartet hatten.

Nicht, daß sie dabei nicht unermeßliche Schuld auf sich geladen hätten und daß es ihnen nicht ganz bewußt auf die Akkumulation von Macht im Weltmaßstab angekommen wäre. Aber die Anlage einer Welteroberungsstrategie nach ganz bestimmten ideologischen Prinzipien war ein relativ junges geschichtliches Phänomen. Vielleicht darf man Napoleon, soweit er zur Zeit seiner Eroberungszüge noch in der Tradition der Französischen Revolution stand, als ersten Vorläufer des amerikanischen Präsidenten verstehen. Nach Napoleon hatte sich diese Form aufklärerischer Ideologieweltpolitik jedoch wieder für etwa hundert Jahre von der historischen Bühne verabschiedet, um dann erst zu Beginn des 20. Jahrhunderts in Gestalt der marxistisch-leninistischen und liberal-demokratischen Internationalismen wiederaufzuerstehen.

Bei dem vielen, was sie voneinander trennte, hatten diese beiden Brüder im Geiste eine große Gemeinsamkeit, nämlich die Vorstellung und den Willen, die Menschheit durch einen revolutionären Akt von planetarischer Totalität nach ganz bestimmten gedanklichen Entwürfen zu formen, die auf eine Veränderung der sozialen Wirklichkeit durch die planmäßige Anwendung wirtschaftlicher Gesetzmäßigkeiten hinausliefen – hier durch den Markt, dort durch parteilich gelenkte Umverteilung. Diesen Entwürfen maßen ihre Urheber und Präzeptoren nicht nur eine höhere Weisheit zu, sondern im Vergleich zu allen früheren Weltentwürfen auch eine höhere Moral, weil sie sich letzten Endes auf die europäische Aufklärung beriefen. Da sie sich freilich ähnlich unduldsam wie jene christlichen Missionare verhielten, die einst dem europäischen Kolonialismus die Bahn geebnet hatten, könnte man beim marxistisch-leninistischen wie beim liberal-demokratischen Internationalismus russischer und amerikanischer Prägung von einem gegen Europa gerichteten Kolonialismus seiner beiden Flügelmächte sprechen.

Es waren diese Totalität, Einförmigkeit und Unbedingtheit, verbunden mit dem selbstverliehenen Anspruch auf finale, das heißt unverlierbare, unwiderlegbare und unübertreffliche Vollkommenheit, die viele in- und ausländische Kritiker und Opponenten von Roosevelts *einer* Welt stärker als alles andere abgestoßen haben. Der neue Absolutismus globaler Demokratie und Marktwirtschaft, der sich wie einst das monarchische Prinzip auf ein säkularisiertes Gottesgnadentum berief, machte vielen Amerikanern und Europäern Angst, weil sie dunkel das in ihm schlummernde Gewaltpotential erkannten. Viele fürchteten, von dieser neuen Heilslehre ebenso wie von Kommunismus oder Faschismus vereinnahmt zu werden.

Nicht zuletzt wurde dem Präsidenten deshalb von seinen Kritikern vorgeworfen, er begebe sich auf das Niveau von Kommunismus und Faschismus, d. h. ihm wurden diktatorische Gelüste unterstellt. Denn Kommunisten und Faschisten behaupteten ja von sich ebenfalls, für alle Ewigkeit vollkommen, gültig und unfehlbar zu sein. In einem Zeitalter, das Karl-Dietrich Bracher einmal treffend als das »Zeitalter der Idelogien« bezeichnet hat, war diese Gleichstellung im Kern sicher nicht unberechtigt. Denn Präsident Roosevelt war bei allem, was er tat und plante, insofern Ideologe, als er die Welt ähnlich wie Stalin oder Hitler durch einen bestimmten Raster von Wert- und Image-Systemen wahrnahm, an denen er seine Handlungen orientierte. [1]

Andererseits war Roosevelt inhaltlich meilenweit von den beiden Diktatoren entfernt. Er strebte nicht nur nach weltweiter Verwirklichung seiner vier Freiheiten, sondern auch nach einer globalen Organisation des ewigen Frie-

dens, wie ihn viele bedeutende Denker von Alexander dem Großen bis
Immanuel Kant vorausgedacht hatten. Stalin und Hitler schwebte weder das
eine als erstrebenswert vor, noch hätten sie das andere jemals von sich aus in
Erwägung gezogen – für sie war Geschichte immerwährender Krieg und
permanente Revolution, bis der Friedenszustand durch Unterwerfung oder
Ausrottung des Klassen- bzw. Rassenfeindes wie von selbst eintrat. Das heißt:
Roosevelts Werte waren mit denen der beiden Diktatoren unvergleichlich,
mochte sich der ideologische Charakter der verschiedenen »-ismen« in mancher Beziehung auch ähnlich sein.

Stalin und Hitler stießen sich an Roosevelts anders gelagerter Wertigkeit.
Dagegen leistete Churchill nicht deshalb Widerstand gegen die Pläne für eine
liberale und friedliche Organisation der Nachkriegswelt, weil er grundsätzlich
andere Werte als der amerikanische Präsident vertrat. Vielmehr befürchtete
der britische Premierminister zu Recht, er müsse in Roosevelts Welt von
seinem an der britischen Krone orientierten Imperialismus früherer Zeiten für
immer Abschied nehmen. Freilich hatte die Deregulierung der bestehenden
Weltstruktur in irgendeine neue und haltbare Verfassung oder Struktur auszumünden, wenn der Zweite Weltkrieg des 20. Jahrhunderts nicht ebenso wie der
Erste in einem Chaos enden sollte. Der friedliche Übergang von der De- zur
Reregulierung war daher das große Ziel, gleichzeitig aber auch das große
Problem in Roosevelts Konzept von Politik und Kriegführung, das er Zeit
seines Lebens durch irgendeinen Mechnismus zu lösen versuchte.

Kein Wunder, daß er dabei als Viktorianer zunächst auf die »Großen Vier« als
Hauptmittel zur Lösung seines Problems verfiel. Die weltumspannende Qua-
drupel-Allianz, die er in den Jahren 1937 bis 1941 gemeinsam mit Tschiang Kai-
shek, Churchill und Stalin zusammenbrachte, sollte mit und nach dem Sieg
über Hitler und die Japaner die Umstrukturierung der Welt erzwingen – mit
den Vereinigten Staaten von Amerika als *primus inter pares*. Denn eine neue
Weltstruktur, die bei aller Freiheit und Gleichheit nicht im kriegerischen Chaos
enden sollte, mußte ihren Rückhalt ja ebenso wie die alte an irgendeiner Macht
finden, die größer war als die Macht aller anderen Mächte, und das war nun
einmal die vereinigte Macht der »Großen Vier.«

So liberal und demokratisch sie auch immer sein mochte, einer solchen
Übermacht mußte es nach Roosevelts Überzeugung erlaubt sein, zur Durchsetzung ihres großen, ihres säkularen Friedensziels zu schrecklich unliberalen und
undemokratischen Mitteln zu greifen, nämlich zu den Mitteln des wirtschaftlichen Zwanges und der militärischen Gewalt. Dieser Widerspruch zwischen
Frieden als Ziel und Krieg als Mittel war die Antinomie in den Überlegungen
des Präsidenten, ihr unaufhebbarer Widerspruch. Denn wie sollte die Welt
durch ewigen Krieg jemals zum ewigen Frieden finden – selbst wenn die
»Großen Vier« jeden ihrer Kriege in der lauteren Absicht führten, den Krieg
als Mittel internationaler Auseinandersetzungen ein für allemal abzuschaf-
fen?

Seit er damit in den zwanziger Jahren einen Preis gewann, hat Roosevelt unentwegt Pläne für die Lösung dieses Problems geschmiedet. Nach Inhalt und Methodik am meisten ausformuliert war jener Weltfriedensplan, den der amerikanische Präsident am 12. Januar 1938 in einer diplomatischen Nacht- und Nebelaktion dem britischen Premierminister Chamberlain präsentierte. [2] Dieser Plan enthielt bereits wesentliche Elemente der späteren »Vereinten Nationen« – vor allem das Element wirtschaftlicher und notfalls auch militärischer Zwangsmittel, die im Interesse eines gerechten Friedens gegen Aggressorstaaten anzuwenden waren. Er kam jedoch nicht zum Zuge, weil Chamberlain mit Recht befürchtete, ein solcher Plan werde den Krieg eher herbeiführen als verhindern.

Der Internationalist Roosevelt löste den Widerspruch zwischen Krieg als Mittel und Frieden als Ziel schließlich dadurch gedanklich auf, daß er einerseits Wilsons Völkerbund kopierte, andererseits aber dessen entscheidenden Fehler zu vermeiden suchte – die Nicht-Mitgliedschaft der USA in dieser Weltfriedensorganisation. Wilson hatte versucht, die Antinomie zwischen Frieden und Krieg dadurch aufzulösen, daß er diejenigen Kriege, die der Völkerbund zur Verteidigung und Herbeiführung des Friedens führte, grundsätzlich zu gerechten Kriegen und umgekehrt diejenigen Kriege, die einzelne Staaten zur Vergrößerung ihrer Macht oder ihrer Territorien führten, ebenso grundsätzlich zu ungerechten Kriegen erklärte. Diese einfache, aber wirksame Unterscheidung gedachte Roosevelt beizubehalten. Nur wollte er um fast jeden Preis vermeiden, daß sie in Zukunft wieder – wie schon in den zwanziger und dreißiger Jahren – zu einer Farce geriet.

Damals hatte der Völkerbund über keine superiore Macht geboten, die sich, notfalls mit Gewalt, gegenüber allen anderen Mächten durchsetzen konnte. So vermochte der Völkerbund weder die Expansion der Achsenmächte zu verhindern, noch war er in der Lage, Hitler, Mussolini und die japanischen Militärs für ihre aggressiven Akte zu strafen, ohne darüber in die Brüche zu gehen. Wenn man die Wiederholung einer solchen Farce für alle Zukunft ausschließen wollte, dann mußte man den demokratisch und liberal strukturierten Völkerbund nach Roosevelts Überzeugung mit dem globalen Gewaltmonopol der »Großen Vier« kombinieren. Und das bedeutete nach seiner festen Überzeugung nicht mehr, aber auch nicht weniger, als daß die USA dem reformierten Völkerbund nach dem Zweiten Weltkrieg angehören mußten.

Am Ende des Ersten Weltkrieges hatten die Vereinigten Staaten noch nicht die superiore Macht besessen, um den europäischen Großmächten ihr Gewaltmonopol aufzuzwingen: Der Senat weigerte sich damals denn auch nicht in erster Linie deshalb, den Versailler Vertrag und die in ihm enthaltene Völkerbundsakte zu ratifizieren, weil er Amerika von seiner Umwelt isolieren wollte. Vielmehr schätzte er seine Fähigkeit, die Frage nach Frieden oder Krieg aus eigener Machtvollkommenheit weltweit zu regulieren, damals noch realistischerweise gering ein.

In der Zwischenkriegszeit von 1919 bis 1939 verringerte sich das Machtgefälle zwischen Amerika und Europa jedoch so dramatisch, daß es sich zu Beginn der vierziger Jahre dank des zunächst unerklärten, dann erklärten Krieges, den Roosevelt gegen Deutschland, Italien und Japan führte, in sein Gegenteil verkehrte. Dadurch rückte mit dem Kriegsende jener Zeitpunkt heran, zu dem sich Amerika – vertreten durch seine verfassungsmäßigen Organe, Präsident und Senat – zum überlegenen Schiedsrichter der Welt oder *arbiter mundi* aufschwingen konnte.

Wie in anderen Bereichen seines Konzepts von Politik und Kriegführung leiteten Roosevelt auf dem Wege dorthin ebenso ideale Motive wie pure Machtinstinkte. Denn es entging ihm nicht, daß die Ressourcen seines Landes durch den Krieg ins schier Unermeßliche wuchsen. Nicht zu Unrecht vergleicht Paul Kennedy den Status, den Amerika nach der Niederlage der Achsenmächte im Jahre 1945 erreichte, mit dem Rang, den Großbritannien 1815 nach der Niederlage Napoleons eingenommen hat: Beide angelsächsischen Mächte waren nach dem Krieg »künstlich« aufgebläht, weil sich der Rest der Welt, sofern nicht ohnehin unterentwickelt, durch den Krieg vollkommen verausgabt hatte. [3]

Allerdings waren die Dimensionen der neuen amerikanischen Supermacht »historisch beispiellos: Durch die gewaltige Woge der Kriegsausgaben stimuliert, stieg das Bruttosozialprodukt des Landes, gemessen am Dollarkurs des Jahres 1939, von 88,6 Milliarden Dollar (1939) auf 135 Milliarden Dollar (1945) . . .«, also in nur sechs Jahren um etwas mehr als die Hälfte. Im gleichen Zeitraum vergrößerten sich die amerikanischen Produktionskapazitäten und deren Ausstoß an Gütern ebenfalls um jeweils fünfzig Prozent, so daß die USA 1945 ein Drittel aller Güter der Welt und die Hälfte der globalen Industrieproduktion erzeugten. Lebensstandard und Produktivität des einzelnen Amerikaners waren bei Kriegsende höher als die eines jeden anderen Erdenbewohners. Kennedy: »Die Vereinigten Staaten waren das einzige Land unter den Großmächten, das durch den Krieg reicher – und tatsächlich viel reicher – wurde statt ärmer.« Das Land besaß nicht nur zwei Drittel der Weltgoldreserven, es war auch bei weitem der größte Exporteur der Welt, der über mehr als die Hälfte des globalen Schiffsbestandes und der Lufttransportkapazität zur Verteilung seiner Güter verfügte.

Zugleich begannen Millionen von Amerikanern nach Pearl Harbor, ihre Festung zu verlassen und als Botschafter eines neuen Reichtums, einer neuen Schönheit und einer neuen Lebensfrische in alle Welt auszuschwärmen. Soldaten und Filmschauspieler, Wissenschaftler und Techniker trugen mit dem *American way of life* die von Roosevelt sorgfältig ausgebaute und gepflegte Image-Hegemonie ihres Landes in vier Jahren rund um die Erde – eine teils friedliche, teils kriegerische Invasion der ganzen Welt, die in der Geschichte ohne Beispiel ist. Auf diese Weise penetrierte Amerika fremde Gesellschaften nicht nur mit seinen Leistungen, Träumen und Werten. Es veränderte auch die Bilder, die sich diese Gesellschaften bisher von sich selbst und ihrer Umwelt gemacht hatten bis in die unauffälligen Angewohnheiten des Alltags hinein. Weil die Amerikaner in den meisten Fällen als Beschützer, Helfer oder

Befreier kamen, schlug ihnen fast überall eine Woge von Dankbarkeit, Bewunderung und Kooperationsbereitschaft, bisweilen aber auch Haß, Neid und Ablehnung entgegen.

Der britische Historiker D. Cameron Watt faßt schlaglichtartig zusammen, was dies zum Beispiel für sein Land bedeutet hat: Die massenhafte Ankunft von Amerikanern in Großbritannien »konfrontierte das britische Volk mit der Realität amerikanischen Reichtums und amerikanischer Macht. Die GI's zogen Schaulustige beiderlei Geschlechts an, brachten das Landleben durcheinander, weckten sexuellen und materiellen Neid.« »Alles in allem«, so heißt es bei Watt jedoch weiter, »wurde der Antiamerikanismus der Eliten dadurch begrenzt, daß Amerika beliebt und akzeptiert war. . . . Viele der Bilder, die sich die eine Elite von der anderen gemacht hatte, überlebten dank der Freundschaften und Beziehungen nicht, die überall im Zuge der gegenseitigen Durchdringung entstanden. Die bloße Vielzahl möglicher Anknüpfungspunkte, die sowohl die amerikanische Gesellschaft als Ganzes, als auch deren Eliten im besonderen boten, wurde eine Waffe – vielleicht die mächtigste Waffe im ununterbrochenen Strom anglo-amerikanischer Verhandlungen, die der Genossenschaft vor 1942 und dem Bündnis nach 1942 zugrunde lagen.« [4]

Besser und kürzer kann man den Aufstieg der amerikanischen Macht in ihrer konditionierten Form eigentlich gar nicht beschreiben: Amerika weichte die anderen Gesellschaften mit seinen Leistungen, Werten und Bildern einfach auf, um sie seinem neuen und ungewohnten Weltführungsanspruch gefügig zu machen. Zugleich wirkte dieser Prozeß auch auf Präsident Roosevelt und die meisten anderen Amerikaner zurück, weil er die Errichtung der *einen* demokratischen, liberalen und friedlichen Welt wachsenden Wohlstandes und Wohlergehens in ihren Augen tatsächlich möglich machte.

Für die meisten Menschen der Erde war der gelähmte Mann im Weißen Haus lediglich eine angenehm klingende Radiostimme, die man in London oder Berlin, Teheran oder Neu Dehli lediglich durch das Rauschen atmosphärischer Störungen hindurch vernehmen konnte – ein ebenso ferner wie offenbar freundlicher Gott, der aus den Tiefen der Meere sprach. In Wahrheit aber konnte niemand sonst, kein anderer politischer Führer, kein Hitler, kein Stalin und trotz seiner unbestreitbar großen Beredsamkeit auch kein Churchill von 1941 bis 1945 mit mehr Autorität und Akzeptanz sprechen als Roosevelt. Der weltweite gesellschaftliche Wandel, den sein Krieg nicht herbeiführte, aber beschleunigte, hatte es möglich gemacht.

Tatsächlich wurde der Präsident nach der weltpolitischen Wasserscheide von 1938/39 binnen weniger Jahre sowohl zum Adressaten von regierungsamtlichen Hilfsappellen und diplomatischen Vermittlungsgesuchen, als auch zum Hoffnungsträger für die Verfolgten, Unterdrückten und die von Krieg, Not und Furcht Betroffenen in aller Welt: Stalin verlangte von Roosevelt die zweite Front, Ghandi erwartete von ihm die Unabhängigkeit, Tschiang Kai-shek forderte von ihm Waffen, Munition und sehr viel Geld. Allen zusammen, die mehr als ein Drittel der damaligen Menschheit repräsentierten, konnte Präsident Roosevelt dank der von ihm glänzend beherrschten Massenkommunikation seine Botschaft von mehr Freiheit, mehr Wohlstand und mehr Frieden übermitteln, und es besteht kein Zweifel daran, daß ihm das auch ein echtes Herzensbedürfnis war. Dieser Präsident hatte allen Ernstes den Wunsch, *everybodie's darling* zu sein, und als sich Stalin einmal über die seiner Meinung nach übertriebene Wertschätzung mokierte, die Roosevelt China entgegenbrachte, antwortete dieser nur lakonisch mit einem Hinweis auf die Fakten: Es sei besser, 400 Millionen Chinesen zum Freund statt zum Feind zu haben.

Den ersten Schritt zur Gründung seiner neuen Weltorganisation machte Roosevelt freilich nicht, um die Welt zu befrieden, sondern um den Krieg zu gewinnen – getreu seiner Devise, daß die wichtigsten Dinge zuerst zu erledigen seien. Dementsprechend dachte er sich den ewigen Frieden zunächst auch nur als Unfähigkeit Deutschlands, zum dritten Mal in diesem Jahrhundert einen Krieg zu führen. Das heißt, für Roosevelt war der totale Sieg über Deutschland im besonderen und über die Achsenmächte im allgemeinen die wichtigste Voraussetzung für den ewigen Frieden. Tatsächlich hat der amerikanische Präsident jener Weltkoalition, die er unmittelbar nach Pearl Harbor zum Kampf gegen Hitler, Mussolini und die Japaner zusammenführte, selbst den Namen »Vereinte Nationen« gegeben.

In jenen Weihnachtstagen des Jahres 1941 hatte Roosevelt freilich zunächst eine Deklaration für das Bündnis entworfen, in der nur die farblose Bezeichnung »associated powers« vorkam. Es war eine Reminiszenz an Wilson, der den USA im Ersten Weltkrieg den Status einer »assoziierten Macht« gegeben hatte. Einer seiner Augenblickseingebungen folgend, ersetzte Roosevelt diese beiden Worte dann jedoch bei der Schlußredaktion durch »united nations«, weil er glaubte, damit in einem Augenblick militärischer Bedrängnis mehr Eindruck auf die Weltöffentlichkeit machen zu können. Die Bezeichnung der heutigen Weltfriedensorganisation beruht also im Grunde genommen auf dem semantischen Einfall einer einzelnen Person, sie ist nicht das Ergebnis multilateraler Beratungen der späteren Mitgliedsstaaten, und sie verewigt in ihrem Namen zudem ironischerweise das nationale Prinzip, dem der Internationalist Roosevelt eigentlich den Kampf angesagt hatte. [5]

Mit der Namensgebung schlug die Geburtsstunde jener Weltorganisation, die noch heute den Namen »Vereinte Nationen« trägt. Ebenso wunderlich wie diese etymologische Geschichte war freilich die Prozedur, der die Vereinten Nationen ihre Existenz verdanken. Denn außer den USA und Großbritannien, für die in der Person Roosevelts und Churchills die Staatsoberhäupter bzw. Regierungschefs sprachen, waren bei der schmucklosen Gründungszeremonie nur noch die beiden anderen Hauptverbündeten Rußland und China durch Bevollmächtigte im Weißen Haus vertreten – Rußland durch Stalins früheren Außenminister Maxim Litwinow, der mit Roosevelt bereits 1933/34 die diplomatische Anerkennung der Sowjetunion und damit indirekt auch deren Beitritt zum Völkerbund ausgehandelt hatte, und China durch T. V. Soong, den

Schwager Tschiang Kai-sheks. Nur diese beiden Männer haben neben Roosevelt und Churchill an der Formulierung der Gründungsurkunde mitgewirkt. Die übrigen Unterzeichnerstaaten wurden erst später um Zustimmung gebeten.

Die Vereinten Nationen verdanken ihre Gründung also, streng genommen, zunächst nicht einem demokratischen Akt der Völkerfamilie, etwa dem Mehrheitsbeschluß einer Art Ur-Vollversammlung, bei der jedes Land das Recht hatte, von sich aus seinen Beitritt zu erklären oder zu verweigern oder in irgendeiner substantiellen Weise an der Formulierung der Satzung mitzuwirken. Die neue Weltorganisation wurde in ihrem Kern vielmehr durch den Präsidenten der Vereinigten Staaten von Amerika berufen, indem Roosevelt eigenhändig die Liste der Erst-Unterzeichnerstaaten zusammenstellte. Sicher wurde er dabei von Churchill in der einen oder anderen Weise beraten. Dennoch bleibt festzuhalten, daß es im Ursprung Roosevelt war, der die Chancen, der neuen Weltorganisation anzugehören oder nicht anzugehören, selbstherrlich verteilte, und daß diese Mitgliedschaften in den meisten Fällen daher nicht auf dem freien Entschluß der betreffenden Völker beruhten.

Folglich kam auch ein etwas wunderlicher Kreis von Erst-Unterzeichnerstaaten zusammen, sorfältig ausgewählt nach einem Proporz der Kontinente und Regionen. Selbstverständlich sollten die Achsenmächte der Weltorganisation nicht angehören. Andere Staaten wie Belgien, die Tschechoslowakei und Polen, deren Mitgliedschaft der Präsident verfügte, waren zum Gründungszeitpunkt faktisch nicht mehr vorhanden – teils von Deutschland, teils von Rußland besetzt, wurden sie in London nur noch von Exilregierungen vertreten. Das unselbständige Indien wurde gegen die Proteste Churchills in den Kreis aufgenommen. Dagegen war Frankreich nicht einmal durch die »Freien Franzosen« unter Charles de Gaulle vertreten, obwohl der britische Premierminister darum gebeten hatte. Den Löwenanteil der Erst-Unterzeichner, nämlich zehn von 26, stellten die lateinamerikanischen Länder, weil Roosevelt auf sie den besten Zugriff hatte, die meisten von ihnen unbedeutende Zwergstaaten oder amerikanische Halbprotektorate.

Inhaltlich bezog sich die »Erklärung der Vereinten Nationen«, die gleichzeitig das Vertragsdokument für den Pakt von Washington darstellte, auf die Atlantik-Charta, die Roosevelt und Churchill am 14. August 1941 verabschiedet hatten. Deren Zielsetzungen und Prinzipien wurden durch die Unterzeichnung von allen Vertragsstaaten anerkannt. Dazu gehörten (1) das Verbot von Gebietserweiterungen und Einflußzonen, (2) das Recht auf freiwilligen Gebietstausch, (3) das Selbstbestimmungsrecht, (4) die Zusicherung des gleichen Zugangs zu den Märkten und Rohstoffen der Welt, (5) wirtschaftliche Zusammenarbeit und soziale Sicherheit, (6) Frieden, Sicherheit sowie Freiheit von Furcht und Not, (7) Freiheit der Meere und (8) Gewaltverzicht, Entwaffnung der Aggressorstaaten und allgemeine Abrüstung.

Diesem Dekalog fügte die »Erklärung der Vereinten Nationen«, die ja zugleich eine Art Bündnisvertrag war, noch (9) den vollständigen Sieg über die Feindstaaten, (10) ein wirtschaftliches und militärisches Beistandsversprechen der Vertragspartner auf Gegenseitigkeit während der Dauer des Krieges sowie (11) das Verbot eines separaten Waffenstillstandes oder Sonderfriedens mit den Feindstaaten hinzu.

Dennoch war das Gesamt-Dokument nicht nur kürzer als die »Vierzehn Punkte«, die Wilson 1919 der Pariser Friedenskonferenz unterbreitet hatte. Es enthielt auch keinerlei territoriale Bestimmungen. Während sich Wilson noch intensiv mit den künftigen Grenzen Europas und des Vorderen Orients beschäftigt hatte, schloß Roosevelt solche Regelungen von vornherein aus, weil er sich vor Kriegsende nicht in politische Konflikte mit den anderen Unterzeichnerstaaten verstricken wollte. Dabei war ihm Ende 1941 bereits bekannt, daß Stalin sich weigerte, jene Gebiete wieder herauszugeben, die er durch seinen Pakt mit Hitler und andere aggressive Akte bis dahin gewonnen hatte. Diese hochwichtige Information hatte der britische Außenminister Eden kurz vor Gründung der Vereinten Nationen von seinem Besuch in Moskau mitgebracht.

Stalin hatte in seinen Gesprächen mit Eden darüber hinaus die Wiederherstellung Österreichs, die Abtrennung des Rheinlands von Preußen und die eventuelle Schaffung eines bayrischen Separatstaates vorgeschlagen, des weiteren die Übergabe Ostpreußens an Polen und des Sudetenlandes an die Tschechoslowakei sowie schließlich die Wiederherstellung Jugoslawiens und Albaniens samt einiger anderer territorialer Veränderungen von Gewicht. Niemand kann ihm vorwerfen, er hätte mit verdeckten Karten gespielt wie die europäischen Mächte, die Wilson ihre territorialen Geheimverträge verheimlicht hatten. Roosevelt war also vollkommen im Bilde über das Konfliktpotential, das sich in Europa zusammenbraute, als er darauf verzichtete, in der »Erklärung der Vereinten Nationen« zu Grenz- und Souveränitätsfragen Stellung zu nehmen.

Für dieses leichtfertige und unverständliche Verhalten gibt es drei Gründe, nämlich erstens Roosevelts latente Bereitschaft, die weitgehende Beherrschung Europas durch Rußland zuzulassen, zweitens sein Wunschdenken, er werde mit dem sowjetischen Diktator schon zurechtkommen, falls dieser bestimmte Grenzen überschreite, und drittens die Entschlossenheit des Präsidenten, jeden politischen Streit mit seinen wichtigsten Alliierten China und Rußland solange zu vermeiden, wie er sie noch für die Beendigung des Krieges gegen Japan brauchte. Aus diesen drei Gründen etablierte Präsident Roosevelt in der Geburtsstunde seiner Weltfriedensorganisation den für Europa verhängnisvollen Grundsatz »erst den Sieg, dann den Frieden«, obwohl ihn sowohl der Wiener Kongreß von 1815, als auch die Pariser Friedenskonferenz von 1919 hätte darüber belehren können, daß aus Verbündeten in der Regel erbitterte Feinde werden, sobald sie den Krieg gewonnen haben.

Erst den Sieg, dann den Frieden – das war nicht etwa ein Wunsch, den Präsident Roosevelt still in seinem Herzen bewegte. Das war offenbar ein ausdrücklicher Entschluß, den er in jenen schicksalhaften Weihnachtstagen des Jahres 1941 nach eingehenden Beratungen mit Churchill faßte. Dieser Entschluß, der jeder diplomatischen Klugheit entbehrte, liegt der »Erklärung der Vereinten Nationen« zugrunde. [6] Ausschlaggebend war dafür neben den oben genannten Gründen letztlich die besorgniserregende Lage der Alliierten an fast allen Fronten. Sie drohte 1942 in ein Desaster umzuschlagen, falls Stalin auf den Gedanken kam, sich mit Hitler erneut zu verständigen, anstatt den Kampf gegen ihn fortzusetzen.

Roosevelts Entschluß war aber auch die logische Folge voreiliger Festlegungen, die er in der Atlantik-Charta getroffen hatte. Diese Bindungen machten ihn jetzt in einer gewissen Weise zum Gefangenen seiner eigenen Erklärungen. Aus dieser selbstverschuldeten Verstrickung konnte sich Roosevelt nur folgendermaßen befreien: Entweder erteilte er allen Eroberungen und Einflußzonen eine eindeutige Absage – dann mußte er damit rechnen, daß sich Stalin wieder Hitler zuwandte. Oder er ließ Stalin in territorialer Beziehung gewähren – dann drohte er seine Glaubwürdigkeit vor der ganzen Welt zu verlieren. Weder das eine noch das andere war für den idealistischen Realisten Roosevelt annehmbar. Von der eigenen Atlantik-Charta vor die unmögliche Wahl gestellt, entweder seinen Krieg oder seine Glaubwürdigkeit zu verlieren, schob Roosevelt aus den oben genannten Gründen die Regelung territorialer Fragen bis zu seinem Sieg beiseite.

Es war der entscheidende Sieg seiner militärischen über seine politische Strategie, der außerdem auch noch innenpolitische Gründe hatte: Der Präsident wollte die öffentliche Debatte über territoriale Fragen vermeiden, um die nationale Einheit seines Landes nicht auf's Spiel zu setzen. Drei Jahre lang hatte er sich gegen massive Widerstände um einen inneramerikanischen Konsens über den Krieg bemüht. Nachdem er ihn durch und mit Pearl Harbor endlich erreicht hatte, wollte er ihn nicht durch Konflikte mit nationalen Minderheiten über die europäischen Grenzen gefährden. Denn solche Konflikte hätten möglicherweise die amerikanischen Kriegsanstrengungen verringert.

Außerdem vertraute der Präsident bekanntlich in bezug auf Stalin auf seine superben Qualitäten als Unterhändler sowie auf gewisse Methoden der Konfliktvermeidung wie Volksabstimmungen. »Aber«, so merkt sein Berater Sumner Welles im Hinblick auf die territorialen Veränderungen, die der sowjetische Diktator offenbar beabsichtigte, kritisch an, »er [Roosevelt] vergaß völlig die sehr praktische Überlegung, daß eine weitere Zersplitterung [Europas] eher die ökonomischen Mißstände vergrößern würde, die eine der Hauptursachen für Europas Nöte während der Zwischenkriegsjahre gewesen sind.« [7]

Danach ist es keine Frage, daß Präsident Roosevelt 1941 mit seinen Ideen für die Einigung der Welt hoch über den Wolken schwebte, während er mit seinen Füßen tief unten auf dem Boden der militärischen und innenpolitischen Tatsachen stand. Roosevelt hatte zu diesem Zeitpunkt einfach noch keinen Kontakt mit der zwischen diesen beiden Extremen liegenden Realität, nämlich mit der unliebsamen Tatsache, daß es auf der Erde eine andere Macht gab, die den Vereinigten Staaten von Amerika – nicht zuletzt dank seiner eigenen Unterlassungen – ebenbürtig zu werden drohte, nämlich die durch ihren siegreichen Krieg aufsteigende Supermacht Sowjetunion.

Je länger der Krieg dauerte und je härter die sowjetischen Gebietsforderungen in Erscheinung traten, desto mehr wurde sich Roosevelt dieser Tatsache jedoch bewußt und desto mehr bemühte er sich, seinen Grundsatz »erst den Sieg, dann den Frieden« in das Prinzip »Erst der Friede, dann der Sieg« umzukehren. Der Präsident versuchte daher in den Jahren 1943 bis 1945, seine verhängnisvolle Entscheidung, die Lösung der territorialen Fragen bis zum Ende des Krieges aufzuschieben, wieder zu korrigieren, soweit es seine Bündniszwänge zuließen und soweit es seine Glaubwürdigkeit erforderte. In verschiedenen Erklärungen legte er sich nicht nur öffentlich auf bestimmte territoriale Regelungen fest – siehe Österreich, siehe Italien und Korea. Er stimmte auch jener *European Advisory Commission* zu, die ab 1943 im Auftrag der »Großen Drei« die künftigen Territorialverhältnisse vor allem in Deutschland beraten hat. Schließlich versuchte Präsident Roosevelt sogar, in direkten Verhandlungen mit Stalin über die Nachkriegsordnung einig zu werden.

Es war der abschüssige Weg fauler, weil verspäteter Kompromisse, der im Sommer 1941, kurz nach Ausbruch des deutsch-russischen Krieges, mit der Hopkins-Mission begonnen hatte und der im Februar 1945 schließlich in Jalta endete. Auf diesem abschüssigen Weg waren die Atlantik-Charta und die »Erklärung der Vereinten Nationen« nur wichtige Zwischenstationen. Denn Stalin und Churchill hatten bereits die erste der beiden Erklärungen für eine bessere, weil einige Welt mit massiven Vorbehalten versehen – Stalin, indem er die Anwendung ihrer Prinzipien von den »Umständen, Bedürfnissen und historischen Besonderheiten« seines Landes abhängig machte, und Churchill, indem er das ganze britische *Empire* von den Grundsätzen der Atlantik-Charta auszunehmen suchte. [8] Zwar vermochte Roosevelt seinem britischen Verbündeten diese Grundsätze, wie wir im vorigen Kapitel gesehen haben, doch noch aufzuzwingen. Aber gegenüber Stalin war er relativ machtlos, wie wir im nächsten Kapitel sehen werden.

Ursprünglich hatte Roosevelt freilich nicht vorgehabt, die Einheit der Welt schon unmittelbar nach Ende des Zweiten Weltkrieges zu organisieren – ihm schwebte ein späterer Zeitpunkt vor. Seiner Meinung nach war es ein Fehler gewesen, daß die siegreichen Alliierten den Völkerbund schon 1919 gegründet hatten. Der Präsident wollte der Welt diesmal zwei bis vier Jahre Zeit geben, um sich von ihrem »Granaten-Schock« zu erholen. Außerdem hoffte Roosevelt, daß innerhalb dieser Frist auch seine eigene Nation endgültig für den Beitritt zu der geplanten Weltorganisation reif werden würde.

Solange sollten die »Großen Vier« die Welt als *»trustees«*, *»sheriffs«* oder *»policemen«* in Ordnung halten. Roosevelt versuchte sich daher zunächst jeder öffentlichen Diskussion über die geplante Weltorganisation zu entziehen. Er erlaubte seinen Mitarbeitern lediglich, hin und wieder einen Versuchsballon zu

46　*Außenminister Cordell Hull mit den japanischen Diplomaten Kichi Saburo Nomura* (links) *und Saburo Kurusu während der Scheinverhandlungen in Washington*

48　*General Walter C. Short*

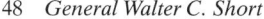

47　*Admiral Husband E. Kimmel* (links)

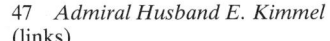

49   Das Inferno von Pearl Harbor, 7. Dezember 1941:
Links die brennenden Trockendocks, in der Mitte das Schlachtschiff Nevada, *das zu entkommen sucht, und rechts die in Rauch und Flammen gehüllte Pazifik-Flotte, die sinkt oder schon gesunken ist.*

50   *Auch auf Hickam Airfield richten die japanischen Angreifer eine unbeschreibliche Verwüstung an.*

51 *Miteinander vertäut und nur schwach bemannt, bietet die amerikanische Schlachtflotte den Bomben und Torpedos ein lohnendes Ziel.*

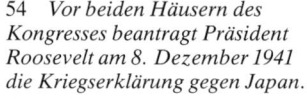

54 *Vor beiden Häusern des Kongresses beantragt Präsident Roosevelt am 8. Dezember 1941 die Kriegserklärung gegen Japan.*

U.S. DECLARES WAR, PACIFIC BATTLE SPREADS;
JAPANESE BOMB MANILA, REPORTED LANDING;
THAILAND SURRENDERS; 1500 DEAD IN HAWAII

53 *Schlagzeile der* New York Times *am 9. Dezember 1941*

52 · *Krieg haben, ohne ihn zu machen: Der Vorsitzende des Repräsentantenhauses, Sam Rayburn, unterzeichnet das Gesetz, das die Neutralität der USA faktisch aufhebt.*

starten, um die Stimmung der Bevölkerung zu testen, hielt sich aber mit konkreten Vorschlägen zurück. Doch nahm der Druck auf ihn schon im Verlauf des Jahres 1942 zu. Internationalistische Kreise forderten die Einbeziehung kleinerer Nationen in ein System kollektiver Sicherheit, und viele Amerikaner waren der Meinung, die USA könnten auf ihre Alliierten während des Krieges zugunstens des Friedens mehr Druck ausüben als nach dem gemeinsamen Sieg.

Roosevelt trug dieser Entwicklung dadurch Rechnung, daß er sein Außenministerium beauftragte, mit den Planungen für eine Weltorganisation zu beginnen. In einer sorgfältig mit ihm abgestimmten Rede forderte Außenminister Hull im Juli 1942 erstmals öffentlich »eine Art internationaler Behörde . . . , die künftig – falls nötig, mit Gewalt – den Frieden zwischen den Nationen aufrechterhalten kann.« [9] In den beiden folgenden Jahren entwickelte das *State Department* ein Konzept für die Vereinten Nationen. Danach sollten dieser Organisation zwar ebenso wie einst dem Völkerbund grundsätzlich alle Länder angehören, die gegen die Feindstaaten kämpften, also die bisherigen Vereinten Nationen. Im Gegensatz zum Völkerbund sollte es innerhalb der neuen Weltorganisation jedoch nicht nur einen Sicherheitsrat geben, dem die »Großen Vier« als ständige Mitglieder angehörten. Vielmehr sollte es jeder dieser vier Welt- oder Supermächte erlaubt sein, ein Veto gegen ihr nicht genehme Entscheidungen einzulegen.

Roosevelt, der diese Planung billigte, vereinigte damit das Prinzip der Universalität, an dem ihm als Internationalisten lag, mit dem Gewaltmonopol der »Großen Vier«, auf das er als praktisch denkender Viktorianer Wert legte, zu einem Gebilde, das geeignet war, die Bedenken des amerikanischen Senats zu zerstreuen. Denn dadurch, daß die USA dem Sicherheitsrat angehörten, konnten sie zwar auf den Einsatz wirtschaftlicher oder gar militärischer Zwangsmittel dringen, wann und wo immer es ihnen paßte. Dadurch aber, daß sie gegen jede ihnen nicht genehme Entscheidung des Sicherheitsrates ein Veto einlegen durften, konnten sie nie und nirgends gegen ihren Willen in einen Krieg hineingezogen werden. Daran, daß die Völkerbundsatzung keine auch nur entfernt so ingeniöse Regelung enthielt, war Wilson letzten Endes 1920 politisch gescheitert.

In den Jahren 1943 bis 1945 versuchte Roosevelt, sowohl den Senat als auch die Sowjetunion für dieses Konzept zu gewinnen. In bezug auf den Senat gelang ihm das vor allem dadurch, daß er die Diskussion über die Vereinten Nationen von vornherein auf eine überparteiliche Basis stellte. Im Herbst 1944 vereinbarte Hull mit John Foster Dulles, dem Vertreter des republikanischen Präsidentschaftskandidaten Dewey, das Thema aus dem Wahlkampf herauszuhalten. Roosevelt seinerseits wurde nicht müde, sowohl die Unterschiede zwischen Völkerbund und Vereinten Nationen zu betonen, als auch vor übertriebenen Erwartungen an einen perfekten Frieden zu warnen.

Man dürfe sich die Organisation des Friedens nicht so vorstellen, sagte er einmal auf seine unnachahmlich anschauliche Art und Weise, daß man nur die

Telefone einstöpselt, die Leitungen legt, die Heizungen und Eisschränke anstellt und – »alles in Silber und Leinen – schon hat man die Miete wieder heraus.« [10] Nach Roosevelts Versäumnissen des Jahres 1941, als er Stalin vielleicht hätte dazu bewegen können, seine territoralen Maximalvorstellungen mit den Prinzipien der Vereinten Nationen in Einklang zu bringen, ohne dafür einen zu hohen Preis zu bezahlen, hing die Perfektion des Weltfriedens jetzt freilich fast nur noch vom guten Willen des sowjetischen Diktators ab.

Die Außenministerkonferenz der Großen Drei, Oktober 1943 in Moskau, brachte die Friedenspläne des amerikanischen Präsidenten einen ersten Schritt voran: Obwohl sie Japan nicht provozieren wollten, stimmten Stalin und Molotow einem Vier-Mächte-Pakt zu, der China einbeziehen und der nach den Vorstellungen Roosevelts und Hulls eventuell geeignet war, vorübergehend an die Stelle einer Weltorganisation zu treten. Die Drohung Hulls, die USA würden ihren strategischen Schwerpunkt bei einer Weigerung der Sowjetunion vom atlantisch-europäischen auf den pazifisch-asiatischen Kriegsschauplatz verlagern, tat hier anscheinend noch ihre Wirkung.

Doch war Stalin geschickt genug, den Amerikanern und Briten am letzten Tag der Konferenz den Eintritt der Sowjetunion in den Krieg gegen Japan nach der Niederlage Deutschlands zuzusagen. Roosevelt zog daraus voreilig den Schluß, dies werde den sowjetischen Expansionsdruck auf Europa mildern. In Wirklichkeit aber legte der sowjetische Diktator damit sowie mit der kooperativen Haltung, die er gegenüber Roosevelts Vier-Mächte-Konzept einnahm, nur eine Lockspeise aus. Mit ihrer Hilfe konnte er, wie sich bald darauf zeigen sollte, den amerikanischen Präsidenten zu weiteren Konzessionen in Europa bewegen.

Immerhin erklärten die »Großen Drei« in einem gemeinsamen Kommunique, das nach der Moskauer Außenministerkonferenz veröffentlicht wurde, erstmals öffentlich, »daß sie die Notwendigkeit anerkennen, zum frühestmöglichen Zeitpunkt eine allgemeine internationale Organisation zur Erhaltung des internationalen Friedens und der internationalen Sicherheit zu schaffen, die auf dem Grundsatz der souveränen Gleichheit aller friedliebenden Staaten beruht und zu der die Mitgliedschaft für alle diese Staaten, groß und klein, offen sein soll.« [11] Damit hatten die Sowjets für die geplante Weltorganisation das Prinzip der Universalität und für alle Staaten der Erde das Prinzip der souveränen Gleichheit anerkannt.

Vier Wochen später, in Teheran, konferierte Roosevelt zum ersten Mal mit Stalin persönlich über seinen Weltfriedensplan. In Abwesenheit Churchills sprach er am zweiten Tag des Gipfeltreffens die Bildung einer friedenserhaltenden Körperschaft auf der Basis der Vereinten Nationen für die Zeit nach dem Kriege an. Es war das erste Mal, daß der amerikanische Präsident seine organisatorischen Vorstellungen auf einem Bogen Papier skizzierte. Danach sollten die Vereinten Nationen künftig aus drei Komponenten bestehen – aus einer Vollversammlung aller Mitglieder, die nur empfehlende Stimme hatte, aus einem Exekutivkommittee der »Großen Vier« als ständigen und weiteren sechs wechselnden Mitgliedern verschiedener Weltregionen, das sich mit allen nicht-militärischen Fragen wie Wirtschaft, Ernährung und Gesundheit befassen sollte, sowie schließlich aus »Vier Polizisten« (Roosevelt) als Inhabern des internationalen Gewaltmonopols.

Stalin reagierte zunächst skeptisch auf dieses Organogramm. Er bezweifelte, daß China nach dem Krieg stark genug sein würde, um als ebenbürtige Macht in den Kreis der »Großen Vier« einzutreten. Er bezweifelte auch die Bereitschaft der europäischen Mächte, sich gegebenenfalls der Polizeigewalt Chinas in europäischen Angelegenheiten zu beugen. Ähnlich wie Churchill schlug Stalin infolgedessen statt eines einzigen globalen zwei regionale Sicherheits- oder Friedensausschüsse vor, einen für Asien und einen für Europa. In letzterem könnten dann außer Rußland, Großbritannien und einer dritten europäischen Nation auch die Vereinigten Staaten von Amerika vertreten sein.

Dies nun wiederum gefiel Roosevelt nicht. Er bezweifelte, daß der Kongreß die Beteiligung Amerikas an einem rein europäischen Ausschuß akzeptieren würde. Er bezweifelte sogar, daß der Kongreß noch einmal der Entsendung von amerikanischen Truppen nach Europa zustimmen werde. Als Stalin einwarf, er könne sich außer einer ganz großen Krise durchaus kleinere Krisenlagen vorstellen, in denen die Amerikaner abermals Truppen nach Übersee entsenden müßten, gab Roosevelt ein wichtiges Geheimnis preis: Er sehe bei künftigen Gefährdungen des Friedens nur noch die Entsendung von Marine- und Luftstreitkräften nach Europa vor. Diese Information konnte Stalin nur so deuten, daß er nach Ende des Zweiten Weltkrieges auf dem europäischen Kontinent freie Hand haben würde.

Nachdem Roosevelt dargelegt hatte, wie die »Vier Polizisten« seiner Meinung nach künftig gegen größere oder kleinere Friedensbrecher einzuschreiten hätten – hier verwies er wieder auf sein Konzept der Quarantäne –, schien es Stalin angebracht zu sein, die Rede direkt auf Deutschland zu bringen. Denn seiner Meinung nach konnte Deutschland – Vereinte Nationen hin oder her – schon in fünfzehn oder zwanzig Jahren wieder in der Lage sein, den Weltfrieden zu gefährden, wenn man es nicht mit Gewalt ein für alle Mal daran hinderte. Stalin schlug deshalb die Kontrolle wichtiger strategischer Punkte diesseits und jenseits der deutschen Grenzen durch die Vereinten Nationen vor. Ähnliche Vorschläge machte er hinsichtlich Japans.

Roosevelt war sehr dafür, weil Stalins Vorschläge seinem Wunsch entgegenkamen, die Treuhänderschaft über strategisch wichtige Stützpunkte in Fernost zu übernehmen. Er revanchierte sich, indem er Stalin anbot, die Zugänge zur Ostsee »unter irgendeine Form der Treuhänderschaft mit einem internationalen Staat in der Nachbarschaft des Kiel-Kanals [gemeint ist der Nordostsee-Kanal – D. B.] zu bringen, um in beide Richtungen die Freiheit der Schiffahrt sicherzustellen.« Zu einem späteren Zeitpunkt der Konferenz, als Churchill dabei war, schlug der Präsident die Umwandlung Hamburgs, Bremens und Lübecks in »irgendeine Art von freier Zone« vor, um den sowjetischen Außenhandel zu fördern. Stalin hielt das natürlich für »eine gute Idee.«

Einmal dabei, Roosevelt im Gegenzug zu einer Verständigung über die künftige Weltorganisation eine Konzession nach der anderen zu entlocken, zögerte
der Diktator daraufhin nicht, den Präsidenten rundheraus zu fragen, was er
denn im Fernen Osten für Rußland tun könne. Roosevelt überlegte nicht lange
und bot die Umwandlung Dairens in einen Freihafen an. In diesem Augenblick
ergriff Churchill das Wort, wohl in der Absicht, einen Dialog abzukürzen, der
für Großbritannien gefährlich werden konnte, sobald er nicht mehr chinesische, sondern britische Positionen betraf. »Es sei wichtig«, so erklärte er, »daß
die Nationen, die nach dem Krieg die Welt regierten, ... befriedigt würden und
keine territorialen oder anderen Ambitionen mehr hätten. Wenn diese Frage
[Dairens] gelöst werden könne, ... glaube er, daß die Welt tatsächlich friedlich
bleiben werde. Er sagte, hungrige und ehrgeizige Nationen seien gefährlich,
und er würde die führenden Nationen gern in der Lage von reichen und
glücklichen Männern sehen.« [12] Dem hatten Roosevelt und Stalin nichts
hinzuzufügen.
So wurden die Verhandlungen über die neue Weltorganisation unversehens
zum Gleitmittel für die Befriedigung nationaler Interessen, während sich die
»Großen Drei« gleichzeitig anschickten, allen kleineren Nationen einen gewissen Standard internationalen Wohlverhaltens aufzuzwingen. Stalin machte von
diesem Gleitmittel besonders virtuosen Gebrauch. Er bot Roosevelt am letzten
Konferenztag eine Konzession an, die ihn nichts kostete, die den amerikanischen Präsidenten aber weiterhin in dem beruhigenden Gefühl wiegte, daß eine
Einigung zwischen den Weltmächten im Interesse des ewigen Friedens trotz
wachsender Meinungsverschiedenheiten möglich sei: Der Diktator akzeptierte
die Idee einer Weltorganisation mit der ausdrücklichen Bemerkung, diese
müsse global und nicht regional strukturiert sein – also genau so, wie es sich
Präsident Roosevelt wünschte.
In dem trügerischen Bewußtsein, einig zu sein und gleichzeitig eine Menge
Differenzen zu haben, veröffentlichten Roosevelt, Stalin und Churchill zum
Abschluß ihres Treffens eine gemeinsame Erklärung, in der es unter anderem
hieß: »Wir sind sicher, daß unsere Eintracht den Frieden dauerhaft machen
wird. Wir anerkennen in vollem Umfang die höchste Verantwortung, die wir
und alle Vereinten Nationen tragen, einen Frieden herzustellen, der von dem
guten Willen der überwältigenden Masse der Völker der Welt getragen wird
und der die Geißel und den Schrecken des Krieges für viele Generationen
bannen wird.... Wir werden die Zusammenarbeit und die aktive Teilhabe
aller Nationen, ob groß oder klein, suchen, deren Völker wie die unsrigen mit
Herz und Verstand der Beseitigung der Tyrannei und Sklaverei, der Unter-
drückung und der Unduldsamkeit ergeben sind. Wir werden sie begrüßen,
wenn sie in eine Weltfamilie demokratischer Nationen eintreten wollen...
Von diesen freundschaftlichen Besprechungen sehen wir mit Vertrauen dem
Tag entgegen, an dem alle Völker der Welt, unbehelligt von der Tyrannei, nach
ihren verschiedenartigen Wünschen und ihrem eigenen Gewissen ein freies
Leben leben können.« [13]

Dieses pathetische Kommunique brachte auf eindrucksvolle Weise nicht nur Roosevelts Wunschdenken zum Ausdruck, durch Einigkeit in organisatorischen Fragen den künftigen Weltfrieden gesichert zu haben. Es faßte auch in seltener Klarheit die Eckwerte seines Konzepts von Politik und Kriegführung zusammen: die Anerkennung höchster Verantwortung – früher sagte man: der höchsten Macht, die Amerika durch den Krieg gewonnen hatte; der Wunsch nach einem ewigen Frieden, der von den Völkern getragen wird; das Streben nach einer »Weltfamilie« demokratischer und freiheitlicher Nationen, die sich an den Idealen der amerikanischen Revolution orientiert.

Um die Eckwerte des Friedens, der Freiheit und der Demokratie zu erreichen, bedurfte es jedoch nicht nur eines gut organisierten Systems der kollektiven Sicherheit mit einem unmittelbar wirksamen internationalen Gewaltmonopol. Es bedurfte auch einer gerechteren und effektiveren Verteilung der Güter und Rohstoffe auf der Welt. Davon war Roosevelt seit jeher überzeugt gewesen. Mit anderen Worten: Die Welt brauchte nicht nur weniger Waffen, sie brauchte auch mehr wirtschaftlichen Reichtum, um friedlich, freiheitlich und demokratisch zu werden, um also jene vier Freiheiten zu verwirklichen, die der Präsident 1941 verkündet hatte: die Freiheit der Rede, die Freiheit der Religion, die Freiheit von Furcht und die Freiheit von Not. Die Freiheit der Rede und der Religion sowie die Freiheit von Furcht bedurften lediglich der Abwesenheit ihrer Feinde, um Geltung zu haben. Dagegen setzte die Freiheit von Not »den Einsatz alles dessen (voraus), was der menschliche Geist durch effektive Formen der internationalen Kooperation zustandebringt.« [14]

Um diese neuen Formen der Zusammenarbeit zu finden, den Frieden auch in wirtschaftlicher und sozialer Hinsicht zu sichern und um dadurch letztlich in der Entwicklung der menschlichen Zivilisation weiterzukommen als der Völkerbund, lud Roosevelt im Sommer 1944 die mittlerweile 44 Mitgliedsstaaten der Vereinten Nationen zu einer Konferenz nach Bretton Woods in New Hampshire ein. Mit dieser Konferenz, die unter dem Vorsitz des amerikanischen Finanzministers Morgenthau vom 1. Juli an drei Wochen lang tagte, trat die Gründung der Weltorganisation in ihre entscheidende Phase ein. Roosevelts Ziel war es im Positiven, ein neues Weltwährungssystem mit einem System internationaler Kreditschöpfung für die vom Krieg zerstörten und verarmten Länder zu verbinden – mit dem Dollar als neuer Leitwährung auf der Basis fester Wechselkurse. Im Negativen strebte er die Abschaffung aller Barrieren an, die bisher den freien Austausch von Währungen, Gütern und Kapital im Weltmaßstab ver- oder behindert hatten.

Beide Ziele verkörperten das Herzstück der Roosevelt-Vision von *einer* einzigen Welt gleicher Lebens- und Entwicklungschancen. Ja, sie stellten den ehrgeizigsten und erfolgreichsten Versuch dar, »eine wirtschaftlich geordnete und organisch integrierte Staatengemeinschaft zu schaffen«, die je ein politischer Führer in diesem Jahrhundert unternommen hat. [15]

Dadurch, daß Morgenthau diese beiden Ziele in Bretton Woods gegen den Widerstand des britischen Star-Ökonomen John Maynard Keynes erreichte, vollendeten die Vereinigten Staaten ihren Aufstieg zur Supermacht. Roosevelt und Morgenthau setzten nämlich mit dem Internationalen Währungsfonds und der Weltbank nicht nur die weltweite Freiheit des Handels- und Kapitalverkehrs bei gleichzeitiger Einschränkung der nationalen Souveränität in bezug auf die Festsetzung der Wechselkurse durch. Sie etablierten auch den Dollar als globale Leitwährung, hinter der sechzig Prozent der Weltwährungsreserven standen, das meiste davon in Gold. Ihr Traum, das Zusammenleben der Menschen so zu ordnen, wie es ihren liberalen, demokratischen und internationalistischen Wunschvorstellungen entsprach, ging in Bretton Woods in Erfüllung. Durch die Kombination von Währungsstabilität und Kreditschöpfung, multilateraler Kooperation und nationalem Souveränitätsverzicht, die Weltbank und Währungsfonds verkörpern, erhielt die Weltwirtschaft einen in der Menschheitsgeschichte noch nie erreichten Wachstumsschub. Die Menschheit erhielt freilich gleichzeitig die Chance, sich in einem Ausmaß zu verschulden, wie es die Welt noch nicht gesehen hat.

Während sein Freund Morgenthau diesen zweifelhaften Erfolg sicherstellte, beauftragte Roosevelt seinen Außenminister Hull, Bevollmächtigte der »Großen Vier« nach Dumbarton Oaks bei Washington einzuladen, um die Einheit der Welt in Frieden und Freiheit zu vollenden. Hier standen vom 21. August bis zum 7. Oktober 1944 die amerikanischen Vorschläge für die organisatorische Ausgestaltung der Vereinten Nationen zur Diskussion. Der Präsident hatte inzwischen zwar realisiert, daß eine Einigung zwischen den Alliierten während des Krieges leichter sein würde als nach dem Krieg. Dennoch weigerte er sich nach wie vor, die wirklich strittigen territorialen Fragen in die Beratungen mit einzubeziehen.

Die Konferenz von Dumbarton Oaks wurde dadurch erschwert, daß sich Rußland nicht an einen Tisch mit China setzen wollte, weil es sich noch nicht im Krieg mit Japan befand. So fanden zwei Verhandlungsrunden statt – eine zwischen den »Großen Drei« USA, Sojwetunion, Großbritannien vom 21. August bis zum 28. September 1944 und eine zweite zwischen den anderen »Großen Drei« USA, Großbritannien und China vom 29. September bis zum 7. Oktober 1944. Im Ergebnis nahmen also nur die beiden angelsächsischen Mächte an der ganzen Konferenz teil. Das entsprach der unbestreitbaren Tatsache daß sie in Europa und Asien nicht nur die meisten Berührungsflächen, sondern auch die größten Ambitionen hatten.

Nachdem es Roosevelt in Bretton Woods gelungen war, die britischen Vorschläge aus dem Felde zu schlagen, gelang es ihm nun in Dumbarton Oaks, die sowjetischen Vorschläge beiseitezuschieben: Moskau hatte zwei voneinander unabhängige Weltorganisationen gewünscht – die eine zur Sicherung des Friedens, die andere zur Sicherung der wirtschaftlichen und sozialen Zusammenarbeit. Im Ergebnis und mit britischer Unterstützung setzte der Präsident jedoch eine einzige, das heißt allzuständige Weltorganisation durch. Diese künftig »Vereinte Nationen« genannte Organisation sollte sich auch auf wirtschaftlichem und sozialem Gebiet betätigen.

Die Konferenz von Dumbarton Oaks verabschiedete ihre »Vorschläge für die Errichtung einer allgemeinen internationalen Organisation« am 9. Oktober 1944, um sie den Teilnehmerstaaten zur Ratifizierung zuzuleiten. Diese Vorschläge legten bereits im Großen und Ganzen jene Architektur fest, welche die Vereinten Nationen auf ihrer offiziellen Gründungskonferenz im Frühsommer 1945, also nach Roosevelts Tod, erhalten haben. Strittige Fragen wie etwa die Forderung Moskaus, alle 16 sowjetischen Republiken müßten in den Gremien Sitz und Stimme haben, wurden im Herbst 1944 jedoch zwecks Nachverhandlung ausgeklammert. Auch die Frage des Vetos blieb umstritten: Obwohl Roosevelt im September 1944 versucht hatte, den Diktator umzustimmen, beharrte Stalin auf einem umfassenden Einspruchsrecht, das die Zusammenarbeit der »Großen Vier« leicht blockieren konnte. Offen blieben auch Einzelheiten von Roosevelts Treuhand-System.

Die letzten Verhandlungen über sein Lieblingsprojekt der *einen* Welt hat Roosevelt Anfang Februar 1945 mit Churchill und Stalin in Jalta geführt – nun freilich schon von heftigen Zweifeln geplagt, ob das große Werk angesichts der vielen Schwierigkeiten, die sich im Verhältnis zur Sowjetunion auftürmten, noch gelingen werde. Andererseits sah der Präsident gerade wegen der Differenzen, die er mit Stalin in Europa hatte, in den Vereinten Nationen den letzten Rettungsanker für seine Hoffnung, schrittweise doch noch zu dem ersehnten Frieden zu kommen. Da die Russen mit ihrem erfolgreichen Vorstoß in das Herz Europas die tatsächliche Macht in den Gebieten östlich der Oder an sich gerissen hatten, bestand der einzig praktikable Kurs, wie Roosevelt im Januar zu Senatoren sagte, jetzt nur noch darin, »den Einfluß, den wir haben, zu nutzen, um die Situation zu verbessern.« [16]

Diesen Einfluß hoffte Roosevelt auf dem Weg über die Vereinten Nationen auf Stalin auszuüben. Deshalb versuchte er in Jalta, mit dem sowjetischen Diktator und Churchill vor allem Einigkeit über die Maschinerie der künftigen Weltorganisation zu erzielen. Der Präsident verband damit die Zuversicht, »daß vieles durch Wiederanpassung getan werden könne, wenn die Maschinerie erst einmal aufgebaut ist, die Russen einbezogen sind und Vertrauen zu ihr gewonnen haben.« [17] Die Organisation der Sicherheit im Weltmaßstab war seiner Meinung nach freilich auch die entscheidende Voraussetzung für die Bereitschaft seines Landes, nachhaltig an der Gestaltung der neuen Welt mitzuwirken. Anderenfalls, so fürchtete Roosevelt, würden die USA und mit ihnen die europäischen Großmächte in den alten Zustand des Isolationismus, der Gleichgewichtspolitik und der Einflußzonen zurückfallen.

Doch wie zuversichtlich ist Präsident Roosevelt in diesen letzten Wochen seiner Lebens- und Amtszeit wirklich gewesen? Es fällt auf, daß er sich am dritten Konferenztag, als die Gestalt der künftigen Weltorganisation auf der Tagesordnung stand, gegenüber Stalin mit dem resignierenden Satz einließ: Er glaube nicht an den ewigen Frieden – aber er halte es durchaus für möglich, daß man den nächsten Krieg fünfzig Jahre lang verhindern könne. Das klang schon wesentlich maßvoller als manches, was Roosevelt in seinen flammenden

Kriegsreden gesagt hatte. Sein himmelstürmender Utopismus war in den
letzten Jahren offenbar mehr unter die Kontrolle einer Realität geraten, die
nach wie vor von den nationalen Egoismen der großen Mächte geprägt war –
auch vom nationalen Interesse der USA.

Über die künftige Veto-Prozedur im Weltsicherheitsrat und über die Mitgliedschaft weiterer Sowjet-Republiken in der Weltorganisation einigten sich
Roosevelt und Stalin unter britischer Assistenz auf ein *quid pro quo:* Der
sowjetische Diktator stimmte einem amerikanischen Vorschlag zu, der es zwar
den »Großen Fünf« [18] erlaubte, jederzeit gegen einen kleinen Aggressorstaat
vorzugehen, der es aber jedem kleineren Mitgliedsstaat verwehrte, beim
Weltsicherheitsrat Zwangsmaßnahmen gegen aggressive Akte eines seiner
ständigen Mitlieder zu erwirken. Diese Regelung kam der Sowjetunion zweifellos bei der Einverleibung Osteuropas entgegen. Für dieses bedeutende
Zugeständnis war Stalin bereit, die Anzahl der Sowjetrepubliken, die Sitz und
Stimme in den Gremien der Vereinten Nationen bekamen, von 16 auf zwei
oder drei zu reduzieren. [19]

In der Treuhand-Frage hatte Roosevelt inzwischen die nationalen Interessen
seines Landes gezügelt: Er strebte nicht mehr einen so weitgehenden Eingriff in
die historisch gewachsene Weltstruktur an, wie es ihm seine neo-imperialen
Admiräle geraten hatten. Zwar erzielte Churchill nur einen Lacherfolg, als er
in der Plenarsitzung des dritten Konferenztages mit dem ihm eigenen Pathos
vermerkte: Er lasse es nicht zu, daß vierzig oder fünfzig Nationen ihre Finger in
das Britische Empire steckten. Aber US-Außenminister Stettinius, der kurz
zuvor Hull abgelöst hatte, beruhigte den Premierminister: Man denke nur noch
daran, die früheren Mandatsgebiete des Völkerbundes und vom Feind besetzte
Territorien dem Treuhand-Regime der Vereinten Nationen zu unterwerfen.
Mit Rücksicht auf den neugewonnenen Alliierten de Gaulle rückte Roosevelt
in Jalta sogar von seiner Lieblingsidee ab, Frankreich das französische Indochina zu entwinden.

Insgesamt endete die Konferenz von Jalta, vom Westen aus gesehen, mit einem
klaren Passiv-Saldo: Unbedeutenden Konzessionen Stalins standen enorme
Zugeständnisse Roosevelts gegenüber – die Zustimmung des sowjetischen
Diktators zur Errichtung der Weltorganisation, die auf den 25. April 1945
terminiert wurde, mußte halb Europa mit einem halben Jahrhundert bolsche-
wistischer Unterjochung bezahlen. Auch China mußte Federn lassen. Es war
also ein klassisches Geschäft zu Lasten Dritter, das in Dumbarton Oaks getätigt
wurde. Was Präsident Roosevelt blieb, war die vage Hoffnung, der diktatorische Charakter des stalinistischen Systems und dessen rauher außenpolitischer
Stil würden sich durch die permanente Zusammenarbeit mit einem überlegenen Amerika allmählich zähmen lassen.

Aber diese Hoffnung war nichts weiter als graue Theorie. Denn in anderen
wesentlichen Fragen, die das amerikanisch-russische Verhältnis betrafen, trug
Präsident Roosevelt seit Herbst 1944 nichts mehr dazu bei, daß sie sich
tatsächlich erfüllte. Ebenso wie er von Hitler, Mussolini und Hirohito die

bedingungslose Anpassung an den *American Way of life* verlangt hatte – und sei es um den Preis ihres Untergangs –, erwartete er jetzt im Grunde auch von Stalin die bedingungslose Anpassung an den westlichen Lebensstil, und für den wahrscheinlichen Fall, daß dieser utopische Wunsch nicht in Erfüllung ging, waren in den USA schon wieder die Kräfte einer weltweiten Polarisierung zwischen Gut und Böse unterwegs.

Anmerkungen

1 Backer, Entscheidung, S. 9 unter Berufung auf Scott, Functioning
2 Bavendamm, Roosevelt, S. 283 ff.
3 Siehe auch das Folgende Kennedy, Aufstieg, S. 533 f.
4 Watt, Bull, S. 99
5 Wir folgen hier Sherwood, Roosevelt & Hopkins, S. 356
6 Das geht eindeutig aus dem Bericht von Sumner Welles hervor: Welles, Decisions, S. 135
7 ebda., S. 137
8 Gaddis, Origins, S. 3
9 Gaddis, Origins, S. 27
10 PPA 1944, S. 141: FDR-PK 30. 5. 44
11 op. cit. Jacobsen, Teilung, S. 321: Erklärung Hull (USA), Molotow (UdSSR), Eden (GB) und Fou Ping-sheung (China) vom 11. 11. 43
12 FRUS Kairo and Teheran 1943, S. 568
13 op. cit. Jacobsen, Teilung, S. 325 f.: Erklärung Roosevelt (USA), Stalin (UdSSR), Churchill (GB) vom 1. 12. 43
14 Welles, Blue-print, S. 424
15 Hogan, Revival, S. 288, der zwischen den Rekonstruktionsperioden nach dem Ersten und Zweiten Weltkrieg ein nie wirklich unterbrochenes Kontinuum in der Suche der Vereinigten Staaten nach einer neuen Weltwirtschaftsordnung sieht.
16 Stettinius-Diaries, 1943–1946, S. 213 ff.
17 ebda.
18 Inzwischen hatte Roosevelt dem Drängen Churchills nachgegeben und Frankreich in den Kreis der Ständigen Mitglieder des Weltsicherheitsrates und damit der Weltführung aufgenommen. Frankreich war in Jalta jedoch noch nicht durch einen eigenen Bevollmächtigten vertreten.
19 Stalin dachte dabei zunächst an Weißrußland, die Ukraine und Litauen. Später wurden aber nur die beiden erstgenannten Republiken Mitglieder der Vereinten Nationen und sind es bis heute geblieben.

5.

Neben dem Ziel: Neue Bipolarität und Kalter Krieg

Anscheinend ist der Kalte Krieg in ebenso vielen Jahren ausgebrochen, wie es Historiker gibt, die sich mit seiner Entstehungsgeschichte beschäftigt haben – 1941/42, 1943, 1944 oder 1945. Irgendwann in jenen Jahren begann die Teilung der Welt zwischen dem liberal-demokratischen und dem marxistisch-leninistischen Internationalismus, zwischen seinen Vormächten Amerika und Rußland und den militant ideologischen Lagern, die diese beiden Supermächte inzwischen gebildet hatten. Nicht einmal über den endgültigen Wendepunkt sind sich die Historiker einig. Hatten die meisten von ihnen früher die Ereignisse des Jahres 1946 in der Türkei und Griechenland favorisiert, scheint die eigentliche Wasserscheide nach neuesten Erkenntnissen im Herbst 1944 zu liegen – ein halbes Jahr vor Roosevelts Tod.

Auf den ersten Blick steht ein solcher Befund im krassen Widerspruch zu dem, was wir im vorigen Kapitel festgestellt haben – daß nämlich dem 32. amerikanischen Präsidenten nichts mehr am Herzen lag als die *eine* Welt. Wenn Franklin Delano Roosevelt in den zwölf Jahren seiner Regierungszeit vor allem auf dieses Ziel hingearbeitet hat, dann wäre die Teilung der Welt gerade das Gegenteil dessen gewesen, was er eigentlich erreichen wollte, das heißt eine historische Paradoxie. Und dennoch, wir werden es in diesem Kapitel sehen: Sein ganzes Konzept von Politik und Kriegführung lief auf nichts anderes als darauf hinaus.

In der Tat war Roosevelts Programm so radikal, so gigantisch und monströs, daß es mit einer gewissen Zwangsläufigkeit zu einer Konfrontation mit jener Macht führen mußte, die ihren Aufstieg zur Supermacht hauptsächlich den Vereinigten Staaten von Amerika verdankte, genauer gesagt: den Zielen, die Präsident Roosevelt durch, in und mit dem Zweiten Weltkrieg verfolgte. Denn wenn er nichts anderes wollte, als Deutschland und die anderen Achsenmächte zu zerschlagen, Großbritannien und die anderen Kolonialmächte zu entthronen und der historisch gewachsenen Welt insgesamt ein neues liberales, demokratisches und internationalistisches *design* zu geben, dann führte das mit einer gewissen Zwangsläufigkeit nicht nur dazu, daß sich die Weltstellung, die Europa noch zu Beginn des 20. Jahrhunderts eingenommen hatte, in Nichts auflöste. Dann standen sich am Ende auch nur noch die beiden außer- oder halbeuropäischen Giganten wie zwei zu einem Kampf auf Leben und Tod bereite Boxer gegenüber – die Vereinigten Staaten von Amerika und die Sowjetunion. Das war das Ergebnis seines Konzepts von Politik und Kriegführung, das Roosevelt zwar zu Beginn seiner zwölfjährigen Amtszeit vielleicht nicht vorausgesehen, das er aber am Ende seiner Tage herbeigeführt hatte. Wie bei allem anderen, was dieser Präsident getan, unterlassen oder bewirkt hat, waren die Anfänge auch in diesem Fall unauffällig, die Prozesse fließend und die Ergebnisse so beschaffen, daß sich die Schuld der Gegenmacht zuweisen ließ. Dabei war die Katastrophe schlicht und ergreifend darin begründet, daß Roosevelts »ganzes ›grand design‹ auf der Annahme (beruhte), Moskau habe aufgehört, den Kommunismus dem Rest der Welt aufzuzwingen.« [1] Bis tief in den Krieg hinein hielt der Präsident an seinem Traum fest, Rußland bewege sich zumindest auf eine modifizierte Form des Staatssozialismus zu und wolle nichts weiter als die Befriedigung seiner nationalen Sicherheitsinteressen. »Ich habe schon eine Vorahnung«, bemerkte er noch 1943, »daß Stalin nicht dieser nette Mensch ist. Harry [Hopkins] sagt, daß er's nicht ist und daß er nichts weiter als Sicherheit für sein Land will, und ich denke, daß, wenn ich ihm alles gebe, was ich überhaupt kann, und von ihm nichts zurückverlange, *noblesse oblige*, er nicht versuchen wird, irgendetwas zu annektieren, und daß er mit mir für eine Welt der Demokratie und des Friedens arbeiten wird.« [2]

Ein Jahr später jedoch, im Wahljahr 1944, begann die antikommunistische Flut in den Vereinigten Staaten proportional zur Unterwerfung Osteuropas unter das stalinistische Zwangssystem zu steigen. Sie vermischte sich mit einer isolationistischen Welle, die umsomehr wuchs, je mehr die von Stalin herbeigeführte und von Roosevelt geduldete Neuordnung Osteuropas den fundamentalen Sinn Amerikas für Freiheit und Gerechtigkeit widersprach. Im Grunde griff damals die realistische Einstellung, welche die Republikaner der Sowjetunion seit der Oktoberrevolution von 1917 entgegengebracht hatten, allmählich auf die Demokratische Partei über, und Roosevelt paßte sich dieser Entwicklung elastisch an, indem er Stalin bitten ließ, sich in seinen öffentlichen Äußerungen jeglicher Wahlkampfhilfe zu enthalten. Denn dies hätte Roosevelt unter Umständen 1944 die erneute Nominierung zum Präsidentschaftskandidaten seiner Partei gekostet.

Obwohl dieser Schritt sicher sehr ungewöhnlich war, lag ihm offensichtlich immer noch die Wunschvorstellung zugrunde, der sowjetische Diktator lasse sich von Washington aus manipulieren und für die Zwecke der amerikanischen Politik dienstbar machen – für die Ausbreitung von Freiheit, Demokratie und Marktwirtschaft im Weltmaßstab. Der ganze Umgang, den Roosevelt mit Stalin und der Sowjetunion seit deren Kriegseintritt pflegte, war auf dieses schon fast an Hochmut grenzende Wunschdenken ausgerichtet: Zwar trug die Rote Armee seit Sommer 1941 die Hauptlast der Kämpfe auf dem europäischen Kontinent. Aber weder gehörte ihre militärische Fürung den westlichen *Combined Chiefs of Staff* an, noch hatte Stalin vor Herbst 1943 Gelegenheit, sich mit Roosevelt und Churchill über die Gesamtkriegsführung auszusprechen. Er wurde zwar von Zeit zu Zeit über den Stand der Dinge unterrichtet, ihm wurde auch ständiger Zuspruch zuteil, und er wurde von Roosevelt und

Churchill hin und wieder sogar in strategische Überlegungen eingeweiht. Aber in Wirklichkeit mußte der sowjetische Diktator froh sein, wenn er das Wichtigste hinterher erfuhr. Denn er war in dieser wie in fast jeder anderen Beziehung auf das Wohlwollen des Westens angewiesen.

Roosevelt versuchte, Stalin diese fast schon sklavische Abhängigkeit dadurch weniger fühlbar zu machen, daß er die Lieferungen, welche die Sowjetunion gemäß Pacht- und Leihgesetz erhielt, einer einmaligen Vorzugsbehandlung unterwarf. Im Gegensatz zu allen anderen Verbündeten, die in den Genuß der amerikanischen Militärhilfe kamen, brauchten die Sowjets nicht vorher offenzulegen, wofür sie die gelieferten Waffen, Fahrzeuge und sonstigen Bedarfsgüter einzusetzen gedachten. Sowjetische Forderungen wurden in Washington unbesehen akzeptiert und zu Jahresprogrammen zusammengefaßt, während sich die übrigen Alliierten jedes Vierteljahr mit der mißtrauischen Leih- und Pacht-Verwaltung herumschlagen und nur allzuoft ärgerliche Änderungen hinnehmen mußten. Soweit es die amerikanischen Produktions- und Transportkapazitäten zuließen, verschafften Roosevelt und Hopkins den Lieferungen an die Sowjetunion oberste Priorität, und manchmal wurde den Russen sogar mehr geliefert, als sie verlangt hatten. Dies alles machte Stalins strategische Abhängigkeit vielleicht weniger fühlbar – aber es machte sie bei weitem nicht wieder wett.

Im Gegenteil – jede Verzögerung oder Kürzung der Leih- und Pacht-Lieferungen, die hin und wieder von der Lage an den anderen Fronten erzwungen wurde, ganz besonders aber der Wortbruch, den Roosevelt 1942/43 hinsichtlich der Zweiten Front beging, weckte im Kreml die Befürchtung, vom Westen übervorteilt zu werden. Diese Befürchtung war historisch begründet, und sie dürfte der Hauptgrund für Stalins maximalistische Gebietsforderungen gewesen sein. Tatsächlich hätte es auf westlicher Seite schon eines wahren Wunders an Verständnis, Rücksichtnahme und Sensibilität bedurft, um diese Befürchtungen zu zerstreuen. Aber Wunder sind selten, und Roosevelt und Churchill waren weit davon entfernt, ein solches Wunder zu vollbringen – dazu war ihr Globalismus viel zu egoistisch.

Statt dessen weckte ihr unberechenbares Verhalten bei Stalin Erinnerungen an jene Zeit nach der Oktoberrevolution, als aus Verbündeten plötzlich Feinde geworden waren. Diese Zeit lag erst zwanzig Jahre zurück. Damals, von 1918 bis 1920, hatten britische und amerikanische Truppen tief in Rußland einen konterrevolutionären Krieg gegen die junge und anfällige Sowjetmacht geführt, und niemand anderes als Churchill selbst, damals Heeresminister Seiner Majestät, war einer ihrer Befehlshaber gewesen. Die Erinnerung an diese traumatischen Ereignisse war Anfang der vierziger Jahre noch relativ frisch, und sie mischte sich mit der Besorgnis Stalins, hinter der zweijährigen Verzögerung, mit der amerikanische Truppen 1944 in Nordwesteuropa landeten, stecke ein teuflischer Plan: Hitler könne am Ende dazu verleitet werden, die westlichen Armeen kampflos nach Deutschland hereinzulassen, um mit ihnen gemeinsam die Rote Armee hinter den Bug zurückzuwerfen. Alle Tränen, alles

Blut und aller Schweiß, den die sowjetische Bevölkerung seit 1941 im Kampf gegen die deutsche Wehrmacht vergossen hatte, wären dann umsonst gewesen.

Alle diese Befürchtungen und Besorgnisse wurden durch das Verhalten verstärkt, das Roosevelt und Churchill 1943 in Italien an den Tag legten – durch ihren Verrat an der Maxime der bedingungslosen Kapitulation, auf die sie sich selbst, Stalin und alle anderen Verbündeten 1941/42 feierlich festgelegt hatten. Zudem verhandelten sie nach Mussolinis Sturz ausgerechnet mit jenem Marschall Badoglio, der das faschistische Italien 1936 zum Sieg über Abbessinien geführt hatte, und mit SS-General Wolff über einen Waffenstillstand. Diese Tatsache warf zwangsläufig die Frage auf, ob Roosevelt und Churchill am Ende nicht vielleicht doch Marschall Göring, den in England noch immer einsitzenden Rudolf Heß oder einen der hohen Wehrmachtsoffiziere als Verhandlungspartner akzeptieren würden, nur um die Sowjetunion aus Mitteleuropa herauszuhalten.

Es war zweifellos dieser selbstherrliche Umgang mit Verpflichtungen, die sie sich selbst und allen anderen Partnern der Anti-Hitler-Koalition auferlegt hatten, der Stalins Mißtrauen schürte und der damit zugleich auf sowjetischer Seite jene Voraussetzungen schuf, die zur Teilung der Welt führten. Lieber einen Teil der Welt sicher für sich allein, als die Herrschaft über die ganze Welt mit unzuverlässigen Verbündeten teilen – das ungefähr wird es gewesen sein, was sich Stalin nach den leidvollen Erfahrungen gesagt hat, die er mit Roosevelt und Churchill von 1942 bis 1944 machte. Natürlich hatte der sowjetische Diktator ebenso wie der amerikanische Präsident seine eigenen Kriegsziele, also bestimmte territoriale, politische und soziale Aggregatzustände, die er durch, mit und in diesem Krieg erreichen wollte. Aber ebenso wie bei Roosevelts Zielen handelte es sich auch bei denen Stalins nicht um »eine feststehende Blaupause ... als vielmehr (um) ein Ensemble von Maximalzielen, bei denen Umstände und Gelegenheit darüber entschieden, ob man sie erreichte.« [3] Mit anderen Worten: Wahrscheinlich hätte Stalin die Teilung Europas nicht angestrebt, wäre ihm eine andere Friedensordnung als ebenso zuverlässige Methode der Machtsicherung gegen Interventionsversuche des Westens erschienen.

Aber es kam noch etwas anderes hinzu, nämlich die Weigerung Roosevelts und Churchills, Stalin an der politischen Gestaltung des Kriegsendes in Italien zu beteiligen. Sie präjudizierte die Weigerung Stalins, Roosevelt und Churchill an der politischen Gestaltung des Kriegsendes in Osteuropa zu beteiligen. So wie eine Hand die andere wäscht, trocknet die eine auch die andere – schließlich handelte es sich bei Italien und Osteuropa um wechselseitige Einflußzonen. Das hinderte den amerikanischen Präsidenten jedoch nicht daran, dem sowjetischen Diktator ständig in die politische Neuordnung der osteuropäischen Staaten hineinzureden – zunächst indirekt, indem er Stalin 1943 einen Vier-Mächte-Pakt zur Friedenssicherung vorschlug, der die Sowjetunion an einen bestimmten *comment* im Umgang mit anderen Ländern binden sollte, dann direkt, indem er Stalin schon bei der ersten persönlichen Begegnung in

Teheran in Verhandlungen über die Zukunft der osteuropäischen Staaten zu verwickeln suchte.

Es fällt schwer zu beurteilen, wie diese Versuche auf den Kreml-Herren gewirkt haben, solange die sowjetischen Archive noch nicht wirklich geöffnet sind. Aber man stelle sich nur einmal für einen Augenblick vor, Stalin hätte von Roosevelt die Umwandlung Frankreichs in eine kommunistische Diktatur verlangt oder die Beachtung anderer marxistisch-leninistischer Grundsätze bei der Befreiung anderer Länder. Es wäre nicht nur zwecklos, es wäre angesichts der realen Machtverhältnisse vollkommen absurd gewesen. Stalin stand auf dem Standpunkt, in diesem Kriege gehe es jeder Macht darum, ihr politisches System soweit auszudehnen, wie ihr bewaffneter Arm reiche. Da die USA zögerten, in Nordwesteuropa zu landen, und dann auf ihrem Vormarsch an der Elbe Halt machten, konnte er Roosevelts ständige Einreden eigentlich nur mit einer Mischung aus Verwunderung und Indignation zur Kenntnis nehmen.

Zweifellos steigerte sich Stalins Indignation in dem Maße, wie er das Gefühl bekam, daß Roosevelts Sorge um die Zukunft der osteuropäischen Staaten nicht irgendwelchen idealistischen Motiven, sondern einer grundsätzlichen Veränderung der amerikanischen Politik entsprang – weg von der *benevolentia* der ersten Jahre, hin zu einem harten *quid pro quo*, wie es die Republikaner und die Rußlandexperten des amerikanischen Außenministeriums schon lange gefordert hatten, wenn nicht sogar zu einer grundsätzlich feindlichen Haltung. Und in der Tat: Diese Veränderung, die sehr viel mehr war als ein Wechsel der Tonlage und der diplomatischen Umgangsformen, setzte im Laufe des Jahres 1943 ein, und zwar mit der Ernennung Averell Harrimans zum amerikanischen Botschafter sowie mit der Ernennung von General John R. Deane zum Chef der amerikanischen Militärmission in Moskau.

Der Grund dafür, daß Roosevelts Rußlandpolitik ab 1943 langsam aber sicher von der Kooperation zur Konfrontation überging, lag darin, daß das Kriegsende in Europa nach der Niederlage der deutschen Wehrmacht bei Stalingrad und der Kapitulation der italienischen Achsenmacht immer näherrückte. Damit wurde es für die Alliierten Zeit, sich konkrete Gedanken über die Zukunft des Kontinents zu machen. Aber wenn sie es taten, dann wurden auch die vielen Punkte sichtbar, in denen sie untereinander uneins waren. Ohne seine Überzeugung aufzugeben, daß politische Einigkeit unter den Alliierten die wichtigste Voraussetzung für den gemeinsamen militärischen Sieg war und auch ohne die Fähigkeit Amerikas zu überschätzen, kurzfristig irgendetwas am Machtvorsprung der Sowjetunion in Osteuropa ändern zu können, entschloß sich der Präsident jetzt, härter mit den Russen umzugehen.

Ausschlaggebend dafür waren zunächst die dramatischen Berichte Harrimans. Der New Yorker Investment-Banker und Eisenbahn-Millionär, der Roosevelt vorher bei der weltweiten Installation des Leih- und Pacht-Systems geholfen hatte, erkannte von der ersten Stunde seiner Moskauer Mission an mit großer Klarheit, daß die Sowjetunion ihre Entschlossenheit nicht mehr aufgeben würde, ihre Herrschaft auf ganz Osteuropa auszudehnen, mochte sie im Fernen

Osten auch um des lieben Friedens willen manche Konzession an die Vereinigten Staaten machen. Nach der Moskauer Außenministerkonferenz im Oktober 1943, dem ersten interalliierten Kräftemessen, sagte der Botschafter mit großer Präzision voraus, Stalin werde auf den Grenzen bestehen, die sein Land bei Ausbruch des deutsch-russischen Krieges erreicht hatte, d. h. es werde zumindest die Baltischen Staaten, Ostpolen und Bessarabien schlucken.

Obwohl sich der sowjetische Außenminister Molotow gehütet hatte, gegenüber seinen westlichen Kollegen von einer Übertragung des kommunistischen Systems auf andere Länder zu sprechen, hielt Harriman genau dies für ebenfalls wahrscheinlich, »insbesondere, wenn es sich als einziger Weg herausstellt, auf dem sie (die Sowjets) die Art von Beziehungen bekommen können, die sie von den westlich an sie angrenzenden Staaten verlangen. Sie lehnen entschieden jede Idee ab, die an den alten ›cordon sanitaire‹ in Osteuropa erinnert. Molotow sagte, daß die Beziehungen, die sie mit den angrenzenden Ländern anknüpfen wollen, ein gleichermaßen freundschaftliches Verhältnis mit den Briten und uns nicht ausschlössen. Auf der Konferenz wurde jedoch angedeutet, daß sie uns zwar informieren, sonst aber einseitige Akte gegenüber jenen Ländern unternehmen würden, zu denen sie befriedigende Beziehungen herstellen wollen.« [4]

Von Harrimans klarsichtiger Einschätzung endgültig aus seinen Träumen von Kommunikation, Kooperation und Konvergenz gerissen, versuchte Roosevelt zwar in den nächsten beiden Jahren, Stalin auf das festzulegen, was er 1941/42 bei der Anbahnung der amerikanisch-sowjetischen Allianz versäumt hatte – auf eine Behandlung der russisch besetzten Gebiete, die zumindest entfernt den Standards seines politischen Denkens entsprach. Doch erwiesen sich alle seine Bemühungen als vergeblich – das von seinem politischen und militärischen Konzept einmal aufgegebene Osteuropa konnte er nachträglich nicht mehr retten.

Vielleicht hätte der Präsident mehr Erfolg gehabt, wenn er Harrimans Rat gefolgt wäre. »Meiner Meinung nach«, so schrieb der mit nüchternem Geschäftssinn begabte Diplomat an nämlichem 5. November 1943 über die Russen, »hängt die Auflösung ihrer starren Haltung proportional davon ab, wie sehr sich ihr Vertrauen zu den Beziehungen mit den Briten und uns bei der Herstellung der allgemeinen Weltsicherheit vergrößert.« Gerade dieses Vertrauen jedoch wurde von Roosevelt in den beiden letzten Kriegsjahren schwer erschüttert. Zwar versuchte der Präsident auf der einen Seite unentwegt und mit wachsendem Erfolg, Stalin für die neue Organisation des Weltfriedens zu gewinnen. Auf der anderen Seite aber ließ er sich von Churchill auf die Linie der alten britischen Machtpolitik ziehen, so daß der Diktator endgültig seinen Glauben an die Ausgewogenheit von Leistung und Gegenleistung innerhalb der Großen Allianz verlor. Denn für ihn war in erster Linie nicht die »allgemeine Weltsicherheit«, sondern die Sicherheit Rußlands vor neuen Kriegen in Europa entscheidend.

In einer gewissen Weise geriet Präsident Roosevelt von 1943 bis 1945 zwischen die Fronten seiner beiden Hauptverbündeten. Dies vor allem deshalb, weil er im Gegensatz zu Churchill und Stalin in Europa keine festen territorialen Ziele verfolgte. Auch wenn er in Teheran und Jalta tapfer und ernsthaft um die Freiheit und Unabhängigkeit Polens rang – im Grunde genommen war es dem Seestrategen Roosevelt, der in Seemeilen, maritimen Großräumen und ganzen Hemisphären dachte, relativ gleichgültig, in wieviele Staaten Deutschland nach dem Kriege zerfiel, ob die Grenze zwischen Ost und West an Weichsel, Oder oder Elbe verlief und wie sich überhaupt das Schicksal von Millionen von Europäern künftig gestalten würde. Notfalls war er bereit, sie alle auf dem Altar seiner Weltfriedensorganisation zu opfern. Dagegen kämpften Churchill und Stalin in Europa um konkrete territorialpolitische Ziele, um strategisch wichtige Gebiete ebenso wie um traditionelle Einflußzonen. Aufgewachsen und geschult in den Traditionen der europäischen Machtpolitik, wußten sie, worauf es in diesem sensiblen, weil historisch gewachsenen Raum ankam, und sie merkten bald, daß sie sich nur in Roosevelts Weltfriedensorganisation einzureihen brauchten, um für ihre machtpolitischen Pläne zumindest das stillschweigende oder gar augenzwinkernde Plazet des amerikanischen Präsidenten zu erhalten.

So glich denn das Schicksal, das Roosevelt mit seiner Konzeption von Politik und Kriegführung in Europa erlitt, überraschenderweise doch in mancher Beziehung dem seines Vorgängers Wilson – allerdings mit dem entscheidenden Unterschied, daß Roosevelt nicht das Risiko einging, die Ergebnisse seiner mangelhaften Diplomatie in die feste Form eines Friedensvertrages zu gießen. Denn der hätte, um Amerika völkerrechtlich wirksam zu binden, der Zustimmung des Senats bedurft. Alles, was er von 1943 bis 1945 tat und unterließ, war im Gegenteil darauf berechnet, diesem Risiko aus dem Weg zu gehen. Die Folge davon war, daß Roosevelt zwar die von ihm ersehnte Weltfriedensorganisation außen- und innenpolitisch durchsetzen konnte – also jene mehr oder weniger mechanistische »Maschinerie«, die es den »Großen Vier« erlaubte, alle kleineren Mächte, die ihrem Weltführungsanspruch gefährlich werden konnten, gemeinsam niederzuhalten. Aber diesen Erfolg hat Europa diesmal nicht in Versailles mit einem Heißen Frieden, sondern in Teheran und Jalta mit einem Kalten Krieg bezahlt.

Von 1943 bis 1945 hat Präsident Roosevelt sogar selbst kräftig an dieser Vereisung mitgewirkt. Nachdem er bis 1944/45 fast alles getan hatte, um Großbritannien zu schwächen, schwenkte er in den letzten Monaten vor seinem Tod auf Churchills Linie ein, um in Europa zu retten, was noch zu retten war: die westliche Machtstellung im östlichen Mittelmeer.

Die Wende brachten die Begegnungen von Quebec und Hyde Park, Roosevelts und Churchills beiden letzten bilateralen Kriegskonferenzen im September 1944. Zu diesem Zeitpunkt wurde die deutsche Wehrmacht im Westen von den amerikanischen und britischen Inavasionstruppen quer durch Belgien und Frankreich auf die Westgrenze des Reiches zugetrieben, während die Sowjetunion im Osten nach dem Überschreiten der Grenze zu Polen und der Befreiung

Bulgariens, die in Wirklichkeit eine russische Besetzung war, vor Waffenstill-standsverhandlungen mit Rumänien stand. In Washington wurde mit dem Zusammenbruch des Reiches vor Ende des Jahres gerechnet, eventuell sogar noch früher in einer blitzartigen und dramatischen Form.

Diese Entwicklung vor Augen hatte der britische Premierminister seit Monaten auf eine Begegnung mit dem amerikanischen Präsidenten gedrängt, um mit ihm über die europäische Nachkriegsordnung, insbesondere aber über die künftige Lage in Südosteuropa zu sprechen. Dort drohte nämlich das traditio-nell mit Großbritannien verbündete Griechenland und die immer noch neu-trale Türkei gegenüber der westwärts drängenden Sowjetunion in eine hoff-nungslose Isolierung zu geraten, und damit geriet die britische Nahoststellung strategisch in Gefahr, kritische Nahtstelle sowohl zwischen dem europäischen und asiatischen Teil des Empires als auch zwischen den atlantischen und pazifischen Einflußzonen der USA.

Roosevelt war einer Begegnung mit Churchill jedoch ausgewichen, weil er das Mißtrauen Stalins nach dem glimpflich verlaufenen Gipfeltreffen in Teheran und vor einer neuen Begegnung mit dem Diktator, die er für die Zeit nach seiner Wiederwahl ins Auge gefaßt hatte, nicht durch ein amerikanisch-britisches *tête à tête* aufstacheln wollte. Dabei hätte er statt mit dem ewig bohrenden Churchill viel lieber einmal mit dem undurchsichtigen Stalin unter vier Augen gesprochen. Aber während dessen Armeen unaufhaltsam west-wärts stürmten, winkte der Diktator nur unwillig ab. Für ihn gab es in diesem Augenblick, da er in Osteuropa ebenso wie die Westmächte in Westeuropa vollendete Tatsachen schaffen konnte, keinen Gesprächsbedarf.

Durch Stalins Weigerung, die Roosevelt als persönliche Kränkung empfand, geriet die amerikanische Supermacht in eine mißliche Lage: Während sie in Westeuropa lediglich den *status quo ante* wiederherstellte, pflügte Rußland die politische Landkarte Osteuropas vollständig um, ohne daß der Präsident steuernd eingreifen konnte. Außerdem gab es nach dem grundsätzlichen Akkord, den die »Großen Drei« im Herbst 1943 über die Gründung der Vereinten Nationen erzielt hatten, im Sommer 1944 auf der Konferenz von Dunbarton Oaks unerwartete Schwierigkeiten bei der Ausgestaltung der neuen Weltfriedensorganisation, weil die sowjetische Delegation eine starre und in mancher Beziehung wirklichkeitsfremde Haltung einnahm. In dieser schwierigen Situation entschloß sich Präsident Roosevelt, den drängenden Churchill doch zu empfangen.

Die Warnung Harrimans, die Beziehungen zwischen Amerika und Rußland hätten in den vergangenen beiden Monaten »eine bestürzende Wendung« genommen, stimmte den Präsidenten am Vorabend der Konferenz von Quebec auf den neuen weltpolitischen Gegner ein. In seinem Telegramm, das einen Tag vor Churchill bei Roosevelt eintraf, berichtete der amerikanische Bot-schafter aus Moskau, die Sowjets hätten sich gegenüber »unseren Bitten völlig indifferent« verhalten, das heißt keinerlei Rücksicht auf »unsere Interessen« genommen, und sie hätten sich überdies unwillig gezeigt, »drängende Probleme zu diskutieren.« [5] Nachdem die Sowjetunion ihren Siegeslauf in Richtung Westen angetreten hatte, schien sie sich gegenüber der Außenwelt wie eine Auster zu verschließen und keinerlei Einflußnahme mehr zugänglich zu sein. Nach Harrimans Auffassung war sogar in einer Reihe von Fragen die militärische Zusammenarbeit gefährdet.

Mehr als das beunruhigte den Diplomaten jedoch der politische Spannungszustand, der sich im Weltmaßstab abzeichnete. Mit ihrer »unbeugsamen Politik gegenüber Polen« ignorierte die Sowjetunion nicht nur westliche Empfindlichkeiten – sie drohte nach Harrimans Meinung sogar so etwas wie ein neuer »Welttyrann« zu werden. Diese überaus dramatische Bezeichnung hatten die Amerikaner bis dahin Hitler vorbehalten – deutlicher als alles andere zeigt sie die allmähliche Verschiebung ihres Feindbildes an. Um die unerwünschte Entwicklung zum Stillstand zu bringen, so forderte der Botschafter, müßten die Vereinigten Staaten jetzt endlich klarstellen, welchen Preis sie von Moskau für ihren »guten Willen« verlangten. Es sei Zeit für »eine feste, aber freundliche *quid pro quo-Haltung.*«

Die Warnung Harrimans, die unkooperative Haltung Stalins und die nicht von der Hand zu weisende Warnung Churchills vor einer unkontrollierten Entwicklung im östlichen Mittelmeer führten in Washington zu einem antisowjetischen Stimmungsumschwung. Im Ergebnis begann Präsident Roosevelt in den schicksalhaften Septembertagen des Jahres 1944 jene Haltung zu revidieren, die er bisher gegenüber Rußland und Großbritannien eingenommen hatte. Er stellte sein Konzept von Politik und Kriegführung, das sich in der Hauptsache auf die Kooperation mit der Sowjetunion gestützt hatte, auf eine stärkere Zusammenarbeit mit dem Juniorpartner Großbritannien in Südosteuropa um, wo die amerikanischen und britischen Weltmachtinteressen am stärksten zur Deckung kamen. Außerdem wandte sich Roosevelt vorübergehend von seinem engsten Ratgeber Harry Hopkins ab, der in der amerikanischen Öffentlichkeit als zu probritisch und prosowjetisch galt, um noch als aufrechter Vertreter nationaler Interessen ernst genommen zu werden.

Der Umschlag erfolgte in aller Stille, aber mit einer Heftigkeit, wie sie für einen verschmähten Liebhaber typisch ist. Roosevelt witterte die Gefahr von Bürgerkriegen auf dem Balkan, von sowjetischen Machtübernahmen à la Bulgarien in Polen, Rumänien, Ungarn oder sogar Österreich und einer Machtverschiebung in Südosteuropa zu Lasten des Westens insgesamt. Eine solche Entwicklung an einer Gelenkstelle des Weltgleichgewichts erschien ihm nicht nur im Interesse des Weltfriedens als unerwünscht. Sie konnte auch innenpolitische Rückwirkungen in Amerika haben, wo europäische Minderheiten bei der Vertretung ihrer partikularen Interessen ein traditionell großes Medienecho fanden, und das wiederum konnte Roosevelts Wiederwahl im November 1944 gefährden.

Trotz seines körperlichen Verfalls sensitiv und alert wie immer, reagierte Präsident Roosevelt auf diese bedrohliche Entwicklung sofort, indem er in Quebec und später auch in Hyde Park ein ganzes Bündel von Entscheidungen traf, dessen antisowjetische bzw. probritische Stoßrichtung wenige Tage oder

Wochen vorher noch völlig undenkbar gewesen wäre: Der amerikanische Staatschef und Oberbefehlshaber stimmte, wenn auch noch unter Vorbehalt, einer Blitzoffensive britischer Mittelmeer-Truppen über die istrische Halbinsel in Richtung Österreich zu, falls das Deutsche Reich urplötzlich zusammenbrach. Dadurch und durch die Empfehlung an die ungarische Adresse, nur gegenüber den Amerikanern und Briten zu kapitulieren, sollte die Rote Armee davon abgehalten werden, noch weiter nach Westen vorzustoßen, als bisher in den Gesprächen mit Stalin vorgesehen. Schon vorher hatte Roosevelt Churchills Vorschlag zugestimmt, britische Truppen nach Griechenland zu entsenden.

Dies aber waren nur die militärischen Eventualmaßnahmen, und die meisten von ihnen standen lediglich auf dem Papier. Darüber hinaus befand der amerikanische Präsident, der bisher jede Verlängerung der amerikanischen Pacht- und Leihhilfe für Großbritannien über die bedingungslose Kapitulation Deutschlands hinaus abgelehnt hatte, daß »die Erholung der zivilen Wirtschaft und die zunehmende Wiederherstellung des Exporthandels« für das Vereinigte Königreich wichtig sein. [6] Dies war eine Feststellung von weitreichender Bedeutung. Sie widersprach allem, was Roosevelt und sein Finanzminister Morgenthau bisher zur Schwächung des britischen Empires unternommen hatten. Wie wir uns erinnern, hatte die Konferenz von Bretton Woods das Ottawa-Präferenzzollsystem eben erst niedergerissen und das britische Pfund Sterling als globale Leitwährung beerdigt.

Trotz seiner plötzlichen Sinnesänderung konnte es der Präsident zwar auch in Quebec nicht lassen, den britischen Premierminister zu necken, der mittellos vor ihm stand. Er zögerte am 15. September die Paraphierung des Memorandums, das über die wirtschaftliche Lebensfähigkeit Großbritanniens in den nächsten Monaten entscheiden sollte, durch Sprücheklopfen solange hinaus, bis Churchill, Tränen in den Augen, mit der wütenden Frage dazwischenfuhr: »Was wollen Sie, soll ich noch tun? Männchen machen wie Fala und betteln?« Fala war das Hündchen des Präsidenten. Daraufhin ließ sich Roosevelt herbei, das Papier abzuzeichnen. Zur Begründung sagte er einem überraschten Berater nach der Konferenz, es bestehe die »Notwendigkeit, die Stärke des Britischen Empires zu erhalten.« [7]

In Morgenthaus Armageddon-Plan für Deutschland, dem Roosevelt in Quebec zustimmte, sah der Präsident übrigens sowohl die Chance, Großbritannien für die nächsten zwanzig Jahre einen unbequemen Konkurrenten vom Halse zu schaffen, als auch die Möglichkeit, der Sowjetunion die Furcht vor einem wiedererstarkenden Deutschland zu nehmen. Roosevelt gab seine Zustimmung freilich, ohne vorher Hopkins zu konsultieren. Dieser trug jedoch später, als er wieder Zugang zum Präsidenten hatte, entscheidend dazu bei, daß der total destruktive Morgenthau-Plan in der Versenkung verschwand – vermutlich weil er als langjähriger Kenner Churchills und Stalins besser als der Präsident erfaßte, daß weder dem Westen, noch dem Osten mit einer großen Viehweide im Herzen Europas geholfen war.

Schließlich suchte Roosevelt sogar den direkten Kontakt zu Stalin, um ihn zu mehr Nachgiebigkeit bei den festgefahrenen Verhandlungen in Dumbarton Oaks zu bewegen. Tatsächlich hatte die Ankündigung Moskaus, in der Gründungsversammlung der Vereinten Nationen für alle sechzehn Sozialistischen Sowjetrepubliken Sitz und Stimme zu verlangen, in Washington wie eine Bombe eingeschlagen. »Mein Gott«, stöhnte Roosevelt, »erklärt [dem sowjetischen Chefdelegierten in Dumbarton Oaks und sowjetischen Botschafter in Washington] Gromyko, daß wir diesen Vorschlag niemals akzeptieren können.« [8]

Offenbar hatte Stalin, nach Jahren einer fast sklavischen Abhängigkeit plötzlich mit der Notwendigkeit konfrontiert, aus eigener Machtvollkommenheit einen Konsens mit Amerika und Großbritannien über die künftige Machtverteilung im Weltmaßstab zu finden, jeden Sinn für die Maßstäbe verloren – vor allem für die Maßstäbe, welche die Supermacht Amerika setzte. Offenbar befürchtete der Diktator, von seinen beiden übermächtigen Partnern in der Weltorganisation überstimmt zu werden, so daß Roosevelt nun ausgerechnet seinem Lieblingsprojekt, dem Herzstück und Schlußstein seines ganzen Konzepts, auch die innenpolitischen Felle davonschwimmen sah. Um sich die Zustimmung des Senats zu sichern, beschwor er Stalin, die Frage, mit wieviel Stimmen die Sowjetunion künftig in den Vereinten Nationen vertreten sein werde, auf die Zeit nach dem offiziellen Gründungsakt zu verschieben. Alles andere, so der Präsident, würde »das ganze Projekt« gefährden.

Roosevelt kämpfte im Herbst 1944 wie ein Löwe um sein Konzept, aber er tat es mit ausgesprochen füchsischen Mitteln. Sie scheinen ihn schließlich selbst überlistet zu haben. Erzherzog Otto von Habsburg, der als Gast in Quebec streckenweise Zeuge der Beratungen war, schrieb hinterher: »Es gab ein allgemeines Interesse daran, sich die Russen soweit wie möglich vom Halse zu halten. R[oosevelt] scheint insbesondere mit Abscheu über die Art und Weise erfüllt zu sein, wie die Russen die bulgarische Frage handhaben... Alle Bemerkungen R[oosevelts] laufen darauf hinaus, daß er die Kommunisten fürchtet und alles zu tun wünscht, um Rußlands Macht einzudämmen – natürlich kurz unterhalb der Schwelle zum Krieg.« [9]

Damit fiel zum ersten Mal jenes Wort, das drei Jahre später durch George Kennans historischen Artikel in *Foreign Affairs* weltberühmt und zum Schlüsselbegriff einer ganzen Epoche amerikanischer Globalstrategie werden sollte: Eindämmung – auf amerikanisch: *containement*. Dessen Urheber ist also in Wahrheit nicht der amerikanische Diplomat und Rußlandexperte, sondern Erzherzog Otto und streng genommen sogar Roosevelt gewesen.

War diese Kehrtwendung schon erstaunlich, so mutet es geradezu verblüffend an, daß der Präsident zwei Vorschlägen zustimmte, die Churchill ihm gemacht hatte: einer Demarche an die Adresse Stalins, die diesen im Hinblick auf Polen, Jugoslawien und Griechenland vor der Gefahr ernster Differenzen warnen sollte, und einer Reise des britischen Premierministers nach Moskau. Zwar rückten die beiden westlichen Führer kurz darauf wieder von der Demarche ab, weil diese durch Churchills Moskau-Reise überflüssig wurde. Aber allein die Tatsache, daß Roosevelt die mit soviel Mühe in den letzten drei Jahren aufgebauten Beziehungen zu Rußland im Herbst 1944 auf's Spiel setzte, indem er den Kommunistenfresser Churchill allein mit Stalin verhandeln ließ, war und bleibt erstaunlich genug. Denn damit lieferte der Präsident seinen Traum von der *einen* Welt dem territorialen Schacher der europäischen Mächte aus.

Die Gefahr, daß dieser Schacher mit der Teilung Europas in zwei feindliche Einflußsphären endete, wurde für Roosevelts Begriffe freilich durch drei Vorteile aufgewogen, die sich Churchill von seiner Reise versprach: Der britische Permierminister wollte Stalin erstens noch einmal auf den Kriegseintritt gegen Japan festnageln. Er wollte sich zweitens um eine Lösung der polnischen Frage bemühen, und er wollte drittens mit dem sowjetischen Diktator über Jugoslawien und Griechenland sprechen. Einer möglichen Konfrontation in Mitteleuropa standen also aus Roosevelts Sicht deutliche Vorteile im pazifisch-asiatischen Raum und an der strategischen Drehscheibe im östlichen Mittelmeer gegenüber. Verlief Churchills Moskau-Reise tatsächlich so, wie es sich der britische Premier erhoffte, versprach sie aus Roosevelts Sicht unter dem Strich sogar ein positives Ergebnis zu bringen. Durch eine zuckersüße Botschaft, in der er dem sowjetischen Diktator vor Augen führte, wie notwendig »für die Hoffnungen der Welt« die alliierte Einigkeit sei, gelang es Churchill außerdem, den Präsidenten davon zu überzeugen, daß das Risiko der Mokauer Verhandlungen für den Weltfrieden wahrscheinlich kleiner als befürchtet sei. [10]

Andererseits aber blieb Roosevelt skeptisch, denn er schlug Churchills Angebot aus, Außenminister Stettinius und Generalstabschef Marschall auf seine Reise nach Moskau mitzunehmen. Der Präsident bat lediglich Harriman, die Verhandlungen als Beobachter zu begleiten. Offenbar wollte er verhindern, daß ihn seine beiden Hauptverbündeten auf Ergebnisse festlegten, die sich in einem allzu offenen Widerspruch zu seinem Konzept von Politik und Kriegführung befanden. »Es ist für mich wesentlich, nach dieser Konferenz völlige Handlungsfreiheit zu behalten«, schärfte er Harriman ein. [11]

Zwischen Optimismus und Skepsis hin- und hergerissen, verriet der Präsident bei der Formulierung seiner Hinweise für die Verhandlungsführung, um die Churchill gebeten hatte, bemerkenswerte Unsicherheiten, ein deutliches Anzeichen dafür, daß er mit sich selbst noch nicht im Reinen war. In einem ersten Entwurf bezeichnete Roosevelt eine Verständigung der »Großen Drei« über die Weltfriedensorganisation als ein unbedingtes »Muß« – womit er anzeigte, wo sein eigentliches Interesse an Churchills Moskau-Reise lag. Dann aber nahm er diese Formulierung auf Anraten von Hopkins wieder zurück, um sich in dieser wichtigen Angelegenheit so kurz vor der Präsidentschaftswahl nicht präjudizieren zu lassen. Schließlich versuchte Roosevelt, Stalin von bilateralen Abmachungen mit Churchill überhaupt abzuhalten, indem er an den sowjetischen Diktator kabelte: »Es gibt in diesem Weltkrieg buchstäblich keine Frage, weder in militärischer noch in politischer Hinsicht, an der die Vereinigten

Staaten nicht interessiert sind. Sie werden das natürlich verstehen. Es ist meine
feste Überzeugung, daß die noch schwebenden Fragen nur von uns drei
gemeinsam geregelt werden können.« [12] Außerdem versuchte Roosevelt bei
dieser Gelegenheit, Stalin auf ein neues Gipfeltreffen der »Großen Drei« nach
der Präsidentschaftswahl festzulegen.

Zwar meldete der Präsident mit dieser Botschaft zum ersten Mal offiziell und
unverhohlen den amerikanischen Weltführungsanspruch gegenüber seinen
beiden Hauptkontrahenten und Hauptkonkurrenten an. Aber er tat dies auf
eine vorsichtige, indirekte, gleichsam gebrochene Weise – nicht durch ein
Auftrumpfen, nicht durch ein Pochen auf oder Drohen mit der eigenen
überlegenen Macht, sondern durch einen Appell an Stalin, ihn, den Präsidenten der Vereinigten Staaten von Amerika, doch bitte in die fälligen Entscheidungen mit einzubeziehen. In diesem Sinne hatte Roosevelt natürlich auch
schon mit Churchill gesprochen.

Eigentlich war es weniger ein Appell als eine Bitte. Es war der listige Versuch,
sich gleichzeitig von Churchills und Stalins bilateralen Verhandlungen über die
Teilung Europas zu distanzieren und ihnen die multilaterale *Pax Americana* im
Weltmaßstab aufzuzwingen. Es war der Ausdruck einer zutiefst gespaltenen
Haltung zwischen Realität und Utopie. Außenminister Hull zog daraus die
Konsequenzen, indem er, nach elfjähriger Amtszeit von Roosevelts Wider-
sprüchen zermürbt und der präsidialen Eigenmächtigkeiten müde, Ende No-
vember 1944 als kranker Mann seinen Abschied nahm.

Vielleicht ist Churchills Moskau-Reise – ebenso wie einst die Welles-Mission –
reine Augenwischerei gewesen, nur dazu bestimmt, die amerikanische Öffentlichkeit vor der Präsidentschaftswahl einzuschläfern und Stalin die Grenzen
seiner Macht aufzuzeigen. Jedenfalls schien der Präsident allen Ernstes zu
erwarten, daß Churchill in Moskau beides zugleich erreichte – eine Eindämmung der sowjetischen Macht in Europa und die Sicherung des Weltfriedens.

In Wirklichkeit aber vereinbarten der britische Premierminister und der sowjetische Diktator am 10. Oktober 1944, dem zweiten Tag ihres Treffens, einzig
und allein die Teilung Europas – in buchhalterischer Manier säuberlich diffe-
renziert nach einzelnen Ländern und Machtanteilen. Danach erhielt Rußland
die Vorherrschaft zu 90 Prozent über Rumänien und zu 75 Prozent über
Bulgarien, während die Westmächte zu 90 Prozent die Vorherrschaft über
Griechenland beanspruchen durften. Jugoslawien und Ungarn wurden zu je 50
Prozent aufgeteilt. [13] In bezug auf Polen erzielten Churchill und Stalin
ebenfalls eine scheinbare Annäherung.

Für Stalin bestand der Hauptzweck der Abmachung darin, mit Roosevelt und
Churchill über Fragen zum Schein im Gespräch zu bleiben, die zu einer
unerwünschten, weil vorzeitigen Verhärtung der westlichen Haltung führen
konnten. Dagegen fragt man sich vergeblich, worin für den Westen der
praktische Nutzen dieser zynischen Teilungs-Vereinbarung lag. Churchill kritzelte sie hastig auf ein Stück Papier, Stalin zeichnete sie mit einem dicken
blauen Haken ab, und schließlich fand sie auch Roosevelts Zustimmung.

Wollte sich der Präsident dadurch erneut als »Friedenspräsident« beweisen? Wollte er Stalin auf bestimmte Grenzen seiner Macht verpflichten? Wollte er ihn mit der Drohung des Krieges zum Frieden erpressen? Zur Befriedung Europas und der Welt trug die Vereinbarung jedenfalls nichts bei. Denn angesichts der militärischen Lage, die sich von Tag zu Tag zugunsten der Sowjetunion verschob, hatte der Westen keinerlei Chance, die ihm versprochenen Herrschaftsanteile einzulösen. Dagegen hatte Stalin durchaus die Möglichkeit, seinen Einflußbereich ständig über das vereinbarte Maß hinaus auszuweiten, und wie die nächsten Wochen und Monate zeigten, machte er von dieser Möglichkeit auch reichlich Gebrauch. Das Papier förderte also nicht die Zusammenarbeit, sondern die Konfrontation zwischen den Alliierten, weil es der sowjetischen Expansion zumindest den Anschein westlicher Duldung verlieh, obwohl sie nach Umfang und Art sowohl gegen die westlichen Interessen, als auch gegen die vom Westen vertretene Moral verstieß. Früher oder später mußte es die westliche Gegenwehr herausfordern.

Tatsächlich drohte der Kontinent mit dem absurden Handel »Frieden gegen Teilung« wieder in zwei feindliche Einflußsphären zu zerfallen, die der Präsident gerade hatte verhindern wollen. Aber Roosevelt sah nicht das Menetekel an der Wand oder wollte es nicht sehen, weil er sich dadurch, daß er zwei miteinander unvereinbare Ziele zugleich anstrebte, selbst überlistet hatte. In Telegrammen an den Premier und an Botschafter Harriman, der an der entscheidenden Sitzung aus welchen Gründen auch immer nicht teilgenommen hatte, wertete der Präsident das Moskauer Konferenzergebnis einseitig als Beitrag zur internationalen Konfliktvermeidung. Anscheinend tröstete er sich schon wieder damit, daß die Anstrengungen der Roten Armee, der deutschen Wehrmacht eine definitive Niederlage beizufügen, ebensowenig nachließen wie die der westlichen Armeen. Außerdem stand jetzt fest, daß die Sowjetunion spätestens drei Monate nach der deutschen Kapitulation in den Krieg gegen Japan eintreten würde. Schließlich schien sich sogar eine Einigung in der polnischen Frage abzuzeichnen.

Es liegt daher nahe, Roosevelts im Herbst 1944 plötzlich auftretende Neigung, gegenüber Stalin von seiner Linie strikter Kooperation abzuweichen, nur für eine vorübergehende Laune des Augenblicks zu halten – für eine seiner berühmt-berüchtigten Augenblicksentscheidungen, die er unter den macchiavellistischen Einflüsterungen Harrimans und Churchills traf, die er aber bei nächstbester Gelegenheit wieder revidierte. Tatsächlich schien der wiedergewählte Präsident in den beiden letzten Monaten des Jahres 1944 in seine antibritische und prosowjetische Haltung zurückzufallen, und das erschwert zweifellos die eindeutige Datierung der weltpolitischen Wetterscheide.

Bezieht man aber drei weitere Bereiche in die Betrachtung ein, dann wird deutlich, daß sie doch im Herbst 1944 gelegen hat. Der eine Bereich betrifft die Weigerung des Präsidenten, das westliche Atomgeheimnis mit Stalin zu teilen. Der zweite Bereich betrifft seine Entscheidung, den inneren Kreis der »Großen Vier« um das Freie Frankreich de Gaulles auf fünf zu erweitern. Der dritte

Bereich betrifft Roosevelts schwindende Bereitschaft, Stalin beim Wiederaufbau seines vom Krieg zerstörten Landes zu helfen. Diese Entscheidungen haben – zusammen mit der sowjetischen Expansion und deren stillschweigender Duldung durch den Westen – um die Jahreswende 1944/45 den verhängnisvollen Riß zwischen den beiden Supermächten dann doch herbeigeführt. Offenbar verhinderte nur noch das nach wie vor gleichbleibend große Interesse Roosevelts an der Gründung der Vereinten Nationen und am sowjetischen Kriegseintritt gegen Japan, daß sich dieser Riß zum Bruch zwischen Ost und West vertiefte.

Seit 1943 wußte Stalin, daß die Amerikaner an einer Atombombe bauten, das heißt an einem Massenvernichtungsmittel, mit dessen Hilfe sie das gesamte Weltgleichgewicht aus den Angeln heben konnten. Seitdem versuchten Agenten wie der deutsch-englische Kernphysiker Klaus Fuchs, der Sowjetunion insgeheim die für den Bau einer eigenen Bombe benötigten Informationen zu verschaffen. Damit begann sich schon während des Zweiten Weltkrieges schemenhaft jener nukleare Rüstungswettlauf abzuzeichnen, der nach 1945 wesentlich dazu beitrug, daß die beiden Supermächte sich gegenseitig und den Rest der Welt ein halbes Jahrhundert lang mit der totalen Vernichtung bedrohten.

Zu der internationalen Gemeinschaft von Wissenschaftlern, die in Los Alamos an der amerikanischen Atombombe bauten, gehörte nicht nur Klaus Fuchs. Auch Niels Bohr, der dänische Atomphysiker, arbeitete dort unter dem Decknamen »James Baker«. Von ihm war bekannt, daß er an eine internationale Kontrolle der Atomenergie nach dem Kriege dachte. Bohr sprach darüber mit Felix Frankfurter, einem Roosevelt-Intimus und Obersten Bundesrichter, den er von früher her kannte, und Frankfurter wiederum trug Bohrs Argumente im Februar 1944 an den Präsidenten heran.

Die entscheidende Frage war: Sollte Rußland in die internationale Kontrolle einbezogen werden? Das würde die Einweihung der Sowjets in das westliche Atomgeheimnis voraussetzen. Oder sollte Rußland nicht einbezogen werden? Das würde die Sowjets veranlassen, ihre eigene Atomforschung bis zu einem Ergebnis voranzutreiben, auf dessen zivile oder militärische Nutzung der Westen keinerlei Einfluß mehr haben würde. Das eine würde das Vertrauen zwischen den Alliierten fördern – wenn auch um den Preis, daß die Sowjets ihre eigene Bombe gewissermaßen mit westlicher Hilfe bauten. Das andere würde zwar das Mißtrauen zwischen den Alliierten schüren, war aber mit dem Vorteil des westlichen Atommonopols verbunden. Das eine trug zur Sicherung des Weltfriedens bei, das andere bedeutete eine einseitige Stärkung des Westens mit eventuell bedauerlichen Folgen für den Frieden.

Im Grunde lief Bohrs Vorstoß auf die Frage hinaus, ob Roosevelt nach dem Krieg auch im Bereich der Atomenergie Kooperation und Frieden oder Konkurrenz und Konfrontation mit der Sowjetunion haben wollte. Solange der Präsident schwankte, überließ er es Churchill, die Vorschläge Bohrs zurückzuweisen. Dann aber empfing er den Dänen, um ihm zu versichern, er sei für die vorgeschlagene Kontaktaufnahme mit Stalin. In Wahrheit aber hat Roosevelt diesen Schritt nie beabsichtigt. Denn weder diskutierte er die Frage einer internationalen Kontrolle der Atomenergie jemals mit seinem Kriegsminister Stimson oder mit irgendeinem seiner dafür zuständigen Berater. Noch vereinbarte er etwas Dementsprechendes mit Churchill auf der Konferenz in *Hyde Park*, die unmittelbar auf die Konferenz von Quebec folgte. Im Gegenteil, während Bohr bereits eine Einladung nach Moskau in der Tasche hatte, kamen die beiden westlichen Führer am 19. September 1944 überein, Bohr nach Möglichkeit zum Schweigen zu bringen und das westliche Atomgeheimnis nicht mit Stalin zu teilen. [14]

Hinter seiner Weigerung stand denn auch die Hoffnung Roosevelts, »er könne über diese Frage gemeinsam mit Churchill nach dem Krieg ein Abkommen zwischen den Vereinigten Staaten und dem Vereinigten Königreich zustandebringen, durch das sie sie [die Frage der Nutzung der Atomenergie] für sich behalten und vermutlich den Weltfrieden kontrollieren könnten«, notierte sich Vannevar Bush, der Wissenschafts-Zar des Präsidenten. [15] Das heißt: Mit der Absprache, die er mit Churchill im September 1944 traf, optierte Roosevelt auch in dieser für den Weltfrieden ungemein wichtigen Frage für die Kooperation mit Großbritannien, was zugleich bedeutete, daß er für eine mögliche Konfrontation mit der Sowjetunion optierte. Die Perspektive dieser Schwerpunktverlagerung war offenbar ein Weltfrieden ohne oder sogar gegen die Sowjetunion. Dagegen hatte der Präsident mit seiner Versicherung, die er gegenüber Bohr abgab, offenbar nur die Absicht verfolgt, Stalin über seine wahren Absichten hinwegzutäuschen.

Von hier aus fällt plötzlich ein ganz anderes Licht auf die Vereinbarung zwischen Churchill und Stalin über die Teilung Europas im Oktober 1944 sowie auf den Beifall, mit dem Roosevelt sie bedachte. Diente auch dies nur dem Zweck, den sowjetischen Dikator zu täuschen? Glaubten der amerikanische Präsident und der britische Premierminister vielleicht, sie könnten den unaufhaltsamen Vormarsch der Sowjets eines Tages mit Hilfe der Atombombe stoppen oder gar zu einer Art *roll back* umkehren – und zwar nicht einmal indem sie die Bombe tatsächlich einsetzten, sondern nur indem sie mit ihrem Einsatz drohten? Dann wären sie in der Tat die ersten Kalten Krieger gewesen, die vor Ende des Zweiten Weltkrieges die westliche Politik bestimmten.

Wie dem auch sei – nicht nur in der Frage der südosteuropäischen Machtverteilung, auch in bezug auf die Machtverteilung zwischen Ost- und Westeuropa insgesamt ließ sich Präsident Roosevelt von Churchill im Herbst 1944 zu einem Kurswechsel verleiten. Zieht man die verschiedenen Schritte zusammen, die zu einer Stärkung des Westens führten, könnte man sogar von einem *»ganging up«* sprechen, also von einem strategisch angelegten Aufmarsch der Westmächte gegen die Sowjetunion. Roosevelt hatte diesen Aufmarsch bis dahin immer vermieden. Nun aber ließ er sich von Churchill überreden, auf dem Kontinent in der Gestalt Frankreichs ein Gegengewicht zum sowjetischen Machtzuwachs zu schaffen.

Am 25. August, drei Wochen vor Quebec, hatten die Westalliierten Paris eingenommen, während sich drei amerikanische und sieben französische Divisionen vom Mittelmeer aus das Rhône-Tal hinaufkämpften. Das warf die Frage nach Anerkennung des »Nationalkommittees Freies Frankreich« auf, dem die französischen Truppen unter dem Oberbefehl von General Eisenhower unterstanden. Diese Frage war für Roosevelt nicht leicht zu beantworten. Denn seit seiner Kapitulation vor der deutschen Wehrmacht im Juni 1940 und seiner Weigerung, von Nordafrika aus weiter gegen Hitler zu kämpfen, hatte Frankreich bei ihm einen Status zwischen diplomatischer Anerkennung und moralischer Ächtung besessen. Nicht einmal der ebenso junge wie lange und selbstbewußte General Charles de Gaulle, der den Kampf an der Spitze der »Freien Franzosen« von London aus fortsetzte, hatte bis dahin Gnade vor dem gestrengen Auge des Präsidenten gefunden.

Dafür gab es eine Reihe von persönlichen und sachlichen Gründen, die freilich eher sekundärer Natur waren. Roosevelt glaubte außerdem, eine offizielle Anerkennung de Gaulles, einem Gegner der Kommunisten, würde in Frankreich nach dem Krieg einen Bürgerkrieg heraufbeschwören und damit die künftige Lage in Europa zusätzlich destabilisieren. Zu allem Überfluß galt der zu einem autokratischen Nationalismus neigende Lothringer in den liberalen, demokratischen und internationalistischen Kreisen Washingtons auch noch als humorlos, unkooperativ und politisch unzuverlässig.

Noch in der ersten Hälfte des Jahres 1944, als sich die Westalliierten auf ihre Landung in Nordfrankreich vorbereiteten, weigerte sich Roosevelt, de Gaulle als Führer Frankreichs anzuerkennen, obwohl es die Administration des befreiten Landes erleichtert hätte. Eine Anerkennung hätte aber die Unterwerfung Dakars und Französisch-Indochinas unter das Treuhand-Regime der Vereinten Nationen und das heißt: unter die militärstrategische Kontrolle der USA erschwert. Aus der Sicht Roosevelts gab es also eine Reihe von gewichtigen Gründen, sie nicht auszuprechen.

Im Juli, auf einer Woge frischer Popularität, besuchte de Gaulle jedoch erstmals Amerika als der von der Geschichte beglaubigte Sieger, und Präsident Roosevelt begann seine Einstellung zu Frankreich allmählich zu ändern. Zwar zweifelte er immer noch an der politischen Überlebensfähigkeit des Franzosen, als dieser seine Antrittsvisite im Weißen Haus machte. Aber Roosevelt erkannte de Gaulle bei dieser Gelegenheit *de facto* an – angeblich nur aus militärischen Gründen. Doch war es wohl kein Zufall, daß Stalin etwa zur gleichen Zeit das von den Kommunisten beherrschte »Lubliner Kommittee« in Polen ebenfalls als *de facto*-Regierung anerkannte.

Bis Oktober 1944 weigerte sich Roosevelt vor allem deshalb, de Gaulles Autorität als vorläufiger Führer Frankreichs *formell* anzuerkennen, weil er sich aus den *querelles françaises* heraushalten wollte. Die innenpolitische Lage in dem westeuropäischen Land war unübersichtlich. Sie drohte nach der Befreiung von der deutschen Besetzung in einen Bürgerkrieg zwischen »linken« und »rechten« Kräften zu münden. Für diesen Fall wollte der Präsident um fast jeden Preis vermeiden, sein Land in diese – am Ende vielleicht auch noch militärischen – Konflikte zu verwickeln. Mit Recht ging er davon aus, Amerika werde nach dem Sieg die rasche Heimkehr seiner Truppen verlangen. Roosevelt befürchtete, neue Konflikte in Europa, neue Verpflichtungen Amerikas in Europa, erst recht aber ein erneutes militärisches Engagement Amerikas auf dem Kontinent werde im Kongreß auf unüberwindliche Hindernisse stoßen und am Ende vielleicht sogar einen isolationistischen Rückschlag hervorrufen – mit unabsehbaren Folgen für die Weltorganisation der Vereinten Nationen.

Um allen diesen Gefahren von vornherein aus dem Wege zu gehen, hatte Roosevelt zunächst Nordwestdeutschland als amerikanische Besatzungszone beansprucht. Der Besitz der Hafenstädte Bremen und Bremerhaven sollte den raschen, weil störungsfreien Abzug der amerikanischen Streitkräfte aus Europa binnen zwei Jahren nach Kriegsende verbürgen. Dagegen würde eine Besetzung Südwestdeutschlands die amerikanischen Truppen in eine unmittelbare Nachbarschaft zu dem unruhigen Frankreich und dem ebenfalls instabilen Italien bringen, ihre rückwärtigen Verbindungen gefährden und sie am Ende vielleicht doch in militärische Händel verstricken. Churchills Widerspruch schob der Präsident in Quebec zunächst mit dem Argument beiseite, es sei nach dem Krieg nicht die Aufgabe Amerikas, sondern die Großbritanniens, für die politische Stabilität Westeuropas zu sorgen.

Doch begann sich Roosevelt dann auch in dieser Beziehung den Realitäten zu stellen. Die »einzige Hoffnung für einen dauerhaften Frieden«, sagte Churchill am 19. September in einem Gespräch, an dem Roosevelt, dessen Frau Eleanor und der persönliche Vertreter des Präsidenten im amerikanischen Generalstab, Admiral Leahy, teilnahmen, sei »eine Abmachung zwischen Großbritannien und den Vereinigten Staaten zur Verhinderung eines internationalen Krieges durch den Einsatz ihrer vereinigten Streitkräfte, falls notwendig.« Er sei natürlich bereit, Rußland in diese Abmachung einzubeziehen, fügte der britische Premier eilfertig hinzu. Aber er äußerte im selben Atemzug Zweifel, ob Stalin überhaupt noch »den Wunsch hat, mitzumachen.« [16]

Leider gibt es über dieses Gespräch wie über sovieles andere in jenen schicksalhaften Tagen nur die privaten Aufzeichnungen zufälliger Augen- und Ohrenzeugen wie Leahy und keine offiziellen Aktenvermerke, so daß wir in bezug auf das, was Churchills Worte zu bedeuten haben, weitgehend auf Vermutungen angewiesen sind. Aber die britische Regierung verfolgte zu diesem Zeitpunkt bereits gegenüber Rußland das Ziel eines »westeuropäischen Sicherheitsblocks« im Rahmen der Vereinten Nationen, »der eine enge militärische Zusammenarbeit mit unseren europäischen Nachbarn beinhaltet.« Da sie allen Grund zu der Annahme hatte, daß die Russen dasselbe in Osteuropa tun würden, setzte Churchill auf das Frankreich de Gaulles. [17]

Gleichzeitig nahm de Gaulle mit Roosevelt und Churchill den Wettlauf nach Moskau auf: Im Oktober 1944 amnestierte er den Generalsekretär der Kom-

munistischen Partei Frankreichs (KPF), Maurice Thorez, der einst wegen
»Fahnenflucht« verurteilt worden war, und bereitete für Dezember eine erste
Begegnung mit Stalin vor. Daraufhin erkannte Roosevelt de Gaulle endlich in
aller Form als vorläufigen Führer Frankreichs an. Gleichzeitig wurde Frankreich von den »Großen Drei« ein ständiger Sitz im künftigen Weltsicherheitsrat
reserviert, und ab November nahm ein Vertreter de Gaulles an den Beratungen
des *European Advisory Council* in London teil, eine Tatsache, der Frankreich
eine eigene, das heißt vierte Besetzungszone in Deutschland verdankte. Offensichtlich war dieses Land unter der geschickten und selbstbewußten Führung de
Gaulles innerhalb kurzer Zeit sowohl im Osten, als auch im Westen zu einem
begehrten Bundesgenossen geworden.

Von offenbar nur schwer überwindlichen Vorurteilen erfüllt, vollzog Präsident
Roosevelt diese Entwicklung nur zögernd nach. Noch vor seinem letzten
Gipfeltreffen mit Churchill und Stalin in Jalta weigerte er sich, de Gaulle an den
Gesprächen auf höchster Ebene zu beteiligen. Er versuchte Frankreich auch
zunächst aus dem geplanten Kontrollrat für Deutschland herauszuhalten. Auf
gutes Zureden von Harriman und Hopkins erklärte er am vorletzten Konferenztag jedoch, es sei unlogisch, Frankreich eine Besetzungszone zuzugestehen
und es dennoch nicht am Kontrollrat zu beteiligen. Außerdem stimmte er der
Bewaffnung von acht weiteren französischen Divisionen zu, um nach dem
Abzug der Amerikaner kein Machtvakuum in Westeuropa entstehen zu lassen.

Ob Präsident Roosevelt alle diese Entscheidungen ebenso wie Chuchill in dem
Bewußtsein oder mit der Absicht traf, damit ein Gegengewicht zu jenem
Machtblock zu schaffen, der sich unter Führung der Sowjetunion allmählich in
Osteuropa herausbildete, wird man wohl niemals mit letzter Bestimmtheit
sagen können. Auch war de Gaulle keineswegs bereit, irgendeinem Westblock
beizutreten. [18] Immerhin ist es höchst aufschlußreich, daß Stalin und de
Gaulle anläßlich dessen Moskau-Besuchs im Dezember über diese Frage
diskutiert haben. Es ist der Beweis dafür, daß der sowjetische Diktator das
allmähliche *ganging up* als neue weltpolitische Qualität in seinen Beziehungen
zum Westen registriert hat.

Frankreich verdankt es hauptsächlich Churchill und nicht Roosevelt, daß es
gegen Ende des Zweiten Weltkrieges so schnell in den inneren Kreis der
»Großen Vier« aufsteigen konnte. Der britische Premierminister wollte damit
die Isolierung seines Landes gegenüber einem von Rußland beherrschten
Kontinent verhindern. Aber er hätte dieses Ziel natürlich nie ohne Roosevelts
Zustimmung erreicht. Dadurch wurden die USA schon zu Lebzeiten des
Präsidenten wenigstens ansatzweise Bestandteil jenes »verwickelten Gleichge-
wichts, das dazu da war, sowohl die sowjetische Bedrohung Gesamteuropas,
als auch die deutsche Bedrohung Westeuropas zu beseitigen, indem man den
westlichen Teil dieses geteilten Landes in einen großen atlantischen Rahmen
einspannte.« [19]

Während Roosevelt seinem britischen Verbündeten auf diesem Weg nur zögernd folgte, der schließlich zur Gründung des Nordatlantischen Bündnisses führte, war er im Grunde völlig frei, Stalin in Form von Anleihen oder Krediten beim Wiederaufbau seines vom Krieg zerstörten Landes zu helfen. Aber auch in dieser Beziehung ließen Roosevelts Energien merklich nach, je stärker die Konflikte mit Stalin in Erscheinung und damit auch in sein Bewußtsein traten. So setzte sich bei ihm allmählich die Ansicht durch, »daß die Vorteile, die darin lagen, daß man Rußland die Hilfe in der Hoffnung vorenthielt, dadurch politische Konzessionen zu erzielen, jene ökonomischen Vorteile überwogen, die aus einer Ausweitung solcher Hilfsmaßnahmen abgeleitet werden konnten.« [20]

Die Entscheidung über die Gewährung von Anleihen und Krediten in Milliardenhöhe, über die Harriman in Moskau verhandelte, wurde infolgedessen bis zu Roosevelts letzter Begegnung mit Stalin in Jalta hinausgeschoben. Sie wurde dort von den beiden mächtigsten Männern der Welt aber gar nicht mehr angesprochen. Stalin war nicht bereit, wichtige politische Ziele einer wirtschaftlichen Abhängigkeit von Amerika zu opfern. Er zog aus der amerikanischen Hinhaltetaktik die Konsequenz, sich durch die einseitige Entnahme von Reparationen aus Ostdeutschland schadlos zu halten, und Roosevelt hatte seine letzte Chance, die von ihm einst so heiß ersehnte *eine* Welt gegen wachsende Widerstände vielleicht doch noch zu schaffen, endgültig verpaßt.

Anmerkungen

1 Gaddis, Origins, S. 41
2 Bullitt, How we won the war and lost the peace, In: *Life* XXV, 30. 8. 48
3 Reynolds, Origins, S. 514
4 Harriman, Mission, S. 201: Harriman 5. 11. 43 FDR
5 Dies und das folgende: Harriman, Envoy, S. 340 f.: Harriman 10. 9. 44 FDR. Die deutsche Übersetzung gibt diesen entscheidenden Brief nur in einem unglücklich gewählten Auszug und einer unzureichenden Übersetzung wieder. Harriman, Mission, S. 272
6 FRUS Quebec 1944, S. 16–19
7 ebda.
8 Stettinius, Diaries 1943–46, S. 111–114
9 FRUS Quebec 1944 S. 367–69, 229, 302–05, 313–14, 378–79, 429–30, 216–18, 439, 382, 490–91 und FRUS 1944, V, S. 133–34: FDR Gespräch September 1944 mit Erzherzog Otto – Bulgarien war an der Seite Deutschlands in den Krieg gegen Jugoslawien und Griechenland eingetreten, hatte aber gegenüber der Sowjetunion seine Neutralität gewahrt. Nach einem vergeblichen Versuch, Rückhalt an Amerika und Großbritannien zu finden, erklärte die bulgarische Regierung am 5. 9. 1944 Rußland den Krieg, nachdem die Rote Armee vier Tage vorher die Landesgrenze überschritten hatte. Bulgarien wurde von den Sowjets daraufhin besetzt. Am 8. 9. 44 versuchte die bulgarische Regierung durch eine Kriegserklärung an Deutschland die Seiten zu wechseln. Sie wurde jedoch am 9. 9. 44, zwei Tage vor der Konferenz von Quebec, gewaltsam durch eine prosowjetische Regierung ersetzt.
10 Correspondence, Vol. 1: Church 27. 9. 44 Stalin
11 Sherwood, Roosevelt & Hopkins, S. 680
12 ebda., S. 679 f.

13 Feis, FDR-Church-Stalin, S. 447–51 und S. 460–66
14 FRUS Quebec 1944, S. 492 ff.: FDR Abkommen 19. 9. 44 Church über die Wahrung des westl. Atomgeheimnisses, Absatz 3
15 Sherwin, World, Kapitel 4: Hier Äußerung Vannevar Bush 22. 9. 44
16 Leahy, I Was There, S. 265
17 Anderson, United States, Great Britain and the Cold War 1944–1947, S. 16
18 Vgl. Grosser, Bündnis, S. 65: Durch den Bündnis- und Beistandsvertrag, den Stalin und de Gaulle am 10.12. 44 in Moskau schlossen, verpflichteten sich beide Seiten, »kein Bündnis einzugehen und sich an keiner Koalition zu beteiligen, die gegen einen der Vertragspartner gerichtet ist«.
19 Ireland, Alliance, S. 227
20 Gaddis, Origins, S. 175

Teil IV
Die Mittel

1.

Kriegsszenarien und Streitkräfteaufbau

Im Gegensatz zu den anderen Hauptmächten verfügten die Vereinigten Staaten von Amerika bei Ausbruch des europäischen Krieges 1939 weder über Land- noch über Luftstreitkräfte in nennenswertem Umfang. Daraus ist im allgemeinen auf den friedlichen Charakter von Roosevelts Politik geschlossen worden – nach der Devise: Wer keine Waffen hat, der kann oder will auch keinen Krieg führen. Doch greift diese Einschätzung aus drei Gründen zu kurz: Erstens beruht sie auf einem zu engen Kriegsbegriff. Zweitens vernachlässigt sie die Seemacht der Vereinigten Staaten, und drittens läßt sie die Tatsache außer Acht, daß Präsident Roosevelt bereits ab 1937 einen globalen Interventionskrieg gegen die Achsenmächte vorbereitet hat.

Im Unterschied zu den europäischen Mächten und auch zu Japan verfügte Amerika über zwei nicht-militärische Waffen, die in mancher Beziehung viel wirksamer waren als jede noch so große Ansammlung von Flugzeugen, Panzern oder Soldaten. Das war einerseits ihre Fähigkeit, andere Staaten, die sie als mißliebig ansahen, einer wirtschaftlichen und politischen Quarantäne zu unterwerfen, und das waren andererseits ihre überlegenen Produktionskapazitäten. Beide Waffen hat Präsident Roosevelt von 1937 bis 1941 mit Vorbedacht in einem unerklärten Krieg eingesetzt, den man nicht am traditionellen Kriegsbegriff der europäischen Landmächte messen kann.

Tatsächlich verstand es Roosevelt, Deutschland mit Hilfe Frankreichs und Englands, Hollands und Polens bis 1939 so von seiner Umwelt zu isolieren, daß das nationalsozialistische Gewaltregime über kurz oder lang in sich zusammengebrochen wäre, hätte Hitler nicht kurz vorher den aggressiven Notausstieg aus dieser tödlichen Umklammerung gesucht. Außerdem baute der Präsident die industriellen Produktionskapazitäten seines Landes ab 1938 so aus, daß die europäischen Frontstaaten mit Hilfe amerikanischer Ressourcen solange Krieg gegen die Achse führen konnten, bis die Vereinigten Staaten selbst mit Erfolg in das militärische Geschehen eingriffen. Beides, die Anwendung der Quarantäne-Waffe und die Anwendung der Produktions-Waffe, war der Inhalt von Roosevelts Politik und Kriegführung »short of war«, das heißt dicht unterhalb der Schwelle zur militärischen Intervention.

Hinzu kam die Seemacht der Vereinigten Staaten von Amerika. Dieser Faktor beeinflußte die globale Entwicklung in den dreißiger Jahren so, daß der mehr politische und wirtschaftliche Krieg zwischen den sieben Hauptmächten am Ende des Jahrzehnts eine unwiderrufliche Wendung zur rein militärischen

Auseinandersetzung nahm. Um diese Wendung zu verstehen, müssen wir uns
etwas näher mit Wesen und Wirkung der amerikanischen Seemacht befassen.
»The command of the sea« war nach Alfred Thayer Mahan ein Machtzustand,
der es den USA erlaubte, die Seewege rund um den amerikanischen Doppelkontinent wirksam zu kontrollieren, das heißt den eigenen Seeverkehr zu
schützen und den fremden oder feindlichen Seeverkehr gegebenenfalls zu
stören oder zu unterbinden. In Anlehnung an diese Doktrin übten die USA
ihre Seemacht unter Präsident Roosevelt durch eine möglichst weitgehende
Kontrolle des Atlantischen und des Pazifischen Ozeans aus.

Ihre Seeherrschaft erlaubte es den USA seit ihrem Durchbruch zur Weltmacht
am Ende des Ersten Weltkrieges, sich im Prinzip an allen über See erreichbaren
Küsten Asiens, Afrikas und Europas zur Geltung zu bringen. Die amerikanische Seemacht war also seither zumindest latent global. Sie konnte ihre
politischen, wirtschaftlichen und militärischen Machtmittel so weit über die
Erde verbreiten, wie ihre Herrschaft über die Seewege reichte. Diese Machtmittel bestanden in militärischer Hinsicht nicht nur aus einzelnen Kriegsschiffen oder ganzen Flotten. Vielmehr benutzten die Vereinigten Staaten ihre
Herrschaft über die Seewege in beiden Weltkriegen dieses Jahrhunderts auch
dazu, fremde Territorien mit Hilfe ihrer Luft- und Landstreitkräfte zu besetzen.

Da freilich auch dies mit Hilfe der Flotte geschah, war die Gesamtheit aller zum
Kriegseinsatz befähigten Seestreitkräfte und seegestützten Luftstreitkräfte der
harte Kern der späteren Supermacht. Die amerikanische Flotte war für Mahans
und Roosevelts Begriffe nur dann angemessen oder adäquat, wenn sie die von
ihr zu kontrollierenden Seegebiete wirksam und dauerhaft beherrschte. Dazu
bedurfte sie einer seestrategisch möglichst günstig gelegenen Ausgangsposition, von der aus sie ihre militärische Macht zu Wasser, in der Luft und notfalls
auch zu Lande an jedem beliebigen Ort zu jedem beliebigen Zeitpunkt in jeder
beliebigen Stärke konzentrieren konnte. Diese Ausgangsposition, die sich in
Südkalifornien bzw. auf dem Hawaiischen Archipel befand, war nahezu ideal,
denn sie lag in der Nähe des Panama-Kanals. Dieser von ihnen selbst beherrschte Wasserweg erlaubte den USA jederzeit das sogenannte *frapper de
masse* – die für einen Sieg in den beiden Weltmeeren erforderliche maximale
Machtkonzentration.

Um eine möglichst unangreifbare Verbindung zwischen ihrer seestrategischen
Ausgangsbasis und möglichen oder aktuellen Fronten aufzubauen bzw. aufrechtzuerhalten, bedurfte die amerikanische Seemacht freilich auch der Stützpunkte. Seestrategische Ausgangsposition, Flotte und Stützpunkte bilden
nämlich in Krieg und Frieden ein Kraftfeld, in dem eine Seemacht wie die der
Vereinigten Staaten erfolgreich operieren kann. Erfolgreich operiert eine
Seemacht immer dann, wenn ihr Kraftfeld die Kraftfelder anderer See- und
Landmächte einschränken oder verdrängen kann. Dazu bedarf es keineswegs
immer des direkten Einsatzes der Flotte oder anderer militärischer Mittel, also
eines erklärten Kriegszustandes. Vielmehr hat die amerikanische Seemacht,

wie die Zeit vor, nach und zwischen den beiden Weltkriegen unseres Jahrhunderts zeigt, anderen Mächten schon im Frieden mit Verdrängung oder Vernichtung gedroht und sie dadurch zu einer Veränderung ihrer auswärtigen Politik, äußerstenfalls sogar ihrer inneren Verfassung gezwungen.

Dieser nicht-militärischen Auseinandersetzung hat Präsident Roosevelt in den dreißiger und vierziger Jahren die Form eines Wirtschafts-, eines diplomatischen und eines Propagandakrieges gegen die Achsenmächte gegeben. Durch negative Maßnahmen wie die Nicht-Verlängerung von Handelsverträgen, die Nicht-Gewährung der Meistbegünstigung und den Abbruch von diplomatischen Beziehungen, durch positive Maßnahmen wie die Erhöhung von Zöllen, Beschlagnahme von Auslandsguthaben und Verhängung von Handelsrestriktionen sowie durch die internationale Ausübung seiner liberal-demokratischen Image-Hegemonie wurden diese Mächte für ihr politisches Verhalten bestraft, vor die Entscheidung zwischen Frieden und Krieg gestellt sowie mögliche Verbündete davon abgeschreckt, sich dauerhaft mit ihnen zu verbinden. In diesem schrittweise eskalierten Krieg verstand es Roosevelt, zwei Umstände geschickt auszunutzen, die ihm sehr entgegenkamen: Die amerikanische Seemacht beherrschte großenteils die kommerziell einträglichsten Seewege im Atlantischen und Pazifischen Ozean, und die meisten Staaten der Erde waren vom amerikanischen Markt abhängig.

Wie Vorgeschichte und Verlauf der amerikanischen Intervention von 1941 belegen, sind die Grenzen zwischen Wirtschaftskrieg und Seekrieg fließend gewesen. Das heißt: Der Übergang vom unerklärten zum erklärten Krieg läßt sich nicht eindeutig datieren. Auf jeden Fall bildete die von der amerikanischen Seemacht unterstützte Fernblockade Deutschlands 1939 durch Großbritannien den spätesten Zeitpunkt, zu dem der nicht-militärische Quarantänekrieg allmählich in den offenen Kriegszustand überging.

Dabei konnten sich die Vereinigten Staaten im Atlantischen Ozean auf die britische Flotte stützen, bis in die dreißiger Jahre die stärkste Flotte der Welt. Dagegen fiel das im Ersten Weltkrieg noch mit den Westmächten verbündete Japan in den dreißiger und vierziger Jahren als Kooperationspartner im Pazifischen Ozean aus. Mehr noch: Durch die zunehmende Konfrontation mit Japan geriet die amerikanische Seemacht zum ersten Mal in ihrer Geschichte in eine potentielle Zwei-Fronten-Lage.

Für diese Entwicklung trugen die Westmächte einen großen Teil der Verantwortung. Japan war an der Seite der *Entente* in den Ersten Weltkrieg eingetreten. Es hatte Deutschland aus seiner chinesischen Marinebasis Tsingtau sowie von seinen Inselbesitzungen im Mittleren Pazifik vertrieben und sich erfolgreich an der Niederschlagung des deutschen Kreuzerkrieges beteiligt. Dennoch fand Japan nach Ende des Ersten Weltkrieges beim Westen nicht die erwünschte Anerkennung als ebenbürtiger Bündnispartner, ja, es wurde von den USA als lästiger Konkurrent im Pazifischen Becken empfunden und aus seinem Bündnis mit England hinaus- sowie in eine für die Westmächte selbst gefährliche Isolierung hineingedrängt, in der es sich politisch radikalisierte.

Dahinter stand das Bestreben der Vereinigten Staaten, durch ein *divide et impera* selbst zur beherrschenden Macht im pazifischen Becken zu werden, ohne daß die amerikanische Seemacht schon die dafür erforderlichen Voraussetzungen besaß. Weder war der mehrere tausend Seemeilen lange Verbindungsweg von ihrer seestrategischen Ausgangsposition zu einer möglichen Front gegenüber Japan unangreifbar, noch durften die amerikanischen Stützpunkte im mittleren Pazifik befestigt werden.

Der lange und gefahrvolle Verbindungsweg, den die Pazifikflotte der USA im Kriegsfall auf ihrem Marsch in den westlichen Pazifik zurücklegen mußte, um die Philippinen zu schützen, wurde etwa auf halber Strecke vom japanischen Mandatsgebiet rund um die früher deutschen Marianen-, Karolinen- und Marschallinseln unterbrochen. Dadurch verfügte die Kaiserliche Marine über eine seestrategisch wichtige Position, die es ihr erlaubte, sich zu verbergen, einen Schwerpunkt zu bilden und zum Flankenangriff auf ihren Gegner überzugehen. Diese Gefahr wurde noch zusätzlich dadurch verschärft, daß das Washingtoner Flottenabkommen von 1922 eine Befestigung der amerikanischen Stützpunkte auf den Midway-Inseln, der Insel Guam und den Philippinen verbot.

Schließlich verlor jede Flotte nach einer seestrategischen Faustregel Mahans alle 1000 Seemeilen, die sie sich von ihrer Ausgangsbasis entfernte, zehn Prozent ihrer Schlagkraft. Eine amerikanische Flotte, die ihre Ausgangsbasis auf Hawaii oder gar in Südkalifornien verließ, um gegen Japan im Westpazifik anzutreten, würde ihr eigentliches Operationsgebiet also in einem um 60 bis 80 Prozent geschwächten Zustand erreichen, bevor es zum entscheidenden Schlagabtausch kam, ohne daß sie sich unterwegs zwecks Reparatur, Versorgung und Ersatz auf befestigte Stützpunkte zurückziehen konnte. Durch die Verkettung dieser ungünstigen Umstände, die ein wirkungsvolles *frapper de masse* im Zentral- oder Westpazifik verhinderten, war die amerikanische Seemacht bis zum Beginn der vierziger Jahre nicht in der Lage, Japan ihren Willen aufzuzwingen.

Deshalb hätte eine Verständigung zwischen den USA und Japan nahegelegen. Statt dessen trachtete Roosevelt von Anbeginn seiner Amtszeit danach, die ihm durch die Washingtoner Flottenverträge auferlegten Rüstungsbeschränkungen abzuwerfen. Für das in seiner Insellage überaus verwundbare Japan waren diese ungleichen Verträge aber nur dann erträglich, wenn die Sicherheit der japanischen Hauptinseln gewährleistet, die japanische Einflußsphäre im Westpazifik unberührt und der Weg zu einer japanischen Hegemonie über Ostasien grundsätzlich offenblieb. Stellte Amerika auch nur eines dieser japanischen Sicherheitsbedürfnisse durch die Aufrüstung seiner Seestreitkräfte in Frage, mußte es mit feindseligen Reaktionen rechnen, die von einer verstärkten Gegenrüstung über eine forcierte Ausweitung der japanischen Einflußzone bis zum offenen Krieg reichen konnten.

Für Roosevelt lag die Aufrüstung seiner Seestreitkräfte schon deshalb nahe, weil es seine Amtsvorgänger in den zwanziger Jahren versäumt hatten, die

Stärke der amerikanischen Flotte in quantitativer und qualitativer Hinsicht wenigstens auf das von den Washingtoner Flottenverträgen erlaubte Niveau zu bringen. Andererseits bot ihm die einseitige Expansion Japans auf dem chinesischen Festland, die anzuerkennen sich schon Präsident Hoover geweigert hatte, immer wieder willkommene Vorwände oder Gelegenheiten, die Verstärkung der amerikanischen Seemacht gegen isolationistische Widerstände in seinem eigenen Land voranzutreiben. Roosevelts gekonnte Dialektik zwischen berechtigten Ansprüchen und moralisch-politischen Postulaten, die durch die amerikanische Seemacht noch nicht gedeckt waren, forderte Japan dazu heraus, sowohl seine Expansion in China, als auch seine Flottenrüstung zu beschleunigen und auszuweiten.

Auf diese Weise kam schon in der ersten Hälfte der dreißiger Jahre im pazifisch-asiatischen Raum ein latentes Flottenwettrüsten in Gang, das nur noch durch den Einigungszwang des Washingtoner Flottenabkommens eingegrenzt wurde. Um seine legitimen Sicherheitsbedürfnisse gegenüber Amerika und Großbritannien zu befriedigen, den beiden mächtigsten Seemächten jener Zeit, meldete das industriell aufstrebende Japan auf den beiden Flottenkonferenzen, die 1930 und 1935 in London stattfanden, erneut seinen Anspruch auf maritime Ebenbürtigkeit an, nicht ohne eine gewisse Bereitschaft zur Mäßigung seiner hegemonialen Bestrebungen in China anzudeuten. Doch wurde dieser Anspruch vom Westen auf beiden Konferenzen aus einer Mischung von Hochmut und Unterschätzung der japanischen Möglichkeiten mitleidlos zurückgewiesen, weil eine Flottenparität die dauernde Hegemonie Japans über den Westpazifik bedeutet hätte.

Vor der Zweiten Londoner Flottenkonferenz war es dem Präsidenten gemeinsam mit dem britischen Premierinister Baldwin gelungen, die Verhandlungsgrundlage so geschickt zu drehen, daß der Westen Japan die Verantwortung für das Scheitern der Konferenz und den danach eintretenden Rüstungswettlauf zuschieben konnte. Der Zweck heiligte in diesem Fall wieder einmal die Mittel: Roosevelt und Baldwin wußten, daß »die Vereinigten Staaten und Großbritannien dank ihrer nationalen Ressourcen mehr als Japan zu einer starken Vergrößerung ihrer Flottenrüstung befähigt sind.« [1] Die beiden angelsächsischen Seemächte konnten bei einem Zusammenbruch des Rüstungskontrollregimes im Pazifik also nur gewinnen.

Tatsächlich trat 1936 gegenüber Japan ein vertragsloser Zustand ein, der es dem Präsidenten erlaubte, seine Produktionswaffe einzusetzen. Außerdem war er durch die gemeinsame Konferenzdiplomatie mit Großbritannien seinem Ziel eines Flottenbündnisses zwischen den beiden angelsächsischen Seemächten einen Schritt nähergekommen, was Japan politisch isolierte. Schließlich wies das jetzt einsetzende Flottenwettrüsten der Seemacht Amerika den Weg, auf dem sie die Seemacht Großbritannien überflügeln konnte. Denn die nationalen Ressourcen Amerikas waren nicht nur größer als die Japans. Sie waren auch größer als die Großbritanniens.

Vor Erfindung von Fernbomber und Interkontinentalrakete waren die Hochseeflotten der Seemächte die alles entscheidenden strategischen Waffen. Der Zusammenbruch des Rüstungskontrollregimes in diesem Bereich Mitte der dreißiger Jahre wirkte denn auch wie ein tektonisches Beben, dessen Schockwelle vom Pazifik in den Atlantik und von dort wieder zurück in den Pazifik rollte: Es unterminierte die globale Machtstruktur. Das Ereignis war deshalb eine so tiefe, wenn auch oft übersehene Zäsur in der Vorkriegsgeschichte, weil es alle größeren Mächte dazu zwang, ihr Verhältnis zu den jeweils anderen Mächten neu zu definieren. Da diese Neu-Definition von einer Machtverschiebung zwischen Amerika und Großbritannien begleitet wurde, löste sie eine allgemeine Drift zur Lösung politischer Konflikte mit militärischen Mitteln aus.

Ab 1936 baute Präsident Roosevelt die amerikanische Seemacht quantitativ und qualitativ so stark auf, daß sie nicht nur die japanische Seemacht eindämmen, sondern daß sie darüber hinaus auch Großbritannien als bisher stärkste Seemacht der Erde ablösen konnte. Großbritannien geriet dadurch in ein Abhängigkeitsverhältnis zu den USA, in der es zum Schutz seines *Empires* auf die Kooperation mit der amerikanischen Flotte angewiesen war, ohne daß es den Kurs der amerikanischen Außenpolitik bestimmen konnte. An und für sich hätte es angesichts der politischen Entwicklung in Europa und Nordafrika nahegelegen, daß Großbritannien im Pazifik gegenüber Japan entlastet wurde. Roosevelt nutzte aber die Machtverschiebung, um die Vereinigten Staaten vor allem im Atlantik zur Geltung zu bringen, den die Briten bisher als eine Art *mare nostrum* betrachtet hatten. Damit brach Amerika in jene europäische Sphäre ein, die bis dahin zum Einzugsbereich der britischen Gleichgewichtspolitik gehört hatte. Diese Sphäre geriet zunehmend in das Kraftfeld der amerikanischen Seemacht. Die Folge davon war, daß die britische Gleichgewichtspolitik 1938/39 mit einem ohrenbetäubenden Krachen zusammenbrach.

Mussolini, Hitler und die japanischen Militärs wiederum versuchten durch den Angriff auf Abbessinien (1935), die Wiedereinbeziehung des Rheinlandes in die deutsche Wehrhoheit (1936) und die Eroberung Chinas (ab 1. Juli 1937) stärker gegenüber den angelsächsischen Seemächten Tritt zu fassen. Hitler erließ am 26. Juni 1936 seine »Weisungen für die einheitliche Vorbereitung eines möglichen Krieges«, denen am 24. Juni 1937 – wenige Tage vor Beginn des japanischen Angriffs auf Nordchina – seine »Weisung für die einheitliche Kriegsvorbereitung der Wehrmacht« folgte. Beide Weisungen sahen die Kriegsbereitschaft Deutschlands ziemlich exakt für das Jahr 1940/41 vor.

Mit Vorbedacht haben wir für Roosevelts Flottenpolitik nach 1935 das Wort »aufbauen« und nicht den vielleicht geläufigeren Begriff »aufrüsten« gewählt. Wir wollen damit sagen, daß »Flotten . . . das Ergebnis langfristiger Planung« sind, daß sie also auf bestimmten Lageeinschätzungen und Kriegsbildern beruhen. [2] Der Aufbau der amerikanischen Seestreitkräfte war ursprünglich auf ein Kriegsbild abgestimmt, das der Historiker Stephen E. Pelz so umschreibt: »Gemäß ihren strategischen Doktrinen bestand der Auftrag der

Kriegsmarine der Vereinigten Staaten darin, eine Flotte aufzustellen, die sich mit den Kräften des Feindes messen und diese zerstören oder in ihr Versteck zurücktreiben konnte. Um den Sieg zu sichern, hatten die Admirale die Gewähr dafür zu bieten, daß die amerikanische Flotte mächtiger als die ihrer Gegner war, wenn man sie ordnungsgemäß an dem Punkt konzentrierte, an dem sie Feindberührung hatte. Nachdem die amerikanische Flotte in einer Entscheidungsschlacht die Seeherrschaft errungen hatte, würde sie den Seehandel des Feindes eliminieren.« [3] Auf dieses duellartige Szenario, das in den späten dreißiger Jahren eine charakteristische Änderung erfuhr, hat Roosevelt das *design* seiner Flotte zunächst abgestimmt, ein genau kalkulierter Vorgang, der bei den beiden anderen Teilstreitkräften seine Entsprechungen hatte. Auf ihn scheint uns das Wort »aufbauen« besser zu passen als das Wort »aufrüsten«, das eine unbestimmtere Bedeutung hat.

Im Mittelpunkt des Bildes, das sich Roosevelt von einem künftigen Seekrieg machte, stand ursprünglich der rein maritime »Flottenkampf« (Jürgen Rohwer), also die militärische Auseinandersetzung zwischen Seestreitkräften, in die Luftstreitkräfte nur unterstützend und Landstreitkräfte zunächst überhaupt nicht eingriffen. Dieser Flottenkampf gipfelte nach der Vorstellung des Präsidenten in einem tödlichen Duell der Schiffsartillerien. Dabei marschierten die amerikanischen und feindlichen Überwasser-Großkampfschiffe wie bei der Skagerrakschlacht im Ersten Weltkrieg gegeneinander in zwei Gefechtslinien auf. Dann liefen sie manövermäßig aneinander vorbei, um sich gegenseitig den größtmöglichen Schaden bis hin zur totalen Versenkung zuzufügen. Auf den Sieg in dieser einen Seeschlacht oder Serie von Seeschlachten war bis Mitte der dreißiger Jahre nicht nur der gesamte Aufbau der amerikanischen Seestreitkräfte ausgerichtet. Darauf liefen bis dahin auch Strategie und Taktik in Roosevelts Kriegführungs-Konzept gegenüber Japan hinaus.

Dieses Kriegsbild begann der Präsident jedoch Mitte der dreißiger Jahre zu modifizieren, als er sich auf einen Mehr-Fronten-Krieg gegen die Achsenmächte einstellte. In der Folgezeit wandelte sich mit seinem Kriegsbild auch sein Kriegführungs-Konzept. Innerhalb des von ihm angepeilten Mehr-Fronten-Krieges strebte Roosevelt zunehmend die Priorität des atlantischen Ozeans an, wobei eine globale Flottenkooperation mit Großbritannien und der kombinierte Einsatz amerikanischer See-, Luft- und Landstreitkräfte bis hin zur Anlandung kompletter Armeen an den Küsten Asiens, Europas und Afrikas auf der operativen Ebene in seinen Planungen eine immer wichtigere Rolle spielten. Damit zugleich orientierte der Präsident die Vereinigten Staaten von Japan auf Deutschland als vorrangigen Hauptgegner um. Zugleich nahm seine Neigung zu einer rein militärischen Konfliktlösung zu, womit sich die allgemeine Tendenz zur Militarisierung des Weltkonflikts verstärkte.

Der Wandel von Roosevelts Kriegsbild und Kriegführungs-Konzeption ist an den Kriegsplänen abzulesen, die in den dreißiger Jahren von den Stabsabteilungen der amerikanischen Kriegsmarine und des amerikanischen Heeres entwickelt wurden. Jedes dieser zehn oder zwölf Szenarien trug eine bestimmte

Farbbezeichnung als Decknamen, die einen bestimmten Gegner markierte. Diese Kriegspläne spielten alle erdenklichen Mächte und Mächtekombinationen durch, mit denen sich die Vereinigten Staaten irgendwann einmal im Krieg befinden könnten, teils jenseits aller Wahrscheinlichkeit. So war in den dreißiger Jahren immer noch ein »RED«-Plan in Kraft, der einen Krieg gegen das britische Empire vorsah, obwohl Roosevelt gerade dabei war, die Flottenkooperation mit Großbritannien anzubahnen.

Das meiste an diesen Kriegsplänen war reine Stabsarbeit, die »von unten nach oben« betrieben wurde – also zunächst in den dafür zuständigen Kriegsplanungsabteilungen von Heer und Marine, bis die Dossiers irgendwann einmal oder auch nie den Schreibtisch des Präsidenten erreichten und dessen Billigung erlangten. Auf der anderen Seite besteht kein Zweifel daran, daß alle wichtigen Richtungsentscheidungen innerhalb dieses komplexen Planungsprozesses »von oben nach unten« fielen, das heißt, daß sie von Präsident Roosevelt höchstpersönlich in einer im einzelnen nicht mehr nachvollziehbaren Art und Weise getroffen und, häufig gegen den Widerstand seiner Stabsoffiziere, in militärische Realität umgesetzt wurden.

»Die beherrschende Rolle des Präsidenten in politisch-militärischen Angelegenheiten«, so heißt es dazu in dem militärhistorischen Standard-Werk der *U. S. Army*, »war absolut klar. Seine öffentlichen Reden, vor allem in den frühen Tagen, als sich die Anti-Achsen-Politik herauskristallisierte, markierten so gut wie immer neue Stadien der diplomatischen und militärischen Kriegsbereitschaft Amerikas. Mochte häufig auch jeder, der dem Kreis seiner offiziellen Berater angehörte, die Ideen hervorbringen, so lag die Entscheidung über ihre Zeitplanung und Formulierung doch allein beim Präsidenten. Höchstens wurde sie von einigen seiner persönlichen, mehr oder weniger anonymen Assistenten im Weißen Haus beeinflußt, von denen sich Harry L. Hopkins am meisten in quasi-militärischen Fragen hervortat.« [4]

Der Autor dieses Werkes, Ray S. Cline, nennt auch die Gründe für Roosevelts zentrale Stellung innerhalb der amerikanischen Kriegsplanung: »Mehr als jeder andere hatte der Präsident bei jeder militärischen Handlung die politischen Risiken zu kalkulieren, die er oder die US-Regierung glaubte, übernehmen zu können. Diese Risiken lagen sowohl im Bereich der auswärtigen Beziehungen, als auch im Bereich der öffentlichen Meinung daheim. Schließlich beruhte der Erfolg jeder strategisch ausgerichteten Politik auf dem Vertrauen, das die Regierungen befreundeter Nationen und das Volk der Vereinigten Staaten in die Roosevelt-Administration setzte.«

Zur zentralen Stellung des Präsidenten innerhalb der amerikanischen Kriegsplanung trug sicher auch bei, daß die amerikanischen Teilstreitkräfte relativ unverbunden nebeneinanderstanden. Sie haben bis weit in den Krieg hinein heftig miteinander rivalisiert – lediglich in operativer Hinsicht koordiniert von den *Joint Chiefs of Staff*. Dagegen fehlte den Stabschefs von Heer und Marine lange Zeit ein gemeinsames Gremium, das die militärischen Operationen gemeinsam plante. Zwar pflegte Roosevelt mit seinen Ministern persönlich innerhalb und außerhalb der regulären Kabinettssitzungen darüber zu konferieren. Doch hatte er bis 1941 kein eigentliches Kriegskabinett.

Erst nach dem amerikanischen Kriegseintritt fanden hin und wieder Besprechungen mit dem Außen-, Marine- und Kriegsminister und deren militärischen Hauptberatern statt, die als »Kriegsrat« oder »Kriegskabinett« bezeichnet wurden. Ein »Ständiger Verbindungsausschuß«, dem der Generalstabschef des Heeres, der Chef der Seekriegsleitung und der Unterstaatssekretär des Außenministeriums angehörten, war bereits im April 1938 gebildet worden. Er hat jedoch nie größere Bedeutung erlangt.

So wurde für die Kriegsplanung im engeren Sinne, also für die Koordination der Generalstabsarbeit zwischen den beiden Teilstreitkräften, schon vor Beginn des europäischen Krieges das »Joint Board« gegründet. Ihm gehörten der Generalstabschef des Heeres, der Chef der Seekriegsleitung und einige andere hohe Stabsoffiziere aus den Kriegsplanungsabteilungen von Heer und Marine an. Erst ab 1941 waren auch die Marineluftwaffe und die Luftstreitkräfte des Heeres, die eigentliche *U. S. Air Force*, durch ihre Stabschefs in diesem Gremium vertreten, entsprechend der steil ansteigenden Bedeutung, die Luftstreitkräfte für die amerikanische Kriegführung hatten. Dieses *Joint Board* hat sich Präsident Roosevelt im Juli 1939, zwei Monate vor Ausbruch des europäischen Krieges, sogar persönlich unterstellt. Dasselbe galt für das *Joint Economy Board*, das *Joint Munitions Board* und das *Aeronautical Board*, die als Verbindungsstäbe die Verwaltung und das Beschaffungswesen der amerikanischen Streitkräfte insgesamt sowie die Entwicklung der Luftstreitkräfte von Marine und Heer bis zum letzten Gamaschenknopf koordinierten. Schließlich kam am Vorabend von Pearl Harbor noch ein *Joint Intelligence Board* hinzu, das die nachrichtendienstlichen Aktivitäten aller Teilstreitkräfte planmäßig zusammenfaßte.

Diese für kontinentaleuropäische Verhältnisse unübersichtliche Maschinerie brachte die amerikanischen Kriegspläne ab 1935 *à jour*, indem sie die militärischen Szenarien sowohl an die wachsende Stärke der amerikanischen Seemacht, als auch an die zunehmende Expansion der Achsenmächte, als auch an das sich verändernde Kriegsbild des amerikanischen Präsidenten anpaßte, drei Entwicklungen, die sich ständig gegenseitig bestärkten. Die großangelegten Flottenmanöver jenes Jahres hatten nämlich mit letzter Deutlichkeit gezeigt, daß die *U. S. Navy* weder die Philippinen – damals noch amerikanisches Hoheitsgebiet – verteidigen, geschweige denn einen Angriff gegen die japanischen Hauptinseln vortragen konnte. Selbst ihre Verlegung von San Diego in Südkalifornien in die strategisch vorgeschobene Ausgangsposition von Pearl Harbor auf Hawaii schien nicht ausreichend gegen Angriffe japanischer U-Boote gedeckt zu sein.

Für einen Augenblick stand damals in Washington der strategische Rückzug auf das Dreieck Alaska – Hawaii – Panama zur Diskussion. Dann aber entwickelte die amerikanische Führung auf Geheiß Roosevelts ab 1937 eine neue Weltkriegführungs-Konzeption. Den Anstoß gab anscheinend Harry E.

Yarnell, Oberbefehlshaber der Asiatischen Flotte. In einem Schreiben, das der Chef der Seekriegsleitung im November 1937 Roosevelt vorlegte, wies der Admiral auf die keineswegs überraschende Tatsache hin, daß die Vereinigten Staaten bei einem Krieg im pazifisch-asiatischen Raum mit ziemlicher Sicherheit auf den aktiven oder passiven Beistand Großbritanniens, Frankreichs, Rußlands und der Niederlande rechnen könnten. Alle diese Mächte verfolgten im Fernen Osten eigene Interessen, die sie nur mit Hilfe der USA gegen Japan verteidigen konnten. »Mit unseren Alliierten«, so führte Yarnell aus, »würden wir ungefähr neunzig Prozent der Weltreserven an Eisen, Kohle und Öl ebenso wie einen Großteil anderer Rohstoffe kontrollieren.« Yarnells Schlußfolgerung: Auf diese Weise könnten Amerika und England selbst mit Hilfe leichterer Flotteneinheiten »einige Nationen . . . zu Tode strangulieren. »[5]

In seinem Buch »Race to Pearl Harbor« stellt Stephen E. Pelz die Episode so dar, als wäre es dieser Admiral gewesen, der seinem Präsidenten den entscheidenden Hinweis auf den Einsatz der Quarantäne-Waffe als Notbehelf für jene Zeit gegeben hat, in der die Vereinigten Staaten noch nicht über die Seemacht verfügten, die sie benötigten, um erfolgreich, das heißt gegebenenfalls auch offensiv, Krieg gegen die Achsenmächte zu führen. [6] In Wahrheit scheint der Befehlshaber der Asiatischen Flotte jedoch eher einen Entschluß mit unbestreitbaren Fakten untermauert zu haben, den Präsident Roosevelt schon einige Wochen vorher gefaßt hatte. Es war der Entschluß, nach der Produktionswaffe nun auch die Quarantäne-Waffe zum Einsatz zu bringen, und zwar von nun an nicht mehr nur gegen Japan, sondern auch gegen das mächtig aufstrebende Deutschland und notfalls sogar gegen Italien, also gegen alle drei Achsenmächte zusammen.

Den Beweis für diese Annahme hat Roosevelt bereits vier Wochen vor Yarnells Brief mit seiner berühmt-berüchtigten Quarantäne-Rede geliefert. Sie markiert eine qualitativ neue Stufe der amerikanischen Kriegsplanung – weg vom Ein-Fronten-Krieg in Gestalt des schieren Flottenkampfes, hin zum Mehr-Fronten-Krieg und zum kombinierten Einsatz von nicht-militärischen und militärischen Mitteln in kriegsmäßig gesteigerter Form, nämlich in Gestalt einer Fernblockade, aus der sich bei passender Gelegenheit ein regelrechter Schießkrieg entwickeln mochte. Roosevelt bestätigte den Gedankengang seines Admirals, indem er Leahy mitteilte: »Was Yarnell sagt, macht sehr viel Sinn . . . es deckt sich mit dem Wort ›Quarantäne‹, das ich im vorigen Monat in meiner Chicagoer Rede benutzte.« [7]

Aber noch etwas anderes war neu in diesem Stadium – und das war die Einbeziehung europäischer Mächte in Roosevelts Kriegführungskonzept, insbesondere Großbritanniens. Denn eine weiträumige Fernblockade Japans, Deutschlands und Italiens, wie sie dem Präsidenten vorschwebte, konnte für absehbare Zeit nur unter tatkräftiger Mithilfe der britischen Flotte gelingen. Entscheidend war hierfür im Pazifik die Position der Philippinen. Seit 1933 gingen in Washington die Meinungen in diesem Punkt auseinander: Die Kriegsplaner der *U. S. Army* hielten die Verteidigung dieser Inselgruppe unter den gegebenen Umständen für unmöglich. Dagegen bestanden die Kriegsplaner der *U. S. Navy* darauf, ein Angriff der Japaner auf die Philippinen müsse von den Vereinigten Staaten, koste es, was es wolle, offensiv zurückgeschlagen werden.

Tatsächlich wurde der ORANGE-Kriegsplan, der gegenüber Japan galt, auf dem Papier entsprechend revidiert. Aber in der rauhen Wirklichkeit der militärischen Potentiale fehlte es 1937 auf amerikanischer Seite immer noch an Kräften, um eine Blockade Japans von den Aleuten über die Philippinen und Singapur bis nach Hongkong effektiv durchzuführen, und effektiv mußte eine Blockade schon sein, damit ihr ein neutrales Land wie die USA ohne Einschaltung des Kongresses beitreten konnte – das heißt ohne offene Kriegserklärung. Außerdem war in der Roosevelt-Administration niemand geneigt, für Großbritannien »die Kastanien aus dem Feuer zu holen«, also das britische *Empire* gegen japanische Angriffe vor dem Auseinanderbrechen zu bewahren.

All dies legte dem Präsidenten den Wunsch nach einer amerikanisch-britischen Flottenkooperation nahe – und zwar mit Blickrichtung nicht nur auf den pazifisch-asiatischen, sondern vor allem auf den atlantisch-europäischen Raum. Für den Fall nämlich, daß die USA und Großbritannien gemeinsam Krieg gegen Japan führten, so gab ein leitender Beamter des amerikanischen Außenministeriums diese strategischen Überlegungen wieder, »würden Deutschland und Italien immobil werden, da sie eine Ausweitung des Konflikts in Feindseligkeiten mit den Vereinigten Staaten verstricken würde; sollten sie auf der anderen Seite etwas unternehmen, könnte England auf uns als Mit-Kriegführende rechnen.« [8]

Der Anti-Komintern-Pakt, den Deutschland und Japan am 25. November 1937 miteinander schlossen und dem Italien später beitrat, verlieh diesen Überlegungen eine gewisse Plausibilität, obwohl er jeder militärischen Komponente entbehrte. Denn wenn sich die drei Achsenmächte zunächst auch nur auf ihren kleinsten Nenner geeinigt hatten, den Antikommunismus – wer wollte daran zweifeln, daß sich ihr enger werdendes Bündnis eines Tages auch gegen die zusammenrückenden Westmächte richten könnte?

Roosevelt jedenfalls nicht – er glaubte in vorgespiegelter oder tatsächlicher Überschätzung der Wirklichkeit schon damals, die Achsenmächte seien miteinander durch einen militärischen Beistandspakt auf Gegenseitigkeit verbunden. Noch führte der Präsident seinen nicht-militärischen Produktions-Krieg vor allem gegen Japan im Pazifik, um Deutschland und Italien von unbedachten Handlungen im Atlantik abzuschrecken. Aber mit dem Beginn der amerikanisch-britischen Flottengespräche im Dezember 1937 rückte für ihn die verlockende Möglichkeit eines Krieges gegen die europäischen Achsenmächte näher.

Tatsächlich hatten Präsident Roosevelt und dessen Kriegsplaner inzwischen damit begonnen, von den ORANGE- zu den RAINBOW-Szenarios überzugehen. Hinter dem Wechsel der Decknamen verbarg sich der folgenschwere Übergang von der Planung eines Ein-Fronten-Krieges gegen Japan zu einem

Mehr-Fronten-Krieg gegen alle drei Achsenmächte – mit Großbritannien als Juniorpartner und mit der immer deutlicher zutagetretenden Neigung Roosevelts, dem atlantisch-europäischen Kriegsschauplatz den Vorrang zu geben. Denn die Tatsache, daß der Präsident im Winter 1937/38 allen britischen Versuchen auswich, Amerika in eine Kraftprobe mit Japan zu treiben, kann man nur als Reflex auf seine »Germany first«-Strategie interpretieren, auch wenn diese damals noch nicht ausformuliert war. An dieser neuen Präferenz änderte nicht einmal mehr der *Panay*-Zwischenfall etwas, bei dem japanische Kampfflugzeuge ein amerikanisches Kanonenboot versenkten.

Präsident Roosevelt schickte im Dezember 1937 Kapitän Royal E. Ingersoll nach London, Chef der Kriegsplanungsabteilung in der amerikanischen Seekriegsleitung, um damit die neue Strategie der Flottenkooperation der beiden angelsächsischen Seemächte einzuleiten. Auch wenn die Mission noch keine spektakulären Ergebnisse brachte, war sie, symbolisch gesehen, einer der wichtigsten militärpolitischen Schritte der Vorkriegszeit. Roosevelt hat ihn exakt auf sein Quarantäne-Konzept abgestimmt: Der unauffällige, aber gewandte und verschwiegene Marineoffizier sollte den Briten nämlich jenes Selbstvertrauen einhauchen, das sie brauchten, um Hitler gemeinsam mit den Amerikanern den Frieden aufzuzwingen – und zwar notfalls mit Waffengewalt.

Ingersoll hatte denn auch die Aufgabe, der britischen Flotte für eine solche *peace enforcing mission* die Zusammenarbeit mit der amerikanischen Flotte anzubieten, also ein mehr oder weniger ungeschriebenes Militärbündnis zu schließen. Dahinter stand folgender Plan des Präsidenten: Sollten sich die beiden mitteleuropäischen Dikatoren und die japanischen Militärs nicht auf dem Verhandlungswege zähmen lassen, dann sollte sie die volle Wucht der politischen, wirtschaftlichen und militärischen Quarantäne aller übrigen Mächte der Welt unter politisch-moralischer Führung der Vereinigten Staaten von Amerika treffen. Würden Deutschland, Italien und Japan darauf mit Krieg reagieren, wäre den Alliierten ein relativ rascher und unblutiger Sieg sicher – vorausgesetzt, die deutschen Generäle würden Hitler nicht schon vorher durch eine Revolution stürzen. [9]

Die Ingersoll-Mission war ein außerordentlich tiefer und weitreichender Bruch mit zwei wichtigen amerikanischen Traditionen. Sie war ein Bruch mit der amerikanischen Tradition, sich im Frieden nicht durch militärische Absprachen an andere Mächte zu binden. Sie war aber auch, wie der Historiker James R. Leutze schreibt, ein Bruch mit der amerikanischen Tradition, im Frieden nicht schon den nächsten Krieg zu planen.

»Soweit bekannt«, so Leutze weiter, »hatten sich die Vereinigten Staaten noch nie auf die Planung und Koordination mit den Stäben eines anderen Landes vor dem Ausbruch von Feindseligkeiten eingelassen. Das einzige Militärbündnis, das es vorher gab, wurde 1778 mit Frankreich geschlossen . . . Obwohl sie selbst nicht bindend waren, implizierten Stabsgespräche die Absicht zur Kooperation. Eine so enge Zusammenarbeit barg zumindest die Gefahr in sich, [von potentiellen Feindmächten – D.B.] ernstlich mißverstanden zu werden, solange die Verbündeten gemeinsame Handlungen erwogen.«

Leutze bemüht das Beispiel des Ersten Weltkrieges, um zu zeigen, daß Stabsgespräche, wie sie Roosevelt im Winter 1938/39 mit Großbritannien einleitete, nicht nur zu alarmierenden Schlußfolgerungen in Berlin, Rom und Tokio führen mußten, sondern zugleich auch die USA moralisch zum Eintritt in den Zweiten Weltkrieg verpflichten konnten: »Obwohl [rein rechtlich gesehen – D.B.] nicht-verpflichtend, waren die [Stabs-]Gespräche zwischen Großbritannien und Frankreich am Vorabend des Ersten Weltkrieges so interpretiert worden, daß sie ›moralische Ehrverpflichtungen‹ begründeten, die eine britische Intervention bedingten, als 1914 der Krieg ausbrach.« [10] Wahrscheinlich war die moralische Bindung sogar Roosevelts eigentliches Ziel, weil er Amerika ja ohne oder gegen den Kongreß nicht in völkerrechtlich wirksamer Form an Großbritannien binden konnte.

Aber damit nicht genug – auch für die amerikanische Kriegsplanung bedeutete die Ingersoll-Mission eine Revolution. »Selbst Kriegsplanung durch das eigene Militär«, meint Leutze, »war eine vergleichsweise neue Entwicklung für die Vereinigten Staaten; Wilson hatte sie nicht einmal nach dem Beginn der Feindseligkeiten in Europa erlaubt. So stellte kooperative Kriegsplanung nicht nur einen dramatischen Bruch mit der Tradition dar. Sie stellte auch einen gefährlichen politischen Schachzug für den Fall dar, daß die isolationistischen Wähler Franklin Delano Roosevelts davon erfuhren.«

Aber sie erfuhren nichts davon, jedenfalls nichts von Roosevelt und schon gar nicht in einem Moment, in dem eine starke Minderheit des Kongresses die außenpolitischen Prärogative des Präsidenten zu beschneiden versuchte. Tatsächlich wollten bestimmte Kräfte die Frage einer amerikanischen Kriegserklärung der direkten Entscheidung des amerikanischen Volkes unterwerfen. [11] Auch wenn sie keinen Erfolg damit hatten, zeigt die bedenkenlose Art und Weise, in der Roosevelt 1937/38 mit den amerikanischen Traditionen brach, wie berechtigt ihre Initiative war.

Vom Kongreß nicht wirksam daran gehindert, begann Roosevelt die amerikanische Nation gegen ihren Willen ab 1937/38 Schritt für Schritt in den Krieg zu führen, und zwar erst auf dem Papier, später in Wirklichkeit. Die Ingersoll-Mission hatte der Präsident mit einem dichten Schleier der Geheimhaltung umgeben, indem er seinen Emissär auf strengstes Stillschweigen verpflichtete. Roosevelt gab Ingersoll weder präzise Instruktionen mit auf den Weg nach London, noch hat Roosevelt nach der Rückkehr seines Emissärs – im Gegensatz zu Premierminister Chamberlain – jemals das mit der britischen Admiralität abgestimmte Ergebnis-Protokoll unterzeichnet. Niemand und nichts sollte Roosevelts Weg in den Krieg verraten.

Präsident Roosevelt hatte dem britischen Botschafter in Washington, Sir Ronald Lindsay, freilich schon im Vorfeld der Ingersoll-Mission klipp und klar gesagt, worum es ihm ging: [12] Jeder kriegerischen Aktion des Westens müßte eine gemeinsame Planung vorausgehen – und er berief sich dabei auf Vorgänge während des Ersten Weltkrieges, in die er angeblich selbst maßgeblich verwikkelt gewesen war. [13] Im Ergebnis hätte sich der Informationsaustausch zwischen den militärischen Führungen Amerikas und Großbritanniens damals so produktiv entwickelt, daß »vollständige Kriegspläne ausgearbeitet« waren, als die USA 1917 in den Krieg eintraten. Offenbar schwebten dem Präsidenten jetzt eine ähnliche Prozedur und ein ähnlicher Planungszeitraum vor. Setzte man ihn auch jetzt wieder mit drei Jahren an, dann würde mit dem amerikanischen Kriegseintritt diesmal etwa 1941, nach einer Erklärung des nationalen Notstandes, zu rechnen sein. [14] Tatsächlich hat Präsident Roosevelt diese Frist ziemlich genau eingehalten.

In der Tat lassen Roosevelts Äußerungen nur den einen Schluß zu: Bei der Ingersoll-Mission handelte es sich um den ersten Akt eines von langer Hand eingefädelten Koalitionskrieges der beiden angelsächsischen Seemächte gegen die Achsenmächte im Weltmaßstab. Vordergründig ging es bei den Londoner Geheimabsprachen auf amerikanischer Seite zwar nur um gemeinsame Blockademaßnahmen im Pazifik, um eine US-Flottendemonstration vor Singapur und um die Installation eines Marineoffiziers an der britischen Botschaft in Washington, über den der geheime Informationsaustausch zwischen den militärischen Stäben der beiden Mächte künftig laufen sollte. [15] Aber der ganze Kontext stützt unsere sehr viel weitergehende Interpretation, obwohl Roosevelt zur Abschreckung Japans am 10. Januar 1938 nur verhältnismäßig schwache Schritte unternahm [16]

Präsident Roosevelt hatte schon *vor* der Ingersoll-Mission beschlossen, die bisherige Planung eines Ein-Fronten-Krieges zugunsten eines Krieges in beiden Weltmeeren zu revidieren. Die neue ORANGE-Planung blieb zwar als »Joint Army and Navy Basic War Plan« für eine offensive Kriegführung der USA gegen Japan auch später in Kraft. [17] Aber Admiral Leahy, damals noch Chef der amerikanischen Seekriegsleitung, wies seine Flottenbefehlshaber unmittelbar *nach* der Ingersoll-Mission an, für den Fall eines Krieges im Pazifischen Ozean mit der *Royal Navy* auch im Atlantischen Ozean zu kooperieren. Sollten nämlich die Briten nicht in der Lage sein, die an sich vereinbarte Anzahl von Kriegsschiffen in den Pazifik zu entsenden, so sei eine enge taktische Kooperation in beiden Weltmeeren angezeigt. [18]

Dennoch scheiterte Roosevelts ebenso grandioser wie bellikoser Weltfriedensplan an dem eigensinnigen Versuch Chamberlains, den Frieden durch Direktverhandlungen mit Hitler und Mussolini wenigstens für Europa zu retten. Obwohl ihm das im September 1938 in München »für unsere Zeit« scheinbar gelang, ließ der Präsident ab November 1938 verschiedene Kriegsbilder entwerfen, die sämtlich von einem möglichen Weltkrieg gegen »Deutschland und seine Satelliten« Italien und Japan ausgingen. In seine entscheidende Planungsphase trat das *Joint Board* jedoch erst im April 1939 ein, nachdem Roosevelts Quarantäne-Politik und Hitlers Besetzung der Rest-Tschechei die *Appeasement*-Politik Chamberlains endgültig zum Scheitern gebracht hatten. Kurz nach Beginn der »heißen« Planungsphase in Washington kam es durch die britisch-französischen Garantien für Polen und Rumänien zu einer endgültigen Verhärtung der europäischen Fronten.

Zwei Monate später, am 11. Mai 1939, wurden die Direktiven zur Ausarbeitung der Kriegspläne RAINBOW 1, 3, 4 und 5 vom *Joint Board* erlassen. Sieben Tage vorher hatten London und Paris Polen in ihre Kriegsplanung gegen Deutschland einbezogen. Acht Tage später verpflichtete sich der französische Generalstab, Deutschland am 15. Tag des Zweiten Weltkrieges im Westen anzugreifen, um Polen im Osten zu entlasten. Diese zeitlichen Zusammenhänge waren kein Zufall, weil die amerikanische, britische, französische und polnische Politik, wie ich in meinem ersten Roosevelt-Buch nachgewiesen habe, außerordentlich eng miteinander vernetzt war. Ebensowenig zufällig war die Tatsache, daß die Direktive für RAINBOW 2 am 23. Juni 1939 nachgeschoben wurde: Am nächsten Tag einigten sich nämlich England, Frankreich und Rußland auf einen Beistandsvertrag, der nun tatsächlich das von Roosevelt als vorhanden unterstellte Militärbündnis zwischen Deutschland, Italien und Japan herbeizuführen drohte. [19]

Roosevelt hat es vermieden, die Weisungen des *Joint Board* förmlich zu autorisieren, um bei Bekanntwerden dem Vorwurf zu entgehen, er habe mitten im Frieden den Krieg vorbereitet. Dennoch ist kaum vorstellbar, daß er die Direktiven nicht gesehen hat, bevor die Stäbe von Heer und Marine damit begannen, sie in konkrete Planungen umzusetzen. Alles andere hätte seiner zentralen Stellung innerhalb des Planungsprozesses widersprochen, auf die wir weiter oben hingewiesen haben. Terminierung und Inhalt der Weisungen zeigen außerdem nicht nur, wie genau die amerikanische Führung ihre Szenarien insgeheim auf den internationalen Krisenverlauf abstimmte, sondern auch wie sich Roosevelts Kriegsbild eines duellhaften Flottenkampfes inzwischen in ein Szenario multipler Kampfhandlungen zu verschiedenen Zeitpunkten in verschiedenen Regionen verwandelt hatte. Aufgrund seiner Weisung sollten folgende Kriegs-Szenarien entwickelt werden: [20]

RAINBOW 1: Verhinderung einer Verletzung der Monroe-Doktrin durch Sicherung desjenigen Teils der westlichen Hemisphäre, von dem aus die vitalen Interessen der Vereinigten Staaten bedroht werden können, bei gleichzeitigem Schutz der USA, ihrer überseeischen Besitzungen und ihres Seehandels.

RAINBOW 2: Verteidigung der westlichen Hemisphäre wie unter (1), gleichzeitig Aufrechterhaltung der Interessen der »demokratischen Mächte« im Pazifik, Vorsorge für die Einsätze, die für die Aufrechterhaltung dieser Interessen erforderlich sind, und Vernichtung der feindlichen Streitkräfte im Pazifik.

RAINBOW 3: Vorsorge für die Mission zur Verteidigung der westlichen Hemisphäre, wie unter (1) beschrieben, und Verteidigung der vitalen Interessen der USA im West-Pazifik durch Sicherung der Seeherrschaft über ihn, und zwar dies so rasch, wie es mit der Ausführung von RAINBOW 1 vereinbar ist.

RAINBOW 4: Vorsorge für die Mission zur Verteidigung der westlichen
Hemisphäre, wie unter (1) beschrieben, aber – im Gegensatz
zu RAINBOW 1 – Ausführung dieser Mission durch Planung
von Heeresverbänden, die für die Verteidigung des südlichen
Teils von Südamerika und des Ost-Atlantiks erforderlich sind.

RAINBOW 5: Vorsorge für die Mission zur Verteidigung der westlichen
Hemisphäre, wie unter (1) beschrieben, aber gleichzeitig Entsendung »bewaffneter Streitkräfte der Vereinigten Staaten in
den Ost-Atlantik sowie auf den afrikanischen und/oder europäischen Kontinent«, und zwar dies so schnell, wie es mit
Ausführung von RAINBOW 1 vereinbar ist, »um die endgültige Niederlage Deutschlands oder Italiens oder beider
[Mächte] zu bewirken.« Dieser Plan setzte »konzertierte
Handlungen zwischen den Vereinigten Staaten, Großbritannien und Frankreich« voraus.

Wie in einer Nußschale ist in diesen fünf Direktiven, die dreieinhalb Monate
vor Hitlers Angriff auf Polen die Zustimmung Roosevelts fanden, schon jenes
komplexe Kriegführungs-Konzept angelegt, dem die See-, Luft- und Landstreitkräfte der Vereinigten Staaten von Amerika unter dem Oberbefehl des
Präsidenten von 1939 bis 1945 folgen sollten – eine Projektion von geradezu
unheimlich imaginativer Kraft. Wenn man einmal für einen kurzen Augenblick
alles andere wegstreicht, was dieser Präsident politisch und wirtschaftlich zur
Entstehung des Zweiten Weltkrieges beigetragen hat, dann könnten wir unsere
Aussage, daß dieser Krieg konzeptionell vor allem *sein* Krieg gewesen ist,
allein schon auf diese RAINBOW-Direktiven stützen.

An dieser Planung, die in den folgenden Monaten und Jahren in ebenso
umfassende wie detaillierte Programme für Produktion, Beschaffung und
Versorgung von und mit Rüstungsgütern aller Art sowie für Rekrutierung,
Logistik und Einsatz aller drei amerikanischen Teilstreitkräfte umgesetzt
wurde, bestechen ihre Dynamik, ihre Reichweite und ihre Komplexität. Dagegen nehmen sich die beiden Weisungen für die Kriegführung, die der deutsche
Führer im Mai und August 1939 für seine Kriegführung in Polen erließ, fast
schon kläglich aus. [21]

Während Hitler hier seine erste Vision für die Eröffnungsschlachten an Weichsel und Rhein niederlegte, hatte sein mächtigster und gefährlichster Gegner auf
einen Schlag bereits den ganzen Krieg entworfen, ein visionärer Vorsprung,
den der deutsche Diktator nie wieder einholen sollte. Wenn Siege zuerst in den
Köpfen von Politikern und Militärs entstehen, dann hat Präsident Roosevelt
den Krieg schon im Sommer 1939 gewonnen, bevor noch der erste Schuß
gefallen war.

Analysiert man seine Szenarios näher, dann schälen sich nämlich die fünf
Elemente heraus, die für Roosevelts gesamte Kriegführungs-Konzeption ab
1939 typisch und zum Teil sogar tragend wurden:

Erstens: Dreh- und Angelpunkt war die sogenannte Verteidigung der westlichen Hemisphäre, deren äußerste Grenze nur in Richtung Süden, nicht aber in Richtung Norden, Osten und Westen definiert wurde. (In Richtung Süden wurde die Grenze auf den 10. Breitengrad festgelegt.) Denn verteidigt werden sollte ja nicht nur der amerikanische Doppelkontinent bis hinunter nach Brasilien (Stichwort: Monroe-Doktrin), sondern auch die überseeischen Besitzungen und der Seehandel der USA. Damit reichte die »westliche Hemisphäre« von vornherein tief in beide Weltmeere hinein – bis an die Küsten Asiens, Afrikas und Europas.

Zweitens: Da die in RAINBOW 1 geforderte Verteidigung der westlichen Hemisphäre die unverzichtbare Bedingung für die Verwirklichung von RAIN-BOW 2 bis 5 war, fiel der amerikanischen Seemacht die entscheidende Rolle bei der Ausführung von Roosevelts Kriegsplanung zu. Denn weder RAIN-BOW 1 noch RAINBOW 2 bis 5 konnten ohne eine Flotte ausgeführt werden, die in beiden Weltmeeren jeder anderen Seemacht oder Kombination von Seemächten überlegen war.

Drittens: Während man RAINBOW 1 und 4 bei restriktiver Auslegung als Defensivplanung bezeichnen kann, kamen RAINBOW 2, 3 und 5 einer Offensivplanung gleich. Ein Versuch der Vereinigten Staaten, die Seeherrschaft über den westlichen Pazifik zu gewinnen und die feindlichen Streitkräfte im ganzen Pazifik zu vernichten, bedeutete Krieg gegen Japan. Ebenso würde die Entsendung amerikanischer Streitkräfte in den Ost-Atlantik, erst recht aber auf den europäischen Kontinent mit an Sicherheit grenzender Wahrscheinlichkeit zu kriegerischen Verwicklungen mit Deutschland und/oder Italien führen, mit letzterem auch bei der Entsendung amerikanischer Streitkräfte nach Nordafrika. Mit anderen Worten: RAINBOW 2, 3 und 5 beinhalteten die Planung eines globalen Offensivkrieges gegen alle drei Achsenmächte, wobei die Frage, wo Amerika in geographischer Hinsicht genau die Schwelle zum Krieg überschreiten würde, gegenüber Deutschland und Italien offenblieb. Gegenüber Japan war es der Westpazifik.

Viertens: Offen ließ Roosevelt ebenfalls die Frage, in welchem zeitlichen Verhältnis zueinander die Operationen gemäß RAINBOW 1 bis 5 stehen sollten. Während er für RAINBOW 2 bis 5 die gleichzeitige Durchführung von RAINBOW 1 ausdrücklich zur Bedingung machte, hing für ihn die Antwort auf die Frage, ob es zu einem Mehr-Fronten-Krieg gleichzeitig gegen Japan sowie gegen Deutschland und/oder Italien kommen würde oder ob sich die militärische Auseinandersetzung mit den Achsenmächten als zeitlich gestaffelten Abfolge von Ein-Fronten-Kriegen gestalten ließ, vom faktischen Ablauf der Ereignisse sowie von der Mobilisierbarkeit des amerikanischen Produktionspotentials ab. Sein späterer Stabschef Leahy sicherte den Briten freilich schon im Mai 1939 bei Fortsetzung der Stabsgespräche in Washington zu: Sollten sich beide Mächte gleichzeitig in einem Krieg gegen Deutschland, Japan und Italien befinden, würden die USA den pazifisch-asiatischen Kriegsschauplatz in eigener Regie übernehmen, während die USA und Großbritannien den atlantisch-europäischen Kriegsschauplatz gemeinsam kontrollieren sollten – ein überzeugendes Indiz dafür, daß Roosevelt bereits die Möglichkeit eines Zwei-Fronten-Krieges ins Auge gefaßt hatte. [22]

Fünftens: RAINBOW 4 und 5 sahen den Einsatz von großen Heeresverbänden vor. Während man sich bei RAINBOW 4 noch Landstreitkräfte von geringerem Umfang vorstellen konnte – etwa zur Beseitigung eines Brückenkopfes, dessen Bildung einer der beiden oder beiden Achsenmächten an einer der lateinamerikanischen Küsten bei einer lokalen Landungsoperation gelungen war –, schwebte Roosevelt bei RAINBOW 5 offenbar die Entsendung eines amerikanischen Expeditionsheeres nach Europa und/oder Afrika vor. In Anbetracht der militärischen Stärke, die Deutschland und Italien inzwischen entwickelt hatten, mußte diese Landstreitmacht, unterstützt von entsprechenden Luftwaffenverbänden, mindestens ebenso groß sein wie das Expeditionsheer, das Amerika 1917/18 auf den europäischen Kontinent entsandt hatte, wahrscheinlich sogar größer. Das heißt, Roosevelt dachte bereits 1939 an den Einsatz eines Millionen-Heeres in Übersee.

Zusammengefaßt kann man sagen: Gestützt auf ie immer enger werdende Flottenkooperation mit Großbritannien im Weltmaßstab, die wiederum auf der britisch-französischen Flottenzusammenarbeit im Ost-Atlanik und im Mittelmeer basierte, [23] plante Roosevelt seit dem Frühsommer 1939 einen defensiv-offensiven Interventionskrieg gegen die drei Achsenmächte, in den gegebenenfalls amerikanische See-, Luft- und Landstreitkräfte von erheblichem Umfang eingreifen sollten. Damit war vier Monate, bevor in Europa der erste Schuß fiel, die grundsätzliche Entscheidung für einen möglichen Kriegseintritt der Vereinigten Staaten von Amerika gefallen.

Das bedeutet zwar nicht unbedingt, daß sich Roosevelt schon im Mai 1939 definitiv entschlossen hat, aktiv in einen Krieg gegen die Achsenmächte einzutreten. Möglicherweise glaubte er sogar zu diesem Zeitpunkt noch, er könne die Achsenmächte durch die Bereitstellung militärischer Macht davon abschrecken, ihren Kurs der bewaffneten Expansion fortzusetzen. Vielleicht hatte er sich aber innerlich doch schon auf einen Weg ohne Umkehr in den Krieg gemacht. Wir wissen es nicht, denn Präsident Roosevelt war nicht der Mann, der in dieser wichtigen Beziehung Klarheit geschaffen hätte – er zog Operationen in einer möglichst breiten Grauzone zwischen Krieg und Frieden vor, um sich möglichst viele Optionen offenzuhalten.

Objektiv haben Roosevelts Kriegsplanungen jedoch die allgemeine Kriegsbereitschaft sicher eher geschürt als gedämpft – diejenige Englands, Frankreichs und Polens, weil diese Mächte sich nun dem praktischen Beistand der USA näher wähnten, und diejenige der Achsenmächte, weil die europäischen Diktatoren und japanischen Militärs seit 1937 zu ahnen begannen, daß sie nicht mehr viel Zeit für ihre Siege hatten. Denn legte man an Roosevelts Kriegsplanung die Maßstäbe des Ersten Weltkrieges an, dann würden die Vereinigten Staaten – von Mai 1939 an gerechnet – etwa im Mai 1941 in der Lage sein, mit Aussicht auf Erfolg tatsächlich in den Krieg einzutreten.

Sieht man die Dinge so, dann ist eine gewisse Grundentscheidung für den amerikanischen Kriegseintritt mit den RAINBOW-Weisungen im Mai 1939 eben doch schon gefallen, zumindest dem objektiven Ereignisablauf nach. Denn Roosevelts Entschluß reifte von nun an mit dem Aufbau seiner Streitkräfte von Tag zu Tag, von Monat zu Monat und von Jahr zu Jahr, bis er 1940/41 effektiv in die Tat umgesetzt werden konnte.

Anmerkungen

1 Norman Davis Papers, Box 36: Recommendations of the General Board on the 1935 Disarmament Conference, 1. 10. 34
2 Brown, Rearmement, S. 11
3 Pelz, Race, S. 88
4 Cline, Washington Command Post, S. 42 – Dort auch das folgende Zitat
5 FDRL: Roosevelt Papers, PSF Box 25, Leahy 8. 11. 37 FDR, Einlage: Yarnell 8. 11. 37 Leahy
6 Pelz, Race, S. 199
7 FDRL: Roosevelt Papers, PSF Box 25, FDR 10. 11. 37 Leahy
8 Moffat, Papers, S. 162
9 Vgl. den politischen Kontext der Ingersoll-Mission bei Bavendamm, Roosevelts Weg, S. 282 ff. – Haight, FDR and Naval Quarantine, S. 221 f. vermutet sogar, daß es letztlich die Ingersoll-Mission war, die Chamberlain veranlaßte, den Weltfriedensplan des amerikanischen Präsidenten abzulehnen, weil er sah, daß es mit dem Krieg wirklich ernst zu werden drohte.
10 Leutze, Bargaining, S. 17 – Dort auch das folgende Zitat
11 Gemeint ist das sog. Ludlow-Amendment, das am 10. Januar 1938 vom Repräsentantenhaus mit der äußerst knappen Mehrheit von 209 zu 188 Stimmen verworfen wurde.
12 PRO: ADM 116/3922: Lindsay 17. 12. 37 – In diesem Kabel berichtete Lindsay über ein Gespräch, das er am Abend des 16. 12. 37 mit dem Präsidenten geführt hatte.
13 Wie Roosevelt in dem soeben schon einmal zitierten Gespräch mit Lindsay am 16. 12. 37 behauptete, hatte es von 1915 bis zum amerikanischen Kriegseintritt im April 1917 einen intensiven Informationsaustausch zwischen dem britischen Marine-Attaché in Washington, Kommodore Guy Gaunt, und Kapitän W. V. Pratt von der amerikanischen Seekriegsleitung gegeben. Dieser Austausch habe nicht nur Kriegspläne, sondern auch jede Art von geheimdienstlichen Erkenntnissen umfaßt. Nach Darstellung des Präsidenten war dieser selbst tief verwickelt gewesen in jene Form der Stabszusammenarbeit, und er gab seiner Hoffnung Ausdruck, jetzt etwas Ähnliches zustandezubringen. Wie Leutze berichtet, versuchte die britische Regierung, Roosevelts Angaben an Hand ihrer eigenen Akten zu verifizieren, nachdem sie Lindsays Bericht erhalten hatte. Aber obwohl sie bis zum Ersten Weltkrieg zurückging, konnte sie keinen Hinweis auf die Liaison finden. Leutze, der wohl selbst ausgiebig, aber vergeblich in den Archiven nach Belegen geforscht hat, weist Roosevelts Darstellung dennoch nicht als erfunden zurück. Er ist vielmehr der Meinung, vor dem amerikanischen Eintritt in den Ersten Weltkrieg müsse es zumindest einen Austausch nachrichtendienstlicher Erkenntnisse zwischen den USA und Großbritannien gegeben haben. Leutze, Bargaining, S. 20 und Anmerkung 32 ebda.
14 Darauf, daß die Erklärung des nationalen Notstandes letzten Endes die ausschlaggebende Bedingung für die Herstellung der vollen Kriegsbereitschaft der Vereinigten Staaten und damit für deren Kriegseintritt sein würde, wies Ingersoll seine Londoner Gesprächspartner wiederholt hin. Sofern er diese Information nicht aus eigenem Wissen hatte, konnte er sie nur vom Präsidenten selbst haben, der es sich nicht nehmen ließ, Ingersoll vor Antritt seiner Mission persönlich zu instruieren.

15 Vgl. Naval Archives: War Plans Division, Chief of Naval Operations, »Notes of Conversation with Admiralty«, January 3, 5 1938 – Wilson, Marineattaché an der US-Botschaft in London, wohnte den Besprechungen Ingersolls mit der britischen Admiralität bei und protokollierte sie.

16 Der Präsident ordnete an dem Tag, an dem das Ludlow-Amendment niedergestimmt wurde, auf Wunsch der britischen Regierung die Verlegung größerer Flotteneinheiten vom Atlantik in den Pazifik, die Vorverlegung der alljährlichen Flottenmanöver sowie die Entsendung von drei amerikanischen Kreuzern nach Singapur an. Er ging aber nicht soweit, wie die britische Regierung gefordert hatte, um Japan nicht zum Krieg zu provozieren. Denn dies hätte seine *Germany-first*-Strategie gefährdet.

17 Beschluß des *Joint Board* vom 17. März 1937, den »Joint Army and Navy Basic War Plan ORANGE« von 1928, der noch immer in Kraft war, zu überarbeiten. Dieser Plan wurde am 17. 11. 37 als obsolet zurückgezogen. Ab 19. 1. 38 arbeiteten die Kriegsplanungsabteilungen von Marine und Heer an einem neuen ORANGE-Szenario, das am 21. 2. 38 bzw. 28. 7. 38 vom *Joint Board* bzw. Kriegs- und Marineminister genehmigt wurde – Vgl. Watson, Plans, S. 92

18 Naval Archives: War Plans Division, Chief of Naval Operations, Message, CNO to Commanders, U. S. and Asiatic Fleet, 2. 2. 38

19 Bavendamm, Roosevelts Weg, S. 399 ff. über den europäischen Kontext bzw. S. 584 ff. über den asiatischen Kontext. Da der Beistandspakt zwischen Großbritannien, Frankreich und Rußland, der die Einkreisung Deutschlands vollenden sollte, an der Weigerung Polens scheiterte, der Roten Armee ein Durchmarschrecht zu gewähren, ergriff Hitler die Chance, sich mit Stalin über die vierte Teilung Polens zu einigen (sog. Hitler-Stalin-Pakt vom 24. 8. 39). – Der japanische Außenminister Arita hatte US-Botschafter Grew im Mai 1939 gewarnt, sollten Großbritannien und Frankreich eine Allianz mit Rußland schließen, werde Japan in ein Militärbündnis mit Deutschland und Italien eintreten. Roosevelt setzte deshalb in den letzten Monaten vor Kriegsausbruch auf die polnische Karte. Aus Aritas Worten konnte er nach dem Hitler-Stalin-Pakt schließen, daß es vorerst kein Bündnis zwischen Japan und den europäischen Achsenmächten geben würde, das Japan zum militärischen Beistand für den Fall verpflichtete, daß Deutschland und Italien von den Westmächten angegriffen wurden.

20 NA: JB 325, ser 642, 11. 5. 39, sub: Jt Army and Navy Bsc War Plans bzw. JB 325, ser 642, 23. 6. 39, ub: Alternative Situations Set Up in Directive for Jt RAINBOW Plans – Wir haben hier Cline, Washington Command Post, S. 56 zitiert

21 Vgl. den Wortlaut bei Hubatsch, Hitlers Weisungen, S. 17 ff.

22 Watson, Plans, S. 99: Leahy äußerte zwar nur seine »persönliche Ansicht.« Doch ist als sicher anzunehmen, daß er für diese sehr weitgehende Aussage vorher die Zustimmung des Präsidenten eingeholt hatte. Die Formulierung sollte Roosevelt nur formal von jeder Verpflichtung freistellen, die ihm der Kongreß hätte zum Vorwurf machen können.

23 Gemeint ist das Abkommen, das Großbritannien und Frankreich am 8. August 1939 in Southhampton im Rahmen ihrer Stabsgespräche schlossen.

2.

Der Aufbau der Seestreitkräfte

Ein halbes Jahr nach seinem Amtsantritt, am 16. Juni 1933, begann Präsident Roosevelt mit dem Aufbau der amerikanischen Seestreitkräfte. Seine Verbündeten waren die Vorsitzenden der Marine-Ausschüsse von Senat und Repräsentantenhaus, Park Trammel und Carl Vinson, die Admiräle und der Flottenverein, die der Präsident zum Teil noch aus der Zeit des Ersten Weltkrieges kannte. Sein Ziel bestand zunächst darin, die Soll-Stärken zu erreichen, die das Washingtoner Rüstungsbegrenzungsabkommen von 1922 erlaubte. Doch faßte Präsident Roosevelt im Hinblick auf die innenpolitische Entwicklung Japans bereits kriegerische Verwicklungen ins Auge: »Die ganze Sache in Tokio sieht nicht so aus, als ob wir in Zukunft vor Aggressionen sicher wären.« [1]

Die 338 Millionen Dollar, die ihm der Kongreß trotz des Desasters der Weltwirtschaftskrise für den Flottenbau bewilligte, reichten zwar nicht einmal aus, um den amerikanischen Rüstungsrückstand gegenüber Japan auszugleichen. Aber sie trugen wenigstens dazu bei, ihn zu verringern. Dies hielt Roosevelt schon deshalb für erforderlich, weil der bereits stattfindende Rüstungswettlauf zwischen Großbritannien und Italien im Mittelmeer die *Royal Navy* dazu zwang, den Pazifischen Ozean zu entblößen. Außerdem verstand es Präsident Roosevelt, sein Flottenbauprogramm dem Kongreß als Arbeitsbeschaffungsprogramm in einem von Massenarbeitslosigkeit geschüttelten Land schmackhaft zu machen.

Roosevelts erstes Flottenbauprogramm war noch bescheiden, nur auf ein Jahr befristet, um nicht die Isolationisten und alle jene herauszufordern, die Sozialleistungen für wichtiger hielten als Rüstungsausgaben. Ein Dreivierteljahr später, im Januar 1934, brachte der Präsident jedoch schon sein nächstes Flottenbauprogramm in den Kongreß ein – es sollte die amerikanische Flotte innerhalb der nächsten acht Jahre auf Vertragsstärke bringen.

Zwar mußte Roosevelt 1935 noch eine Verbeugung vor der Zweiten Londoner Flottenkonferenz machen, indem er nur wenige Schiffe neu auf Kiel legen ließ. Merkwürdigerweise brachte er die Japaner aber gerade dadurch in die Verlegenheit, ihre Flottenstärke allein abrüsten zu müssen, wozu sie wenig Neigung hatten. Das setzte die Japaner zusammen mit ihrem Streben nach Parität dem Verdacht aus, gegen jede Rüstungskontrolle überhaupt zu sein, was wiederum Roosevelt half, vom Kongreß größere Anstrengungen für den Aufbau der amerikanischen Seestreitkräfte zu fordern.

Nach dem Scheitern der Konferenz ging es dann immer weiter voran, wenn

auch bis 1938 noch nicht in besonders spektakulären Schritten. Durch Zurückhaltung bei einzelnen Anforderungen an das Budget verstand es Präsident
Roosevelt, den Aufbau seiner Seestreitkräfte insgesamt vor isolationistischen
Attacken zu retten. Ab 1935 bewilligte der Kongreß in schöner Regelmäßigkeit
die beantragten Mittel – bis er 1938, nach dem *Panay-Zwischenfall*, und 1940,
nach der Niederlage Frankreichs, beschloß, die Flotte auf einen Schlag um 20
Prozent bzw. 70 Prozent zu vergrößern. Mit Recht hat man den Aufbau der
amerikanischen Seestreitkräfte denn auch als »stetigen Vormarsch« und
»plötzlichen Sprint« bezeichnet. [2]
Dieser Sprint setzte 1938 und 1940 allerdings mit einer so großen Wucht ein,
daß er die militärischen Stärkeverhältnisse international revolutionierte. Allein
die Budgetbeschlüsse des Jahres 1940 ermöglichten den Bau von 250 neuen
Kriegsschiffen. Innerhalb von zwei Monaten flossen der amerikanischen
Kriegsmarine damit doppelt soviel Mittel zu wie in den sechs Jahren zuvor, so
daß sie bis 1942 den »Two-Ocean-Standard« erreichen konnte, das heißt die
Fähigkeit, auf beiden Weltmeeren zugleich gegen jede andere Macht oder
Mächtekombination siegreich Krieg zu führen. Von da an hing die Vollendung
der amerikanischen Seestreitkäfte nur noch von dem Tempo ab, in dem es
gelang, die Werftkapazitäten auszubauen und das seefahrende Personal zu
rekrutieren und auszubilden.
Im einzelnen wurden von 1933 bis 1942 folgende Mittel für den Aufbau der
amerikanischen Seestreitkräfte im allgemeinen und für den Flottenbau im
besonderen bewilligt und folgende Kriegsschiffe auf Kiel gelegt: [3]

Jahr*)	Marine-Etat**) (davon Schiffbau)	Anzahl/Schiffstypen	Schiffe insgesamt
1933	338 (35)	5 Zerstörer	5
1934	323 (44)	1 Flugzeugträger 2 Schwere Kreuzer 1 Leichter Kreuzer 17 Zerstörer 4 U-Boote	25
1935	311 (41)	1 Flugzeugträger 5 Leichte Kreuzer 15 Zerstörer 3 U-Boote	24
1936	492 (133)	1 Flugzeugträger 1 Schwerer Kreuzer 1 Leichter Kreuzer 13 Zerstörer 5 U-Boote	21

1937	528	(169)	2 Leichte Kreuzer 21 Zerstörer 6 U-Boote	29
1938	529	(130)	2 Schlachtschiffe 16 Zerstörer 6 U-Boote	24
1939	624	(191)	9 Zerstörer 5 U-Boote	14
1940	934	(982)	5 Schlachtschiffe 1 Flugzeugträger 4 Leichte Kreuzer 19 Zerstörer 11 U-Boote	40
1941	3580	(1050)	3 Schlachtschiffe 3 Flugzeugträger 2 Schwere Kreuzer 10 Leichte Kreuzer 48 Zerstörer 18 U-Boote	84
1942	18680	(3590)	9 Flugzeugträger 2 Schwere Kreuzer 10 Leichte Kreuzer 92 Zerstörer 37 U-Boote	150

Quelle: Revue d'Histoire
  *) Gemeint ist das Haushaltsjahr, das jeweils vom 1. 7. bis zum 30. 6. des nächsten Kalenderjahres reichte – Damit sind von seinem Amtsantritt bis zum Kriegseintritt der Vereinigten Staaten alle Jahre erfaßt, in denen der Kongreß über Roosevelts Flottenvorlagen abstimmen konnte.
**) In Millionen Dollar, einschließlich der Mittel aus dem *National Industrial Recovery Act (NIRA)* von 1933 in Höhe von Dollar 328 p.a.

Damit haben die Vereinigten Staaten von Amerika in der Dekade von 1933 bis 1942 insgesamt 26,344 Milliarden Dollar für den Aufbau ihrer Seestreitkräfte aufgewendet, eine für damalige Verhältnisse schwindelerregende Summe. Im gleichen Zeitraum wurden 416 Kriegsschiffe der größten Typen auf Kiel gelegt, das heißt die zahllosen Hilfsschiffe nicht gerechnet, die für eine Armada von dieser Größe nötig waren.
Zieht man die Mittel und Schiffe ab, die 1942 unter dem Eindruck des amerikanischen Kriegseintrittes bewilligt wurden, bleiben immer noch 8,628 Milliarden Dollar und 266 Schiffe. Keine andere Macht der Welt hat jemals soviel Geld mit soviel Wirkung für den Aufbau ihrer Seestreitkräfte ausgege-

ben, während sie sich noch im Friedenszustand befand. Allein in den sechs
Jahren von Roosevelts Amtsantritt bis zum Ausbruch des europäischen Krieges waren es 3,145 Milliarden Dollar, für die u. a. 142 Kriegsschiffe gebaut
wurden. Hinzu kamen in jedem Fall natürlich noch der Altbestand der amerikanischen Flotte und die amerikanische Handelsmarine, die sich im Kriegsfall
für logistische Aufgaben heranziehen ließ.

Diese Zahlen, die 1991 erstmalig in einer europäischen Fachzeitschrift veröffentlicht wurden, haben die Legende, Amerika sei eine vor dem Zweiten
Weltkrieg bis zur Wehrlosigkeit abgerüstete Macht gewesen, fünfzig Jahre
nach Pearl Harbor widerlegt. Sie haben aber damit zugleich auch die weitver-
breitete Annahme widerlegt, die USA hätten sich im Gegensatz zu den
Achsenmächten vor Ausbruch des europäischen Krieges jeder Aufrüstung
enthalten, und der Aufbau ihrer Streitkräfte sei für den Kriegsausbruch völlig
irrelevant gewesen. Das Gegenteil ist der Fall. Der rasche Aufbau einer
Seemacht von diesen enormen Dimensionen konnte keine andere Macht der
Erde, sei es Seemacht, sei es Landmacht, gleichgültig lassen. Sie wirkte sich
kriegstreibend auf alle anderen Mächte aus.

Da die Schlachtschiffe, Schweren Kreuzer und Flugzeugträger die strategischen Waffen vor dem Zeitalter der nuklearen Interkontinental-Raketen
waren, hat ihre massenhafte Vermehrung das Weltmachtgefüge gesprengt. Sie
zu ignorieren, wäre für die anderen Hauptmächte ebenso wirklichkeitsfremd
gewesen, als hätten Rußland, Großbritannien, Frankreich und China nach dem
Zweiten Weltkrieg darauf verzichtet, sich eigene Atomraketen zuzulegen.
Größere Kriegsschiffe konnten durch die Seemacht, die sie auf den Weltmeeren entfalteten, theoretisch ganze Kriege gewinnen, ohne einen einzigen Schuß
abzugeben – einfach dadurch, daß sie andere Mächte daran hinderten, sich
nach den eigenen Wünschen zu entfalten. Sie konnten die Kraftfelder anderer
Mächte so einengen, daß diese in eine lebensgefährliche Defensive gerieten,
und sie konnten schließlich durch Blockaden, Beschießungen und Truppenan-
landungen sogar aktiv und möglicherweise entscheidend in Landkriege eingreifen. Auch Hitler hat diese Gefahr gespürt, als er sich 1938/39 entschloß, bis
1946 eine Schlachtflotte aufzubauen.

Sieht man sich die verschiedenen Stückzahlen und Schiffstypen genauer an, so
kann man Architektur und Wirkung von Roosevelts Flottenaufbau besser
erkennen. Unter seiner Präsidentschaft legten die amerikanischen Werften von
1933 bis 1942 255 Zerstörer, 95 U-Boote, 40 Schwere und Leichte Kreuzer, 16
Flugzeugträger und 10 Schlachtschiffe auf Kiel, insgesamt eine ausgewogene
Flotte, wie sie der »Klassischen Schule« der Seekriegsführung entsprach. [4]

Auffallend ist der durchgehend stark ausgeprägte Bau von Zerstörern, die sich
besonders zur Deckung der Schlachtflotte, aber auch zur Jagd auf feindliche
U-Boote eigneten. Hier trugen die USA der Tatsache Rechnung, daß bis 1938
alle Schiffe jenes Typs, soweit sie unter amerikanischer Flagge fuhren, ein Alter
erreichten, in dem sie ausgemustert wurden. Zudem nutzte Roosevelt 1936 das
Ende eines Moratoriums, das die Seemächte für den Bau von Schlachtschiffen

vereinbart hatten, um sogleich zwei neue Schiffe dieser Art aufzulegen. Schließlich füllte er auch die Tonnage zielstrebig auf, die gemäß Rüstungsbegrenzungsabkommen noch bei Flugzeugträgern frei war. Insgesamt kann man seine Bauprogramme, soweit sie vom Kongreß vor Ausbruch des europäischen Krieges verabschiedet wurden, als ausgewogen, modern, langfristig und umfassend charakterisieren.

Um in beiden Weltmeeren einen Offensivkrieg zu führen, so rechneten ihm seine Admiräle vor, benötigte Roosevelt 40 Schlachtschiffe, 18 Flugzeugträger, über 100 Kreuzer und 300 Zerstörer. Dagegen benötigte er nur 27 Schlachtschiffe, 12 Flugzeugträger, 69 Kreuzer und an die 200 Zerstörer, wenn er im Pazifik in der Defensive blieb und nur im Atlantik in die Offensive ging. 1938, ein Jahr vor Ausbruch des europäschen Krieges, war der Präsident freilich selbst von dem maßvolleren Ziel noch soweit entfernt, daß er im Atlantik einen Bündnispartner benötigte, um im Pazifik eine Defensive aufrechtzuerhalten, die glaubwürdig war. Erst der dann einsetzende Rüstungsschub sicherte ihm also alle defensiven und offensiven Optionen.

Da Japan seine Anstrengungen im Flottenbau ebenfalls verstärkte, änderte sich bis 1939 gleichwohl nicht viel an dem amerikanischen Rüstungsrückstand gegenüber dieser Macht. Doch wollte Roosevelt zu diesem Zeitpunkt vorerst nur einen defensiven Krieg gegen Japan führen. Die Vereinigten Staaten besaßen zwar acht Schachtschiffe und die Japaner nur vier. Diese waren aber doppelt so groß und nach Panzerung und Bewaffnung doppelt so stark wie ihre amerikanischen Gegenstücke. Beide Mächte besaßen 1939 allerdings schon die gleiche Anzahl von Flugzeugträgern, nämlich fünf, und bei Kreuzern, Zerstörern und U-Booten waren die Amerikaner den Japanern längst davongezogen.

Die Disparität gegenüber Japan wurde erst dann in eine deutliche Überlegenheit verwandelt, als sich die sprunghafte Erhöhung der Mittel von 1938 und 1940 auswirkte, insbesondere die 70-Prozent-Explosion nach der Niederlage Frankreichs. Dagegen ist Hitlers Kriegsmarine – mit Ausnahme ihrer U-Boote – zu keinem Zeitpunkt ein auch nur entfernt ebenbürtiger Gegner gewesen.

Der Aufbau der Seestreitkräfte hat sich unter Präsident Roosevelt jedoch nicht nur auf den Bau von Kriegsschiffen beschränkt. Dies war vielleicht sogar der unwichtigste, wenn auch sichtbarste Teil. Weniger sichtbar, aber vielleicht wichtiger war die gleichzeitig durchgeführte Bestandssicherung, Modernisierung und Professionalisierung der vorhandenen Seestreitkräfte, und am wichtigsten war der Aufbau einer großen und schlagkräftigen Marineluftwaffe. Tatsächlich hat Roosevelt, wie obige Tabelle zeigt, von den 26,352 Milliarden Dollar, die ihm der Kongreß von 1933 bis 1942 für die amerikanische Kriegsmarine bewilligte, nur ungefähr ein Fünftel (5,658 Milliarden Dollar) für Neubauten ausgegeben. 80 Prozent flossen in die Aufwertung der Seestreitkräfte in ein hochleistungsfähiges Schlaginstrument, das sich unterschiedlichen Kriegslagen in allen Weltmeeren erfolgreich anzupassen vermochte.

Wie Roosevelt die Erfahrungen, die er im Ersten Weltkrieg mit Deutschland gemacht hatte, und die neue Gegnerschaft Japans lehrten, würden es seine Seestreitkräfte in einem künftigen Krieg vor allem mit vier operativen Lagen zu tun haben: mit dem traditionellen Flottenkampf, mit dem Zufuhrkrieg, mit dem Seekrieg im Küstenvorfeld und mit amphibischen Landeoperationen. Auf diese vier unterschiedlichen Lagen bereitete Präsident Roosevelt seine Seestreitkräfte zielstrebig vor.

Für den traditionellen Flottenkampf im Pazifik standen ihm beim offiziellen Kriegseintritt der Vereinigten Staaten 15 ältere Schlachtschiffe, sechs Flugzeugträger sowie 27 Schwere und Leichte Kreuzer zur Verfügung, dazu ungefähr 200 Zerstörer. Zwei weitere Schlachtschiffe, die *Washington* und die *North Carolina*, und mehrere Flugzeugträger waren im Bau. Dazu konnten rund 100 U-Boote eingesetzt werden.

Roosevelts Schlachtflotte war auf maximale Reichweite, Geschwindigkeit, Feuerkraft und Fähigkeit zur Selbsterhaltung auf dem Marsch und im Gefecht angelegt, und die Versorgungsflotte konnte, was für den Gesamterfolg wichtig war, mit ihr Schritt halten. Die neuen Schlachtschiffe der *North Carolina*-Klasse liefen sieben Knoten schneller als die Vorgängermodelle. Ihre Bewaffnung bestand in der Hauptsache aus neun 40,6 mm-Geschützen. Die Schiffe hatten eine bessere Panzerung, Feuerleitung und Schotteneinteilung, und sie konnten sich besser gegen Angriffe aus der Luft verteidigen. Wenn sie dennoch den japanischen Super-Schlachtschiffen der *Yamato-Klasse* unterlegen waren, dann deshalb, weil der enge Panama-Kanal den amerikanischen Schlachtschiffbau dazu zwang, gewisse Größenordnungen nicht zu überschreiten.

Bei den amerikanischen Flugzeugträgern, durchweg sehr schnellen Schiffen, gab es drei verschiedene Klassen, die je 50, 60 und 90 Maschinen fassen konnten. Die Superträger der *Essex-Klasse* hatten mit ihren 27 000 BRT sogar noch mehr Platz zu bieten. Die amerikanische Trägerflotte war dazu ausersehen, die amerikanische Schlachtflotte gegen feindliche Luft- und U-Boot-Angriffe abzuschirmen, den Gegner in den Weiten der Ozeane aufzuklären, die eigene Schiffsartillerie bei der Feuerleitung zu unterstützen und feindliche Flotteneinheiten aus der Luft anzugreifen. Da Flugzeugträger extrem verwundbar waren, hatten sie gemäß der traditionellen Kriegführungs-Konzepte jedoch stets im Schutz der Schlachtflotte zu bleiben.

Tatsächlich weigerten sich die amerikanischen Admiräle bis 1940, in ihren Trägern ein Schlaginstrument *sui generis* neben der eigentlichen Schlachtflotte zu sehen. Sie bestanden darauf, daß bei den Neubauten auf zwei Schlachtschiffe nur ein Flugzeugträger kam. Dagegen hatte Roosevelt, wie wir im nächsten Kapitel sehen werden, die Bedeutung der Luftwaffe auch für seine Kriegsmarine beizeiten erkannt. Der Gegensatz zwischen Admiralität und Präsident führte dazu, daß die amerikanische Marineluftwaffe sowohl in qualitativer, als auch in quantitativer Hinsicht zunächst hinter der japanischen Trägerluftwaffe zurückblieb. Das änderte sich aber 1943, als die verbesserte Version der *F-4-F Wildcat* in größeren Stückzahlen der amerikanischen Trägerflotte zugeführt wurde.

Der Nachteil einer relativ schwächeren Marineluftwaffe wurde jedoch von der Tatsache kompensiert, daß der amerikanischen Heeresluftwaffe schon in den dreißiger Jahren die Neuentwicklung mittlerer und schwerer Bomber gelungen war. Den Maschinen vom Typ *B-24* und *B-17*, die später den atlantisch-europäischen Luftraum beherrschten, war zunächst die Verteidigung Südostasiens zugedacht. Manöver zeigten schon 1936 und 1938, daß landgestütze Bomber in der Tat auf weite Entfernungen den feindlichen Schiffsverkehr unterbrechen konnten, und das taten sie auch, als sie vom chinesischen Festland gegen die japanische Flotte und dann auch gegen Tokio operierten.

Obwohl die japanischen Schiffe und Marineflugzeuge 1941 nach Qualität und Stückzahl immer noch überlegen waren, hatte Roosevelt seine Seestreitkräfte zu diesem Zeitpunkt bereits soweit aufgebaut, daß sie den Krieg gegen die Achsenmächte mit Aussicht auf Erfolg aufnehmen konnten. Denn natürlich wirkte sich das noch unverbrauchte Produktionspotential der Amerikaner erst in den Folgejahren aus. Der japanische Schlag gegen Pearl Harbor war in einer gewissen Weise sogar ein Glück, weil er bei allem Schaden, den er kurzfristig durch den Ausfall von acht Schlachtschiffen anrichtete, langfristig den Aufbau noch modernerer Seestreitkräfte erlaubte – mit dem ebenso harten wie universal einsetzbaren Kern einer hochmobilen Trägerflotte.

Wie vorausschauend und gut Präsident Roosevelt den Aufbau seiner Seestreitkräfte in der Tiefe angelegt hat, zeigte sich nicht nur im pazifisch-asiatischen Raum, wo die Amerikaner schon ein halbes Jahr nach Pearl Harbor in die Offensive gehen konnten. Das zeigte sich auch im atlantisch-europäischen Raum, wo die amerikanische Atlantik-Flotte unter Royal E. Ingersoll, den der Präsident drei Jahre vorher zur Anbahnung der amerikanisch-britischen Flottenzusammenarbeit nach London entsandt hatte, der *Royal Navy* wirksam im Zufuhrkrieg rings um die Britischen Inseln beistand. Das zeigte sich schließlich auch im Mittelmeer, das der Nachschub für die nordafrikanische Front, für die in Südeuropa stehenden Landstreitkräfte der West-Alliierten und zum Teil auch für Rußland passieren mußte.

Auf allen diesen Kriegsschauplätzen wirkte sich die Kombination von See- und Luftkriegführung aus, auf die Roosevelt seit 1938 gesetzt hatte. Nach den Anfangserfolgen, die Japan im pazifisch-asiatischen Raum mit seiner teils land-, teils seegestützten Luftwaffe gegen die Alliierten erzielt hatte, führten die Amerikaner, unterstützt von den Briten, mit ihrer gewaltigen Trägerflotte 1943 überall die Kriegswende herbei. Schon *vor* Pearl Harbor hatte der Kongreß elf neue Flugzeugträger für die Sicherung des *Two-Ocean-Standards* bewilligt. Ihr Bau erhielt *nach* Pearl Harbor oberste Priorität, und zusätzlich wurden neun neue Kreuzer zu leichten Trägern umgebaut. Dagegen wurde der Bau von Schlachtschiffen und Schlachtkreuzern eingestellt, während die Japaner, trotz ihres erfolgreichen Träger-*Raids* auf Pearl Harbor, im Schlachtschiff immer noch »den letzten Endes entscheidenden Kern« ihrer Seemacht sahen. Ihr Umdenken, das dem Flugzeugträger nach der Niederlage bei den Midway Inseln ebenfalls den höchsten Stellenwert einräumte, kam zu spät. [5]

»Mit ihrer fast ausschließlich aus Neubauten gebildeten ›Fast Carrier Task Force‹, die meist aus 4 Gruppen mit je 3–4 Trägern, 2 Schlachtschiffen, 3–5 Kreuzern und 1–2 Geschwadern von je 9 Zerstörern bestand und in mehreren Wellen zwischen 700 und 1000 Flugzeuge in die Luft bringen konnte«, so schildert Jürgen Rohwer die Situation ab 1942, »war die amerikanische Pazifik-Flotte in der Lage, in fast jedem von ihr gewünschten Raum die See-Luftherr-schaft zu erkämpfen und dank der immer mehr perfektionierten In-See-Versorgungsmethoden über vier oder mehr Wochen zu unterhalten. Mit diesem Instrument konnten auch stark verteidigte japanische Insel-Luftstütz-punkte isoliert, niedergekämpft und für amphibische Angriffe sturmreif ge-macht werden.«

Letzten Endes hat sich die »Kombination von Trägerluftmacht, amphibischem und logistischem Potential« (Rohwer) auch im atlantisch-europäischen bzw. nordafrikanisch-indischen Raum als Basis für Roosevelts Sieg erwiesen – nur mit dem begünstigenden Unterschied, daß den Amerikanern hier die Briti-schen Inseln als unsinkbarer Flugzeugträger dienten. Zuvor mußten freilich, ähnlich wie im Ersten Weltkrieg, die deutschen Unter- und Überwasserstreit-kräfte im Zufuhrkrieg niedergekämpft werden. Doch gelang dies nicht zuletzt dank der Brechung des deutschen Marinefunkschlüssels und der Entwicklung des Radars, obwohl es in bezug auf den alliierten Schiffsraum zeitweise zu dramatischen Engpässen kam. Die endgültige Wende in der Schlacht um die nordatlantischen Seewege führten im Mai 1943 jedoch amerikanische Flug-zeugträger und Langstreckenbomber herbei, die den Geleitzügen in sogenann-ten »Support Groups« immer wieder zum Durchbruch durch die deutschen U-Boot-Sperren verhalfen.

Ihren größten Triumph feierte die von Präsident Roosevelt kreierte Kombina-tion aus traditioneller Seemacht, trägergestützter Luftmacht und Logistik jedoch schließlich bei jenen insgesamt 19 Großlandungen ganzer Armeen, die 1943/44 im atlantisch-europäischen und pazifisch-asiatischen Raum stattgefun-den haben. Von den fünf amerikanischen Großkampfschiffen, die den Lan-dungstruppen am 6. Juni 1944 vor der Küste der Normandie den Weg nach Ber-lin freischossen, war zwar nur der Schwere Kreuzer *Quincy* neueren Datums (Baujahr 1940) – die beiden übrigen Schweren Kreuzer *Texas* und *Tuscaloosa* stammten aus den Jahren 1910 bzw. 1929 und die beiden Schlachtschiffe *Nevada* und *Arkansas* aus den Jahren 1911 und 1909. Aber das ist nur ein letzter Beweis dafür, daß Anzahl, Alter und Stärke einzelner Kriegsschiffe nicht so wichtig sind, wenn nur die Architektur der Seestreitkräfte insgesamt stimmt.

Dies war bei den amerikanischen Seestreitkräften im Zweiten Weltkrieg der Fall, und dennoch hätte der »CinC« (Commander in Chief) Roosevelt seinen Sieg möglicherweise verfehlt, wenn er nicht die militärischen Führer gehabt hätte, die in der Lage waren, das neue und entscheidende Schlaginstrument mit unerschütterlicher Ruhe und überlegenem Geschick einzusetzen. Hier sind vor allem die Admiräle Chester W. Nimitz, Raymond Spruance, William F. Halsey und Richmond K. Turner sowie General Douglas MacArthur zu nennen. Sie teilten den gesamten pazifisch-asiatischen Kriegsschauplatz in verschiedene Teilgebiete unter sich auf, während Ingersoll im Atlantik mit der *Royal Navy* zu kooperieren hatte.

Nimitz, zur Zeit des offiziellen amerikanischen Kriegseintritts bereits 56 Jahre alt, verdankte seine überragende Stellung als Oberbefehlshaber im Pazifik (CINCPAC) der Tatsache, daß es sein Vorgänger versäumt hatte, Pearl Harbor gegen den japanischen Überraschungsangriff zu wappnen. Nimitz befehligte ein Seegebiet von vielen Tausenden von Seemeilen, das vom Nordost- über den Zentral- bis zum Süd- und Südwest-Pazifik reichte. Trotz seiner machtvollen Stellung ließ sich der Kalifornier, eine vornehm wirkende weißhaarige Erscheinung, auf den Schiffen seiner Flotte häufig blicken. Das trug ihm die Hingabebereitschaft seiner Soldaten ein. Nimitz war wohl derjenige unter allen Weltkriegs II-Admirälen, dem Präsident Roosevelt persönlich am nächsten stand.

Im Gegensatz zu Nimitz gehörte General Douglas MacArthur, wie sein Titel schon andeutet, nicht den See-, sondern den Landstreitkräften an. Er hatte von 1930 bis 1935, also zum Teil schon unter Roosevelt, in Washington als Generalstabschef des Heeres gedient, war dann aber nach den Philippinen gegangen. Die Inselgruppe sollte nach einem Beschluß des Kongresses bis 1946 aus dem amerikanischen Staatsverband in die Unabhängigkeit entlassen werden, und dem ebenso eigenwilligen wie energischen MacArthur fiel nun die schwierige Aufgabe zu, die Verteidigungsfähigkeit dieses für die amerikanische Position im Westpazifik zentral wichtigen Außenpostens trotzdem zu sichern. Als Beobachter im russisch-japanischen Krieg von 1905, als Adjutant von Präsident Theodore Roosevelt, als Stellvertretender US-Kriegsminister in den zwanziger Jahren und als ehemaliger Generalsstabschef brachte der 1880 geborene General eine immense militärische Erfahrung mit, als er von Roosevelt 1941 zum Kommandierenden General der *United States Army Forces in the Far East* (USAFFE) ernannt wurde.

Nimitz und MacArthur entwickelten in den Weiten des Pazifik mit Hilfe von Spruance, Halsey und Turner Strategie und Taktik jener kombinierten See-, Luft- und Landkriegführung, die als sogenanntes »Inselspringen« in die Geschichte eingegangen ist. Hinter diesem beschönigenden Terminus verbarg sich in Wirklichkeit ein harter und verlustreicher Kampf um zahllose Inseln, Stützpunkte und strategisch bedeutsame Zonen, die Japan vor und nach 1941 besetzt hatte. Spruance, den seine Freunde wegen seiner ungewöhnlichen Entschlußkraft »electric brain« nannten, verkörperte die Tugenden des amerikanischen Pazifik-Krieges – minutiöse Planung vor allem des Nachschubs, Vorsicht und Stetigkeit bei den Operationen, um Menschen und Material zu schonen, und entschlossene Härte beim Zuschlagen. Dagegen genoß Halsey, seit seiner Zeit als Zerstörer-Kommandant mit Roosevelt persönlich bekannt, auf den Unterdecks der amerikanischen Pazifikflotte einen fast schon legendären Ruf als »Feuerfresser.«

Ergänzt durch Turner, den Spezialisten für amphibische Kriegführung, setzten

Spruance und Halsey die große Strategie am perfektesten um, die Nimitz und MacArthur gemeinsam mit Roosevelt, Marineminister Knox und dem Chef der Seekriegsleitung, Admiral King, für den Pazifik entworfen hatten. Nach Knox' frühem Tod im Jahre 1944 rückte dessen Unterstaatssekretär James F. Forrestal in das Ministeramt auf. Ihre weiträumige Strategie, die Amerika schließlich bis vor die Tore Japans führte, wäre freilich ohne die amerikanische Marineinfanterie, die sogenannten »marines«, nie so erfolgreich gewesen. Denn es war letzten Endes diese Elitetruppe unter dem Befehl von General Holland Smith, die den Krieg im Pazifik an den blutdurchtränkten Stränden von Ivo Jima und Okinawa gegen den heftigsten Widerstand der Japaner entschieden hat.

Wenn der von langer Hand betriebene und zielstrebig durchgeführte Aufbau der amerikanischen Seestreitkräfte für seinen Sieg im Zweiten Weltkrieg grundlegend gewesen ist, dann deshalb, weil Präsident Roosevelt nicht nur die richtige Mischung aus Schlacht- und Trägerflotte, See-, Luft- und Landkriegführung, großer Strategie und kleinen, aber bedeutsamen operativen Einzelentscheidungen fand, sondern weil er darüber hinaus auch eine glückliche Hand bei der Besetzung von Führungspositionen hatte. Zeit seines Lebens erinnerte er sich gern an den Ersten Weltkrieg, als er »in der Marine« gewesen war. Von daher kannte der Präsident sie alle – die King, Nimitz, Halsey. Sie hatten damals ihren Aufstieg auf der Karriereleiter zum Admiral begonnen.

Roosevelt liebte seine Flotte so, daß Generalstabschef Marshall den Präsidenten bisweilen ermahnen mußte, von der *U. S. Navy* nicht immer in der »Wir« – und von der *U. S. Army* nur in der »Sie«-Form zu sprechen. [6] Aber in der Geschichte haben Seestreitkräfte allein nur selten größere Kriege entschieden. Oft haben sie Niederlagen verhindert. Aber im Zweiten Weltkrieg brachten die amerikanischen Luft- und Landstreitkräfte erst den definitiven Sieg.

Anmerkungen

1 Nixon, FDR and Foreign Affairs, I, S. 370: FDR 19. 8. 33 Peabody
2 Pelz, Race, S. 196
3 Tabelle aus Allard, Perspective (= Revue Internationale), S. 39 – Ich danke Herrn Professor Jürgen Rohwer dafür, daß er mich auf diese jüngst erschienene Publikation aufmerksam gemacht hat.
4 Rohwer, Seekriegführung – Ich danke Herrn Professor Rohwer dafür, daß er mir diesen wertvollen Text zur Verfügung gestellt hat.
5 Rohwer, Referat, S. 10 – Dort auch das folgende Zitat
6 Pogue, Marshall, I, S. 22

3.

Der Aufbau der Luftstreitkräfte

Die von der amerikanischen Öffentlichkeit immer wieder gestellte Frage, ob er »Schlachtschiffe *oder* Bomber« wolle, hat Präsident Roosevelt schon in den dreißiger Jahren damit beantwortet, daß er sich für »Schlachtschiffe *und* Bomber« entschied. Es war keine leichte Entscheidung, weil die Bewältigung der Wirtschaftskrise und der Aufbau von See- und Luftstreitkräften bis 1941 eine innenpolitisch heikle Doppelaufgabe blieb. Aber schließlich handelte es sich um einander sehr ähnliche Waffen: Sie funktionierten weitgehend mechanisch, nutzten das überlegene Industriepotential der USA und vermochten die Achsenmächte aus der Ferne tödlich zu treffen. Das heißt, sowohl see-, als auch luftgestützte Flotten waren in erster Linie strategische Waffen.

Bei seiner Entscheidung griff Roosevelt auf die Doktrinen über die Führung und Wirkung künftiger Luftkriege zurück, die bekannte Bomber-Strategen wie der Italiener Giulio Douhet, die Briten Basil H. Lidell-Hart und Hugh Trenchard sowie der Amerikaner William Mitchell seit dem Ersten Weltkrieg entwickelt hatten. Mitchell führte damals die ersten Luftstreitkräfte der Alliierten. Er profilierte sich danach zum konsequenten Befürworter des strategischen Bombenkrieges. Seiner Einschätzung nach, die schon 1926 Eingang in die Lehrpläne der amerikanischen Luftwaffenschulen fand, waren Bombenangriffe »eine Methode, eine ganze Bevölkerung zu terrorisieren, ... während sie in höchstem Maße Leben und Eigentum verschonte.« [1]

Tatsächlich resultierte die moralische Legitimation des Bombenkrieges anscheinend gerade aus der raschen, großen und gleichsam »sauberen« Wirkung, die er im Gegensatz zum »langsamen« See- und »schmutzigen« Landkrieg entfaltete, und da angesichts der technologischen Entwicklung theoretisch jedes Land das Ziel von Luftangriffen werden konnte, empfahl sich der Bomber sogar als ideale Friedenswaffe. In großen Stückzahlen gebaut, war er wegen seiner voraussichtlich verheerenden Wirkung dazu angetan, jede feindliche Macht vom Einsatz eigener See-, Luft- und Landstreitkräfte abzuschrecken. Da auf diese Weise moderne Kriege aller Voraussicht nach überhaupt nicht mehr möglich waren, eignete sich die Bomber-Waffe offenbar bestens dazu, die Vereinigten Staaten von Amerika aus jedem Krieg herauszuhalten.

Gelang die Verhinderung eines Krieges jedoch wider Erwarten nicht, dann waren die Bomber dazu da, ihn so schnell – und das heißt auch: so wirtschaftlich und so human – wie möglich zu beenden. Dann würden die Bomber nicht nur die industriellen Zentren zerschlagen, die den Feind befähigten, Krieg zu führen. Dann würden die Bomber durch Angriffe auf die Knotenpunkte des täglichen Lebens auch den Willen der betreffenden Bevölkerung brechen, den Krieg noch länger fortzusetzen, und die feindliche Führung stünde vollkommen wehrlos da. Dann würden die Bomber den Feind billig und schnell in die bedingungslose Kapitulation bombardieren.

Roosevelt übernahm mit diesen Argumenten, die ihm innenpolitisch entgegenkamen, freilich auch deren Unzulänglichkeiten. Unter seiner Präsidentschaft hatte die Heeresluftwaffe bereits 1935 einen viermotorigen Langstreckenbomber vom Typ *B 17* entwickelt, der an Reichweite, Geschwindigkeit, Höhenleistung, Armierung und Bewaffnung alle vergleichbaren Maschinen jener Zeit übertraf. Dennoch schien es in hohem Maße fraglich zu sein, ob diese »Fliegenden Festungen« die mitgeführte Bombenlast mit jener Präzision abwerfen konnten, die der Kernpunkt aller amerikanischen Bomberkriegs-Theorien war.

Zwar hatten Experten zum Beispiel errechnet, daß nur 18 Bomber ausreichten, die Millionenstadt New York lahmzulegen, wenn es ihnen gelang, sämtliche Elektrizitätswerke auszuschalten. Ob solche Berechnungen jedoch realistisch waren, hing im Ernstfall von einer Reihe von Umständen ab, auf die die Bomber-Strategen gar keinen oder nur wenig Einfluß hatten. Hinderten nämlich schlechtes Wetter, feindliche Gegenwehr und eigene Unzulänglichkeiten die Piloten daran, ihr Handwerk mit der Genauigkeit zu verrichten, die man von ihnen erwartete, dann würde das selektive, gleichsam »chirurgische« und humane Bombardement zu einem unmenschlichen Flächenbombardement entarten, das von der Ausradierung ganzer Städte, wie die Briten sie planten, nicht mehr zu unterscheiden war.

»Später, im Zweiten Weltkrieg«, so schreibt Michael S. Sherry in seinem grundlegenden Werk über den Aufstieg der amerikanischen Luftmacht, »wurde viel Aufhebens um den Unterschied zwischen den britischen Bombenangriffen bei Nacht zur Terrorisierung deutscher Städte und den amerikanischen Präzisionsbombenangriffen bei Tage gemacht, die die Fähigkeit des Feindes, Krieg zu führen, blockieren sollten. Als die Amerikaner wie die Briten 1945 zu Flächenbombardements übergingen, wurde viel Aufhebens um den Zusammenbruch dieser Unterscheidung gemacht. Jedoch hat die amerikanische Doktrin diese Unterscheidung, obwohl sie in der Realität existierte, niemals deutlich gemacht. Die Amerikaner haben sich in den dreißiger Jahren nie klar für die feindliche Fähigkeit, Krieg zu führen, als Ziel entschieden. Sie waren dafür, den Willen des Feindes zu treffen, freilich auf eine wirtschaftlichere und humanere Art.« [2]

Auch schien die Auffassung, die amerikanische Fernbomber-Waffe sei im Gegensatz zu den von Jägern und leichten Bombern dominierten Luftwaffen der faschistischen Mächte eine friedenserhaltende Defensivwaffe, von ihren Urhebern selbst nicht ganz ernstgenommen zu werden. Dafür sprach, daß die Heeresluftwaffe in den dreißiger Jahren bereits an Nachfolgemodellen für die *B 17* vom Typ *B 24 Liberator* und *B 29 Superfortress* arbeitete, die noch weitaus

55 *Mit der Drohung des Friedens zum Krieg erpreßt: Unterstaatssekretär Sumner Welles verläßt auf seiner Europa-Reise die Berliner Reichskanzlei.*

56 *Einkreisung der USA oder Eigentor der Achse? Der japanische Botschafter Kurusu, der italienische Außenminister Ciano und Hitler* (vorne v.l.n.r.) *bei Unterzeichnung des Drei-Mächte-Paktes am 27. September 1940. Am Rednerpult: Außenminister von Ribbentrop*

57 Auf dem Weg in den Unter-
gang: Hitler betritt am 8. Dezem-
ber 1941 den Reichstag in der
Kroll-Oper, um den USA den
Krieg zu erklären. Hinter ihm
Göring und Frick

59/60/61 Der Krieg kommt über
das Meer:
Ein deutsches U-Boot hat erfolg-
reich einen alliierten Geleitzug an-
gegriffen (oben)
Vor dem strahlenden Hintergrund
Manhattans bilden Frachter und
Tanker prachtvolle Silhouetten
(Mitte)
Die »Operation Trommelschlag«
zwingt New York zur Verdunke-
lung (unten)

58 Nach vier Jahren am Ziel
seiner heimlichen Wünsche: Präsi
dent Roosevelt unterzeichnet am
11. Dezember 1941 die Kriegserklärung gegen Deutschland.

62 *Vorspiel zum atomaren Armageddon:*
Tokio nach dem Dauerbombardement der amerikani-
schen Luftwaffe 1945. Die Stadt aus Holz und Papier
ist zu Asche geworden.

63 *Eine nicht mehr genau feststellbare Anzahl von*
Menschen fällt vom 13. bis zum 15. Februar 1945 dem
amerikanisch-britischen Terrorangriff auf Dresden
zum Opfer (vorne eine Figur des Rathausturmes)

höhere Leistungskoeffizienten hatten. Sie eigneten sich ersichtlich nicht nur dazu, feindliche Angriffe, so unwahrscheinlich sie auch waren, auf amerikanisches Territorium abzufangen. Denn die *B 29* konnte äußerst massive Bombenangriffe an jede beliebige Küste Asiens, Afrikas oder Europas tragen, ohne auf Zwischenlandungen angewiesen zu sein. Dafür, daß die Amerikaner ihre Bomber nie eindeutig als Defensivwaffe definiert haben, spricht auch die Tassache, daß in den USA schon Mitte der dreißiger Jahre von Luftangriffen auf die japanischen »Zündholzschachtel-Städte« aus Holz und Papier die Rede war.

Solche Angriffe hatte sich Mitchell schon in den zwanziger Jahren vorgestellt, als krude Mischung aus Verteidigung gegen heimtückische Angriffe und Verfolgung amerikanischer Interessen. Mitchell wurde dadurch eine Art Mahan der Lüfte, von dem Roosevelt manches gelernt hat, ohne dessen Vorliebe für Gasangriffe zu übernehmen. Denn Japan schien nicht nur aggressiver, sondern auch verwundbarer als die meisten anderen Mächte zu sein, so daß Mitchells Annahme, man könne Tokio oder Osaka innerhalb weniger Stunden in rauchende Aschehaufen verwandeln, durchaus realistisch war. Am verlockendsten erschien Mitchell indessen die Möglichkeit, gemeinsam mit der russischen Luftwaffe auf dem Weg über die Aleuten, Kurilen und Ostsibirien loszuschlagen – ein Kriegsbild, in dem schon Roosevelts spätere Quarantäne-Idee, diesmal nur aeronautisch gewendet, beschlossen war.

Natürlich ließ sich dies alles mit der Verteidigung der Philippinen begründen, die sonst nicht zu verteidigen waren. Bereits 1933, ein Jahr nach Roosevelts Amtsantritt, wurden die ersten Pläne ausgearbeitet. Schon Anfang der dreißiger Jahre spielte man mit dem Gedanken, den Bombenkrieg gegen Japan von China aus zu führen. Eine regierungsamtliche Studie empfahl ausdrücklich die Abschlachtung der Japaner aus der Luft, weil die Autoren meinten, ein Bajonettkampf Mann gegen Mann würde nur dem japanischen Fanatismus in die Hände spielen.

Offenbar hing die erschreckende Offenheit und Leichtigkeit, mit der all diese Überlegungen angestellt wurden, mit zwei Faktoren zusammen – mit dem latenten Rassismus, von dem viele weiße Amerikaner beseelt waren, und mit der offenkundigen Tatsache, daß keine Macht der Welt, auch Japan nicht, die USA glaubwürdig aus der Luft bedrohen konnten. Das heißt: Diejenigen, die sich rassistischen Bombenkriegs-Szenarios hingaben, konnten es tun, ohne Gefahr zu laufen, dafür jemals mit den gleichen Mitteln bestraft zu werden.

Präsident Roosevelt scheint sogar schon früh die Möglichkeit eines Bombenkrieges gegen alle drei Achsenmächte zusammen erwogen zu haben. Dafür sprechen Äußerungen in seiner ersten Kabinettssitzung nach Amtsantritt. Sie sind allerdings nicht überzeugend verbürgt. Dafür spricht auch, daß er die Entwicklung der Langstreckenbomber gefördert hat. Dafür spricht schließlich die raffinierte Unermüdlichkeit, mit welcher der Präsident diese neue und kostspielige Waffe den Amerikanern schmackhaft zu machen verstand. Einmal ließ Roosevelt ein Schlachtschiff von der Luftwaffe im Nebel hundert Meilen vor der amerikanischen Küste lokalisieren, um zu beweisen, daß Flugzeuge zur Versenkung von Schiffen auch unter ungünstigen Bedingungen befähigt sind. Ein anderes Mal befahl er einem *B-17*-Geschwader, nach Südamerika zu fliegen, um die Brauchbarkeit dieser Maschinen für die innenpolitisch unumstrittene Hemisphären-Verteidigung zu unterstreichen. Wieder ein anderes Mal ließ er den italienischen Dampfer *Rex* durch diese Bomber im Atlantik abfangen – allesamt sorgfältig und geschickt inszenierte Anlässe, um Aufmerksamkeit und *good will* der Öffentlichkeit und damit auch die vom Kongreß benötigten Mittel für den Aufbau der neuen und effektiven Bomber-Waffe zu mobilisieren.

Dieser Erziehungsfeldzug fiel Roosevelt umso leichter, je mehr die Achsenmächte im Laufe der dreißiger Jahre selbst zu Luftangriffen auf die Zivilbevölkerung anderer Länder übergingen wie Italien 1935 in Äthiopien, Deutschland 1936 in Spanien und Japan 1937 in China. Aber er erreichte mit der Tschechoslowakei-Krise 1938 seinen unbestreitbaren Höhepunkt. So schrecklich und inhuman die Luftangriffe auf Addis Abeba, Guernica und Shanghai auch waren – letztlich handelte es sich hierbei aus amerikanischer Sicht nur um regionale Einzelereignisse. Dagegen gelang es Hitler in München angeblich mit Hilfe seiner Luftwaffe, Roosevelt und dem Rest der Welt seinen Willen aufzuzwingen.

Es war ein typischer Fall von »mirror imaging« (Michael Sherry) – von spiegelverkehrter Imagebildung. Weil sich die Westmächte darauf vorbereiteten, mit Hilfe ihrer Bomberflotten ganze Städte zu pulverisieren, trauten sie Hitler plötzliche K.o.-Schläge aus heiterem Himmel gegen London, Paris oder Prag zu. Da sie selbst im Begriff waren, eine gewaltige Luftmacht aufzubauen, glaubten sie, Hitler verfüge in demselben Umfang über fliegendes Material. Da sie selbst in den Kategorien des strategischen Luftkrieges dachten, hielten sie es für wahrscheinlich, daß Hitler seinen Krieg im wesentlichen aus der Luft führen würde.

Aus der Rückschau ist offenbar nicht mehr zu klären, was von all diesen Annahmen und Ängsten wirklich echt und was nur eine künstlich erzeugte Panik gewesen ist, um die westeuropäischen Demokratien und die Vereinigten Staaten kriegsbereit zu machen. Jedenfalls stand im Herbst 1938 plötzlich die ebenso phantastische wie unzutreffende Zahl von 5000 deutschen Bombern im Raum, [3] und es hieß, Chamberlain und Daladier hätten in München vor allem vor der deutschen Drohung aus der Luft kapituliert.

Hitler selbst war nicht unschuldig an diesen Gerüchten, hatte er doch seit seiner Machtergreifung demonstrativ eine »Schaufenster-Luftwaffe« aufgebaut, »deren starke erste Linie den Mangel an Ausbildung, Reserven und industrieller Kapazität verbarg.« [4] Selbst professionelle Beobachter wie das amerikanische Flieger-As Lindbergh erkannten bei der Besichtigung deutscher Flugzeugfabriken und bei Gesprächen mit Vertretern der deutschen Führung offenbar nicht, daß die deutsche Luftwaffe nur taktisch, als Unterstützung der kämpfenden Bodentruppe, und nicht strategisch angelegt war.

Immerhin, die ebenso einfache wie einleuchtende Lehre, die man aus München ziehen konnte, bestand darin, daß überlegene Luftmacht, selbst wenn sie nur eingebildet ist, einschüchternd wirkt. Folglich brauchte der Westen eine stärkere Luftwaffe als Hitler, um ein »zweites München« zu verhindern, und es war Präsident Roosevelt, der aus dieser Erkenntnis als erster praktische Konsequenzen zog. Er selbst, von Lindbergh ebenso wie von seinen Botschaftern Bullitt und Kennedy mit stark voneinander abweichenden Absichten über diesen Punkt informiert, glaubte offenbar an die Disparität zugunsten der Deutschen oder hätte, wenn er es besser wußte, gern an sie geglaubt.

Jedenfalls beauftragte Präsident Roosevelt am 14. Oktober 1938 – vierzehn Tage nach der Münchner Konferenz, auf der Daladier, Chamberlain, Hitler und Mussolni zum ersten und einzigen Mal mit vereinten Kräften die Abwendung eines europäischen Krieges gelungen war – seinen Stellvertretenden Verteidigungsminister Louis Johnson, die Planungsgrundlage für einen ins Gewicht fallenden Aufbau der amerikanischen Luftstreitkräfte bereitzustellen, die zu jenem Zeitpunkt nur aus etwa 1600 einsatzfähigen Maschinen bestand. [5] Begründung: Wenn er künftig mit ausländischen Staatsmännern spreche, wolle er einen dicken Knüppel in der Hinterhand haben, um seinen Worten Nachdruck zu verleihen. [6]

Von auffallend überzogenen Annahmen in bezug auf die deutschen bzw. italienischen Luftwaffen und Flugzeugindustrien ausgehend, [7] peilte der Präsident in einer Besprechung mit leitenden Mitarbeitern, die vier Wochen später im Weißen Haus stattfand, eine Präsenzstärke von 20000 und eine Produktionskapazität von weiteren 24000 Maschinen jährlich für die amerikanische Heeresluftwaffe bzw. für die amerikanische Flugzeugindustrie an. Dieses Ziel war freilich so unerhört ehrgeizig, daß er es im Laufe der Sitzung mit Rücksicht auf den Kongreß selbst um die Hälfte reduzieren mußte. Aber auch so blieb das Programm, verglichen mit dem, was sich die europäischen Mächte leisten konnten, extravagant. [8]

Gleichzeitig akzeptierte Präsident Roosevelt den Wunsch der Regierung Daladier, eine Einkaufskommission in die Vereinigten Staaten zu entsenden, die dort die Voraussetzungen für die Belieferung der französischen Armee mit amerikanischen Maschinen klären sollte. Allein von den Franzosen wurden noch 1938 4600 Flugzeugrahmen und 13000 Flugzeugmotoren geordert. [9] Großenteils sind sie bis zur französischen Niederlage 1940 jedoch nicht mehr zur Auslieferung gekommen. Außerdem war bereits seit 1938 eine britische Einkaufskommission in den USA unterwegs, um ihrerseits umfangreiche Bestellungen bei der amerikanischen Flugzeugindustrie aufzugeben.

Schließlich veranlaßte Roosevelt in jenen Oktobertagen, daß in Kanada Vorbereitungen für den Bau von erst fünf, dann sieben Flugzeugfabriken getroffen wurden. Falls zwischen Frankreich und Deutschland ein Krieg ausbrach – mit dieser Gefahr oder Möglichkeit rechnete der Präsident für das Frühjahr 1939 – würde das britische Dominion nicht unter das amerikanische Neutralitätsgesetz fallen, und falls auch Großbritannien in den Krieg eintrat, ließen sich die

Flugzeugteile, die in Kanada zu fertigen Maschinen zusammengebaut werden sollten, als »halbfertige Rohstoffe« tarnen, wie der Präsident dem französischen Finanzier Jean Monnet in jenen Tagen augenzwinkernd verriet. [10]

Mit diesen drei Entscheidungen – Vervierfachung der eigenen Luftmacht, Expansion der amerikanischen Flugzeugindustrie mit Hilfe britischen und französischen Kapitals und Ansiedlung zusätzlicher Produktionskapazitäten außerhalb des Geltungsbereichs des amerikanischen Neutralitätsgesetzes – hat Präsident Roosevelt im Herbst 1938, ein Jahr vor Ausbruch des europäischen Krieges, den massiven Aufbau der amerikanischen Luftstreitkräfte eingeleitet. Sie bildeten von da an die Teilstreitmacht, die in den USA am schnellsten wuchs.

Es waren äußerst ehrgeizige Ziele, die einander zum Teil gegenseitig ausschlossen. Roosevelt hat auch nicht alle Ziele erreicht oder diese mit Rücksicht auf die taktische Situation im Kongreß immer wieder zurückgenommen. Nachdem er ursprünglich 500 Millionen Dollar nur für den Bau von Flugzeugen hatte einfordern wollen, begnügte er sich in seiner Kongreßbotschaft vom 28. Januar 1939 mit insgesamt 300 Millionen für das *Air Corps* seiner Armee. Davon sollten nur 180 Millionen für 3032 neue Maschinen und die übrigen 120 Millionen für Ausbildungszwecke aufgewendet werden. Aber dies alles ändert nichts daran, daß der Aufbau der amerikanischen Luftstreitkräfte 1939 mit ebensoviel Wucht sprunghaft vorangetrieben wurde, wie es 1938 bereits beim Aufbau der amerikanischen Seestreitkräfte der Fall gewesen war. Denn der Kongreß folgte auch diesmal widerstandslos Präsident Roosevelts Propositionen.

Der nächste Schub kam am 16. Mai 1940, als Deutschland das Rückgrat der französischen Armee zerbrach – jetzt gab Präsident Roosevelt dem Aufbau von Luftstreitkräften in einer so grandiosen Art und Weise Priorität, daß alles andere, was vorher geschehen war, geradezu als kleinlich erschien: In seiner Kongreßbotschaft forderte er eine Präsenzstärke von 50000 Flugzeugen und eine Produktionskapazität von weiteren 50000 Flugzeugen jährlich – schlichtweg mehr als das doppelte von dem, was er 1938 anvisiert hatte, dazu weitere Mittel für Flugzeuglieferungen an Großbritannien und Frankreich zum rascheren Ausbau der amerikanischen Produktionskapazitäten.

Insgesamt nahmen die amerikanischen Luftstreitkräfte von 1939 bis 1941 folgende Stärke an:

Monat/ Jahr	Einsatzfähige Flugzeuge (schwere Bomber)	Offiziere u. Mannschaften	Geschwader
7/1939	2400 (16)	22000	80
7/1941	7000 (12o)	152000	165–28o*)

Quelle: Cline, Washington Command Post. The Operations Division, S. 9 f. – *) Planzahlen

War also 1939 noch jedes 150. Flugzeug ein schwerer Bomber gewesen, so war es zwei Jahre später schon jede 58. Maschine. Der Trend war eindeutig – er ging in Richtung auf eine Heeresluftwaffe, die schwerpunktmäßig aus schweren Bombern bestand. Allein von den 5500 neuen Maschinen, die der Kongreß 1939 bewilligte, sollte jede 22. Maschine eine *B 17 Flying Fortress* sein. Das entsprach insgesamt 250 schweren Bombern.

Dennoch setzte der eigentliche Aufbau der amerikanischen Bomberstreitmacht erst nach dem offiziellen Kriegseintritt der USA ein. Schon im Mai 1941 gab das *Joint Board* die Entwicklung der *B 29 Superfortress* wieder frei, die es zuvor mit Rücksicht auf die noch ungesicherte Akzeptanz der leichteren *B 17* angehalten hatte. Mit der B 29 (6500 km Reichweite, 350 km/h Marschgeschwindigkeit, 10 000 m Höhenleistung, 9 t Bombenlast) verfügten die USA somit ab 1944 über den einzigen Fernbomber von fast globaler Reichweite, den es damals gab. Sie hatten damit vor Freund und Feind einen erheblichen Rüstungsvorsprung im Bereich der luftgestützten strategischen Waffen erzielt. Schließlich war die *B-29* jenes fliegende Ungeheuer namens »Enola Gay«, das im August 1945 den »Little Boy«, die erste Atombombe der Weltgeschichte, in ihrem Zielgebiet über der japanischen Stadt Hiroshima abwerfen konnte.

Parallel dazu entwickelte die amerikanische Führung eine zunehmend offensive Luftstrategie. Schon bei der Vervierfachung der Luftmacht im Mai 1940 merkten Roosevelts Kritiker an, eine so riesige Armada von 50 000 Flugzeugen könne doch unmöglich nur defensiven Zwecken dienen, wie der Präsident immer noch beteuerte – dafür reichten ungefähr 10 000 Maschinen aus. Roosevelt brachte diese Kritiker damit zum Schweigen, daß er die Gefahr »schneller und tödlicher Angriffe über weite Entfernungen hinweg« heraufbeschwor [11] – wohlgemerkt, Angriffe fremder Mächte auf Amerika und nicht umgekehrt Angriffe Amerikas auf fremde Mächte, also wie immer im Rahmen des Verteidigungs-Paradigmas.

Die Luftschlacht über England, bei der die Deutschen britische Städte bombardierten, nachdem Churchill den Bombenkrieg gegen sie entfesselt hatte, schien Roosevelt Recht zu geben. Der europäische Luftkrieg mit seinen heulenden Sirenen, krachenden Einschlägen und belfernden Flakgeschützen kam über den Äther nach Amerika: Millionen von Amerikanern hörten an ihren Radios, damals das moderne Medium Nr. 1, wie die Deutschen London angriffen und wie die amerikanischen Rundfunkreporter mehr oder weniger offen zum Krieg gegen die Barbaren aufriefen. Die amerikanischen Illustrierten berichteten in großer Aufmachung über die Ruinen von London und Coventry. In der Tat, wenn die deutschen Bomber heute über Westminster kreisten, würden sie dann nicht morgen über Manhattan erscheinen?

Vor dem Hintergrund dieser zum Teil künstlich geschürten Angst und eines sich selbst rechtfertigenden Rachegefühls entwickelten Roosevelt und seine Luftwaffenführung das Konzept des strategischen Bombenkrieges. Der Chef des Luftwaffenführungsstabes, General Henry M. Arnold, und dessen erst kürzlich gebildete Kriegsplanungsabteilung legten im Winter 1940/41 fest: 4000 amerikanische Bomber greifen Deutschland 22 Monate nach dem amerikanischen Kriegseintritt an, um es innerhalb eines halben Jahres in die Knie zu zwingen. Ihr Ziel: Die möglichst präzise Vernichtung der deutschen Infrastruktur, vornehmlich Elektrizitätswerke, Verkehrsnetz und Ölindustrie. Ihr Zweck: Sturz Hitlers und bedingungslose Kapitulation der Wehrmacht nach dem Zusammenbruch der deutschen Kampfmoral. [12] Alternativ sollten die amerikanischen Bomber eine alliierte Invasion vorbereiten. Dieser amerikanische Plan, der eine »schwere und nachhaltige Bombardierung von Städten« nicht ausschloß, ging mit Zustimmung Roosevelts und Churchills im März 1941 in die alliierte ABC-Kriegsplanung ein.

Gleichzeitig wurde die Luftstrategie gegen Japan konkretisiert, das im September 1940 einen Drei-Mächte-Pakt mit Deutschland und Italien geschlossen hatte. Im Zuge seiner Südexpansion näherten sich die Japaner gewissen Rohstoffgebieten, die sie gegenüber Roosevelts Quarantäne unempfindlich zu machen drohten. Außerdem schienen durch den in Wirklichkeit gar nicht so festen Schulterschluß der Achsenmächte in den Augen des Präsidenten die beiden regionalen Kriege zu einem einzigen Weltkrieg zusammenzuwachsen, der erdrückende Formen annahm. Zwar gebot Roosevelts *Germany first*-Strategie nach wie vor, daß die USA im pazifisch-asiatischen Raum in der Defensive blieben – das heißt, die schmale Linie zwischen Abschreckung und Provokation sollte auch weiterhin nicht überschritten werden. Da sich die *U. S. Navy* aber bereits stark im Atlantik engagiert hatte, fiel der *U. S. Air Force* bei der Abschreckung der Japaner fast automatisch die Hauptlast zu.

General Carl Spaatz, Chef der Kriegsplanungsabteilung, hatte Arnold bereits am 1. September 1939 den Entwurf einer Luftstrategie gegen Japan vorgelegt. Danach sollten schwere Langstreckenbomber vom Typ *B 29* von den Philippinen aus angreifen, damit die japanischen »Zündholzschachtel-Städte« möglichst rasch in Flammen aufgingen. [13] Zwar forderte Präsident Roosevelt die kriegführenden Parteien damals auf, die Bombardierung offener Städte zu vermeiden. Das hinderte ihn aber im November 1940 nicht daran, der Vorbereitung des massenhaften Feuertodes wehrloser Menschen aus der Luft widerspruchslos zuzusehen. Ja, er äußerte sich »einfach erfreut« über den Plan von General Claire Chennault, Tschiang Kai-sheks amerikanischem Lauftwaffenberater, die japanischen Städte von China aus anzugreifen, und der Präsident wies seine Minister persönlich an, diese Operationen einzuleiten. [14]

Das einzige, was diesen Plan vereitelte, war Marshalls Besorgnis, amerikanische *High-Tech*-Bomber in chinesischer Hand könnten nicht nur eine Materialverschwendung sein – ihr Einsatz im Fernen Osten könnte vielmehr auch die Bombardierung deutscher und italienischer Großstädte verhindern, weil die amerikanische Bomberflotte dafür im Sommer 1941 einfach noch nicht groß genug war. Daraufhin regte Roosevelt Luftangriffe der Heeresluftwaffe von amerikanischen Flugzeugträgern aus an. Tatsächlich gelang es Oberst James Doolittle im April 1942 erstmals, eine solche waghalsige Operation gegen Tokio mit Hilfe von zweimotorigen *B 25*-Bombern durchzuführen. Die schweren Maschinen starteten von der *Hornet* und der *Enterprise* aus, die 650 Seemeilen vor der japanischen Küste lagen. Sie landeten nach dem Abwurf ihrer Bomben in China, weil ihr Treibstoff nicht für den Rückflug gereicht hätte. Die Piloten mußten mit ihren Fallschirmen über dem Festland abspringen, weil es dort noch keine geeigneten Flugplätze gab.

Planmäßige Luftangriffe gegen Japan mit der massenhaft Tod und Verderben bringenden B 29 wurden erst 1944/45 von den Marianen aus aufgenommen, nachdem die Amerikaner diese Inselgruppe zurückerobert hatten. Auch das chinesische Festland hat erst ziemlich spät eine Rolle als Absprungbasis für Langstreckenbomber gespielt.

Entgegen ursprünglichen Planungen fielen zunächst auch die Philippinen als amerikanischer Flugzeugträger aus, weil die Japaner sie im Winter 1941/42 eroberten. Ein halbes Jahr vorher hatte Roosevelt mit der Verlegung der *B 17* auf diese Inselgruppe begonnen, die amerikanisches Hoheitsgebiet war. [15] Im April 1941 leitete seine Heeresluftwaffe an Hand von Wirtschaftsdaten die Zielplanung ein. Sie visierte dabei nicht nur die von den Japanern besetzten Inseln Hainan und Formosa, sondern auch die japanischen Hauptinseln an. Allen Beteiligten war klar, daß die Japaner nichts mehr als Luftangriffe fürchteten.

Doch schien die Aussicht, die fernöstliche Achsenmacht durch eine Mischung aus Wirtschaftsboykott, Seeblockade und Bombenkrieg rasch in die Knie zwingen zu können, zu verlockend zu sein, um zugunsten humanitärer Bedenken aufgegeben zu werden. Am 26. Juli 1941 verhängte Roosevelt den Ölboykott über Japan, indem er die japanischen Devisen-Guthaben in den USA einfrieren ließ. Spätestens am nächsten Tag begann seine Heeresluftwaffe damit, die ersten *B 17*-Bomber nach den Philippinen zu verlegen. Insgesamt waren für die anfangs hochgeheime Operation 165 Maschinen dieses Typs vorgemerkt – zwei Drittel der für das nächste halbe Jahr geplanten Produktion und rund 50 Prozent des amerikanischen Gesamtbestandes an schweren Bombern. [16] Am 3. November 1941, fast genau einen Monat vor Pearl Harbor, meldete Generalstabschef Marshall dem *Joint Board* den erfolgreichen Abschluß dieser Operation: Der Streitkräfteaufbau auf den Philippinen sei soweit abgeschlossen, daß die USA jeder beliebigen Warnung an die Adresse Japans von nun an den nötigen Nachdruck verleihen könnten. [17]

Damit hatten die USA mit Hilfe ihrer Luftstreitkräfte und mit ausdrücklicher Zustimmung ihres Präsidenten [18] die strategische Situation im West-Pazifik umgestürzt. Dazu kam der Ölboykott, der sich innerhalb weniger Monate im Stillstand der japanischen Wirtschaft niederschlagen mußte. Der Angriff auf Pearl Harbor war die Konsequenz – er erfolgte nur knapp zwei bis drei Monate, bevor die amerikanische Luftmacht auf den Philippinen in vollem Umfang für die Vernichtung Japans einsatzbereit war.

Parallel zur Formulierung seines offensiven Luftkriegs-Konzepts hat Roosevelt das *Air Corps* der *U. S. Army* zu einem Kriegsführungsinstrument *sui generis* verselbständigt, zu den *U.S. Army Air Forces* (USAAF). Hierfür hatte er

bereits 1935 mit der Bildung eines »Allgemeinen Hauptquartiers der Luftwaffe« *(General Headquarters Air Force*, abgekürzt *GHQ Air Force)* den
Grund gelegt. Dazu schreibt Ray S. Cline: »Die Bildung einer integrierten
Luftwaffe, die zum Kampf bestimmt war, markiert [1935] eine wichtige Wachs-
tumsphase der Heeresluftwaffe in Richtung auf eine selbständige strategische
Mission, auf eigene Operationen zur Zerstörung des feindlichen Willens und
auf eine eigene Fähigkeit zu Bombenangriffen, und zwar zusätzlich zu ihrer
herkömmlichen taktischen Aufgabe, die Operationen der Bodentruppe zu
unterstützen.« [19] Auch hier hat der Präsident also von langer Hand geplant.

Im November 1940 wurde der Oberbefehlshaber des *Air Corps*, General
Arnold, zum Stellvertretenden Generalstabschef der *U. S. Army* mit Zustän-
digkeit für die Heeresluftwaffe ernannt. Damit stieg er zum zweitwichtigsten
Mann des Heeres nach Generalstabschef Marshall auf, ein Karrieresprung, der
die zunehmende Bedeutung der Luftstreitkräfte in Roosevelts Gesamtkonzept
des Streitkräfteaufbaus und der Kriegführung unterstreicht. Arnold, von
Freunden wegen seines stets freundlichen Gesichtsausdrucks »Hap« (von
amerikanisch »happy« = glücklich, zufrieden) genannt, hatte jedoch schon
vorher mit Marshall und dem Chef der Seekriegsleitung, Admiral Stark, an
wegweisenden Strategiegesprächen mit dem Präsidenten teilgenommen.

In seiner Eigenschaft als Luftwaffenchef nahm Arnold – wohl kein strategisches
Genie, aber ein sehr fähiger Pionier, Manager und Organisator des Luftkrieges
– auch an Roosevelts und Churchills erster Gipfelkonferenz im August 1940 in
der kanadischen Placentia-Bucht teil. Auf der ARCADIA-Konferenz im
Dezember/Januar 1941/42, welche die alliierte Kriegsstrategie in groben Zügen
festlegte, vertrat er die amerikanischen Luftstreitkräfte – ebenso wie Sir Cyrill
Newall, Chef der *Royal Air Force* – fast schon aus eigenem Recht. Kurz darauf
erhielt Arnold Sitz und Stimme in den *Joint Chiefs of Staff* und in den *Combined
Chiefs of Staff*. Ein knappes halbes Jahr später, am 20. Juni 1941, entstanden
die *U. S. Army Air Forces* (USAAF) als selbständige Teilstreitkraft neben
Kriegsmarine und Heer.

Als Chef der amerikanischen Luftstreitkräfte personifizierte Arnold neben
Marshall und Stark bzw. King, den Chefs der Land- und Seestreitkräfte,
diejenige Teilstreitkraft, die unter der Präsidentschaft Roosevelts am schnellsten wuchs, eine rasch zunehmende Bedeutung hatte und die in mancher
Beziehung kriegsentscheidend war. Außer Arnold sind als Architekten des
strategischen Luftsieges vielleicht noch die Generäle Carl Spaatz, erst Chef der
Luftkriegsplanungsabteilung, später Kommandierender General der strategischen Luftstreitkräfte in Europa, und Ira C. Eaker zu nennen, Oberbefehlshaber der 8. US-Luftflotte, deren Maschinen dazu beitrugen, Deutschland von
Großbritannien aus in Schutt und Asche zu legen.

Im pazifisch-asiatischen Raum herrschten so andere Bedingungen, daß man
hier – ebenso wie bei den amerikanischen Seestreitkräften – eine ganze Reihe
von Namen nennen müßte – nicht nur die der Generäle Haywood Hansell und

Curtis E. LeMay, die mit ihren *B 29*-Verbänden die japanischen Städte in flammende Infernos verwandelten. Aber das würde angesichts der oft nur taktischen Bedeutung, die amerikanische Luftstreitkräfte auf diesem Kriegsschauplatz über weite Strecken hatten, zu weit führen.

Spaatz und Eaker, Hansell und LeMay, sind freilich keine Namen, mit denen sich die ritterlichen Traditionen des »Flottenkampfes« zur See verbinden. Es sind Namen, die das in seiner Art völlig neue Verbrechen eines »Holocausts aus der Luft« symbolisieren, der durchaus genocidale Züge trug.

Dank der überragenden Bedeutung des Flugzeugs für die moderne Kriegführung, die Roosevelt schneller erkannte und konsequenter umsetzte als jeder andere politische und militärische Führer der dreißiger und vierziger Jahre, hat der strategische Luftkrieg im Zweiten Weltkrieg völlig neue Dimensionen erreicht. Ja, man muß diesen Präsidenten sogar als Schöpfer der Luft-Supermacht Amerika bezeichnen, so wie er auch der Schöpfer der See-Supermacht Amerika gewesen ist. Schließlich hat Präsident Roosevelt aber in Gestalt der *U.S. Army* auch eine weltweit einsetzbare Land-Supermacht geschaffen, und er hat die USA damit von ihrem scheinbar vorgezeichneten Schicksal, ausschließlich eine Seemacht zu sein, in geschichtlich einmaliger Art und Weise befreit.

Anmerkungen

1 Sherry, Rise, S. 57
2 ebda., S. 57
3 Vgl. Bavendamm, Roosevelts Weg, S. 483: Nach Erkenntnissen der britischen Abwehr verfügte Deutschland selbst im März 1939 erst über 1580 Langstreckenbomber (mit mehr als 350 km Reichweite) und 320 Kurzstreckenbomber, zusammen mit Italien über 2024 bzw. 320 Maschinen dieser beiden Kategorien. Keiner der deutschen Langstreckenbomber konnte sich jedoch auch nur entfernt mit der »Fliegenden Festung« messen.
4 Sherry, Rise, S. 77
5 Zahl bei Watson, Plans, S. 131
6 Das genaue Zitat lautet: »Wenn ich an fremde Regierungen schreibe, muß ich etwas haben, was meinen Worten Nachdruck verleiht.« Diese Worte benutzte Roosevelt auf der Sitzug vom 14.11.38, auf der Johnsons Planungsgrundlage zur Debatte stand. Blum, Morgenthau Diaries, Vol. 2, S. 49
7 Roosevelts Berechnungen gingen z.B. von einer deutschen Präsenzstärke von 5000 bis 10000 Flugzeugen aus. Die tatsächliche Stärke lag bei etwa 3000 Maschinen.
8 Für Großbritannien und Frankreich schätzte Roosevelt die Präsenzstärken auf 600 bzw. 1500 bis 2000 Maschinen und den jährlichen Produktionsausstoß auf weitere 3600 bzw. 4800 Flugzeuge
9 Zahlen bei Sherry, Rise, S. 85 – Nach Angaben, die ich in meinem Buch Roosevelts Weg zum Krieg, S. 365f. zusammengetragen habe, orderten die Franzosen sogar 4800 Maschinen, z.T. allerdings in Form von Optionen
10 Bavendamm, Roosevelts Weg zum Krieg, S. 365
11 PPA, 1940, S. 198 – 202: FDR-Kongreßbotschaft 16.5.40
12 Hansell, Air Plan, S. 74
13 AAF Records AIR AG file 381 Bulkey (9-12-39): Memorandum Spaatz 1.9.39 Arnold: »Strategically Offensive Operations in the Far East«

14 Blum, Morgenthau Diaries 1938–41, S. 366 f.

15 Sherry, Rise, S. 103 schreibt, die Wurzeln dieser Operation lägen nach wie vor im Dunkeln. Teils wurden die einschlägigen Akten und Unterlagen beim japanischen Angriff auf die Philippinen zerstört, Standort der *U. S. Far Eastern Air Force* und der ihr übergeordneten *United States Armed Forces in the Far East*, die General MacArthur befehligte. Seltsamerweise wurden aber auch die einschlägigen Akten des Kriegsministeriums und der Luftwaffe vernichtet oder in alle Winde zerstreut, die in Washington lagen. So bleibt vor allem die Rolle, die Roosevelt bei der Auslösung der Operation spielte, einstweilen ungeklärt. Vgl. dazu Anmerkung 18 unten

16 Sherry, Rise, S. 104, bemerkt ausdrücklich: »Die Anstrengungen MacArthurs und Marshalls, die Luftmacht auf den Philippinen zu verstärken, . . . ging den Meldungen über einen neuen Vorstoß Japans Richtung Süden voraus, der umgehend auf die Einfrierung (der japanischen Auslandsguthaben in den USA) durch Roosevelt folgte.«

17 Watson, Plans, S. 503

18 Sherry, Rise, S. 106: Soweit die noch vorhandenen Akten überhaupt eine zuverlässige Rekonstruktion der Entscheidungsabläufe zulassen, hat Roosevelt der Verlegung der Bomberstreitmacht nach den Philippinen erst am 7. August 1941 förmlich zugestimmt, also nach Beginn der Operation.

19 Cline, Washington Command Post, Operations Division, S. 23

4.

Der Aufbau der Landstreitkräfte

Noch nie hatten die Vereinigten Staaten von Amerika ihre Truppen in Friedenszeiten mobilisiert, als Präsident Roosevelt im Mai 1939 mit dem mehr oder weniger planmäßigen Aufbau seiner Landstreitkräfte begann. Der Zeitpunkt kurz nach den britisch-französischen Garantien für die Niederlande und die Schweiz sowie für Polen und Rumänien deutet zwar zunächt darauf hin, daß er damit auf die sich zuspitzende Krise in Europa reagierte, und tatsächlich hat Roosevelt die Vollendung der gegen Deutschland gerichteten Quarantäne genutzt, um die Auffüllung der *U.S. Army* bis zu der für die nationale Verteidigung erforderlichen Stärke anzuordnen. Der Präsident sah also den Krieg, der am 1. September 1939 ausbrach, schon im Mai als mögliche Konsequenz seiner Politik voraus. Seine Maßnahme war darüber hinaus aber auch die logische Folge des übrigen Streitkräfteaufbaus. Denn Roosevelts Konzept von Politik und Kriegführung lief ja auf die Zerschlagung des Deutschen Reiches mit Hilfe der alliierten See-, Luft- und Landstreitkräfte hinaus. Insofern nahm der Präsident mit dem Aufbau von Landstreitkäften schon die Eroberung, Besetzung und Teilung Deutschlands vorweg, bevor der Krieg in Europa begonnen hatte.

Im Frühstadium der Mobilisierung verstand es Roosevelt freilich, den Zweck, den er mit der Aufstellung von Bodentruppen verfolgte, so erfolgreich zu tarnen, daß ihm niemand nachsagen konnte, er habe damit von vornherein aggressive oder gar offensive Ziele verfolgt, und vielleicht hat der Präsident bis zur Niederlage Frankreichs selbst an seine Behauptung geglaubt, er könne es den amerikanischen Müttern ersparen, ihre Söhne in fremde Kriege zu schicken. Tatsächlich argumentierte Präsident Roosevelt so lange mit Begriffen wie »nationale«, »kontinentale« oder »Hemisphären-Verteidigung«, wie dies sinnvollerweise möglich war. Denn diese Begriffe waren innenpolitisch kaum kontrovers.

Überdies blieb Roosevelt beim ersten Schritt, der Herstellung der nationalen Verteidigungsbereitschaft im Mai 1939, weit hinter den an und für sich möglichen Soll-Stärken von 280 000 Mann für die reguläre Armee und 450 000 Mann für die Nationalgarde zurück. Aber er tat dies nicht, weil er eine amerikanische Intervention in Europa oder Fernost ein für allemal ausschließen wollte, sondern weil er davon überzeugt war, daß diese Truppenstärken das Höchstmaß dessen seien, »was die Öffentlichkeit ohne untunliche Aufregung akzeptiert.« [1] Und »untunlich« war in seinen Augen jede »Aufregung«, die geeignet war, maximale Truppenstärken zu einem späteren Zeitpunkt zu verhindern.

Für Roosevelt war die innenpolitische Taktik ebenso wichtig wie die militärische Notwendigkeit, die amerikanische Armee sinnvoll für den Endsieg auf allen nur erdenklichen Kriegsschauplätzen (amerikanisch = *theaters of* war) zu formieren. Deshalb vollzog sich ihr Aufbau zwar, oberflächlich betrachtet, in einem nur noch schwer nachvollziehbaren Zick-Zack-Kurs zwischen äußerster Zurückhaltung und massiver Zumutung gegenüber dem Kongreß. Wenn man aber genauer hinschaut, hat ihn Generalstabschef Marshall vom ersten Augenblick an, in dem er 1939 die Weisungen des Präsidenten empfing, genauestens durchdacht, und im Grunde hatte der Aufbau von Landstreitkräften sogar schon drei Jahre vorher mit der Ernennung des Generalstabschefs zum Kommandierenden General der Feldarmee begonnen. Denn damit wurde die Masse der amerikanischen Landstreitkräfte, wenngleich zum allergrößten Teil noch gar nicht existent, zum ersten Mal mitten im Frieden direkt der obersten Heeresleitung in Washington unterstellt.

Für die Besetzung dieser militärischen Schlüsselfunktion traf Präsident Roosevelt mit der Ernennung Marshalls eine Personalentscheidung, die für seinen späteren Sieg von kaum zu überschätzender Bedeutung war. Er beförderte diesen unauffällig, humorlos und verschlossen wirkenden Berufssoldaten aus Pennsylvania just an jenem 1. September 1939 vom Stellvertretenden Generalstabschef zum Chef des Generalstabes, in dem in Europa der Krieg ausbrach – eine Koinzidenz, die Bände spricht.

Gegenüber allen anderen denkbaren Kandidaten hatte Marshall zwei große Vorzüge: Er hatte den Ersten Weltkrieg im Stab von General Pershing absolviert, dem Oberkommandierenden des US-Expeditionskorps in Europa, und er war zugleich das typische »Produkt des Kommando- und Stabssystems« (James McGregor Burns) der *U.S. Army*. Marshall verband also eigene Fronterfahrung in dem voraussichtlich entscheidenden *theater of war* mit einem Höchstmaß an Akzeptanz bei der von Roosevelt geplanten Interventionsarmee, und da Marshall unbeugsame Festigkeit gegenüber dem sprunghaften Präsidenten mit diplomatischem Geschick gegenüber dem empfindlichen Kongreß verband, ist er beim Aufbau des amerikanischen Heeres außerordentlich hilfreich gewesen.

Nach Meinung Eisenhowers, der in der Kriegsplanungsabteilung des Generalstabs arbeitete, bevor er den Oberbefehl über die alliierten Truppen in Nordafrika und Europa erhielt, hatte Marshall die »Fähigkeit, einander widersprechende Faktoren eines Problems in Ruhe abzuwägen und dann zu einer felsenfesten Entscheidung zu gelangen.« [2] Die beiden Hauptfaktoren, die der neue Generalstabschef miteinander in Einklang bringen mußte, waren Roosevelts Vorliebe für Augenblicksentscheidungen und das Interesse der Armee an einem möglichst ausgewogenen Streitkräfteaufbau. In dieser für den späteren Erfolg maßgeblichen Beziehung hat sich der zu wortkarger Strenge neigende Marshall in erstaunlichem Maße gegen den Präsidenten durchgesetzt.

Im Grunde hat diese beiden Männer von vornherein die gemeinsame Überzeugung miteinander verbunden, daß für den totalen Sieg über die Achsenmächte der Einsatz amerikanischer Bodentruppen letzten Endes unvermeidlich sei. Wie es heißt, hat Roosevelt seinen Generalstabschef nur ein einziges Mal in tadelnder Absicht beim Vornamen genannt. Das war in jener denkwürdigen Sitzung am 14. November 1938 im Weißen Haus, als Roosevelt plötzlich die Vergrößerung des *Air Corps* um 10000 Flugzeuge forderte. Hätte Marshall, damals noch Stellvertretender Generalstabschef, dagegen nicht energisch Einspruch erhoben, dann hätte der Präsident die Chance für einen balancierten Streitkräfteaufbau vielleicht ein für allemal verspielt. Zwar mußte Marshall zunächst nachgeben, um nicht den Bruch mit Roosevelt zu riskieren, der, wie Hopkins einmal etwas überspitzt meinte, »an den Bombenkrieg als einziges Mittel zum Sieg glaubte.« [3] Aber der Generalstabschef, immer auf innere Unabhängigkeit von seinem Präsidenten bedacht, fand in den kommenden Monaten und Jahren dennoch Mittel und Wege, der »größten Kriegsmaschine der Menschheitsgeschichte« (John Ermann) eine ausgewogene Form zu geben.

In einem Rückblick auf seine beiden ersten Amtsjahre, die besonders kritisch waren, hat Marshall 1941 vor dem Militärausschuß des amerikanischen Senats das Geheimnis seines Erfolges preisgegeben. Ihm sei es darauf angekommen, so sagte er, »die ersten schwierigen Schritte der Expansion lieber überlegt als hastig hinter mich zu bringen«, weil er das Gefühl gehabt habe, »daß die Zeit dafür vorhanden sei.« [4] Nach den zum Teil ernüchternden Erfahrungen, die die *U.S. Army* im Ersten Weltkrieg mit sich selbst gemacht hatte, dauerte es ungefähr drei Jahre, bis sie mit Aussicht auf den Sieg kriegsbereit war. Legt man diese Elle an Marshalls Vorstellungen an, dann rechnete der Generalstabschef 1939 offenbar damit, daß eine amerikanische Interventionsarmee nicht vor 1942 zum Einsatz zu kommen brauchte, daß also eine Niederlage der Alliierten zumindest solange auszuschließen war.

Dies vorausgesetzt, plante Marshall den Aufbau seiner Landstreitkäfte mit Umsicht, Augenmaß und einer gewissen Bedächtigkeit. Der Generalstabschef hatte offenbar von vornherein die Matrix für die Endausbaustufe fest im Kopf, und zwar sowohl was den Gesamtumfang der neuen Armee, als auch was ihre funktionale Gliederung anging. So nutzte er die erste Verstärkung des Heeres um 17000 und der Nationalgarde um 200000 Mann, die ihm der Präsident eine Woche nach Ausbruch des europäischen Krieges zubilligte, organisatorisch so geschickt, daß die Freiwilligen, die den Einheiten ab Herbst 1939 zuströmten, sofort mit der kriegsmäßigen Ausbildung beginnen konnten. Außerdem legte Marshall die funktionale Gliederung der Armee so an, daß ein tragfähiges Gerüst entstand, das im Laufe der nächsten Monate und Jahre immer größere Massen an Soldaten aufnehmen konnte. Schließlich wurden die von Roosevelt genehmigten Mittel zu einer entschlossenen Motorisierung der *U.S. Army* genutzt. Hatte sich die Reichweite einer US-Infanteriedivison in der Vergangenheit danach bemessen, wieviele Kilometer ein Soldat unter Kriegsbedin-

gungen pro Tag marschieren konnte, gab es jetzt zum ersten Mal in der
Geschichte des amerikanischen Heeres vollmotorisierte Verbände, deren
Reichweite, Beweglichkeit und Schlagkraft sehr viel höher lagen.
Während sein Generalstabschef so mit kühler Professionalität die Fundamente
für eine moderne *U.S. Army* legte, ließ der Präsident durch seinen Freund,
Major James D. McIntyre, im Kongreß erkunden, ob dort die Bereitschaft
bestand, die 879 Millionen Dollar zu bewilligen, die Marshall benötigte, um die
Landstreitkräfte so schnell wie möglich in eine felddiensttaugliche Verfassung
zu bringen. Triumphierend meldete McIntyre drei Wochen nach Beginn des
deutschen Polen-Feldzuges: »Sprach gestern mit mehreren Kongreßleuten . . .
Jeder ist für eine adäquate nationale Verteidigung. Ich glaube fest daran, daß
nun die Zeit gekommen ist, *alles* zu verlangen, was das Kriegsministerium
braucht. Wir werden es bekommen.« [5]
Obwohl er also einigermaßen sicher sein konnte, daß ihm der Blitzsieger Hitler
das mühsame Geschäft des Streitkräfteaufbaus zu einem Gutteil besorgte, ließ
Roosevelt auch jetzt noch äußerste Vorsicht walten. Weit davon entfernt, die
Forderungen seiner Armeeführung in Höhe von bis zu einer Milliarde Dollar
zu erfüllen, entschloß er sich, beim Kongreß nur läppische 120 Millionen Dollar
für das Haushaltjahr 1941 zu beantragen, das am 1. Juli 1940 begann. Denn die
Stimmung auf dem Kapitol war seltsam gespalten: Einerseits lockerte der
Kongreß die Bestimmungen des Neutralitätsgesetzes zugunsten der westeuropäischen Demokratien auf. Andererseits wollte er Amerika immer noch vom
Krieg fernhalten. Roosevelt trug dieser labilen Stimmungslage dadurch Rechnung, daß der Entwurf seines Heeresbudgets für 1941 mit 853 Millionen Dollar
schließlich nur zwei Millionen über dem von 1940 lag.
»Wenn Europa im späten Frühjahr [1941] in Flammen aufgeht, dann müssen
wir unser Haus in Ordnung bringen, bevor die Funken die westliche Hemisphäre erreichen.« [6] So ließ sich Roosevelts Generalstabschef in den *Hearings*
ein, die der Verabschiedung des Heeresbudgets im Winter 1939/40 vorausgin-
gen. Es ist merkwürdig, daß sich Marshall damit einer Formulierung bediente,
die Churchill wenig später ebenfalls benutzt hat. Aber noch merkwürdiger
mutet die Tatsache an, daß die künftigen Alliierten den tatsächlichen Ereignisablauf so exakt vorhersagen konnten. Offenbar hatten sie Hitlers Dilemma
beizeiten erkannt: Trotz ihres Blitzsieges in Polen hatte die deutsche Wehrmacht den Krieg noch längst nicht entschieden – er fing nicht zuletzt dank
Roosevelt und Churchill jetzt erst richtig an.
Das neue Heeresbudget passierte das Repräsentantenhaus noch mit einer
leichten Kürzung von zehn Prozent. Dann aber sorgte der von Churchill und
Hitler inszenierte Wettlauf um Skandinavien und der Beginn der deutschen
Westoffensive dafür, daß sich der Senat eines anderen besann. Tatsächlich fand
hier im Frühjahr 1940 ein dramatischer Stimmungsumschwung statt. Er sorgte
dafür, daß die Herren des Kapitols nicht mehr – wie noch 1918 – fragten: Wo
können wir sparen? Er sorgte vielmehr dafür, daß Präsident Roosevelt jetzt
alles bekam, was er zu benötigen glaubte, und zwar, wie wir bereits gesehen

haben, nicht nur für das Heer, sondern auch für die beiden anderen Teilstreitkräfte. Dieser Stimmungsumschwung vollzog sich so rasch und so radikal, daß
die Armeeführung mit der Neufestsetzung ihrer finanziellen Mehranforderungen kaum noch Schritt zu halten vermochte.

In dieser Situation konnte sich Präsident Roosevelt gefahrlos hinter die 732
Millionen Dollar stellen, um die es Anfang Mai 1940 ging – eine Summe, die
ausreichte, um die Soll-Stärke der U.S. Army von 227 000 auf 255 000 Mann
hochzutreiben und ihre Vorräte an Waffen und Munition so aufzufüllen, daß
sie für eine Streitmacht von 750 000 Mann ausreichten – also für jene Heeresstärke, die laut *Protective Mobilisation Plan* für die nationale oder kontinentale
Verteidigung erforderlich war. Diese Gelder waren so bemessen, daß neue
Rüstungsfabriken errichtet, 200 weitere Bomber gebaut und die Ausbildung
von noch mehr Piloten bezahlt werden konnten.

Das Ganze kam einem Dammbruch gleich. Die öffentliche Meinung forderte
nach Beginn der deutschen Westoffensive die Erhöhung des Wehretats so
stürmisch, daß der Senat sogar von Prozeduren abging, die er vorher jahrzehn-
telang peinlich beachtet hatte. Er bewilligte das reguläre Heeresbudget, das auf
den Zahlen des Jahres 1939 beruhte, dazu die Mittel, die Präsident Roosevelt
im Rahmen des begrenzten nationalen Notstandes beantragt hatte, dazu noch
die Mehranforderungen der Armee von April 1940 und schließlich sogar die
Gelder, die benötigt wurden, um die *U.S. Army* auf ihre volle Friedenspräsenzstärke von 280 000 Mann zu bringen – und dies alles, ohne weitere zeitraubende
Hearings abzuhalten. Ohne Debatte, ohne wesentliche Änderungen und ohne
auf Widerspruch bei der veröffentlichten Meinung zu stoßen, billigte auch das
Repräsentantenhaus den Heeresetat von 1,5 Milliarden Dollar an direkten
Ausgaben und weitere 257 Millionen Dollar an Aufträgen für die amerikani-
sche Industrie, zusammen 1,757 Milliarden Dollar. Am 13. Juni 1940 – vier
Tage bevor Marschall Pétain bei Hitler um einen Waffenstillstand nachsuchte –
zeichnete Roosevelt das neue Haushaltsgesetz ab.

Hitlers Erfolge in Frankreich sorgten dafür, daß der amerikanische Generalstab immer ambitiöser plante. Schon am 23. Mai 1940 – die deutsche Wehrmacht überquerte in breiter Front gerade die Somme, an der die Alliierten im
Ersten Weltkrieg dem kaiserlichen Heer vier Jahre lang standgehalten hatten –
schlug Marshall per 1. Juli 1941 eine voll ausgerüstete und ausgebildete
Landstreitmacht von 500 000 Mann, per 1. Januar 1942 von einer Million und
per Juli 1942 von 1,5 bis zwei Millionen Mann vor. Damit begann das amerikanische Heer allmählich in eine Größenordnung hineinzuwachsen, die der
Präsident und dessen Generalstabschef von Anfang an im Kopf gehabt, bisher
aber nicht zu offenbaren gewagt hatten. Freilich waren für diesen Zuwachs
weitere 500 Millionen Dollar erforderlich, ein Ansatz, den der Stellvertretende
Verteidigungsminister Johnson noch einmal um 200 Millionen erhöhte, was
jetzt, in dem gewandelten innenpolitischen Klima, durchaus Roosevelts Billigung fand.

Drei Tage nach der Kapitulation Belgiens, am 31. Mai 1940, bat der Präsident den Kongreß um die Bewilligung der 700 Millionen, die ihm auch umgehend gewährt wurden. Damit wuchs das Heeresbudget für das Haushaltsjahr 1941 ruckartig auf effektiv 2,2 Milliarden Dollar. Aber damit nicht genug: Marshall glaubte Anfang Juni – die Kapitulation Frankreichs stand kurz bevor – die Friedenspräsenzstärke der U.S. Army müsse um weitere 100 000 Mann erhöht werden. Auch diesem Antrag folgte der Kongreß, indem er weitere 821 Millionen Dollar in bar bewilligte. So verfügte die Roosevelt-Administration Ende Juni 1940 für das kommende Haushaltsjahr bereits über ein Heeresbudget von fast drei Milliarden Dollar. Zusammen mit den inzwischen ebenfalls bewilligten 254 Millionen Dollar für industrielle Rüstungsaufträge, die erst später ausgabenwirksam wurden, beliefen sich die Kosten sogar auf über drei Milliarden Dollar.

Damit waren Roosevelts finanzielle Möglichkeiten allein im Heeresbereich innerhalb von acht Wochen um 400 Prozent explodiert – ein Vorgang, der nicht nur in der ganzen amerikanischen Geschichte ohne jedes Beispiel ist, sondern der in einer gewissen Weise auch die Mär von dem »isolationistischen Kongreß« Lügen straft. Denn außer den Mitteln für Heer und Heeresluftwaffe hatten Senat und Repräsentantenhaus inzwischen ja acch die Mittel für die Kriegsmarine um 70 Prozent erhöht, so daß im Frühsommer 1940 ein finanzieller Gesamtrahmen für den Aufbau von Interventionsstreitkräften bestand, der mit der Verteidigung der westlichen Hemisphäre kaum noch sinnvoll auszufüllen war – es sei denn, Hitler verfiel auf die wahnsinnige Idee, ohne eine dafür geeignete Flotte den amerikanischen Doppelkontinent anzugreifen.

Bei einem *madman* (amerikanisch = Verrückter), als welcher der deutsche Führer in Washington weithin galt, mochte das zwar nie ganz ausgeschlossen sein. Aber als Erklärung für die unerwartete Willfährigkeit des Kongresses liegt doch die innere Dynamik näher, die dem amerikanischen Streitkräfteaufbau als solchem innewohnte. Er hat die aufsteigende Supermacht Amerika im Windschatten des Frankreich-Krieges über das bisher ängstlich gewahrte Paradigma der Verteidigung dank Roosevelts und Marshalls Geschick schlicht und ergreifend hinausgeführt. Die isolationistische Opposition, die es nach wie vor unzweifelhaft im Kongreß gab, mochte diesen Prozeß zwar hemmen. Aber in Wirklichkeit war sie nach dem Eindruck, den Admiral Leahy von ihr schon im Januar 1938 bei den *Hearings* für die 20prozentige Vergrößerung der *U.S. Navy* gewonnen hatte, zahlenmäßig zu unbedeutend, um den 1940 in Amerika einsetzenden Trend zur Offensive gegen Hitler aufzuhalten. [7]

Die Bereitstellung von Mitteln für ein Millionenheer war jedoch nur das eine. Das andere war die Einführung der Wehrpflicht, denn mit Freiwilligen allein ließen sich nicht jene maximalen Truppenstärken erreichen, die Roosevelt und Marshall für nötig hielten. Ganz augenscheinlich haben der Präsident und sein Generalstabschef von jeher an die Einführung der Wehrpflicht gedacht – anders hätten sie ihre grandiosen Kriegsplanungen niemals realisieren können. Nur mußten sie den Augenblick abwarten, in dem es opportun war, der amerikanischen Nation dieses Opfer abzuverlangen. Dieser Augenblick trat mit der Niederlage Frankreichs, der Gefährdung Englands und der daraus angeblich folgenden Bedrohung der westlichen Hemisphäre durch Hitlers Horden im Frühsommer 1940 ein.

Präsident Roosevelt hat diesen entscheidenden Akt ebenso raffiniert gespielt wie das übrige Drama des amerikanischen Streitkräfteaufbaus. Entscheidend war der Akt deshalb, weil die allgemeine Wehrpflicht in den Vereinigten Staaten noch nie in Friedenszeiten eingeführt worden war, weil die Aufstellung eines Millionenheeres zwiespältige Erinnerungen an die amerikanische Intervention in den Ersten Weltkrieg weckte und weil Millionen von amerikanischen Frauen und Müttern, Vätern und Söhnen persönlich von den Einberufungen betroffen waren – und weil zu allem Überfluß das Jahr 1940 auch noch ein Wahljahr war, in dem sich Amerika für oder gegen Roosevelts dritte Amtszeit entscheiden mußte. Gegenüber der Wehrpflicht, die einen Einschnitt in das Leben fast jeder amerikanischen Familie bedeutete, glich die Bereitstellung von Schlachtschiffen und Bombern, die ihre Wirkungen irgendwo jenseits des amerikanischen Horizonts entfalten würden, fast einem Kinderspiel.

Unter diesen Umständen hielt es Roosevelt für das beste, solange abzuwarten, bis sich Volkes Stimme erhob, das heißt bis die Amerikaner selbst nach Einführung der gesetzlichen Wehrpflicht riefen. Hier ist ihm die *Military Training Camps Association* zu Hilfe gekommen. Wie durch eine glückliche Fügung bestand die Führung dieser bundesweiten Bürgerinitiative aus lauter Freunden des Präsidenten, die wie Henry Stimson, Robert P. Patterson und William Donovan über kurz oder lang wichtige Funktionen in der Roosevelt. Administration übernehmen sollten. Die Initiatoren trafen sich am 22. Mai 1940 in New York zu einem Essen, um das 25jährige Jubiläum des ersten »Plattsburg Camps« zu begehen, in dem 1915 die Ausbildung der amerikanischen Freiwilligen für den Einsatz in Europa begonnen hatte. Drei Tage später strömten hier bereits Befürworter der Wehrpflicht aus allen Teilen des Landes zusammen, so daß man allmählich von einer regelrechten Volksbewegung sprechen konnte.

Auch jetzt hielt sich Präsident Roosevelt noch bedeckt. Aber er hinderte Marshall nicht daran, Verbindung mit der *Military Training Camps Association* aufzunehmen, und so kam es, daß der Generalstabschef des Heeres die Befürworter der Wehrpflicht heimlich bei der Formulierung eines entsprechenden Gesetzentwurfes beriet, während sein Präsident nach außen hin noch so tat, als wären er und seine Regierung vollkommen unbeteiligt. Marshall wiederum weigerte sich, Roosevelt die sofortige Umsetzung des Gesetzentwurfes zu empfehlen, denn Präsident und Generalstabschef waren sich in dem Bestreben einig, erst einmal die finanziellen und sachlichen Rahmenbedingungen für das Millionenheer zu schaffen, ehe die Einberufungen faktisch begannen.

Auf diese Weise gelang es den beiden, der *Military Trainings Camps Association* den Schwarzen Peter zuzuspielen, denn diese Organisation hatte jetzt keine andere Wahl mehr, als über den Kongreß zu gehen. Sie gewann schließ-

lich den demokratischen Senator Edward R. Burke und den republikanischen
Kongreßmann James W. Wadswoth, ihren mit Marshall abgestimmten Ent-
wurf als überparteiliches Gesetzesvorhaben in die parlamentarischen Beratun-
gen einzubringen. Dies geschah am 20. Juni 1940 – zwei Tage, bevor es im
Walde von Compiègne, symbolische Stätte des alliierten Sieges von 1918, zum
Waffenstillstand zwischen Deutschland und Frankreich kam.

Der demokratische Präsident unterstützte diesen Schritt indirekt, indem er an
demselben Tag die beiden Republikaner Stimson und Knox zum Kriegs- bzw.
Marineminister ernannte, und es war wohl kaum schierer Zufall, daß Churchill
an diesem Tag den Wunsch nach gemeinsamen Stabsgesprächen an Roosevelt
herantrug. Alle diese Ereignisse hingen auf symbolische oder faktische Art und
Weise miteinander zusammen. Sie alle waren kunstvoll aufeinander geschich-
tete Bausteine in Roosevelts Plan, die Vereinigten Staaten so rasch und
reibungslos wie möglich kriegsbereit zu machen – auch auf die Gefahr hin, daß
der Krieg dadurch weltweite Dimensionen annahm.

In Anbetracht des allgemeinen Stimmungsumschwunges gestaltete sich die
Beratung des Wehrpflichtgesetzes weit weniger kontrovers als befürchtet oder
angenommen. Während der Kongreß debattierte, begann nun auch Generalstabschef Marshall, öffentlich die Einführung der Wehrpflicht zu verlangen.
Schon am 4. Juni hatte er beim Kongreß die Einberufung der Nationalgarde
beantragt. Durch seine Doppelstrategie, einerseits die Einberufung der Nationalgarde und andererseits die Einführung der Wehrpflicht zu verlangen,
verhinderte Marshall, daß irgendjemand auf den vorwitzigen Gedanken kam,
die 18 Infanteriedivisionen der Nationalgarde reichten dazu aus, an Stelle des
Heeres die westliche Hemisphäre zu verteidigen. Marshalls Meinung nach
taugte jene Truppe nur dazu, die Massen von Rekruten aufzunehmen, die nach
Einführung der Wehrpflicht zu erwarten waren, und diesen eine halbwegs
effektive Ausbildung zu geben. Alles andere hätte den zügigen und geordneten
Aufbau des geplanten Millionen-Heeres verhindert oder erschwert.

Mit seinen taktischen Winkelzügen hat das Tandem Roosevelt – Marshall im
Spätsommer 1940 einen durchschlagenden Erfolg erzielt: Der Kongreß der
Vereinigten Staaten beschloß am 27. August die Einberufung der 320000 Mann
starken Nationalgarde und am 16. September die Einführung der allgemeinen
Wehrpflicht, letzteres allerdings zunächst noch zeitlich befristet auf ein Jahr
und geographisch beschränkt auf die westliche Hemisphäre. Es war ein wichtiger Etappensieg der Kriegs- und Rüstungsplaner im Pentagon und im Weißen
Haus, aber es war noch kein gewonnener Feldzug. So nahm denn die Planung
ihres Kriegseinsatzes hinter den Kulissen immer festere Formen an, während
sich 16 Millionen junge Amerikaner von den Armeebehörden erfassen ließen.

Die Umsetzung der Ressourcenplanung in praktizierbare Operationspläne
bereitete freilich erhebliche Schwierigkeiten. Denn so sehr der Generalstab
vom Präsidenten eine ausformulierte Strategie und eindeutig definierte Kriegsziele verlangte, so sehr weigerte sich Roosevelt, dieses oder jenes festzulegen.

Damit begann jene frustrierende Phase der amerikanischen Kriegsplanung, die Präsident Roosevelt den zweifelhaften Ruf eingetragen hat, nichts weiter als ein fahriger Spieler gewesen zu sein. Dabei wollte der Oberbefehlshaber aller amerikanischen Streitkräfte einfach nur Zeit gewinnen. Schließlich war er allein dafür verantwortlich, den militärischen Grundschlag der Vereinigten Staaten von Amerika so anzusetzen, daß daraus kein gewaltiger Fehlschlag wurde.

Tatsächlich ließ die Zeit von der Niederlage Frankreichs bis zum Kriegseintritt Rußlands und Japans soviele Fragen offen, daß sich Präsident Roosevelt hüten mußte, sich zu früh auf bestimmte Antworten festzulegen. Andererseits konnte Marshall den planmäßig auf den Endsieg ausgerichteten Aufbau seiner Streitkräfte nur dann erfolgreich vollenden, wenn er von seinem Präsidenten beizeiten erfuhr, wann, wo und wie er gegen welchen Gegner antreten sollte.

Es würde zu weit führen, das ermüdende Ringen zwischen Präsident und oberster Heeresleitung, in das auch die beiden anderen Teilstreitkräfte verwickelt waren, hier im einzelnen darzustellen. Beschränken wir uns darauf, Roosevelts Grundentscheidungen aus dem Gewirr wechselnder Lagen, Optionen und Frontverläufe abzuleiten. Eine Grundentscheidung war es sicher, dem relativ raschen und problemlosen Aufbau eines Zwei-Millionen-Mann-Heeres vor dem langsameren und problematischen Aufbau eines Vier-Millionen-Heeres den Vorrang zu geben. Etwas anderes war angesichts der Tatsache, daß die Leistungsfähigkeit der amerikanischen Rüstungsindustrie zum Zeitpunkt dieser Entscheidung im Sommer 1940 noch wenig entwickelt war, ohnehin nicht möglich. Im Ergebnis würde den Vereinigten Staaten auf diese Weise eine kleine, aber einsatzfähige Truppe schneller als eine große, aber nicht einsatzfähige Truppe zur Verfügung stehen, was für den Fall als zweckmäßig erschien, daß der Kriegsverlauf plötzliche Reaktionen verlangte.

Diese Planung ermöglichte es Roosevelt zudem, die Rüstungskosten zunächst unter vier Milliarden Dollar zu halten – nach dem von ihm wortwörtlich so formulierten Motto: »Ich kann dem amerikanischen Volk ein 3 999 900-Dollar-Geschäft besser als ein 4 000 000-Dollar-Geschäft verkaufen.« [8] Solange seine Wiederwahl nicht gesichert, Hitler nicht die ersten Rückschläge erlitten und die Japaner nicht zum Krieg gegen die Westmächte entschlossen waren, wollte der Präsident bei Herstellung der amerikanischen Kriegsbereitschaft hundertprozentig auf Nummer sicher gehen. Jede Niederlage im Kongreß, so fürchtete er, konnte das gesamte Unternehmen gefährden.

Ende 1940 stand bereits eine halbe Million junger Amerikaner unter Waffen, sofern Waffen überall schon in ausreichender Zahl vorhanden waren. Zu diesem Zeitpunkt mußte sich Roosevelt über die zeitliche Verlängerung und geographische Erweiterung der allgemeinen Wehrpflicht sowie über das Heeresbudget 1942 erste Gedanken machen. Nachdem er am 27. Mai 1941 den »unbegrenzten nationalen Notstand« erklärt hatte, gelang es dem Präsidenten am 5. Juni, seinen Rekord-Entwurf von 9,8 Milliarden Dollar im Repräsentantenhaus durch die Beratungen des Haushaltsausschusses zu bringen – zusammen mit der extravaganten Ermächtigung, soviele Panzer, Geschütze und sonstige Rüstungsgüter bei der Industrie in Auftrag zu geben, wie ihm für die Zwecke von Heer und Heeresluftwaffe als richtig erschien.

Roosevelts Zeitwahl war wieder einmal perfekt. Denn beides geschah ziemlich genau vierzehn Tage nach der Versenkung des amerikanischen Handelsschiffes *Robin Moor* durch das deutsche U-Boot *U-69* und reichlich vierzehn Tage vor Ausbruch des deutsch-russischen Krieges, auf den Roosevelt so sehnlich gewartet hatte. Das eine war der erste Flottenzwischenfall im Atlantik, bei dem ein deutsches U-Boot ein amerikanisches Schiff angriff. Das andere gab dem Zweiten Weltkrieg eine ganz neue Wendung, und beides zusammen beschleunigte den amerikanischen Kriegseintritt.

Obwohl er auch diesmal wieder Marshall vorschickte, um sein Image als Friedenspräsident zu wahren, nutzte Roosevelt die Gelegenheit, um am 3. Juli 1941 beim Kongreß auch noch die Verlängerung und Erweiterung der Wehrpflicht zu beantragen. Die unmittelbar bevorstehende Besetzung Islands im Kopf, unterstrich der Generalstabschef den Antrag mit der Suggestiv-Frage, ob es sinnvoll sei, die meisten Reserveoffiziere just in dem Augenblick zu entlassen, da amerikanische Divisionen »strategische Plätze« zu besetzen hätten. Aber Marshall vergaß auch nicht, in Erinnerung an den *Robin Moor*-Zwischenfall vor einer »eiskalt geplanten, geheimen und plötzlichen Tat« der Deutschen oder Japaner gegen Amerika zu warnen. [9]

Um absolut sicher zu gehen, schob der Präsident nach Beratungen mit Kongreßleuten und Senatoren am 15. Juli noch das Zugeständnis nach, die geographische Erweiterung der Wehrpflicht zu befristen – so als hätte er nur eine Stipp-Visite amerikanischer Heeresverbände im Ausland geplant. Inzwischen hatten die USA mit Island erstmals in diesem Krieg fremdes Territorium besetzt. Dann erst trat Präsident Roosevelt in voller Größe aus seiner Deckung hervor, indem er am 21. Juli öffentlich erklärte, eine Weigerung des Kongresses, die Wehrpflicht zu verlängern und zu erweitern, würde die »Desintegration der Armee« bedeuten.

Roosevelts innenpolitische Strategie und Taktik lassen sich an diesem Beispiel besonders gut studieren: Sein Ziel, die Verlängerung und Erweiterung der Wehrpflicht, fest im Visier, ließ er die Stimmung im Kongreß zunächst durch seinen Generalstabschef testen und beeinflussen, ein sicheres Spiel, weil dieser stets zurückhaltende und höfliche Militärfachmann dort wegen seiner »hervorragenden Leistungen« beim Aufbau der Armee bereits in hohem Ansehen stand. Tatsächlich hat Marshall nach dem Urteil John Ermanns das historisch einmalige Kunststück vollbracht, gleichzeitig die »größte Kriegsmaschine« der Menschheitsgeschichte zu schaffen *und* das »traditionelle Mißtrauen der Amerikaner gegen den Militarismus zu wahren.« [10]

Parallel dazu schuf der Präsident durch seine *methods short of war* ständig neue Fakten wie die Besetzung Islands, die den Kongreß in einer gewissen Weise dazu zwangen, die Wehrgesetze in Roosevelts Sinne zu revidieren. Den Rest besorgte Hitler mit seinen Heldentaten, die manchmal, wie im Fall der *Robin*

Moor, gänzlich ungewollt waren. Der Erfolg gab dieser verzwickten Methode am Ende Recht: Senat und Repräsentantenhaus stimmten der Verlängerung und Erweiterung der Wehrpflicht am 7. und 12. August 1941 zu.

Damit besaß Roosevelt die gesetzliche Grundlage für den Aufbau einer globalen Interventionsarmee von fast beliebiger Stärke, nachdem ihm der Kongreß ein Jahr zuvor die Mittel für ein Zwei-Millionen-Mann-Heer bewilligt hatte – mit der allerdings schon damals einkalkulierten Möglichkeit, den Personalbestand jedes halbe Jahr um eine weitere Million Mann aufzustocken. Doch wo würde die optimale Heeresstärke wirklich liegen? Das war nicht nur eine Frage an die Kriegsziele des Präsidenten. Das war auch eine Frage an die Produktionskapazität der amerikanischen Industrie. Es war schließlich eine Frage an die zur Verfügung stehende Zeit. Denn eine Armee, die zu spät kam, würde niemandem außer dem Feinde nützen.

Während sich die Armeeplaner in Abstimmung mit den anderen Teilstreitkräften, den Alliierten und der amerikanischen Industrie ab Mai 1941 darum bemühten, diese Fragen zu beantworten, begannen die rasch wachsende *U.S. Army* und deren Kriegführung bei den Manövern im Sommer und Herbst 1941 allmählich praktische Formen anzunehmen. Es waren die größten Manöver, die Amerika je vor Eintritt in einen Krieg erlebt hatte. Geübt wurde eine Kombination aus Land- und Luftkrieg. *Die U.S. Army,* die 1939 bestenfalls drei unaufgefüllte Divisionen umfaßt hatte, bestand jetzt bereits aus 29 kompletten Heeresdivisionen, die ihren Rückhalt bei sechs Panzerdivisionen fanden. Die *U.S. Army Air Force* verfügte über siebenmal soviel Piloten wie 1939, und die einst als utopisch geltende Soll-Stärke von 30000 frisch ausgebildeten Flugzeugführern pro Jahr wurde gerade durch die Rekrutierung von 37000 neuen Anwärtern auf den Pilotenschein überstiegen.

Am 3. Juni 1941 hatte Marshall seinem Generalstab für die Einschätzung des Rüstungs- und Zeitbedarfs zwei wichtige Vorgaben gemacht: (1) Kein Kriegseintritt der Vereinigten Staaten in größerem Stil vor dem 1. Juli 1943 (2) Kriegführung auf der Basis von RAINBOW 5, d. h. gegen alle drei Achsenmächte. [11] Einen Monat später, am 9. Juli 1941, stieß Präsident Roosevelt mit der Weisung nach, zu einer alles umfassenden Einschätzung der amerikanischen Produktionskapazitäten zu kommen, »um unsere potentiellen Feinde zu besiegen.« [12] Der Hintergrund für diesen Schritt war ebenso traurig wie wahr: Die Minister Knox und Stimson, von ihrer Aufgabe sichtlich überfordert, hatten sich zehn Wochen lang vergeblich bemüht, zu einem brauchbaren Ergebnis zu kommen.

Erstaunt registrierte der federführende Offizier im Generalstab, Major Wedemeyer, daß der Präsident seiner Weisung »keinerlei nationale und strategische Ziele« mit auf den Weg gegeben hatte – gerade so, als wollte er die Stäbe von Heer und Marine einladen, maximalistisch ins Blaue hinein zu planen. [13] Erst nach der Atlantik-Konferenz erfuhr Wedemeyer unter der Hand, auf welche beiden Kriegsziele sich Roosevelt und Churchill bei ihrer ersten Begegnung Anfang August insgeheim geeinigt hatten: (1) Sturz des Nazi-Regimes und militärische Niederlage Deutschlands so definitiv, daß jedes Nachfolgeregime Friedensbedingungen zustimmen mußte, die für die USA annehmbar waren; (2) Kriegseintritt der USA im Fernen Osten selbst dann, wenn Japan nicht angreift. Damit wußte der Major im Generalstab, daß er für einen Zwei-Fronten-Krieg, einschließlich des massiven Einsatzes amerikanischer Land-streitkräfte auf dem europäischen Kontinent, zu planen hatte.

Infolgedessen ging Wedemeyer bei seinen schwierigen Berechnungen von zwei maximalistischen Prämissen aus: Von der totalen Ausschöpfung der amerika-nischen Menschenreserven in Höhe von 8,8 Millionen Mann – ein Wert, der ganz in der Nähe derjenigen 8,3 Millionen Soldaten lag, die die Vereinigten Staaten bis 1945 tatsächlich an allen Fronten eingesetzt haben – sowie vom Maximum und Optimum an Bewaffnung und Ausrüstung der amerikanischen Streitkräfte, das bis zu dem von Marshall für Juli 1943 anvisierten Beginn größerer Kampfhandlungen zu Lande erreichbar war. In beiderlei Hinsicht war sein *Victory*-Programm tatsächlich ein Programm, das keinen Wunsch des Präsidenten offenließ.

Nur in einem Punkt mußte das *Victory*-Programm Kompromisse machen: Es wich, was den geplanten Menscheneinsatz anging, von dem bis dahin interna-tional akzeptierten Grundsatz ab, daß der Angreifer, um den Sieg zu erringen, mindestens doppelt soviele Streitkräfte aufbieten muß wie der Verteidiger. Dies hätte im Fall der USA utopische 700 Divisionen mit zusammen 22 Millionen Mann bedeutet. Aber es war innenpolitisch einfach nicht durchsetz-bar.

Auch Roosevelt beschäftigte sich in diesen Sommerwochen des Jahres 1941 bereits mit der Umsetzbarkeit des *Victory*-Programms. Am 30. August 1941 wies er den Generalstab an, zwei weitere Fragen von entscheidender Wichtig-keit in seine Prognose einzubeziehen: (1) Worauf beliefen sich Wert, Umfang und Lieferzeiten aller wichtigen Rüstungsgüter, die in Amerika produziert wurden, bis zum 30. Juni 1942? (2) Wie groß mußte die Produktionskapazität der amerikanischen Industrie bemessen sein, damit sie für den definitiven Sieg der USA und ihrer Verbündeten über die Achse sicher ausreichte? Denn erst die Antwort auf diese beiden Fragen entschied über Erfolg oder Mißerfolg des *Victory*-Programms. [14]

Damit bezog Roosevelt nicht nur Großbritannien in die amerikanische Streit-kräfteplanung ein, sondern auch Rußland, nachdem Hopkins wenige Tage vorher von seiner ersten Moskau-Reise mit der ermutigenden Erkenntnis zurückgekehrt war, amerikanische Militärhilfe für das seit wenigen Wochen in einen Krieg mit Deutschland verstrickte Rußland könnte eine gute Investition in die Zukunft sein. Letztlich wurde die amerikanische Generalstabsplanung durch Roosevelts Weisung vom 30. August sogar auf alle Länder ausgedehnt, deren Überleben wichtig für den alliierten Sieg war.

Da der Präsident jedoch eine detaillierte Definition seiner Kriegsziele nach wie vor schuldig blieb, hatten sich Kriegsminister Stimson und Marineminister Knox um den 31. Juli auf ein »Kurzgefaßtes Strategisches Konzept der Operationen für die Niederwerfung unserer potentiellen Feinde« verständigt, das sie Wedemeyer an die Hand gaben. Dadurch wurde der für das *Victory*-Programmm federführende Generalstabsoffizier in die Lage versetzt, die von ihm betriebene Recherche aller Kriegsmittel in eine sinnvolle Beziehung zu folgenden drei Kriegszielen zu setzen:

(1) Sicherstellung des Nachschubs für Großbritannien und alle anderen Gegner der Achsenmächte, um eine Verringerung ihrer Kriegsanstrengungen zu verhindern und um den aktiven Kriegseinsatz der US-Streitkräfte möglich zu machen,

(2) Vorbereitung des Weges, auf dem die USA als Verbündete Großbritanniens und anderer Mächte die Niederlage Deutschlands einleiten können,

(3) Totale Niederwerfung Deutschlands.

Das Strategie-Papier der beiden Minister hielt endlich unumwunden Roosevelts *Germany first*-Grundsatz als verbindlichen Dreh- und Angelpunkt der gesamten amerikanischen Strategie und als eigentliches Ziel des *Victory*-Programms fest:»Der Hauptkriegsschauplatz ist Europa, aber andere Kriegsschauplätze könnten später als wünschenswert erscheinen.« Weiter hieß es: »Die Vereinigten Staaten müssen darauf vorbereitet sein, Deutschland direkt zu bekämpfen und es zu besiegen in dem Bewußtsein, daß Deutschland und dessen Satelliten-Staaten gegenwärtig 300 ausgerüstete und ausgebildete Divisionen mit 11 Millionen Soldaten haben und 1943 400 Divisionen auf dem europäischen Kriegsschauplatz haben können. Das bedeutet, daß die Alliierten die Luftüberlegenheit und starke Seestreitkräfte haben müssen; daß die Vereinigten Staaten eine Produktionskapazität schaffen müssen, um vorzusorgen für

a. eine angemessene Seemacht, um die westliche Hemisphäre zu verteidigen,

b. Einsatz-Truppen in erster Linie für den europäischen Kriegsschauplatz,

c. Nachschub für befreundete Mächte.

Die Vereinigten Staaten müssen in Erwägung ziehen, wo, wie und wann ihre Mittel eingesetzt werden.

Wo? In Zentraleuropa (was entscheidend sein wird), aber möglicherweise auch in Afrika, im Nahen Osten, auf der Iberischen Halbinsel, in Skandinavien, in Fernost.

Wie? Indem sie die Flotte der Achse aus den Meeren vertreiben; indem sie eine überwältigende Luftüberlegenheit erlangen; indem sie Deutschlands Wirtschaft und Industrie zerstören; indem sie die Effektivität der militärischen Kräfte Deutschlands reduzieren durch die Erzeugung von Knappheit und Chaos und durch eine Senkung der öffentlichen Moral; indem sie die Sicherheit der Britischen Inseln und des Nahen Ostens aufrechterhalten und diese als Stützpunkte benutzen und indem sie noch weiter vorgeschobene Basen erwerben; indem sie in Europa offensiv und im Pazifik defensiv bleiben.

Wann? Als erstes rechnen Sie mit einer Lücke von 1½ bis 2 Jahren zwischen Planung und Ausführung. Zweitens akzeptieren Sie die Möglichkeit einer russischen Niederlage westlich der Linie Weißes Meer – Moskau – Wolga bis Juli 1942 und die sich daraus ergebende russische Machtlosigkeit; beachten Sie, daß Deutschland dann 1 Jahr brauchen würde, um die Ordnung wiederherzustellen. Der Fahrplan der Alliierten würde von den russischen Ereignissen insofern berührt werden, als Deutschland, solange Rußland die deutschen Streitkräfte im Osten aufhalten kann, unter einer sich hinziehenden Abnutzung leiden würde und eine Intensivierung und Ausweitung der alliierten Anstrengungen Platz greifen könnte. Sollten die Alliierten in der Lage sein, in diesem Zeitraum genügend Kraft zu sammeln, um sich neue Stützpunkte für spätere Operationen in der Luft und zu Lande anzueignen, würde die Wünschbarkeit dieses Schrittes offensichtlich sein, aber die US-Streitkräfte würden nicht so schnell für eine baldige Offensive einsatzbereit sein. Es muß jedoch eine große Beschleunigung der Produktion für Britannien und für die am Ende stattfindende amerikanische Offensive eintreten, für die der 1. Juli 1943 der Zieltermin bleibt.« [15]

Die strategische Handreichung der beiden Minister lief, kurz gesagt, auf drei strategische Imperative hinaus: Die Vereinigten Staaten mußten

(1) gegenüber Deutschland eine Offensive zu Lande für die nächsten einein-halb Jahre vermeiden, weil sie dafür solange noch nicht gerüstet waren,

(2) gegenüber Japan mindestens solange in der Defensive bleiben, um den *Germany first*-Grundsatz nicht zu gefährden,

(3) Rußland fast um jeden Preis im Krieg halten, weil sonst der »Fahrplan der Alliierten« durcheinander geraten würde. Hier liegt vermutlich auch der Grund, warum Roosevelt Wedemeyer angewiesen hatte, die Einschätzung der amerikanischen Produktionsleistung bis zum Sommer 1942 zu befristen: Bis dahin hielt er es im Sommer 1941 für sicher, daß Rußland standhalten würde. Was danach kommen würde, verschwamm im Nebel der Ungewißheit.

Den eigentlichen Engpaß für die gleichmäßige Erreichung aller drei Ziele, das erkannten Knox und Stimson ganz klar, war die Schiffstransportkapazität der Vereinigten Staaten: Um ungefähr fünf Millionen US-Soldaten nach Europa zu bewegen, wurden ca. 7 Millionen BRT oder 1000 Dampfer von je 7000 BRT benötigt. Deren Bau würde, so schätzten sie, ungefähr ebenso lange wie der Aufbau der fünf Millionen Mann starken Invasionsarmee dauern, nämlich ebenfalls bis zum Sommer 1943. Auch deshalb kam eine Landoffensive in Europa vor diesem Datum nicht in Frage.

Fassen wir zusammen: Das *Victory*-Programm ist ein Meisterplan für den Aufbau von See-, Luft- und Landstreikräften einer Weltkoalition gewesen, der in der Militärgeschichte ohne Vorbild war. Zum ersten Mal wurde hier der Versuch unternommen, einen globalen Krieg bis zum letzten Gamaschenknopf berechenbar zu machen. Knox und Stimson legten das *Victory*-Programm am 25. September 1941 ihrem Präsidenten vor. Roosevelt erhielt damit zehn Wochen vor Pearl Harbor nicht nur einen exakten Überblick über die amerikanischen Menschen- und Materialressourcen und den Zeitbedarf für ihre volle

Mobilisierung. Er erhielt auch eine strategische Expertise seiner militärischen Führung für den Weg zum Sieg. Diese Expertise sah den Verzicht auf eine Landoffensive im atlantisch-europäischen Raum und die Beibehaltung der Defensive zur See im asiatisch-pazifischen Raum für die nächsten eineinhalb Jahre vor, wie es ansatzweise bereits der »Plan Dog« von Admiral Stark im November 1940 gefordert hatte.

Aber Präsident Roosevelt war nicht der Mann, der sich an die Ratschläge von Fachleuten hielt. Mit den Segnungen des Leih- und Pachtgesetzes, die von seinem Vertrauten Hopkins an die Alliierten verteilt wurden, durchkreuzte er die ordnungsgemäße Abwicklung des *Victory*-Programms. Und was die Strategie gegenüber Deutschland und Japan anging, hatte er sich im Herbst 1941 längst in den Bereich offensiver politischer und militärischer Aktionen vorgewagt, die einen Kriegsausbruch in diesem oder jenem Weltmeer jederzeit möglich, wenn nicht sogar wahrscheinlich machten. Wann immer auch die Vereinigten Staaten mit offenem Visier voll in den Krieg eintreten würden – Präsident Roosevelt selbst war innerlich längst auf dieses Ereignis vorbereitet, und mit der Atomenergie hatte er das Potential für eine Super-Waffe in der Hinterhand, mit der er nicht nur diesen einen Krieg, sondern, wie er hoffte und glaubte, alle Kriege ein für allemal siegreich würde beenden können.

Anmerkungen

1 NA: AG 320.2 (9-8-39): Increase in the Army: Memo CofS 8. 9. 39 DCofS
2 Senger, Kontroversen, S. 278
3 Reynolds, Creation, S. 212
4 Watson, Plans, S. 227
5 Watson, Plans, S. 161: McIntyre 20. 9. 39 Marshall (H.i.O.)
6 Watson, Plans, S. 165
7 Adams, Witness, S. 104
8 Watson, Plans, S. 179
9 ebda., S. 220
10 Senger, Kontroversen, S. 278
11 Watson, Plans, S. 340/41: Das Memorandum, das der Geschäftsführende Generalstabschef Malony nach der Sitzung in Marshalls Amtszimmer abzeichnete, wurde von Major Wedemeyer persönlich an alle einschlägigen Abteilungen verteilt, die ihm zuarbeiten sollten. Außerdem übergab Wedemeyer den anderen Abteilungen bei dieser Gelegenheit einen Raster für diejenigen Daten mit auf den Weg, die er für seine Planungen benötigte. Auf der Basis dieses Rasters konnten jetzt die verschiedenen Abteilungen des Generalstabes alle Informationen über die »Fähigkeiten, Absichten und Beschränkungen der kriegführenden Nationen ebenso wie über Amerikas Truppenstärke, Schiffahrt, Bedarf an Kriegsgerät und Rüstungsproduktion« (Watson) zu sammentragen.
12 NA: WPD 4494-I: FDR 7. 7. 41 Stimson/Knox
13 Wedemeyer, Krieg, S. 28
14 NA: WPD 4494-I: FDR 30. 8. 41 Stimson
15 NA: WPD 4494-13: Stimson/Knox 25. 9. 41 FDR (H.i.O.) – Die Absätze wurden um der größeren Übersichtlichkeit willen z. T. von mir eingerückt.

5.

Der Eintritt in das nukleare Zeitalter

Der historisch einmalige Aufbau von militärischer Stärke und die offensive Ausweitung des Paradigmas der Verteidigung auf die ganze Welt verstärkten sich unter Präsident Roosevelt gegenseitig. Es war ein dialektischer Prozeß: Je größer die Stärke, desto offensiver und globaler das Paradigma und umgekehrt. Dieser Prozeß wurde zwar vom Abstieg der westeuropäischen Demokratien und vom gleichzeitigen Aufstieg der Achsenmächte ausgelöst. Aber er speiste sich vor allem aus dem unerschöpflichen Kräftereservoir der amerikanischen Supermacht. Diese Macht wuchs, in militärischen Kategorien gemessen, seit Ende der dreißiger Jahre bedeutend rascher, nachhaltiger und in weitaus größeren Dimensionen als die Deutschlands und Japans, und sie erreichte mit der nuklearen Verheißung absoluter Sicherheit und ewigen Friedens Anfang der vierziger Jahre ihren vorläufigen Höhepunkt.

Die Atomenergie war zunächst nichts anderes als das physikalische Phänomen der Kernspaltung unter Neutronenbeschuß, dem der Mensch durch eine künstlich erzeugte Kettenreaktion buchstäblich explosive Kraft geben kann. Der deutsche Physiker Otto Hahn und dessen Kollegin Luise Meitner haben es 1938 entdeckt. Für Präsident Roosevelt ist die Atomenergie dagegen, wie Barton J. Bernstein zu Recht bemerkt hat, [1] nie etwas anderes als eine »legitime Waffe« gewesen. Der Präsident betrachtete die Atomenergie zunächst vor allem unter dem Aspekt ihrer militärischen Verwertbarkeit. Sie war für ihn ein völkerrechtlich legales Instrument zur Beendigung und, wenn möglich, zur Verkürzung des Krieges, von dem er glaubte, es vor Gott und den Menschen gegen die Feindstaaten einsetzen zu dürfen, ohne sich deshalb moralische Vorwürfe machen zu müssen. Hinweise darauf, daß er jemals Zweifel an dieser Auffassung gehegt hat, sind nicht überliefert, mag sich Roosevelt über die Modalitäten des Kernwaffeneinsatzes auch bis zu seinem Tode keine abschließende Meinung gebildet haben.

Erste Bekanntschaft mit den militärischen Möglichkeiten der Kernspaltung machte der Präsident gleichsam auf der Hintertreppe des Weißen Hauses, wenn auch auf höchstem Niveau. Am 12. Oktober 1939 erhielt er einen Brief von Albert Einstein, in dem der berühmte Physiker und Nobelpreisträger darauf hinwies, daß es mit Hilfe von Uranium und einer künstlich erzeugten Kettenreaktion vermutlich demnächst möglich sein werde, »extrem wirksame Bomben eines neuen Typs« zu konstruieren. »Eine einzige Bombe dieser Art, transportiert von einem Schiff und in einem Hafen zur Explosion gebracht«, so deutete der Gelehrte die ungeheuren Wirkungen an, »könnte gut und gerne den ganzen Hafen vernichten und einiges von der Umgebung dazu.« [2]

Überbringer war Alexander Sachs, ein gebürtiger Russe, der Roosevelt im Wahlkampf 1932 als Redenschreiber gedient, 1933 im Rahmen des *New Deal* die *National Recovery Administration* organisiert und 1936 eine Tätigkeit als Berater der Investment-Firma Lehmann in der New Yorker *Wall-Street* aufgenommen hatte. Der vielseitig begabte, aber auch etwas windige Sachs, der dem bekannten Komiker Ed Wynn verblüffend ähnlich sah, war allgemein als »ökonomischer Jeremiah« bekannt, weil er die globale Entwicklung stets in den düstersten Farben malte. Angeblich hatte er nicht nur die Weltwirtschaftskrise, sondern auch Hitlers Machtergreifung vorausgesagt.

Außer dem Brief Einsteins hatte Sachs auch noch ein Memorandum des ungarischen Physikers Leo Slizard bei sich. Es empfahl Präsident Roosevelt, das für den Bau der Atombombe benötigte Uran in Belgisch-Kongo zu beschaffen, bevor Belgien von Deutschland erobert sei. Auch Einstein wies in seinem Brief darauf hin, daß gutes Uran-Erz, außer in Kanada und der Tschechoslowakei, nur in Belgisch-Kongo zu finden sei. Er drängte Roosevelt, jemanden zu berufen, der die Verbindung mit Slizard und einigen anderen Physikern hielt, die in Amerika bereits an dem Uran-Projekt arbeiteten.

Schließlich warnte Einstein Roosevelt sogar indirekt davor, daß Hitler beim Bau der neuartigen und zerstörerischen Bombe möglicherweise schon in Führung gegangen sei. Zum Beweis dessen wies er darauf hin, daß Deutschland den Export von Uran aus der von ihm besetzten Tschechoslowakei kürzlich eingestellt habe. Außerdem sei ein Sohn des deutschen Staatssekretärs von Weizsäcker gerade dabei, die Ergebnisse der amerikanischen Uran-Forschung in Berlin zu überprüfen.

Einstein, Slizard und Sachs hatten ihre Informationen und Empfehlungen so geschickt arrangiert, daß Präsident Roosevelt eigentlich positiv reagieren mußte – es fehlten weder Hinweise auf die ungeheure und daher eventuell kriegsentscheidende Zerstörungskraft der revolutionären Waffe noch auf deren seegestützte Einsatzmöglichkeiten noch auf den Wettlauf mit Hitler, den Roosevelt bei längerem Zögern verlieren konnte – mit eventuell tragischen Konsequenzen für die ganze Welt. Aber der Präsident blieb skeptisch. Er unterbrach Sachs' Redeschwall mit der Bemerkung: Die ganze Sache sei wohl noch zu unausgereift, als daß er sie sich zu eigen machen könne.

Erst als Sachs bei einem gemeinsamen Frühstück am nächsten Morgen, den 13. Oktober 1939, nachsetzte, hatte er Erfolg: Präsident Roosevelt übergab seinem Bürochef Watson den Vorgang mit dem Kommentar, »dieses bedarf der Aktion.« [3] Damit und mit einem Glas Cognac der Marke »Napoleon«, das Roosevelt und Sachs zum Abschluß ihrer Besprechung miteinander leerten, trat die Welt in das Atomzeitalter ein.

Das Motiv für Roosevelts Entschluß, aus einem physikalischen Phänomen eine Bombe für den Jüngsten Tag zu machen, war eindeutig machtpolitischer Natur. Denn Sachs hat den Präsidenten letzten Endes mit Hilfe einer Anekdote überzeugt, die beweist, wie man als Politiker und Feldherr seine Macht verlieren kann, wenn man die Chancen nicht nutzt, die einem der technische Fortschritt bietet: Angeblich hatte nämlich Napoleon seinen Krieg gegen England nur deshalb verloren, weil er den Vorschlag eines amerikanischen Erfinders verwarf, »Schiffe ohne Segel«, das heißt Dampfschiffe, zu bauen.

Aber Roosevelt beabsichtigte nicht, ein zweiter Napoleon zu sein – er wollte den tödlichen Wettlauf mit Hitler gewinnen. Zwar hatte der Präsident zunächst durchaus Veranlassung, an diesen Wettlauf zu glauben. Denn Hitler hat bis 1941/42 tatsächlich nach der Atombombe gestrebt. Danach aber hat er sie als während des Krieges nicht mehr realisierbar aufgegeben. Wenn ihn Hitlers auffälliger Mangel an ökonomischen, finanziellen und großtechnischen Ressourcen nicht schon 1939 davon überzeugt hat, daß die Deutschen nicht in der Lage sein würden, die Atombombe in absehbarer Zeit zu bauen, dann hätte Roosevelt also ab 1941/42 realisieren können, daß Hitler nicht mehr im Rennen um die Bombe war. Statt dessen hat der Präsident, wie »Assistent President« Byrnes in seinen Memoiren bezeugt, noch 1943 daran geglaubt, die Deutschen würden in Führung liegen. [4]

Zu diesem Zeitpunkt hatten sich der Präsident und seine Berater längst in ihre *idée fixe* eines tödlichen Wettlaufs mit den Nazis verrannt. Sie nahmen gar nicht mehr wahr, daß nur noch die beiden Seiten Amerikas miteinander um die Wette liefen – sein schöpferischer Genius und seine unheimliche Destruktivität, seine unschuldige Sehnsucht nach dem Arkadien ewigen Friedens und seine schuldhafte Verstrickung in die Händel der Welt, seine Göttlichkeit und seine Satansgestalt. Diese beiden Seiten Amerikas sind am Ende des Zweiten Weltkrieges mit dem Abwurf der ersten Atombombe Brust an Brust durch's Ziel gegangen.

Ähnlich wie beim strategischen Bombenkrieg handelte es sich auch beim Bau der Atombombe um einen typischen Fall von *mirror imaging,* von spiegelverkehrter Imagebildung: Roosevelt und seine Berater übertrugen ihre eigenen Motive, Pläne und Möglichkeiten unbewußt auf Hitler und machten sich ein entsprechend düsteres Bild von seinen atomaren Möglichkeiten. In beiden Fällen stand bei dieser Projektion nicht nur das Selbstbewußtsein Amerikas Pate, die wissenschaftlich-technische Führungsmacht der Welt zu sein, sondern auch eine Ausrottungsmentalität, die, je länger der Krieg dauerte, desto mehr in der Roosevelt-Administration um sich griff. Sie hat, wie wir befürchten, auch vor dem Präsidenten nicht Halt gemacht.

Diese Ausrottungsmentalität haben die beiden Amerikaner Robert Jay Lifton und Eric Markusen in ihrem kürzlich veröffentlichten Buch »Die Psychologie des Völkermordes« so beschrieben: »Man plante bewußt eine Waffe, mit der man Millionen von Menschen vernichten konnte – und deren möglichen Einsatz. Diese Mentalität hatte sich bereits mit den strategischen Bombardierungen im Zweiten Weltkrieg angekündigt . . .« [5]

In der Tat steigerte sich der konventionelle Bomberkrieg, den Roosevelt gegen Deutschland und Japan entfesselte, während des Krieges so, daß er mit der nuklearen Apokalypse verschwamm. Allein bei den alliierten Luftangriffen auf Hamburg und Dresden 1943 und 1945, an denen auch amerikanische Bomber beteiligt waren, kamen Hunderttausende von Menschen um – genaue Zahlen fehlen, weil insbesondere Dresden mit Flüchtlingen so überfüllt war, daß niemand den Überblick darüber hat, wieviele Menschen sich in der vollkommen schutzlosen Stadt damals wirklich aufgehalten haben. Die Bomberbesatzungen nahmen die gigantischen Feuerstürme, die der Brand ganzer Städte auslöste, noch aus einer Entfernung von 300 Kilometern wahr. Bei einem amerikanischen Bombenangriff auf Tokio starben sogar 130000 Menschen fast auf einen Schlag – halb soviele Opfer, wie es beim Abwurf der ersten Atombombe auf Hiroshima gab. Der Feuersturm wuchs sich in jenem Fall zu einem solchen Inferno aus, daß die Atmosphäre über der japanischen Hauptstadt zu glühen begann.

Der konventionelle und der nukleare Bombenkrieg hängen denn auch in ihrer Motivstruktur ganz eng miteinander zusammen. In beiden Fällen ging es, wie Lifton und Markuson treffend schreiben, um den Bau von »unvergleichlich destruktiven« Waffen – zunächst »ohne Kriegszustand, nur aus Furcht vor einem Feind.« Es war ein »Quantensprung im mörderischen Wechselspiel zwischen Geist und Waffe«, der durch die nukleare Ideologie eine »starke Eigendynamik« gewann. [6]

Tatsächlich entstand die nukleare Ideologie nicht erst nach 1945, im nuklearen Zeitalter, sondern bereits vor 1945, also in jener Zeit, als in den USA die Atombombe und mit der strategischen Luftwaffe die dazugehörigen Trägersysteme entwickelt wurden, und Präsident Roosevelt ist ihr eigentlicher Schöpfer oder doch zumindest ihr Vordenker gewesen. »Nukleare Ideologie«, so schreiben Lifton und Markusen, »bedeutet extreme Abhängigkeit von Kernwaffen, die Stärke, Schutz und Sicherheit gewährleisten sollen, obwohl sie Instrumente des Völkermordes sind.« [7]

Als Roosevelt sich in diese Abhängigkeit begab, mochten die Atombombe und die dazugehörigen Trägersysteme in seiner Vorstellungswelt zunächst nur der Abschreckung dienen. Für den Fall, daß die Abschreckung versagte, dachte der Präsident jedoch die massive Vergeltung immer gleich mit, das heißt, er entwickelte jenes ebenso grobgestrickte wie abstoßende Wechselspiel von Abschreckung und Vergeltung, das für das nukleare Zeitalter so typisch geworden ist. Dabei richtete sich dieses zwanghafte Wechselspiel, je länger der Krieg dauerte, umso mehr gegen ein Phantom, das Mark Walter als »Gespenst« oder »Mythos der deutschen Atombombe« bezeichnet hat. [8]

Die nukleare Ideologie steigerte sich bei Roosevelt schließlich sogar zu einer Art säkularer Religion, die zugleich mit der Apokalypse eine neue Schöpfung verhieß – die Erschaffung einer freien, demokratischen und friedlichen Welt auf den rauchenden und radioaktiv verseuchten Trümmern einer unfreien, undemokratischen und unfriedlichen Welt. Doch wurde sich der Präsident der tiefen Ambivalenz dieses von ihm gewollten Ergebnisses wohl nie ganz bewußt, die ein General der *U.S. Army* beim Anblick des ersten Atombomben-Tests so beschrieben hat: »Man könnte die Wirkung beispiellos, erhaben, schön, gewaltig und erschreckend nennen, . . . ein Signal des Jüngsten Gerichts, bei dem wir Winzlinge uns fühlten, als sei es Blasphemie, daß wir es wagten, jene Kräfte zu entfesseln, die bis dahin dem Allmächtigen vorbehalten waren.« [9] Nicht zufällig trug dieser Test den Decknamen »Trinity« (Dreieinigkeit), der auf die religiöse Symbolik verweist.

Am Anfang waren jedoch eher Geld, industrielle Ressourcen und Wagemut gefragt, denn es war keineswegs sicher, ob es gelingen würde, die Spaltung des Atomkerns durch eine Kettenreaktion so zu stabilisieren, daß daraus eine einsetzbare Bombe entstand. Tatsächlich hat Roosevelt alle Ratschläge Einsteins befolgt. Er gründete ein *Uranium Committee*, das die Verbindung zu Slizard und jenen anderen Physikern wie Eugene Wigner und Edward Teller aufnahm, die der Entwicklung der Kernenergie wichtige Anstöße gaben. Alles Uran-Erz, das vor der Besetzung Belgiens durch die Wehrmacht noch in Belgisch-Kongo erreichbar war, wurde nach Amerika verbracht, und die Vereinigten Staaten nahmen auch die nukleare Zusammenarbeit mit dem benachbarten Kanada auf.

Die Entwicklung der amerikanischen Atombombe wurde von Roosevelt auf zwei Schienen zugleich vorangetrieben – auf der Uran- und auf der Plutonium-Schiene. Uran 238 war ein Element, das in größeren Mengen in der Natur vorkam. Dagegen mußte Uran 235 erst aus Uran 238 gewonnen werden. Bereits im März 1940 gelang es amerikanischen Wissenschaftlern, diese beiden Isotope voneinander zu trennen. Sie gewannen drei Proben U 235, von denen die erste den hundertmillionsten, die zweite den einmilliardsten und die dritte den zweimilliardsten Teil eines Grammes wog. Da sich U 235 mit Hilfe schneller Neutronen spalten ließ, stellten diese Proben »in einem gewissen Sinne . . . die ersten Atombomben dar.« [10]

Wäre es bei den unvollkommenen Produktionsbedingungen dieser ersten Jahre geblieben, dann hätte Amerika, wie ein Experte berechnete, 27 Millionen bzw. 20 000 Jahre und Hunderte von Milliarden Dollar gebraucht, um die für eine Kettenreaktion erforderlichen Mengen an U 235 und Plutonium zu erzeugen. Ohne jegliche Sicherheit, daß der ungeheure Aufwand das Ergebnis rechtfertigen würde, organisierte Präsident Roosevelt die Abläufe jedoch so effektiv, daß die begehrten Substanzen schon in zweieinhalb Jahren zu einem tragbaren Preis verfügbar waren. Es ist seine mit Abstand größte Leistung beim Aufbau der amerikanischen Streitkräfte gewesen.

Freilich hat Roosevelt diese Leistung mit britischer Hilfe erbracht. Britischen Kernphysikern gelang es 1940/41, Plutonium erstmals auf künstlichem Wege zu erzeugen, ein völlig neues Element, das die gleichen Spaltungseigenschaften wie U 235 besitzt. Damit verfügte der Westen von diesem Zeitpunkt an über eine relativ kostengünstige und rasch fließende Quelle an spaltbarem Material. Sie veranlaßte die britischen Forscher zu der Prognose, es sei »ziemlich wahrscheinlich, daß die Atombombe noch vor Ende des Krieges hergestellt werden kann.« [11]

Erst jetzt setzte Roosevelt hinter das Atombombenprojekt die ganze Schubkraft seiner Autorität und seiner Administration, nachdem er am 11. Oktober 1941 mit Churchill vereinbart hatte, alle weiteren Bemühungen um die Bombe »koordiniert oder sogar gemeinsam« durchzuführen. [12] Der epochale Durchbruch, der den Amerikanern beim Übergang vom physikalischen Phänomen der Kernspaltung zur nutzbaren Atomenergie in den nächsten Jahren gelang, wäre also ohne den britischen Beitrag gar nicht möglich gewesen. Angesichts dieser Tatsache mutet es geradezu schäbig an, daß Roosevelt die Briten 1942/43 vorübergehend von allen Informationen ausschloß, die nicht-militärische Nutzungen der Atomenergie betrafen. Auf der Konferenz von Quebec im Herbst 1943 hat er diese unfaire Haltung allerdings wieder korrigiert, um den Zusammenhalt der Allianz nicht zu gefährden.

Trotz aller Krisen und der anhaltenden Ungewißheit, ob sich die ungeheuren Mittelzuwendungen am Ende auch rentieren würden, hat das amerikanische Atombomben-Projekt ab 1942 seine endgültige Gestalt angenommen. Der Präsident unterstellte die amerikanischen Atomforscher dem Oberbefehl der Armee, genauer gesagt General Leslie R. Groves und dessen *Manhattan Engineer District*. Damit besaß das amerikanische Atombombenprojekt eine militärische Befehlszentrale, wie es seiner Zweckbestimmung entsprach. Roosevelt konzentrierte die amerikanische Atomforschung, indem er ihre Leitung den amerikanischen Nobelpreisträgern Harold C. Krey an der New Yorker *Columbia University*, Arthur H. Compton an der Universität von Chicago und Ernest O. Lawrence an der *University of California* in Berkeley übertrug. Roosevelt ließ schließlich Anfang 1942 in Chicago den ersten Kernreaktor der Welt errichten, der die sogenannte »kritische Masse« umfaßte – also soviel Uran 238, daß die bei der Kernspaltung freiwerdenden Neutronen immer neue Atomkerne spalten konnten, bis eine sich selbst erhaltende Kettenreaktion entstand. Gleichzeitig brachte der Präsident die amerikanische Industrie dazu, soviel reines Uran und reines Graphit herzustellen, wie für diesen Prozeß benötigt wurde.

Am 2. Dezember 1942, gegen 15.30 Uhr, gelang es den amerikanischen Wissenschaftlern in einer alten Tennishalle unter der Westtribüne des Chicagoer *Staggfields* tatsächlich zum ersten Mal in der Menschheitsgeschichte, die atomare Kettenreaktion zu stabilisieren. Daraufhin wuchsen ab Anfang 1943 in Paso, Washington, mit den *Hanford Engineer Works* und in Knoxville, Tennessee, mit den *Clinton Engineer Works* riesige Industrieanlagen aus dem Boden, in denen das für den Bombenbau benötigte U 235 und Plutonium hergestellt wurden. Gleichzeitig zogen Groves und der amerikanische Physiker J. Robert Oppenheimer im Versuchszentrum von Los Alamos, New Mexico, 4000 Militärs und 2000 Zivilisten zusammen. Denn hier sollte die erste Atombombe der Welt zusammengebaut und getestet werden.

Will man diese komplexe Entwicklung in wenigen Worten zusammenfassen, dann muß man sagen: Die amerikanische Atombombe wurde nur deshalb gebaut, weil Präsident Roosevelt von Anfang an fest an sie geglaubt hat. Er hat ihre Fertigstellung jedenfalls schon in jenen ersten drei Jahren unentwegt vorangetrieben, als der damit verbundene Ressourceneinsatz noch als vermessen erschien. Ohne vom Kongreß viel gefragt zu werden, investierte er allein bis zum Herbst 1944 fast zwei Milliarden Dollar in den gewaltigen innovativen Sprung der Menschheit von der Kernspaltung zur Kernenergie.

Zu diesem Zeitpunkt – die alliierte Landung in der Normandie hatte im Sommer stattgefunden – »waren wir völlig sicher, daß sie [die Deutschen] keine Atombomben haben.« [13] Dagegen hatte Roosevelt Amerika inzwischen in »eine Art Atomland auf dem Mars« (William L. Lawrence) verwandelt. Das Schicksal des Landes schien jetzt und in Zukunft weitgehend von einem futuristisch anmutenden Konglomerat aus Großwissenschaft, Großtechnik und Großindustrie abzuhängen, in dem am Ende des Zweiten Weltkrieges über 150000 Forscher, Ingenieure und Arbeiter das Armageddon vorbereiteten, ohne davon die geringste Ahnung zu haben.

Tatsächlich war das ganze grauenvolle Geheimnis der Atombombe noch im Februar 1945 jenseits des Atlantiks nur dem Präsidenten, zwei Mitgliedern seines Kabinetts, Stimson und Stettinius, einer Handvoll von Wissenschaftlern, vier Kongreßleuten und einigen Gewerkschaftsführern bekannt. Der Rest der Welt tappte mit der Ausnahme Churchills und einiger anderer Briten über die Bedeutung von »Tube Alloys«, »X« oder »S-1« – so die Decknamen auf britischer und amerikanischer Seite – bis zu jenem Blitz, der die Wüste von New Mexico im Sommer 1945 heller erleuchtete als tausend Sonnen, vollkommen im Dunkeln. Selbst Roosevelts Vize-Präsident und Nachfolger, Harry S. Truman, wurde erst nach seiner Amtseinführung eingeweiht.

Präsident Roosevelt hat den ersten vollgültigen Atombombentest am 16. Juli 1945 nicht mehr erlebt, geschweige denn den Abwurf der Uranium-Bombe über Hiroshima am 6. und den der Plutonium-Bombe über Nagasaki am 9. August des gleichen Jahres. Aber als er am 12. April 1945 starb, wußte er bereits, daß die beiden Bomben innerhalb der nächsten Monate verfügbar sein würden, daß eine umgebaute B-29 sie an ihr Ziel tragen würde und daß die dafür vorgesehene Mannschaft der *U.S. Air Forces* unter Oberst Paul W. Tibbets auf dem Flugplatz von Wendover, Utah, für ihre beispiellose Mission trainierte. Präsident Roosevelt starb so kurz vor dem faktischen Einsatz der ersten Atombomben, daß er dieses weltbewegende Ereignis sogar noch über den eigenen Tod hinaus maßgeblich beeinflußt hat.

In den fünf Jahren, die von Sachs' Besuch im Weißen Haus bis zum Herbst 1944 vergingen, ist die Atombombe in Roosevelts Augen eine vor allem gegen Deutschland gerichtete Waffe gewesen. Experten errechneten, daß eine Sprengkraft von 500000 t Trinitrotoluol genügte, um die deutsche Infrastruktur in heiße Luft aufzulösen – das entsprach etwa 25 Atombomben jenes Kalibers, das im August 1945 über Hiroshima niederging. Ob diesen Berechnungen bereits eine ins Einzelne gehende Zielplanung zugrunde lag, die bestimmte Städte oder Regionen zwischen Ostsee und Alpen, Rhein und Weichsel mit den Todesmalen atomarer Vernichtung markierte, ist nicht bekannt. Wenn man Groves' Angaben trauen darf, dann trat eine sogenannte »Zielkommission« *(Target Committee),* die sich mit der nuklearen Zielplanung – jetzt allerdings gegen Japan – befaßte, zum ersten Mal am 2. Mai 1945 im Pentagon zusammen, drei Wochen nach dem Tod Roosevelts und sechs Tage vor der Kapitulation der deutschen Wehrmacht. [14]

Obwohl Deutschland gerade noch rechtzeitig aus dem Krieg ausschied, um dem Schicksal Japans zu entgehen, hat sich Roosevelt, wie wir in einem der früheren Kapitel gesehen haben, durchaus mit dem praktischen Einsatz der Atombombe befaßt. Das heißt, er hat die entscheidenden Kriterien für ihren Einsatz entwickelt, und wie es scheint, ist ihm sein Nachfolger Truman in dieser Beziehung vor allem deshalb gefolgt, weil er im wesentlichen von denselben Beratern beraten wurde – von Ex-*Assistent President* Byrnes, Kriegsminister Stimson, Admiral Leahy, General Groves, sowie von den Wissenschafts-Managern Vannevar Bush und James B. Conant. Mit einer einzigen Ausnahme gehörten diese sechs Männer in der jeweils gleichen Funktion, die sie bereits unter Roosevelt eingenommen hatten, jenem *Interim Committee* an, das von Truman ebenfalls am 2. Mai 1945 in Washington gebildet wurde. Die einzige Ausnahme war Byrnes, der seinen Job im Weißen Haus nach Roosevelts Tod verloren hatte, den der neue Präsident jedoch kurz darauf zu seinem Außenminister ernannte.

Die Aufgabe des *Interim Committees* bestand darin, den neuen, unerfahrenen und im Vergleich zu Roosevelt farblosen Präsidenten in allen Fragen zu beraten, die mit dem geplanten Einsatz der Atombombe zusammenhingen, insbesondere unter Beachtung der Nachkriegsbeziehungen zur Sowjetunion. Es tagte unter dem Vorsitz von Kriegsminister Stimson. *Interim Committee* und *Target Committee* waren durch General Groves lose miteinander verbunden, denn die Ziele für die ersten beiden amerikanischen Atombomben wurden unter dem Vorsitz von Groves' Stellvertreter, General Thomas F. Farrell, festgelegt.

Abgesehen vielleicht von Leahy, der sich bis zuletzt weigerte, an das Funktionieren der Bombe zu glauben, waren alle anderen Mitglieder des *Interim Committees* von vornherein fest entschlossen, sie gegen Japan einzusetzen, ohne den schon von Roosevelt gehegten Glauben, es handele sich bei der Bombe um eine »legitime Waffe«, auch nur in Frage zu stellen. Die Atombombe war für sie, kurz gesagt, eine Bombe, die nur etwas anders und größer und effektiver als die bisher gebräuchlichen Bomben war. Sie schien ihnen deshalb auch geeignet zu sein, amerikanische Menschenleben zu retten, die sonst, bei einem Sturm auf die japanischen Hauptinseln mit konventionellen Mitteln, wahrscheinlich draufgegangen wären. Ja, sie konnte in ihren Augen sogar japanische Menschenleben retten. Dieser Rettungsaspekt rechtfertigte den Einsatz der Atombombe im Bewußtsein dieser Männer, wie er bereits den gnadenlosen Bombenkrieg gerechtfertigt hatte.

Damit wollen wir nicht behaupten, Roosevelt, Truman und deren Berater hätten sich nie ernsthaft mit der Frage auseinandergesetzt, ob sie den Einsatz einer Bombe, deren Wirkungen im einzelnen noch völlig unvorhersehbar, aber in jedem Fall über alle Maßen entsetzlich sein würden, persönlich verantworten konnten oder nicht. Truman selbst, der im Gegensatz zu Roosevelt Tagebücher und Memoiren hinterlassen hat, so daß wir mehr über seine Bewußtseinsprozesse wissen, wand sich geradezu in Gewissensqualen. Er beendete sie dadurch, daß er sich in die Tasche log, die Bombe werde nur gegen militärische und nicht gegen zivile Ziele eingesetzt. Denn Truman verwischte damit nur die Tatsache, daß es angesichts der unerhörten Zerstörungskraft »dieser furchtbarsten Bombe der Welt« (Truman) überhaupt keinen Unterschied mehr zwischen militärischen und zivilen Zielen gab.

Außerdem tröstete er sich damit, daß Japan durch das amerikanische Ultimatum »eine Chance gegeben« werde, »sich zu ergeben und Leben zu retten.« Aber das war nur ein schwacher Trost, denn Truman war sich »sicher, sie [die Japaner] werden das nicht tun.« In einer Aufwallung von Hilflosigkeit bekannte der Präsident zwar: »Es scheint die schrecklichste Sache zu sein, die je entdeckt wurde...« Aber um sich dennoch zur Tat zu befreien, schloß er seine Überlegungen mit dem hoffnungsvollen, wenn auch etwas unmotiviert wirkenden Satz: »... aber man kann sie auch zur nützlichsten machen«, als könnte die zivile Nutzung der Atomenergie die vielen unschuldigen Opfer ihrer militärischen Nutzung eines Tages wieder zum Leben erwecken. [14a]

Wer weiß, vielleicht hat Roosevelt ebenso gedacht. Immerhin wurde bis zum erfolgreichen Abschluß des »Trinity«-Tests befürchtet, die Bombe werde bei ihrer Explosion die gesamte Erdatmosphäre in Brand setzen. Damit war ihr Einsatz offenbar nicht nur dazu angetan, den Unterschied zwischen Kombattanten und Nicht-Kombattanten aufzuheben, sondern die ganze Menschheit auszulöschen. Die Atombombe war also möglicherweise suizidal, eine sinnlose Selbstmordwaffe, weil sie unterschiedslos die gesamte Schöpfung bedrohte. Und dennoch hat sich Roosevelt über alle Bedenken, sie zur Einsatzreife zu entwickeln, ihren Einsatz zu planen und sie eines Tages auch wirklich abzuwerfen, hinweggesetzt.

Soweit wir sehen, hat eine moralisch fundierte Diskussion darüber, ob man am Ende vor Gott und den Menschen verpflichtet sei, ein illegitimes Massenvernichtungsmittel nicht einzusetzen, weil es den Weltuntergang bedeuten konnte, weder in der unmittelbaren Umgebung Roosevelts noch Trumans stattgefunden. Keiner der beiden faßte den Entschluß, die Atombombe einfach zu ächten und ihr Geheimnis für immer und ewig in irgendwelchen Panzerschränken zu vergraben, und niemand aus der engsten Umgebung der beiden Präsidenten hat anscheinend auch nur versucht, einen solchen Entschluß herbeizuführen. Jedenfalls sind die Beratungen im *Interim Committee* und im *Target Committee* in frustrierender Art und Weise rein funktionaler oder instrumenteller Natur gewesen. Sie betrafen nur das »wo«, »wann« und »wie« des Atombombeneinsatzes, nicht das »ob.«

In diesen Beratungen setzte Groves von vornherein durch, »daß die ausgewählten Ziele [in Japan] Orte sein mußten, deren Bombardierung den Willen des japanischen Volkes, den Krieg fortzusetzen, entscheidend schwächen würde. *Außerdem* sollten es militärische Ziele sein...« [15] Damit tradierte dieser Truman-Berater jene Priorität, die Roosevelt bereits für seinen strategischen Luftkrieg gesetzt hatte. Diese Tradition hat mit dem Einsatz der Atombombe 1945 ihren vorläufigen Höhepunkt oder – in der blumigen Sprache der *U.S. Air Force*-Historiker – das »Matterhorn to Nagasaki« erreicht. [16] Die Atombombe sollte also von vornherein gar nicht in erster Linie, wie Truman sich einbildete, militärische Ziele, sondern die japanische Bevölkerung treffen.

Für den Erst-Einsatz der Atombombe *in combat*, also unter kriegsmäßigen Bedingungen, kamen freilich nur Orte in Betracht, die nicht schon durch Luftangriffe der 20. U.S. Luftflotte zerstört waren. Anders ließ sich die Wirkung der Bombe ja hinterher nicht exakt abschätzen. Auf der anderen Seite mußten diese Orte jedoch wiederum so groß sein, daß die Zone absoluter Zerstörung nicht zu weit über sie hinausreichte, weil sich die Detonationskraft sonst ebenfalls nicht genau bestimmen ließ. Im Frühjahr 1945 gab es nur noch wenige unzerstörte Großstädte in Japan, die diesen beiden absurden Kriterien entsprachen. Doch wurde ihre Liste noch weiter durch die mörderischen Bedingungen eingeschränkt, die der Oberbefehlshaber der 20. U.S. Luftflotte, General Curtis LeMay, den atomaren Zielplanern stellte.

Danach hatten Truman und dessen Berater zu berücksichtigen, »daß die 20. U.S. Luftflotte ihren Einatz in erster Linie darauf ausrichtet, alle größeren japanischen Städte in Schutt und Asche zu legen; sie hat nicht die Absicht, ein wichtiges Primärziel um unseretwillen [also um des Einsatzes der Atombombe willen – D.B.] aufzuheben, wenn es sich mit der Kriegführung aus ihrer Sicht nicht vereinbaren läßt«, wie es in einem Papier des *Target Committee* heißt. [17]

Unter diesen Umständen kam in erster Linie nur noch Hiroshima in Betracht, Japans achtgrößte Stadt, die weder zerstört war, noch auf der Prioritätenliste LeMays stand. Obwohl im Frühjahr 1945 von der 20. U.S. Luftflotte bereits für den konventionellen Holocaust vorgemerkt, geriet Nagasaki eigentlich nur für den Fall auf die Liste für den nuklearen Holocaust, daß die USA ihre beiden Sprengsätze »Little Boy« und »Fat Man« einsetzen mußten, um Japan in die bedingungslose Kapitulation zu bomben. Aber mit diesem Bombardement in Serie ist Truman, wie wir gleich noch sehen werden, ebenfalls einem Grundgedanken Roosevelts gefolgt.

Das *Interim Committee* hatte eine Reihe von Fragen zu beantworten, welche die Modalitäten des Atombomben-Einsatzes betrafen: Sollte erst eine Art Test vor den Augen der Weltöffentlichkeit in einer unbewohnten Gegend stattfinden, um die Japaner vom Ernst der Lage zu überzeugen? Sollte dieser Test mit einem Ultimatum verbunden sein? Sollten die Vereinigten Staaten eine Weigerung Japans, das Ultimatum zu befolgen, durch den Abwurf der Bombe sanktionieren oder sollten sie sich zu diesem Zweck der Vereinten Nationen bedienen, also einen internationalen Konsens über den Erst-Einsatz herbeiführen? Sollte die japanische Bevölkerung kurz vor dem Abwurf von den USA gewarnt werden, so daß sie sich noch in Sicherheit bringen konnte? Sollte das Bombardement solange wiederholt werden, bis Japan bedingungslos kapitulierte?

Auch die Antworten auf diese Fragen hatte Präsident Roosevelt bereits vorgeprägt, und obwohl wir natürlich nicht wissen, wie er sich anstelle Trumans im Sommer 1945 entschieden hätte, als sich die Frage nach dem Abwurf konkret stellte, drängt sich die Vermutung auf, daß er mit dem später gewählten Verfahren einverstanden gewesen wäre – nämlich mit dem Abwurf nach einem Ultimatum, aber ohne vorherige Demonstration, ohne Einschaltung der Vereinten Nationen und ohne Vorwarnung der Bevölkerung.

Dieses im Hochsommer 1945 tatsächlich angewandte Verfahren ging nämlich auf die Empfehlungen des *Interim Committee* zurück, und obwohl Roosevelt angeblich eine Vorwarnung der Bevölkerung in Erwägung gezogen hat, als er mit Alexander Sachs während der Ardennenoffensive ein letztes Mal über den möglichen Einsatz der Atombombe gegen Deutschland sprach, gibt Barton J. Bernstein zu bedenken, daß diese Information ausschließlich auf dem Zeugnis von Sachs beruht und daß Sachs nicht als unbedingt zuverlässiger Zeuge gilt. Wir müssen es demnach für möglich halten, daß auch Roosevelt an den Einsatz der Bombe ohne Vorwarnung der Zivilbevölkerung gedacht hat. [18]

Die Tatsache, daß Roosevelt von einer Warnung der Japaner sprach, als er sich im Herbst 1944 erstmals mit Churchill über den Einsatz der Bombe gegen Japan unterhielt, spricht nicht gegen diese Auffassung. Zweifellos meinte er nur eine Warnung an die Adresse der japanischen Regierung etwa in Form eines Ultimatums und nicht eine Aufforderung an die Adresse der Zivilbevölkerung in einer bestimmten Stadt oder Region, sich in Sicherheit zu bringen. Das geht aus dem Text des Konferenz-Dokuments eindeutig hervor. Roosevelt sagte zwar, die Japaner sollten gewarnt werden, »daß sich dieses Bombardement solange wiederholt, bis sie kapitulieren.« [19] Er sagte aber nicht, die Japaner sollten davor gewarnt werden, die Bombe werde hier oder da detonieren. Der Adressat seiner Warnung sollte also nicht die betroffene Bevölkerung, sondern nur die Regierung sein.

Damit unterstrich Roosevelt nicht nur den politischen Charakter dieser Warnung, sondern auch seinen Willen, die Atombombe so oft gegen Japan einzusetzen, bis entweder der Vorrat an Bomben erschöpft war oder bis in ganz Japan kein Stein mehr auf dem anderen stand, kein Mensch mehr lebte, kein Vogel mehr flog, keine Blume mehr blühte. Denn niemand konnte ja wissen, wann die von den Amerikanern allgemein als primitiv und fanatisch eingeschätzten Japaner wirklich kapitulieren würden, und zwar nicht »bedingt«, sondern »unbedingt«, wie es Roosevelt mit seiner »unconditional surrender«-Formel 1943 in Casablanca ein für allemal bestimmt hatte, also ohne Schonung, Verzögerung oder Vorbehalt. Tatsächlich hat Truman die erste Bombe abwerfen lassen, weil ihm die japanische Antwort auf die »Potsdamer Erklärung« kein ausreichender Akt bedingungsloser Unterwerfung zu sein schien, und dieser half dann die zweite nach.

Die letzte Frage, bei deren Beantwortung Truman auf Vorüberlegungen Roosevelts zurückgegriffen hat, betraf die Auswirkungen, welche die Atombombe auf die Nachkriegsbeziehungen mit der Sowjetunion haben würde. Die Schicksalsfrage lautete: Würde es im Interesse einer internationalen Kontrolle der Atomenergie, also zur Vermeidung eines unkontrollierten atomaren Wettrüstens nach dem Krieg, ratsam sein, Stalin schon vor dem Abwurf der ersten Bombe mit der Tatsache bekannt zu machen, daß die USA im Besitz einer so verheerenden Waffe waren? Oder sollte man Stalin über diese Tatsache im unklaren lassen, damit man das Atomgeheimnis nicht mit ihm zu teilen brauchte oder, anders ausgedrückt, damit man noch eine letzte und ausschlaggebende Waffe in der Hinterhand behielt, mit der man ihm seinen Willen aufzwingen konnte?

Auch in dieser Beziehung können wir nicht genau wissen, wie sich Roosevelt im Endeffekt entschieden hätte. Dennoch spricht doch eine Reihe von Gründen dafür, daß er ebenfalls jenen restriktiven Kurs eingeschlagen hätte, den Truman im Frühjahr und Sommer des Jahre 1945 gegenüber Stalin wählte. Schließlich hatte Roosevelt diesen Kurs in jenem Herbst 1944, in dem er überraschenderweise Truman statt Byrnes zum Vize-Präsidenten nominierte, selbst vorgezeichnet.

Tatsächlich trat die entscheidende Wende in den amerikanisch-russischen Beziehungen, wie wir in dem Kapitel über die Teilung der Welt dargelegt haben, [20] bereits damals ein, weil sich bei Präsident Roosevelt der Eindruck durchsetzte, die Vorteile der Zusammenarbeit zwischen beiden Mächten hätten bislang ziemlich einseitig bei Rußland gelegen. Aufgeschreckt von der brutalen Landnahme und Machtergreifung der Kommunisten in Osteuropa, machte sich in Washington eine antikommunistische Stimmung breit, und obwohl Roosevelt in Jalta noch einmal um des lieben Friedens willen vor Stalin zurückgewichen ist, nahmen die USA eine zunehmende Frontstellung gegen den neuen »Weltfeind Nr. 1« (Averell Harriman) ein.

Ganz im Sinne Roosevelts konstatierte Truman denn auch am 23. April 1945, nicht einmal vierzehn Tage nach dem Tode seines Amtsvorgängers, die amerikanisch-sowjetischen Abmachungen seien bisher eine »Einbahnstraße« gewesen – er beabsichtige »im Umgang mit den Russen fest zu sein.« [21] Insbesondere lag der Gedanke nahe, Amerika könne dank der Atombombe, wie es Oppenheimer ausgedrückt hat, »weniger barbarische Beziehungen zu den Russen« bekommen. [22] Byrnes triumphierte mit einem begehrlichen Seitenblick auf die Wunderwaffe und die anderen Mächte sogar, »jetzt können wir bei Kriegsende unsere eigenen Bedingungen diktieren.« [23]

So kam es, daß Präsident Truman während der Konferenz von Potsdam – es war am 26. Juli 1945 – in einer Sitzungspause angelegentlich zu Stalin hinüberschlenderte, um ihm nur kurz und bündig mitzuteilen, »daß wir eine neue Waffe von ungewöhnlicher Zerstörungskraft besäßen.« [24] Zur Überraschung des amerikanischen Präsidenten war der sowjetische Diktator gar nicht überrascht – seine Agenten hatten ihn längst über den gelungenen »Trinity«-Test informiert. Stalin ermutigte Truman sogar, die Atombombe gegen Japan einzusetzen – da er sich gegenüber Roosevelt zum Kriegseintritt gegen Japan verpflichtet hatte, konnte er sich davon nur Vorteile versprechen. Denn die amerikanische Atombombe würde, ganz unabhängig was sie moralisch bedeutete, unweigerlich auch den sowjetischen Fernost-Krieg abkürzen.

Dieses historische Gespräch zwischen Truman und Stalin hat nicht einmal drei Minuten gedauert. Zwar mochte sich der Präsident hinterher bei dem Gedanken beruhigen, er habe den sowjetischen Diktator fairerweise *vor* dem Abwurf der ersten Atombombe am 6. August 1945 informiert, und Truman hat den Befehl Stimsons und Marshalls an General Spaatz, den Stabschef LeMays, sich ab dem 3. August für den Abwurf der Bombe bereitzuhalten, tatsächlich erst *nach* seinem Gespräch mit Stalin bestätigt. Aber dieses Verhalten wahrte nur die äußere Form – es hat nicht den nuklearen Rüstungswettlauf der nächsten vier Jahrzehnte verhindert.

In Wahrheit wollten Roosevelt und Truman den sowjetischen Diktator mit Hilfe der Atombombe lediglich einschüchtern, um ihn in Europa und Asien um einen möglichst großen Teil seiner sauer verdienten Siegesfrüchte zu bringen. Mit ihrem zwischen Kooperation und Konfrontation schwankenden Verhalten haben diese beiden amerikanischen Präsidenten nicht nur jede internationale Übereinkunft über die Kontrolle der Atomenergie verspielt. Sie haben darüber hinaus auch die Koalition der Sieger gesprengt und deren Frieden in Eintracht verhindert.

Aus der Rückschau eines halben Jahrhunderts grenzt es fast an ein Wunder, daß aus dem nuklearen Wettrüsten kein dritter Weltkrieg entstanden ist. Im Überschwang seines Monopols hat Präsident Truman verschiedentlich zwar mit der Möglichkeit eines »knock out«-*blows* gegen die Sowjetunion gespielt. Aber Roosevelt hatte schon im Zweiten Weltkrieg erkannt, daß sich Rußland militärisch nicht oder nur zu unvertretbar hohen Kosten besiegen ließ. Da für Stalin und dessen Nachfolger *vice versa* dasselbe gegolten hat, ist der Menschheit bisher ein Dritter Weltkrieg erspart geblieben – was nach den Erfahrungen des Zweiten Weltkrieges nicht bedeutet, daß er für immer ausgeschlossen ist.

Deutschland, Italien und Japan waren sehr viel verwundbarer als die Sowjetunion. Diese Länder waren nicht nur sehr viel überschaubarer, sie lagen in der Nähe, wenn nicht am Rand der beiden Weltmeere. Sie waren und sind der amerikanischen Kriegführung, die immer vor allem eine maritime Kriegführung war und ist, viel leichter zugänglich. Deshalb war es, von Amerika aus gesehen, immer realistisch, sie militärisch anzugreifen. Dies hatte freilich so geschickt zu geschehen, daß die Achsenmächte nicht vorher ihre ganze Umgebung überrannten. Denn dadurch würden sie den USA die Zeit stehlen, die diese brauchten, um ihren Streitkräften zur See, zu Lande und in der Luft eine kriegsentscheidende Stärke zu geben. Den Krieg strategisch so geschickt anzulegen, daß er den eigenen Sieg zuverlässig sicherstellte – das war das Problem, vor dem Präsident Roosevelt als Oberbefehlshaber der USA ab 1939 stand. Im letzten Teil unseres Buches werden wir sehen, wie er es gelöst hat.

Anmerkungen

1 Bernstein, Roosevelt, Truman, S. 23
2 Rhodes, Atombombe – Nach Lawrence, Dämmerung, S. 77, datiert Einsteins Brief vom 2. 8. 39
3 Vgl. Kurzman, Days, S. 30 – Rhodes, Atombombe, S. 311 datiert das entscheidende Gespräch zwischen Roosevelt und Sachs auf den 11. 10. 39. Er erwähnt aber nicht den davorliegenden erfolglosen Versuch, den Präsidenten für die Atombombe zu interessieren, so daß wir uns in bezug auf die Datierung an Kurzman halten.
4 Byrnes, Speaking, S. 257
5 Lifton/ Markusen, Völkermord, S. 40
6 ebda.
7 ebda. S, 83
8 Walker, Legenden, S. 45
9 Lifton/Markusen, Psychologie, S. 74
10 Lawrence, Dämmerung, S.52
11 Lawrence, ebda. S. 82
12 Lawrence, ebda., S. 82.
13 Lawrence, ebda. S. 102
14 Groves, Jetzt, S. 270
14a Ferell, Truman at Potsdam, S. 42
15 Groves, ebda. – Hervorhebg. D. B.
16 Wir zitieren hier den Titel von Band 7 des Werkes »The Army Air Forces in World War II« von Wesley F. Craven und James L. Cate: »The Pacific. Matterhorn to Nagasaki.« Chicago 1953
17 Rhodes, Atombombe, S. 635 unter Berufung auf den Bericht eines ungenannten Luftwaffenobersts vor dem *Target Committee* über die Prinzipien des Bombenkrieges, den die 20. U.S. Luftflotte im Pazifik führte.
18 Bernstein, Roosevelt, Truman and the Atomic Bomb, S. 33
19 Vgl. Dallek, Konferenz FDR-Churchill Quebec/Hyde Park Herbst 1944.
20 Vgl. Teil III, Kapitel 5: Neben dem Ziel: Bipolarität und Kalter Krieg, S. 280 ff.
21 Millis, Forrestal-Diaries, S. 50 – Truman, Year, Vol. 1, S. 72
22 Morton, Decision, S. 391
23 Truman, Year, Vol. 1, S. 87
24 Truman, Year, S. 416

Teil V

Strategische Defensive

1.
Strategische Defensive

Der europäische Krieg begann 1939 mit einer Niederlage Präsident Roosevelts. Hitler weigerte sich, den schleichenden und auf längere Sicht angelegten Übergang vom »kalten« Quarantäne- zum »heißen« Schießkrieg zu akzeptieren, der ihn spätestens ab 1943 mit der Gefahr einer tödlichen Niederlage bedrohte. Er nutzte den temporären, aber wenig überzeugenden Rüstungsvorsprung, den er zu diesem Zeitpunkt noch bei den Land- und Luftstreitkräften vor den Westmächten hatte, um am 1. September gegen Polen und acht Monate später, am 10. Mai 1940, gegen die Niederlande, Belgien, Luxemburg und Frankreich loszuschlagen, um die östliche Atlantikküste unter seine Kontrolle zu bringen, bevor die amerikanische Supermacht an ihr landen konnte.

Von der militärischen Stärke Großbritanniens und Frankreichs alles andere als überzeugt, hatte Roosevelt im Herbst 1938 noch einmal erfolglos versucht, diese Entwicklung abzuwenden. Auf dem Höhepunkt der sogenannten »Sudetenkrise« legte er Chamberlain eine ganz andere Art von Krieg nahe, als ihn die britisch-französischen Aufmarschpläne nach dem Muster des Ersten Weltkrieges vorsahen. Er schlug dem Premierminister vor, die Gunst der Stunde zur Herbeiführung eines höchst unkonventionellen Krieges »nur durch Blockade in einer rein defensiven Weise« zu nutzen. [1]

Der Grund: Roosevelt befürchtete eine Niederlage Englands und Frankreichs, falls diese den Krieg gegen Deutschland auf der von ihnen geplanten Linie führten – nämlich im wesentlichen als seegestütztes Kräftemessen zwischen riesigen Landarmeen in den Ebenen Nordfrankreichs und Flanderns, das eventuell von tödlichen Schlägen der deutschen Luftwaffe gegen London und Paris gekontert wurde. Denn ein solcher Krieg konnte leicht mit einem faulen Frieden zwischen den europäischen Mächten enden. Dagegen entsprach ein defensiver Blockadekrieg Roosevelts berühmt-berüchtigter Methode, Krieg zu haben, ohne ihn zu machen, die wir weiter oben beschrieben haben. Abgesehen davon, daß ein solcher Krieg jenseits der landgebundenen Horizonte den Vorzug hatte, daß er Deutschland die Gegenwehr erschwerte, verhieß er jenen Zeitgewinn, den Präsident Roosevelt benötigte, um sein Land für einen militärischen Angriff zu mobilisieren.

Wäre Roosevelts Anregung von Chamberlain befolgt und von Hitler zugelassen worden, wäre Polen und Frankreich die Niederlage vielleicht erspart geblieben. So aber sah sich der Präsident von den europäischen Mächten zu

einem Krieg gezwungen, in dem die Vorteile zunächst mehr auf Seiten
Deutschlands und des seit August 1939 mit ihm verbündeten Rußlands lagen.
Dieser Vorteil tendiert freilich gegen Null, wenn man ihn mit dem schwerwie-
genden Nachteil verrechnet, daß die europäischen Kontinentalmächte und
auch Großbritannien ihre Kräfte bereits in militärischen Auseinandersetzun-
gen verzehrten, während sich die USA noch klug abseits hielten. Hitler und
Stalin machten von ihrer vorübergehenden Chance rascher Landgewinne
zwar weidlich Gebrauch, indem sie sich innerhalb von nur acht Monaten ganz
Europa vom Atlantik bis zum Dnjepr und Njemen unterwarfen. Wie die
Welles-Mission zeigte, fehlte damals anscheinend nicht mehr viel, und Roosevelt hätte mit den beiden Diktatoren im Frühjahr 1940 einen präemptiven
Frieden geschlossen. Dann aber hat ihn Hitler durch seinen Angriff auf
Frankreich dieser Peinlichkeit enthoben.
Zumindest bis zum Machtantritt Churchills war Roosevelt nicht sicher, ob
Großbritannien den Krieg gegen Deutschland bestehen würde, und das wech-
selvolle Kriegsglück der britischen Truppen im Mittelmeerraum hat ihn noch
bis tief in das Jahr 1941 hinein irritiert. Zwei der fünf RAINBOW-Szenarios,
die sein *Joint Board* im Sommer 1939 ausgearbeitet hatte, nämlich RAIN-
BOW 1 und 4, gingen denn auch von einer Neutralisierung Englands aus.
Darunter verstand der Präsident vor allem den Verlust der britischen Flotte.
Aber als das zu Lande und in der Luft geschlagene Frankreich im Juni 1940
aus dem Krieg ausschied – seine Flotte konnte sich größtenteils in die von den
Deutschen nicht besetzten Häfen Nordafrikas retten – versprach Churchill
Roosevelt hoch und heilig, Großbritannien werde die *Royal Navy* nie und
nimmer Hitler ausliefern. Damit blieb dem Präsidenten das in seinen Augen
Schlimmste erspart, nämlich der Verlust der britischen Riegelstellung im
Ostatlantik und die Desintegration des britischen *Empires*.
Dafür machten ihm zwei andere Umstände zu schaffen – erstens die verdrehte
Schlachtordnung, mit welcher der Zweite Weltkrieg im Gegensatz zum Ersten
begonnen hatte, und zweitens die Tatsache, daß ausgerechnet Japan eine Art
»Zünglein an der Waage« des gesamten Weltgleichgewichts darstellte. Verdreht
war die Schlachtordnung deshalb, weil Hitler den Zwei-Fronten-Krieg durch
sein überraschendes Bündnis mit Stalin vorübergehend vermeiden konnte,
während Roosevelt den Zwei-Fronten-Krieg auf Grund der Achse Berlin-
Rom-Tokio jederzeit gewärtigen mußte. Überdies konnte das japanische
Schwunggewicht das weltumspannende Konzept des Präsidenten, dessen
Spitze gegen Hitler gerichtet war, jederzeit aus den Angeln heben.
Ursache dafür war die bereits erwähnte Tatsache, daß Japan die Fronten nach
dem Ersten Weltkrieg gewechselt hatte. Das fernöstliche Kaiserreich brachte
sich dadurch in eine Position, in der es sowohl Roosevelt, als auch Stalin als
möglicher Aggressor erschien. Tatsächlich hat den Präsidenten bis Pearl
Harbor die Frage beschäftigt, ob Japan als erstes die amerikanische Westküste oder die russische Ostküste angreifen oder ob es noch weiter nach Südwesten in Richtung Niederländisch-Ostindien und Singapur ausgreifen werde.

Jede dieser drei Optionen war geeignet, seine *Germany first*-Strategie umzuwerfen.

Beide Umstände, die Verdrehung der Schlachtordnung und die Ungewißheit über Japans künftigen Kriegskurs, wog die glückliche Fügung zum Teil wieder auf, daß die britische Flotte nicht in Hitlers Hände fiel und daß sowohl die französische, als auch die italienische Flotte von den Briten 1940 vernichtet wurden. So bot die strategische Gesamtlage dem Präsidenten ein zunächst zwar zwiespältiges, aber keineswegs ungünstiges Bild. Dieses Bild wurde freilich von der Tatsache verdunkelt, daß Hitler durch die Besetzung Norwegens und die Ausschaltung Frankreichs die gesamte Gegenküste des Atlantiks von Narvik bis Brest und Nantes, ja bis hinunter in den Golf von Biskaya für den Krieg auf offener See gewonnen hatte.

Freilich hatte Deutschland schon 1916, mit der halb gewonnenen, halb verlorenen Skagerrakschlacht, als imperiale Seemacht abgedankt – es hat seitdem nie wieder ernsthaft versucht, sich mit einer kompakten Schlachtflotte einen »Platz an der Sonne« zu erkämpfen. Zusätzlich hatte der Versailler Vertrag das Reich der meisten Kriegsschiffe und des größten Teils seiner Handelsflotte beraubt, die es für einen solchen Versuch benötigt hätte. Daran änderte auch Hitlers Machtergreifung nichts. Denn »die Vorkriegspolitik [d. h. die Politik des Kaisers vor dem Ersten Weltkrieg – D. B.], gleichzeitig eine starke Flotte und ein starkes Heer aufzubauen, hielt er für verkehrt.« [2] Hitler gab der Erweiterung des deutschen Lebensraumes nach Osten oberste Priorität, und obwohl es die Siegermächte des Ersten Weltkrieges nicht für nötig befunden hatten, Deutschland in das Rüstungskontrollregime der Washingtoner Verträge einzubeziehen, hielt er sich um des erhofften Bündnisses mit England willen faktisch auch dann noch an die 1922 vereinbarten Rüstungsbegrenzungen zur See, als das Washingtoner Vertragssystem 1935 unter dem konzentrischen Druck des japanischen und amerikanischen Expansionismus zusammenbrach.

So kam es, daß das angeblich so überaus kriegslüsterne Deutschland »ab 1936... als einziger Staat quantitativ (und qualitativ) in seinen Seerüstungen gebunden war«, wie ein Kenner der deutschen Marinepolitik erst kürzlich schrieb. [3] Ja, das Reich befand sich auf Grund des britisch-deutschen Flottenabkommens seitdem sogar in einer noch ungünstigeren Position als zuvor, weil »in den einzelnen Schiffsklassen die tatsächlich vorhandene britische Tonnage als Maßstab und nicht mehr die [Washingtoner] ›Vertragstonnage‹ in den bislang limitierten Klassen« galt. [4] Daran änderte auch Hitlers ehrgeiziger »Z-Plan« von 1938/39 nichts, weil Deutschland weder über die Werftkapazitäten, noch über die Rohstoffbasis, noch über das Potential an Facharbeitern verfügte, die es für die Realisierung dieses Planes bis 1946 benötigt hätte.

Diese Tatsachen waren in Washington natürlich bekannt, und es ist nicht auszuschließen, wenn auch noch nie untersucht worden, daß sie Roosevelts Entschluß beeinflußt haben, das Rüstungskontrollregime 1935 zum Einsturz zu bringen. Es wäre ihm immerhin zuzutrauen. Denn erst dadurch wirkte sich ja das britisch-deutsche Flottenabkommen hemmend auf die deutsche Seerüstung aus. Jedenfalls war sich der Präsident, als der Zweite Weltkrieg ausbrach, darüber im klaren, daß Deutschland mit seinem Sammelsurium aus einigen Panzerschiffen, Kreuzern und U-Booten keine ernstzunehmende Seemacht mehr war. Lediglich die »Bismarck« und die »Tirpitz« – die beiden einzigen vollwertigen Schlachtschiffe, die auf deutscher Seite bei Kriegsbeginn fertig waren – vermochten ihm etwas Respekt einzuflößen.

Während diese Einschätzung den Realitäten entsprach, hat der »big navy man« Roosevelt die deutsche U-Boot-Waffe sträflich unterschätzt. »Davon überzeugt, daß die [amerikanische] Kriegsmarine in der Lage sein sollte, dem [deutschen] U-Boot mit kleinen Patrouillenbooten entgegenzutreten, und offenbar in dem Glauben, daß es ausreichen würde, sich diese im letzten Augenblick hastig zuzulegen, bestand er darauf, daß die Konstruktion von Schiffen, die für den Einsatz gegen U-Boote geeignet waren, zurückgestellt wurde, damit es zu keiner Überschneidung mit dem Bauprogramm für die Großkampfschiffe kam.« [5] So das Urteil von Walter M. Whitehill, einem Exponenten der amerikanischen Seekriegsgeschichtsschreibung, der sich dabei auf Informationen von Admiral King beruft. Im Ergebnis verfügte die *U.S. Navy* über keinen Schiffstyp, der für die U-Boot-Abwehr in küstenfernen Gewässern geeignet war. Die schwere Logistik-Krise, in welche die Alliierten durch die »Operation Trommelschlag« in den ersten Monaten des Jahres 1942 überraschenderweise kamen, war also zum Teil hausgemacht, und zwar von niemand anderem als von Präsident Roosevelt persönlich.

Insgesamt befand sich die deutsche Kriegsmarine 1939 »in einem Zustand, in dem sie eigentlich keinen Krieg führen konnte«. [6] Der amerikanische Präsident sah dem Seekrieg im Atlantik deshalb einigermaßen gefaßt entgegen, sofern es ihm auf der operativen Ebene gelang, (1) Großbritannien und Frankreich im Krieg zu halten, (2) Italien aus dem Krieg herauszuhalten, (3) Japan von Angriffen auf Amerika, Rußland und auf die Besitzungen der europäischen Mächte in Ostasien abzuhalten, und sofern es ihm (4) des weiteren gelang, die amerikanischen Streitkräfte so rasch und effektiv aufzubauen, daß sie gegebenenfalls in den Krieg eingreifen konnten, bevor unwiderrufliche Entscheidungen gefallen waren. Das waren die vier unabdingbaren Voraussetzungen für den Erfolg seines Konzepts. Dieses lief infolgedessen zunächst vor allem auf Zeitgewinn hinaus.

Bis auf die Niederlage Frankreichs und den Kriegseintritt Italiens, die er nicht verhindern konnte, hat Roosevelt es verstanden, jene Voraussetzungen so zu gestalten, daß er 1941 in Erwartung des deutsch-russischen Krieges damit beginnen konnte, sein Konzept Hitler aufzuzwingen. Tatsächlich wurde der Zweite Weltkrieg in den ersten eineinhalb Jahren hauptsächlich zwischen zwei einander diametral entgegengesetzten Konzepten geführt – zwischen Roosevelts Konzept eines einzigen globalen defensiven Seekrieges von möglichst langer Dauer und Hitlers Konzept einzelner regionaler offensiver Landkriege von möglichst kurzer Dauer. Dabei beruht der epochale Erfolg von Roosevelts

Konzept im wesentlichen darauf, daß eine Seemacht wie Amerika, wie Francis Bacon einmal gesagt hat, »nur so viel oder so wenig vom Krieg auf sich zu nehmen braucht, wie sie will.« [7] Dagegen müssen Landmächte ihre Kriege in der Regel vom ersten bis zum letzten Augenblick mit vollem Einsatz durchfechten. Sie können dazu, wie im Falle Deutschlands sowohl im Ersten als auch im Zweiten Weltkrieg geschehen, sogar von den Seemächten gezwungen werden.

Im Gegensatz zu den spektakulären Aktionen des deutschen »Blitzkrieges« mit seinen rasselnden Panzerketten, heulenden Sturzkampfbombern und staubumhüllten Marschsäulen der Infanterie war Roosevelts Krieg in seinen Anfängen so unauffällig, daß man noch heute, fünfzig Jahre danach, glauben könnte, er hätte gar nicht stattgefunden. Jedenfalls sucht man ihn in vielen Geschichtsbüchern vergeblich. Dieser Krieg hat aber nicht erst im Dezember 1941 begonnen als Reaktion auf Pearl Harbor, nicht erst im Juni 1940 als Reaktion auf den deutschen Blitzsieg in Frankreich und auch nicht erst im September 1939 als Antwort auf den deutschen Angriff auf Polen, sondern bereits acht Monate vorher, genauer gesagt: am 4. Januar 1939.

An diesem Tag setzte der Präsident die gesamte amerikanische Flotte, die vor der kalifornischen Küste geankert hatte, Richtung Panama-Kanal in Bewegung, den sie wenige Tage später in einer machtvollen Demonstration ihrer Beweglichkeit und Schlagkraft durchquerte. Der 4. Januar war nicht zufällig der Tag vor Hitlers letztem Versuch, sich mit dem polnischen Außenminister Beck friedlich zu einigen. Es war die erste rein militärische Operation der Vereinigten Staaten vor Beginn des Zweiten Weltkrieges, die nachweisbar ist, Roosevelts zeitlich genau auf die europäische Krise abgestimmter Eröffnungszug.

Weitere Züge folgten ebenfalls noch vor dem 1. September 1939. Zunächst einmal blieb die amerikanische Flotte nicht einfach im Hafen von Christobal/Panama untätig vor Anker liegen. Vielmehr schloß sich im Karibischen Meer eine Premiere eigener Art an: Zum ersten Mal in der Seekriegsgeschichte demonstrierten die beiden eben erst in Dienst gestellten Flugzeugträger *Enterprise* und *Yorktown*, Hauptkomponenten der kürzlich gebildeten *Carrier Division 2*, daß sie als selbständige Sub-Einheiten neben der Schlachtflotte oder Teilen von ihr operieren konnten. Damit deutete Präsident Roosevelt bereits sein zukunftweisendes Konzept der Seekriegführung an.

Aber auch damit noch nicht genug. Von der Panama-Kanalzone dampfte die amerikanische Flotte weiter nach Kuba, und weil der Golf von Guacanayabo diese ungeheure Masse von Kriegsschiffen nicht fassen konnte, wurde ein Teil noch weiter westlich nach Haiti verlegt, direkt neben die Windward Passage, den Zugang zum offenen Atlantik. Hier fanden nun im Golf von Gonaives bis Ende Februar die amerikanischen Flottenmanöver des Jahres 1939 statt. Die turnusmäßige Übung erhielt ihren besonderen Anstrich diesmal nicht nur durch die Übungen der neuen Trägerflotte, sondern auch dadurch, daß erstmals die leichten Kreuzer der *Brooklyn*-Klasse mit ihren wie rasend schießenden Schnellfeuerkanonen zum Einsatz kamen. »Ein solches Schieeen in solcher Geschwindigkeit«, stellt Whitehill bewundernd fest, »hatte man in der Flotte vorher noch nie erlebt.« [8] Wie zur Besiegelung dieser maritimen Machtdemonstration nahm Präsident Roosevelt in der letzten Phase als Beobachter persönlich an den Manövern teil.

Anschließend fuhr die Trägerflotte weiter nach Barbados und Martinique, Besitzungen Frankreichs und Großbritanniens in der Karibik, denen sie einen Besuch abstattete. Auf den ersten Blick könnte man alle diese Manöver, Übungen und Flottenbesuche für eine unwichtige Routineangelegenheit halten, für reine Höflichkeitsgesten oder für Maßnahmen im Rahmen der Hemisphärenverteidigung. Richtig ist daran, daß es sich um defensive Aktionen handelte. Dennoch war für Freund und Feind sonnenklar, daß die USA unter dem Befehl des damaligen Befehlshabers Luftwaffe/ Schlachtflotte, Admiral King, dem späteren Chef der amerikanischen Gesamtflotte, Anfang des Jahres 1939 zum ersten Mal im atlantisch-europäischen Krisengebiet ihre kräftigen, wenn auch noch nicht allzu langen Stoßzähne zeigten.

Es war Roosevelts unübersehbares Signal an Hitler, Chamberlain und Beck, gegebenenfalls in den europäischen Konflikt einzugreifen, falls die Entwicklung eine unerwünschte Wendung in Richtung auf ein »zweites München« nahm. Die Folgen blieben denn auch nicht aus: Der deutsche Diktator drohte die »Vernichtung der jüdischen Rasse« an, falls Roosevelt und dessen Hintermänner einen Krieg vom Zaun brächen [8a], Chamberlain schloß sich *nolens volens* Roosevelt an, so daß eine friedliche Einigung zwischen Ribbentrop und Beck nicht mehr zustandekam, und die Entwicklung begann sich in Europa endgültig zum Krieg zu wenden.

Daß Roosevelt in entgegengesetzter Richtung auch die Entwicklung in Asien beeinflussen wollte, wurde übrigens am 20. April 1939 deutlich, als er die Flotte plötzlich nach Kalifornien zurückbeorderte, angeblich um die Japaner in Anbetracht der italienischen Besetzung Albaniens von unbedachten Handlungen abzuhalten. Zu diesem Zweck schob Präsident Roosevelt die amerikanische Schlachtflotte im Mai 1940, bei Beginn des deutschen Westfeldzuges, sogar nach Pearl Harbor auf Hawaii vor.

Tatsächlich begann Roosevelt mit diesen Flottenbewegungen jenes militärische Kraftfeld rund um den amerikanischen Doppelkontinent aufzubauen, das Seemächte benötigen, um ihre Macht an den Gegenküsten zur Geltung zu bringen. Natürlich kann, wie die Geschichte zeigt, dieses Kraftfeld auch sehr plötzlich, sehr direkt und sehr offensiv aufgebaut werden – etwa durch einen frontalen Angriff auf ein fernes Ziel, einen sogenannten *raid*, oder durch Eroberung und Besetzung eines fremden Territoriums mit Hilfe von See-, Luft- und Landstreitkräften. Die Geschichte nicht nur des Zweiten Weltkrieges kennt dafür Beispiele genug. Aber dafür hätte Roosevelt vom Kongreß eine Kriegserklärung benötigt. Da er sicher war, daß er diese nicht erhalten würde, begnügte er sich mit unauffälligen Defensivaktionen.

Ganz anders Churchill. Sein Land und Frankreich erklärten Deutschland am 3.

September 1939 den Krieg, und der Erste Lord der Admiralität plante vom ersten Augenblick an, in dem er wieder das Amt übernahm, das er schon zu Beginn des Ersten Weltkrieges innegehabt hatte, dramatische Offensivoperationen. Schließlich hatte Großbritannien schon den Siebenjährigen Krieg und die Koalitionskriege gegen Napoleon dadurch gewonnen, daß es seine Feinde an den verschiedensten Stellen attackierte, sie durch die Eröffnung immer neuer Kriegsschauplätze in wachsende Verlegenheit brachte und sie letzten Endes in eine hoffnungslose Überdehnung ihrer Fronten trieb. Das ist zwar schließlich auch die Strategie gewesen, die Roosevelt und Churchill im Zweiten Weltkrieg gegen Deutschland anwandten – es ist gewissermaßen die Standard-Strategie aller großen Seemächte. Aber anfangs, in den sechs Monaten vor und nach Kriegsbeginn, lagen ihre Vorstellungen über die Art und Weise, wie man den Seekrieg am erfolgreichsten führen könnte, noch ziemlich weit auseinander.

Roosevelt entschloß sich jedenfalls aus Gründen, die wir zur Genüge kennen, dafür, das amerikanische Kraftfeld langsam, aber sicher aufzubauen. Außer demonstrativen Flottenbewegungen gab es dafür auch noch andere Methoden. Sie wurden von jeher an der *Naval Acadamy* von Annapolis gelehrt, die seit den Tagen Alfred Thayer Mahans den seefahrerischen Nachwuchs der amerikanischen Kriegsmarine ausbildet.

Zum Beispiel gab es die Methode, das freie Meer oder Teile davon zu besetzen, indem man es zu einer besonderen Zone erklärte, in der die anderen Mächte nicht mehr ohne weiteres nach Belieben agieren durften. Das ist natürlich keine Besetzung, die man mit der Okkupation von Territorien vergleichen kann. Es rasseln keine Panzer, heulen keine Bomber, marschieren keine Truppen, es werden keine fremden Völker unterdrückt. Denn das freie Meer ist menschenleer. Meistens werden solche Zonen durch einseitigen Beschluß der betreffenden Seemacht erklärt, und von Stund' an ist das betreffende Seegebiet für den freien Schiffsverkehr gesperrt. Das heißt: Jede andere Macht, deren Schiffe solche Zonen dann noch befahren, muß mit Repressalien rechnen.

Entscheidend ist dabei nicht, ob eine Seemacht, die eine solche Zone erklärt, das Recht dazu hat oder nicht. Entscheidend ist, daß sie die Kriegsschiffe hat, um ihre einseitige Entscheidung durchzusetzen. Ist das der Fall, dann entfaltet eine solche Verbotszone ihre völkerrechtliche Wirksamkeit. Sie wird Bestandteil jenes Kraftfeldes, das die Seemacht um sich herum aufbaut.

Dieses Kraftfeld Amerikas wuchs ab Januar 1939 immer weiter in den Atlantischen und den Pazifischen Ozean hinein, obwohl doch aller Welt klar war, daß sich Hitler zunächst nach Osten und nicht nach Westen wenden würde. Im Januar 1939 befahl Präsident Roosevelt die Bildung eines »Atlantischen Geschwaders«, dessen Stärke bis zum Herbst auf vier ältere Schlachtschiffe, eine Abteilung schwerer Kreuzer, ein Zerstörer-Geschwader und den Flugzeugträger *Ranger* anwuchs. Dies entsprach etwa der Stärke der gesamten deutschen Hochseeflotte. Zur Luftwaffe dieser respektheischenden Streitmacht zählten auch die Maschinen des Flugzeugträgers *Wasp*, der erst im Frühjahr 1940 in Dienst gestellt wurde. »Das war der Nukleus jener bedeutenden Atlantischen Flotte der U.S.-Kriegsmarine, deren Oberbefehlshaber Admiral Ernest J. King am 1. Februar 1941 wurde . . .« [9]

Vier Tage nach Beginn des deutschen Polenfeldzuges benutzte Roosevelt diese Flotte, um die sogenannte Neutralitäts-Patrouille ins Leben zu rufen, die am 1. Oktober von der Panamerikanischen Union zur gemeinsamen Sache erhoben wurde. Sie machte es den amerikanischen Kriegsschiffen zur Aufgabe, die küstennahen Gewässer beiderseits des Doppelkontinents bis zu 1000 Seemeilen Tiefe in den offenen Atlantik hinein nach Kriegsschiffen und Flugzeugen der kriegführenden Mächte abzusuchen. Innerhalb dieser Zone, die nach Osten zunächst vom 60. Längengrad begrenzt wurde, hatten sich diese Mächte aller kriegerischen Handlungen zu enthalten. Die Demarkationslinie lief von Labrador im Norden bis zu den Kleinen Antillen im Süden. Dann knickte sie parallel zur Küste Südamerikas in südöstlicher Richtung ab.

Damit hatte Roosevelt einen Teil des Atlantiks Hitler weggenommen, ein geradezu klassischer Akt defensiver Seekriegführung, für den es keinerlei Kriegserklärung bedurfte. Seine vier Wirkungen habe ich in meinem ersten Roosevelt-Buch wie folgt beschrieben: Die panamerikanische Sicherheitszone »(1) . . . schränkte die Operationsgebiete der deutschen Seestreitkäfte ein und erschwerte ihnen den im Krieg erforderlichen Kampf gegen die alliierten Geleitzüge, die zwecks Versorgung Englands den Atlantik überquerten. (2) Sie erlaubte es England und Frankreich, ihre Flotten auf das Mittelmeer und die Nordsee zu konzentrieren, also auf diejenigen Seegebiete, in denen unmittelbar über die Wirksamkeit der alliierten Hungerblockade gegen Deutschland und Italien entschieden wurde. (3) Sie lieferte ›endlose Gelegenheiten für »casus belli«-Zwischenfälle‹, wie der Präsident erfreut bemerkte, also jede Menge Anlässe für den Kriegseintritt der Vereinigten Staaten zu fast jedem beliebigen Augenblick.«

»Die vierte Wirkung, die von der amerikanischen Sicherheitszone ausging«, so heißt es in meinem Buch weiter, »bestand freilich darin, daß sie . . . einen unerbittlichen Zeitdruck auf Hitler ausübte. Weil der Diktator an Roosevelts Flottenpolitik sah, daß ihm eine ›Atempause‹ beim Aufbau seiner Kontinentalhegemonie voraussichtlich nicht mehr vergönnt sein würde, mußte er die Verwirklichung seiner eigenen Expansionspläne beschleunigen, auch auf die Gefahr hin, sie gerade dadurch zum Scheitern zu bringen« [10]

Roosevelt schmiedete mit der panamerikanischen Sicherheitszone also ein außerordentlich zweischneidiges Schwert: Einerseits hielt sie den Krieg von Amerika fern, wie der Präsident offiziell zur Begründung erklärte. Andererseits war sie geeignet, Amerika in den Krieg hineinzuführen, wie Roosevelts Äußerung gegenüber seinem Freund Willert andeutet. Einerseits war sie defensiv, indem sie anderen Mächten den Eintritt in die küstennahen Gewässer zu kriegerischen Zwecken verwehrte. Andererseits wirkte sie offensiv, indem sie den Druck auf Hitler verstärkte. Wir gehen wohl aber nicht fehl, wenn wir annehmen, daß der Präsident eben gerade diese ambivalenten Wirkungen bezweckte, um sich sämtliche Optionen offenzuhalten.

Nur in einer Beziehung wirkte die Sicherheitszone völlig eindeutig: Sie schützte den Schiffsverkehr, der Großbritannien mit dem Nötigsten versorgte. Sie war so etwas wie ein passiver Geleitschutz zu Lasten Deutschlands, das diesen Schiffsverkehr vor der Küste Amerikas nicht angreifen durfte, wenn es nicht das Risiko kriegerischer Verwicklungen mit den Vereinigten Staaten auf sich nehmen wollte. Aber genau das wollte Hitler nicht, wie er seiner Marineführung immer wieder eingeschärft hat.

Da Deutschland über keine kompakte Schlachtflotte mehr verfügte, die Aussicht darauf gehabt hätte, die britische *Home Fleet* erfolgreich zum Kampf zu stellen, wurde der Seekrieg auf dem Atlantik bis zur Niederlage Frankreichs in der Tat ausschließlich um die Versorgung der kriegführenden Mächte geführt, und zwar in doppelter Form – zum einen in Form der Fernblockade, zum anderen in Form des Kreuzerkrieges sowohl unter, als auch über Wasser. Roosevelt griff in diesen Krieg von Anbeginn ein, indem er ab 1939 mit verschiedenen Mitteln, nicht nur militärischen, einen »unerklärten Krieg« (William Langer/ S. Everett Gleason) gegen Deutschland und dessen Seestreitkräfte führte.

Da Großbritannien in Gestalt der *Royal Navy* selbst eine der stärksten Flotten der Welt besaß, bedurfte es der amerikanischen Unterstützung zunächst eigentlich nur im pazifisch-ostasiatischen Raum, weil es zwischen den beiden Weltkriegen aus wirtschaftlichen Gründen keine zweite Flotte für den Fernen Osten gebaut hatte, um sich gegen japanische Angriffe zu schützen. Diese Unterstützung hatte Roosevelt bereits im Rahmen der amerikanisch-britischen Flottengespräche vor Kriegsausbruch zugesagt. Sie erfolgte indirekt über den Atlantik, wo das zunehmende Engagement der Amerikaner die Kriegsschiffe freisetzte, die Großbritannien in den Fernen Osten entsenden konnte.

Die Fernblockade Deutschlands, die während des Ersten Weltkrieges etwa 800000 Menschen den Hungertod gebracht hat, wurde durch die seestrategische Tatsache begünstigt, daß die britische *Home Fleet* traditionellerweise in Scapa Flow auf den Orkney Inseln lag. Von hier lief sie bei Kriegsbeginn sofort in die Shetland-Norwegen-Enge und in die Shetland-Faröer-Passage aus, um diese beiden Seewege zu sperren, durch die praktisch der gesamte nordatlantische Seeverkehr in die Nordsee läuft. Außerdem verhinderte eine Minensperre, daß die deutschen U-Boote durch den Ärmelkanal den offenen Atlantik erreichten. Die Fernblockade dichtete Kontinentaleuropa schon 1939/40 so perfekt ab, daß »Deutschlands Überseehandel zu einem Tröpfeln herabgemindert« wurde. [11]

Darüberhinaus jagten britische und französische Kampfgruppen auch auf offener See nach deutschen Handels- und Kriegsschiffen, wobei sie in der Nähe der panamerikanischen Sicherheitszone hin und wieder aus einem Befehl Roosevelts Nutzen ziehen konnten. Der Präsident hatte seine Schiffskommandanten angewiesen, Funksprüche über die Schiffsbewegungen kriegführender

Mächte unverschlüsselt abzusetzen. Die Kommandanten der britischen und französischen Kreuzer und Zerstörer erfuhren auf diese Weise ohne Schwierigkeit, wo ihre deutschen Gegner standen. Sie konnten sie beim Verlassen der Sicherheitszone angreifen und versenken.

Entscheidend für die Überlebensfähigkeit Großbritanniens waren die Seewege von Nordamerika aus über den Nordatlantik, insbesondere aber die *Western Approaches*, die zwischen England und Irland hindurch in den St. Georgs Kanal und von dort weiter in die Irische See hineinführen. Diese kritische Seenge mußten fast alle Frachter und Tanker passieren, die mit ihrer lebensspendenden Ladung die britischen Industriehäfen von Bristol bis Blackpool anliefen. Gegen sie wurde der Kreuzerkrieg von der deutschen Kriegsmarine in erster Linie mit zunehmender Effizienz geführt.

Die britische Flotte kooperierte im Kreuzerkrieg von Anbeginn an mit der kanadischen Flotte innerhalb eines Konvoi-Systems, das sich bereits im Ersten Weltkrieg außerordentlich bewährt hatte. Die Geleitzüge bestanden aus jeweils 45 bis 60 unbewaffneten Handelsschiffen, die den Ozean in neun bis zwölf Marschsäulen gemeinsam unter einem einheitlichen Kommando überquerten. Das ganze Feld, das ein Seegebiet von etwa sechs Quadratmeilen bedeckte, wurde von Schlachtschiffen, Kreuzern und Zerstörern, später auch zunehmend von Flugzeugträgern, so flankiert und abgeschirmt, daß der gesamte Schiffsverband mehr oder weniger wirkungsvoll gegen Angriffe der deutschen Seestreitkräfte verteidigt werden konnte. Dieser Krieg wurde von einzeln operierenden Großkampfschiffen oder in sogenannten Wolfs-Rudeln angreifenden U-Booten bei Tag und bei Nacht im Atlantik gegen die Konvois vorgetragen.

Es war dieser Kreuzerkrieg, der Roosevelt bis 1943 am meisten Kopfzerbrechen machte. Denn die deutsche Kriegsmarine, insbesondere ihre U-Boot-Waffe unter Admiral Dönitz, richtete mit ihren verhältnismäßig schwachen Kräften Erstaunliches und für die Alliierten zeitweise Furchterregendes aus. Am Anfang des Krieges, bis zur Niederlage Frankreichs, hielten sich deren Tonnageverluste noch einigermaßen in Grenzen. Denn obwohl die deutschen Seestreitkräfte ab April 1940 an der norwegischen Westküste eine deutlich bessere Ausgangsbasis für ihre Angriffe hatten, wurde dieser strategische Vorteil einstweilen von der Tatsache kompensiert, daß die Briten im Mai 1940 Island besetzten. Auf diese Weise entstand im Nordatlantik ein strategisches Patt. Es setzte die zerstörerische Kraft des deutschen Kreuzerkrieges herab.

Dies wurde aber anders, als die deutschen U-Boote nach der Niederlage Frankreichs auch noch von der Normandie, Bretagne und der Biskaya aus fast ungehindert im offenen Atantik operieren konnten. Außerdem reichte weder die Anzahl der britischen Kriegsschiffe und Flugzeuge aus, alle 9500 britischen Handelsschiffe in allen Teilen der Welt zu decken, noch gab es einstweilen eine Möglichkeit, die Lücke in der Luftabwehr zu schließen, die westlich von Irland im mittleren Atlantik klaffte. Deutsche Langstreckenbomber, die von den Küsten Frankreichs und Norwegens aus operierten, konnten die Geleitzüge in diesem Seegebiet dagegen erreichen, und auch die deutschen Seestreitkräfte schlugen hier bevorzugt zu, ohne von der *Royal Air Force* daran gehindert zu werden. Aus Mangel an Kriegsschiffen und Versorgungsmöglichkeiten endete das britisch-kanadische Geleitschutzsystem an dieser kritischen Stelle. Die lebensgefährliche Lücke wurde erst ab April 1941 durch Errichtung eines britischen Stützpunktes auf Island einigermaßen geschlossen.

Angesichts dieser Umstände blieb den Engländern zeitweise nichts anderes übrig, als ihre Geleitzüge umzuleiten. Die Schiffsverbände liefen dann nördlich um Island herum, was ihre Fahrtzeiten bedeutend verlängerte. Dadurch verringerte sich die Geschwindigkeit, mit der die dringend benötigten Lebensmittel, Rüstungsgüter und Treibstoffe von Nordamerika nach Großbritannien transportiert werden konnten, mit der die Schiffe wieder frei wurden und zur Aufnahme neuer Ladung nach Nordamerika zurückkehrten. Neben den Verlusten, die durch Feindeinwirkung eintraten, trug die Verringerung der Umschlaggeschwindigkeit wesentlich dazu bei, die Transportkapazitäten der britischen Handelsflotte herabzusetzen.

Während die *Royal Navy* mit den deutschen Überwasserstreitkräften schrittweise fertig wurde – der dramatische Höhe- und Schlußpunkt waren die Versenkung der *Bismarck* im Mai 1941 und die Immobilisierung der *Tirpitz* im November 1944 –, blieben die deutschen U-Boote bis 1943 eine tödliche Gefahr. Ihre Anzahl wuchs, und ihre technische Qualität wurde ebenso wie ihre Bewaffnung und Reichweite unter dem einheitlichen operativen Kommando von Dönitz ständig verbessert. So ist der Kreuzerkrieg in der besonderen Form des U-Boot-Krieges der eigentliche Inhalt der sogenannten »Atlantikschlacht« gewesen. Diese Schlacht konnte schließlich nur mit Hilfe der amerikanischen Kriegsmarine und der amerikanischen Werftindustrie gewonnen werden.

Aber die deutschen U-Boote blieben nicht die einzige Gefahr für die Alliierten. Die Niederlage Frankreichs und der gleichzeitige Kriegseintritt Italiens schufen im Sommer 1940 zwei weitere Gefahrenpunkte. Zum einen schien eine Invasion der britischen Inseln von nun an in den Bereich von Hitlers Möglichkeiten zu rücken – dadurch wurden Kräfte der *Home Fleet* gebunden. Zum anderen hatte die ohnehin überforderte *Royal Navy* nach dem Ausfall ihres französischen Bündnispartners auch noch die Sicherung des westlichen Mittelmeeres zu übernehmen.

Beide Gefahren waren freilich nur von relativ kurzer Dauer. Die Gefahr, daß die Deutschen Großbritannien physisch besetzten, wurde praktisch gegenstandslos, als es der deutschen Luftwaffe im Laufe des Sommers 1940 nicht gelang, sich die Luftüberlegenheit über dem Kanal zu erkämpfen. Und die Situation im Mittelmeer entspannte sich, als es der britischen Flotte im November 1940 gelang, die italienische Flotte im Hafen von Tarent zu versenken.

Für Präsident Roosevelt waren die Sommermonate des Jahres 1940 denn auch die spannungsreichste Zeit, weil er auf der rein operativen Ebene noch zu wenig tun konnte, um das anscheinend jederzeit drohende Desaster abzuwenden. Obwohl der Kongreß den »Two Ocean Standard« am 19. Juli 1940 bewilligte, würde es von da an gerechnet noch etwa zwei bis sechs Jahre dauern, bis sich das gewaltige Schiffbauprogramm in militärische Stärke umsetzen ließ. Roosevelt nutzte freilich die Zeit, um Churchill über das Zerstörer-Stützpunkte-Flottenabkommen an sich zu binden, und er leitete im Atlantik jene Taktik *short of war* ein, die praktisch nichts anderes als »die fortlaufende Verletzung der (amerikanischen) Neutralitätsgesetze« (Samuel E. Morison) bedeutete. Erst als Hitler den Wettlauf um England im Oktober 1940 verloren hatte, entschloß sich der Präsident, seinem Hauptverbündeten mehr als eine 50:50-Prozent-Chance für das Überleben zu geben.

Im Zuge der geheimen Stabsgespräche, die sie in London führten, hatten die Amerikaner schon im Sommer 1940 damit begonnen, sich in das britische Geleitschutz-System einzuklinken, indem sie bestimmte Informationen und Führungstechniken für den Aufbau eines eigenen Systems übernahmen. Am 17. Januar 1941 waren die Vorbereitungen soweit gediehen, daß Roosevelt mit der Aufnahme des amerikanischen Geleitschutzes von Nordamerika in Richtung Britische Inseln für den 1. April 1941 rechnen konnte. Zugleich wurde Argentia in der Bucht von Placentia am St. Lorenz-Strom, wo sich Roosevelt und Churchill im Hochsommer 1941 zum ersten Mal seit dem Ersten Weltkrieg trafen, als Stützpunkt für die amerikanischen Geleitschutzoperationen im Nordatlantik ausgebaut. Gleichfalls im Januar 1941 begann Konteradmiral Arthur Le R. Bristol Jr., die erste »Support Group« zusammenzustellen. Ab dem 1. März 1941 war dieser Flottenverband, der aus drei Zerstörer-Geschwadern, vier Patrouillenboot-Geschwadern und 12 Flugbooten der Marineluftwaffe bestand, einsatzbereit.

Inzwischen hatte Admiral King am 17. Dezember 1940 seinen neuen Posten als Befehlshaber der *Patrol Force* angetreten, Nachfolgerin jenes Atlantischen Geschwaders, das vor der amerikanischen Ostküste die sogenannte »Neutralitäts-Patrouille« fuhr. Mit seinem Dienstantritt ging ein Ruck durch die Seestreitkräfte an der Ostküste der Vereinigten Staaten. King verkürzte nicht nur die Zeiten, in denen die Kriegsschiffe zur Überholung in den Docks lagen, er implementierte auch neue Führungsmethoden und hauchte der *U.S. Navy* insgesamt jenen kriegerischen Geist ein, den sie bisher entbehrt hatte. In der Karibik wurden bereits im größeren Stil amphibische Landeoperationen geübt. Vor allem aber dehnte King die Neutralitätspatrouillen so aus, daß sie den ganzen Westatlantik umfaßten. Die östliche Demarkationslinie der panamerikanischen Sicherheitszone wurde von Präsident Roosevelt am 18. April auf den 30. und am 14. Juni 1941 auf den 26. Längengrad vorgeschoben, womit sie zwischen den Azoren und den Kapverdischen Inseln lag. Diese Linie bezeichnete die Ostgrenze der westlichen Hemisphäre. Nach den jeweiligen Stichtagen wurde es von den USA als »unfreundlicher Akt« betrachtet, wenn kriegführende Mächte die westliche Hemisphäre betraten, die dort über keine Hoheitsgebiete verfügten. Das betraf vor allem natürlich Deutschland. Um alledem mehr Nachdruck zu verleihen, wurden auf Befehl Roosevelts drei Schlachtschiffe, ein Flugzeugträger, vier Kreuzer und zwei Zerstörer-Geschwader zusätzlich vom Pazifik in den Atlantik verlegt.

Roosevelt, Marineminister Knox und der Chef der Seekriegsleitung, Admiral Stark, arbeiteten unterdessen an einer Reorganisation der gesamten Kriegsmarine, die dieser durch Vereinfachung der Kommandostrukturen eine größere Schlagkraft verleihen sollte. Im Ergebnis wurde die *U.S. Navy* am 1. Februar 1941 in eine Atlantische Flotte (Oberbefehlshaber: Admiral King), eine Pazifische Flotte (Oberbefehlshaber: Admiral Husband E. Kimmel) und eine Asiatische Flotte (Oberbefehlshaber: Admiral Thomas C. Hart) gegliedert. Jeweils einer dieser regionalen Oberbefehlshaber führte zusätzlich noch den Oberbefehl über die Gesamtflotte, wenn mindestens zwei der drei Teil-Flotten gemeinsam operierten. Damit hatte Roosevelt für sein Hauptkriegführungsinstrument eine Spitzengliederung gefunden, die er bis Pearl Harbor beibehielt.

Schließlich wurde Kapitän Denfield, der Admiral Bristol als Stabschef diente, im März 1941 nach Großbritannien entsandt, um sich dort nach möglichen Stützpunkten umzuschauen, von denen aus amerikanische Luft- und Seestreitkräfte im atlantisch-europäischen Raum operieren konnten. Denfield entschied sich für vier Standorte, von denen zwei in Nordirland, Londonderry und Gare Loch, später tatsächlich auch zu Stützpunkten entwickelt wurden. Im April bewilligte Roosevelt dafür die ersten 50 Millionen Dollar aus Leih- und Pachtmitteln. Ab Juni wurde gebaut, und im Dezember, als die USA in den Krieg eintraten, standen die Fazilitäten für die Aufnahme der ersten 15 000 US-Soldaten bereit.

Alle vier Maßnahmen zusammen – die neue Spitzengliederung der *U.S. Navy* mit einer selbständig operierenden Atlantischen Flotte unter dem Oberbefehl von Admiral King, die Sicherung des Westatlantik durch die Ausdehnung der panamerikanischen Sicherheitszone bis in die Arktis und an die Küsten Afrikas, der Aufbau eines Geleitschutzsystems durch Aufstellung von *Support Groups* und die Errichtung von Stützpunkten auf den Britischen Inseln – verdichteten das Kraftfeld, das die amerikanische Seemacht gegenüber Deutschland aufbaute, just in dem Augenblick, in dem sich die Gefahr, daß die deutsche Wehrmacht Großbritannien besetzen würde, ein für allemal verflüchtigt hatte.

Zwar blieben die britischen Tonnageverluste nach wie vor besorgniserregend – sie konnten die Existenz des Inselreiches langfristig gefährden. Doch zielte Roosevelt schon jetzt über den Kreuzerkrieg im Atlantik hinaus – er bereitete sich 1940/41 darauf vor, die Kraftfelder einzudrücken, welche die Achsenmächte in beiden Weltmeeren herausgebildet hatten. Alle seine Maßnahmen waren darauf gerichtet, »sicherzustellen, daß, falls und sobald die Vereinigten Staaten in den Krieg eintraten, die Maschinerie bereitstand, um diese Veränderung schnell und reibungslos zu bewältigen«, wie Samuel E. Morison, der Historiker der amerikanischen Seestreitkräfte im Zweiten Weltkrieg, zutreffend schreibt. [12]

Letzter Anlaß für diese weitreichenden Dispositionen waren der Drei-Mächte-Pakt zwischen Deutschland, Italien und Japan vom 27. September 1940 und die Entscheidung der britischen Regierung, am 17. Oktober 1940 die Burma-Straße wieder zu öffnen. Über diese einspurige Landstraße, die von Lashio/Burma 715 Meilen nach Norden über den Himalaya auf chinesisches Territorium führte, wurde Tschiang Kai-shek von den Briten und Amerikanern in seinem Kampf gegen die japanische Kwantung-Armee versorgt. Beides, der Schulterschluß der Achsenmächte und die Wiederaufnahme des Beistandes für China, ließen in Roosevelts Augen den Krieg mit Japan als immer wahrscheinlicher und den offenen Kriegseintritt der Vereinigten Staaten von Amerika als immer notwendiger erscheinen.

In dieser Situation spielte der Präsident nicht nur mit dem Gedanken, seinen Seestreitkräften in der atlantischen Sicherheitszone den Schießbefehl gegen deutsche und italienische Kriegsschiffe zu erteilen. Er ventilierte auch wieder seine Lieblingsidee, Japan im Pazifik durch eine Seeblockade vom Außenhandel abzuschneiden und dadurch auf defensive Weise in die Knie zu zwingen. Doch stieß der Präsident damit auf Widerspruch bei führenden Seeoffizieren, die nicht den Eindruck hatten, daß die amerikanische Flotte für den daraus zwangsläufig resultierenden Krieg schon gerüstet war.

Insbesondere glaubte niemand, daß das im Atlantik und Mittelmeer bereits von den Deutschen bedrängte Großbritannien dann schon in der Lage sein würde, die Seestreitkräfte zu ersetzen, die Amerika im Fall eines Krieges gegen Japan in den Pazifik würde verlegen müssen. Mit anderen Worten: Die Streitkräfte der beiden angelsächsischen Seemächte reichten nach Einschätzung der amerikanischen Seekriegsleitung für einen Zwei-Fronten-Krieg noch nicht aus.

Admiral Stark versuchte, diesen gordischen Knoten dadurch zu durchschlagen, daß er seinen legendären »Plan D« entwarf. Es war der Versuch, die einander widerstreitenden Meinungen innerhalb der amerikanischen Führung auf einen gemeinsamen Nenner zu bringen und sie gleichzeitig auf die vitalen Bedürfnisse der Briten abzustimmen. Vor allem aber war es der Versuch, Präsident Roosevelt irgendeine Grundentscheidung über die künftige Strategie der Vereinigten Staaten in den beiden Weltmeeren zu entlocken. Starks Memorandum mit seinen vier Handlungsalternativen – bezeichnet mit den Buchstaben »A« bis »D«, analog zu den RAINBOW-Plänen – wurde Präsident Roosevelt am 13. November 1940 vorgelegt. [13] Der Chef der Seekriegsleitung machte keinen Hehl daraus, daß er nur »Plan D« für realisierbar hielt – eine starke Offensive im Atlantik gemeinsam mit den Briten, die schließlich in eine »Landoffensive größten Ausmaßes« ausmünden müsse, um den Sieg über Deutschland sicherzustellen, und die gleichzeitige Aufrechterhaltung der Defensive im Pazifik.

Sollte Stark tatsächlich gehofft haben, Roosevelt auf irgendeine Art und Weise festzulegen, so sah er sich freilich enttäuscht. »Plan D«, ohnehin eher ein theoretisches Kompromißpapier als eine praktische Handlungsanweisung, erlitt dasselbe Schicksal wie viele Pläne vor und nach ihm: Er lieferte nur den Stoff für immer neue Diskussionen. Zwar diente er der amerikanischen Delegation bei den Stabsgesprächen mit den Briten bis zu einem gewissen Grade als Leitlinie. Doch veranlaßte er Roosevelt nicht, seine Strategie offenzulegen. Der Präsident hielt den Fächer seiner persönlichen Optionen im Winter 1940/41 eng an sich gepreßt wie ein gut stechendes Kartenblatt, offen nicht einmal für Einblicke aus seiner engsten Umgebung, und er schwieg sich weiter aus wie eine Sphinx.

Dennoch läßt sich vermuten, daß Starks »Plan D« noch im Winter 1940/41 den aktuellen Ansichten des Präsidenten entsprochen hat – sonst hätte Roosevelt ihn gar nicht erst entgegengenommen. Ohne Starks Papier mit einem Wort zu erwähnen, hat Roosevelt die *Germany first*-Strategie bei einem der ganz wenigen Strategie-Gespräche, die er mit seinen engsten politischen und militärischen Beratern zu führen pflegte, denn auch am 16. Januar 1941 indirekt bestätigt. Dieses Stratagem prägte sogar noch jene ABC-Pläne, mit denen sich die militärischen Führungen der USA und Großbritanniens im Frühjahr 1941 operativ auf den gemeinsamen Krieg vorbereitet haben.

Roosevelt widersprach diesen Plänen zwar nicht. Aber in Wirklichkeit war er schon wieder einen Schritt über sie hinaus. Denn im Frühsommer 1941 begann der Präsident die Defensive in Erwartung des deutsch-russischen Krieges nicht nur im Atlantik, sondern auch im Pazifik zu einer globalen Offensive hochzufahren.

Anmerkungen

1 Bavendamm, Roosevelts Weg zum Krieg, S. 348
2 Dülffer, Aufrüstung, S. 106
3 ebda., S. 110 – Dort auch das folgende Zitat.
4 Deutschland hatte sich durch das Abkommen mit England verpflichtet, seine Flotte nur soweit aufzubauen, daß deren Stärke bei den Überwasserschiffen 35% der britischen Flottenstärke entsprach. Diese Selbstbeschränkung erkannte Hitler selbst dann noch an, als die Londoner Flottenkonferenz von 1935 gescheitert war und ein Flottenwettrüsten zwischen den übrigen Hauptmächten begonnen hatte.
5 King/Whitehall, Fleet Admiral, S. 238
6 Nimitz/Rohwer/Potter, Seemacht, S. 487
7 Roskill, Seekrieg, S, 144
8 King/Whitehill, Fleet Admiral, S. 81
8a Domarus, Reden, Band 2, S. 1047 ff.: Hitler-Rede vom 30. 1. 39
9 Morison, History, Vol. 1, S. 14
10 Bavendamm, Roosevelts Weg, S. 565 – Roosevelts Äußerung über die »casus-belli-Zwischenfälle« fiel in einem Gespräch mit seinem Freund Arthur Willert am 25. oder 26. März 1939.
11 Roskill, Seekrieg, S. 127
12 Morison, History, Vol. 1, S. 55
13 Leutze, Bargaining, S. 191: Eine Kopie von Starks Denkschrift ist offenbar als Anlage zu seinem Brief an Admiral Ghormley vom 16. 11. 40 erhalten, den Vertreter der *U.S. Navy*

bei den geheimen Stabsgesprächen mit den Briten, und zwar mit der ausdrücklichen Bemerkung, der Präsident habe das Papier nicht gesehen, geschweige denn autorisiert. Wann Roosevelt »Plan D« zu Gesicht bekommen hat, ist anscheinend nicht überliefert. Eine weitere Kopie hat Leutze offenbar in den persönlichen Akten des Präsidenten gefunden. Das Original existiert möglicherweise nicht mehr, wird jedenfalls von Leutze nicht nachgewiesen.

2.
Der Übergang von der Defensive zur Offensive

Mit dem Leih- und Pachtgesetz, den ABC-Kriegsplänen und der Erklärung des nationalen Notstandes schuf sich Präsident Roosevelt im Frühjahr 1941 jene drei Instrumente, die ihm eine Verstetigung des Krieges, den Übergang von der Defensive zur Offensive und schließlich auch den offenen Kriegseintritt der Vereinigten Staaten von Amerika ermöglicht haben. Alle drei Instrumente waren so beschaffen, daß sie für eine Koalitionskriegführung im Weltmaßstab taugten: Das Leih- und Pachtgesetz erlaubte es allen denkbaren Alliierten, ihren unermeßlichen Bedarf an Kriegsmaterial zu finanzieren, den sie überwiegend in Amerika deckten. Die ABC-Planung regelte in groben Zügen den Einsatz der beiden angelsächsischen Seemächte auf allen sieben Weltmeeren, und durch die Erklärung des nationalen Notstandes am 27. Mai 1941 erhielt Roosevelt die präsidialen Sonderrechte, die er benötigte, um die amerikanischen Energien noch stärker als bisher für den Kriegsfall zu mobilisieren. Wie Kapitän Ingersoll schon bei Beginn der amerikanisch-britischen Stabsgespräche an der Jahreswende 1937/38 bemerkt hatte, war der nationale Notstand die Vorbedingung für den amerikanischen Kriegseintritt.

Zu alledem lieferte die deutsche Wehrmacht die dröhnende Begleitmusik: Nach wie vor hielten die U-Boote im Nordatlantik reiche Ernte in der alliierten Handelsschiffahrt, obwohl hier im Sommer, mit Beginn der hellen Jahreszeit, eine erste Wende zugunsten der Briten und Amerikaner eintrat, die inzwischen den Funkschlüssel der deutschen Wehrmacht geknackt hatten (Deckname ULTRA). Das erleichterte ihnen vor allem die U-Boot-Jagd.

Von April bis Juni 1941 stürmten Hitlers Heere über Jugoslawien und Griechenland bis nach Kreta ins östliche Mittelmeer vor, um Mussolini aus seinem verunglückten Balkanfeldzug herauszuhauen. Zugleich verstärkte das deutsche Afrika-Korps unter General Rommel die italienischen Streitkräfte in Libyen. Beide Feldzüge brachten zwar Churchill in arge Bedrängnis. Sie verlängerten aber auch Hitlers Fronten. Schließlich schien Japan im Fernen Osten auf dem Sprung zu sitzen, um seine Expansion entweder nach Nordosten, Richtung Sibirien, oder nach Südwesten, Richtung Französisch-Indochina, Singapur oder Niederländisch-Ostindien, voranzutreiben.

Das größte und folgenreichste Ereignis vor Pearl Harbor war jedoch der Ausbruch des deutsch-russischen Krieges in der Mitte des Jahres, genauer gesagt am 22. Juni 1941, einen Tag nach der Sommersonnenwende. Präsident Roosevelt hatte das Ereignis dank der Informationen, die er auf Umwegen von einem gewissen Dr. Erwin Respondek erhielt, seit Januar kommen sehen. Respondek, ein Nazi-Gegner, früherer Anhänger Brünings und Reichstagsabgeordneter der Zentrumspartei, hatte Zugang zu Generalstabschef Halder. Von dort über den Handelsattaché der amerikanischen Botschaft in Berlin, Sam E. Woods, gelangten wichtige Erkenntnisse über Hitlers Aufmarschplan BARBAROSSA in das Weiße Haus. Es war das Material, aus dem Roosevelt im März bei seiner Warnung an Stalin schöpfte.

Zwar hielt es Respondek für möglich, daß die Wehrmacht erst noch die im vorigen Jahr vertagte Landung auf den Britischen Inseln nachholte, bevor sie sich nach Osten wenden würde. Unabhängig davon sagte Roosevelts Informant jedoch eine schnelle Entscheidung in Rußland voraus – sei es durch einen militärischen Sieg der Deutschen über die Rote Armee, deren Kampfkraft im Westen zurückhaltend beurteilt wurde, sei es durch eine erneute Verständigung zwischen den beiden Diktatoren. Schließlich meinte Respondek, Japan werde einen Krieg im Westen Rußlands nutzen, um Rußland im Osten anzugreifen. Angeblich standen für eine Invasion Sibiriens im Sommer 300000 Mann in der Mandschurei bereit.

Mit dem deutsch-russischen Krieg, der sich am Horizont abzeichnete, begann Roosevelts Konzept von Politik und Kriegführung 1941 aufzugehen: Der Untergang Deutschlands in einem Zwei-Fronten-Krieg. »Das ist der Zeitpunkt, Hitler zu packen«, sagte der Präsident im Hochsommer zu Morgenthau. [1] Dennoch, wie immer er es auch drehte und wendete – kurz- und mittelfristig hielt diese erfreuliche Aussicht für Roosevelt nur lauter unerfreuliche Optionen bereit. Denn wenn dieser Krieg unglücklich verlief, könnte an seinem Ende ebensogut auch die Aufteilung Rußlands zwischen Deutschland und Japan stehen – und damit die Herrschaft feindlicher Mächte über jene Landmasse, die der britische Geograph Macgruder einmal als »pivotal continent« bezeichnet hat, als zentral wichtig für die Weltmachtverteilung.

Um die Zerschlagung Rußlands zu verhindern, ging Präsident Roosevelt daher langsam und schleichend und nach allen Seiten sichernd, wie es seine Art war, im Laufe des ersten Halbjahres 1941 von der strategischen Defensive zur strategischen Offensive gegen Deutschland und Japan über. Davon überzeugt, daß letzten Endes die Kontrolle über den Atlantischen und Indischen Ozean den Zweiten Weltkrieg entscheiden würde, wie er am 1. Mai 1941 an Churchill schrieb [2], beachtete Roosevelt die hauchdünne Trennungslinie zwischen Abschreckung und Provokation zunächst genau, um den amerikanischen Kriegseintritt nicht vorzeitig auszulösen. Schon gar nicht wollte Roosevelt vor dem Kongreß und aller Welt als der Aggressor erscheinen.

Tatsächlich dosierte der Präsident in der ersten Jahreshälfte den Druck so geschickt, daß er in Berlin, Rom, und Tokio spürbar wurde, ohne daß es zum Krieg zwischen den Vereinigten Staaten von Amerika und den Achsenmächten kam. Denn dies hätte den deutsch-russischen Krieg möglicherweise verhindert. Durch Anwendung einer raffinierten Mischung von Drohung und Verlockung, wirtschaftlichem Zwang und militärischer Eskalation verstand es Roosevelt, die deutschen und japanischen Kräfte immer mehr zu binden, um sie zu zersplittern: Hitler mußte seine Kriegsanstrengungen im Atlantik erhöhen oder zumindest in vollem Umfang aufrechterhalten, um der wachsenden Flottenpräsenz der Amerikaner und der damit ansteigenden Effizienz der britischen Seekriegführung standzuhalten, während er den Gesamtkrieg auf dem langen und riskanten Umweg über Rußland zu entscheiden suchte. Dagegen fühlte sich Japan, von ökonomischen Zwangsmaßnahmen unter Druck gesetzt und von Gesprächsangeboten hingehalten, zwischen der Möglichkeit, entweder eine friedliche oder kriegerische, in jedem Fall aber rasche Entscheidung im Verhältnis zu den Westmächten zu suchen oder sich mit Sibirien eine Rohstoffbasis für einen länger währenden Konflikt anzueignen, hin- und hergerissen.

Im Grunde, so könnte man seine globale Strategie im ersten Halbjahr 1941 zusammenfassen, tat Roosevelt im atlantisch-europäischen Raum soviel wie möglich, um Deutschland von einem Sieg abzuhalten, während er im pazifisch-asiatischen Raum soviel wie nötig unterließ, um Japan nicht zum Krieg zu provozieren – ein kompliziertes, weil miteinander verwobenes Doppelspiel. Den Einsatz, um den es dabei ging, hatten die Achsenmächte September 1940 erhöht. Denn der damals geschlossene Drei-Mächte-Pakt verpflichtete sie zum ersten Mal, sich für den Fall, daß sie von Amerika angegriffen wurden, mit allen Mitteln, also auch militärischen, gegenseitig beizustehen. [3]

Die Spannung, ob sein Doppelspiel aufgehen werde oder nicht, hielt bei Roosevelt bis Ende Juli an, als sich der deutsche Vormarsch erstmalig bei Smolensk festlief. In diesen sieben Monaten hätte ein anderer vielleicht erst einmal abgewartet, um Zeit für die richtigen Entscheidungen zu gewinnen. Trotz aller Unwägbarkeiten entschloß sich der Präsident jedoch schon im Januar 1941, sowohl im Atlantik, als auch im Pazifik in die Offensive zu gehen. Tatsächlich entfaltete er von da an eine auffallende Fülle von Aktivitäten, die alle in eine Richtung wiesen – in Richtung auf den deutsch-russischen Krieg.

Am 21. Januar hob Roosevelt das »moralische Embargo« auf, das er nach dem Winterkrieg von 1939/40 gegen Rußland verhängt hatte – ein unübersehbares Signal an Stalin, daß der Präsident wieder gesprächsbereit war. Am 1. März gab Unterstaatssekretär Welles Respondeks Informationen über den deutschen Aufmarsch an den sowjetischen Botschafter Umanski in Washington weiter – ein unübersehbares Signal an Stalin, sich Roosevelt anzunähern. Am 27. März deutete Umanski in einer von Stalin autorisierten Erklärung eine langfristige Interessenidentität zwischen Amerika und Rußland an – ein unübersehbares Signal an Roosevelt, daß der sowjetische Diktator verstanden hatte, worum es ging. Am 6. Mai stellte sich Stalin, bis dahin nur Generalsekretär der KPdSU, auf eine Rangstufe mit dem amerikanischen Präsidenten, indem er den Vorsitz im Rat der Volkskommissare übernahm – Voraussetzung für Verhandlungen von gleich zu gleich.

Bis heute wissen wir nicht, ob Roosevelt und Stalin, offen oder verdeckt, vor Ausbruch des deutsch-russischen Krieges noch weitere Botschaften miteinander ausgetauscht haben. Während die diplomatische Korrespondenz jener Zeit, soweit sie in den *Foreign Relations of the United States of America (FRUS)* abgedruckt ist, von Spekulationen über den deutschen Aufmarsch nur so strotzt, haben sich die diplomatischen Vertreter der USA von Berlin über Stockholm, Istanbul und Moskau bis nach Tokio anscheinend in ein unerklärliches Schweigen über den sowjetischen Gegenaufmarsch gehüllt. Nichts über den Abbau des sowjetischen Verteidigungssystems unmittelbar nach Beginn des europäischen Krieges, nichts über die Dislozierung der Ersten und Zweiten Strategischen Staffel östlich der deutsch-russischen Grenze im früheren Polen, nichts über die Vorbereitungen für den sowjetischen Hauptschlag gegen Rumänien, um Hitler von seiner lebenswichtigen Erdölbasis abzuschneiden! Als hätte irgendjemand den sonst bis zur Schwatzhaftigkeit mitteilsamen Botschaftern und Gesandten einen Maulkorb umgehängt. Oder wurden die amtlichen Akten der USA vor ihrer Veröffentlichung purgiert?

Im Gegensatz dazu sprechen Roosevelts Aktivitäten Bände: Sie zeugen von der Gewißheit des Präsidenten, es werde so oder so zum Krieg zwischen den Diktatoren kommen. John H. Dippel geht in seinem erst 1992 erschienenen Buch über die Roosevelt-Respondek-Konnektion sogar soweit zu behaupten, der Präsident habe es darauf angelegt, »die Sowjets in den Krieg zu drängen« – und zwar ohne Rücksicht darauf, ob dies eine Annäherung zwischen Japan und Rußland erleichterte oder nicht. [3a] War es so, dann ist Roosevelt selbst dafür verantwortlich gewesen, daß Japan ohne Furcht vor einer russischen Intervention am 7. Dezember 1941 Pearl Harbor angreifen konnte. Dann ist sein Drängen vielleicht sogar schon ein Teil seines Komplotts gewesen.

Plausibel sind diese Behauptungen und Erwägungen schon, denn so gut wie alle strategischen Entscheidungen, die der Präsident im Laufe des ersten Halbjahres 1941 traf, waren unwiderruflich auf den deutsch-russischen Krieg hin berechnet – sie hätten die Vereinigten Staaten in äußerst gefährlicher Weise exponiert, hätten sich Stalin und Hitler wie 1939 doch noch einmal verständigt. In einer gewissen Weise brauchte Präsident Roosevelt sogar den Krieg, um innenpolitisch nicht in eine unmögliche Situation zu geraten. Stöhnend und ächzend, aber im Grunde erstaunlich effektiv stellte sich die amerikanische Wirtschaft gerade von der Friedens- auf die Kriegsproduktion um. Sollte er ihr nach einem Frieden zwischen Hitler und Stalin erklären, dies alles sei nur ein Scherz gewesen? Ein solcher Offenbarungseid hätte die in den letzten vier Jahren mühevoll aufgebaute Kriegsbereitschaft Amerikas hinweggefegt.

Während sich Roosevelt mit Deutschland bereits in einem »unerklärten Krieg« (William L. Langer/S. Everett Gleason) befand, hielt er gegenüber Japan – getreu seiner *Germany first*-Strategie – in der ersten Hälfte des Jahres 1941 immer noch an einem unsicheren Zustand des Nicht-Krieges fest. Außer der Kündigung des amerikanisch-japanischen Handelsvertrages von 1911, der Verlegung der amerikanischen Pazifikflotte von Kalifornien nach Hawaii und der Einbeziehung Chinas in das Leih- und Pachtgesetz hatte der Präsident jedenfalls bis Juni 1941 noch nichts unternommen, was den Gesprächsfaden zwischen Washington und Tokio so unwiderruflich gekappt hätte wie den zwischen Washington und Berlin. Von der Mandschurei bis nach Vietnam in einen stagnierenden Landkrieg ungeheuren Ausmaßes verstrickt, schienen Kaiser Hirohitos Admiräle einerseits immer noch zu hoffen, gemeinsam mit Roosevelt zu einer Gesamtlösung für den pazifisch-asiatischen Raum zu kommen. Auf der anderen Seite ließ die japanische Führung freilich keinen Zweifel daran, daß sie sich auch weiterhin mit militärischer Gewalt nehmen würde, was sie nicht auf dem Verhandlungswege bekam.

Präsident Roosevelt wiederum ließ keinen Zweifel daran, daß jeder Schritt, den Japan über die Grenzen des bisher Erreichten hinaus tun würde, die vitalen Interessen seines Landes verletze und möglicherweise zu einer militärischen Intervention der Vereinigten Staaten führen werde. Weder war er bereit, eine Aneignung jener Rohstoffgebiete auf Borneo, Java oder Sumatra hinzunehmen, die Japan vom Westen unabhängig gemacht hätten, noch würde er jemals einen japanischen Angriff auf Sibirien akzeptieren, der Rußland bei einem gleichzeitigen Krieg mit Deutschland in eine Zwei-Fronten-Lage manövriert hätte. Das eine würde nämlich – zusammen mit den Seewegen zwischen dem Nahen Osten, Indien und Australasia – den Bestand des britischen *Empires* bedrohen. Das andere würde den Bestand des *pivotal continent* gefährden.

Japan tat jedoch lange Zeit nichts, um Roosevelt von seiner quälenden Ungewißheit darüber zu erlösen, was es als nächstes tun werde. Den Amerikanern war es zwar inzwischen gelungen, den diplomatischen Purpur-Code der Japaner zu brechen. Der Präsident las an Hand der MAGIC-Transskripte die Korrespondenz zwischen der Reichsregierung in Tokio und ihren diplomatischen Vertretungen in aller Welt mit, als würde er in ihren geheimsten Gedanken lesen.

Aber obwohl Japan der französischen Regierung im Herbst 1940 den Zugang zu bestimmten Stützpunkten in Nord-Indochina abgepreßt hatte und am 13. April 1941 mit der Sowjetunion einen Neutralitätsvertrag schloß, ergab sich aus den kostbaren Geheimdokumenten nichts Genaues und schon gar nichts Beruhigendes über die näheren und ferneren Absichten der Japaner, und so blieb das fernöstliche Kaiserreich auch in bezug auf das, was es bei einem Krieg zwischen Deutschland und Rußland wirklich tun würde, auf eine unheimliche Art und Weise unberechenbar.

Unter diesen Umständen entschloß sich Präsident Roosevelt, die japanische Sphinx mit Zuckerbrot und Peitsche zu traktieren. Im Januar 1941 begannen seine Streitkräfte, die Philippinen militärisch so zu verstärken, daß sie die Inselgruppe nicht nur mit Aussicht auf Erfolg gegen einen japanischen Angriff verteidigen, sondern von hier aus auch wirkungsvolle Schläge gegen die japanische Seemacht im südchinesischen Meer und darüber hinaus sogar gegen die japanischen Hauptinseln austeilen konnten. Am 14. April 1941 verabreichte Außenminister Hull dem japanischen Botschafter in Washington, Nomura Kichisaburo, das Zuckerbrot eines unverbindlichen Gesprächangebotes, so daß die Regierung im fernen Tokio noch einmal auf eine Vermittlung Roosevelts im Krieg gegen China zu hoffen begann. Schließlich ließ der Präsident die Peitsche des Wirtschaftskrieges über Japan knallen, indem er die Exportbeschränkungen nach und nach auf weitere lebenswichtige Güter ausdehnte, nachdem er 1940 bereits die Ausfuhr von Flugzeugbenzin und Stahlschrott verboten hatte.

Während er sich gegenüber Japan noch auf den nicht-militärischen Quarantäne-Krieg beschränkte, verschärfte Roosevelt gegenüber Deutschland bereits den militärischen Atlantik-Krieg. Ab Januar 1941 sorgte er schrittweise dafür, daß sich die amerikanische Atlantik-Flotte auf den Geleitschutz für die Konvois der Handelsschiffahrt nach Großbritannien vorbereitete. Am 17. April befahl er ihre Verstärkung durch Einheiten der amerikanischen Pazifik-Flotte. Am 22. Mai befahl er seiner Armee, per 22. Juni 25000 Mann für die Besetzung der Azoren bereitzustellen.

Unter einem sogenannten Hemisphären-Verteidigungs-Plan operierten bis zum Frühsommer 1941 nicht weniger als vier amerikanische Flottillen im Atlantik, von denen jede einen besonderen Auftrag zu erfüllen hatte: *Task Force 1* patrouillierte zwischen der Ostküste der USA und Grönland, um die nördlichste Konvoi-Route zu beschatten. *Task Force 2* kreuzte in den Gewässern rund um die Bermudas, um die hier stattfindende Versorgung der deutschen Großkampfschiffe zu überwachen. *Task Force 3* bewegte sich zwischen der Karibik und Westafrika, um den Süd-Atlantik zu kontrollieren, und *Task Force 4*, die sogenannte »Support Group«, eskortierte die Geleitzüge zwischen Kanada und Island. Da bis September 1941 keine dieser Einsatzgruppen Schießbefehl hatte und nur diejenigen britisch-kanadischen Konvois eskortiert wurden, in denen mindestens ein amerikanischer Frachter oder Tanker mitfuhr, war den Geboten der Neutralität formal noch Genüge getan.

Alle seine Aktivitäten im atlantisch-europäischen und pazifisch-asiatischen Raum ließ Roosevelt kurz vor und kurz nach Beginn des deutsch-russischen Krieges jedoch in einem wahren Feuerwerk kriegerischer, kriegsähnlicher oder den Krieg fördernder Handlungen kulminieren: Am 27. Mai rief er den nationalen Notstand aus. Am 3. oder 4. Juni suspendierte er die Besetzung der Azoren. Am 9. Juni passierte die Verstärkung für die Atlantik-Flotte den Panama-Kanal. Am 16. Juni befahl Roosevelt die Besetzung Islands. Um den 1. Juli befahl der Präsident seiner Kriegsmarine die Planung eines eigenständigen Konvoisystems. Am 3. Juli brachte er den Antrag auf Verlängerung und Erweiterung der Wehrpflicht in den Kongreß ein. Am 4. Juli ließ der Präsident Japan vor einem Angriff auf Rußland warnen. Am 7. Juli erfolgte mit der Besetzung Islands die »erste amerikanische Intervention außerhalb der westlichen Hemisphäre seit dem Ersten Weltkrieg«. [4] Am 9. Juli gab Roosevelt Weisung für die Erarbeitung des *Victory*-Programms. Am 24. Juli ließ er die

64 *Sie leiten die Operation*
OVERLORD:
Admiral Ramsey, General Dwight
D. Eisenhower und General
Montgomery (v.l.n.r.)

65 *Durch eine Serie von Groß-*
landungen an den Küsten Afrikas,
Asiens und Europas – hier die
Normandie, am 6. Juni 1944 aus
der Perspektive eines Landungs-
bootes gesehen – entscheiden die
USA den Krieg.

66   Unternehmen TORCH, 7./8. November 1942:
Aus den gewaltigen Bäuchen dieser fährenartigen
Schiffe (links) quellen die unerschöpflichen Material-
reserven Amerikas hervor.

68   Auf Sizilien und anderswo werden die Alliierten
nach ihrer Landung von der Bevölkerung als Befreier
begrüßt (rechts).

67   Nach den verlustreichen Kämpfen am Omaha-
Beach ordnet sich die amerikanische Invasionsarmee
zum Marsch auf Berlin.

69 Bei Torgau an der Elbe reichen sich am 25. April 1945, 13 Tage nach Rooosevelts Tod, amerikanische und russische Soldaten die Hand.

70 Stolz halten diese amerikanischen Fallschirmjäger eine erbeutete Hakenkreuzfahne hoch.

71 In den aufgelassenen Konzentrationslagern offenbaren sich die nationalsozialistischen Gewaltverbrechen auf schockierende Art und Weise.

japanischen Guthaben in den USA einfrieren, um Rußland das an Erdöl- und Erdölprodukten zuzuwenden, was Japan bisher für den Eigenbedarf erstanden hatte.

Kein Zweifel, mit dem deutsch-russischen Teilkrieg hat der Zweite Weltkrieg seine erste entscheidende Wende erreicht, aber Präsident Roosevelt hat es mit List und Tücke und mit beträchtlichem Erfolg verstanden, sein Land immer noch aus ihm herauszuhalten. Wie sehr der militärische Konflikt in Rußland die Verwirklichung seines Konzepts von Politik und Kriegführung im Sommer 1941 bis in Einzelheiten hinein beeinflußt hat, machte die Besetzung Islands deutlich. Wie gesagt, ursprünglich war die Besetzung der Azoren vorgesehen, obwohl bereits die ABC-Kriegspläne die USA dazu verpflichtet hatten, in Island eigene Truppen zu stationieren. In dem Maße aber, wie der deutsche Aufmarsch gegen Rußland Gestalt annahm, wurden die Azoren weniger wichtig, weil nun nicht mehr mit einem deutschen Vorstoß von Frankreich über die Iberische Halbinsel in den Südatlantik zu rechnen war.

Gleichzeitig nahm die strategische Bedeutung Islands in dem Maße zu, wie der Ausbruch des deutsch-russischen Krieges näherrückte. Die Insel war eine unverzichtbare Bunkerstation für die Zerstörer des alliierten Geleitschutzsystems. Von Island aus konnte die amerikanische Atlantik-Flotte die deutschen U-Boote bekämpfen, die immer weiter nach Westen vordrangen, und die Dänemark-Straße kontrollieren, die den deutschen Großkampfschiffen als Ausfalltor in den offenen Atlantik diente. Vor allem aber konnte sie von hier aus die Konvois nach Murmansk durchboxen, einziger eisfreier Hafen im Norden der Sowjetunion.

Auf Grund welcher Informationen auch immer – Präsident Roosevelt hat dem deutsch-russischen Krieg von vornherein mit Optimismus entgegengesehen. Das heißt, er hat damit gerechnet, daß Stalin den Kampf aufnehmen, die Deutschen aufhalten und den Krieg dadurch zum Nachteil Hitlers in die Länge und Breite ziehen würde. Vom hinhaltenden Widerstand der Roten Armee überrascht, stoppte der deutsche Führer den Vormarsch seiner Truppen auf Moskau am 19. Juli in der Tat, um erst einmal Leningrad und Kiew niederzuringen. Nachdem in den ersten Wochen des Rußlandfeldzuges zum Teil übertriebene Meldungen über deutsche Verluste die amerikanischen Medien beherrscht hatten, machten jetzt die wachsenden Versorgungsprobleme der Wehrmacht Schlagzeilen.

Am 21. Juli 1941 schlug sich der allgemeine Eindruck, daß sich die deutsche Offensive festgelaufen hatte, in einer sechsspaltigen Überschrift der *New York Times* nieder: »Russen berichten, sie hätten die Nazi-Vorstöße in vier [Front-] Abschnitten unter schweren Verlusten zum Stehen gebracht.« [5] Spätestens seither ging Roosevelt davon aus, Hitler werde die Niederwerfung Rußlands nicht mehr vor Beginn der Regen- und Schlammperiode im Oktober gelingen. Damit hatte der Präsident bis zum Wiederaufleben der Kämpfe im Frühjahr 1942 ein kostbares halbes Jahr gewonnen, das er für die Vorbereitung des amerikanischen Kriegseintrittes nutzte, sofern dieser faktisch noch nicht er-

folgt war. Damit begann sein oberstes Ziel, die USA als letzte und ausschlaggebende Macht in den Zweiten Weltkrieg zu führen, Wirklichkeit zu werden.

Inzwischen war sein engster Berater, Harry Hopkins, zum ersten Mal bei
Stalin gewesen, um Roosevelts Angebot bedingungsloser Hilfe abzugeben.
Am 26. Juli entsandte der Präsident seinen Vertrauten erneut nach Rußland,
um den Bedarf der Russen an Kriegsmaterial auf die Lage an der Front
abzustimmen. Am 28. Juli traf eine sowjetische Militärmission unter Leitung
von Generalleutnant Golikow in Washington ein, um Einzelheiten auszuhandeln. Zu diesem Zeitpunkt stand für Roosevelt bereits fest, daß Hitler mit
dem Rußlandfeldzug »die erste große politische Fehlkalkulation« unterlaufen
war« [6] – wie einst Napoleon saß der Führer zwischen Ost und West wie in
einer gigantischen Zange fest, aus der er sich vermutlich nicht mehr würde
befreien können.

Damit schien auch ein japanischer Angriff auf Sibirien immer unwahrscheinli-
cher zu werden. Roosevelt und seine beiden obersten militärischen Berater,
Marshall und Stark, faßten daraufhin am 30. Juli den Beschluß, die Philippi-
nen aktiv zu verteidigen, sollten die Japaner ihre Südwestexpansion mit
Waffengewalt fortsetzen. Das heißt: Sie verkehrten die seit 1939 gültige
Strategie für den West-Pazifik in ihr Gegenteil.

Diese Entscheidung war deshalb möglich geworden, weil der deutsch-russische Krieg eine Reihe von strategischen Optionen ausschloß, die Hitler bis
dahin gehabt hatte. Rußland band die deutschen Kräfte von jetzt an in einem
so hohen Maße, daß Präsident Roosevelt ab Juli 1941 zum Beispiel nicht mehr
damit zu rechnen brauchte, daß Hitler (1) auf den Britischen Inseln zu landen
versuchte, (2) über die Iberische Halbinsel, Gibraltar und die Atlantik-Inseln
in Richtung Dakar vorstieß oder (3) über Nordafrika, Griechenland und
Palästina die britische Nah- und Mitteloststellung bedrohte, obwohl letzteres
bei einem für den Westen unglücklichen Verlauf des deutsch-russischen Krieges immer noch im Bereich des Möglichen blieb. Auch auf dem Atlantik
entspannte sich die Lage, nachdem es den Briten gelungen war, mit der
Versenkung der *Bismarck* und der Beschädigung der *Scharnhorst* und *Gneise-
nau* die deutsche Überwasserflotte zu dezimieren. Hier reichte die Sicherung
des Nachschubs für Großbritannien – und bald darauf auch für Rußland – seit
dem 23. Mai quer über den »großen Teich« – von Kanada bis zu den *Western
Approaches* und wieder zurück bis nach Kanada.

Die erste große Kriegswende bedeutete für Präsident Roosevelt jedoch keineswegs, daß damit alle Probleme gelöst waren – nach den Erfahrungen, die
er im Frühsommer in Nordafrika und im östlichen Mittelmeer gemacht hatte,
mußte er auch in Zukunft mit Schwächeanfällen seines britischen Hauptverbündeten rechnen. Auch war die japanische Haltung weiterhin unberechenbar. So blieben der Isthmus von Kra, Singapur und die Straße von Malakka
weiterhin die verwundbare Scheidelinie zwischen den beiden Kriegsschauplätzen, und es war keineswegs auszuschließen, daß Deutschland und Japan sie

eines Tages doch noch durchbrechen und sich im Indischen Ozean die Hand reichen würden, sollte sich das Kriegsglück im Frühjahr 1942 wieder zugunsten Hitlers wenden und Japan noch weiter nach Südwesten ausgreifen.

Hinzu kamen neue Probleme. Sie behinderten die Koalitionskriegführung der beiden angelsächsischen Seemächte umsomehr, je mehr Roosevelt sein Engagement im atlantisch-europäischen Raum erhöhte. Laut ABC-Planung sollten die USA im Kriegsfall etwa 25 Prozent ihrer Pazifik-Flotte in den Atlantik verlegen. Großbritannien sollte dadurch soweit entlastet werden, daß es Teile seiner Mittelmeerflotte in den Pazifik und einen Teil seiner *Home Fleet* ins Mittelmeer verlegen konnte. Roosevelt und Churchill hatten also eine Art Ringtausch vor. Dieser ingeniöse Plan, der die britische Seemacht langsam aber sicher aus ihrem *mare nostrum* verdrängte, hatte freilich den Nachteil, daß sich das amerikanische Engagement im Atlantik nach den britischen Möglichkeiten bemaß, und genau das stellte sich im Laufe des Jahres 1941 als ernste Beeinträchtigung der alliierten Gesamtkiegführung heraus.

Denn die britischen Möglichkeiten waren alles andere als groß. Sie hatten sich in der Schlacht um Kreta Ende Mai sogar dramatisch verringert, weil die *Royal Navy* durch die überaus heftigen Angriffe der deutschen Luftwaffe drei Kreuzer und sechs Zerstörer durch Versenkung für immer sowie drei Schlachtschiffe, einen Flugzeugträger, sechs Kreuzer und sieben Zerstörer durch Beschädigung für die nächste Zukunft verlor. Dadurch war die Mittelmeerflotte nicht mehr in der Lage, Singapur zu verstärken, und der amerikanisch-britische Ringtausch geriet ins Stocken.

Auf der anderen Seite weigerte sich Präsident Roosevelt, den Mangel an britischen Möglichkeiten über das vereinbarte Maß hinaus auszugleichen, weil dann die auf Hawaii stationierte Pazifik-Flotte noch mehr an abschreckender Wirkung auf die Japaner verlor. Deshalb neigte der Präsident im ersten Halbjahr 1941 dazu, die Verstärkung seiner Atlantik-Flotte auf das unbedingt notwendige Maß zu beschränken. Nach längerem Zögern setzte er am 13. Mai denn auch nur drei Schlachtschiffe, vier Leichte Kreuzer und 18 Zerstörer Richtung Atlantik in Marsch – etwa soviel wie Großbritannien eine Woche später bei Kreta verlor. Die *U.S. Navy* glich also nur vorauseilend ein Defizit der *Royal Navy* aus, ohne daß die Flotten der beiden angelsächsischen Seemächte daraus das notwendige Momentum für den Übergang zur Offensive im Weltmaßstab entwickeln konnten.

Dadurch gerieten die beiden angelsächsischen Seemächte in eine Art Teufelskreis: Churchill weigerte sich, seine Flotteneinheiten rund um Singapur zu verstärken, solange Roosevelt im Atlantik nicht offen in den Krieg eintrat, und Roosevelt weigerte sich, seine Pazifik-Flotte zu verringern, solange Churchill nicht zur Abschreckung der Japaner rund um Singapur beitrug. Trotz ihrer riesigen Flottenbauprogramme hatten die beiden Hauptverbündeten im Sommer 1941 einfach noch nicht genug Kriegsschiffe zur Hand, um alles, was sie sich vorgenommen hatten, auf einmal zu tun. Im Ergebnis sah sich die amerikanische Atlantik-Flotte außerstande, wirklich druckvoll in die Offensive

zu gehen, so daß sich Roosevelts Strategie festzulaufen drohte. Vor die Wahl
gestellt, entweder eine möglichst große Atlantik-Flotte zu haben, die freilich
nur unter den Beschränkungen des amerikanischen Neutralitätsgesetzes operieren durfte, oder eine möglichst große Pazifik-Flotte, die wenigstens die
Abschreckung Japans aufrechterhielt, entschied sich der Präsident für einen
Mittelkurs.

Hinzu kam noch ein weiteres Problem, das dem Präsidenten Sorgen machte:
Die USA unterhielten im Pazifischen Ozean nicht nur die Pazifische Flotte, die
in Pearl Harbor ankerte, sondern dazu noch die Asiatische Flotte, die in der
Bucht von Manila auf den Philippinen vor Anker lag. Dazu kam dann noch die
Atlantische Flotte auf der Ostseite des amerikanischen Doppelkontinents. Alle
drei Flotten operierten 1941 unter vollkommen unterschiedlichen Bedingungen: Während die Atlantik-Flotte aktiv, wenn auch *short of war*, gegen
Deutschland kämpfte, waren die beiden anderen Teil-Flotten auf der Westseite
des amerikanischen Doppelkontinents zu absoluter Passivität verurteilt. Sie
lagen unbeweglich in ihren Häfen wie im tiefsten Frieden. Ähnlich wie die
deutsche Hochseeflotte des Ersten Weltkrieges bildeten sie lediglich eine *fleet
in being*, eine latente oder potentielle Macht, deren Hauptaufgabe es war,
durch ihre bloße Existenz den Hauptgegner Japan von Angriffen abzuschrek-
ken.

Abgesehen davon, daß es keiner Flotte gut tut, lange untätig zu bleiben, geriet
Roosevelt durch die unterschiedliche Aufgabenstellung und durch die weiträumige Dislozierung der *U.S. Navy* in einen immer größeren Widerspruch zu
jenem seestrategischen Grundsatz seines Lehrmeisters Mahan, der besagte,
daß es für den Sieg vor allem auf das *frapper de masse* ankam – auf die
größtmögliche Machtkonzentration auf einem einzigen Kriegsschauplatz.
Aber Admiral King, hatte es schon schwer genug, seine vier verschiedenen
Task Forces wenigstens auf dem Atlantik zu einer wirksamen Aktionseinheit
zusammenzufassen, und die Zerstörer seiner *Task Force 4,* die als *Support
Group* die alliierten Konvois von der nordamerikanischen Ostküste bis nach
Island und zurück eskortierten, standen nicht einmal mehr als Geleitschutz für
die eigenen Überwasserstreitkräfte zur Verfügung.

Alle diese Probleme – der verhinderte Ringtausch mit den Briten, die weiträumige Verteilung und unterschiedlichen Funktionsbedingungen der *U.S. Navy*
sowie die erlahmende Kriegsbereitschaft seines Landes – potenzierten sich
1941 gegenseitig zur schwersten Krise von Roosevelts Konzept. King bezweifelte daher im Juli 1941, daß sich die mit den Briten vereinbarte ABC-Planung
unter diesen Umständen überhaupt noch durchführen ließ. [7] Oberst Joseph
T. McNarney, Kriegsplaner beim *Air Corps* der *U.S.Army*, sah die Vereinigten
Staaten »mattgesetzt.« Und Admiral Stark, Chef der amerikanischen Seekriegsleitung, beschwor Roosevelt sogar am 31. Juli, so schnell wie möglich in
den Krieg einzutreten – jeder Tag des Zögerns sei lebensgefährlich. Stark
drang in den Präsidenten, die »psychologische Gelegenheit« beim Schopfe zu
packen, die ihm der deutsch-russische Krieg zugespielt hatte, um das amerika-

nische Geleitschutzsystem sofort im westlichen Atlantik einzuführen. Auch Stimson und Morgenthau drängten den Präsidenten zum Krieg.

Vorsorglich hatte Stark den Hemisphären-Vereidigungs-Plan Nr. 3 ausarbeiten lassen, der nicht nur einen Geleitschutz für alle amerikanischen, britischen und isländischen Konvois vorsah, sondern der auch den Kommandanten der amerikanischen Geleitschutz-Zerstörer befahl, die Seestreitkräfte der Achsenmächte zu versenken, die sie innerhalb der inzwischen weit nach Osten ausgedehnten Westlichen Hemipshäre antrafen. Schiffe, die im Verdacht standen, Versorgungsschiffe der Achsenmächte zu sein, sollten angehalten und durchsucht werden. Für dieses rein amerikanische Konvoi-System sah Stark den Einsatz von nicht weniger als 54 Zerstörern vor – eine dramatische Verstärkung der amerikanischen Flottenpräsenz, die »uns fast sicher in den Krieg verwickeln würde«, wie der Admiral zutreffend befand.

Stark legte seinen Kriegsplan zusammen mit zwei weniger drastischen Alternativen am 9. Juli 1941 Präsident Roosevelt vor, der an diesem Tag Weisung für die Erarbeitung des *Victory*-Programms gab. Roosevelt empfing an diesem Tag und am 17. Juli aber auch Admiral King, mit dem er Flotteneinsätze häufig persönlich besprach, und der redete dem Präsidenten diesen sehr direkten Plan für den amerikanischen Kriegseintritt wieder aus. Der Präsident und Oberbefehlshaber begnügte sich schließlich mit dem Hemisphären-Verteidigungs-Plan Nr. 4, der einen Geleitschutz durch amerikanische Zerstörer nur noch für diejenigen Konvois vorsah, die unter amerikanischer oder isländischer Kontrolle fuhren und die aus amerikanischen oder isländischen Schiffen bestanden. Allerdings durften sich britische Schiffe anschließen, ohne den Geleitschutz der Amerikaner in Frage zu stellen. Auf diese Weise konnte Roosevelt theoretisch jedes Gefecht, das ein amerikanischer Zerstörer-Kommandant mit einem Schiff der Achsenmächte aufnahm, als Akt der legitimen Selbstverteidigung deklarieren, das heißt er vermochte seinem so überaus sorgsam gepflegten Paradigma der Verteidigung treu zu bleiben, mochten seine Kommandanten in dem einen oder anderen Fall auch das Feuer eröffnet haben.

Präsident Roosevelt setzte Hemisphären-Verteidigungs-Plan Nr. 4 am 24. Juli in Kraft, so daß Starks beschwörender Appell, so schnell wie möglich durch die Vordertür im Atlantik in den Krieg einzutreten, ohne Wirkung blieb.

Da Präsident Roosevelt am 24. Juli 1941 aber auch die japanischen Guthaben einfror, öffnete er sich gleichzeitig im Pazifik eine Hintertür, durch die er doch noch in den Krieg schlüpfen konnte.

Tatsächlich zeigte sich schon bald, daß die Beschränkung auf den Geleitschutz für amerikanische Konvois nicht mit jener Kriegführung im West-Atlantik zu vereinbaren war, zu der sich die amerikanische Atlantik-Flotte laut ABC-Plan verpflichtet hatte. Dies war nun einmal nur möglich, wenn die USA offen in den Krieg eintraten. Erst dann ließ sich auch jene gefährliche Asymmetrie beheben, die für die *U.S. Navy* als Ganzes zwischen Atlantik und Pazifik bestand. Mit einem Wort: Erst der amerikanische Kriegseintritt würde für Roosevelts Hauptkriegführungsinstrument aus beiden Weltmeeren einen einzigen Weltkriegsschauplatz machen. Das war die entscheidende Erkenntnis, die eine Analyse der Lagen dem Präsidenten und seinen Stabschefs eingab.

Dabei war es im Grunde gleichgültig, ob der amerikanische Kriegseintritt durch die atlantische Vorder- oder durch die pazifische Hintertür erfolgte – Hauptsache, er kam bald, bevor die Kämpfe in Rußland im Frühjahr 1942 wieder auflebten und Stalin wirklich in Bedrängnis brachten. Offenbar hat Roosevelt der Hintertür schon im Sommer 1941 insgeheim den Vorzug vor der Vordertür gegeben. Denn er versprach Churchill auf der Atlantik-Konferenz im August, selbst dann demnächst in den Krieg einzutreten, wenn Japan die USA nicht angreifen würde. [8] In der zweiten Hälfte des Jahres 1941 hat sich der Präsident in seiner unnachahmlichen Art und Weise aber selbst dieses Versprechens enthoben, indem er Japan zum Angriff auf Pearl Harbor provozierte.

Anmerkungen

1 Heinrichs, Threshold, , S. 137
2 Kimball, FDR-Church, I, S. 179–85
3 Vertrags-Ploetz, S. 194: Genau genommen verpflichtete der Vertrag die drei Mächte, sich gegen den Angriff einer jeden Macht gegenseitig beizustehen, »die gegenwärtig nicht in den europäischen Krieg oder in den chinesisch-japanischen Konflikt verwickelt ist.« Diese Feststellung traf im September 1940 nicht nur auf die USA, sondern auch noch auf die Sowjetunion zu.
3a Dippel, Two Against Hitler, S. 49 – Japan verhandelte im März 1941 bereits über einen Vertrag, der beide Mächte im Fall von kriegerischen Verwicklungen zur Neutralität verpflichtete. Der Vertrag wurde am 4. April 1941 geschlossen.
4 Heinrichs, Threshold, S. 102.
5 *New York Times,* 27. 7. 41
6 FDRL: PSF France, FDR 26. 6. 41 Leahy
7 Heinrichs, Threshold, S. 113 – Dort auch die fogenden Zitate
8 Hansard, HoC, S. 1037: Im Rückblick auf Pearl Harbor erklärte Churchill am 27. Januar 1942 vor dem britischen Unterhaus, nachdem er kurz vorher von seiner ARCADIA-Konferenz mit Roosevelt zurückgekehrt war: »... die Wahrscheinlichkeit, daß die Vereinigten Staaten, auch wenn sie selbst nicht angegriffen würden, in den Krieg im Fernen Osten eintreten und damit den Sieg sicher machen würden, schien einige dieser Ängste seit der Atlantik-Konferenz zu beruhigen, auf der ich diese Angelegenheit mit Mr. Roosevelt diskutiert habe.... In dem Maße, wie die Zeit verging, wuchs unsere Zuversicht, daß wir nicht allein kämpfen würden, sollte Japan im Pazifik Amok laufen.«

3.

Neutralität und casus-belli-Optionen

Um dem Stillstand zu entgehen, der die Flottendispositionen der beiden angelsächsischen Seemächte im Atlantik und Pazifik zu lähmen drohte, während sich mit dem deutsch-russischen Krieg eine für sein Konzept möglicherweise verhängnisvolle Wende anbahnte, suchte Präsident Roosevelt in der zweiten Hälfte des Jahres 1941 nach Mitteln und Wegen für den offenen und uneingeschränkten Kriegseintritt. Er tat dies just in dem Augenblick, in dem der Krieg nach Robert Sherwoods Urteil »vom amerikanischen Boden weiter entfernt (war) denn je«, in dem die jungen Amerikaner, die zu den Fahnen gerufen wurden, ihren Wehrdienst zunehmend als Zeitverschwendung betrachteten und in dem die Briten ernstlich daran zweifelten, daß die USA jemals in den Krieg eintreten würden. [1]
Unter diesen Umständen sah Präsident Roosevelt im formellen Kriegseintritt der Vereinigten Staaten das optimale Management für die größte und gefährlichste Krise seiner innenpolitischen und militärischen Strategie. [2] Aber er gestaltete diesen überaus heiklen Vorgang so geschickt, daß das Odium des Aggressors an den Achsenmächten haften blieb – getreu seiner Devise »den Krieg haben, ohne ihn zu machen«. Auf diese Weise überwand er die letzten Widerstände, die es in Amerika noch gegen seinen bellikosen Kurs gegeben hatte. Denn der nationale Konsens schien ihm die wichtigste Voraussetzung für den Sieg über eine Welt von Feinden zu sein.
Tatsächlich war der Übergang von der strategischen Defensive zur strategischen Offensive deshalb ein so überaus sensibler Schritt, weil er auf der operativen Ebene zumindest im Atantik untrennbar mit dem endgültigen Bruch der amerikanischen Neutralität verbunden war. Denn das Geleitschutzsystem, an dem der Präsident seit Frühjahr 1941 herumlaborierte, war letzten Endes wertlos ohne seinen Schießbefehl. Erst wenn die Kommandanten der amerikanischen Zerstörer, die die Konvois eigener oder fremder Nationalität über den Atlantik begleiteten, das Feuer auf deutsche U-Boote oder Überwasserstreitkräfte eröffnen durften, lohnte sich dieses System. Ein Angriff der *U.S. Navy* auf die deutsche Kriegsmarine war aber, auch wenn er nur zur Abwehr eines unmittelbar bevorstehenden Gegenangriffs erfolgte, nicht nur ein eindeutig aggressiver Akt. Er war auch ein eindeutiger Bruch der Neutralität, der sich vor der amerikanischen Öffentlichkeit nicht mehr verheimlichen ließ.
Darüber hinaus bedeutete ein Angriff auf Deutschland für die USA wahr-

scheinlich den Zwei-Fronten-Krieg. Denn in diesem Fall waren die beiden
anderen Achsenmächte laut Drei-Mächte-Pakt vom 27. September 1940 verpflichtet, dem angegriffenen Partner »mit allen politischen, wirtschaftlichen
und militärischen Mitteln« beizustehen. [3] Um das zu verhindern, betrieb
Präsident Roosevelt gegenüber Japan zunächst die bereits beschriebene Politik
von Peitsche und Zuckerbrot. Denn diese Politik zielte letztlich nicht nur
darauf, Japan von einer Fortsetzung seiner Expansion abzuhalten und die
ohnehin schon in sich gespaltene Führung des Landes in neue Richtungs-
kämpfe zu verstricken. Sie sollte Japan nach Möglichkeit auch von Deutschland
und Italien trennen, also den Zwei-Fronten-Krieg für die USA verhindern.
Denn ein Ein-Fronten-Krieg war naturgemäß leichter zu gewinnen als ein
Zwei-Fronten-Krieg.
Andererseits zeigten die Stockung in der globalen Dislozierung der angelsächsischen Seestreitkräfte sowie die gleichzeitige Unterwerfung der amerikanischen Flotte unter einen Friedens- und einen Kriegszustand, daß Roosevelt im
Grunde eines Zwei-Fronten-Krieges bedurfte, um die eigene Seemacht wirkungsvoll und das heißt weltweit zur Geltung zu bringen. Denn nur dann hatte
er den globalen Kriegsschauplatz, auf dem er seine Streitkräfte beliebig hin-
und herschieben konnte. So sah sich der Präsident im Laufe des Jahres 1941
zwischen zwei einander diametral entgegengesetzte Möglichkeiten gestellt:
Entweder vermied er den Zwei-Fronten-Krieg um des leichteren Sieges willen,
oder er führte ihn um des leichteren Kampfes willen herbei. Wenn er die Dinge
zu Ende dachte, dann bedeutete freilich der leichtere Kampf auch den leichteren Sieg.
Zweifellos hat Roosevelt ursprünglich versucht, den Zwei-Fronten-Krieg zu
vermeiden. Japan sollte solange hingehalten werden, bis Deutschland und
Italien soweit in Kämpfe verwickelt, geschwächt und als Bündnispartner
entwertet waren, daß die fernöstliche Achsenmacht in einem anschließenden
Krieg relativ leicht zu eliminieren war. Das setzte freilich voraus, daß sich die
beiden europäischen Achsenmächte in Kämpfe verwickeln ließen, ohne daß
Amerika offen als Aggressor in Erscheinung trat. Das war Sinn und Zweck
jener Strategie *short of war*, die Roosevelt von 1937 bis 1941 im Atlantik
verfolgte. Erst als er im Laufe des Jahres 1941 sah, daß er diesem Ziel trotz aller
Anstrengungen nicht näherkam, trat der Präsident einem Krieg gegen Japan
als Anlaß und Rechtfertigung für den amerikanischen Kriegseintritt in der
Erwartung näher, dies werde die Kriegserklärung Hitlers an die Adresse der
USA zur Folge haben.
Ausschlaggebend für diesen Wandel war der frustrierende Lernprozeß, den
Roosevelt im Atlantik absolvierte: Zwei Jahre lang versuchte er vergeblich,
Hitler durch eine militärische Eskalation zum Angriff auf die USA zu provozie-
ren. Zweifellos hatte der Präsident ursprünglich damit gerechnet, Deutschland
werde eine Einschränkung seines Kraftfeldes auf dem für den Kampf gegen
Großbritannien entscheidenden Kriegsschauplatz nur bis zu einer gewissen
Grenze hinnehmen, sich dann aber gegen die in seine Hemisphäre eindringen-

den Seestreitkräfte der USA zu Wehr setzen. Das war Sinn und Ziel jener Aktivitäten, mit denen Roosevelt den Stoßkeil seiner Flotte seit 1939 über den Atlantik immer weiter nach Osten trieb. Er rechnete damit, die Ausdehnung der amerikanischen Seemacht werde irgendwann mit einer gewissen Zwangsläufigkeit zu bewaffneten Zusammenstößen mit den deutschen Seestreitkräften führen, und tatsächlich hat Roosevelt, wie wir aus dem Gespräch mit seinem Freund Willert im April 1939 wissen, von Anfang an auf diese »casus-belli-Zwischenfälle« im Atlantik gebaut. [4]

Als der Präsident jedoch 1940/41 sah, daß seine Rechnung nicht aufging, weil Hitler solchen Zwischenfällen bis an die Grenze der Selbstverleugnung auswich, schaltete er allmählich um. Die Weichenstellung führten freilich die Achsenmächte am 27. September 1940 mit ihrem Drei-Mächte-Pakt selbst herbei. Dieser Vertrag verpflichtete Deutschland, Italien und Japan nämlich, sich mit allen Mitteln – auch militärischen – gegenseitig beizustehen. Damit haben die Achsenmächte ihr Schicksal zum ersten und einzigen Mal in völkerrechtlich verbindlicher Form aneinandergebunden. [4a]

Der Drei-Mächte-Pakt beschränkte die Beistandsverpflichtung auf die Mächte, die zum Zeitpunkt seiner Unterzeichnung noch nicht in den Krieg eingetreten waren – allen voran die Vereinigten Staaten von Amerika und die Sowjetunion. Das änderte sich jedoch Mitte 1941 durch den Krieg zwischen Deutschland und der Sowjetunion. Von da an konnte die Beistandsklausel nur noch bei einem Angriff der USA auf Deutschland, Italien oder Japan wirksam werden. Aus der Sicht Roosevelts bedeutete das zwar einen gewissen Nachteil, weil der Präsident, wenn überhaupt, nicht vor Frühjahr 1942 beabsichtigte, einen offenen Akt der Aggression gegen Japan zu begehen – erst dann war seine Bomberstreitmacht auf den Philippinen voll einsatzbereit. Aber so wie die Dinge Ende 1941 lagen, erkannte Roosevelt in der Beistandsklausel dennoch eine zumindest theoretische Chance, Deutschland auf dem Umweg über Japan in einen offenen Krieg gegen die USA hineinzuziehen.

An und für sich war diese Chance nur gering, weil Hitler eigentlich kein Interesse daran haben konnte, auch noch die USA in die Phalanx seiner erklärten Feinde einzureihen. Dennoch wuchs sie im Laufe des Jahres 1941 immer mehr, weil Roosevelt zwei Umstände entgegenkamen: Erstens unterschied sich der unerklärte Krieg, den er gegen Deutschland im Atlantik führte, kaum noch von einem offenen Kriegszustand, und zweitens vermied es Japan, Deutschland in seinem Krieg gegen Rußland beizustehen. Hitler war also nicht nur zunehmend herausgefordert, sondern dazu noch weitgehend isoliert. Unter diesen Umständen erschien dem Präsidenten eine Kriegserklärung Deutschlands an die Adresse der USA selbst dann, wenn Japan der Aggressor war, als eine zumindest theoretische Möglichkeit: Wenn es Hitlers Logik gewesen war, gegen Rußland Krieg zu führen, bevor der Krieg gegen Großbritannien beendet war, warum sollte er dann nicht auch Krieg gegen Amerika führen, bevor der Krieg gegen Rußland beendet war? Schließlich würde ein japanischer Angriff auf die USA dem bereits in einen Zwei-Fronten-Krieg verstrickten Diktator die letzte Chance bieten, auch die Vereinigten Staaten von Amerika in einen Zwei-Fronten-Krieg hineinzuziehen.

Das war die Karte, auf die Präsident Roosevelt 1940/41 im Pazifik offenbar zu setzen begann, während er im Atlantik fortfuhr, einen *casus-belli*-Zwischenfall nach dem anderen zu provozieren. Wenn er sie geschickt genug inszenierte, dann hatten diese Vorfälle nämlich den Vorteil, daß sie sowohl den Bruch der amerikanischen Neutralität, als auch den amerikanischen Kriegseintritt als Handlungen erscheinen ließen, die den USA von außen aufgezwungen wurden. Sie würden also weder innenpolitische Widerstände noch den Beistand der anderen Achsenmächte mobilisieren, und sie waren sowohl moralisch als auch völkerrechtlich unschädlich. Denn sie ließen die USA nicht als Aggressor erscheinen.

Insgesamt hat sich 1941 im Atlantik ein Dutzend solcher Zwischenfälle zugetragen. Doch führten auch die fünf schwersten nicht zum Krieg:

Am 11. April 1941 feuerte der Kommandant des U.S.-Zerstörers *Niblack*, der die Gewässer rund um Island erkundete, auf Befehl seines Vorgesetzten eine Salve von Wasserbomben ab, weil er nach Sonargeräuschen, die er aufgefangen hatte, einen U-Boot-Angriff befürchtete.

Am 21. Mai 1941 versenkte das deutsche *U-69* das amerikanische Handelsschiff *Robin Moor*, das unter anderem Konterbande an Bord hatte, im Südatlantik am Rande der panamerikanischen Sicherheitszone, weil es der Kommandant für eine U-Boot-Falle gehalten hatte.

Am 4. September 1941 sichtete ein britischer Bomberpilot das deutsche *U-652* südwestlich von Island, wo sich die von Hitler im März proklamierte Kriegszone mit der von Roosevelt im Juli erweiterten Sicherheitszone überschnitt. Der Kommandant des U.S. Zerstörers *Greer*, der die Meldung auffing, entschloß sich im Einvernehmen mit seinem Vorgesetzten, das getauchte U-Boot zu verfolgen, und ortete es schließlich in Zusammenarbeit mit dem britischen Bomberpiloten, der das feindliche Schiff bombardierte, wenn auch ohne Erfolg. Da die *Greer* die Verfolgung in feindlicher Absicht fortsetzte, entschloß sich der U-Boot-Kommandant nach mehreren Stunden, den Zerstörer zu torpedieren, verfehlte aber sein Ziel. Daraufhin schlug der amerikanische Kommandant mit Wasserbomben zurück. Obwohl er das nach einiger Zeit noch einmal wiederholte, kamen *U-652* und die *Greer* schließlich mehr oder weniger unbeschädigt davon.

Am 16. Oktober eilte eine Abteilung amerikanischer Zerstörer von Island aus einem Konvoi zur Hilfe, den ein deutsches U-Boot-Rudel angegriffen hatte. Daraus entwickelte sich ein nächtliches Gefecht, in dessen Verlauf *U-568* den U.S. Zerstörer *Kearney* am 17. Oktober torpedierte. Obwohl das Schiff nicht versenkt, sondern nur beschädigt wurde, verloren elf amerikanische Seeleute ihr Leben, mehr als ein Dutzend wurde verwundet. Damit floß zum ersten Mal seit dem *Panay*-Zwischenfall von 1937 auf amerikanischer Seite wieder Blut.

Am 31. Oktober 1941 versenkte das deutsche *U-552* den amerikanischen Zerstörer *Reuben James*, der mit vier anderen Zerstörern einen ostwärts laufenden Konvoi eskortierte und sich gerade fertig zum Angriff zu machen schien, 600 Seemeilen westlich von Irland (sic!). Nur 45 Mann der Besatzung konnten sich retten. Der Zwischenfall ereignete sich innerhalb jener Sicherheitszone, die Roosevelt im Juli 1941 erweitert hatte.

Zu Roosevelts maßloser Enttäuschung erneuerten Hitler und Dönitz nach jedem dieser Vorkommnisse ihre Befehle an die U-Boot-Kommandanten, die amerikanischen Seestreitkräfte auf keinen Fall anzugreifen. [5] Nach jedem dieser Zwischenfälle wiederholte aber auch Roosevelt seine öffentlichen Anklagen gegen das aggressive, völkerrechtswidrige und verbrecherische Hitler-Regime, das angeblich durch Akte der »Piraterie« nach der Weltherrschaft strebte, um die Ausweitung und Intensivierung der amerikanischen Seekriegführung im Atlantik immer auf's Neue zu legitimieren. Ihren Höhepunkt erreichte diese erbitterte Kampagne nach dem *Greer*-Zwischenfall, den der Präsident vor der Weltöffentlichkeit in manipulativer Absicht unvollständig bzw. falsch als unprovozierten Angriff Hitlers darstellte, um sein Land in den Krieg zu ziehen. [6]

Roosevelt nutzte dieses Ereignis, um (1) persönlich die Verfolgung und Versenkung von *U-652* zu befehlen, (2) den amerikanischen Geleitschutz auch für Konvois, die nicht unter amerikanischer oder isländischer Flagge liefen, bis Island offiziell einzuführen bzw. den britischen Geleitschutz für amerikanische Handelsschiffe zuzulassen und (3) seinen Seestreitkräften den Befehl »Feuer frei bei Sichtung« zu geben. Danach durften die amerikanischen Zerstörer-Kommandanten endlich jedes deutsche und italienische Kriegsschiff, aber auch jedes deutsche und italienische Kampfflugzeug angreifen, dessen sie in bzw. über Gewässern ansichtig wurden, »die für die Sicherheit Amerikas notwendig« waren.« [7]

Wenn es irgendein einzelnes Datum gibt, an dem man den offenen Eintritt der Vereinigten Staaten von Amerika in den europäischen Krieg festmachen könnte, dann sind es die ersten Septembertage des Jahres 1941 gewesen – drei Jahre nach dem deutschen Angriff auf Polen. Hatte es im Ersten Weltkrieg nicht eine ganz ähnliche Zeitspanne zwischen Kriegsausbruch und amerikanischer Intervention gegeben? Roosevelt hat am 4. bzw. 12. September aber nicht nur den Schießkrieg gegen Deutschland eröffnet. [8] Vielmehr verließen am 5. September auch die ersten neun B-17-Fernbomber *Hickam-Airfield* auf Hawaii, um heimlich nach den Philippinen zu fliegen, wo sie am 12. September auf *Clark Airfield* eintrafen. Mit dem Aufbau einer Bomberstreitmacht von insgesamt 165 Maschinen, die die Philippinen verteidigen, die Luftherrschaft über dem südchinesischen Meer erringen und Japans Städte in Schutt und Asche legen sollte, ließ Roosevelt also auch den unerklärten Krieg gegen Japan in den ersten Septembertagen des Jahres 1941 in seine entscheidende offensive und aggressive Phase treten.

Anlaß für diese militärische Eskalation in beiden Weltmeeren waren alarmierende Meldungen von der deutsch-russischen Front. Ende Juli, Anfang August schien sich eine Katastrophe der sowjetischen Armee anzubahnen, als die deutsche Wehrmacht mit der Belagerung Leningrads begann, rund um Kiew ca. 600000 Russen einkesselte und im Süden die Ukraine einnahm, um über den Dnjepr hinaus weiter auf den Don vorzustoßen. Plötzlich schien der Fall Rußlands vor Eintritt der Schlamm- und Frostperiode doch noch in den Bereich des Möglichen zu rücken. Jedenfalls erfuhr Roosevelt am 5. September von Stalins dringendem Appell, Rußland gegen diese »tödliche Gefahr« beizustehen. Schließlich wurde der Präsident auch noch von Gerüchten über einen deutsch-russischen Sonderfrieden unter Druck gesetzt, die ihn ebenfalls über Churchill erreichten. [9]

Unter diesen Umständen kam es dem Präsidenten darauf an, den Bus nicht zu verpassen, das heißt in den Krieg einzutreten, bevor dieser möglicherweise zu Ende war. Denn nur als kriegführende Macht würden die Vereinigten Staaten von Amerika bestimmenden Einfluß auf die Gestaltung des Krieges nehmen können – und das hieß vor allem auf seine Verlängerung bis zum totalen Sieg. Roosevelt war davon überzeugt, daß das Überleben der Sowjetunion für die Niederwerfung Deutschlands entscheidend war. Diese Überzeugung veranlaßte den Präsidenten mehr als alles andere, die Philippinen zu verstärken und die militärische Intervention über die pazifische Hintertür zu suchen, nachdem sich an der atlantischen Vordertür wider Erwarten kein militärischer Konflikt ergeben hatte. Sie veranlaßte ihn auch, die amerikanische Neutralität zu revidieren.

Tatsächlich galt es jetzt aus Roosevelts Sicht, Japan vorrangig entgegenzutreten, denn Japan schien, wie der Präsident am 15. Oktober gegenüber Churchill vermutete, »nach Norden zu gehen«, um den sowjetischen Schwächemoment für die Einnahme Wladiwostoks auszunutzen [10] Zuverlässig war diese Einschätzung freilich nicht, denn Marshall vermutete am 26. November beispielsweise, Japan werde zunächst die Malaiische Halbinsel, Niederländisch-Ostindien oder Burma angreifen, also nach Süden gehen. [11] In welche Himmelsrichtung es sich auch immer wenden würde – nach Meinung Roosevelts würde sich Japan der »›einer nach dem anderen Technik‹ Deutschlands« bedienen. [12]

Es war denn auch kein Zufall, sondern verriet die innersten Gedanken des Präsidenten, als Marshall am 15. November 1941 vor einem Kreis von Journalisten unter dem Siegel der Verschwiegenheit erklärte: »Wir bereiten einen Offensivkrieg gegen Japan vor, während die Japaner glauben, wir bereiteten uns nur auf die Verteidigung der Philippinen vor.« [13] Die Authentizität dieser Äußerungen wurde zwar später bestritten, dies aber wohl nur, weil sie Roosevelts Intentionen ungewöhnlich offen und zutreffend wiedergegeben haben. Jedenfalls revidierten die beiden Häuser des Kongresses am 7. und 13. November auf Antrag des Präsidenten schon einmal die Neutralitätsgesetze, wodurch die Vereinigten Staaten auch formal auf den Kriegseintritt an der Seite Großbritanniens, Rußlands und Chinas vorbereitet wurden.

Damit hörten die USA endgültig auf, eine neutrale Macht zu sein. Fortan durften sich amerikanische Handelsschiffe nicht nur bewaffnen – ihnen war künftig sogar erlaubt, Kriegszonen zu befahren. Mehr noch: Mit der Revision der Neutralitätsgesetze von 1941 gaben die gewählten Vertreter des amerikanischen Volkes in Senat und Repräsentantenhaus ihren grundsätzlich angelegten Versuch auf, Roosevelt durch eine Beschränkung der Freiheit der Meere einen gewissen Zwang zur Nicht-Intervention aufzuerlegen. Die Revision war also auch eine Kapitulation des Kongresses vor der Prärogative des Präsidenten, nur ist die Zeitwahl für diesen Einschnitt bisher zu wenig beachtet worden. Die amerikanische Handelsmarine wurde durch die Beschlüsse des Kongresses praktisch ein Teil der amerikanischen Kriegsmarine, und sie durfte von jetzt an jeden beliebigen Hafen der Welt anlaufen, um Roosevelts große Koalition mit allem, was diese für ihren Sieg brauchte, zu versorgen.

Waren insofern auch schon die Voraussetzungen für den offenen Kriegseintritt geschaffen, so gab es gegenüber Japan immer noch ein Problem: Die amerikanische Bomberstreitmacht würde nicht vor März 1942 zu wirksamen Einsätzen fähig sein, weil es bis dahin nicht nur an der dafür notwendigen Anzahl von geeigneten Flugzeugen fehlte, sondern auch an Rollbahnen, Treibstofflagern und Bodenpersonal. Von Herbst 1941 bis Frühjahr 1942 tat sich also eine zeitliche Lücke von etwa sechs Monaten auf, die irgendwie überbrückt werden mußte. Im Interesse Rußlands dachte Roosevelt jedoch gar nicht daran, Japan solange eine Atempause zu gönnen.

Bis Ende September 1941 wies die wirtschaftliche Quarantäne, die der Präsident im Juli über Japan verhängt hatte, noch einige Schlupflöcher auf, aus denen ein dünner und unsteter Ölstrahl rann, um die Japaner nicht mehr als nötig zu provozieren. Dann ließ Roosevelt den Ölhahn durch entsprechende Abmachungen mit britischen und niederländischen Stellen jedoch so endgültig und fest zudrehen, daß sich Japan von nun an in einem tödlichen Würgegriff befand. [14] Danach schrieben der massive Aufbau der amerikanischen Luftmacht auf den Philippinen und der rasante Schwund der japanischen Ölreserven den Zeitpunkt für den amerikanisch-japanischen Krieg mit mathematischer Präzision vor: Irgendwann zwischen September 1941 und März 1942 würden die Japaner angreifen, um sich aus diesem doppelten Würgegriff zu befreien.

Zwar versuchte Roosevelt bis November, sie weiterhin mit Schein-Verhandlungen von aggressiven Akten abzuhalten. Aber er selbst hat schon in dieser Zeit mit dem Gedanken an aggressive Akte gespielt. Nicht von ungefähr fragte er sich und seine Minister am 7. November 1941, »ob die Leute [gemeint war die US-Bevölkerung – D.B.] uns wohl unterstützen würden, wenn wir dort unten gegen Japan losschlagen.« [15] Gleichzeitig ließ er Amerika die Kontrolle über die Dänemark-Straße zwischen Island und Grönland übernehmen, wodurch erstmals britische Seestreitkräfte für den Pazifik freigesetzt wurden. Dadurch vergrößerte sich wiederum die Flottenpräsenz der beiden angelsächsischen Seemächte rund um Singapur, womit die Gefahr – oder sagen wir besser: die Chance – für einen Flottenzwischenfall mit derselben Verläßlichkeit zunahm wie bei wachsender Verkehrsdichte die Gefahr eines Autounfalls.

Insofern brauchte Präsident Roosevelt eigentlich gar nichts weiter zu tun, als abzuwarten. Aber abgesehen davon, daß ihm das persönlich nicht lag, zeigte ja das Beispiel des Atlantiks, wie unsicher das Mittel des Flottenzwischenfalls als kriegsverursachender Faktor war. So lautete die entscheidende Frage für Roosevelt auch Ende November noch, »wie wir sie [die Japaner] in eine Position manövrieren können, in der sie den ersten Schuß abfeuern, ohne daß dies mit allzu großen Gefahren für uns verbunden ist.« [16]

»Wenn man weiß, daß der Feind im Begriff ist zuzuschlagen«, so räsonnierte Roosevelt am 25. November vor seinem engsten Führungskreis, »dann ist es im allgemeinen nicht gerade klug, zu warten, bis er einen überraschend anspringt. Wenn wir es aber trotz des darin liegenden Risikos den Japanern überlassen würden, den ersten Schuß abzufeuern, dann würden wir das tun, um der vollen Unterstützung des amerikanischen Volkes sicher zu sein. Aus diesem Grunde wäre es ratsam, sicherzustellen, daß es die Japaner waren, die den Anfang machten, so daß es für niemand einen Zweifel geben kann, wer der Angreifer gewesen ist.«

Am Ende aller dieser Überlegungen tat sich freilich immer wieder ein unübersehbares Dilemma auf: Ein Angriff der Japaner auf Singapur oder Niederländisch-Ostindien oder die britische Pazifik-Flotte würde den USA zwar nur einen geringen Schaden zufügen. Ein solcher Angriff würde aber die amerikanische Nation kaum so gewaltig erzürnen, daß sie unter Roosevelts Führung geeint in den Krieg eintrat. Dagegen würden die USA durch einen japanischen Direktangriff zwar den größeren Schaden erleiden. Aber die integrierende Wirkung auf die amerikanische Nation würde ebenfalls ungleich größer sein.

Tatsächlich führte für Roosevelt kein Weg an der Erkenntnis vorbei, daß es sich bei Singapur oder Niederländisch-Ostindien um die letzten Bastionen des europäischen Kolonialismus handelte, dem die öffentliche Meinung der Vereinigten Staaten unausrottbare Antipathien entgegenbrachte. Der Präsident hat sich deshalb stets standhaft geweigert, dem Drängen Churchills nach einer Garantie Singapurs nachzugeben. Er, der die Entkolonisierung selbst für ein Gebot der Stunde hielt, wollte nicht für eine falsche Sache in Anspruch genommen werden. Umso weniger wollte er einen japanischen Angriff auf die europäischen Kolonialmächte zum Anlaß für den amerikanischen Kriegseintritt nehmen, obwohl er es Churchill versprochen hatte.

Unter diesen Umständen fiel Roosevelts Blick wie von selbst auf Hawaii und die Philippinen. Diese beiden Punkte boten bei einem japanischen Angriff den Vorzug, die nationalen Gefühle zu erregen, ohne für die nationale Sicherheit von existentieller Bedeutung zu sein, wenn man rechtzeitig bestimmte Vorkehrungen traf. Tatsächlich kann man die Haltung des Präsidenten gegenüber Japan in den letzten vierzehn Tagen vor Pearl Harbor nur so verstehen, daß es ihm darauf ankam, den erwarteten Angriff um der maximalen innenpolitischen Wirkung willen direkt auf eines dieser beiden amerikanischen Territorien zu lenken. Schließlich kam der Präsident zu der Überzeugung, nur ein erfolgreicher Angriff der Japaner auf Hawaii werde in Amerika zu einem einhelligen

Sturm der Entrüstung und damit letztlich auch ohne nationalen Dissens zum Kriegseintritt führen.

Tatsächlich hat Präsident Roosevelt seinen überaus verschlungenen Weg nach Pearl Harbor jedoch nicht erst im Herbst 1941 mit dem heimtückischen Ölboykott, sondern im Grunde schon eineinhalb Jahre früher angetreten, als er seine Pazifik-Flotte im April 1940 nach Hawaii vorschob und sie gegen den verzweifelten Widerstand seiner Admiräle im Hafen von Pearl Harbor wie eine Ansammlung von Geisterschiffen liegen ließ. Mochte ihre Vorverlegung um ein paar tausend Seemeilen auch die Entfernung zum West-Pazifik verkürzen, nach dem Atlantik der mutmaßlich nächste Kriegsschauplatz, so vermochte der damalige Oberbefehlshaber der Pazifik-Flotte, Admiral James O. Richardson, in der auf Dauer angelegten Immobilisierung der amerikanischen Hauptstreitmacht beim besten Willen keinen strategischen Sinn zu sehen.

In seiner Not griff Richardson zu einem ganz ungewöhnlichen Mittel. Er trug seine Bedenken dem Präsidenten im Verlauf des Jahres 1940 zweimal persönlich vor. Tatsächlich ist der Protest Richardsons der erste Fall, in dem sich ein hochgestellter Frontoffizier in Worten, die in ihrer Deutlichkeit schon an Illoyalität grenzten, gegen den selbstherrlichen Führungsstil Roosevelts in einem für den gesamten Kriegsverlauf entscheidenden Punkt aufgelehnt hat. In einem hochdramatischen Gespräch, das am 8. Oktober 1940 in Gegenwart des späteren Sicherheitsberaters Leahy im Weißen Haus stattfand, erklärte der Admiral dem erstaunten Präsidenten: »Herr Präsident, ich glaube, daß ich Ihnen mitteilen muß, daß die höheren Offiziere der Kriegsmarine nicht den Glauben und das Vertrauen in die zivile Führung dieses Landes haben, das für die Fortsetzung des Krieges im Pazifik wesentlich ist.« [17]

Aus dem Munde eines Admirals, der unter Leahy einmal als Stellvertretender Chef der Seekriegsleitung fungiert hatte, war das kein bloßes Mißtrauensvotum. Es war eine offene Kampfansage mit drohendem Unterton, und wenn es tatsächlich so war, daß das Korps der Seeoffiziere dahinter stand, dann war es sogar ein Akt der Rebellion. Roosevelt reagierte darauf, wie ein Präsident und Oberbefehlshaber auf so etwas wohl reagieren muß: Er feuerte Richardson. Aber er konnte dessen beherzten Akt des Ungehorsams dadurch nicht vor der Geschichte ungeschehen machen.

Offenbar lehnte die amerikanische Marine die Stillegung ihrer Hauptflotte so entschieden ab, daß sie darüber ihr traditionell gutes Verhältnis zu ihrem Lieblings-Präsidenten riskierte. Wenn das aber so war, und daran gibt es keinen Zweifel, dann muß diese Ablehnung einen äußerst wichtigen Grund gehabt haben. Richardson sprach gegenüber Roosevelt zwar vor allem von Logistik und Moral: Die Marinebasis auf der Insel Oahu sei noch nicht darauf vorbereitet, eine so große Flotte mit ihrer gesamten Peripherie für längere Zeit aufzunehmen. Der Admiral fürchtete auch um die Moral seiner Truppe, die er bei längerer Untätigkeit gefährdet sah. Im Grunde genommen richtete sich sein Aufstand jedoch *expressis verbis* gegen die ganze Art und Weise, wie Roosevelt sein Land in den Pazifik-Krieg und damit in den Weltkrieg hineinführte, und es ging dabei nicht nur um Logistik oder Moral, sondern vor allem um Strategie und Verteidigungsmöglichkeiten.

Wir würden so starke Worte wie »Rebellion« und »Aufstand« hier nicht verwenden, wenn der Fall Richardson ein Einzelfall geblieben wäre. Aber wir sehen seinen Nachfolger, Admiral Husband E. Kimmel, im Juni 1941 ebenfalls bei Präsident Roosevelt sitzen. Und Kimmel erhob dieselben Bedenken: Die Schiffe der in Pearl Harbor liegenden Pazifik-Flotte seien nicht ausreichend bemannt, um den Japanern im Ernstfall erfolgreich entgegenzutreten. Die Gewässer rund um Hawaii seien zu exponiert, um der Hauptstreitmacht der USA die erforderliche Sicherheit zu bieten. Die Pazifik-Flotte sei gegenüber feindlichen Angriffen aus der Luft oder unter Wasser wehrlos – die ganze Flottenbasis würde einer Mausefalle gleichen, würden die Japaner mit Hilfe von Bomben oder Torpedos auch nur ein einziges Schiff in der Hafeneinfahrt versenken. Vor allem aber würde eine wirksame Verteidigung Hawaiis gegen einen überraschenden Angriff aus der Luft eine Überwachung des inselnahen Seegebietes rund um die Uhr in einem Winkel von 360 Grad erforderlich machen. Zu Richardsons und Kimmels Schmerz waren dafür aber vor dem 7. Dezember 1941 weder die erforderlichen Luft-, noch die erforderlichen Seestreitkräfte auf Hawaii vorhanden

Es war also nach Ansicht seiner militärischen Fachleute ganz und gar unweise, die Pazifik-Flotte in Pearl Harbor festzuhalten, und dennoch hielt der Präsident bis zum Angriff der Japaner mit dem Argument an seiner Entscheidung fest, die Pazifik-Flotte könne die Japaner von einer weiteren Süd- oder Nord-Expansion abschrecken. Aber nicht einmal dieses Argument hielt näherer Überprüfung stand. Denn abgesehen von den riesigen Entfernungen, die sie bis zu einem Treffen mit der japanischen Flotte im Südwest-Pazifik würde zurücklegen müssen – ein Anmarsch, der sie noch einmal um einiges schwächen würde: Die Pazifik-Flotte bildete genau das Reservoir, aus dem Roosevelt bei der Verstärkung seiner Atlantik-Flotte schöpfte. Der eine Flugzeugträger, die vier Leichten Kreuzer und die 18 Zerstörer, die er der Atlantik-Flotte im Juni 1941 zuwies, schwächten die Pazifik-Flotte so, daß sie die Japaner auch beim besten Willen nicht mehr wirksam d. h. glaubwürdig abschrecken konnte.

Unter diesen Umständen – und das war der Kern der Besorgnisse, den die militärischen Befehlshaber dem Präsidenten in der harschen Form einer Kritik an der zivilen Führung des Krieges 1940/41 übermittelt haben – war es nicht nur vollkommen nutzlos, die Pazifik-Flotte in Pearl Harbor liegen zu lassen. Es kam vielmehr einer stillschweigenden Einladung an die Japaner gleich, sie bei passender Gelegenheit anzugreifen.

Die erfahreneren Offiziere der Pazifik-Flotte oder wenigstens doch deren Befehlshaber, die tieferen Einblick in die strategische Situation hatten, folgten dem Kurs, den Roosevelt 1940/41 bei seinen Flottendispositionen einschlug, also nur äußerst widerstrebend oder sogar mit der geballten Faust in der Tasche. Das ist der Punkt, der im Laufe der zweiten Jahreshälfte 1941 von entscheidender, um nicht zu sagen: schicksalhafter Wichtigkeit wurde. Denn er liefert zunächst die Begründung, warum Admiral Kimmel vom Empfang der MAGIC-Meldungen ausgeschlossen wurde, um dann auf die zentrale Frage hinzuführen, ob dies am Ende einzig und allein deshalb geschah, weil Präsident Roosevelt eine effektive Gegenwehr seiner Pazifik-Flotte gegen den von ihm irgendwann einmal für nötig befundenen Angriff der Japaner präventiv ausschalten wollte.

Mehr als fünfzig Jahre lang wurde über diese Fragen innerhalb und außerhalb Amerikas mit kaum nachlassender Erbitterung gestritten. Nicht weniger als acht Untersuchungsausschüsse haben sich in Washington darum bemüht, das Geschehen von damals aufzuklären. Bis heute scheinen aber nur folgende acht Tatbestände über jeden Zweifel erhaben zu sein:

(1) Präsident Roosevelt hat zu Stalin auf der Konferenz von Teheran gesagt: Ohne Pearl Harbor wäre es ihm unmöglich gewesen, in diesem Krieg amerikanische Truppen nach Europa zu schicken. Er hat damit zugegeben, daß er des japanischen Angriffs bedurfte, um den Sieg über Hitler herbeizuführen. Er hat also den inneren Zusammenhang zwischen seinen beiden Teilkriegen im Pazifik und Atlantik selbst bestätigt.

(2) Dem Präsidenten war bewußt, daß die Japaner einen Krieg gegen Amerika mit an Sicherheit grenzender Wahrscheinlichkeit durch einen Überraschungsschlag eröffnen würden. Denn so hatten sie es 1894 bei ihrem Krieg gegen China, 1904 bei ihrem Krieg gegen Rußland und 1914 bei ihrem Krieg gegen Deutschland ebenfalls gehalten. In allen diesen Fällen hatten sie exponierte strategische Positionen von hoher, wenn auch nicht tödlicher Verwundbarkeit attackiert. Angesichts der waffentechnischen Entwicklung war jedem Einsichtigen außerdem klar, daß die Japaner eine solche Operation diesmal nur mit Hilfe ihrer Flugzeugträger ausführen würden. Als Zeitpunkt würden sie vermutlich einen Samstag oder Sonntag oder einen nationalen Feiertag kurz nach Sonnenaufgang wählen. Auch dafür lagen die Gründe auf der Hand: Ihr Flottenverband würde die letzte und kritische Etappe seines Anmarschs dann im Schutz der Dunkelheit zurücklegen können. Die Wachsamkeit in Washington und bei den Außenkommandos von Heer und Marine war an Sonn- und Feiertagen erfahrungsgemäß geringer, und außerdem hatten bereits Hitler und Mussolini bewiesen, daß die Achsenmächte ihre unilateralen Aktionen am liebsten an Wochenenden ausführten.

(3) Der Befehlshaber der Marinestation Hawaii, Admiral Husband E. Kimmel, und der Befehlshaber des Armeeaußenkommandos Hawaii, General Walter C. Short, waren vollkommen stumm, blind, taub und lahm, das heißt absolut wehrlos, als es am 7. Dezember 1941 tatsächlich zu diesem Angriff kam. Weder hatten ihre Vorgesetzten bis hinauf zum Präsidenten und Oberbefehlshaber sie rechtzeitig und angemessen gewarnt, noch verfügten sie zum Zeitpunkt des Angriffs über die Mittel, um die japanischen Flugzeuge abzufangen oder aber wenigstens hart und erfolgreich zurückzuschlagen. Warnungen vor einem japanischen Überraschungsan-

griff aus der Luft und Hinweise auf die unzureichende Verteidigungsfähigkeit Hawaiis, die der Kommandant von *Hickam Airfield*, Oberst William Farthing, Monate vor dem Angriff dem Kriegsministerium in
Washington übermittelt hatte, waren ohne Kommentar und Reaktion im
Panzerschrank des Pentagons verschwunden.

(4) Dabei war ein Oberbefehlshaber noch nie in der Geschichte so vollkommen über die Absichten seines nächsten Kriegsgegners unterrichtet wie
Präsident Roosevelt, der, von Tokio unbemerkt, seit 1940 nicht nur die
Korrespondenz zwischen der japanischen Führung und ihren diplomatischen Vertretungen in aller Welt mitlesen konnte, sondern möglicherweise sogar die Befehle der japanischen Seekriegsleitung an den Trägerverband, der den Angriff auf Pearl Harbor ausführte. Auf Grund des
Nachrichtenbildes, das sich aus diesen wundersamen Quellen ergab, wäre
eine rechtzeitige und wirksame Warnung möglich gewesen. Dieses Nachrichtenbild stand außer Roosevelt auch dem Chef der Seekriegsleitung,
Admiral Stark, und Generalstabschef Marshall sowie zehn weiteren hoch
qualifizierten Persönlichkeiten seines inneren Führungskreises zur Verfügung, die über einen großen, rechtlich abgesicherten Beurteilungs- und
Handlungsspielraum geboten, so daß, hätte Roosevelt die sich aufbauende Gefahr unterschätzt, aus diesem Personenkreis der Anstoß zu ange-
messenen Reaktionen hätte kommen können.

(5) Von den verfügbaren Maschinen, die den japanischen Purpur-Code ent-
schlüsseln konnten, hatten vier die Dienststellen in Washington, mindestens eine der britische Hauptverbündete in London und eine weitere ab
April 1941 die amerikanischen Marine- und Armeebefehlshaber auf den
Philippinen, Admiral Thomas C. Hart und General Douglas MacArthur,
in Gebrauch. Admiral Kimmel und General Short auf Hawaii waren
dagegen leer ausgegangen, so daß sie sich im Gegensatz zu Hart und
MacArthur kein eigenes Bild von der sich zuspitzenden Krise in den
amerikanisch-japanischen Beziehungen machen konnten. Kimmel, der
bis August hin und wieder MAGIC-Meldungen aus Washington erhalten
hatte, wurde just in dem Augenblick von diesem entscheidenden Informationsfluß abgeschnitten, als das Ölembargo der USA zu wirken begann.

(6) Hätte Admiral Kimmel auf Grund eigener Informationen so auf diese
Krise reagiert, wie es ihm sein militärischer Sachverstand eingab, und die
Pazifik-Flotte rechtzeitig aus der »Mausefalle« Pearl Harbor befreit, hätten die Japaner mit an Sicherheit grenzender Wahrscheinlichkeit ihre
Absicht, den amerikanischen Stützpunkt anzugreifen, aufgegeben. Denn
es hätte für sie keinen Sinn gemacht, das Territorium der Vereinigten
Staaten anzugreifen, ohne gleichzeitig einen wesentlichen Teil der amerikanischen Streitkräfte zu zerschlagen. Roosevelt hätte dann keinen Anlaß
oder Grund gehabt, den Kongreß um die Kriegserklärung gegen Japan zu
bitten, und Hitler hätte die Sowjetunion bei Beginn der Frühjahrsoffen-

sive 1942 möglicherweise zusammenschlagen oder – schlimmer noch – sich erneut mit Stalin einigen können.

(7) Bei drei Gelegenheiten vor dem japanischen Angriff hat es eindeutige Kriegswarnungen der Washingtoner Dienststellen an die Marine- bzw. Armeebefehlshaber auf Hawaii gegeben – am 17. Juni 1940 nach dem Zusammenbruch Frankreichs, am 25. Juli 1941 nach Einfrierung der japanischen Guthaben in den USA und am 16. Oktober 1941, als das japanische Kabinett unter Fürst Konoe zurücktrat. Zumindest die Warnung vom 17. Juni 1940 hatte die amerikanische Pazifik-Flotte ausdrücklich vor einem »Überraschungsangriff über See« gewarnt. Am 26. Juli wurde die Pazifik-Flotte nach der Kriegswarnung sogar in volle Alarmbereitschaft versetzt. Dagegen passierte am 27. November 1941 nichts dergleichen, weil die »Kriegswarnung«, die Washington einen Tag nach dem Zusammenbruch der amerikanisch-japanischen Scheinverhandlungen an die Außenkommandos von Marine und Heer absetzte, nur undeutlich von »gewissen aggressiven Handlungen der Japaner in den nächsten Tagen« sprach. Dabei wurde Kimmels Blick auf die Philippinen abgelenkt, wo angeblich »ein amphibisches Vorgehen« drohte. Die Befehlshaber auf Hawaii wurden angehalten, »angemessene Defensivmaßnahmen« vor allem gegen Sabotageakte zu treffen. Wie bei Kriegswarnungen sonst üblich, fehlten diesmal jedoch nähere Ausführungsbestimmungen. Eine Rückmeldung General Shorts, der eine ähnliche Botschaft wie Kimmel erhalten hatte, wurde in Washington nicht beanstandet, obwohl sie Generalstabschef Marshall als völlig unangemessen hätte erkennen können.

(8) Beginnend mit dem 28. November 1941 wurden zwei der drei Flugzeugträger, die der Pazifik-Flotte assigniert waren, zusammen mit einem Troß an Begleitschiffen aus Pearl Harbor abgezogen. Der dritte befand sich ohnehin schon zur Überholung in einer Werft an der amerikanischen Westküste. Abgesehen davon, daß die Japaner dadurch nur die ältere Schlacht- und nicht die modernere Trägerflotte trafen, als sie angriffen, fehlte dem Stützpunkt nun auch noch die eigene Trägerluftwaffe. So traf der japanische Angriff Pearl Harbor mit unverminderter Wucht.

Zwischen diesen acht Eckpunkten hat sich die jahrzehntelange Diskussion über Pearl Harbor hin- und herbewegt. Nach wie vor am heftigsten umstritten ist dabei die Frage: Warum war der Überraschungserfolg der Japaner so groß? Denn sie leitet zu den beiden Schlüsselfragen über: Hat Roosevelt von dem Angriff vorher etwas geahnt oder gewußt? Und: Hat er sein Wissen aber gegenüber den Befehlshabern auf Hawaii verschwiegen, weil er sein Volk auf einer Woge der Emotionen widerstandslos in den Krieg führen wollte? Über die Antwort auf diese dramatischen Fragen wird nach wie vor deshalb so erbittert gestritten, weil die Antworten weitgehend über das Bild entscheiden, das dieser amerikanische Präsident vor der Geschichte abgibt.

Gehen wir die Ereignisse, soweit sie bekannt und relevant sind, der Reihe nach durch, um eine eigene Antwort zu finden.

Bis Ende November 1941 hatten sich die Hinweise darauf, daß die Japaner nach einem Zusammenbruch der Scheinverhandlungen die Vereinigten Staaten direkt angreifen würden, nahezu bis zur Gewißheit verdichtet. Zumindest mußte Präsident Roosevelt fest mit dieser Eventualität rechnen, seit Tokio am 14. November Hongkong davon in Kenntnis gesetzt hatte, daß ein Fehlschlag bei den Gesprächen in Washington Krieg gegen die USA und Großbritannien bedeuten würde. Er wurde von dieser Prophezeiung durch MAGIC informiert.

Wie wir gesehen haben, überzeugte Präsident Roosevelt seine Minister und sich selbst am 25. November davon, daß es ratsam sei, den japanischen Angriff unter der Voraussetzung abzuwarten, daß er für Amerika nicht tödlich sei. Am nächsten Tag ließ er das grausame Spiel der amerikanisch-japanischen Scheinverhandlungen wie eine Seifenblase platzen: In einer aufreizenden Zehn-Punkte-Note forderte Außenminister Hull den vollständigen Abzug Japans aus China als Vorbedingung für jede Verhandlungslösung. Damit verlangte Amerika von Japan nach der wirtschaftlichen nicht nur die diplomatische, sondern auch noch die militärische Kapitulation. Denn nach vier Jahren eines überaus verlustreichen Krieges sollte die japanische Kwantung-Armee aus China abziehen wie eine geschlagene Armee, ohne daß die Regierung in Tokio als Gegenleistung auch nur den Hauch eines Versprechens für einen dauerhaften Frieden bekam.

Unter normalen Umständen hätte eine solche Granate nur die diplomatischen Beziehungen zwischen den beiden Ländern gesprengt. Jetzt aber, Ende November, inmitten einer schwirrenden Wolke von Gerüchten über den unmittelbar bevorstehenden Kriegsausbruch, wirkte die Detonation wie die mutwillige Aufforderung an die empörten Japaner, möglichst schnell und möglichst hart irgendwo zuzuschlagen. Nur wußte in Washington angeblich noch niemand genau wann und wo. Außer Hawaii kamen nach wie vor von Burma über Thailand bis nach Niederländisch-Ostindien theoretisch ganz Südost-Asien, die Philippinen und die Panama-Kanalzone in Frage. Vertiefte man sich aber in die strategische Situation, dann mußten ganz konkret Hawaii und die Philippinen als die bevorzugten Ziele der Japaner erscheinen: Schalteten sie nämlich die amerikanischen Streitkräfte an diesen beiden Punkten aus, würde ihre Expansion weiter nach Süden in die begehrten Rohstoffgebiete nur noch ein Kinderspiel sein.

Betrachtete man die drei Punkte höchster Verwundbarkeit näher, die den Japanern bei einem Angriff den größten Gewinn an strategischen Vorteilen bei einem gleichzeitigen Minimum eigener Verluste versprachen, dann schied die Panama-Kanalzone in der Tat aus. Ein Überraschungsangriff an dieser Stelle war deshalb ausgeschlossen, weil die japanische Flotte auf viel befahrenen Wasserstraßen entlangdampfen müßte, davon mindestens sechs Stunden bei vollem Tageslicht, um in eine aussichtsreiche Position für den Einsatz ihrer Trägerflugzeuge zu kommen. Damit erwies sich dieses Ziel für einen japanischen Überraschungsangriff als ungeeignet, denn irgendjemand hätte die

Japaner vorher mit an Sicherheit grenzender Wahrscheinlichkeit entdeckt. Außerdem verfügte die Kanalzone über eine weitreichende Radar-Anlage, die das umliegende Seegebiet nur in einem Winkel von 180 Grad abzudecken brauchte, weil sich die hinter ihr liegende Karibik in amerikanischer Hand befand.

Die Philippinen hatten in diesen Überlegungen bis zum Frühjahr 1941 ebenfalls noch keine große Rolle gespielt, weil Roosevelt und dessen militärische Führung bekanntlich 1939 beschlossen hatten, diese Inselgruppe im Falle eines japanischen Angriffs aufzugeben. Die militärische Präsenz der Amerikaner in Gestalt von See-, Luft- und Landstreitkräften war hier entsprechend gering, so daß dieses Ziel für die japanischen Kriegsplaner des besonderen Anreizes entbehrte.

So blieb bis zum Frühjahr 1941 eigentlich nur Hawaii als lohnendes Ziel für die Japaner übrig, und tatsächlich hat der US-Botschafter in Tokio, Joseph C. Grew, schon am 27. Januar 1941 unter Berufung auf den peruanischen Gesandten nach Washington gemeldet: Die Japaner beabsichtigten »im Falle eines drohenden Krieges mit den Vereinigten Staaten einen überraschenden Angriff auf Pearl Harbor durchzuführen..., und zwar unter Einsatz ihrer ganzen Kampfkraft und Kampfmittel.« [18] Auch wenn diese Mitteilung aus nicht ganz zuverlässiger Quelle stammte – sie hat Hawaii beizeiten und eindeutig als mögliches Ziel eines japanischen Überraschungsangriffes identifiziert, und möglicherweise wurde sie im April 1941 sogar noch einmal von Respondek bestätigt.

Auch die offenbar detaillierten Informationen, die der jugoslawische Doppelagent Dusan Popov im August 1941 an das *Federal Bureau of Investigation* (FBI) über die japanischen Angriffsabsichten herantrug, wiesen eindeutig auf Pearl Harbor hin. Doch ist unklar, ob sie jemals FBI-Chef Hoover und über diesen Präsident Roosevelt selbst erreicht haben. Angeblich enthielten diese Informationen genaue Angaben darüber, »wo, wann, wie und von wem wir angegriffen werden sollten.« Popov hat in seinen 1974 erschienenen Memoiren sogar behauptet, er sei Hoover im September 1941 in New York persönlich begegnet, und das wurde vom Chef der britischen Auslandsspionage in Amerika, William Stephenson, sogar bestätigt.

Wie Anthony Summers in seiner demnächst erscheinenden Hoover-Biographie schreibt, hat der FBI-Chef Roosevelt zwar drei Wochen vor dem japanischen Angriff über einige von Popovs Informationen unterrichtet, dabei aber angeblich wichtige Details unterdrückt, so daß sich der Präsident anscheinend kein Bild von der Pearl Harbor drohenden Gefahr machen konnte, und Hoovers Nachfolger behauptete später sogar, das FBI habe niemals Informationen über den beabsichtigten Angriff auf Pearl Harbor erhalten. Summers' Fazit klingt traurig, wirkt aber auch etwas apologetisch: »Der amerikanische Geheimdienst versagte [bei der Aufklärung der japanischen Angriffsabsichten auf Pearl Harbor – D.B.] wegen seiner Unfähigkeit, aus dem Berg hereinkommender Daten das herauszufischen, was wirklich belangvoll war, und daraus die richtigen Schlüsse zu ziehen. Nach dem Desaster beeilten sich alle, dies zu verdecken und die Schuld auf andere abzuwälzen.« [18a]

Das ursprünglich auf die Bedrohung Pearl Harbors fokussierte Nachrichtenbild hatte sich ab Frühjahr 1941 in der Tat insofern verändert, da die Philippinen von diesem Zeitpunkt an durch die zunehmende Präsenz von amerikanischen Luft- und Landstreitkräften innerhalb kurzer Zeit enorm an strategischer Bedeutung gewannen – und damit auch an Reiz für die Japaner, sie anzugreifen. Davon überzeugt, eine »strategische Revolution« (Stimson) im westlichen Pazifik eingeleitet zu haben, ist denn auch zumindest Marineminister Knox einer gewissen Autosuggestion erlegen, indem er sich einredete, ein japanischer Angriff werde die Philippinen und nicht Hawaii treffen. Er quittierte die erste Blitzmeldung, die Bomben seien auf Pearl Harbor gefallen, denn auch mit dem ungläubigen Ausruf: »Mein Gott, das kann doch nicht wahr sein, es muß ›auf die Philippinen‹ heißen.« [19]

Von Roosevelt ist aus der Zeit *nach* dem Angriff jedoch keine Äußerung dieser Art überliefert. Wohl aber hat er in den letzten Stunden *vor* dem Ereignis mindestens zweimal auf die Phillippinen als den seiner Meinung nach vorrangigen Gefahrenpunkt hingewiesen. Ob dies seiner wirklichen Meinung entsprach oder nur ein wohlkalkuliertes Ablenkungsmanöver war, wird man wohl niemals wissen. Eigentlich hatte der Präsident seit Frühjahr 1941 Grund genug, um die Philippinen ruhigen Gewissens aus seiner Aufmerksamkeit zu entlassen. Denn damals hatte er dafür gesorgt, daß Admiral Hart und General MacArthur eine der raren Entschlüsselungsmaschinen für den Purpur-Code erhielten. Von diesem Augenblick an konnten diese beiden Frontbefehlshaber die Gefahrenlage für die Philippinen aus eigener Kraft ebensogut einschätzen wie ihr Hauptquartier in Washington und beizeiten alle erforderlichen Vorsichtsmaßnahmen aus eigenem Entschluß ergreifen. Sie brauchten keine extra Kriegswarnung mehr. Um ganz sicher zu gehen, ließ Roosevelt aber trotzdem Hart und MacArthur – und nicht Kimmel und Short – am 27. November noch einmal den »final alert«, die höchste Alarmstufe, durchgeben.

Mit anderen Worten: Seit Frühjahr 1941 konnte Roosevelt seine Aufmerksamkeit ganz und gar auf Hawaii konzentrieren, für das es sehr konkrete Hinweise als wahrscheinliches Ziel eines japanischen Überraschungsangriffes gab, mit dem die ORANGE-Kriegsplanung schon seit den dreißiger Jahren gerechnet hatte. Natürlich ließen die Bewegungen der japanischen See- und Landstreitkräfte auch weiterhin auf mögliche Angriffe auf die Halbinsel Kra, auf Thailand oder auf Niederländisch-Ostindien schließen. Aber das war nichts Ungewöhnliches. Eine Macht in der Position Japans, die große Gebiete besetzt hält, neigt kurz vor Kriegsausbruch immer dazu, ihren Hauptgegner durch allerlei Finten und Täuschungsmanöver in die Irre zu führen. Aber es war Aufgabe der amerikanischen Führung, die Gefahrenlage richtig einzuschätzen. Man fragt sich: Warum haben Roosevelt und seine Militärs bei der Lösung dieser keineswegs unlösbaren Aufgabe so eklatant versagt?

Wäre die Unsicherheit Roosevelts tatsächlich so groß und bedrückend gewesen, wie sie sich für den Nachbetrachter angesichts einander widerstreitender und von Tag zu Tag wechselnder Vorhersagen über die japanische Angriffs-richtung in der Regel darstellt, dann hätte in Washington doch eine vibrie-rende Spannung herrschen müssen! Ein flackernder Alarmzustand! Ein natio-naler Notstand höchsten Grades, der die Hauptakteure pausenlos umtrieb, ihnen die letzte Ruhe raubte und unablässig an ihren Nerven zerrte! Denn schließlich – das ergab dank MAGIC die Nachrichtenlage einwandfrei – ging es ja seit den letzten Novembertagen um Frieden oder Krieg.

Statt dessen herrschte in Washington damals ein Schlendrian, eine Lässigkeit und eine Passivität, die man unter einem Präsidenten, der sonst zu einem rastlosen Aktionismus neigte, nicht für möglich halten würde. Wegen seiner angegriffenen Gesundheit hatte Roosevelt schon kurz vor dem amerikanisch-japanischen *show down* Mitte November mit einem zehntägigen Kuraufent-halt in Warm Springs geliebäugelt. Er verließ die amerikanische Hauptstadt dann freilich erst in den letzten Novembertagen, um Anfang Dezember wieder nach Washington zurückzukehren. Aber dafür entschloß sich Kriegs-minister Stimson in jenen Tagen, seinen Zahnarzt in New York aufzusuchen, und Außenminister Hull arbeitete in aller Zurückgezogenheit an einem tief-sinnigen Essay über die amerikanisch-japanischen Beziehungen in den letzten hundert Jahren. Das Ganze wirkte so, als wüßten Roosevelt und seine Mini-ster über den bevorstehenden Angriff auf Pearl Harbor längst Bescheid, als hätten sie sich aber verschworen, die Gefahr mit aller Konsequenz zu ignorie-ren.

Nicht anders verhielt sich Roosevelts militärische Führung. In den kritischen Stunden des 6. und 7. Dezember, als die 13teilige Note aus Tokio eintraf, deren 14. Teil nur noch die Kriegserklärung beinhalten konnte, besuchte der Chef der amerikanischen Seekriegsleitung, Admiral Stark, gemeinsam mit seiner Ehefrau und Gästen das Nationaltheater in Washington. Generalstabs-chef Marshall ritt am Sonntagmorgen, den 7. Dezember 1941, wie üblich in den virginischen Gefilden aus. Er war mehrere Stunden lang nicht aufzufin-den. Fast scheint es so, als hätten die höchsten Militärs der Vereinigten Staaten in der Stunde höchster Not ihre elementarsten Pflichten vergessen: Permanente Präsenz, gespannte Aufmerkamkeit, rasche Reaktion. Oder wollten diese beiden Männer, auf die es in jenen Schicksalstagen und -stunden neben dem Präsidenten am meisten ankam, nur durch eine Art kollektives Alibi irgendwelche Spuren verwischen?

In der Tat fällt es schwer, die Sprache des Kriminalisten zu unterdrücken. Denn Rätselhaftes ist am 6. und 7. Dezember 1941 in Washington geschehen. Obwohl die einschlägigen Archivunterlagen offenbar nachträglich manipuliert worden sind, um die Wahrheit zu unterdrücken, [20] steht heute fest, daß Präsident Roosevelt, das Kriegs- und das Marineministerium am Samstag, den 6. Dezember, nicht später als 18 Uhr im Besitz jener entschlüsselten *pilot message* waren, mit der die Regierung in Tokio auf Hulls aufreizende Note vom 26. November 1941 reagierte. Diese einleitende Botschaft kündigte den diplomatischen Vertretern Tokios in Washington den Eingang einer insgesamt 14teiligen Note an die Regierung der Vereinigten Staaten an.

Die *pilot message* bezeichnete den Spannungszustand, der seit Ende November in den amerikanisch-japanischen Beziehungen eingetreten war, als »besonders heikel.« Sie wies die japanischen Diplomaten an, die angekündigte Note geheimzuhalten. Den Zeitpunkt der Übergabe würde eine Extra-Depesche bestimmen. Da in Washington jeder Eingeweihte wußte, daß die angekündigte Note nach dem Scheitern der Scheinverhandlungen nur noch die japanische Kriegserklärung beinhalten konnte, mußte für den folgenden Tag, einen Sonntag, vorsichtshalber auch mit einem japanischen Überraschungsangriff gerechnet werden. Denn augenscheinlich sollten Kriegserklärung und Aggression zeitlich zusammenfallen.

Man würde annehmen, daß in dieser Situation, in der die Vereinigten Staaten im Begriff standen, durch den Angriff einer feindlichen Macht in den Krieg geschleudert zu werden, der Präsident und Oberbefehlshaber sofort seine wichtigsten Berater zusammentrommelte, die *Joint Chiefs of Staff* zu dramatischen Besprechungen einberief und die ersten Eilbefehle an die Außenkommandos von Marine und Heer auf Hawaii aussandte. Er hatte doch auch sonst immer die Bewegungen seiner Streitkräfte bis ins einzelne überwacht. Aber nichts davon ist geschehen – in Washington herrschte eine Ruhe, die gespenstisch war.

Das änderte sich auch nicht, als an diesem Samstagnachmittag, kurz nach der *pilot message*, die ersten 13 Teile der angekündigten Note eintrafen, entschlüsselt und verteilt wurden. Wortlaut und Geist dieses Dokuments machten jenseits allen Zweifels deutlich, daß der 14. und letzte Teil nur noch die Kriegserklärung selbst enthalten konnte. Die ersten 13 Teile lagen im Marineministerium ab 21 Uhr im Klartext zur Verteilung an den Präsidenten und die führenden Militärs vor. Fregattenkapitän Kramer, der diensthabende Entschlüsselungsoffizier, stellte sie eigenhändig und in der vorgeschriebenen Form den Empfängern seines Ministeriums zu, die nach Dienstschluß wie an jedem anderen Tage bereits nach Hause gegangen waren.

Zu diesem Zeitpunkt war Admiral Stark, der sich bis gegen 19 Uhr in seinem Büro aufgehalten hatte, freilich schon mit Frau und Gästen in das Theater gegangen. Die Telefonnummer des Theaters hatte er zu Hause hinterlassen. Das Weiße Haus reagierte zwar sofort auf den Eingang der 13teiligen Note. Es setzte sich mit Starks Wohnung in Verbindung, nahm jedoch Abstand davon, den Chef der amerikanischen Seekriegsleitung aus der Vorstellung herausrufen zu lassen, um jedes Aufsehen zu vermeiden. So kam es, daß sich Admiral Stark erst nach seiner Rückkehr in den zweiten Stock seines Hauses begab, um mit Roosevelt zu telefonieren. Spätestens zu diesem Zeitpunkt war er also über Charakter und Inhalt der japanischen Botschaft informiert. Aber sonderbarerweise trat Stark danach nicht in Aktion.

Noch verwirrender ist das Bild, das die Verteilung sowohl der *pilot message*, als auch der 13teiligen Anfangsbotschaft in der Armeespitze bietet. Oberst Bratton, der in der Entschlüsselungsstelle am Nachmittag Dienst gehabt hatte, traf offenbar keinerlei Anstalten, die *pilot message* Kriegsminister Stimson oder Generalstabschef Marshall zuzustellen. Marshall konnte sich nach dem Krieg nicht erinnern, wo er sich an jenem Samstagnachmittag aufgehalten hatte, meinte aber mit Bestimmtheit, er habe mit dem Präsidenten zu jenem Zeitpunkt weder telefoniert noch konferiert. Am Abend will er mit seiner Frau allein zu Hause gewesen sein. Aber dort erreichten ihn die beiden japanischen Botschaften ebenfalls nicht. Oberst Bratton hat ein Exemplar lediglich an das Außenministerium übermittelt. Nach seinem Eindruck handelte es sich bei der 13teiligen Botschaft um eine rein diplomatische Note ohne jede Relevanz für die Armee – ein kaum glaubliches Fehlurteil bei einem so erfahrenen Offizier.

Wie aber reagierte Präsident Roosevelt, die alle und alles überragende Zentralfigur? Sein Marine-Adjutant, Kapitän zur See Beardall, hatte sich im Marineministerium aufgehalten, als die 13teilige Note einlief. Bevor er ging, befahl er Leutnant Schultz telefonisch im Weißen Haus, in einem kleinen Raum neben dem Postzimmer den Eingang der Depesche abzuwarten. Der Marine-Adjutant des Präsidenten, selbstverständlich auch über den bevorstehenden Abbruch der japanisch-amerikanischen Beziehungen informiert, hielt es offenbar nicht für nötig, selbst auf den Eingang dieses hochwichtigen Dokuments zu warten, um es dem Präsidenten persönlich zu überbringen, sondern teilte dafür einen seiner Leutnants ein, der gerade in der amerikanischen Machtzentrale Wache schob. Beardall zog es statt dessen vor, einer privaten Abendeinladung zu folgen.

Fregattenkapitän Kramer betrat etwa 21.15 Uhr das Weiße Haus. Bei sich hatte er das kleine Köfferchen, in dem er die hochgeheimen MAGIC-Transskripte zu transportieren pflegte. Diesmal enthielt es ein schicksalsschweres Dokument. Kramer meldete sich bei Schultz. Da der Präsident gerade ein Abendessen für den britischen Vizeadmiral French gab, händigte der Fregattenkapitän das Köfferchen dem Leutnant mit der Bemerkung aus, es sofort an Roosevelt weiterzugeben, denn es enthalte ein Dokument, das keinen Aufschub dulde.

Sobald sich eine Gelegenheit ergab, wurde Schultz von Präsident Roosevelt an jenem Samstagabend im *Oval Office* empfangen. Anwesend war sonst nur noch Harry Hopkins, die graue Eminenz. Roosevelt las die 13teilige Botschaft, während sich der Leutnant noch im Zimmer aufhielt, ein klarer Verstoß gegen die Sicherheitsbestimmungen. Nur dieser Tatsache ist es freilich zu verdanken, daß wir heute wissen, wie der Präsident reagiert hat. Nachdem Roosevelt die Lektüre beendet hatte, reichte er das Dokument wortlos an Hopkins weiter, der bis dahin unruhig auf- und abgegangen war. Als dieser die 15 Schreibmaschinenseiten überflogen hatte, reichte er sie dem Präsidenten wieder zurück. Daraufhin sagte Roosevelt: »Das bedeutet Krieg.« [21]

Mit dieser Aussage, die Schultz nach dem Krieg vor einem jener Ausschüsse gemacht hat, die das Desaster von Pearl Harbor untersuchten, steht eindeutig fest, daß Präsident Roosevelt die Bedeutung der japanischen Note am Abend des 6. Dezember – es war vielleicht kurz nach 22 Uhr – klar erkannt hat. Das war 15 Stunden vor dem japanischen Angriff auf Pearl Harbor. Offenbar versuchte er danach Admiral Stark zu erreichen. Der war aber noch im Theater und rief schätzungsweise erst um 23 Uhr zurück. Das war immer noch 14 Stunden vor dem Angriff. Noch immer wäre reichlich Zeit gewesen, die Marinestation und das Armeeaußenkommando auf der Insel Oahu zu alarmieren. Aber in der ganzen Nacht vom 6. auf den 7. Dezember 1941 geschah in dieser Richtung erstaunlicherweise nichts.

Am nächsten Morgen, Sonntag, den 7. Dezember 1941, zwischen vier und sechs Uhr in der Frühe, also noch neun bis sieben Stunden vor dem japanischen Angriff, ging der 14. und letzte Teil der Note im Washingtoner Marineministerium ein, die eigentliche Kriegserklärung. Sie endete mit dem Satz: »Die japanische Regierung sieht sich ... zu ihrem Bedauern genötigt, der amerikanischen Regierung hierdurch zu notifizieren, daß sie es in Anbetracht der Haltung der amerikanischen Regierung nur als unmöglich ansehen kann, eine Verständigung durch weitere Verhandlungen zu erreichen.« [22] Unmittelbar darauf lag auch die sogenannte Übergabe-Depesche im Klartext vor. Sie terminierte die Übergabe der Kriegserklärung auf »13.00 Uhr am 7. Dezember 1941, dortige [d. h. Washingtoner] Zeit.« [23] In Pearl Harbor würde es dann 7.30 Uhr sein – Zeit für den japanischen Überraschungsangriff. Eine kurz darauf eintreffende dritte Depesche befahl den japanischen Diplomaten, die letzte Chiffriermaschine und alle Maschinen-Codes zu vernichten, mit deren Zerstörung sie schon begonnen hatten – zu allen Zeiten und bei allen Mächten todsicheres Anzeichen für den unmittelbar bevorstehenden Kriegsausbruch.

Als Präsident Roosevelt an diesem Sonntagmorgen erwachte und sich seinen Dienstgeschäften zuwandte, muß ihm die japanische Kriegserklärung bereits vorgelegen haben. Auch Admiral Stark, der sein Büro im Marineministerium gegen 9.45 Uhr betrat, fand sie bereits vor. Nicht anders erging es Marshall, der nach seinem Morgenritt allerdings erst gegen 11.25 Uhr an seinem Schreibtisch im Kriegsministerium Platz nahm. Insgesamt brauchte die zivile und die militärische Führungsspitze der Vereinigten Staaten von Amerika an diesem entscheidenden Sonntagmorgen fast drei Stunden, bevor sie komplett und voll handlungsfähig war. Aber auch dann tat sie nichts. Obwohl ebenso wie Stark und Marshall berechtigt, den Marinestationen und Armeeaußenkommandos Befehle zu geben, hat Präsident Roosevelt nicht einmal auf eigene Faust gehandelt.

Marshall hat es an jenem Sonntagmorgen sogar abgelehnt, sich die Kriegserklärung ins Haus bringen zu lassen, bevor er in seine Dienststelle fuhr, als wollte er vor der Wirklichkeit krampfhaft die Augen verschließen. Als er die 14teilige Botschaft der Japaner gegen halb zwölf in seinem Büro zur Hand nahm, wiesen die Generalstabsoffiziere, die ihn erregt umstanden, auf den 14. und entscheidenden Teil hin, der nach ihrer übereinstimmenden Meinung

Krieg im Pazifik bedeutete. Aber als wäre Zeit an diesem Morgen die unwichtigste Nebensache der Welt, bestand der Generalstabschef darauf, mit seiner Lektüre bei Teil eins zu beginnen. Inzwischen hatte General Short auf Hawaii eine erste und, wie sich nach dem Angriff herausstellte, verhängnisvolle Entscheidung getroffen: Zur Abwehr von Sabotageakten ließ er die Maschinen des *Army Air Corps* auf den Rollbahnen zu Pulks zusammenschieben. Er bot den Japanern damit unfreiwillig auf der jetzt von jeder aktiven Luftabwehr entblößten Insel ein noch besseres Angriffsziel.

Gegen 12 Uhr – nur noch eine Stunde, bevor die japanischen Diplomaten die Kriegserklärung zeitgleich mit dem Angriff übergeben sollten – hatte sich Marshall endlich zu einer Depesche an die Armeeaußenkommandos auf den Philippinen, in der Panama-Kanalzone und auf Hawaii bequemt. Die »Kriegswarnung« warnte zwar irgendwie flau vor »einer Art Ultimatum«, vermied aber in ihrem Text das elektrisierende Wort »Krieg«. Sie bekundete außerdem Unwissen darüber, »welche Bedeutung im einzelnen der angegebene [13-Uhr-] Termin hat.« [24] Die mutmaßlichen Frontbefehlshaber wurden angewiesen, »auf ihrer Hut« zu sein, als gelte es, irgendwelche Verkehrsregeln zu beachten. Nach einem kurzen Telefongespräch mit Admiral Stark, der offenbar keine Einwände hatte, ging diese seltsamste aller Kriegswarnungen um 11.58 Uhr über den Sender nach Hawaii – eine Stunde vor dem Angriff. Zu diesem Zeitpunkt waren die japanischen Angreifer bereits von ihrem Trägerverband nördlich Hawaii gestartet.

Wäre es ihm wirklich um seine Warnung ernst gewesen, dann hätte sich Generalstabschef Marshall, anstatt umständlich diese Notiz zu formulieren, einfach des transpazifischen Telefons bedient. Short und Kimmel hätten dann in 30 bis 40 Minuten Bescheid gewußt, und die Schiffsbesatzungen hätten noch genug Zeit gehabt, ihre Gefechtsstationen einzunehmen. Das Schlimmste – der Verlust von mehr als 2000 amerikanischen Menschenleben – wäre dann verhindert worden, und die japanischen Verluste wären auf Grund des stärkeren Feuers aus den Luftabwehrkanonen bedeutend höher ausgefallen. Marshall nutzte aber nicht einmal irgendeine militärische Funkverbindung, sondern vertraute seine Kriegswarnung bis nach San Francisco der privaten Telekommunikationsgesellschaft *Western Union* und von dort bis nach Honolulu der ebenso privaten *Radio Corporation of America (RCA)* an, der allerlangsamste Weg, den er finden konnte. So traf seine Botschaft erst Stunden nach dem Desaster auf Hawaii ein.

Es ist deprimierend, die beiden Stabschefs der amerikanischen Streitkräfte, sonst für ihre Disziplin, Umsicht und Führungsfähigkeit gerühmt, hier wie Freiwillige im ersten Dienstjahr herumstümpern zu sehen, und es fällt leicht, Kübel voller Spott über Marshall und Stark auszugießen. In Wahrheit aber, so sagte Stark nach dem Kriege aus, handelten sie am 6. und 7. Dezember 1941 nicht aus eigenem Entschluß, sondern auf höheren Befehl. Über dem Chef des Admiralstabes und dem Generalstabschef gab es jedoch nur eine einzige Instanz, die ihnen befehlen konnte, und das war niemand anders als Präsident

Roosvelt. Die entscheidende Frage ist und bleibt daher: Was hat er vorher von dem bevorstehenden Angriff auf Pearl Harbor gewußt?

Aus der Tatsache, daß Roosevelt am 6. und 7. Dezember 1941 zweimal gegenüber Zeugen die Philippinen als mutmaßliches Angriffsziel der Japaner erwähnte, hat Peter Herde geschlossen: »Es besteht nicht der geringste Verdacht, Roosevelt habe einen Angriff auf Pearl Harbor erwartet.« [25] Herde bezieht sich dabei zum einen auf das Gespräch, das Roosevelt und Hopkins am Abend des 6. Dezember in Gegenwart von Leutnant Schultz geführt haben, zum anderen auf eine Bemerkung, die der Präsident am 7. Dezember, kurz nach 12.30 Uhr, gegenüber dem chinesischen Botschafter in Washington, Hu Shi, fallen ließ. In keinem dieser Gespräche wurde Pearl Harbor auch nur mit einer einzigen Silbe erwähnt. Dagegen war außer von den Philippinen auch noch von Thailand, Malaya und Niederländisch-Indien die Rede, ein probates Mittel, um Schultz, Hu shi und mit ihnen die gesamte Nachwelt von jedem Verdacht der Mitwisserschaft abzulenken. Jede Erwähnung Hawaiis hätte diesen Verdacht erregt.

Herdes Buch »Pearl Harbor«, das 1981 erschienen ist, gilt bis heute als internationales Standardwerk. Deshalb ist seine Meinung, Roosevelt habe vorher nichts von dem japanischen Angriff gewußt, nach wie vor weit verbreitet. Allerdings räumt Herde in einem »Nachwort« ein: »Ohne irgendwie die Legende wieder auffrischen zu wollen, Roosevelt habe vom Angriff auf Pearl Harbor vorher gewußt, verstärkt sich jedoch nach Gesprächen mit noch lebenden Akteuren der Verdacht, daß einiges unterdrückt wurde.« [26] Offenbar sind dem Autor doch noch Bedenken gegen den Freispruch Roosevelts vor der Geschichte gekommen, als er nach Abschluß seines Manuskriptes die 1979 größtenteils erstmalig oder neu herausgegebenen MAGIC-Meldungen analysierte und mit den letzten Überlebenden sprach. Dabei gewann Herde den Eindruck, einige der mit Pearl Harbor befaßten Offiziere seien vor den späteren Untersuchungen »unter Druck gesetzt« worden, nicht die volle Wahrheit zu sagen. Wichtige Dokumente, die über den genauen Hergang hätten Aufschluß geben können, wurden vernichtet, unleserlich gemacht oder der Forschung bis heute vorenthalten, wie wir von anderen Autoren wissen.

Vielleicht ist es wirklich so, daß »die letzte Wahrheit in allen Details wohl nicht mehr zu finden sein wird«, [27] – Roosevelt, Stark und Marshall haben sie möglicherweise mit in ihr Grab genommen. Dennoch teilen wir Herdes Auffassung von Roosevelts Ahnungslosigkeit nicht. Im Gegenteil, durch die hier zum ersten Mal geschilderte Krise seiner globalen Strategie sind wir zu der Überzeugung gelangt: In der schier ausweglosen Situation des zweiten Halbjahres 1941 hat Präsident Roosevelt den Einstieg in den Krieg bewußt über Pearl Harbor gesucht – es war der einzige Weg, auf dem er glaubte, die Selbstlähmung der angelsächsischen Seemächte überwinden, Rußland vor der Niederlage bewahren und die amerikanische Nation von der Notwendigkeit des Kriegseintritts überzeugen zu können.

Ausschlaggebend für diesen ebenso zweifelhaften wie verzweifelten Schritt des

Präsidenten sind in der Entscheidungssituation von Ende November 1941 der russische und der deutsche Faktor gewesen: Am 15. November hatte die deutsche Schlußoffensive in Richtung Moskau begonnen – stellenweise nicht weiter als 33 bis 55 Kilometer von der sowjetischen Hauptstadt entfernt, schien Hitler im europäischen Osten nun doch unmittelbar vor dem Sieg zu stehen. Da wurde am 29. November in Washington die rettende Botschaft aufgefangen: Hitler ließ Hirohito versichern, daß Deutschland, »wenn Japan in einen Krieg mit den Vereinigten Staaten *verwickelt* würde, sich ihm selbstverständlich sofort anschließen werde.« [28] Diese Formulierung verzichtete darauf, Japan den militärischen Beistand nur für den Fall zuzusichern, daß es von den USA angegriffen wurde. Damit war für Präsident Roosevelt alles klar: Dadurch, daß er Hitler über Pearl Harbor in den Krieg hineinzog, konnte er die Niederlage Rußlands verhindern.

Ob Roosevelt zu jenem Zeitpunkt darüber hinaus schon positive Informationen über Ziel und Zeitpunkt des bevorstehenden Angriffs hatte, steht auf einem anderen Blatt. Nach einem Bericht, den der Washington-Korrespondent der *New York Daily News*, John O'Donnell, am 17. Mai 1951 in seiner Zeitung veröffentlichte, soll der deutsche Spion Sorge dem Kreml im Oktober 1941 – kurz vor seiner Festnahme – gesteckt haben, Japan beabsichtige einen Angriff auf Pearl Harbor innerhalb der nächsten 60 Tage, und Stalin habe davon dann Roosevelt in Kenntnis gesetzt. O'Donnell behauptete, er habe diese Information dem Geständnis Sorges und den Akten der japanischen Geheimpolizei entnommen, die MacArthur 1945 in Tokio sicherstellte. Später habe das Pentagon Sorges Geständnis jedoch verkürzt, indem die Passagen, die Roosevelt belasteten, entfernt wurden. [29]

Umgekehrt behaupten der Engländer James Rusbridger und der Australier Eric Nave in der 1. Auflage ihres 1991 erschienenen Buches »Betrayal at Pearl Harbor« (Der Verrat von Pearl Harbor), Churchill habe vorher von dem japanischen Angriff gewußt, sein Wissen aber Roosevelt verheimlicht, um Amerika in den Krieg zu ziehen. [30] In der 2. Auflage, die in diesen Tagen erscheint, müssen sich die beiden Autoren jedoch korrigieren, weil ihnen frühere Zeitzeugen, von der Enthüllung alarmiert, mitgeteilt haben, Roosevelt sei am 26. November 1941 auf dem Umweg über Singapur möglicherweise doch von dem bevorstehenden Angriff auf Pearl Harbor informiert worden.

Da der Präsident die Scheinverhandlungen mit den Japanern just an diesem Tage auffliegen ließ, kann man in dieser Koinzidenz einen weiteren Hinweis auf die weit verbreitete, aber noch nie in allen Einzelheiten bewiesene Annahme erblicken, daß Roosevelt einen Teil seiner Flotte kaltblütig geopfert hat, um sein Land in den Krieg zu manövrieren. Letzte Gewißheit wird man erst dann haben, wenn man wirklich weiß, wer was zu welchem Zeitpunkt wo gewußt hat, das heißt, wenn die Regierungen in Washington und London ihre seit fünfzig Jahren anhaltenden Bemühungen einstellen, die internationale Forschung in diesem für das Gesamtverständnis des Zweiten Weltkrieges wichtigen Punkt zu behindern.

Letztlich kommt es jedoch gar nicht darauf an, ob Roosevelt von dritter Seite positive Vorabinformationen erhielt, obwohl dies der ganzen Affäre natürlich die Krone aufsetzen würde. Denn der Präsident hätte sich, wie wir abschließend zeigen werden, schon aus eigenem Wissen eine hinreichend präzise Vorstellung von dem »wann« und »wo« des japanischen Angriffes machen können. Warum hat er es nicht getan? Warum hat er Hawaii nicht auf alle Fälle alarmiert? Warum hat er es zugelassen, daß Stark und Marshall solange untätig blieben? Der Gedanke an eine immer mühsamer vertuschte Verschwörung an der Spitze der Vereinigten Staaten von Amerika drängt sich auf, in die außer dem Präsidenten die Chefs von Marine und Heer, Stark und Marshall, verstrickt waren.

Über die klare Zielansprache hinaus, die das Telegramm Botschafter Grews vom 27. Januar 1941 enthielt, gibt es in der Tat zwei winzige Indizien dafür, daß Roosevelt durchaus in der Lage gewesen ist, den japanischen Angriff auf Pearl Harbor aus eigenem Vermögen rechtzeitig und präzise für Sonntag, den 7. Dezember 1941 in der Frühe, vorauszusagen. Das eine Indiz stammt von ihm selbst, das andere von jenem Fregattenkapitän Kramer, der sich in den Schicksalstagen und -stunden des 6. und 7. Dezember 1941 im Gegensatz zu seinen Vorgesetzten tadellos verhalten hat, weil er seine militärischen Instinkte spielen ließ und vorschriftsmäßig gehandelt hat.

Am 25. November 1941, einen Tag vor Außenminister Hulls *bombshell message*, die das Lügengebäude der amerikanisch-japanischen Scheinverhandlungen zum Einsturz brachte, kam es zu einer Konferenz im Weißen Haus, an der außer dem Präsidenten Hull, Stimson, Marineminister Knox, Stark und Marshall teilnahmen. Über diese hochwichtige Besprechung hat Stimson nach dem Kriege vor einem der Untersuchungsausschüsse folgende Aussage gemacht: »Der Präsident kam sofort auf die Beziehungen zu Japan zu sprechen. Mr. Hull sagte, daß die Japaner zum Angriff bereitstünden und daß der Angriff jederzeit erfolgen könne. Der Präsident sagte dazu, die Japaner wären ja bekannt dafür, daß sie ihre Angriffe ohne vorherige Warnung ausführten, und äußerte sich, wir könnten beispielsweise am nächsten Montag angegriffen werden.« [31]

In diesen Sätzen ist »Montag« das entscheidende Wort, eine präzise Datumsangabe. Offenbar machte sich Präsident Roosevelt hier die japanischen Zeitangaben zu eigen, die in den MAGIC-Meldungen enthalten waren: Wenn die Japaner in Tokio von »Montag« sprachen, bedeutete es, daß sie »Sonntag« in Pearl Harbor meinten. Denn Pearl Harbor lag, von Tokio aus gesehen, einen Tag hinter der internationalen Datumsgrenze zurück. Der »nächste Montag« nach dem 25. November war der 1. Dezember Tokio-Zeit bzw. Sonntag, der 30. November Hawaii-Zeit. Tatsächlich hat in Washington jeder Informierte zunächst mit einem japanischen Überraschungsangriff an diesem letzten November- bzw. ersten Dezembertag gerechnet. Dennoch weigerten sich Stark und die Kriesplanungsabteilung des Generalstabes schon damals, Hawaii zu warnen, obwohl sie von ihren Untergebenen dazu aufgefordert worden waren.

Als der Angriff am 30. November/1. Dezember ausblieb, die japanischen Diplomaten aber am 4./5. Dezember angewiesen wurden, mit der Vernichtung ihrer Chiffrierunterlagen und -maschinen zu beginnen, mußte Präsident Roosevelt logischerweise annehmen, der japanische Angriff werde am nächsten Montag, den 8. Dezember Tokio-Zeit bzw. Sonntag, den 7. Dezember Hawaii-Zeit erfolgen. In der Tat lief an diesem Sonntagmorgen zwischen vier und sechs Uhr Washington-Zeit die bereits erwähnte Übergabe-Depesche im Marineministerium ein. Als Fregattenkapitän Kramer las, die Übergabe des 14. und letzten Teils der Note – die eigentliche Kriegserklärung – solle US-Außenminister Hull um 13 Uhr Washington-Zeit übergeben werden, wahrscheinlich zeitgleich mit dem tatsächlichen Angriff, durchfuhr den Ofizier ein Blitz der Erkenntnis: 13.00 Uhr Washington-Zeit – das war 7.30 Uhr Hawaii-Zeit. Dann saßen die Besatzungen der im Hafen von Pearl Harbor ankernden Flotte ahnungslos beim Frühstück! Einen idealeren Zeitpunkt für den Angriff gab es nicht!

Gewiß war Kramer zu dieser Erkenntnis besonders befähigt, weil er einst selbst auf Hawaii gedient hatte. Aber die Vorstellung einer Koinzidenz von japanischer Kriegserklärung, wehrlosen Soldaten und auf sie herabfallenden Bomben war doch auch für einen Präsidenten, der so mit seiner Flotte verwachsen war wie Roosevelt, ohne weiteres möglich. Sie war für jemanden, der es gewohnt war, in Hemisphären zu denken, sogar wahrscheinlich. Alles andere würde dem Bild, das wir von Roosevelt gewonnen haben, widersprechen.

Auch wenn es den letzten Beweis dafür, was Präsident Roosevelt vorher gewußt hat, naturgemäß niemals geben wird – die Gedanken sind nun einmal frei –, spricht doch eine überwältigende Evidenz dafür, daß er einen Teil seiner Pazifik-Flotte kaltblütig, das heißt im vollen Bewußtsein der Folgen geopfert hat, nur um endlich mit voller Wucht weltweit gegen Deutschland, Italien und Japan Krieg führen zu können. Dafür sprechen auch seine ersten Reaktionen auf das Desaster, das für ihn offenbar gar kein Desaster war, sondern vielleicht sogar eine Erlösung. Richard Hough hat zwar 1986 in seinem Buch »The Greatest Crusade« behauptet, Roosevelt hätte es niemals über sein Herz gebracht, einen Teil seiner geliebten Flotte mutwillig einem feindlichen Angriff auszusetzen. [32] Aber der Präsident machte in den frühen Nachmittagsstunden des 7. Dezember, als er nach einem Sonntagsessen im Kreis seiner Familie zum ersten Mal wieder seine Führungsmannschaft zusammenrief, keineswegs den Eindruck, die inzwischen erfolgte Versenkung eines Teils seiner Pazifik-Flotte habe sein Herz gebrochen.

»Die Besprechung verlief in nicht allzu gespannter Stimmung«, berichtete Hopkins im Rückblick auf diese Sitzung, an der außer Roosevelt die Minister Stimson, Hull und Knox sowie die beiden Stabschefs Stark und Marshall um 15 Uhr im Weißen Haus teilnahmen, »denn wir alle waren der Meinung, daß Hitler letzten Endes der Feind sei und daß er niemals ohne Waffengewalt bezwungen werden könne; daß wir früher oder später ohnehin in den Krieg eintreten müßten und daß Japan uns die Gelegenheit dazu verschafft habe.« [33]

Hier klang also schon Roosevelts Kalkül an, Deutschland auf dem Umweg über Japan vollends mit Krieg zu überziehen, das vier Tage später aufging. Während sich die anderen Teilnehmer der Sitzung noch darüber unterhielten, wie lang und hart die Kämpfe wohl werden würden, saß der Präsident schon wieder ungerührt an seinem Schreibtisch, um die Meldungen über den Kriegsverlauf, die telefonisch bei ihm einliefen, in neue Befehle an seine Flotte umzusetzen.

Nach Pearl Harbor hat es für Amerika kein Zurück mehr gegeben. Präsident Roosevelt hatte sein Land schon von 1937 bis 1941 in einen atlantisch-europäischen Krieg verstrickt. Jetzt aber befanden sich die USA auch in einem pazifisch-asiatischen Krieg. Roosevelts Krieg war nicht mehr ein schillernder Wechselbalg zwischen Wunsch und Wirklichkeit. Roosevelts Krieg war ab jetzt echte, kompakte, globale Realität.

Anmerkungen

1 Sherwood, Roosevelt & Hopkins, S. 288 ff.

2 Vgl. dazu Teil I, Kapitel 3 und 5

3 Vertrags-Ploetz, S. 194

4 Heinrichs, Threshold, Seite 110

4a Der 1937 von Deutschland, Japan und Italien geschlossene Antikominternpakt enthielt keine Beistandsklausel. Er richtete sich einseitig gegen die Kommunistische Internationale (Komintern), also gegen die Sowjetunion.

5 Bailey/Ryan, Roosevelt vs. Hitler, S. 184: Hitler befahl seinen Seestreitkräften sechs Tage nach dem *Greer*-Zwischenfall erneut, »jeden Zwischenfall zu vermeiden ... vor etwa Mitte Oktober.«

6 ebda., S. 176: FDR unterdrückte die Information, daß der Kommandant von *U-652* die *Greer* kaum identifizieren konnte, weil der Zerstörer direkt auf sein Periskop zulief. Er erwähnte auch nicht, daß *U-652* sein Torpedo erst abschoß, nachdem es von dem Zerstörer in feindlicher Absicht verfolgt worden war. Der Präsident unterließ schließlich den Hinweis darauf, daß die *Greer* in der deutschen Kriegszone operiert hatte, in der jedes U-Boot jeden Eindringling völlig rechtmäßig ohne Vorwarnung angreifen durfte. Der Zerstörer-Kommandant wurde unmittelbar nach dem Zwischenfall zur Berichterstattung nach Washington zitiert. Man muß daher annehmen, daß der Präsident zumindest bei seiner Kaminplauderei am 11. September im Besitz aller relevanten Informationen war, um den Vorgang zutreffend darzustellen.

7 op. cit. Potter/Nimitz/Rohwer, Seemacht, S. 532 – So der Wortlaut von Roosevelts Befehl. Er ließ den Geltungsbereich charakteristischerweise so offen, daß er praktisch alle Weltmeere umfaßte.

8 Morison, History, Vol. 1, S. 80, der Autor der amtlichen amerikanischen Seekriegsgeschichte, schreibt: »Seit dem *Greer*-Zwischenfall am 4. September 1941 waren die Vereinigten Staaten in einen *de facto*-Seekrieg gegen Deutschland im Atlantik verwickelt.« Wenn dies der *de facto*-Kriegsbeginn war, dann hat Roosevelt daraus durch seine Kaminplauderei vom 11. September 1941, in der er den Befehl »Schießen bei Sichtung« zum ersten Mal öffentlich aussprach, m. E. einen *de iure*-Kriegsbeginn gemacht. Die Unterscheidung zwischen dem tatsächlichen und dem völkerrechtlich wirksamen Eintritt der USA in den europäischen Krieg und die Tatsache, daß Roosevelt seinen Schießbefehl ganz allgemein in einer öffentlichen Rede und nicht, wie bei den europäischen Mächten

üblich, in einen speziellen Befehl an seine Streitkräfte gab, zeigt aber schon, wie schwer die Datierung des amerikanischen Kriegseintritts ist. In der Literatur wird denn auch allgemein am 8. Dezember 1941 – dem Tag nach Pearl Harbor, an dem Roosevelt seine Kriegsbotschaft vor dem Kongreß abgab – als dem verbindlichen Datum festgehalten.

9 Kimball, FDR & Church, Vol 1, S. 238: Churchill 5. 9. 41 FDR – Stalin hatte an Churchill appelliert. Sein Hilferuf wurde ebenfalls am 5. 9. 41 an Roosevelt weitergeleitet.

10 Kimball, FDR & Church, Vol 1, S. 240: FDR 15. 1. 41 Churchill – FDR irrte: Japan hatte sich bereits am 9. August definitiv gegen einen Angriff auf Sibirien entschieden. Daran änderte auch der Sturz der Regierung Konoe am 15. Oktober nichts, wie Roosevelt offenbar befürchtete.

11 Sherry, Rise, S. 108

12 Sherwood, Roosevelt & Hopkins, S. 428

13 Sherry, Rise, S. 109 – Diese Äußerung wurde später von Marshalls Biographen Pogue abgeschwächt. Es gibt aber zwei Berichte über dieses Journalistengespräch, die sie unabhängig voneinander bestätigen.

14 Heinrichs, Threshold, S. 178: Der Stellvertretende Außenminister der USA, Dean Acheson, drängte die Briten und Niederländer am 26. September 1941, das von seiner Regierung bis dahin absichtlich unvollkommen gehandhabte Öl-Embargo gemeinsam mit den USA jetzt zu perfektionieren. Die Vertreter der niederländischen Exil-Regierung in Djakarta froren darauf hin ebenfalls die japanischen Guthaben ein und widerriefen den Liefervertrag. Außer von den USA hatte Japan sein Erdöl hauptsächlich aus Niederländisch-Ostindien bezogen.

15 Stimson, Tagebuch 7. 11. 41

16 Stimson Tagebuch, 25. 11. 41 – Dort auch das folgende Zitat

17 Richardson, Treadmill, 425

18 FRUS Far East 1941, IV, S. 17: Grew 27. 1. 41 St Dpt. – Zu der Frage, ob Respondek die USA über angebliche Gespräche mit einem japanischen Diplomaten informiert hat oder nicht, die einen möglichen Angriff auf Pearl Harbor implizierten, vgl. Dippel, Two against Hitler, S. 63 – Dippel, der sich in den amerikanischen Archiven sehr gut auskennt, stellt hier auch kritische Fragen an die Vollständigkeit der Pearl-Harbor-Überlieferung.

18a Summers, Official, S. 122ff., Zitat auf S. 133 – Es wurde eine Satzfahne des Verlages vor Erscheinen des Buches benutzt. – Popov hatte unter Berufung auf deutsche Agenten von dem brennenden Interesse der Japaner an Einzelheiten über den britischen Luftangriff auf die italienische Flotte im Hafen von Tarent berichtet, weil die Gegebenheiten dort weitgehend denen von Pearl Harbor entsprachen. Dabei hatten die Briten im November 1940 erstmals Torpedo-Bomben eingesetzt, die sich für flache Gewässer eigneten. Wie Summers festgestellt hat, wurden die Berichte der beiden FBI-Mitarbeiter, die mit Popov am 12. August 1941 erstmals in New York sprachen, nachträglich geschwärzt, so daß man nicht mehr feststellen kann, welche Informationen Hoover tatsächlich erreichten. Da alle Beteiligten inzwischen verstorben sind, weiß man auch nicht, was dem FBI-Chef mündlich über diesen offenbar sehr ergiebigen Kontakt berichtet wurde.

19 Burns, Soldier, S. 162

20 Herde, Pearl Harbor, S. 274

21 Herde, Pearl Harbor, S. 292

22 FRUS Japan 1931–41, Vol 2, S. 792: Nomura 7. 12. 41 Hull

23 ebda.

24 Theobald, Geheimnis, S. 93

25 Herde, Pearl Harbor, 292

26 ebda., S. 582

27 ebda.

28 Sherwood, Roosevelt & Hopkins, S. 351 – Hervorhebung nicht im Original

29 *New York Daily News* vom 17. 5. 41

30 Rusbridger/Nave, Betrayal – Benutzt wurde ein Vorausexemplar des Verlages. – Die beiden Autoren deckten auf, daß die Amerikaner und Briten vor Pearl Harbor nicht nur den diplomatischen Purple-Code der Japaner, sondern auch deren Marine-Code JN-25 geknackt haben, über den Admiral Yamamoto am 20. und 25. November 1941 die operativen Einsatzbefehle an den vor den Kurilen wartenden Trägerverband für den definitiven Angriff auf Pearl Harbor gab. Möglicherweise hat Präsident Roosevelt zumindest den letzten und entscheidenden Befehl gesehen.
31 op. cit. Theobald, Geheimnis, S. 66
32 Hough. Crusade, S. 193
33 Sherwood, Roosevelt & Hopkins, S. 343

4.

Die Operationen im pazifisch-asiatischen Raum

Wie der europäische Krieg zwischen Großbritannien, Frankreich und Deutschland 1939, so begann auch der Zweite Weltkrieg 1941 mit einer Niederlage Präsident Roosevelts: Japan weigerte sich, von Amerika wirtschaftlich erdrosselt oder militärisch zerschlagen zu werden. Es griff statt dessen nicht nur Pearl Harbor an, sondern eroberte auch Guam, die Philippinen und die Wake-Insel, schließlich sogar, im Februar 1942, die britische Zitadelle Singapur zwischen dem Pazifischen und dem Indischen Ozean. Innerhalb eines Vierteljahres verloren die angelsächsischen Mächte sowohl ihre strategischen Positionen im Südwestpazifik, von denen aus sie den japanischen Vormarsch bisher in der Flanke bedroht hatten, als auch ihre seestrategischen Verbindungen einerseits zwischen den USA und dem westlichen Pazifik, andererseits zwischen Indien und Australien. Nachdem die Japaner die britischen Schlachtschiffe *Prince of Wales* und *Repulse* versenkt hatten, gab es im Frühjahr 1942 westlich von Hawaii keine nennenswerte Flottenpräsenz des Westens mehr.

Am auffälligsten waren natürlich die Verluste auf Hawaii im mittleren Pazifik: Hier verloren die USA durch den Angriff der japanischen Trägerflotte am 7. Dezember 1941 innerhalb weniger Minuten 2400 Soldaten, acht Schlachtschiffe, drei Kreuzer, drei Zerstörer und vier andere Kriegsschiffe sowie fast 190 Flugzeuge verschiedener Typen. Ihre Pazifik-Flotte hörte dadurch für mehrere Monate auf, als einsatzfähiger Großverband zu bestehen, so daß Großbritannien vorübergehend die Hauptlast des Pazifik-Krieges zufiel. Die kleine Asiatische Flotte Admiral Harts und das erst im Juli 1941 unter General MacArthur gebildete Kommando der *United States Armed Forces in the Far East* wurde in die Defensive gedrängt. Die auf den Philippinen bereits versammelte Bomberstreitmacht wurde weitgehend zerstört, und MacArthur mußte sich auf Befehl Roosevelts schließlich sogar nach Australien absetzen, um den Kampf von dort aus fortzuführen.

Die Wirkungen des Desasters reichten bis tief nach China hinein. Nach der Eroberung Singapurs zwangen die Japaner die Briten, auch Rangun zu räumen. Damit schlossen sie die Burma-Straße, über die bisher der Nachschub für Tschiang Kai-shek gelaufen war. Durch die Eroberung Borneos und der Malayischen Landbarriere drohte im Frühjahr 1942 sogar der befürchtete Schulterschluß zwischen Deutschland und Japan auf den Trümmern des britischen *Empires* Wirklichkeit zu werden. Tatsächlich begannen die Japaner Anfang 1942, den britischen Schiffsverkehr an der Ostküste Indiens zu bombardieren. Sie besetzten im April die Andamanen Inseln, zerschlugen den strategisch wichtigen Hafen Colombo auf Ceylon und vertrieben die dezimierte *Royal Navy* aus dem Golf von Bengalen.

Nach dem Fall Javas und der Kapitulation der amerikanischen Streitkräfte auf den Philippinen schätzte Präsident Roosevelt die Situation im Pazifischen Ozean als »sehr ernst« ein, [1] weil sich Japan jetzt in ganz Niederländisch-Ostindien mit Rohstoffen für einen Krieg von unbegrenzter Dauer versorgen konnte. Der pazifisch-asiatische Krieg hatte sich immer weiter weg von den USA nach Westen verlagert. Die Japaner versenkten in nur fünf Monaten fünf Schlachtschiffe, einen Flugzeugträger, zwei Kreuzer, sieben Zerstörer und eine Reihe von Handelsschiffen des Feindes, verloren aber nur 23 eigene Schiffe. Durch viele kleine und mittlere Landungsoperationen an zum Teil weit voneinander entfernt liegenden Punkten innerhalb kurzer Zeit bewiesen sie, daß sie die kombinierte Kriegführung zur See, zu Lande und in der Luft beherrschten, und ihre Luftwaffe war jetzt eine formidable Macht, weil sie von immer mehr landgestützten Basen aus gegen die angelsächsischen Seemächte operieren konnte.

So deprimierend diese Entwicklung für Präsident Roosevelt auch war – nichts war an ihr unerwartet. Die japanische Macht explodierte einfach wie eine Schrotladung, der man durch die heimliche Betätigung des Abzugs die Freiheit gegeben hatte, den Gewehrlauf zu verlassen. Wie von ihm seit dem Ersten Weltkrieg befürchtet, übernahm Japan jetzt zwar die Herrschaft über den westlichen Pazifik, und es war im Begriff, diese einerseits in den Indischen Ozean, andererseits in den mittleren Pazifik auszudehnen. Abgesehen von dem kalkulierten Einsatz, den Roosevelt in Pearl Harbor riskiert hatte, war dies aber in erster Linie ein britisches und kein amerikanisches Problem. Es war, wie Churchill richtig erkannte, »die größte Niederlage der britischen Waffen, die unsere Geschichte zu verzeichnen hat.« [2]

Es war daher nicht unlogisch, daß Admiral Doorman und General Wavell 1942 das Kommando über den amerikanisch-britisch-niederländisch-australischen Befehlsbereich *(American-British-Dutch-Australian-Command*, abgekürzt ABDACOM) in Südostasien übernahmen. Nur nützte es mangels Schiffen nicht viel. So kamen die Amerikaner dazu, neben dem Atlantik auch noch den Pazifik aufzuräumen in Umsetzung von Roosevelts Weltstrategie. Endlich waren sie in der Lage, ihre Seemacht je nach Bedarf zwischen den beiden Weltmeeren hin- und herzuschieben. Die Welt war ab 1942 ein einziger amerikanischer Kriegsschauplatz, während sich die britische Verantwortung praktisch auf das Mittelmeer, den östlichen Atlantik und den Indischen Ozean reduzierte, und damit stieg England endgültig zu einer mittleren Macht ab.

Churchill, der auf dem Landsitz Chequers bei London gerade mit den beiden amerikanischen Botschaftern Harriman und Winant zusammensaß, als die Bomben auf Pearl Harbor fielen, rief sofort Roosevelt an. Seine Frage »Mr. President, was bedeutet dies in bezug auf Japan?« verriet seine Gier, die USA endlich offen und uneingeschränkt in den Krieg eintreten zu sehen. [3] Tatsächlich trug der Präsident am 8. Dezember 1941 die Bitte an den Kongreß heran, Amerika mit Wirkung vom 7. Dezember als im Kriegszustand mit Japan befindlich zu erklären.

Nachdem der Kongreß diesen Antrag bei nur einer Gegenstimme bewilligt hatte, ging es Schlag auf Schlag: Roosevelt und Churchill trafen sich in Washington zu ihrer ersten Kriegskonferenz (Deckname: ARCADIA), schlossen mit Stalin und Tschiang Kai-shek den Pakt von Washington und bildeten die *Combined Chiefs of Staff,* das alliierte Oberkommando. Außerdem einigten sie sich zur Erleichterung der Briten grundsätzlich darauf, die *Germany first*-Strategie unvermindert bis zum Sieg über Deutschland fortzuführen.

Zu diesem Zeitpunkt bestand dringender Handlungsbedarf, denn im Pazifik drohten den Alliierten sämtliche Felle davonzuschwimmen. Das erste, was Präsident Roosevelt veranlaßte, war eine Straffung seiner Führungsstruktur: Er faßte die Stabschefs von Heer, Marine und Luftwaffe, zu den *Joint Chiefs of Staff* zusammen, die er sich selbst unterstellte. Vor allem aber vereinigte er nach der Verabschiedung Starks, der dem Husarenstreich von Pearl Harbor aus politischen Gründen geopfert wurde, die amerikanischen Teil-Flotten unter dem Oberbefehl von Admiral King, der dadurch zu einem amerikanischen Nelson des 20. Jahrhunderts wurde. King wiederum stellte sich den fähigen Admiral Cooke als Stabschef zur Seite.

Das erste, was der neue und mächtige Chef der amerikanischen Seekriegsleitung im Pazifik tat, war die Verteidigung der Linie Samoa – Hawaii entlang des 170. Längengrades. Japan sollte daran gehindert werden, seinen Machtbereich noch weiter in den mittleren und südlichen Pazifik auszudehnen. Außerdem wollte King die Verbindung zwischen Amerika und Australien sicherstellen, um Anschluß an das Empire zu halten. Der *Commander in Chief (CominCh* – nicht zu verwechseln mit *CinC,* dem Kürzel, das Roosevelt als Oberbefehlshaber aller amerikanischen Streitkräfte vorbehalten blieb) und sein Stratege Cooke planten zunächst eine Reihe von *raids* gegen exponierte Außenbastionen oder einzelne Schiffe und Schiffsverbände der Japaner im Süd-Pazifik, und zwar mit Hilfe von Flugzeugträgern, der einzigen maritimen Waffengattung, die Pearl Harbor intakt überstanden hatte. Samoa, die Wake-Insel, die Gilbert- und Marshall-Inseln wurden als erste Ziele ausersehen, um die Verteidigungsstellung der Japaner in deren Mandatsgebiet auszuheben.

Kings Süd-Strategie traf jedoch auf die Opposition desjenigen Mannes, der sie vor allem hätte ausführen sollen – Admiral Nimitz, Befehlshaber der Pazifik-Flotte, seitdem Roosevelt den unglücklichen Kimmel als Sündenbock entlassen hatte. Nimitz weigerte sich, die amerikanische Trägermacht soweit im Süden zu konzentrieren, und die Strategen der *U.S. Army* begannen Bedenken gegen Kings Plan zu erheben, die immer noch recht raren Heeresverbände an die Besetzung irgendwelcher abgelegener Eilande zu verschwenden. Zwar sprach nach wie vor manches für eine Süd-Offensive, weil sie im Gegensatz zu dem alternativ möglichen Hauptvorstoß durch den mittleren Pazifik weniger kostspielig zu werden versprach. Aber obwohl sich auch Roosevelt für Kings

Süd-Strategie erwärmte, drohte sie sich im März an der geplanten Besetzung der Hebriden festzulaufen.

Auf der ARCADIA-Konferenz hatte der stets einfallsreiche Churchill vorgeschlagen, die japanische Hauptstadt direkt anzugreifen. Tatsächlich wurde danach der kühne Plan gefaßt, diesen Vorschlag durch B-25-Bomber ausführen zu lassen, die von Flugzeugträgern starteten. Obwohl King dieses Vorhaben zunächst als undurchführbar erschienen war, entschied er sich im Februar, die *Hornet* und die *Enterprise* dafür abzustellen. Unter dem Befehl von Admiral Halsey sollte sich diese *Task Force* – ähnlich wie es Admiral Yamamoto mit seiner Trägerflotte im Falle Hawaiis vorexerziert hatte – über den nördlichen Pazifik unerkannt den japanischen Hauptinseln nähern. Weil ihre Flugleistung noch nicht für die Rückkehr auf die Decks der Träger ausreichte, hatten die Maschinen nach ihrer Mission auf chinesischem Territorium niederzugehen.

Am 18. April 1942 wurde Tokio völlig unerwartet von dieser amerikanischen Bomberstreitmacht attackiert. Das demütigende Ereignis veranlaßte die japanische Führung, ihre Seestreitkräfte umzugruppieren. Sie bereitete jetzt einen zweiten Schlag im mittleren Pazifik gegen die Midway-Inseln vor, um die amerikanische Trägermacht ein für allemal auszuschalten. Ungewollt leiteten die Japaner dadurch allerdings die erste Wende des Pazifik-Krieges zugunsten der Amerikaner ein.

Die amerikanischen Kräfte reichten schon Anfang Mai aus, um den Feind im Korallen-Meer erstmals direkt herauszufordern. Hier wurde den Japanern, die gerade in den Indischen Ozean vorstießen, zum ersten Mal ihre überdehnten Fronten zum Verhängnis. Dennoch endete die Schlacht am 8. Mai nur mit einem halben Erfolg der Amerikaner: Zwar hinderten sie ihren Gegner daran, Port Moresby auf Neu Guinea einzunehmen, nur einen Sprung weit von der australischen Nordküste entfernt, und sie beschädigten einen japanischen Flugzeugträger. Aber King verlor mit der *Lexington* ein Schiff gleichen Kalibers. Immerhin hatte er die Linie Samoa – Hawaii stabilisiert.

Die Schlacht im Korallen-Meer war die erste Flugzeugträger-Schlacht der Seekriegsgeschichte. Sie legte den Grund für die nächste Schlacht bei den Midway-Inseln, weil die Japaner hier nur noch mit zwei Dritteln ihrer Trägermacht antreten konnten. Mitte Mai zeichnete sich immer deutlicher ab, daß sie einem neuen Kräftemessen im mittleren Pazifik entgegenstrebten. King erwartete, die *Enterprise* und die *Hornet* würden nach dem erfolgreichen Abschluß ihres Tokio-*raids* die Deckung im Süden übernehmen. Doch befahl Nimitz dem Admiral Halsey am 16. Mai, Hawaii anzulaufen – er wollte die amerikanische Trägermacht in Erwartung des japanischen Angriffs im mittleren Pazifik konzentrieren. King fügte sich dieser Eigenmächtigkeit, die sich als glänzender Schachzug herausstellen sollte. Aber er verbot der Pazifik-Flotte aus Sorge um seine Süd-Strategie, eine Entscheidungsschlacht anzunehmen.

Aus einer Reihe von Gründen, die zum Teil den Charakter von Zufällen trugen, entwickelte sich die Schlacht bei den Midway-Inseln vom 4. bis 6. Juni 1942 dennoch dazu. Sie endete nach einem halben Jahr fast unausgesetzter Debakel und Hiobsbotschaften mit einem vollgültigen Sieg der Amerikaner. Ihre Trägerflugzeuge trafen die japanische Flotte im Augenblick ihrer größten Verwundbarkeit, als die Maschinen betankt und mit Munition vollgestopft auf den Decks zum Start bereitstanden. Einige japanische Kreuzer und Zerstörer wurden während des Abzuges beschädigt und versenkt. Insgesamt verloren die Japaner vier Träger, einen Schweren Kreuzer, 253 Flugzeuge und 3500 Mann – ein Schlag, von dem sich ihre Flotte nie wieder erholen sollte. Dagegen wurde der Verlust der *Yorktown* bald darauf von den Super-Trägern der *Essex*-Klasse kompensiert, deren Produktion 1942 anlief.

Der eigentliche Grund für ihren Sieg lag darin, daß sich die amerikanische Seekriegsleitung schneller und konsequenter auf die Trägerwaffe als eigenständiges Kriegsführungsinstrument umgestellt hatte als die japanische Admiralität. Insofern hatte sie aus der Niederlage von Pearl Harbor, bei der ihre veraltete Schlachtflotte sank, fast schon eine Tugend gemacht, die den Pazifik-Krieg entschied. Neue und schnellere Schlachtschiffe stellten die Schlagkraft der Pazifik-Flotte zwar ab Ende 1942 wieder her. Sie wurden aber von da an in die Sicherungsgruppen für die einzelnen Flugzeugträger integriert. Vor Pearl Harbor war es umgekehrt gewesen. Für den weiteren Kriegsverlauf wurde jedoch noch eine weitere Entscheidung wichtig, die Präsident Roosevelt im Vollgefühl des Sieges vier Tage nach der Schlacht bei den Midways traf: Er befahl seinen Seestreitkräften, im mittleren Pazifik in die Offensive zu gehen.

Diese Entscheidung gab der amerikanischen Kriegführung hier starken Auftrieb, auch wenn sie im Atlantik neue Probleme schuf. Im Gegensatz zum atlantisch-europäischen Raum mit seinen genau geplanten Abläufen, Zielen und Terminen hing der Krieg im pazifisch-asiatischen Raum weitgehend vom faktischen Gang der Ereignisse ab. General Stilwell wurde Anfang 1942 mit dem Befehl nach Chungking geschickt, im Südwest-Pazifik solange in der Defensive zu bleiben, bis er in China genügend Offensiv-Truppen aufbieten konnte, um den Krieg vom chinesischen Festland auf die japanischen Hauptinseln zu tragen. Für diesen Prozeß wurden in Washington drei bis vier Jahre und die Verstärkung durch mindestens ein US-Armeekorps angesetzt. Stilwell wurde außerdem von Roosevelt aufgetragen, als Ersatz für die Burma-Straße eine Luftbrücke über den sogenannten »Hump« aufzubauen, die westliche Schulter des Himalayas, um China solange wie möglich im Krieg zu halten. Aber wann und wie sich dies alles mit dem geplanten Bombenkrieg zur Zerschlagung und Eroberung Japans zusammenfügen ließ, wurde in Washington erst einmal offengelassen. Denn das hing weitgehend von der Leistungsfähigkeit der amerikanischen Flotte auf den beiden Weltmeeren ab.

Nach Nimitz' Erfolg bei den Midways setzte King seine Süd-Strategie fort, um die Japaner aus dem Bereich des Bismarck-Archipels und der Salomonen-Inseln zu vertreiben, mit den Luftbasen Guadalcanal und Tulagi als Angriffsschwerpunkten. Zu diesem Zweck schob er zwischen den Befehlsbereichen MacArthurs und Nimitz' einen Befehlsbereich Südpazifik ein, in dem er aus allen Teilen des Pazifiks einen starken Flottenverband zusammenzog.

Während der am 7. August entbrennenden Schlacht um die Insel Guadalcanal setzten die Amerikaner zum ersten Mal Marineinfanterie erfolgreich zur Landung an. Doch fuhr mitten in die Sicherung dieses Unternehmens der japanische Nachtangriff wie ein schweres Gewitter hinein. Vier Schwere Kreuzer der Amerikaner und Australier wurden versenkt, ihre amphibische Kampfgruppe mußte sich zurückziehen, und 16000 gelandete Soldaten igelten sich mutterseelenallein auf Guadalcanal neben dem intakten *Henderson-Airfield* ein. Anstatt diesen Erfolg sogleich auszunutzen, setzten die Japaner jedoch erst am nächsten Tag mit ihrer vereinigten Flotte nach.

In den nächsten Wochen wogte der Kampf unentschieden hin und her, wobei die japanischen U-Boote Ende August, Anfang September beachtliche Erfolge erzielten. Doch gelang es den Japanern, die inzwischen ebenfalls Truppen auf Guadalcanal gelandet hatten, nicht mehr, die sich viel schneller verstärkenden Amerikaner von der Insel zu vertreiben. Dieser Erfolg wurde allerdings durch die Tatsache getrübt, daß Admiral Halsey bei einem Seegefecht Ende Oktober zwei Flugzeugträger aufs Spiel setzte, von denen einer versenkt und der andere beschädigt wurde. Insgesamt aber waren die japanischen Verluste, besonders an Flugzeugen und Piloten, zehnmal so hoch.

Ihren Höhepunkt erreichte die mehrmonatige Schlacht von Guadalcanal Mitte November 1942, als sich die gegnerischen Flottenverbände in dem später von Wracks übersäten *Ironbotton Sound* mit furchtbarer Verbissenheit bekämpften. Flugzeuge, die vom Träger *Enterprise* und vom *Henderson-Airfield* aufstiegen, setzten den ungenügend gesicherten Truppentransporten der Japaner mächtig zu. Diese konnten wiederum die beiden neuen amerikanischen Schlachtschiffe *Washington* und *South Dakota* zum Kampf stellen. So kam es am 14. November zu einem abschließenden Seegefecht, bei dem ein japanisches Schlachtschiff sank, während die *South Dakota* nur schwer beschädigt wurde. Allerdings blieb die amerikanische Trägermacht durch Verlust der *Wasp* und Beschädigung der *Saratoga* noch eine zeitlang geschwächt.

Die Eroberung von Guadalcanal und der Halbinsel Papua nahm den Japanern das Sprungbrett weg, das diese für eine Ausdehnung ihres Machtbereichs nach Australien hatten nutzen wollen. Durch den anhaltenden Widerstand, den die japanischen Inselbesatzungen unter zum Teil sagenhaften Entbehrungen und Opfern einem qualitativ und quantitativ oft weit überlegenen Feind entgegensetzten, trugen die Kämpfe bereits jene Signatur, die den Pazifik-Krieg auch in den nächsten Jahren kennzeichneten. Vor allem aber hat die Schlacht um Guadalcanal zum ersten Mal in aller Schärfe das Tauziehen innerhalb der Roosevelt-Administration um Prioritäten und Ressourcen sichtbar gemacht.

Tatsächlich durchlöcherte der Pazifik-Krieg immer wieder die Priorität, die der Präsident durch seine *Germany first*-Strategie dem atlantisch-europäischen

Kriegsschauplatz verliehen hatte. Andererseits behinderte die ambitiöse Kriegsplanung im Atlantik, die bereits für 1942/43 Großlandungen in Europa bzw. Nordafrika vorsah, die alliierte Kriegführung im Pazifik. Insgesamt war die amerikanische Industrie, vor allem die Werftindustrie, 1942 noch nicht in der Lage, beide *theaters of war* gleichmäßig mit Neubauten aller Kategorien zu versorgen. Der Bau von seegängigen Landefahrzeugen, der 1942 begann, überschnitt sich mit dem Bau von genormten und daher kostengünstigen Geleitschutz-Zerstörern, die den Krieg gegen die deutschen U-Boote bei jedem Wetter und zu jeder Jahreszeit auf hoher See führen konnten.

Es hat wenig Sinn, die vielen Konferenzen und Beschlüsse, die der Koordination zwischen den amerikanischen Teilstreitkräften einerseits, den Vereinigten Staaten und ihren Alliierten sowie zwischen den verschiedenen Kriegsschauplätzen andererseits dienten, im einzelnen zu verfolgen. Hier haben Präsident Roosevelt und seine *Joint Chiefs of Staff* eine vielfach atemberaubende Fähigkeit zur Improvisation bewiesen. Auf jeden Fall und auch in der größten Wirrnis hielt der amerikanische Präsident und Oberbefehlshaber jedoch an seinem Entschluß fest, vorrangig die atlantischen Seewege zwischen den USA und Großbritannien sowie den Zusammenhalt des britischen *Empires* zu sichern. Nur geriet zum Beispiel seine Entscheidung, Australien zu verteidigen, in Konflikt mit seiner anderen Entscheidung, den Konvois über den Atlantik einen wirklich wirksamen Geleitschutz zu geben, weil es für beides gleichzeitig 1942 einfach noch nicht genügend Zerstörer, Korvetten und Patrouillenfahrzeuge gab.

Die Situation verschärfte sich noch, als Admiral Dönitz 1942 – nach Eintreten des formellen Kriegszustandes zwischen Deutschland und den USA – den U-Boot-Krieg in den westlichen Atlantik ausdehnte. Der Stress, der auf den Ressourcen der USA im ersten Jahr ihres Zwei-Fronten-Krieges lag, war vorher und nachher nie wieder so hoch, weshalb man von dem Jahr 1942 auch ganz allgemein als von »dem Engpaß« gesprochen hat. [4] Die Situation entspannte sich freilich schon 1943, als die amerikanische Werftindustrie auf volle Touren kam.

Im Gegensatz zum Atlantik-Krieg, der im wesentlichen ein Krieg gegen die U-Boote einer Landmacht war, die weder über nennenswerte Überwasserstreitkräfte verfügte, noch seestrategische Ziele im eigentlichen Sinne verfolgte, führte Roosevelt seinen Pazifikkrieg als klassischen Seekrieg gegen eine andere Seemacht, die durch ihr militärisches Engagement in China und der pazifischen Inselwelt nebenbei und zu ihrem eigenen Nachteil auch noch zu einer Landmacht geworden war. Diese Kombination von japanischer See- und Landmacht machte den Amerikanern bei ihrer Südstrategie zwar anfangs am meisten zu schaffen, brachte ihnen aber schon bald den größten Zugewinn an taktischen und strategischen Vorteilen, als sie 1942/43 lernten, sich der amphibischen Kriegführung mit derselben Effizienz zu bedienen wie die Japaner. Vor allem konnten sie dabei ihre Luftmacht ausspielen, die bereits 1942/43 schneller wuchs als die jeder anderen Macht, vor allem nachdem King Marshall im Juni

1942 dazu gebracht hatte, die im Küstenvorfeld operierende Heeresluftwaffe der Kriegsmarine zu unterstellen.

Dennoch kam es im Herbst 1942 zu einer kritischen Situation, als die Japaner im Bereich der Salomonen-Inseln alles an Schiffen und Flugzeugen zusammenzogen, was sie hatten, um die Fortsetzung der amerikanischen Süd-Strategie in Richtung auf Rabaul zu unterbinden, ihrem zentralen Flotten- und Luftstützpunkt im Bismarck-Archipel. Erneut ordnete King die Kommandostrukturen neu, und er befahl Nimitz, den letzten im mittleren Pazifik noch verfügbaren Flugzeugträger, die *Enterprise*, in den südlichen Pazifik zu dirigieren. Marshall vertraute Nimitz soviele Flugzeuge der Heeresluftwaffe an, wie der Admiral zur Abwehr der befürchteten Offensive gegen Guadalcanal benötigte. In dieser Situation legte sogar Präsident Roosevelt sein Gewicht in die Waagschale, um einen Rückschlag zu verhindern.

Die Krise ließ sich aber nicht abwenden. Ein japanischer Flottenverband beschädigte im Oktober 1942 die *Enterprise* und versenkte mit der *Hornet* den letzten Flugzeugträger, der noch im Südpazifik stand. In diesem dramatischen Augenblick machte Admiral King auf geradezu exemplarische Art und Weise von den Möglichkeiten des globalen Krieges Gebrauch: Er beorderte eine *task force* aus Schlachtschiffen und U-Booten vom Atlantik in die Gewässer rund um die Salomonen. Außerdem setzte er den Flugzeugträger *Saratoga*, der gerade zwecks Reparatur in einer Werft der amerikanischen Westküste lag, eilends in Marsch. Im Endeffekt konnten King und Nimitz die Gefahr, die Roosevelts Krieg im Südpazifik drohte, jedoch abwenden, bevor die Verstärkungen eintrafen, indem sie zwei japanische Schlachtschiffe und mehrere kleinere Einheiten versenkten.

Die Erfolge bei Guadalcanal, die auch auf der überlegenen Technologie der amerikanischen Radar-, Feuerleit- und Gefechtsführungssysteme beruhten, und die Zähigkeit, mit der General MacArthurs Truppen Port Moresby auf Neu Guinea hielten, ermutigten Roosevelt und seine militärische Führung, die Initiative im Südpazifik nicht mehr aus der Hand zu geben. Umstritten war nur noch das Tempo, mit dem das zu geschehen hatte. Während sich Admiral King das ehrgeizige Ziel setzte, die japanische Festung Rabaul auf der Insel *New Britain* anzugreifen und weit darüber hinaus bis zu den *Admirality*-Inseln vorzustoßen, rieten Nimitz, Marshall und MacArthur zu einer bedächtigeren, dafür aber weniger riskanten Vorgehensweise.

Im Frühjahr 1943 – die Japaner hatten die amerikanischen Absichten bemerkt – zogen beide Seiten ihre Kräfte rund um die Salomonen zusammen, wobei den Amerikanern ein Erfolg ganz besonderer Art gelang: Sie schossen den Chef der japanischen Seekriegsleitung, Admiral Yamamoto, der sich auf einem Inspektionsflug befand, auf Grund von aufgefangenen Funkmeldungen ab. Bei ihrem Vormarsch bedienten sich die Amerikaner der japanischen Methode: Auf jeder eroberten Insel legten sie rasch einen Feldflugplatz an, um dem nächsten Vorstoß eine landgestützte Deckung aus der Luft zu geben. Anfang November hatten sich die Amerikaner so unter geschickter Umgehung japanischer Stützpunkte bis an den Nordrand der Salomonen vorgearbeitet, während die Japaner vergeblich versuchten, ihnen durch Gegenvorstöße den Boden unter den Füßen wegzuziehen.

Die schweren Schläge, die verschiedene Träger-Kampfgruppen Anfang November gegen Rabaul ausführten, legten die japanische Flotte und deren Luftarm lahm, so daß sich MacArthurs Truppen auf dem Land- und Seeweg über das südliche Neu Guinea hinweg ebenfalls der japanischen Festung im Süd-Pazifik nähern konnten. Die an diesen Operationen beteiligten See-, Land- und Luftstreitkräfte stimmten sich zeitlich und kräftemäßig so gut aufeinander ab, daß sich die Grenzen zwischen Heer und Marine zu verwischen schienen. Neue Angriffstaktiken und instinktsicher angesetzte Ablenkungsmanöver verwirrten den Gegner mehr und mehr, so daß die amerikanischen Truppen kaum noch auf Widerstand stießen, als sie sich im Sommer 1943 in Nordguinea festsetzten. Im Herbst war Rabaul von MacArthur ausgeflankt.

Im Winter 1943/44 eröffnete Admiral Halsey von Bougainville aus, der nördlichsten der Salomonen-Inseln, den Angriff auf die japanischen Stützpunkte im Bismarck-Archipel mit Rabaul als Dreh- und Angelpunkt. Die Amerikaner spielten jetzt ihre Luftüberlegenheit aus, indem sie allein im Februar rund 4000 Einsätze gegen die feindlichen Stellungen flogen. Allmählich begannen sich die Japaner von Rabaul zurückzuziehen. Die Festung wurde schließlich durch kombinierte Einsätze amerikanischer See- und Landstreitkräfte zusammengedrückt. Das gesamte Bismarck-Archipel brach aus dem japanischen Verteidigungsring heraus, und auch die noch weiter nördlich gelegenen Admiralitätsinseln fielen bis März 1944 in amerikanische Hand.

Der Erfolg, den Roosevelts Streitkräfte 1942/43 im Süd- und Südwestpazifik erzielten, machte zwei Operationen von übergeordneter Bedeutung möglich: Die Wiedereroberung der Philippinen durch MacArthur und Nimitz' Vorstoß quer über den Mittleren Pazifik bis zu den Marianen-Inseln. Durch beide Operationen wurde 1944 der Weg zu Direktangriffen auf die japanischen Hauptinseln freigemacht.

Auf der Konferenz von Casablanca hatte Admiral King Roosevelt und Churchill im Januar 1943 seinen Plan vorgetragen, Japan über den Mittleren Pazifik anzugreifen. Dies schien ihm wirkungsvoller und daher auch ökonomischer zu sein als die Fortsetzung der Süd-Strategie über Rabaul hinaus. Die Auseinandersetzungen, die sich daraufhin mit dem britischen General Brooke entspannten, beendeten die *Combined Chiefs of Staff* mit einem Kompromiß: Anstatt, wie der Brite gefordert hatte, die Operationen im Pazifik zugunsten des Atlantiks und Mittelmeeres ganz einzustellen, weil Japan bereits hinreichend eingedämmt schien, stimmten sie einem Vorstoß gegen die Marshall-Inseln im Mittleren Pazifik zu, der schließlich zur Rückeroberung der Philippinen führen konnte. Kings Bitte an die Briten, dieses Vorhaben durch gleichzeitige Operationen in Burma zu erleichtern, blieb dagegen unerwidert.

Mit ihrer Offensive von Hawaii aus quer über den Pazifik folgten die Amerikaner 1943 einer Angriffsrichtung, die ihre ORANGE-Kriegsplanung, seit

1941/42 Bestandteil von RAINBOW 5, ursprünglich nicht vorgesehen hatte. Der Angriff amerikanischer Seestreitkräfte auf die Marshall- und Gilbert-Inseln, der King vorschwebte, war jedoch nur das eine. Das andere war die Verteidigung dieser Inseln aus der Luft gegen japanische Versuche, sie wieder zurückzugewinnen. Denn dafür waren auf amerikanischer Seite nicht genügend Luftstreitkräfte vorhanden, nachdem Roosevelt und Churchill in Casablanca eine gemeinsame Bomberoffensive gegen Deutschland beschlossen hatten. Doch konnte King für seine Forderung an Marshall, ihm aus der Produktion des Jahres 1943 mehr Flugzeuge zuzuweisen als geplant, die Rückendeckung Roosevelts gewinnen. Insofern nahm der Präsident Zusagen, die er an der atlantischen Vordertür gegeben hatte, an der pazifischen Hintertür hin und wieder zurück.

Admiral King versuchte 1943 sogar, aus der pazifischen Hintertür eine Vordertür zu machen. Denn er begnügte sich nicht mit jenen Schiffen und Flugzeugen, die in Anbetracht von Roosevelts *Germany first*-Strategie noch übrig waren. Er strebte nach Kriegsmitteln für eine *Japan first*-Strategie, weil er bezweifelte, daß die Briten jemals mit dem Sturm auf die deutsche »Festung Europa« ernst machen würden. Zu seinem Glück gehörte der Präsident zu den wenigen, die den harten, manchmal sogar niederträchtigen, auf jeden Fall aber bei Freund und Feind unpopulären *CominCh* bewunderten. Roosevelt schätzte vor allem Kings Kampfgeist, Konsequenz und Kunst der Improvisation, die ihn vorteilhaft vom Konservatismus der übrigen Admiräle abhob. Als Marineminister Knox Ende 1943 in einer Flüsterkampagne darauf drängte, seinen unbequemen Flottenchef loszuwerden, strich Präsident Roosevelt Kings Verdienste in einer Radioansprache heraus, die in ganz Amerika übertragen wurde.

Aber er ließ sich selbst von seinem Flottenchef nicht von seinem Konzept abbringen. Wäre es anders gewesen, dann wäre die erste Atombombe statt auf Hiroshima auf Berlin gefallen.

Die Weigerung Churchills, einem alliierten Direktangriff auf die deutsche »Festung Europa« schon im Jahr 1942 zuzustimmen, gab dem Argument der amerikanischen Stabschefs in der Tat Auftrieb, nun müsse der Krieg gegen Japan intensiviert werden. Nach der erfolgreichen Landung in Nordafrika entwarf Admiral Cooke eine Pazifik-Strategie, die King Roosevelt und Churchill auf ihrer Kriegskonferenz im Mai 1943 (Deckname TRIDENT) vorlegte. Danach sollte eine Kombination aus Bombenkrieg, Blockade und Invasion die Japaner niederwerfen. King setzte bereits voll auf die materielle Überlegenheit der USA, denn er empfahl, Japan durch Operationen im Süd- und Nordpazifik solange zu verkrüppeln, bis sich die amerikanischen See- und Luftstreitkräfte in jene Position rund um das Japanische Meer vorgeschoben hatten, aus der heraus sie zum Schlußangriff antreten konnten. Auch wenn dies alles die Zustimmung Roosevelts, Churchills und der *Chiefs of Staff* fand, setzte sich King auf der TRIDENT-Konferenz wieder nicht mit seinem Wunsch nach parallelen Aktionen der Briten in Burma durch.

Am 1. Juni 1943 traf King mit Admiral Nimitz in San Francisco zusammen, um ihm den Angriff auf die Marshall-Inseln innerhalb der nächsten sechs Monate zu befehlen, während Admiral Halsey und General MacArthur ihre Kampagne im Süd-Pazifik fortsetzen sollten. Anfang 1944 sollte dann der Angriff auf die Karolinen-Inseln folgen – mitten im japanischen Mandatsgebiet. Als sich Marshall und MacArthur jedoch weigerten, die für dieses Programm benötigten Truppen schon so früh freizugeben, wurde der Angriff auf die Gilbert-Inseln vorgezogen. Dadurch rutschte die geplante Kampagne gegen die Marshall- und Karolinen-Inseln in das Frühjahr 1944, wo sie mit der für diesen Zeitpunkt vorgesehenen Großlandung in der Normandie zu kollidieren drohte.

Im Zuge ihrer Reorganisation zu einer einzigen Weltkriegsflotte hatten die verschiedenen Teilflotten der Amerikaner inzwischen einfache Ordnungsnummern erhalten, und zwar die im Atlantik operierenden Verbände gerade Nummern und die im Pazifik operierenden Verbände ungerade Nummern. So war aus der Pazifik-Flotte die 3. (südpazifische) und die 5. (mittelpazifische) US-Flotte geworden. Letzterer wurden nun alle Flugzeugträger, Schlachtschiffe und Landungsfahrzeuge zugewiesen, die für den transpazifischen Vorstoß nötig und möglich waren. Dieser Vorstoß sollte nicht nur den zentralen Angriff auf die japanischen Hauptinseln vorbereiten. Er sollte gleichzeitig auch den peripheren Vormarsch MacArthurs auf die Philippinen in der Flanke decken und die Japaner so zu einer Zersplitterung ihrer Kräfte zwingen.

»Die Offensive im Zentralpazifik«, so schreibt Admiral Potter in seinem Standardwerk über die Seemacht, das er gemeinsam mit Chester W. Nimitz und Jürgen Rohwer herausgebracht hat [5] , »war ein einmaliges Unterfangen in der Geschichte der Kriegführung. Kein Krieg der Vergangenheit lieferte brauchbare Hinweise dafür, wie man ganze Armeen in großen Sprüngen über einen Ozean bringen konnte, der mit feindlichen Insel-Luftstützpunkten gespickt war. Neue Methoden der Ausbildung, neue Techniken der Kampfführung und Versorgung mußten erdacht, ein Arsenal neuer Waffen erfunden werden, um diese Offensive neuen Stils durchführen zu können. Als sie schließlich im Herbst 1943 – noch nicht zwei Jahre nach dem Überfall auf Pearl Harbor – über die Japaner hereinbrach, waren alle erforderlichen Mittel zur Hand. Vorbereitung und Duchführung dieser Operation waren vielleicht die hervorragendsten Leistungen des Zweiten Weltkrieges überhaupt.«

Die 5. US-Flotte unter dem Befehl von Admiral Spruance verfügte zum Zeitpunkt des Angriffs über sechs schwere, fünf leichte und acht Geleit-Flugzeugträger (zusammen 19), fünf neue und sieben alte Schlachtschiffe (zusammen 12), neun Schwere und fünf Leichte Kreuzer (zusammen 14) und über 56 Zerstörer sowie über einen entsprechenden Troß an Truppentransportern, Tankern und Frachtern und eine große Anzahl seegängiger Landefahrzeuge. Ihre Speerspitze bildete die *Fast Carrier Task Force* – schwimmende Flugplätze, deren Maschinen die Zielpunkte aus der Ferne angreifen, Brückenköpfe aus mittlerer Distanz abschirmen und die gegnerischen Luft- und Seestreitkräfte aus fast jeder Entfernung pausenlos abfangen oder aktiv bekämpfen konnten. Sie war freilich, wie Potter weiter schreibt, nur eine »Miniaturausgabe« jener gewaltigen See- und Luftstreitmacht, die ein Jahr später die japanische Luftwaffe vom Himmel fegte und die Vereinigte Flotte der Japaner zerschlug.

Ende Oktober, Anfang November 1943 setzte sich die 5. US-Flotte einschließlich ihrer amphibischen Kampfgruppe und anfangs begleitet von landgestützten Luftstreitkräften von Pearl Harbor und später von Wellington (Neuseeland) aus sternförmig in Richtung auf die Gilbert-Inseln in Bewegung, nachdem einzelne Kampfgruppen in den Wochen davor durch Angriffe auf Atolle der benachbarten Marshall-Inseln erste Kampferfahrungen gesammelt und die japanische Luftverteidigung geschwächt hatten. Die Vereinigte Flotte der Japaner wurde dadurch herausgefordert, in das Gebiet der Marshall-Inseln zu dampfen, mußte dann aber im November die Hauptmasse ihrer Trägerflugzeuge bei der Verteidigung von Rabaul einsetzen. Ein Drittel der japanischen Flugzeuge, mehr als die Hälfte der Besatzungen und die Mehrzahl der Kreuzer ging dabei verloren.

So waren die Japaner bereits geschwächt und nervös geworden, als die 5. US-Flotte mit ihren Geschützen und Bombern auf die Gilbert-Inseln einhämmerte und am 20. November Marineinfanterie und Heeresinfanterie zur Landung ansetzte. Viele amerikanische Soldaten, die lange auf Hawaii in Garnsion gelegen hatten, kamen dabei erstmals zum Einsatz, so daß viel Blut floß, vor allem beim Sturm auf das stark befestigte Tarawa-Atoll, auf dem feindliche Elitetruppen lagen. Auch erhielt die amerikanische Flotte manchen Treffer. Aber die japanischen Verluste fielen bedeutend höher aus. Insgesamt waren Luftüberlegenheit und Feuerkraft der Amerikaner jedoch so erdrückend, daß sie den Gegner pausenlos unter Druck halten konnten. Die japanischen Luftangriffe verpufften dagegen durch entschlossene Abwehr oder geschickte Manöver.

Die Einnahme der Gilbert-Inseln beseitigte die japanische Bedrohung der amerikanischen Seeverbindungen zum Süd- und Südwestpazifik. Zugleich erkämpften sich die Amerikaner dadurch eine günstige Ausgangsposition für den nächsten Angriff auf die benachbarten Marshall-Inseln. Die entscheidende Innovation war jedoch ihre maritime Kampftechnik: Schnelle Trägerverbände blieben von jetzt ab im Frontbereich ständig in See, weil die Versorgungsflotte, die sie begleitete, in Lagunen eroberter Atolle vorgeschobene Basen errichtete, von denen aus sie die kämpfenden Einheiten betreuen konnte. Je länger der Krieg dauerte, desto mehr wurde dieses System durch eine Versorgung in See durch Tender, Werkstattschiffe und schwimmende Trockendocks ergänzt. Als sie im November 1943 zu ihrem berühmt-berüchtigten »Inselspringen« überging, war die 5. Flotte in der Lage, den Feind von Gegenangriffen auf eroberte Positionen abzuhalten, neue Landungen vorzubereiten und so den amerikanischen Angriffskeil immer weiter nach Westen voranzutreiben, so daß Japan bis 1945 keine Atempause mehr blieb.

Wie an einer Strickleiter hangelte sich die amerikanische Seemacht 1944/45 die mittelpazifische Inselkette hinauf bis in den Vorhof des japanischen Kaiserreichs. Auf die Einnahme der Gilbert-Inseln folgte im Januar/Februar 1944 die Eroberung der Marshall-Inseln und darauf wiederum im März 1944 sogar eine Doppeloffensive in Richtung auf die Philippinen und die Marianen. Den südlichen Vorstoß über Neu-Guinea auf die süd-philippinische Insel Mindanao führte General MacArthur mit seinen Heerestruppen aus, die sich inzwischen beachtliche amphibische Fähigkeiten angeeignet hatten und sogar eine eigene (die 7. US-)Flotte besaßen. Der Vorstoß über den mittleren Pazifik blieb dagegen Admiral Nimitz und seiner 5. Flotte vorbehalten.

Nach Rückeroberung der Phillippinen und Inbesitznahme der Marianen konnten die Amerikaner (1) den Seeverkehr zwischen Japan und seinen neugewonnenen Rohstoffgebieten in Niederländisch-Ostindien unterbinden, (2) die japanischen Hauptinseln mit Hilfe der *B-29-Superfortress* direkt aus der Luft angreifen und (3) die Japaner von ihren Stützpunkten auf den Karolinen und in Neuguinea abschneiden. Sie befanden sich also in einer vielversprechenden Ausgangsposition für ihre Schlußoffensive. Tatsächlich geriet ihr Gegner Ende 1944/Anfang 1945 in eine tödliche Umklammerung, in der er irgendwann einmal zu Fall gebracht werden konnte. Die Frage war nur noch, wann und wie.

Auf dem Weg zum Sieg über Japan rivalisierten Admiral King und General MacArthur um die Führung des Pazifik-Krieges – King, indem er unter Inkaufnahme zum Teil hoher Verluste auf das Tempo drückte, und MacArthur, indem er auf seiner zwar langsameren, dafür aber auch weniger verlustreichen Vorgehensweise bestand. Jede der beiden Strategien hatte etwas für sich, und es grenzte schon an ein Wunder, daß sich die Vereinigten Staaten eine solche Doppelstrategie überhaupt leisten konnten. Dieses Wunder ist im Grunde nur mit ihrer ungeheuren Überlegenheit an Menschen und Material zu erklären. Doch neigte Präsident Roosevelt als *big navy man* instinktiv dazu, Kings Weg den Vorzug zu geben, weil er in ihm buchstäblich den Königsweg erkannte – die *via triumphalis* der amerikanischen Seemacht über den Pazifik hinweg bis tief nach China hinein, die Amerika vor hundert Jahren angetreten hatte.

Beinahe hätte sich Präsident Roosevelt sogar den Luxus einer Triple-Strategie geleistet, denn King drängte immer weiter darauf, daß Großbritannien und China die Japaner zusätzlich auch noch von Norden aus in die Zange nahmen. Die Chinesen sollten mit ihren von General Stilwell trainierten Landstreitkräften in das nördliche Burma einbrechen, während die Briten vom Golf von Bengalen aus im Süden an der Küste von Arakan landeten.

Auf den beiden Kriegskonferenzen in Kairo 1943, vor und nach dem ersten Gipfeltreffen von Roosevelt, Churchill und Stalin in Teheran, gab es hitzige Diskussionen über diese Operation ANAKIM. Tschiang Kai-shek weigerte sich, mit seinen Truppen loszumarschieren, solange Churchill nicht die amphibische Landung zusagte. Aber die Briten schienen keine große Neigung zu verspüren, und die Chinesen waren nicht in der Lage, einen akzeptablen

Angriffsplan zu präsentieren. Zwar konnte Churchill schließlich wenigstens zu einer Landung auf den Andamanen überredet werden, der Operation BUC-CANEER – auf deutsch:»Freibeuter« oder »Seeräuber.« Aber nachdem Stalin in Teheran Roosevelt versprochen hatte, in den Krieg gegen Japan einzutreten, fiel Churchill wieder um, und der amerikanische Präsident verzichtete schließlich auf diesen dritten Teil seiner Pazifik-Strategie wohl in der richtigen Annahme, daß die Alliierten Japan ohnehin schon in der Tasche hatten. Nach Kings Erinnerung war es »das einzige Mal während des Krieges, daß er fühlte, der Präsident habe sich gegen seine *Joint Chiefs of Staff* entschieden.« [6]. So blieb von all' den hochfliegenden Plänen am Ende nur ein britisch-chinesisches Unternehmen gegen Nord-Burma übrig.

Zweifellos gab die Einigkeit, die im großen und ganzen zwischen dem Präsidenten und Oberbefehlshaber Roosevelt einerseits und seinen drei Stabschefs King, Marshall und Arnold andererseits herrschte, dem amerikanischen Krieg gegen Japan jene Festigkeit, Zielstrebigkeit und Dynamik, die ihn zu einer heute fast schon legendären Erfolgsgeschichte gemacht haben. Das Geheimnis dieses Erfolges bestand aus einer genauen Planung und großen Planungstreue bei Umsetzung der einzelnen Operationen, ohne daß für den Pazifik-Krieg ein kohärenter Gesamtplan bestanden hätte. Offenbar konnte sich das Quatrium-virat an der Spitze der amerikanischen Streitkräfte dabei mehr auf King denn auf MacArthur verlassen, dem immer wieder Eigenmächtigkeiten nachgesagt wurden.

Aber King, der sein Hauptquartier in Washington hatte, agierte auch in viel größerer Nähe zum Präsidenten, während MacArthur als Frontbefehlshaber nur äußerst selten in die amerikanische Hauptstadt kam – im Gegenteil, Roosevelt mußte sogar einmal nach Pearl Harbor fliegen, um MacArthur zu treffen. Aber letztlich hat der Präsident und *CinC* dem *CominCh* ebensoviel Freiheit in der operativen Führung gelassen, trotz der wöchentlich mindestens einmal zwischen ihnen stattfindenden Konferenzen und mancher Einzelanweisung, und der Chef der amerikanischen Seekriegsleitung wiederum hat die Verantwortung für die Entscheidungen vor Ort weitgehend an seine Admirale Nimitz, Halsey und Spruance delegiert.

Waren die spektakulären Siege der Amerikaner im pazifisch-asiatischen Raum somit auch der Triumph von Männern, die sich aufeinander verließen, obwohl sie alle Primadonnen waren, so muß letztlich offenbleiben, ob sie den Kriegsverlauf im atlantisch-europäischen Raum so beeinflußt haben, wie bisweilen angenommen wurde. Aber zweifellos hat der Marinehistoriker Robert W. Love Recht, wenn er in seiner King-Biographie schreibt: »Sie [die amerikanischen Siege] waren auch komplementär, denn Marshalls Idee, den Ärmelkanal zu überqueren, wäre politisch undurchführbar gewesen, hätte King nicht darauf bestanden, daß die Kampagne im Pazifik ihre Dynamik behielt.« [7] Indem er seinen Flottenchef gewähren ließ, hat Roosevelt als Oberbefehlshaber also auch in operativer Hinsicht wesentlich zum Gesamtsieg beigetragen.

Anfang 1945 erreichten die amerikanischen Pazifik-Streitkräfte das Dreieck

Luzon (die nördlichste Insel der Philippinen) – Formosa – China. Damit befanden sie sich wenige Monate vor Roosevelts Tod in einer Position, von der aus sie Japan in die bedingungslose Kapitulation bomben konnten – Vorraussetzung für die zum Schluß geplante Invasion und Besetzung. Hinter den Stichworten »bomben«, »Invasion« und »Besetzung« verbargen sich jedoch ganz unterschiedliche Konzepte. Sollte Japan von der Luftwaffe zerschlagen werden? Sollte es von der Kriegsmarine in die Knie gezwungen werden? Oder mußte es dazu erst von Heerestruppen besetzt werden? Präsident Roosevelt und seine *Joint Chiefs of Staff* entschieden sich zunächst für den Einsatz aller drei Mittel. Obwohl Japan nach Abwurf der beiden Atombomben die Besetzung hinnehmen mußte, ist eine Teilung des Landes unterblieben.

Als Präsident Roosevelt am 12. April 1945 starb, war Iwo Jima nach blutigem Kampf bereits gefallen, der Angriff auf Okinawa, die südlichste der Ryukyu-Inseln, erfolgt, und die Pläne für einen Großangriff auf Japan im Herbst 1945 befanden sich im Stadium der Vorbereitung. Der Weg in das japanische Kaiserreich, das der amerikanische Fregattenkapitän Perry vor 15o Jahren für die Außenwelt geöffnet hatte, war frei. Die einzige noch offene Frage lautete: Kann die Atombombe die in Kriegen bisher übliche Anstrengung um den Endsieg ersetzen? Präsident Roosevelt hat es seinen Nachfolgern überlassen, die konkrete Antwort darauf zu finden.

Anmerkungen

1 Burns, Soldier, S. 223
2 Sherwood, Roosevelt & Hopkins, S. 400
3 Kimball, Church & FDR, Vol. 2, S. 281
4 Sherwod, Roosevelt & Hopkins, S. 350: So Teil III seines Buches über das Jahr 1942, der die Überschrift »Der Engpaß« trägt.
5 Nimitz/Potter/Rohwer, Seemacht, S. 797
6 King, Record, S. 523f.
7 Love, King, S. 173

5.
Die Operationen im atlantisch-europäischen Raum

Ursprünglich hatte Präsident Roosevelt daran gedacht, die Kriegserklärung an Japan mit der Kriegserklärung an Deutschland zu verbinden. Dann aber wurde ihm am 29. November 1941 jene Botschaft bekannt, in der sich Hitler verpflichtete, Japan beizustehen, falls es in einen Krieg mit den USA verwickelt würde, und Roosevelt änderte seinen Entschluß. Von nun an wartete er auf die deutsche Kriegserklärung. Denn sein Pearl-Harbor-Komplott zahlte sich erst dann voll aus, wenn Amerika nicht nur Japan, sondern auch Deutschland als Feind gegenüberstand. Erst dann nämlich war Amerika, wie Roosevelt es immer vorausgesagt hatte, von einer Welt von Feinden umgeben.
Roosevelt brauchte nur vier Tage lang zu warten, dann erfüllte sich seine Prophezeiung wie von selbst. Am 11. Dezember 1941 wurde der amerikanische Geschäftsträger in Berlin in das Auswärtige Amt bestellt. Dort händigte ihm Außenminister Ribbentrop die Kriegserklärung des Deutschen Reiches aus. Es war ein Akt, auf den der Präsident im Grunde schon vier Jahre lang gewartet hatte. Später am Tage schloß sich auch Italien an, so daß Roosevelt den Kongreß in einer schriftlichen Botschaft bitten konnte, die Vereinigten Staaten als im Kriegszustand mit den beiden europäischen Achsenmächten befindlich zu erklären. Ohne eine einzige Gegenstimme nahm der Kongreß diesen Antrag an. Er hatte seinen Widerstand gegen den Kriegskurs des Präsidenten endgültig aufgegeben.
Ähnlich wie im Pazifik hatte der Weltkrieg auch im Atlantik zunächst zur Folge, daß die feindliche Kriegsmaschine explodierte, auch wenn sie es hier nicht in einem mit dort vergleichbaren Ausmaß tat. Im Grunde weitete sich lediglich der deutsche U-Boot-Krieg noch weiter nach Westen aus. Tatsächlich begannen diese tückischen Unterwasserkampfschiffe im Januar 1942 vor der amerikanischen Ostküste aufzukreuzen. Dagegen hatte die amerikanische Atlantikflotte bis dahin noch kein einziges dieser Boote versenkt.
Durch die deutsche »Operation Trommelschlag« haben die Amerikaner von Januar bis Juni 1942 mehr Seeleute und Schiffe verloren, als jemals zuvor in ihrer Geschichte. Das änderte sich erst, als sie vor ihrer eigenen Küste ein Geleitschutzsystem installierten und die U-Boote dazu noch aus der Luft bekämpften. Michael Gannon hat diese neue Phase der Atlantikschlacht »Amerikas atlantisches Pearl Harbor« genannt. [1] Richtig daran ist, daß der deutschen Kriegsmarine hier eine Überraschung gelang, die in Amerika kaum jemand für möglich gehalten hatte. Doch fehlt sowohl der Verschwörungstat-

bestand als auch die amerikanische Überwasserflotte als Angriffsziel, und deshalb geht Gannons Vergleich am Kern der Sache vorbei.

Vor allem hat sich Deutschland – im Gegensatz zu Japan – nie auf einen klassischen Seekrieg mit den Vereinigten Staaten eingelassen. Es strebte keine Seeherrschaft im eigentlichen Sinne an, weil ihm dazu die Mittel und die Ziele fehlten. Im Gegenteil, Hitler hat just in dem Augenblick, als die Amerikaner in den Krieg eintraten, seine letzten Großkampfschiffe verschrottet bzw. in das Nordmeer beordert, wo sie die Murmansk-Konvois bekämpften. Im übrigen versuchten er und Dönitz nur noch, die amerikanische Quelle für den britischen Nachschub zu verstopfen. Die Folge davon war, daß die Tonnageverluste der Alliierten steil nach oben schnellten.

Die Lage war schließlich so grotesk, daß die Rück-Konvois in die USA kurz vor ihren Zielhäfen von deutschen U-Booten angegriffen und teilweise versenkt wurden, nachdem sie die *Royal Navy* sicher über den Atlantik geleitet hatte. Zwischen Nova Scotia im Norden und Panama im Süden lagen ständig etwa 30 Tauchschiffe auf der Lauer, die schließlich sogar in den Golf von Mexiko eindrangen. Dort drohten sie vorübergehend die Öleinfuhr in die USA lahmzulegen. Amerikanische und britische Frachter und Tanker boten vor den hellerleuchteten Strandpromenaden von Florida des Nachts so prachtvolle Silhouetten, daß sie eine leichte Beute deutscher Torpedos und Bordkanonen wurden. Roosevelt, Admiral King und die ihnen nachgeordneten Stellen befahlen die Verdunkelung der Küstenstädte. Aber sie mußten erst auf Sportflugzeuge und Motoryachten von Privatleuten zurückgreifen, um der Gefahr Herr zu werden.

Die Verluste, die Amerika in diesem demütigenden Krieg erlitt, waren der Preis, den der *big navy man* Roosevelt für die Unterschätzung der deutschen U-Boot-Waffe bezahlte. Tatsächlich hat er diese Waffe so wenig ernst genommen, daß er und sein Generalstabschef Marshall vom ersten Tag des europäischen Krieges an eine Invasion der deutschen »Festung Europa« planten. Als sei es auch im Zweiten Weltkrieg keinerlei Problem, ein Millionenheer ohne Verluste über den Atlantik hinweg an eine stark verteidigte Küste zu schaffen! Während die Methode, wie der Feind am Ende niederzuringen sei, im Pazifik bis zuletzt offenblieb, weil sie vom unvorhersehbaren Verlauf eines möglicherweise langwierigen Seekrieges abhing, stand im Atlantik von vornherein fest, daß dies möglichst bald durch einen einzigen Schlag von vernichtender Kraft zu geschehen habe.

Offen blieb fast zwei Jahre lang nur die Frage nach dem wann und wo – dann hatte Churchill den amerikanischen Präsidenten für einen kräftigen Tritt in den weichen Unterleib des Großdeutschen Reiches gewonnen. Für die Operationen zur Eroberung Europas ersann der sonst so nüchterne Marshall in dieser Zeit allerlei phantasievolle Namen – von »Vorschlaghammer« (SLEDGEHAMMER) über »Razzia« oder »Viehauftrieb« (ROUND-UP), bis er zu seinem Leidwesen an dem Unternehmen »Fackel« (TORCH) hängenblieb, auf das sich Roosevelt und Churchill inzwischen geeinigt hatten.

Bereits am 25. März 1942, vier Monate nach Pearl Harbor, schlug der amerikanische Generalstabschef seinem Präsidenten für September des gleichen Jahres
den Angriff einer amerikanisch-britischen Armee von England aus über den
Ärmelkanal auf das von Deutschland besetzte Frankreich vor, sollte Rußland
plötzlich zusammenbrechen. Auf diese eher als Notfallmaßnahme gedachte
Operation hätte dann im Frühjahr 1943 aus dem alliierten Brückenkopf in
Nordfrankreich heraus der massive Sturm auf den deutschen Kernraum zu
folgen.

Für die Ausführung dieses ebenso einfachen wie ehrgeizigen Planes fehlte es
aber sowohl an seegängigen Landefahrzeugen, als auch an Zustimmung der
Briten. Churchill und seine *Chiefs of Staff* erregten mit ihren ewigen Bedenken
bei Marshall und King den hartnäckigen Verdacht, sie wollten sich vor einer
Entscheidungsschlacht mit den Deutschen drücken – vielleicht einzig und allein
um einer Niederlage Rußlands und des Kommunismus willen. Dabei folgten
die Briten lediglich jener peripheren Strategie, die schon der ältere Pitt im
Siebenjährigen Krieg gegen Frankreich und Spanien mit Erfolg angewandt
hatte. Letzten Endes trafen in diesem Konflikt die britische Armut und der
amerikanische Reichtum an Ressourcen aufeinander. Aber Präsident Roosevelt ließ sich nicht lange von den Klagen seiner Stabschefs beeindrucken: Er
sandte King, Marshall und Hopkins im Juli 1942 nach London, um die
Möglichkeiten einer Landung in Nordafrika zu erkunden.

Aus Roosevelts Sicht sprachen für eine Landung in Nordafrika nicht nur rein
militärische Gründe. Dafür sprach auch sein oberstes Ziel, Rußland um jeden
Preis im Krieg zu halten. Denn nur dadurch vermochten die beiden nicht- bzw.
halbeuropäischen Flügelmächte Hitler auf die Dauer so zu schwächen, daß sie
zu erträglichen Kosten die deutsche Festung stürmen konnten. Alles andere
würde zu hohe Verluste fordern. Fügte man aber diesen eher strategischen
Grund mit den rein militärischen Gründen zusammen – etwa mit der Schwäche
der britischen Position in Nordafrika, mit dem Mangel an Kampferfahrung bei
den amerikanischen Truppen sowie mit der Gefahr, daß sich Hitler nach einem
Sieg über Rußland doch noch entweder der Iberischen Halbinsel oder dem
Nahen Osten zuwandte –, dann sprach fast alles für eine Landung in Nordafrika. Sie würde das Potential der amerikanischen Seemacht in unmittelbarer
Nähe zu jener Nahtstelle zwischen dem atlantisch-europäischen und dem
pazifisch-asiatischen Kriegsschauplatz entfalten, die für beide Seiten kritisch
war. Im Vergleich dazu war Nordfrankreich 1942 noch ein zu exzentrischer Ort
für ein Landeunternehmen.

Präsident Roosevelt scheint die Option einer Landung in Nordafrika sogar
schon vor 1942 fest im Blick gehabt zu haben. Nicht zufällig widerstand er so
lange wie möglich dem britischen Drängen, die französische Flotte in Mers-el-
Kébir zu zerschlagen. Nicht von ungefähr berief er seinen Vertrauten Leahy
erst dann aus Paris ab, als Pétain den in Washington verhaßten Laval zum
Vizepräsidenten von Vichy-Frankreich gemacht hatte. Und von langer Hand
ließ er seinen politischen Vertreter in Nordafrika, Robert Murphy, Kontakte

zu General Giraud knüpfen, der in Opposition zu Admiral Darlan stand, dem Oberbefehlshaber der französischen Streitkräfte. Außerdem hatten die Briten soviel Probleme mit ihren früheren Bundesgenossen, daß die Alliierten nur unter dem Oberbefehl eines Amerikaners in Nordafrika landen konnten. So gesehen, sprach aus Roosevelts Sicht wirklich alles dafür, dort mit dem Sturm auf die Festung Europa anzusetzen. Im Gegensatz zu Nordfrankreich war der Maghreb – sprich Algerien und Marokko – auch nicht von den Deutschen besetzt.

Überdies hat sich Präsident Roosevelt erst dann gegen seine militärischen Ratgeber und für das Unternehmen TORCH entschieden, als sich die deutsche Frühjahrsoffensive 1942 in Rußland festgefahren hatte. Jetzt war sich der Präsident ziemlich sicher, daß Rußland und der Westen ein weiteres Jahr für die Vorbereitung ihres Sieges über Deutschland gewonnen hatten. Jetzt war es weniger riskant, mit der Landung in Nordfrankreich noch etwas abzuwarten.

Das Unternehmen TORCH wurde mit Zustimmung Roosevelts und Churchills am 25. Juli 1942 von den *Combined Chiefs of Staff* beschlossen. Im Gegensatz zum Hauptstrang der Pazifik-Kriegführung handelte es sich um ein alliiertes, also nicht rein amerikanisches Vorhaben, das hauptsächlich von den Heeresstreitkräften der USA und Großbritanniens getragen wurde. Den Oberbefehl hatte US-General Eisenhower, bis dahin Kriegsplaner im amerikanischen Generalstab, während der britische Admiral Cunningham die gemeinsamen Seestreitkräfte führte.

Das Unternehmen TORCH ist gleichsam die hohe Schule für das spätere Unternehmen OVERLORD in der Normandie gewesen, und Präsident Roosevelt hat sie in wesentlichen Teilen selbst entworfen. In beiden Fällen galt es, große Massen von Landstreitkräften in einen langen und harten Kampf gegen einen mächtigen Feind zu werfen, der die bedrohten Küsten sehr schnell und nachhaltig aus seinen nahegelegenen Kernräumen verstärken konnte. In beiden Fällen standen als Landungsräume nur sandige Strände zur Verfügung, über die allein eine so große Invasionsarmee auf die Dauer nicht versorgt werden konnte. Deshalb kam es in beiden Fällen darauf an, sich so schnell wie möglich geeignete Häfen mit intakten Kaianlagen zu sichern. Da die Häfen relativ leicht verteidigt werden konnten, mußten die Landungen im Umfeld der betreffenden Hafenstädte gleichermaßen überraschend und effektiv erfolgen, um unnötige Verluste zu vermeiden.

Obwohl die amerikanischen Streitkräfte ihre amphibische Kampftechnik 1942 in der Theorie bereits entwickelt hatten, war der noch relativ schwache Ausbildungsstand ihrer Heeresinfanterie, die die Hauptmasse der Invasionsarmee stellte, der größte Unsicherheitsfaktor. Immerhin fand die Operation TORCH ein gutes halbes Jahr *vor* jenem Termin statt, den das *Victory*-Programm als frühesten Zeitpunkt für den Kampfeinsatz amerikanischer Landstreitkräfte bezeichnet hatte. Marineinfanterie, die im Pazifik benötigt wurde, stand kaum zur Verfügung. Das ganze Unternehmen litt unter einer für den einzelnen Soldaten fast unmenschlichen Überstürzung. So hatte man zum Beispiel vergessen, genügend Seeleute einzuberufen, die Landefahrzeuge führen konnten. Überdies sollten die Amerikaner auf Marshalls Wunsch bei Nacht landen, um sie den Blicken des Feindes zu entziehen. Der zweitgrößte Unsicherheitsfaktor war jedoch die Frage, ob sich die Franzosen Nordafrikas einer Landung widersetzen würden.

Der Angriff wurde Anfang November 1942 in drei großen Stoßkeilen über den Atlantik vorgetragen, von denen zwei sich durch das Nadelöhr von Gibraltar zwängen mußten, um Algerien zu erreichen. Der dritte Hauptangriff wurde gegen die Atlantikküste von Französisch-Marokko angesetzt. Im Küstenvorfeld zergliederten sich die drei *Task Forces* wiederum in einzelne Teil-Kampfgruppen. Landungen waren unter anderem bei Casablanca, Oran und Algier vorgesehen.

Den weitesten und gefährlichsten Weg hatte die *Western Naval Task Force* der Amerikaner unter Admiral Hewitt zurückzulegen, die den Hauptangriff gegen Marokko führen sollte. Dafür hatten Admiral King und der Befehlshaber der Atlantikflotte, Admiral Ingersoll, eine äußerst imposante Armada aufgeboten, die aus nicht weniger als 102 Kriegsschiffen, Transportern und Troßfahrzeugen bestand, hauptsächlich gedeckt von einer Trägerkampfgruppe. Die beiden anderen *Task Forces* liefen unabhängig davon, aber zeitlich genau aufeinander abgestimmt, von Großbritannien kommend die algerische Küste an. Auf ihrem Anmarsch wurden die alliierten Flotten nicht angegriffen oder nicht einmal entdeckt, weil der zum Teil in die Irre geführte Gegner die Landungen anderenorts erwartete.

Der Angriff begann in allen drei Landungsräumen am 8. November 1942 vor Tagesanbruch – wenige Tage nach den amerikanischen Kongreßwahlen, bei denen Roosevelt seine Mehrheit in beiden Häusern und damit auch seinen Kriegskurs behauptet hatte. Amerikanische Truppenverbände waren hauptsächlich bei Casablanca (ca. 200000 Mann) und Oran (ca. 35000) im Einsatz. Die Landungen bei Algier und Oran wurden zusätzlich von der britischen Mittelmeerflotte gedeckt. Die Alliierten stießen nur im Raum von Casablanca und im Hafen von Oran auf nennenswerte Gegenwehr.

Die französischen Streitkräfte, die rund um Casablanca lagen, eröffneten das Feuer sofort, als sie der Invasionsflotte ansichtig wurden. Es gab Luftkämpfe mit den amerikanischen Trägerflugzeugen, und im Laufe des ersten Tages entwickelte sich eine regelrechte Seeschlacht zwischen beiden Seiten. Doch wurde die französische Flotte vom massiven Feuer der amerikanischen Schlachtschiffe, Kreuzer und Zerstörer, die sich zur Deckung des Landeunternehmens vor der Küste versammelt hatten, im Hafen von Casablanca festgehalten bzw. nach dem Auslaufen wieder dorthin zurückgeworfen. Kein Schiff der Deckungsgruppe wurde auch nur ernstlich beschädigt – ihre Feuerkraft war einfach zu groß.

Die Verteidiger an der Küste wurden von den 80000 *GI's*, die den Strand bis zum Abend des ersten Tages erstürmt hatten, rasch überwältigt. Bei ihrem ersten Versuch, an einer feindlichen Küste des atlantisch-europäischen Kriegs-schauplatzes zu landen, schienen – außer dem französischen Schlachtschiff *Jean Bart* – die eigene Unerfahrenheit sowie das sich verschlechternde Wetter und die zunehmende Brandung die schwersten Gegner der Amerikaner zu sein. In manchen Abschnitten gab es ein heilloses Chaos in ihren Reihen. Am 10. November hatte die *Western Naval Task Force* den lokalen Widerstand jedoch schon so gut wie gebrochen. Am 11. November nahm sie Casablanca nach Verhandlungen kampflos ein. In den nächsten Tagen fügten zwar zwei deut-sche U-Boote, die aus der Tiefe des Atlantiks herbeigeeilt waren, der amerika-nischen Landungsflotte noch einigen Schaden zu. Doch befand sich Franzö-sisch-Marokko zu diesem Zeitpunkt bereits ebenso fest in amerikanischer wie Algerien in britisch-amerikanischer Hand.

Das strategische Ziel der Operation TORCH war Tunesien. Die alliierten Verbände hatten hauptsächlich die Aufgabe, so schnell wie möglich die dorti-gen Häfen zu besetzen, während ein kleinerer Teil zur Besetzung von Spanisch-Marokko abgezweigt wurde, um Gibraltar zu schützen. Auf diese Weise sollten Gegenvorstöße der Achsenmächte aus Richtung Spanien, Frankreich oder Italien verhindert oder doch zumindest erschwert werden. Während das Afri-kakorps unter Generalfeldmarschall Rommel an der ägyptischen Grenze ge-bunden war – die Briten erkämpften ihren ersten großen Sieg unter General Montgomery am 5. November 1942 bei El Alamein – griff die deutsche Luftwaffe überraschend schnell in Tunesien ein. Hitler ließ nun außerdem auch Südfrankreich besetzen. Das Schicksal der französischen Teilflotte, die in Toulon vor Anker lag, blieb noch bis November offen. Es wurde dann durch Selbstversenkung entschieden.

Wie von Roosevelt erhofft, wechselte Admiral Darlan die Seiten: Er befahl den französischen Streitkräften in Tunesien, zu den Alliierten überzulaufen. Doch wurden viele Einheiten von den intervenierenden Deutschen entwaffnet und damit außer Gefecht gesetzt. Offenbar hatten sich Hitler und Mussolini entschlossen, Nordafrika zu halten. Aber der sechsmonatige Kampf, der sich ab November 1942 um Tunesien entspann, war für sie kostspieliger als für die Alliierten: Sie verloren 433 000 t Schiffsraum und 275 000 Mann, die überwie-gend in Gefangenschaft gerieten. Außerdem ließ sich Montgomerys langsa-mer, aber stetiger Vormarsch nach Westen nicht mehr aufhalten. Am 7. April 1943 reichte er sich mit Eisenhower in Tunesien die Hand.

Mit dem amerikanischen Sieg über die Japaner bei Guadalcanal, mit dem amerikanisch-britischen Sieg über die Achsenmächte in Nordafrika und mit dem russischen Sieg über die Deutschen bei Stalingrad nahm der Zweite Weltkrieg im Winter 1942/43 eine unübersehbare Wendung. Sie ließ Präsident Roosevelt stärker denn je auf einen Gesamtsieg über die Achsenmächte hoffen. Kaum hatte er von dem britischen Erfolg bei El Alamein gehört, zog er zwei Tage nach der alliierten Landung in Nordafrika »zusätzliche Schritte« zur Eroberung Deutschlands durch Vorstöße gegen Sardinien, Sizilien, das italie-nische Festland, Griechenland und/oder andere Balkanstaaten in Erwägung, ja, sogar – eventuell mit türkischer Unterstützung – über das Schwarze Meer gegen den rechten Flügel der deutschen Wehrmacht, der sich hinter dem Kaukasus befand. [2]

Mit anderen Worten: Noch bevor er sich im Januar 1943 in Casablanca mit Churchill traf, hatte der amerikanische Präsident für den atlantisch-europäischen Kriegsschauplatz bereits jene Südstrategie entworfen, die ein alliiertes Landeunternehmen in Nordfrankreich angesichts der nach wie vor knappen Schiffstransportkapazitäten zwangsläufig auf das Jahr 1944 verschob. Churchill erklärte sich am 13. November 1942 einverstanden: »Alles, was Sie sagen, harmoniert mit unseren Ansichten vollkommen.« [3]

Die Behauptung, die Fortsetzung der alliierten Offensive über Süditalien statt über Nordfrankreich habe vor allem auf Churchills hartnäckiger, wenn nicht sogar hinterlistiger Opposition beruht, ist denn auch nur ein Märchen, das von den amerikanischen Stabschefs ausgestreut wurde. Vor allem Marshall konnte es nie verwinden, daß sich sein oberster Kriegsherr über den monomanen Plan eines einzigen großen und raschen Vernichtungsschlages hinwegsetzte, weil er das gemeinsame Ziel auf andere und einfallsreichere, wenn auch vielleicht etwas langsamere, dafür aber sicherere Art und Weise erreichen wollte. Doch ist das Märchen letzten Endes nur ein Reflex auf die antibritischen Gefühle gewesen, die in den USA damals noch weit verbreitet waren.

Das Märchen unterschlägt außerdem die Tatsache, daß Roosevelt dem britischen Premierminister gleichzeitig versicherte, er plane den »Aufbau einer wachsenden Angriffsarmee im Vereinigten Königreich so schnell, wie es die gegenwärtigen Operationen erlauben.« [4] Diese Streitmacht blieb zwar in Anbetracht des Engagements, das die Amerikaner 1943 in Italien übernahmen, hinter ihrer Sollstärke von 1,1 Millionen zurück. Sie umfaßte aber bereits im April jenes Jahres beachtliche 427 000 Mann, ein nicht unbeträchtliches, wenn auch stilles und unblutiges Opfer angesichts der Tatsache, daß es an amerikanischen Soldaten überall sonst fehlte.

Diese Streitmacht, so Roosevelt weiter, sollte entweder rasch auf einen deutschen Zusammenbruch reagieren oder aber Deutschland über den Ärmelkanal hinweg den Todesstoß versetzen. Mit der Definition dieser Doppelfunktion gab der amerikanische Präsident an der Jahreswende 1942/43 zu erkennen, daß er bereits zu diesem frühen Zeitpunkt fest mit der deutschen Niederlage rechnete. Nach seiner Einschätzung würde sie eintreten, wenn die deutsche Moral durch die Malaise des Rußlandkrieges so geschwächt war, daß sie mit oder ohne Einwirkung von außen zusammenbrach.

Vor diesem Hintergrund haben Roosevelt und Churchill im Januar 1943 nicht nur die Fortsetzung ihrer Südstrategie über Sizilien beschlossen, sondern auch die Verstärkung des britischen Bombenkrieges gegen Deutschland durch die amerikanische Luftwaffe. Beides zusammen – der durch die Landung verursachte Abfall Italiens von der Achse und die Verwüstung des deutschen Kernraumes aus der Luft – sollte die Deutschen zusammen mit dem immer verlustreicheren Rußlandkrieg reif für die bedingungslose Kapitulation machen. Außerdem setzte die Besetzung Siziliens ungefähr 225 Kriegsschiffe für den Atlantik frei, die dort die deutschen U-Boote bekämpfen konnten.

Obwohl es Stalin aus naheliegenden Gründen nie wahrhaben wollte, kann man in der Eröffnung der amerikanischen Bomberoffensive mit Fug und Recht die Eröffnung einer zweiten Front in Nordwesteuropa erblicken. Denn die Tagesangriffe erfolgten ja von Großbritannien aus, diesem in der Nordsee verankerten Flugzeugträger. Tatsächlich erhielt die 8. US-Luftflotte unter General Eaker von Roosevelt den Auftrag, den alliierten Landarmeen den Weg nach Mitteleuropa freizubomben. Außerdem wurde die Aufstellung einer 15. US-Luftflotte unter General Doolittle für Italien ins Auge gefaßt. Insofern war die Südstrategie, die Roosevelt und Churchill in Casablanca einschlugen, auch ein Weg zu dem Ziel, den Bombenkrieg gegen Deutschland von zwei Seiten aus zu verdoppeln. Denn »gemeinsam waren sie [die 8. und die 15. US-Luftflotte] in der Lage, alle deutschen Ziele zu erreichen.« [5]

Gemeinsam mit der *Royal Air Force*, die Deutschland des Nachts flächendeckend bombardierte, entfachten die beiden amerikanischen Luftflotten mit ihren sogenannten »Präzisionsangriffen« bei Tag im Laufe des Jahres 1943 ein Trommelfeuer, das die Bevölkerung rund um die Uhr in Angst und Schrecken versetzte. Zwar kam diese Feuerwalze zunächst nur langsam und stockend in Gang mit einer schweren Krise im August und Oktober 1943, als die Amerikaner bei ihren Luftangriffen auf Schweinfurt und Regensburg bedenkliche Verluste an Mannschaften und Maschinen erlitten. Aber in dem Maße, in dem sich ihr Jagdschutz durch die neuen P-47 »Thunderbolt«- und P-51 »Mustang«-Jäger verbesserte, wurde die Wirkung der schweren B-17-Bomber immer größer – bis hin zu jener »großen Woche« Ende Februar 1944, die in den amerikanischen Medien wie ein besonders erfolgreicher Winterschlußverkauf der deutschen Städte gefeiert wurde. Kurz darauf wurden die beiden US-Luftflotten General Eisenhower für das Unternehmen OVERLORD unterstellt.

Bevor sich die Alliierten den italienischen Stiefel hinaufkämpften, setzten sie am 10. Juli 1942 nach Sizilien über (Operation HUSKY, amerik.= stämmiger Kerl), das sie in nur fünf Wochen überrannten. Danach beherrschten ihre Luftwaffen und Flotten das westliche Mittelmeer und Italien. Das ganze Unternehmen trug eher den Charakter eines *Impromptus*, weil sonst die amerikanischen Truppen in Nordafrika beschäftigungslos herumgelegen hätten. Marshall und King lagen Präsident Roosevelt in den Ohren, sich auf keine weitere Verzettelung im Mittelmeer einzulassen – sonst würden sie ihre unausgelasteten Kapazitäten dazu verwenden, den Krieg im Pazifischen Ozean zu intensivieren. Aber alle ihre Vorhaltungen waren vergeblich.

Es ist nicht ganz sicher, ob Roosevelt zu diesem Zeitpunkt schon Churchills Absicht durchschaute, über Italien hinaus auf den Balkan vorzustoßen – der Präsident und Oberbefehlshaber der amerikanischen Streitkräfte hielt sich selbst mehrere Optionen offen, ohne daß seine grundsätzliche Entschlossenheit wankte, Deutschland zum frühestmöglichen Zeitpunkt in Nordwesteuropa anzugreifen. Das hinderte ihn jedoch nicht daran, die Niederlage Hitlers durch den Sturz Mussolinis einzuleiten.

Eisenhowers Italienfeldzug begann am 3. bzw. 9. September 1943 mit einer britischen bzw. amerikanischen Landung in Kalabrien und bei Salerno. Er sollte vor allem zu einem Abfall Italiens von der Achse und damit zu einer weiteren Überdehnung der deutschen Fronten führen, weil Hitler dann gezwungen sein würde, Truppen von seiner Ostfront abzuziehen, um sie den Westmächten in Italien entgegenzuwerfen. Rein militärisch gesehen, war dies ein Rechenexempel, das einigermaßen glatt aufging. Doch wurden seine politischen Implikationen durch den Sturz Mussolinis am 25. Juli ungeheuer verschärft. Denn Roosevelt sah sich plötzlich gezwungen, ganz Italien zu besetzen. Er mußte in Rom, um weiterzukommen, ein mehr als zweifelhaftes Regime errichten, und er mußte die Kröte Badoglio schlucken, was er sicher gern vermieden hätte.

Auch waren die Auswirkungen auf Stalin nicht zu übersehen, dessen militärische Lage sich nach Hitlers Verlust der 6. Armee spürbar verbessert hatte. Der russische Druck auf Polen nahm jetzt deutlich zu, und bei einem deutschen Zusammenbruch drohte die Rote Armee ganz Ostmitteleuropa zu besetzen. Ex-Botschafter Bullitt riet Präsident Roosevelt in dieser Situation, Stalin dadurch zum Wohlverhalten zu zwingen, daß er ihm den Übergang zu einer *Japan first*-Strategie androhte. Aber den chinesischen Kriegsschauplatz vor Augen, auf dem immer noch Millionen schwerbewaffneter und jetzt wieder erfolgreicher operierender Japaner standen, wollte Roosevelt Stalin nicht erpressen. Er brauchte die Russen mehr zur Beendigung des pazifisch-asiatischen Krieges, als Stalin die Amerikaner zur Beendigung des atlantisch-europäischen Krieges brauchte. Alles andere würde viel zuviel amerikanisches Blut kosten.

Um dennoch die polnische Frage in den Griff zu bekommen, hatte sich Roosevelt im Frühjahr 1943 dazu entschlossen, sich erstmalig mit Stalin zu treffen. Offenbar dachte er an eine ganz informelle Begegnung irgendwo an der Beringstraße ohne Beteiligung Churchills, nur in Anwesenheit Hopkins' und eines Stenographen. Bei diesem *tête à tête* wollte er zur Regelung der europäischen Grenzfragen seine Verhandlungskunst und seinen Charme spielen lassen. Zur Anbahnung der Begegnung schickte der Präsident seinen rußlandpolitischen Berater Davies nach Moskau. Aber Stalin ließ sich nicht aus der Reserve locken, was wiederum Churchill die willkommene Chance gab, auf den fahrenden Zug aufzuspringen. Schließlich kam das erste Gipfeltreffen der Großen Drei erst nach langem Hin und Her über das »wann«, »wo« und »wozu« im November 1943 in Teheran zustande.

Um Stalin von der Ernsthaftigkeit seines Willens zu überzeugen, die Landung in der Normandie nicht später als im Frühsommer 1944 durchzuführen, um dem sowjetischen Diktator zugleich aber auch seine Entschlossenheit zu vermitteln, notfalls in Ostmitteleuropa und auf dem Balkan gegen jede Willkür zu intervenieren, hatte Roosevelt im Spätsommer die Entsendung von weiteren sieben US-Infanteriedivisionen in den Mittelmeerraum befohlen. Über Sinn und Zweck dieser Maßnahme ist viel spekuliert worden. Offiziell sollten diese frischen Verbände kampferprobte Truppen für die Landung in der Normandie freisetzen. Ob Roosevelt darüber hinaus auch das Eventualziel verfolgte, die Russen gegebenenfalls durch eine Invasion des Balkans zu stoppen, werden wir wohl niemals wissen. Es ist angesichts seiner Zustimmung zu jenem schandbaren Prozente-Handel, den Churchill und Stalin im Oktober 1944 in bezug auf die Herrschaft über den Balkan trafen, nicht ganz unwahrscheinlich.

Auf ihrer Kriegskonferenz in Quebec (Deckname: QUADRANT) haben Roosevelt, Churchill und die *Combined Chiefs of Staff* im August 1943 die Landung in der Normandie fest auf den Mai 1944 terminiert. Inzwischen hatte Admiral King nach langen Mühen endlich die Voraussetzungen für den Sieg seiner Atlantikflotte über die deutschen U-Boote geschaffen: Er setzte gegen massive Widerstände anderer Stellen bei Roosevelt den Bau spezieller Geleitschutz-Zerstörer durch, die den Kampf mit den Tauchbooten auf hoher See aufnehmen konnten. Von diesen kostengünstigen, weil weitgehend genormten Spezial-Schiffen wurden 500 Stück in Serie gebaut, von denen die ersten Anfang 1943 zum Einsatz kamen. Außerdem beorderte King – beginnend mit der *Bogue* – Geleitschutz-Träger in den mittleren Atlantik, die dort die Lücke in der alliierten Luftherrschaft schlossen. Den Ausschlag gab aber letztlich die Zentralisierung der gesamten Kriegführung gegen die U-Boote bei der 10. US-Flotte, einer reinen Geister-Armada ohne ein einziges eigenes Schiff, die Admiral King zu organisatorischen Zwecken im Mai 1943 geschaffen hatte.

Mit einem weitgehend sicheren Atlantik unter dem Kiel konnte die amerikanische Seemacht im Juni 1944 das größte Landeunternehmen der Weltgeschichte starten – ein halbes Jahr, nachdem die Rote Armee die polnische Ostgrenze überschritten hatte. Der Wettlauf nach Berlin begann also mit einem klaren Vorsprung Stalins vor Roosevelt und Churchill. Zwar hatte der amerikanische Präsident und Oberbefehlshaber im August 1944 befohlen, den Aufbau seiner Streitkräfte in Großbritannien so zu beschleunigen, daß sie »in der Lage sind, so schnell wie die Russen nach Berlin zu gehen.« [6] Doch konnten die Westmächte ihr Handicap, das aus einem Mangel an seegängigen Landungsbooten bestand, nicht rechtzeitig genug beheben, so daß sie den Wettlauf nach Berlin verloren haben.

Tatsächlich scheiterte die rechtzeitige Durchführung der Operation OVERLORD vor allem an der großen Schwäche von Roosevelts Stil, die man für eine seiner größten Stärken halten könnte – nämlich an seiner Angewohnheit, alles bis zur letzten Einzelheit planen zu lassen. So gesehen war die Teilung Europas auch die Folge einer planerischen Selbstüberschätzung. Denn abgesehen davon, daß sich der Präsident und Oberbefehlshaber nicht scheute, jeden Plan bei sich bietender Gelegenheit über den Haufen zu werfen, zeigte es sich 1942/43, daß kein von Menschen ersonnener Plan so perfekt war, daß er jede Unzulänglichkeit ausschließen konnte. Tatsächlich könnte man mit einer langen Kette von Sätzen, die alle mit einem »hätte« oder »wäre« beginnen, eine Reihe von Fehlentscheidungen und Fehlentwicklungen festhalten, die indirekt zur sowjetischen Besetzung halb Europas geführt haben.

Da wir das, was man Roosevelt davon persönlich und politisch zuschreiben kann, in diesem Buch schon dargelegt haben, können wir uns hier auf das letzte, eher technische Glied jener Kette beschränken. Hätte Roosevelt beizeiten mit dem Bau von Geleitschutz-Zerstörern begonnen, hätten seegängige Landefahrzeuge früher in ausreichender Stückzahl zur Verfügung gestanden. So aber war es Admiral King erst im Herbst 1943 – nach dem Sieg über die deutschen U-Boote – möglich, zugunsten der Landungsboote auf die Hälfte der geplanten 1000 Geleitschutz-Zerstörer zu verzichten.

Hinzu kam noch Churchills Eigensinn: Für einen schnellen und durchschlagenden Erfolg der Westalliierten wäre es erforderlich gewesen, die in Südfrankreich geplante Landung (Deckname ANVIL, amerik. = Amboß) zeitgleich mit dem Unternehmen OVERLORD (amerik.= Oberherr) durchzuziehen. Churchill weigerte sich aber, vor der Küste der Normandie das an Feuerkraft zur Verfügung zu stellen, was Roosevelt von ihm erwartet hatte. Admiral King mußte die Invasionsflotte daher erst um eine Reihe älterer Schlachtschiffe verstärken, ehe General Eisenhower losschlagen konnte, und ANVIL mußte von Juni auf August 1944 verschoben werden, weil früher die erforderliche Feuerkraft für die Landung in Südfrankreich nicht zur Verfügung stand. Außerdem versuchte Churchill, der inzwischen ein Faible für einen Durchbruch durch das *Lubljana gap* entwickelt hatte, auch mit anderen Mitteln, ANVIL bis zur Unmöglichkeit seiner Durchführung hinauszuzögern.

Präsident Roosevelt hat sich die Entscheidung übrigens nicht leicht gemacht, den Oberbefehl über die an die Unternehmen OVERLORD und ANVIL beteiligten Streitkräfte der Alliierten in die Hände Eisenhowers zu legen. Von vornherein galt es zwar als ausgemacht, daß ein amerikanischer Generalstabsoffizier die Schlußoffensive gegen Deutschland befehligen würde, weil dies einfach dem Übergewicht der amerikanischen Kriegsanstrengungen entsprach. Aber für Roosevelt scheint zunächst sein Generalstabschef Marshall die erste Wahl gewesen zu sein. Erst in einem längeren und offensichtlich qualvollen Entscheidungsprozeß hat er sich dann für General Eisenhower entschieden, weil er zu dem Schluß gekommen war, daß er »keine Nacht schlafen« könne, wenn Marshall außer Landes sei. [7]

Der Texaner Eisenhower, dessen Vorfahren aus dem deutschen Odenwald stammten, war in den Jahren 1929 bis 1939 durch die persönliche Schule MacArthurs gegangen, bevor er in fortgeschrittenem Lebensalter die Chance seines Lebens bekam: Marshall beauftragte den 51jährigen Stabsoffizier eine Woche nach Pearl Harbor, den Grundplan für die Operationen der amerikanischen Heeresstreitkräfte auf dem pazifisch-asiatischen Kriegsschauplatz auszuarbeiten. Es war Eisenhowers Idee, die Verbindungslinien nach Australien durch die Errichtung eines Stützpunktes auf dem siebenten Kontinent offenzuhalten, und Präsident Roosevelt konnte darauf zurückgreifen, als er MacArthur nach dem Verlust der Philippinen befahl, nach Australien zu gehen.

Obwohl ihn dieser Umstand zweifellos empfahl, zögerte Präsident Roosevelt, Eisenhower mit dem Oberbefehl über das Unternehmen TORCH zu betrauen, weil es dem stets ausgeglichenen und kooperativen Offizier an praktischer Kampferfahrung fehlte. Mit 27 Lebensjahren war Eisenhower 1917 schon zu alt gewesen, um an der ersten militärischen Intervention der Vereinigten Staaten in Europa teilzunehmen. Zwar führte schließlich kein Weg an ihm vorbei. Aber Präsident Roosevelt weigerte sich solange, Eisenhower zum Vier-Sterne-General zu ernennen, bis der alliierte Oberbefehlshaber mit seinem Sieg über die Deutschen in Tunesien bewiesen hatte, daß er diesen Rang als pragmatischer Truppenführer auch tatsächlich verdiente. Schließlich hat sich Eisenhowers diplomatisch-militärische Führungskunst dann auch bei und nach den Landungen auf Sizilien und in Unteritalien bewährt.

Obwohl ihm viele seine Kungeleien mit Admiral Darlan und General Badoglio verübelt haben, bewies Eisenhower gerade dadurch, daß er das politische Sensorium besaß, das Präsident Roosevelt von seinen höchsten Militärs verlangte. Eisenhower hatte von jeher den Standpunkt vertreten, der Hauptangriff gegen Deutschland müsse von Großbritannien aus geführt werden. Ab April 1942 leitete er von London aus den Aufbau der amerikanischen Streitkräfte im Vereinigten Königreich. Nach der Konferenz von Teheran, auf dem gemeinsamen Rückflug nach Tunis, hat Roosevelt Eisenhower dann mit der kameradschaftlichen Bemerkung: »Na, Ike – packen Sie nur gleich Ihre Koffer« zum Chef des »Supreme Headquarters, Allied Expeditionary Force« (SHAEF) mit Sitz in der britischen Hauptstadt gemacht.

Das strategische Ziel der zangenartigen Doppeloperation OVERLORD und ANVIL war es, die deutsche »Festung Europa« von Nord- bzw. Südwesten her einzudrücken, die deutsche Wehrmacht aus dem besetzten Frankreich hinauszuwerfen, bis in das Reich hinein zu verfolgen und auf dessen Territorium bis zur bedingungslosen Kapitulation zu vernichten. Als Landungsräume wurden vorgesehen (1) für das Unternehmen OVERLORD die normannische Küste zwischen der Halbinsel Cotentin und der Ornemündung, (2) für das Unternehmen ANVIL das später in DRAGOON (amerik.= Schläger) umgetauft wurde, die *Cote d'Azur* zwischen Toulon und Cannes. Da die Invasoren in der Gestalt Marseilles nur an der südfranzösischen Küste einen ausreichend großen Hafen vorfanden, der ihre Truppen auch auf dem weiteren Vormarsch nach Deutschland versorgen konnte, beschlossen sie, in der Normandie nicht nur Cherbourg zu erobern, sondern darüber hinaus auch künstliche Häfen anzulegen. Insgesamt wurden im Rahmen von OVERLORD 50 Divisionen und im Rahmen von DRAGOON 21 Divisionen eingesetzt. Jede von ihnen benötigte an die 700 t Nachschub täglich, was der ungeheuren Summe von fast 50 000 t entsprach.

Inzwischen fühlten sich die Amerikaner, die die Hauptmasse der Truppen stellten, stark genug, um auch bei Tage an einer feindlichen Küste zu landen, obwohl die Normandie und die *Cote d'Azur* erwartungsgemäß wesentlich stärker verteidigt wurden als die nordafrikanischen Küsten. Luftlandetruppen sollten in der Nacht zuvor die amphibische Landung vorbereiten. Im Gegensatz zum Mittelmeer, das von Ebbe und Flut kaum bewegt wird, herrscht im Ärmelkanal ein erheblicher Tidenhub, der die Planung der Landung erschwerte. Außerdem sollte dem sogenannten »D-Day« (von *doomsday*, amerik.= Jüngstes Gericht) in der Normandie eine helle Mondnacht vorausgehen, so daß sich die Luftlandetruppen sammeln und ihr Ziel noch vor Sonnenaufgang erreichen konnten. Auf Grund all' dieser Bedingungen legte Eisenhower den *D-Day* hier auf den 5. Juni 1944.

Während die Landung in Südfrankreich von der amerikanischen *Western Naval Task Force* unter Admiral Hewitt und insbesondere von der 8. US-Flotte getragen wurde, übernahmen die britischen Seestreitkräfte unter Admiral Ramsey die Hauptverantwortung für die Landung in der Normandie, das heißt für den Umlauf der Landungsboote, die wie ein sich unermüdlich drehendes Schöpfrad immer neue Truppen von Südengland nach Nordfrankreich zu transportieren hatten, sowie für die Beschießung der feindlichen Küste und die gesamte Logistik. Schließlich hatte die *Royal Navy* auch das Küstenvorfeld von Minen zu räumen, die Landungsstrände von Hindernissen zu befreien und das ganze Unternehmen gegen die deutschen Seestreitkräfte abzuschirmen.

Für die Angriffsflotte wurden insgesamt 2700 Schiffe bereitgestellt, die größte Armada der Weltgeschichte, die sich wiederum in eine *Western* und eine *Eastern Naval Task Force* gliederte. Die *Western Naval Task Force* operierte unter dem amerikanischen Admiral Kirk vor den amerikanischen Landeräumen »Utah« und »Omaha«, während die *Eastern Naval Task Force* unter dem britischen Admiral Vian die britischen Landungen an den Stränden »Gold«, »Juno« und »Sword« unterstützte. In der eigentlichen Landephase, der Operation NEPTUNE, kam es darauf an, daß die Kooperation zwischen den beiden angelsächsischen Seemächten mit der Genauigkeit eines Uhrwerks funktionierte – keine leichte Aufgabe, weil die Schiffe erst in den letzten Stunden von zum Teil weit auseinanderliegenden Punkten im Kanal zusammenströmten.

Kurz vor Beginn des Unternehmens OVERLORD hatte Eisenhower den Oberbefehl auch über die *U.S. Army Strategic Air Force* und *das British Bomber Command* übernommen, soweit diese auf den britischen Inseln stationiert waren. Zusätzlich zum deutschen Hinterland nahmen diese Luftflotten nun auch noch das Eisenbahnnetz in Frankreich und Belgien unter Beschuß, um die Landung vorzubereiten. Auf diese Weise wurde sichergestellt, daß die Alliierten ihre zunächst relativ schwachen Angriffswellen wesentlich schneller als die Deutschen ihre Verteidigungskräfte verstärken konnten. Überdies errangen die Alliierten schon am *D-Day*, an dem sie nicht weniger als 11000 Einsätze flogen, die uneingeschränkte Luftherrschaft über dem gesamten Invasionsgebiet.

Am 30. Mai begannen sich die amerikanischen und britischen Truppen in

Südengland einzuschiffen. Am 31. Mai begannen die künstlichen Häfen in Richtung Nordfrankreich zu driften. Am 3. Juni stach die Deckungsgruppe von Scapa Flow, Belfast und dem Clyde aus in See. Am 4. Juni verschob Eisenhower die Landung wegen ungünstiger Wetterbedingungen um 24 Stunden – der einzige zeitliche Spielraum, den er hatte. Am Abend desselben Tages, es war ein Sonntag, entschloß er sich bei strömendem Regen und heulendem Wind, am Morgen des 6. Juni loszuschlagen. Am 6. Juni, o4.15 Uhr, gab der kahlköpfige Generalissimus mit wenigen lakonischen Worten den unwiderruflichen Befehl: »Okay, we'll go.« [8]

Während sich die Angriffsflotte im »Raum Zebra« vor der Insel Wright versammelte, nahmen die alliierten Feuerunterstützungsschiffe ihre Positionen vor der Küste der Normandie ein, und drei Luftlandedivisionen sprangen hinter den deutschen Linien über dem Festland ab. Bis dahin hatte die Wehrmacht noch nichts von dem drohenden Unheil bemerkt. Generalfeldmarschall Rommel, der die Verteidigung der Atlantikküste unter dem Oberbefehl von Generalfeldmarschall Rundstedt übernommen hatte, fuhr just am 6. Juni nach Hause, um den Geburtstag seiner Ehefrau zu feiern. Er kehrte erst nach Beginn des Angriffs auf der Hacke um. Die deutschen Militärs waren überwiegend der Meinung gewesen, der alliierte Hauptangriff würde am *Pas de Calais*, also an der schmalsten Stelle des Kanals, erfolgen – die Schiffsbewegungen vor der Normandieküste seien nur ein Ablenkungsmanöver.

Kurz nach 5 Uhr, als sich die Schiffssilhouetten aus dem Morgennebel herauszuschälen begannen, eröffneten die deutschen Küstenbatterien das Feuer. Inzwischen war die Deckungsgruppe, die aus fünf Schlachtschiffen, 15 Kreuzern und zwanzig bis dreißig Zerstörern bestand, in Staffeln vor der Küste aufgefahren. Sie hämmerte mit ihrer Artillerie auf die deutschen Stellungen ein, während die ersten Wellen der 4. US-Infanterie-Division gegen 6.30 Uhr an Land gingen, ohne auf unüberwindlichen Widerstand zu stoßen. Am Abend des ersten Tages hatten allein an *Utah-Beach* 21300 Soldaten, 1700 Fahrzeuge und 1700 t Nachschub trockenen Boden unter ihren Füßen, Rädern und Palletten. Es existierte bereits ein Brückenkopf von sechs Kilometern Breite und sechs Kilometern Tiefe, und eine Verbindung zur 101. US-Fallschirmdivision war hergestellt.

Obwohl Rommel den Atlantikwall streckenweise zu einem fast unüberwindlichen Hindernis ausgebaut hatte, leisteten selbst die deutschen Elitetruppen, die hier lagen, nur in den wenigsten Fällen einen Widerstand bis zum letzten. An *Omaha Beach*, wo die *GI's* unter starkem Feuer 75 Meter durch flaches Wasser waten und sich dann noch weitere 250 Meter durch einen Dschungel von Hindernissen vorarbeiten mußten, erlitten die Alliierten die schwersten Verluste. Insgesamt haben die Amerikaner hier aber nicht mehr als 2000 Mann verloren.

Überall sonst kam der Angriff gut bis sehr gut voran, wobei die deutschen Verstärkungen durch die schwere Schiffsartillerie der Invasionsflotte daran gehindert wurden, sich der bedrohten Küste zu nähern. Indem Hitler die

Verteidigung im Raum Caen konzentrierte, kam er den Plänen des hier angreifenden Generals Montgomery ungewollt entgegen. Die Alliierten nagelten die Deutschen fest, während sie den Hafen von Cherbourg zur Sicherung ihres Nachschubs nahmen. Dann stießen sie weiter nach Süden und Osten vor.

Acht Wochen später, als die entscheidenden Teile der Invasionsflotte von der französischen Nord- zur französischen Südküste verholt hatten, lief am 15. August 1944 das Unternehmen DRAGOON an. Hier stießen die Amerikaner, Briten und Freien Franzosen kaum auf nennenswerten Widerstand. Während einzelne Einheiten nach Ost und West auf Marseille, Toulon und Cannes vordrangen, strömte die Hauptstreitmacht, die 7. US-Armee, dem Rhône-Tal entgegen, der deutschen Wehrmacht dicht auf den Fersen. Am 11. September hatten die Unternehmen DRAGOON und OVERLORD erstmalig miteinander Fühlung – Amerikaner reichten Amerikanern bei Dijon die Hand. Die deutschen Einheiten in Südwestfrankreich waren abgeschnitten.

General Eisenhower und General Montgomery verfolgten bei ihrem Sturm auf den deutschen Kernraum zwei verschiedene Strategien: Während der Amerikaner den Rhein auf möglichst breiter Front gewinnen wollte, beabsichtigte der am Nordflügel stehende Brite, am Westwall vorbei möglichst schnell über Maas und Rhein hinweg auf das Ruhrgebiet vorzustoßen, um Hitler so schnell wie möglich zur Kapitulation zu zwingen. Vielleicht hätte Montgomery sogar die Russen in Mitteldeutschland gestoppt, wäre ihm nicht die Behauptung seines Brückenkopfes bei Arnheim Mitte September mißlungen. Aber für Eisenhower war der Gedanke unerträglich, Deutschland »an den Rockschößen der Briten« (Sean D. Cashman) zu betreten. Vielleicht hatte auch Präsident Roosevelt seine Hände im Spiel, weil er seine dritte Wiederwahl im Herbst 1944 nicht gefährden wollte. Jedenfalls wurde Montgomery der schnelle Vorstoß im Norden unter Hinweis auf Nachschubprobleme verboten.

Überhaupt drohte der alliierte Vormarsch in Frankreich und Italien immer mehr an Schwung zu verlieren, je größer der Abstand zu den Landungsräumen mit ihren gigantischen Nachschublagern und je geringer der Abstand zur Reichsgrenze wurde, während sich der Widerstand der Deutschen verstärkte. Was im Süden die »Gotenstellung« bei Florenz war, das waren im Westen die Ardennen. Hier trat die deutsche Wehrmacht Mitte Dezember zu ihrer letzten Großoffensive an, um Antwerpen zurückzugewinnen: Rundstedt nutzte die jahreszeitlich bedingte Schlechtwetterperiode. Er stieß sichelförmig bis 100 km tief in die feindlichen Linien vor. Sobald das Wetter jedoch wieder aufklarte, schlugen die alliierten Luftstreitkräfte zurück. Die amerikanischen Bodentruppen bestanden in der »Battle of the Bulge« (bulge, amerik. = Frontvorsprung) ihre eigentliche Feuertaufe, und Rundstedt mußte sich auf die Reichsgrenze zurückziehen.

Mit der Schlacht um die Ardennen hatte Deutschland seine letzten Reserven an Panzertruppen verloren. Die Westalliierten konnten daraufhin zwar ihren Vormarsch wiederaufnehmen. Aber auch sie hatten etwas verloren – nämlich

72　Das erste Gipfeltreffen der
»Großen Drei« findet im November 1943 in Teheran statt.
Roosevelt (links) und Stalin
(rechts) feiern mit Churchill dessen 69. Geburtstag.

73　Wie Roosevelts Handskizze
vom 30. November 1943 zeigt, soll
die Weltfriedensorganisation der
»Vereinten Nationen« auf drei
Säulen ruhen.

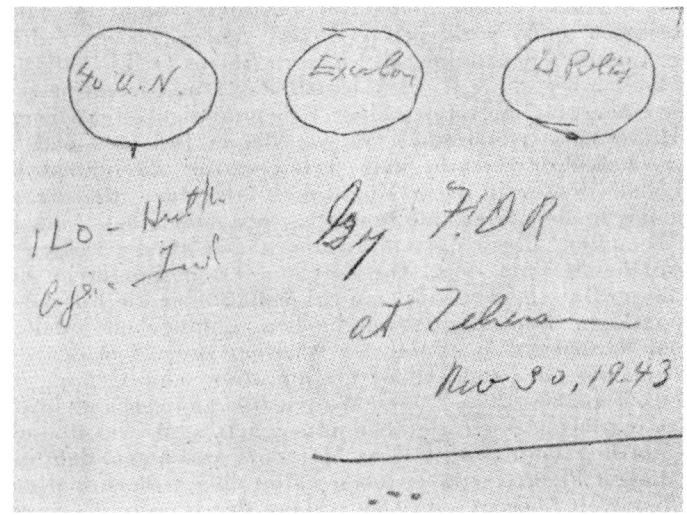

74　Wetterscheide der Weltpolitik
– die letzte Kriegskonferenz von
Roosevelt und Churchill (2. und
3. v.l.) in Quebec, September 1944

75   *Die Gipfelkonferenz, die Churchill, Roosevelt und Stalin (v.l.n.r.) vom 4. bis 11. Februar 1945 in Jalta zusammenführt, beendet den Krieg, ohne den Frieden zu bringen. Dahinter (v.l.n.r.) die Außenminister Eden, Stettinius und Molotow.*

76   *Noch klar bei Verstand? Roosevelt im Zwiegespräch mit Churchill am Rande der Konferenz*

77   *Triumph des* American way of life: *US-Finanzminister Morgenthau mit Verhandlungspartnern aus Kanada* (links) *und Rußland auf der Konferenz von Bretton Woods zur Neuordnung des Weltwirtschafts- und Währungssystems*

78   *Die Gründung der Vereinten Nationen am 26. Juni 1945 im Opernhaus von San Francisco erlebt ihr Schöpfer, der am 12. April 1945 verstorbene Präsident Roosevelt, nicht mehr.*

kostbare Zeit im Wettlauf um Berlin. Tatsächlich hat Hitler durch seine Ardennen-Offensive ihren ganzen Zeitplan durcheinandergebracht, während die Russen Mitte Januar 1945 mit unaufhaltsamer Wucht aus dem Weichselbogen hervorbrachen. In nicht einmal 30 Tagen warfen sie die deutsche Ostfront bis an die Oder zurück. Dagegen brauchte Eisenhower bis zum März 1945, um seine Truppen am Rhein zum letzten Todesstoß in »das Herz Deutschlands« aufzustellen. Erst am 7. März gewann er den Rheinübergang bei Remagen.

Die etwas schwülstige Formulierung »das Herz Deutschlands« stammt übrigens aus jener Direktive, die Roosevelt seinem Generalissimus 1943 auf den langen Marsch nach Berlin mitgegeben hatte. [9] Der Präsident hat den Selbstmord Hitlers am 30. April und die Einnahme der deutschen Hauptstadt durch die Russen am 2. Mai, die der in Jalta vereinbarten Einteilung der Besatzungszonen entsprach, zwar nicht mehr miterlebt. Er starb aber in der Gewißheit, den Krieg gegen seinen Erzfeind gewonnen zu haben. Denn Ende März, wenige Tage vor seinem Tod, hat er den späteren US-Hochkommissar John McCloy in seinem *Oval Office* vergnügt mit dem Hitlergruß und den Worten »Heil Reichskommissar für Deutschland« empfangen. [10]

Anmerkungen

1 Gannon, Operation, S. 296
2 op. cit. Dallek, American Foreign Policy, S. 366 f.
3 Kimball, FDR-Churchill, Vol. 2, S. 670: Churchill 13. 11. 42 FDR
4 op. cit. Dallek, American Foreign Policy, S. 367
5 Greenfield, Luftkriegführung 296
6 op. cit. Dallek, American Foreign Policy, S. 415
7 Sherwood, Roosevelt & Hopkins, S. 654 – Dort auch Roosevelts kameradschaftliche Äußerung weiter unten
8 Nimitz/Potter/Rohwer, Seemacht, S. 743
9 ebda., S. 737
10 Backer, Entscheidung, S. 103

EPILOG

Vierhundertfünfzig Jahre nach der Versenkung der spanischen Armada, 150 Jahre nach der Niederwerfung Napoleons und 25 Jahre nach der Zerschlagung des Habsburger und des Osmanischen Reiches haben die angelsächsischen Seemächte ihren Aufstieg zu globalen Hegemonialmächten unter der Präsidentschaft Franklin Delano Roosevelts weiter vorangetrieben, wobei es zu einem epochalen Führungswechsel zwischen Großbritannien und den Vereinigten Staaten von Amerika kam. Die drei Achsenmächte Deutschland, Italien und Japan, die diesen weltgeschichtlich bedeutsamen Augenblick zur Errichtung eigener Imperien nutzen wollten, verloren über diesen blutig mißlungenen Versuch vorübergehend ihre nationale Identität. Der eigentliche Preis aber, die Aufteilung der Welt zwischen »Kapitalismus« und »Kommunismus«, wurde Siegern und Besiegten gleichermaßen auferlegt.

Die Gründe für dieses Verhängnis lagen in Roosevelts Verzicht auf bewährte Prinzipien der europäischen Politik und Kriegführung. Das Konvenienz- und Kompensationsprinzip hat die Friedensschlüsse der europäischen Mächte in den letzten Jahrhunderten bestimmt. Mit ihren territorialen Bestimmungen, Rüstungsbegrenzungsabkommen und Tributzahlungen prägten sie, wenn auch zum Teil in pervertierter Form, nach dem Ersten Weltkrieg sogar noch den Frieden von Versailles und Washington. Bis auf die einseitige Schuldzuweisung an die Adresse der Verlierer, die von ihm übernommen wurde, hat Präsident Roosevelt diese Prinzipien jedoch nach dem Zweiten Weltkrieg in der historischen Rumpelkammer abgestellt. Ja, er hat überhaupt darauf verzichtet, nach dem Krieg mit den Besiegten Frieden zu schließen.

Das Konvenienz- und Kompensationsprinzip der europäischen Mächte setzte ein Mindestmaß an Achtung auch vor dem Feind voraus. Der wurde, wie der Wiener Kongreß und auch noch die Friedensschlüsse von Prag und Paris im 19. Jahrhundert vorexerziert haben, in die Nachkriegsordnung einbezogen. Dagegen ging Präsident Roosevelt von vornherein von der moralischen Ächtung der Achsenmächte aus, die er nicht nur für unfrei und undemokratisch, sondern auch für prinzipiell friedensunfähig, ja schlichtweg für verbrecherisch hielt. Anstatt wenigstens dem anderen Deutschland des Widerstandes irgendeine positive Rolle in der Nachkriegswelt zuzuweisen, riß er in Mitteleuropa ein riesiges Loch, in das der sowjetische Kommunismus und der russische Imperialismus ungehindert einströmen konnten.

Dieses Verhalten verrät eine Maßlosigkeit, die sich vom früheren Augenmaß

der europäischen Mächte in auffallender Weise unterscheidet. Die einzelnen
Gründe dafür habe ich in diesem Buch dargelegt. Der letzte und allgemeinste
Grund liegt jedoch darin, daß das universale Sendungsbewußtsein Amerikas
nach der Entthronung Großbritanniens als Führungsmacht nicht mehr von der
europäischen Staatskunst gebändigt wurde. In Versailles haben dies Clemenceau und Lloyd George ein letztes Mal mit Erfolg vermocht – Wilson mußte
sich einem Ergebnis beugen, das ihn zu Hause politisch den Kopf gekostet hat.
Dafür aber war Roosevelts Macht in Kairo, Teheran und Jalta schon zu groß.
Die Aufteilung der Welt war Ausdruck eines amerikanischen Größenwahns,
der nach 1945 zum Kleinmut der gegenseitig gesicherten Vernichtung verküm-
mert ist. Durch die mehr oder minder willkürliche Einführung neuer Strukturen, Grenzen und Mentalitäten glaubte Roosevelt, die politische Entwicklung
so perfekt steuern zu können, daß ein erneutes Abgleiten in die Katastrophe
von Krieg, Diktatur, Armut und Not gar nicht mehr möglich war. Damit warf
er sich zum Herrn über die Geschichte auf. Um den Krieg ein für allemal als
Mittel der Auseinandersetzung aus der Welt zu schaffen, hat er den zweiten
und seiner Meinung nach letzten Weltkrieg geplant und geführt. Aber Roosevelt unterschätzte nicht nur Hitlers U-Boote, Stalins Eigenwillen und die
zerstörerischen Wirkungen des atomaren Feuers auf die menschliche Einbildungskraft. Er hat letzten Endes auch die unlenkbare Macht der Geschichte
unterschätzt.
Große Chancen, dieses Desaster zu verhindern, hatten seine Koalitionspartner
nicht. Der Halbamerikaner Churchill, der europäischen Kultur halb entwach-
sen, teilte Roosevelts Größenwahn – durch allerlei taktische Winkelzüge
versuchte er die britischen Interessen zu retten, nachdem er sie dem Aufstieg
Amerikas zur Supermacht längst geopfert hatte. Stalin und Tschiang Kai-shek
gehörten ohnehin anderen Kulturkreisen an. Darüber hinaus aber hat Stalin an
den marxistisch-leninistischen Internationalismus, wie er ihn verstand, mit
chiliastischer Inbrunst geglaubt. Zwei unterschiedlich gepolte Internationalismen waren jedoch zuviel für die eine Welt.
Präsident Roosevelt ist für den liberal-demokratischen Internationalismus das
gewesen, was Stalin für den marxistisch-leninistischen Internationalismus gewesen ist: sein Vollstrecker und nicht sein Erfinder. Der jakobinische Viktorianer oder viktorianische Jakobiner im Weißen Haus schmiedete die Postulate
der Freiheit, der Volksherrschaft und der Menschheitsverbrüderung zu einem
Instrument internationaler Machteroberung um, und wie mit allem, was er in
die Hand bekam, hat er auch mit diesem Instrument virtuos hantiert. Zwar
leitete sich sein Internationalismus letzten Endes von den übernationalen und
überstaatlichen Idealen der Aufklärung und der amerikanischen Revolution
ab. Doch anstatt Roosevelt zu erleuchten, haben ihn diese Ideale dazu ver-
führt, in jedem internen oder externen Widerstand eine kriminelle Verschwörung zu sehen, die zumindest mit dem symbolischen Tod des Missetäters
bestraft werden mußte, mit dessen Untergang.
Die amerikanische Nation, von ihren Vätern zu außenpolitischer Enthaltsam-

keit, militärischer Nicht-Intervention und einer Neutralität erzogen, die von Herzen kam, war noch nicht reif für sein Konzept von Politik und Kriegführung, als Präsident Roosevelt Anfang der dreißiger Jahre in Washington für zwölf lange Jahre die Macht übernahm. Folglich mußte er sie umerziehen. Da ihre gewählten Vertreter im Kongreß hinhaltenden Widerstand gegen eine Strategie leisteten, von der sie mit Recht annahmen, sie würde den Krieg herbeiführen anstatt ihn zu verhindern, ist dies über weite Strecken in verschwörerischer Art und Weise geschehen – mit der *cause célèbre* von Pearl Harbor als Tief- oder Höhepunkt.

Roosevelt hegte die utopische Vorstellung, die Welt könne frei, friedlich und einig aus sich selbst heraus sein – ohne die Autorität staatlicher Souveränitäten, ohne die Hegung traditioneller Grenzen, ohne den ganzen Plunder an diplomatischen Verfahren und Etiketten, der nach seiner Ansicht frühere Epochen der europäischen Machtpolitik verunstaltet hat. Sein Programm glich dem kühnen Versuch, aus dem globalen Haus die tragenden Wände herauszureißen, sie durch das lockere Gewebe weltweiter Handels-, Finanz- und Konsumbeziehungen zu ersetzen und dennoch zu hoffen, daß das fragile Gebäude an Stabilität gewinnt. Natürlich nahm der Präsident die Vereinigten Staaten, seit der Monroe-Doktrin gegenüber Eingriffen von außen sakrosankt, von diesem gewaltsamen Umbau aus. Dagegen hatte der Rest der Welt dem internationalistischen Experiment der Vereinten Nationen willig oder unwillig als Exerzierfeld zu dienen.

In Roosevelts Welt spielten Wirtschaft, Finanzen und Konsum endlich die Königsrolle, die ihnen in Amerika von jeher zukamen, aber leider auch das Schuldenmachen. Insofern ist die *eine* Welt nichts weiter als die globale Verwirklichung des amerikanischen Lebenstraums in einem himmelwärts strebenden Schuldenturm. Irgendwo brauchte aber auch diese neue Trias aus *enrichment* (Bereicherung), *encumbrance* (Verschuldung) und *entertainment* (Unterhaltung) irgendein Machtzentrum, sollte die Welt nicht in Chaos, Anarchie und Armut der Reichen auseinanderfallen. Deshalb schob Roosevelt Amerika, Rußland, Großbritannien und China das internationale Gewaltmonopol zu, das alle diejenigen züchtigt, die es im nationalen Interesse wagen, vom Pfad der internationalistischen Tugend abzuweichen. Im Grunde aber führte Roosevelt damit durch die Hintertür nur eben jene machtpolitischen Elemente wieder in sein globales Haus ein, die er eben erst durch die Vordertür verabschiedet hatte.

Präsident Roosevelt versuchte Unvereinbares miteinander zu vereinbaren, ohne daß er Vereinbares solide miteinander verband. In seiner Strategie haben sich Politisches und Militärisches nur selten im Einklang befunden – sein Konfrontationskurs war so schlecht auf das hypertrophe Sicherheitsbedürfnis seines Landes abgestimmt, daß er die Achsenmächte zum Angriff herausforderte, anstatt sie wirksam abzuschrecken. Wahrscheinlich sollte er das auch, denn sonst hätte ihn die amerikanische Nation nie akzeptiert. Nicht ohne eigenes Zutun sah sich der Präsident 1941 gezwungen, in beiden Weltmeeren gleichzeitig einen Offensivkrieg zu führen, ohne dafür schon die benötigten Truppen und Schiffe zu haben. Von allem aber erwies sich der Widerpruch zwischen seiner freitragenden Welt und dem Gewaltmonopol der Großen Vier als größtes Handikap der Vereinten Nationen, denn er machte aus einer Friedensorganisation eine militärische Interventions-Agentur, die im Grunde nur dann handelt oder nicht handelt, wenn Amerika es kann und will.

Für diese schöne neue Welt haben Osteuropa und halb Deutschland mit vier Jahrzehnten der Unfreiheit, der Armut und der Rückständigkeit bezahlt. Denn das war der Preis, den Stalin von Roosevelt für seine Zustimmung zu den Vereinten Nationen und für ‚einen Eintritt in den Krieg gegen Japan verlangte. Hätte Roosevelt die Last des pazifischen Krieges allein auf sich genommen oder doch wenigstens solange mit der Verwirklichung seines Lieblingsprojektes gewartet, bis der Krieg an beiden Fronten gewonnen war, dann hätte sich zwischen Preis und Leistung am Ende vielleicht ein annäherndes Gleichgewicht eingependelt. Weil Roosevelt aber unfähig oder unwillig war, seine weitgesteckten Ziele allein zu erreichen, trieb Stalin in Osteuropa und Deutschland die Preise hoch.

Die Teilung der Welt wäre nicht eingetreten, hätte Roosevelt seine Kriegsziele begrenzt und den Krieg beizeiten durch eine reguläre Friedenskonferenz beendet, wie sie früher unter den europäischen Mächten üblich gewesen war. Ein Präsident, der die bedingungslose Kapitulation der Feindmächte auf seine Fahnen schreibt und den Frieden mit ihnen nicht will, darf sich jedoch nicht wundern, wenn ihm sein Werk unter den Händen zerfällt. Die Gefahr der Teilung lag an und für sich schon nahe bei zwei miteinander verbündeten Mächten, die dasselbe unter diametral entgegengesetzten Vorzeichen wollten. Da Roosevelts Krieg aber in erster Linie auf nichts weiter als die Eliminierung des deutschen Herren- und des japanischen Untermenschen hinauslief, ein ebenso dürftiges wie maßloses und unmenschliches Ziel, wurde die Teilung fast zwangsläufig zur weltgeschichtlichen Realität.

Die vier Gipfeltreffen, die 1943 und 1945 in Kairo, Teheran und Jalta stattfanden, beendigten den Krieg, ohne Frieden zu schaffen. Schlimmer als in Versailles, nämlich heimlich, ohne Beteiligung der Besiegten und ohne den neuen Zuschnitt Europas und Asiens dem Votum der betroffenen Völker zu unterwerfen, rechneten die Siegermächte hier ihre Interessen gegeneinander auf. Aber selten ist ein Konzept spektakulärer gescheitert als dieses, denn das Ergebnis war nicht Roosevelts *eine*, sondern Stalins geteilte Welt. Auf den Konferenzen von Kairo und Teheran im Herbst 1943 konnte sich der amerikanische Präsident noch Illusionen über seine Seelenverwandtschaft mit dem sowjetischen Diktator machen: Bei Stalingrad, El Alamein und im Atlantik hatte sich das Kriegsglück zwar endgültig gegen Hitler gewendet. Doch war die Rote Armee noch relativ weit davon entfernt, sich den Weg nach Berlin freizukämpfen. Diese unverantwortlichen Illusionen waren indessen verflogen, als Roosevelt, Stalin und Churchill Anfang 1945 wieder in Jalta zusammentrafen.

In Teheran vereinbarten die Großen Drei, Polen soweit nach Westen zu verschieben, bis die sogenannte Curzon-Linie seine neue Ostgrenze bildete. Es war jene Linie, die der britische Außenminister Curzon nach dem polnisch-russischen Krieg von 1920/21 im Namen der Westmächte gezogen hatte. Damit wurde nicht nur Polen, um dessentwillen England und Frankreich 1939 Deutschland den Krieg erklärt hatten, um seine Gebietsgewinne aus dem Frieden von Riga gebracht. Damit wurde auch die Amputation des Deutschen Reiches von der Memel bis zur Oder besiegelt. Da Polen auf Grund der Curzon-Linie der Bezirk Bialystok zufiel, bis dahin russisches Gebiet, wurde Rußland mit dem nördlichen Ostpreußen und Königsberg entschädigt.

Mit der Zerstückelung Deutschlands – ein Terminus, auf den Roosevelt und nicht Stalin oder Churchill bestand – zerstörten die Großen Drei jene europäischen Strukturen, die Wilson, Clemenceau und Lloyd George erst vor einem Vierteljahrhundert geschaffen hatten. Der *cordon sanitaire*, der den Kapitalismus in Europa einst vor dem Kommunismus geschützt hatte, wurde aufgelöst. Rumänien, Bulgarien und Jugoslawien, die Roosevelt und Churchill durch ihren schandbaren Prozente-Handel Stalin ausgeliefert hatten, wurden ebenso kommunistisch wie Ungarn und die Tschechoslowakei, die sich gegen den Sog aus Richtung Osten nicht zu behaupten vermochten. Selbst halb Österreich wurde von den Russen besetzt. Schließlich konnten Roosevelt und Churchill noch froh sein, daß die Rote Armee an der Elbe Halt machte.

Von da an grenzten der Westen und der Osten wie zwei waffenstarrende Wagenburgen mitten in Deutschland aneinander, ein Bild aus der Pionierzeit Amerikas, das ganz wesentlich zur Militarisierung des Weltkonflikts beigetragen hat. Das einzige, was Roosevelt in Jalta für den in der Geschichte einmaligen Durchmarsch Rußlands einhandeln konnte, war erstens der sowjetische Kriegseintritt gegen Japan, zweitens die Zustimmung Stalins zur Gründung der Vereinten Nationen und drittens die »Erklärung über das befreite Europa«, die vergeblich versuchte, den soeben akzeptierten Terrainverlust durch ein rhetorisches Bekenntnis zum Recht auf Selbstbestimmung wiedergutzumachen. Frankreich wurde zwar in den Kreis der Großen Drei aufgenommen, was tendenziell die Position des Westens stärkte. Aber abgesehen davon, daß sich de Gaulle als ziemlich unbequemer Alliierter entpuppte, wurde die französische Besatzungszone aus der amerikanischen und britischen herausgeschnitten. Stalin blieb eine Umverteilung seiner territorialen Gewinne erspart.

Es ist fast schon tragisch, daß sich Rußland am Ende des Zweiten Weltkrieges in jener Position befand, die ihm Roosevelt einst zugedacht hatte, um Großbritannien zu entthronen, daß der Präsident aber inzwischen gerade dadurch, daß sich Rußlands Macht so vergrößert hatte, anderen Sinnes geworden war. Es war tragisch, aber irgendwie auch logisch, weil sich die Konkurrenz der großen Mächte in einem prinzipiell offenen Weltsystem wie ein *perpetuum mobile* immer wieder auf's Neue adjustiert. An sich hätte die amerikanisch-sowjetische Rivalität die Welt in den letzten vierzig Jahren ebenso destabilisieren können,wie es die Rivalität zwischen den europäischen Mächten in den vergangenen 450 Jahren getan hatte. Aber sonderbarerweise tat sie das nicht. Im Gegenteil, sie führte einen vierzigjährigen Scheinfrieden herbei.

Vordergründig verdankte die Welt ihren *phony peace* dem Schrecken der Atombombe, den die beiden Supermächte durch einen in der ganzen Geschichte beispiellosen Rüstungswettlauf bis ins Unermeßliche gesteigert haben. Unter dem Eindruck dieses Schreckens ist die Welt in den letzten vierzig Jahren wie ein gejagtes Tier vor der giftigen Schlange der Selbstvernichtung erstarrt. Aber während die Mächte äußerlich in ihrer beängstigenden Bewegungslosigkeit verharrten, brodelte die Geschichte in ihrem Innern und zwischen ihnen weiter mit vulkanischer Urgewalt. Sie verwandelte die Sowjetunion in einen Trümmerhaufen, schwächte die Vereinigten Staaten und hat die Welt schließlich in neue Turbulenzen gestürzt.

So hat sich die Utopie Franklin Delano Roosevelts, man könne die Geschichte mit Hilfe wirtschaftlicher, militärischer und kommunikativer Macht nach bestimmten ideologischen Maximen planmäßig, pragmatisch und unumkehrbar von Grund auf neu gestalten, letzten Endes als wilder Traum von verhältnismäßig kurzer Dauer erwiesen. Aus diesem Traum, der für die Dritte Welt trotz der Entkolonisierung längst zu einem Alptraum wurde, ist die Menschheit vor einigen Jahren unsanft erwacht. Sie reibt sich die Augen und schaut ratlos um sich. Aber wo sie auch hinschaut – sie erblickt schwindende Gewißheiten, zerfallende Bilder und bröckelnde Strukturen. Nach dem Ende jener gewaltigen Antagonismen, die uns in diesem Jahrhundert gespalten haben, kann das nicht anders sein, und es wird noch lange dauern und große Anstrengungen erfordern, bis wir wirklich zur Einheit in ihrer planetarischen Vielfalt finden werden.

Anhang

1.

Abkürzungen

ADM	Admirality
AP	Associated Press
CAB	Cabinet
CCS	Combined Chiefs of Staff
Church	Churchill
CofS	Chief of Staff
CIA	Central Intelligence Agency
COS	Chiefs of Staff
CNO	Chief of Naval Operations
DBFP	Documents of British Foreign Policy
ed.	editor
FBI	Federal Bureau of Investigation
FDR	Franklin Delano Roosevelt
FDRL	Franklin Delano Roosevelt Library, Hyde Park
FRUS	Foreign Relations of the United States
HoC	House of Commons
JB	Joint Board
JCS	Joint Chiefs of Staff
LC	Library of Congress, Washington
NA	National Archives, Washington
OSS	Office of Strategic Services
PK	Pressekonferenz
PPA	Public Papers and Adresses, hg. von S. Rosenman
PREM	Premierminister
PRO	Public Record Office, London
PSF	Personal Safety File
USAAF	United States Army Air Forces
WP	War Plan
WPD	War Plan Division

Diplomatische Korrespondenz wird so zitiert, daß erst der Absender, dann das Absendedatum und schließlich der Empfänger genannt werden. – Bei Zitaten aus der Literatur folgt auf den Nachnamen des Verfassers oder Herausgebers i. d. R. das erste Substantiv des Titels und dann die Seitenzahl, auf der das Zitat steht.

2.

Quellen- und Literaturverzeichnis

1. Gedruckte Quellen, Primärliteratur, Biographien

Acheson, Dean, The State Department Years. New York 1976

ders., Present at the Creation. New York 1969

Adams, Henry H., Witness to Power. The Life of Fleet-Admiral William Leahy. Annapolis 1985

Aglion, Raoul, Roosevelt and de Gaulle. Allies in Conflict. A Personal Memoir. New York 1988

Arnold, Henry H., Global Mission. New York 1949

Ball, George, The Past Has Another Pattern. Memoirs. New York 1982

Berle, Beatrice B., Travis B. Jacobs (eds.), Navigating the Rapids 1918–1971. From the Papers of Adolf A. Berle. New York 1973

Beschloss, Michael, Kennedy and Roosevelt. The Uneasy Alliance. New York 1980

Blum, John M. (ed.), From the Morgenthau Diaries. 2 Vols. Boston 1967

Bohlen, Charles, Witness to History 1929–1960. New York 1973

Buell, Thomas B., Master of Sea-Power. A Biography of Fleet-Admiral Ernest J. King. Boston 1981

Bullitt, William C., How We Won The War And Lost The Peace. In: Life XXV vom 30. 8. 48

Bullitt, Orville H. (ed.), For the President. Personal and Secret Correspondence between FDR and William C. Bullitt. Boston 1972

Burns, James MacGregor, Roosevelt. The Soldier of Freedom. New York 1970

ders., Roosevelt. The Lion and the Fox. New York 1956

Bush, Vannevar, Pieces of Action. New York 1970

ders., Modern Arms and Free Men. New York 1970

Butcher, Harry, My Years with Eisenhower. The Personal Diary of Harry O. Butcher, Naval Aide to General Eisenhower 1942–1945. New York 1946

Byrnes, James F., Speaking Frankly. New York 1947

Campbell, Thomas M., George C. Hering (eds.), The Diaries of Edward R. Stettinius jr. 1943–1946. New York 1975

Cannistraro, P. V., E. D. Wynott (eds.), Poland and the Coming of the Second World War. The Diplomatic Papers of A. J. Drexel Biddle jr. Columbus, Ohio 1976

Cave Brown, Anthony, The Last Hero – Wild Bill Donovan. The Biography and Political Experience of William J. Donovan, Founder of the O.S.S. and ›Father‹ of the C.I.A. New York 1985

Chandler, Alfred D. Jr. et. al. (eds.), The Papers of Dwight D. Eisenhower. The War Years. 5 Vols. Baltimore, Md. 1970 ff.

Chennault, Claire L., Way of a Fighter. Putnam 1949

Churchill, Winston S., The Second World War. 6 Vols. London 1948–54

Clay, Lucius D., Decision in Germany. Garden City 1950

Conant, James B., My Several Lives. New York 1970

ders., Modern Science and Modern War. New York 1952

Cook, Blanche W., The Declassified Eisenhower. A Divided Legacy. New York 1981

Correspondence between the Chairman of the Council of Ministers of the USSR and the President of the United States of America and the Prime Minister of Great Britain during the Great Patriotic War of 1941–1945. 2 Vols. Moskau 1957

Davies, Joseph E., Mission to Moscow. New York 1941

Der Vertrag von Versailles. Mit Beiträgen von Sebastian Haffner, Gregory Bateson, J. M. Keynes, Harold Nicolson u. a. München 1978

Dippel, John H. V., Two Against Hitler. Stealing the Nazi's Best-Kept Secrets. New York/London 1992

Domarus, Max, Hitler. Reden und Proklamationen 1932–1945. Kommentiert von einem deutschen Zeitgenossen. 2 Bände. Wiesbaden 1973

Duclos, Jacques, Memoiren. Band 2: 1942–1946. Berlin 1973

Dulles, Allan, The Secret Surrender. New York 1966

ders., Germany's Underground. New York 1947

Dunlop, Richard, Donovan, America's Master Spy. Chicago 1982

Dyer, George C. (ed.), On the Treadmill to Pearl Harbor. The Memoirs of Admiral J. O. Richardson. 2 Vols. Washington 1973

Eden, Anthony, The Memoirs of Anthony Eden. 3 Vols. London 1960ff.

Eisenhower, David, Eisenhower. At War 1943–1945. New York 1986

Eisenhower, Dwight D., Kreuzzug in Europa. Amsterdam 1948

Feiling, Keith, The Life of Neville Chamberlain. London 1946

Ferrell, Robert H. (ed.), Off the Record. The Private Papers of Harry S. Truman. New York 1980

ders., George C. Marshall. New York 1966

Foreign Relations of the United States. 1937–1945

Freedman, Max (ed.), Roosevelt and Frankfurter. Their Correspondence 1928–1945. Boston 1967

Freidel, Franklin, FDR. The Apprenticeship. Boston 1952

ders., FDR. The Ordeal. Boston 1954

ders., FDR. The Triumph. Boston 1956

ders., FDR. Launching the New Deal. Boston 1973

Frye, William, Marshall. Citizen Soldier. Indianapolis 1947

Gannon, Robert, The Cardinal Spellman Story. New York 1962

Gaulle, Charles de, Erinnerungen. Düsseldorf 1963

Gilbert, Martin, Road to Victory. Winston S. Churchill 1941–1945. London 1986

ders., Finest Hour. Winston S. Churchill 1939–1941. London 1983

Grew, Joseph C., Ten Years in Japan. New York 1944

Groves, Leslie R., Jetzt kann ich sprechen. Köln/Berlin 1965

Harriman, W. Averell, Elie Abel, In Geheimer Mission. Als Sonderbeauftragter Roosevelts bei Churchill und Stalin 1941–1946. Stuttgart 1979

Hassett, William D., Off the Record with FDR 1942–1945. New Brunswick, N.J. 1958

Hitler, Adolf, Mein Kampf. 19. Aufl. München 1933

Hitlers zweites Buch. Ein Dokument aus dem Jahre 1928, eingel. und komm. von

Gerhard L. Weinberg (= Quellen und Darstellungen zur Zeitgeschichte, Band 7). Stuttgart 1961

Holborn, Louis W. (ed.), War and Peace Aims of the United Nations. Boston 1943

Hooker, Nancy H. (ed.), The Moffat-Papers. Selections from the Diplomatic Journals of Jay P. Moffat 1919–1943. Cambridge, Mass. 1956

Hubatsch, Walther (Hg.), Hitlers Weisungen für die Kriegführung 1939–1945. Dokumente des Oberkommandos der Wehrmacht. Frankfurt/M. 1962

Hull, Cordell, The Memoirs of Cordell Hull. 2 Vols. New York 1948

Hurley, Alfred F., Billy Mitchell. Crusader for Air Power. Bloomington, Ind. 1975

Hyde, Montgomery H., The Quiet Canadian. The Secret Service Story of Sir William Stephenson. London 1962

Ickes, Harold L., The Secret Diary of Harold L. Ickes. 2 Vols. New York 1954

Irving, David, Churchill. Kampf um die Macht. München 1990

Israel, Fred L. (ed.), The War Diary of Breckinridge Long. Lincoln, Neb. 1966

Keenleyside, Hugh L., Memoirs. 2 Vols. Toronto 1982

Kennan, George F., Memoirs 1925–1950. Boston 1967

Kimball, Warren F., The Juggler. Franklin Roosevelt as Wartime Statesman. New York 1992

ders., Churchill and Roosevelt. The Complete Correspondence. 3 Vols. Princeton, N.J. 1984

King, Ernest J., Walter M. Whitehill, Fleet-Admiral King. New York 1952

Koskoff, E., Joseph P. Kennedy. A Life and Times. New Jersey 1974

Kramish, A., Der Greif. Paul Rosbaud – Der Mann, der Hitlers Atompläne scheitern ließ. München 1987

Krock, Arthur, Memoirs. Sixty Years on the Firing Line. New York 1968

Lash, Joseph P., Roosevelt and Churchill 1935–1941. New York 1976

ders., From the Diaries of Felix Frankfurter. New York 1975

Leahy, William D., I was there. New York 1950

Leutze, James (ed.), The London Journal of General Raymond E. Lee 1940–1941. Boston 1971

Love, Robert W. Jr. (ed.), The Chiefs of Naval Operations. Annapolis 1980

Marshall, George C., Ernest J. King, Henry H. Arnold, Der Bericht des amerikanischen Oberkommandos. New York o. J.

McIntire, Ross, White House Physician. Putnam 1946

Millis, Walter (ed.), The Forrestal Diaries. New York 1951

Monnet, Jean, Erinnerungen eines Europäers. München/Wien 1978

Moran, Lord, Churchill. The Struggle for Survival 1940–1965. Taken from the Diaries of Lord Moran. Boston 1966

Morison, Elting E., Turmoil and Tradition. A Study in the Life and Times of Henry Stimson. New York 1964

Mumford, Lewis, Men Must Act. New York 1939

Murphy, Robert, Diplomat among Warriors. Garden City, N.Y. 1964

Nisbet, Robert, Roosevelt und Stalin. Esslingen/München 1991

Nixon, E. B. (ed.), Franklin Delano Roosevelt and Foreign Affairs January 1933 – January 1937. 3 Vols. Cambridge, Mass. 1969

Perkins, Francis, The Roosevelt I Knew. New York 1946

Pickersgill, J. W., The Meckenzie King Record. 2 Vols. Toronto 1980

Pogue, Forrest C., George C. Marshall. 2 Vols. New York 1966 und 1973

PPA, vgl. Rosenman

Roosevelt, Eleanor, This I Remember. New York 1949

dies., This Is My Story. New York 1937

Roosevelt, Elliot, As I Saw It. New York 1946

Roosevelt, Elliot, James Brough, An Untold Story: The Roosevelts of Hyde Park. New York 1973

ders. (ed.), FDR. His Personal Letters. 4 Vols. New York 1947 ff.

Roosevelt, Franklin Delano, Complete Presidential Press Conferences. 25 Vols. New York 1972 ff.

ders., Our Foreign Policy. In: Foreign Affairs, Vol. VI/4 (July 1928), S. 573–586

Roosevelt, James, My Parents. A Different View. London 1977

Roosevelt, Theodore, The American Ideals. New York/London 1927

Rosenman, Samuel J., Working with Roosevelt. New York 1952

ders., The Public Papers and Adresses of Franklin Delano Roosevelt. 13 Vols. New York 1938 ff. (zitiert als PPA)

Sherwood, Robert, The White House Papers of Harry L. Hopkins. An Intimate History. 2 Vols. London 1949

ders., Roosevelt und Hopkins. Hamburg 1948

Shirer, William L., Berlin Diary. The Journal of a Foreign Correspondent 1934–1941. New York 1941

Speer, Albert, Erinnerungen. Frankfurt/Berlin 1976

Sulzberger, C. L., The Last of the Giants. New York 1970

Steel, Ronald, Walter Lippmann and the American Century. London/Sydney 1980

Standley, William H., Arthur A. Ageton, Admiral Ambassador to Russia. Chicago 1955

Stettinius, Edward R. jr., Roosevelt and the Russians. The Jalta Conference. Garden City, N.Y. 1949

Stiller, Jesse H., George S. Messersmith, Diplomat of Democracy. Chapel Hill 1987

Stimson, Henry L., McGeorge Bundy, On Active Service in Peace and War. New York 1948

ders. The Decision to Use the Atomic Bomb. In: *Harpers Magazine*, February 1947

Tree, Ronald, When the Moon Was High. Memoirs of Peace and War 1897–1942. London 1975

Truman, Harry S., Memoirs. 2 Vols. Garden City/New York 1955/56

Tuchmann, Barbara, Sand gegen den Wind. Stuttgart 1973

Tugwell, Rexford G., The Democratic Roosevelt. Garden City, N.Y 1957

Tully, Grace, F.D.R. My Boss. New York 1949

United States Department of State, Peace and War. United States Foreign Policy 1931–1945. Washington 1945

Vertrags-Ploetz. Konferenzen und Verträge. Teil II, 4. Band. Neueste Zeit 1914–1959. 2. erw. u. veränd. Aufl. Würzburg 1959

Ward, Geoffrey C., A First Class Temperament. The Emergence of Franklin D. Roosevelt. New York 1989

Wedemeyer, Albert C., Der Verwaltete Krieg. O.O. 1958

Welles, Sumner, Seven Decisions that Shaped History. New York 1950

ders., Time for Decision. London 1944

ders., The World of the Four Freedoms. New York 1943

ders., Blue-Print for Peace. Kingsport, Te. 1943

Willert, Arthur, Washington and other Memories. New York 1972

Willkie, W., One World. London 1943

Wilson, Hugh R. Jr., A Career Diplomat. The Third Chapter: The Third Reich. New York 1960

Woodward, Llewellyn, History of the Second World War. United Kingdom Civil Series. British Foreign Policy in the Second World War. London 1970

Young, Kenneth (ed.), The Diaries of Sir Robert Bruce Lockhart 1939–1965. 2 Vols. London 1980

2. Sekundärliteratur

Allard, Dean C., Naval Rearmement 1930–1941. An American Perspective. In: Jürgen Rohwer (ed.), The Naval Arms Race 1930–1941 (= Revue Internationale d'Histoire Militaire, Nr. 73). Stuttgart 1991. S. 35–50

Alperovitz, Gar, Atomic Diplomacy. Hiroshima and Potsdam. New York 1965

Alsop, Joseph, FDR: A Centennary Remembrance. New York 1982

Altrichter, Helmut, Josef Becker (Hg.), Kriegsausbruch 1939. Beteiligte, Betroffene, Neutrale. München 1989

Anderson, Terry H., The United States, Great Britain, and the Cold War 1944–1947. Columbia, Miss. 1981

Angell, Norman, A Re-Interpretation of Empire. In: United Empire 4315 (1952)

Angermann, Erich, Der Imperialismus als Formwandel des amerikanischen Expansionismus. Eine Studie über den Gedanken einer zivilisatorischen Sendung der Vereinigten Staaten. In: Jahrbuch für Geschichte von Staat, Wirtschaft und Gesellschaft Lateinamerikas, Band 4 (1967), S. 694–725

Arendt, Hannah, The Origins of Totalitarism. New York 1973

Armstrong, Anne, Unconditional Surrender. The Impact of the Casablanca Policy upon World War II. New Brunswick, N.J. 1961

Backer, John H., Die deutschen Jahre des Generals Clay. Der Weg zur Bundesrepublik 1945–1949. München 1983

ders., Die Entscheidung zur Teilung Deutschlands. Amerikas Deutschlandpolitik 1943–1948. München 1981

Bailey, Thomas A., Paul B. Ryan, Hitler vs. Roosevelt. The Undeclared Naval War. New York/London 1979

Bartlett, Christopher J., The Global Conflict. The International Rivalry of the Great Powers 1880–1970. London/New York 1984

Bavendamm, Dirk, Roosevelts Weg zum Krieg. Amerikanische Politik 1914 bis 1939. München/Berlin 1983 (= Ullstein Taschenbuch Nr. 33115, München/Berlin 1989)

Beale, K., Theodore Roosevelt and the Rise of American World Power. Baltimore 1956

Beard, Charles A., American Foreign Policy in the Making 1932–1940. A Study of Responsibilities. New Haven 1946

ders., The Idea of National Interest. An Analytical Study in American Foreign Politics. Chicago 1934

ders., The American Leviathan. The Republic in the Machine Age. New York 1930

ders., The Rise of American Civilisation. New York 1927

Beaumont, Roger, The Bomber Offensive as a Second Front. In: Journal of Contemporary History, Vol. 22/1 (January 1987), S. 3–19

Becker, Josef, Franz Knipping (eds.), Power in Europe? Great Britain, France, Italy, and Germany in a Postwar World 1945 bis 1950. Berlin 1986

Bell, Philip M. H., The Origins of the Second World War in Europe (= Origins of Modern Wars, ed. by Harry Hearder). London/New York 1986

Bennett, Edward M., Franklin D. Roosevelt and the Search of Security. American-Soviet Relations 1933–1939. Wilmington 1985

Bernstein, Barton, The Perils and Politics of Surrender. Ending the War and Avoiding the Third Atomic Bomb. In: Pacific Historical Review, Vol. 45 (February 1977), S. 1–27

ders., The Atomic Bomb. The Critical Issues. Boston 1976

ders., Roosevelt, Truman, and the Atomic Bomb. In: Political Science Quarterly, Vol. 90 (1975/76), S. 23–92

Besson, Waldemar, Franklin D. Roosevelt, Der New Deal und die neuen Leitbilder der amerikanischen Politik. Zum politischen Selbstverständnis der Amerikaner. In: Jahrbuch für Amerika-Studien, Band 5 (1960), S. 121 ff.

Blum, John M., V was for Victory. Politics and American Culture during Word War II. New York 1976

Borg, Dorothy, Okamoto Shumpei (eds.), Pearl Harbor as History. Japanese-American Relations 1931–1941. New York 1973

Borgert, Heinz-Ludger, Grundzüge der Landkriegführung von Schlieffen bis Guderian. In: Militärisches Forschungsamt (Hg.), Handbuch zur deutschen Militärgeschichte 1648 bis 1939. Begr. v. Hans Meier-Welker. Band 5. München 1979, S. 427–584

Boyd, Carl, The Significance of MAGIC and the Japanese Ambassador to Berlin: (I) The Formative Months Before Pearl Harbor. In: Intelligence and National Security, Vol. 2/1 (January 1987), S. 150–169

Brown, David K., Naval Rearmament, 1930–1941: The Royal Navy. In: Jürgen Rohwer (ed.), The Naval Arms Race 1930–1941 (= Revue Internationale d'Histoire Militaire, Nr. 73). Stuttgart 1991, S. 11–30

Brune, Lester H., The Origins of American National Security Policy. Sea Power, Air Power, and Foreign Policy 1900–1941. Manhattan, Ka. 1981

Butler, James R.M., History of the Second World War. Grand Strategy. Vol. 2: September 1939–June 1941. London 1951

Caidin, Martin, The Night Hamburg Died. New York 1960

ders., A Torch to the Enemy. The Fire Raid on Tokyo. New York 1960

Cairncross, Alec (ed.), Anglo-American Economic Collaboration in War and Peace 1942–1949. Oxford 1982

Cantril, Hadley (ed.), Public Opinion 1935–1946. Princeton, N.J. 1955

Cashman, Sean D., America, Roosevelt, and World War II. New York 1989

Cline, Ray S., United Army in World War II. The War Department, Washington Command Post. The Operations Division. Washington, D.C. 1951

Cole, Wayne S., Roosevelt and the Isolationists 1932–1945. Lincoln/London 1983

Coles, Harry L., Albert K. Weinberg, United States Army in World War II. Special Studies. Civil Affairs. Soldiers become Governors. Washington, D.C. 1964

Conn, Stetson, Byron Fairchield, The United States Army in World War II. Framework of Hemisphere Defense. Vol. 1: The Western Hemisphere. Washington, D.C. 1960

Costello, John, Ten Days to Destiny. The Secret Story of the Hess Peace Initiative and British Efforts to Strike a Deal with Hitler. Including First-Time Publication of KGB-Files. New York 1991

Craven, Wesley, James L. Cate (eds.), The US-Army Air Force in World War II. Vol. I: Plans and Early Operations, Vol. V: The Pacific: Matterhorn to Nagasaki. Chicago 1947 und 1953

Dallek, Robert, Franklin Delano Roosevelt and American Foreign Policy 1932–1945. Oxford/New York 1979

Davis, Forrest, Roosevelt's World Blueprint. In: Saturday Evening Post v. 10. 4. 1943

Dawson, Raymond H., The Decision to aid Russia 1941. Foreign Policy and Domestic Politics, Chapel Hill, N.C. 1959

Divine, Robert A., Roosevelt and World War II. Baltimore, Md. 1969

ders., Second Chance. The Triumph of Internationalism in America during World War II. New York 1967

ders., The Reluctant Belligrent. America's Entry into World War II. New York 1965

ders., The Illusion of Neutrality. Chicago 1962

Dobson, Alan P., The Politics of the Anglo-American Economic Special Relationship 1940–1987. Brighton 1988

ders., US-Wartime Aid to Britain 1940–1946. London 1986

ders., John Miller, The Day they almost Bombed Moscow. The Allied War in Russia 1918–1920. New York 1986

ders., ›A Mess of Pottage for your Economic Birthright?‹ The 1941–42 Wheat Negotations and Anglo-American Economic Diplomacy. In: The Historical Journal, Band 23/3 (1985), S. 739–750

ders., The other Air Battle. The American Pursuit of Postwar Civil Aviation Rights. In: The Historical Journal, Band 18/2 (1985), S. 429–439

Douglas, Roy, From War to Cold War 1942–1948. New York 1981

Donovan, Robert J., Conflict and Crisis. The Presidency of Harry S. Truman 1945–1948. New York 1977

Dormael, Armand van, Bretton Woods. Birth of a Monetary System. London 1978

Dower, John W., War without Mercy. Race and Power in the Pacific War. New York 1986

Dülffer, Jost, Aufrüstung zur Weltmacht. Die deutsche Marinepolitik 1919–1941. In: Jürgen Rohwer (ed.), The Naval Arms Race 1930–1941 (= Revue Internationale d'Histoire Militaire, Nr. 73). Stuttgart 1991, S. 101–118

ders., Der Beginn des Krieges 1939. Hitler, die innere Krise und das Mächtesystem. In: Geschichte und Gegenwart, Band 2 (1976), S. 443–470

ders., Weimar, Hitler und die Marine. Reichspolitik und Flottenbau 1920–1933. Düsseldorf 1973

Dulles, Foster R., Gerald E. Ridinger, The Anti-Colonial Policies of FDR. In: Political Scince Quarterly, Vol. 3 (1955), S. 1–18

Edmonds, Robin, Setting the Mould. The United States and Britain 1945–1950. Oxford 1986

Ehrman, John, History of the Second World War. Grand Strategy. Vol. VI: October 1944–August 1945. London 1956

Emerson, William, Franklin Delano Roosevelt as Commander-in-Chief in World War II. In: Military Affairs (1958), S. 181–207

Encyclopedia for Public International Law. New York/Oxford 1981 , div. Bände

Farago, Ladislas, The Broken Seal. The Story of ›Operation Magic‹ and the Pearl Harbor Desaster. New York 1967

Fehrenbach, Theodore R., FDR's Undeclared War 1939–1941. New York 1967

Feis, Herbert, Churchill-Roosevelt-Stalin. The War They Waged and the Peace They Sought. Princeton, N. J. 1967

ders., The Atomic Bomb and the End of World War II. Princeton, N. J. 1966

ders., The Road to Pearl Harbor. New York 1964

Ferrell, Robert H., Woodrow Wilson and World War I 1917–1921 (= The New American Nation Series, ed. by H. S. Commager and Richard B. Morris). New York 1985

ders., Harry S. Truman and the Modern American Presidency. Boston/Toronto 1983

Fest, Joachim, Hitlers Krieg. In: Vierteljahreshefte für Zeitgeschichte, 38. Jgg. (Heft 3), Juli 1990, S. 359–375

Filene, Peter G., Americans and the Soviet Experiment 1917–1933. Cambridge, Mass. 1967

Finney, Nat S., How FDR Planned to Use the A-Bomb. In: *Look* v. 14. 3. 50

Fischer, Louis, The Road to Yalta. Soviet Foreign Relations 1941–1945. New York 1972

Fleischhauer, Ingeborg, Die Chance des Sonderfriedens. Deutsch-sowjetische Geheimgespräche 1941–1945. Berlin 1986

Foschepoth, Josef, British Interest in the Division of Germany after the Second World War. In: Journal of Contemporary History, Vol. 21/3 (Juli 1987), S. 391–411

Franklin, Noble, The Bombing Offensive Against Germany. London 1965

Frye, Alton, Nazi-Germany and American Hemisphere 1933–1941. New Haven 1967

Friedländer, Saul, Auftakt zum Untergang. Hitler und die Vereinigten Staaten von Amerika 1939–1941. Stuttgart/Berlin 1965

Funke, Manfred (Hg.), Hitler, Deutschland und die Mächte. Düsseldorf 1976

Gaddis, John L., The United States and the Origins of the Cold War 1941–1947. New York 1972

Gannon, Michael, Operation Drumbeat. The Dramatic True Story of Germany's First U-Boat-Attacks along the American Coast in World War II. New York 1990

Gannon, Richard, The Cardinal Spellman-Story. New York 1962

Gardner, Lloyd C., Redefining the Past. Essays in Diplomatic History in Honour of William Appleman Williams. Corvallis 1986

ders., Safe for Democracy. The Anglo-American Response to Revolution 1913–1923. New York/Oxford 1984

ders., Architects of Illusion. Men and Ideas in American Foreign Policy 1941–1949. Chicago 1970

ders., Sterling-Dollar Diplomacy in Current Diplomacy. The Origins and Prospects of our International Order. New York 1980

Gates, E. M., End of the Affair. The Collapse of the Anglo-French Alliance 1939–1940. London 1982

Gerber, Larry G., The Baruch Plan and the Origins of the Cold War. In: Diplomatic History, Band 6 (1982), S. 69–95

Gilbert, Martin, Auschwitz and the Allies. New York 1981

Greenfield, Kent R. (ed.), American Strategy in World War II. A Reconsideration. Baltimore, Md. 1963

ders., Command Decisions. New York 1959

ders., Die acht Hauptentscheidungen der amerikanischen Strategie im Zweiten Weltkrieg. In: Andreas Hillgruber (Hg.), Probleme des Zweiten Weltkrieges. Köln/Berlin 1967, S. 271–276

Greer, Th. W., What Roosevelt Thought. The Social and Political Ideas of Franklin D. Roosevelt. East Lansing, Mich. 1958

Grewe, Wilhelm G., Epochen der Völkerrechtsgeschichte. 2. Aufl. Baden-Baden 1988

Grosser, Alfred, Das Bündnis. Die westeuropäischen Länder und die USA seit dem Krieg. München/Wien 1978

Gulick, Luther, War Organisation of the Federal Government. In: American Political Science Review (December 1944), S. 1166–1179

Haight, John M. Jr., FDR and a Naval Quarantine of Japan. In: Pacific Historical Review, Vol. 40 (Mai 1971), S. 203–226

ders., American Aid to France 1938–1940. New York 1970

Hall, Christopher, Britain, America, and Arms Control 1921–1937. New York 1987

Harbutt, Fraser J., The Iron Curtain. Churchill, America, and the Origins of the Cold War. New York 1986

Harrison, Gordon A., US-Army in World War II. The European Theater of Operations. Cross-Channel-Attack. Washington, D.C. 1951

Hathaway, Robert M., Ambiguous Partnership. Britain and America 1944–1947. New York 1981

Hauner, Milan, Did Hitler Want a World Domination? In: Journal of Contemporary History, Vol. 13 (1978), S. 15–32

Hayes, Grace P., The History of the Joint Chiefs of Staff in World War II. The War against Japan. Annapolis 1982

Heinrichs, Waldo, Threshold of War. Franklin D. Roosevelt and American Entry into World War II. New York 1988

Herde, Peter, Italien, Deutschland und der Weg in den Krieg im Pazifik 1941 (= Sitzungsberichte der Wissenschaftlichen Gesellschaft der Johann Wolfgang von Goethe Universität Frankfurt/M., Band XX, Nr. 1) Wiesbaden 1983

ders., Pearl Harbor, 7. Dezember 1941. Der Ausbruch des Krieges zwischen Japan und den Vereinigten Staaten und die Ausweitung des europäischen Krieges zum Zweiten Weltkrieg (= Impulse der Forschung, Band 33). Darmstadt 1980

Herring, George C. jr., Aid to Russia 1941–1946. New York 1973

ders., The United States and British Bankruptcy 1944–1945. Responsibilities Deferred. In: Political Science Quarterly, Vol. 86 (1971), S. 260–280

ders., Lend-Lease to Russia and the Origins of the Cold War 1944–1945. In: Journal of American History, Vol. 56 (1969/70), S. 93–113

Hewlett, R.G., O.E. Anderson, The New World 1939/1946. 2 Vols. 1947/52 University Park 1962

Hildebrand, Klaus, Deutsche Außenpolitik 1933–1945. Kalkül oder Dogma? 4. erg. Aufl. Stuttgart/Berlin 1980

Hillgruber, Andreas, Die Zerstörung Europas 1914–1945. 15 Aufsätze. Berlin 1988

ders., Zweierlei Untergang. Die Zerschlagung des Deutschen Reiches und das Ende des deutschen Judentums. Berlin 1986

ders., Hitlers Strategie, Politik und Kriegführung 1940–1941. 2. Aufl. München 1982

ders., Der Zweite Weltkrieg 1939–1945. Kriegsziele und Strategie der großen Mächte. Stuttgart/Berlin 1982

ders., Der Zenit des Zweiten Weltkrieges Juli 1941 (= Institut für Europäische Geschichte Mainz, Vorträge, Nr. 1). Wiesbaden 1977

ders., Probleme des Zweiten Weltkrieges (= Neue Wissenschaftliche Bibliothek, Geschichte, Band 20). Köln/Berlin 1967

Hilton, S. E., The Welles-Mission to Europe 1940. In: The Journal of American History, Vol. 6 (1971), S. 93–120

Hogan, Michael J., Revival and Reform. American Twentieth Century Search for a New Economic Order Abroad. In: Diplomatic History, Vol. VIII/4 (1984), S. 287–310

Hough, Richard, The Greatest Crusade. Roosevelt, Churchill, and the Naval Wars. New York 1986

ders., The Great War at Sea 1914–1918. Oxford 1983

Howe, George F., United States Army in World War II. Northwest Africa. Seizing the Initiative in the West. Washington, D.C. 1957

Ireland, Timothy P., Creating the Entangling Alliance. The Origins of the North Atlantic Treaty Organisation. London 1981

Iriye, Akita, The Origins of the Second World War in Asia and the Pacific (= Origins of Modern Wars, Vol. 7, ed. by Harry Hearder). London/New York 1987

Jacobsen, Hans Adolf, Der Weg zur Teilung der Welt. Politik und Strategie 1939–1945. Koblenz/Bonn 1977

Jones, Vincent C., The United States Army in World War II. Special Studies. Manhattan: The Army and the Bomb. Washington, D.C. 1985

Jungk, R., Heller als tausend Sonnen. Das Schicksal der Atomforscher. Stuttgart 1956

Junker, Detlef, Franklin D. Roosevelt. Macht und Vision. Präsident in Krisenzeiten. Göttingen 1979

ders., Der unteilbare Weltmarkt. Das ökonomische Interesse in der Außenpolitik der USA 1933–1939. Stuttgart 1975

ders., Zur Struktur und Organisation der amerikanischen Rüstungswirtschaft 1939–1945. In: Friedrich Forstmeier, Hans-Erich Kaufmann (Hg.), Kriegswirtschaft und Rüstung 1939–1945. Düsseldorf 1977

Kahle, Günter, Das Kaukasusprojekt der Alliierten im Jahre 1940 (= Rheinisch-Westfälische Akademie der Wissenschaften. Geisteswissenschaftliche Vorträge, G 186) Opladen 1973

Kennedy, Paul, Aufstieg und Fall der großen Mächte. Ökonomischer Wandel und militärischer Konflikt 1500 bis 2000. Frankfurt/M. 1989

Kettenacker, Lothar, Krieg zur Friedenssicherung. Die Deutschlandplanung der britischen Regierung während des Zweiten Weltkrieges. Göttingen 1989

Kimball, Warren S., Swords to Ploughshares? The Morgenthau Plan for Defeated Nazi-Germany 1943–1946. Philadelphia 1976

ders., Beggar my Neighbour. America and the British Interim Finance Crisis 1940–1941. In: Journal of Economic History, Vol. 29/4 (1969), S. 758–772

ders., The Most Sordid Act. Lend Lease 1939–1941. Baltimore, Md. 1969

Kindermann, G.-K., Weltverständnis und Ideologie als Faktoren auswärtiger Politik. In: G.-K. Kindermann (Hg.), Grundelemente der Weltpolitik. 3. erw. Aufl. München/Zürich 1986, S. 145–164

King, Frank, Allied Negotiations and the Dismemberment of Germany. In: Journal of Contemporary History, Vol. 16 (1981), S. 585–595

Klueting, Harm, Die Lehre von der Macht der Staaten. Das außenpolitische Machtproblem in der »politischen Wissenschaft« und in der praktischen Politik im 18. Jahrhundert (= Historische Forschungen, Band 29). Berlin/München 1986

Knipping, Franz, Die amerikanische Rußlandpolitik in der Zeit des Hitler-Stalin-Paktes 1939–1941 (= Tübinger Studien zur Geschichte und Politik, Band 30). Tübingen 1974

Knoll, Hans, Jugoslawien in Strategie und Politik der Alliierten 1940–1943 (= Südosteuropäische Arbeiten f.d. Südost-Institut München, hg. von M. Bernath und K. Nehring, Band 82). München 1986

Koppes, Clayton R., Gregory D. Black, Hollywood Goes to War. How Politics, Profits, and Propaganda Shaped World War II. New York 1987

Krakau, M., Missionsbewußtsein und Völkerrechtsdoktrin in den Vereinigten Staaten von Amerika. Frankfurt/M. 1967

Kurzman, Dan, Day of the Bomb. Countdown to Hiroshima. New York 1986

Lacqueur, W., The Terrible Secret. London 1980

Landecker, Manfred, The President and Public Opinion. Leadership in Foreign Affairs. Washington 1968

Langer, William, S. Everett Gleason, Challenge to Isolation 1937–1940. New York 1964

dies., The Undeclared War 1940–1941. New York 1953

Langer, William L., Our Vichy Gamble. New York 1947

Larson, Deborah W., Origins of Containment. A Psychological Explanation. Princeton, N.J. 1985

Latour, Conrad F., Thilo Vogelsang, Okkupation und Wiederaufbau. Die Tätigkeit der Militärregierung in der amerikanischen Besatzungszone 1944–1947. Stuttgart 1973

Laue, Theodore H. von, The World Revolution of Westernisation. The Twentieth Century in Global Perspective. New York/Oxford 1987

Lawrence, William L., Dawn over Zero. New York 1947

Leffer, Melvyn P., The American Conception of National Security and the Beginning of the Cold War 1945–1948. In: American Historical Review, Vol. LXXXIX (1984), S. 346–1981

Leigh, Michael, Mobilizing Consent. Public Opinion and American Foreign Policy 1937–1947. Westport, Conn. 1976

Leighton, Richard, M. Robert W. Coakly, Global Logistics and Strategy 1940–1943. Washington, D.C. 1955

Lentin, A., Lloyd George, Woodrow Wilson, and the Guilt of Germany. Leicester 1984

Leuchtenberg, William E., FDR and the New Deal 1932–1940. New York 1963

Leutze, James R., Bargaining for Supremacy. Anglo-American Naval Collaboration 1937–1941. Chapel Hill 1977

ders., The Secret of the Churchill-Roosevelt Correspondence 1939–1940. In: Journal of Contemporary History, Vol. 10/3 (1975), S. 465–491

Levin, N. Gordon, Woodrow Wilson and World Politics. New York 1968

Lifton, Robert J., Eric Markusen, Die Psychologie des Völkermordes. Atomkrieg und Holocaust. Stuttgart 1992

Link, Werner, Das nationalsozialistische Deutschland und die USA 1933–1945. In: Neue Politische Literatur, Band 18 (1973), S. 225–233

Louis, William. Imperialism at Bay 1941–1945. The United States and the Decolonisation of the British Empire. Oxford 1977

Loth, Wilfried, Die Teilung der Welt 1941–1945. Geschichte des Kalten Krieges 1941–1955 (= dtv-Weltgeschichte des 20. Jahrhunderts, Band 12, hg. von Martin Broszat und Helmut Heiber) München 1980

Lowenthal, Mark M., Roosevelt and the Coming of the War. The Search for United States Policy 1937–1942. In: Journal of Contemporary History, Vol. 16 (1981), S. 413–440

MacDonald, Charles B., The Mighty Endeavor. American Armed Forces in the European Theater of World War II. New York 1969

MacIsaac, David (ed.), The United States Strategic Bombing Survey. 10 Vols. New York 1976

Mark, Edward, American Policy towards Eastern Europe and the Origins of the Cold War 1941–1946. An Alternative Explanation. In: Journal of American History, Vol. 68/2 (1981), S. 313–336

Marks III., Frederick W., Six between Roosevelt and Hitler. America's Role in the Appeasement of Nazi Germany. In: The Historical Journal, Vol. 28/4 (1985), S. 969–982

Mastny, Vojtech, Russia's Road to the Cold War. Diplomacy, Warfare, and the Politics of Communism 1941–45. New York 1979

Martel, Gordon (ed.), The Origins of the Second World War Reconsidered. The A.J.P. Taylor Debate after twenty-five Years. Boston 1986

Martin, Bernd, Amerikas Duchbruch zur politischen Weltmacht. Die internationalistische Globalstrategie der Regierung Roosevelt 1933–1941. In: Militärgeschichtliche Mitteilungen, Band 30 (1981), S. 57–98

ders., Verhandlungen über separate Friedensschlüsse 1942–1945. Ein Beitrag zu Entstehung des Kalten Krieges. In: Militärgeschichtliche Mitteilungen, Band 20 (1976). S. 95–113

ders., Friedensinitiativen und Machtpolitik im Zweiten Weltkrieg 1939–1942 (= Geschichtliche Studien zu Politik und Geschichte, Band 6). Düsseldorf 1974

Matloff, Maurice, Edwin M. Snell, United States Army in World War II. Strategic Planning for Coalition Warfare 1943–1944. Washington, D.C. 1959

dies., United States Army in World War II. Strategic Planning for Coalition Warfare 1941–1942. Washington, D.C. 1953

Matloff, Maurice, Prewar Military Plans and Preparations 1939–1941. In: United States Naval Institute Proceedings, Vol. 79 (July 1953), S. 741–748

McCormick, Thomas J., Drift or Mastery? A Corporatist Synthesis for American Diplomatic History. In: Reviews in American History, Vol. 10 (December 1982), S. 318–330

McDonald, Callum A., United States, Britain, and Appeasement. London 1981

ders., Prologue to Politics. New York 1939

Merriam, Ch. E., American Political Ideas. Studies in Development of American Political Thought 1865–1917. New York 1929

Militärgeschichtliches Forschungsamt (Hg.), Das Deutsche Reich und der Zweite Weltkrieg. 6 Bände. Stuttgart 1979 ff.

Moltmann, Günter, Franklin Delano Roosevelts Friedensappell vom 14. April 1939. Ein fehlgeschlagener Versuch zur Friedenssicherung. In: Jahrbuch für Amerikastudien, Band 9 (1964), S. 91–109

ders., Amerikas Deutschlandpolitik im Zweiten Weltkrieg. Kriegs- und Friedensziele 1941–1945 (= Beihefte zum Jahrbuch für Amerikastudien, Heft 3). Heidelberg 1958

Morison, Samuel E., History of the United States Naval Operations in World War II. 15 Vols. Boston 1950 ff.

Morton, Louis, War Plan ORANGE. Evolution of a Strategy. In: World Politics, Vol 11 (January 1959), S. 221–250

ders., Decision to Use the Atomic Bomb. In: Foreign Affairs, Vol. XXXV (January 1957), S. 334–353

Motter, T., H. Vail, United States Army in World War II. The Middle East Theater. The Persian Corridor and Aid to Russia. Washington, D.C. 1962

Nawartil, Heinz, Vertreibungsverbrechen an Deutschen. Tatbestand, Motive, Bewältigung. München 1982

Notter, Harley, Postwar Foreign Policy Preparations 1939–1945. Washington, D.C.
1949

O'Connor, Raymond G., Diplomacy for Victory. FDR and Unconditional Surrender.
New York 1971

Osgood, Robert, Ideals and Self-Interest in America's Foreign Relations. Chicago 1953

Paterson, Edward N., The American Occupation of Germany. Retreat to Victory.
Detroit 1977

Paterson, Thomas G., Red Facism. The Merger of Nazi Germany and Soviet Russia in
the American Image of Totalitarism 1930–1950. In: American Historical Review, Vol.
75 (1970), S. 1046–1064

ders., The Abortive American Loan to Russia and the Origins of the Cold War
1943–1946. In: Journal of American History, Vol. 56/1 (1969/70), S. 70–92

Pelz, Stephen, Race to Pearl Harbor. The Failure of the Second London Naval
Conference and the Onset of World War II. Cambridge, Mass. 1974

Plé, Bernhard, Wissenschaft und säkulare Mission. »Amerikanische Sozialwissenschaft«
im politischen Sendungsbewußtsein und im geistigen Aufbau der Bundesrepublik
Deutschland. Stuttgart 1990

Pollard, Robert A., Economic Security and the Origins of the Cold War 1945–1950. New
York 1985

Potter, Elmar B., Chester W. Nimitz. Seemacht. Eine Seekriegsgeschichte von der
Antike bis zur Gegenwart. Deutsche Fassung hg. von Jürgen Rohwer. München 1974
(zitiert als Potter/Nimitz/Rohwer)

Prange, Gordon W., At Dawn We Slept. The Untold Story of Pearl Harbor. New York
1981

ders., Pearl Harbor. The Verdict of History. New York 1986

Proney, Nicholas, Keith Wilson (eds.), The Political Re-Education of Germany and her
Allies after World War II. London/Sydney 1985

Raack, R.C., Stalin Fixes the Oder-Neisse-Linie. In: Journal of Contemporary History.
Vol. 25/4 (October 1990), S. 467–488

Range, Willard, Franklin Delano Roosevelts World Order. Athens, Ga. 1959

Rauch, Basil, The History of the New Deal 1933–1938. 2. Aufl. New York 1963

Ray, Deborah W., The Takarodi Route. Roosevelts Prewar Venture beyond the
Western Hemisphere. In: Journal of Contemporary History, Vol. 62/2 (1975/76), S.
340–358

Resis, Albert, The Churchill-Stalin Secret »Percentages« Agreement on the Balkans,
Moscow, October 1944. In: American Historical Review, Vol. LXXXIII/2 (1978), S.
368–87

Reynolds, David, The Origins of the Cold War. The European Dimension 1944–1951.
In: Historical Journal, Vol. XXVIII/2 (1985), S. 497–515

ders., Churchill and the British »Decision« to Fight on in 1940: Right Policy, Wrong
Reasons. In: Richard Longhorne (ed.), Diplomacy amd Intelligence during the
Second World War. Cambridge 1985, S. 147–167

ders., The Creation of the Anglo-American Alliance 1937–1941. A Study in Competitive
Co-operation. Chapel Hill 1982

Rhodes, Richard, Die Atombombe oder die Geschichte des achten Schöpfungstages.
Nördlingen 1988

Rohwer, Jürgen (Hg.), The Naval Arms Race 1930–1941 (= Revue Internationale d'Histoire Militaire, Nr. 73). Stuttgart 1991

ders., Die Seekriegführung im Ersten und Zweiten Weltkrieg – Ein Vergleich. Referat vor dem Comite International d'Histoire de la Deuxieme Guerre Mondiale in Warschau, 12.–14. 9. 84

ders., Eberhard Jäckel (Hg.), Kriegswende Dezember 1941. Referate und Diskussionsbeiträge des Internationalen Symposiums in Stuttgart 1981. Koblenz 1984

Romanus, Charles F., Riley Sunderland, United States Army in World War II. Stilwells Command Problems. Washington, D.C. 1956

dies., United States Army in World War II. Stilwells Mission to China. Washington, D.C. 1953

Roskill. Stephen W., Der Seekrieg im Wandel der Zeiten. Von Heinrich VIII. bis zur Neuzeit. Tübingen 1964

Rotundo, Louis, Stalin and the Outbreak of War in 1941. In: Journal of Contemporary History, Vol. 24/2 (April 1990), S. 277–299

Rusbridger, James, Eric Nave, Betrayal at Pearl Harbor. How Churchill Lured Roosevelt into World War II. 2. Auflage. New York/London 1993

Russett, Bruce M., No Clear and Present Danger. A Skeptical View of the US-Entry into World War II. New York 1972

Ryan, Henry B., The Vision of Anglo-America. The US-UK-Alliance and the Emerging Cold War 1943–1946. Cambridge 1987

Sainsbury, Keith, The Turning Point. Roosevelt, Stalin, Churchill, and Chiang Kai-shek 1943. The Moscow, Cairo, and Teheran Conferences. Oxford 1985

Schaffer, Ronald, Wings of Judgement. American Bombing in World War II. New York 1985

ders., American Military Ethics in World War II. The Bombing of German Civilians. In: Journal of American History, Vol. 67 (September 1980), S. 318–333

Schaller, Michael, The American Occupation of Japan. The Origins of the Cold War in Asia. New York 1985

ders., The U.S. Crusade in China 1938–1945. New York 1985

Schmitt, Carl, Der Nomos der Erde im Völkerrecht des *Jus Publicum Europaeum*. Köln 1950

ders., Die USA und die völkerrechtlichen Formen des modernen Imperialismus. In: Auslandsstudien 8 (1933), S. 117–142

Schöbener, Burkhard, Die amerikanische Besatzungspolitik und das Völkerrecht (= Schriften zum Staats- und Völkerrecht, Hg. von Dieter Blumenwitz, Band 45). Frankfurt/M./Bern 1991

Schröder, Hans-Jürgen, Deutschland und die Vereinigten Staaten 1933–1939. Wirtschaft und Politik in der Entwicklung des deutsch-amerikanischen Gegensatzes (= Veröffentlichungen des Instituts für Europäische Geschichte Mainz, Band 59). Wiesbaden 1970

Schwabe, Klaus, Die amerikanische und die deutsche Geheimdiplomatie und das Problem eines Verständigungsfriedens. In: Vierteljahreshefte für Zeitgeschichte, Band 19 (1971), S. 1–32

Schwartz, Thomas A., America's Germany. John McCloy and the Federal Republic of Germany. Cambridge, Mass./London 1991

Sherry, Michael S., The Rise of American Air Power. The Creation of Armageddon. New Haven 1987 ders., Preparing for the Next War. American Plans for Postwar Defense 1941–1945. New Haven 1977

Sherwin, Martin J., A World Destroyed. The Atomic Bomb and the Grand Alliance. New York 1975

Smith, Bradley F., Die Überlieferung der Hoßbach-Niederschrift im Lichte neuer Quellen. In: Vierteljahreshefte für Zeitgeschichte, 38. Jg., Heft 1 (April 1990), S. 319–326

Smith, Bradley F., Der Jahrhundertprozeß. Frankfurt/M. 1979

Smyth, Henry DeWolf, Atomic Energy for Military Purposes. Princeton, N.J. 1945

Söllner, Alfons (Hg.), Zur Archäologie der Demokratie in Deutschland. 2. Bde. Frankfurt/M. 1986

Sommer, Theo, Deutschland und Japan zwischen den Mächten 1935–1940. Vom Antikominternpakt zum Dreimächtepakt. Eine Studie zur diplomatischen Vorgeschichte des Zweiten Weltkrieges (= Tübinger Studien zur Geschichte und Politik, Nr. 15). Tübingen 1962

Spector, Ronald H., Professors of War. The Naval War College and the Development of the Naval Profession. Newport 1977

ders., Eagle against Sun. The American War with Japan. New York 1985

Spengler, Oswald, Jahre der Entscheidung, 1. Teil Deutschland und die weltgeschichtliche Entwicklung, München 1930

Summers, Anthony, Official and Confidential. The Secret Life of J. Edgar Hoover. New York 1993

Suworow, Viktor, Der Eisbrecher. Hitler in Stalins Kalkül. Stuttgart 1989

Steele, Richard W., The First Offensive 1942. Roosevelt, Marshall, and the Making of American Strategy. Bloomington, Ind. 1973

ders., The Great Debate. Roosevelt, the Media, and the Coming of the War 1940–1941. In: Journal of Contemporary History, Vol. 71/1 (June 1986), S. 69–91

ders., Franklin D. Roosevelt and his Foreign Policy Critics. In: Political Science Quarterly. Vol 94/1 (1979), S. 15–32

ders., American Popular Opinion and the War against Germany. The Issue of Negotiated Peace. In: Journal of American History, Vol. 65/4, (December 1978), S. 704–709

ders., The Pulse of the People. Franklin D. Roosevelt and the Ganging of American Public Opinion. In: Journal of Contemporary History, Vol. 10/3 (1975), S. 195–216

Steury, Donald P., Naval Intelligence, the Atlantic Campaign, and the Sinking of the »Bismarck«. A Study in the Integration of Intelligence into the Conduct of Naval Warfare. In: Journal of Contemporary History, Vol. 22/2 (April 1987), S. 209–233

Stoakes, Geoffrey, Hitler and the Quest of World Domination. Leamington 1986

Stoff, Michael B., Oil, War, and American Security. The Search for a National Policy on Foreign Oil 1941–1949. New Haven, Conn. 1980

Stoler, Mark A., The Politics of the Second Front. American Military Planning and Diplomacy in Coalition Warfare 1941–1943 (= Contribution in Military History, Vol. 12). Westport/London 1977

Theobald, Robert A., Das letzte Geheimnis von Pearl Harbor. Washingtons Anteil an dem japanischen Angriff. New York 1963

Thompson, Henry C., Linda Nayo, United States Army in World War II. The Ordonance Department. Procurement and Supply. Washington, D.C. 1960

Taylor, A. J. P, The Origins of the Second World War. New York 1966

Topitsch, Ernst, Stalins Krieg. 2. Aufl. Herford 1990

Trachtenberg, Marc, Versailles after Sixty Years. In: Journal of Contemporary History, Vol. 17 (1982), S. 487–506

Tsakaloyannis, Panos, The Moscow Puzzle. In: Journal of Contemporary History, Vol. 21/1 (January 1986), S. 37–55

Ueberschär, Gerd R., Rolf-Dieter Müller, Deutschland am Abgrund. Zusammenbruch und Untergang des Dritten Reiches (= Wegweiser zu Zeitfragen, Bd. 5). Konstanz 1986

Ulam, Ada, B., Expansion and Coexistence. The History of Soviet Foreign Policy 1917–1947. New York 1968

Ullman, Richard, The Davies Mission and United States-Soviet Relations 1937–1941. In: World Politics, Vol. 9 (1956/57), S. 220–239

Utley, Jonathan G., Going to War with Japan 1937–1941. Knoxville 1985

Vatter, Harold G., The US-Economy in World War II. New York 1985

Venkataramani, M. S., B. K. Shrivastava, The United States and the ›Quit India‹ Demand. In: Indian Quarterly, (April/June 1964), S. 101–139

Walker, Mark, Legenden um die deutsche Atombombe. In: Vierteljahreshefte für Zeitgeschichte, 38. Jgg., Heft 1 (1990), S. 45–74

Walworth, Arthur, Wilson and his Peacemakers. American Diplomacy at the Paris Peace Conference 1919. New York 1986

Walzer, Michael, Just and Unjust Wars. A Moral Argument with Historical Illustrations. New York 1977

Ward, Patricia D., The Threat of Peace. James F. Byrnes and the Council of Foreign Ministers 1945–1946. Kent, Oh. 1979

Watson, Mark S., United States Army in World War II. Chief of State. Prewar Plans and Preparations. Washington, D.C. 1950

Watt, D. C., How War Came. London 1989

ders., Succeeding John Bull. America in Britains Place 1900–1975. Cambridge 1984

Webster, Charles, Noble Frankland, The Strategic Air Offensive Against Germany 1939–1945. 4 Vols. London 1961

Weinberg, A. K., Manifest Destiny. A Study in Nationalist Expansionism in American History. 2. Aufl. Chicago 1963

Weinberg, G. L., Hitler's Image of the United States. In: American Historical Review, Vol. 69 (1964), S. 1006–1021

Werrell, Kenneth P., The Strategic Bombing of Germany in World War II. Costs and Accomplishments. In: Journal of Contemporary History, Vol. 73/3 (December 1986), S. 702–713

Wheeler-Bennett, J.W., Munich. Prologue to Tragedy. New York 1964

Willett, Ralph, The Americanisation of Germany. London 1989

Williams, William A., The Tragedy of American Diplomacy. Washington 1959

Wilson, Keith M., The Policy of Entente. Essays on the Determinants of British Foreign Policy 1904–1914. Cambridge 1985

Wilson, Theodore A., The First Summit. Roosevelt and Churchill at Placentia Bay 1941. Boston 1969

Wittner, Laurence S., Rebels against War. The American Peace Movement 1941–1960. New York 1969

Wolfe, Robert (ed.), Americans as Proconsuls. United States Military Government in Germany and Japan 1944–1952. Carbondale 1984

Woods, Randall B., The Roosevelt Foreign Policy Establishment and the ›Good Neighbours‹. The United States and Argentinia 1941–1945. Lawrence, Ka. 1979

Wuermling, Henric L., Die weiße Liste. Umbruch der politischen Kultur in Deutschland 1945. Berlin/Frankfurt/M. 1981

Wyman, David S., The Abandonment of the Jews 1941–1945. New York 1984

ders., Paper Walls. America and the Refugee Crisis 1938–1941. Amherst, Mass. 1968

Yergin, Daniel, Shattered Peace. The Origins of the Cold War and the National Security State. Boston 1977

Zayas, Alfred de, Die Anglo-Amerikaner und die Vertreibung der Deutschen. Vorge-schichte, Verlauf, Folgen. 3. Aufl. München 1978

3. Zeitungen und Zeitschriften

Criticon
Die Zeit
Frankfurter Allgemeine Zeitung
The New York Times

REGISTER

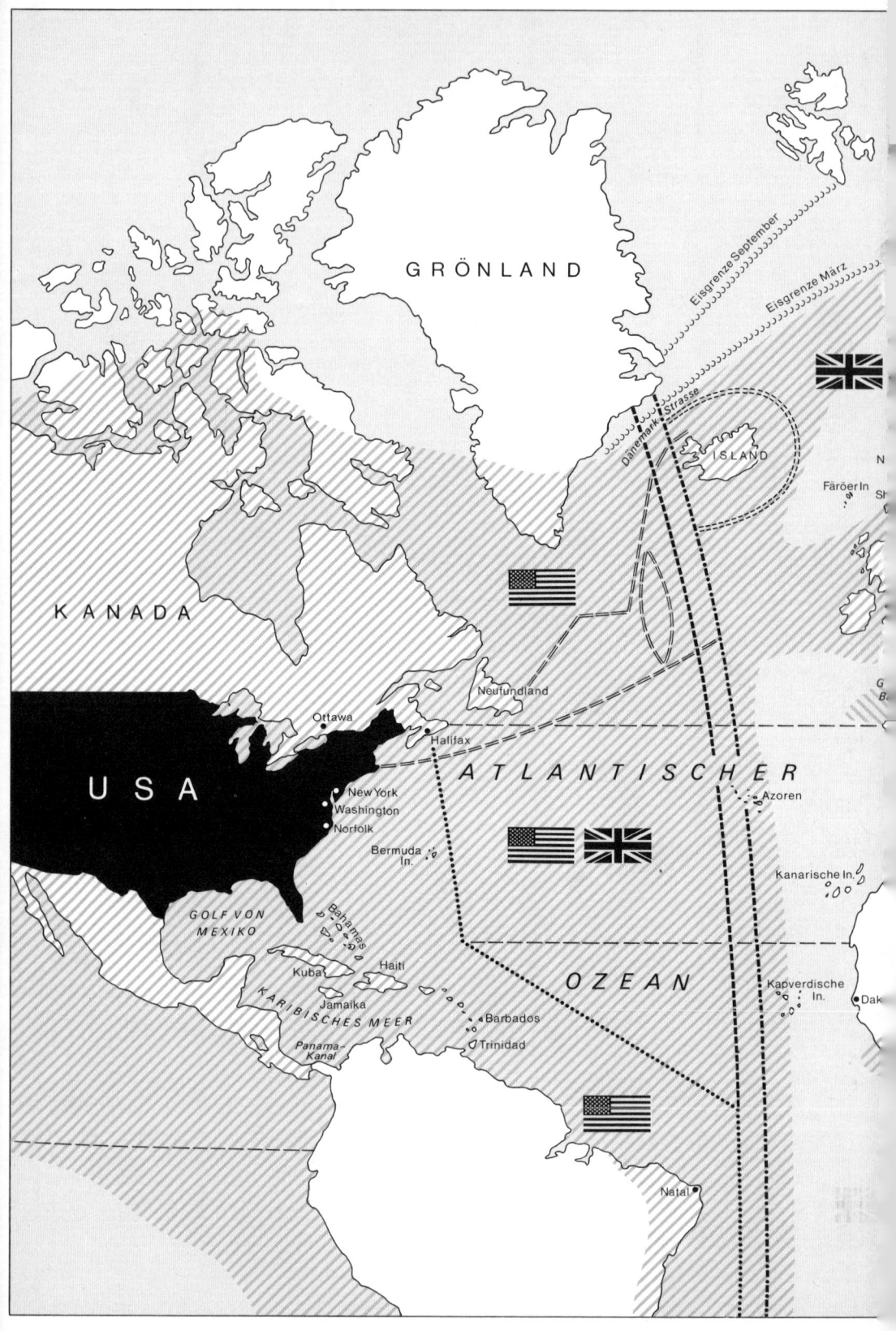

GRÖNLAND

Eisgrenze September

Eisgrenze März

Dänemark Strasse

ISLAND

Färöer In

KANADA

USA

Ottawa

Halifax

Neufundland

ATLANTISCHER

New York
Washington
Norfolk

Bermuda
In.

Azoren

GOLF VON
MEXIKO

Bahamas

Kanarische In.

Kuba

Haiti

OZEAN

Jamaika

KARIBISCHES MEER

Barbados

Kapverdische
In.

Panama-
Kanal

Trinidad

Dak

Natal